严文明文集

（第9卷）

严文明　著

文物出版社

总 目 录

本卷目录

足迹

上篇　足迹

中篇　浚哲诗稿

下篇　考古研究之路

2015 年 9 月于蓝旗营家中

1998 年 10 月，参观阿里山忠烈祠（即吴凤庙）

2000 年 5 月，在史语所拜见石璋如先生

2000 年，与夫人在台湾大学的住所

2000 年 6 月，在阳明山辛亥光复楼前（右为台大阮芝生教授）

云南丽江的纳西古乐宫

2008 年 6 月，在玉龙雪山下（右为刘旭）

2008 年 6 月，在中缅边界畹町桥旁

2008 年 6 月，参观西双版纳热带植物园

1986 年 6 月，在林肯纪念堂前（左起：李学勤、严文明、石兴邦、张忠培、童恩正、郑光、樊利谟）

1986 年 6 月，在华盛顿爱因斯坦像前（左为童恩正）

1986 年 6 月，在艾尔莱会议桌的一角

1986 年 6 月，与张光直在哈佛大学皮巴德博物馆前合影

1987 年 9 月，在美因兹市罗马—日耳曼中心博物馆门前

1987 年 9 月，在美因兹西南的白洞铜矿遗址前（左二起：俞伟超、安志敏、魏莎彬、乌恩、严文明）

1987 年 9 月，在诺威特旧石器时代遗址的一个剖面前，上面有很厚的火山灰（右为俞伟超）

1987 年 9 月，在特里尔市古罗马建筑前

1992 年 11 月，在朝鲜李朝故宫大门前与圆光大学的全荣来教授合影

1992 年 11 月，在庆州王陵公园参观天马冢

1992 年 11 月，在东北亚古代文化讨论会上发言

1992 年 11 月，参观忠北大学旧石器时代考古研究室（拿石器者为李隆助教授）

1998 年 6 月，在国际日本文化研究所

1997 年 10 月，与梅原猛先生在一起

1998 年 3 月，在能登半岛加贺屋温泉品尝日本传统料理（左起：量博满、严文明、王秀莲、赵辉）

1998 年 3 月，主持"稻作、陶器和都市的起源"国际会议

1998 年 4 月，在日本京都品尝传统日本料理

1998 年 4 月，在日本京都观看歌舞伎表演

1998 年 4 月，在日本富士山河口湖

1998 年 4 月，参观日本 Miho 博物馆（左起：黄晓芬、严文明、李云峤、严一苹、王秀莲）

1998 年 3 月，在琉球首里城正殿前

1998 年 3 月，在琉球村前

1998 年 6 月，在阿伊努老妇的民族商店

1998 年 6 月，在水质最清的高山摩周湖（左为大贯静夫）

1998 年 5 月，在安特卫普的火车站前（左为严松）

1998 年 5 月，在巴黎圣母院（左为李惠萍）

1998 年 5 月，在凡尔赛宫的后花园

1998 年 5 月，夫人王秀莲在卢浮宫前

2003 年 8 月，在加拿大渥太华—苹家门前

2003 年 9 月，参观加拿大渥太华文明博物馆

2003 年 10 月，游览加拿大尼亚加拉瀑布（左起：王秀莲、李云峤、严一苹、严文明、李若丹、李宏毅）

2003 年 10 月，游加拿大魁北克古城

2003 年 10 月，在渥太华过生日（左起：严松、严文明、李云峤、王秀莲、严凤鸣、严一苹）

2003 年 10 月，去尕汀诺山看红叶

2006 年 7 月，在美国丹佛消夏

2006 年 9 月，在美国丹佛—苹家

附: 全家福

2010年9月, 在美国丹佛一苹家(前排左起: 严凤鸣、李若丹、严奉宇, 后排左起: 严松、严文明、王秀莲、严一苹、李云峤)

2010年9月, 享乐全家福

2023 年春节，北京蓝旗营家中

2024 年春节，北京蓝旗营家中（前排左起：李宏毅、严文明、王秀莲、黛比，后排左起：严智、严松、李云峤、严凌峰、严一苹、杨芳）

上篇

足　迹

自传——流水年华

我的家世

我出生在湖南省华容县终南乡的严家湾。这个严家湾有三个屋场，分别叫上屋场、下屋场和二屋场。总共有十七八户六七十口人。同属于一个清明会，有公田，每年清明节共同上坟祭祖。上屋场是梦举系循经的后代，下屋场和二屋场是梦鳌系循起的后代。前者比后者普遍高两辈。我家是住在上屋场的。

华容严姓大概是晚唐时期从湖北荆州迁过来的，据说都是严厚大的后人。厚大的长子严隆首迁今华容梅田湖的仁义村，称官路严家，是为西支；三子严达首迁今华容胜峰乡的青湖村，称青湖严家，是为东支。大概西支发展较快，所以于今辈分较低，人口较多。我们属于东支。这支人大部分住在华容东山一带，我们的祖辈大概就是从东山迁移过来的。无论东支还是西支，祖神牌位上都写着"客星堂严氏历代祖先之神位"，两边的对联是"济世安民唐节度，高山流水汉先生"。这里有一个故事。据说七世祖严子陵是东汉光武帝刘秀的同学，颇有才学，刘秀称帝后曾被召至京师。《后汉书》说他与帝"共偃卧，以足加帝腹上……太史奏客星犯御座"！从此其后人均称客星堂严氏。严子陵不愿做官，隐居富春山下，宋代范仲淹作《严先生祠堂记》歌颂他的高风亮节说："先生之风，山高水长。""高山流水汉先生"即是指此。严姓长期居浙江嘉兴、宁波一带，到唐代才从26世祖严浚等迁往陕西华阴和长安一带。"济世安民唐节度"是说27代祖严武的故事。唐代安禄山叛乱时，严武曾陪玄宗逃走四川，玄宗返回长安后，因护驾有功即封他为剑川节度使。他在任上勤政爱民，为时人称道。后来因为长安一带社会颇不安定，当地严姓大量迁居荆州江陵一带，28世祖严绥亦迁江陵并被任命为荆南节度使。荆州离华容不远，华容严姓最早就是从荆州迁移过来的。

严家湾的上屋场本来只有三户人家，从西往东分别是先煌、先揆和先敏。三人虽然同辈，但不是亲兄弟，仅仅未出五福。先煌公有三个儿子，分别是有楠、有湘和有芈。有楠生章衍、章鼎，有湘生章谦、章铭，有芈生章烈。章衍生其畏

（可畏），章鼎生其灿（灿然）、其然（自然），章谦生其森（润芝）、其嵩，章铭生其泰（寅畏），章烈无后，其泰亦无后。先煌的屋子很大，面阔五间，三进两天井。后来因为人丁兴旺，又在西边加盖了面阔两间、两进一天井。估计到章衍兄弟一辈才分家。老大章衍住正屋的西半边，老二章鼎住正屋的东半边，章谦、章铭则住西边加盖的一套房子和正屋的四间房，正屋的上中下三个堂屋由三家共用。屋后的树山也是三家共有，还共有几亩公田（图一）。

从高祖先煌到我们兄弟已经是第五代人了，但相互之间还是很亲，称谓上是大排行。我称可畏为大爷，灿然为二爷，自己的生父润芝为三爷，叔父其嵩为四爷，未出嫁的小姑春芝为五爷。大爷可畏的大儿子森照年岁比我父亲还大，但他还是很恭敬地称我父亲为三爷。三家人就像一家人。

我的祖父章谦（1876.11～1928.2）号少陵，是一名中医，但不是职业医生，比较热心社会活动。因为医术好，医德高尚，颇有人望。他和大爷可畏早年因积极参加湖南农民运动，运动失败后均被迫害离世。当时祖母才34岁，带着我父亲、叔父和小姑艰难度日。后来我父亲其森（1915.11～1950.12）号润芝也学医，

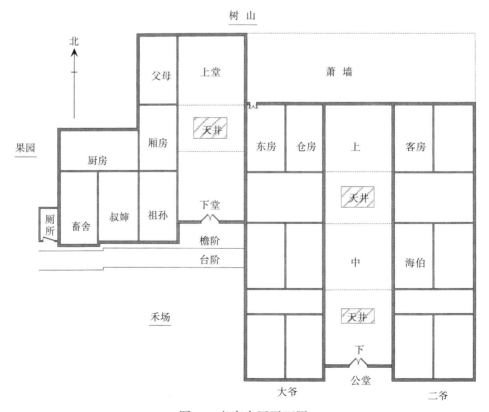

图一　老家房屋平面图

同样不是职业医生，给人看病从来不收费，医术医德都为人称道。抗日时期他曾经一度当过军医，后来又在县政府财政科和税务局任职，还当过禹盘坑堤工局的负责人。善诗文，结交了许多诗友，可惜过早地离世了。叔父其嵩任小学教师和校长多年，为人忠厚老实。家里有几十亩水田，只好雇人耕种，还短期与亲友合伙开药房等。我有五个弟妹，叔父也有四个孩子。由于人口多，生活还是很艰困。不过在严家湾，我家还算是大户，别的人家都很穷，人丁也不旺。

我的童年

我于农历壬申年9月16日子时降生，阳历是1932年10月14日。当时二舅周仲权正在我家。他在我60岁时写的一首诗中说"岁次在壬申，严府鞭炮声。祖呼天亮了，只缘得长孙。舅少赴汤勺，如今六十春"。这在我家是大喜事，可是当年旱灾严重，家庭生活艰苦。母亲因为缺乏营养几乎没有奶汁，只好喂我大米糊糊。因此我从小就体弱多病。我有一个堂伯父名寅畏，二十多岁就过世了，当时我还没有出生。祖父答应第一个孙子出生后即过继给他。所以我名义上是严寅畏的儿子，却一直由生父抚养。按照辈分排行我属文字辈，父亲就根据《舜典》中"浚哲文明"这句颂扬舜帝的话，给我取名为文明，号浚哲。

1934年9月大妹芙蓉出生。1944年9月病逝，年仅十岁。我当时不在家，回家后才知道妹妹不在了，伤心得哭了几场。

1937年农历八月十七，二弟出生。父亲根据《尧典》中颂扬尧"钦明文思安安"的句子给他取名文思，号安安。

1938年春季我在下严家屋场严炳乾家上小学，老师蔡新，没有上完一学期学校就解散了。到秋季才正式上学，学校在离家两里多路的张家大屋场，是公立的保国民学校。校址设在一座庙里，一个大教室四个年级八个学期。因为每学期招生，每期只有几名学生。和我同年级的开始有四五个同学，后来只剩了我和严盘铭两人。学校只有一位老师张善云，每个年级的国语、算术、常识、体操、图画、唱歌门门都由他一人教。那时正值抗日战争时期，他很注意进行爱国主义教育。教室里张贴了许多鼓动性的标语，如"抗战第一，胜利第一""意志集中，力量集中"等。教我们唱爱国歌曲，如"义勇军进行曲""大刀向鬼子们的头上砍去"等。他为人和蔼又极负责任，我们都很尊敬他。严家湾有几个同学，每天上学和放学都要一起走。中间要翻越一座小山，下雨天比较麻烦，总是赤脚走，路滑很容易摔跤。那时每天放学回来要放牛，假期除了放牛还要挑水和砍柴等做力所能及的家务事。1939~1941年连续三年大旱，田里禾苗大多枯萎，人们吃水都发生困难。我要到一里路以外的娥眉井去挑水。那里挖了一个大坑，直径大约有6~7

米，深 3~4 米，坑底有一个小泉眼，好几分钟才冒出一桶水，许多人挑着水桶排队等候。中国的南方虽然多水，但遇到天旱还是很可怕的。

1940 年农历二月十三，三弟文光出生。不久小姑春芝幺爷（我按照男性大排行称呼她五爷）经艾家姑婆介绍与县城的无业游民谢海云结婚，第二年生了个男孩，未满月就夭折了。幺爷大概得了产褥热，病得骨瘦如柴，吃药打针都不见效，无人照顾，只好跟祖母住在一起。那位姑爷却从不来看她，非常可怜。在病床上大概躺了一年就去世了。大约是 1940 年，父亲同芙蓉妹未来的公公周秉勋和一位中药师三家合伙，在离家约五里路的三岔河开了个"来苏中西医药局"的药铺，药铺的名字是取《尚书·汤誓》中"傒我后，后来其苏"的意思。但生意不大好，只办了一年多就关张了。

我于 1942 年中于保国民小学初小毕业，秋季跟随叔父严其嵩到离家约十七八里位于新河口的五合乡中心小学上高小五年一期。这是一所完全小学，包括叔父共有十几名教师。每学期一个班，高小就有四个班。我虽然不甚活跃，但在元旦晚会上参加了"大路歌"的演出，扮演筑路工人一面哼呀嗨地唱，一面拉着石碌压路。

1943 年初我上学不久，3 月 10 日忽传日本侵略军开进了华容城关。老师这天上课时特别严肃，给我们上了《最后的一课》，那是法国老师在普法战争时给学生们讲的课，我们听得都抹眼泪了。课后学校决定立即疏散，我跟着叔父提着行李，在回家的路上就遇到敌机不断在头上盘旋扫射。回家后立即把印有青天白日满地红彩色国旗的课本装进陶罐里埋到后院一棵树下，心中满怀着爱国的感情！

为了躲避日寇的侵犯，我们全家逃到了东湖边上白鹿圻周家姑婆家暂住，只留祖母一人看家。日寇进驻华容的第二天就进驻严家湾，祖母只好躲到后山树林中去。家里被洗劫一空，幸好房子还没有被烧掉。

我们在周家没有住多久。为安全起见一家人只好分散住。母亲和弟妹住党家岭罗家姑婆家，婶婶和她的女儿住王家边子娘家，祖母和叔父还有像家里人一样的长工严国安留在老家种田。父亲在临时迁往注滋口的县政府教育科当科员。他怕我耽误学业，日寇侵占华容后，潘家屋场比较隐蔽，就安排我在潘家屋场从罗原道叔读书。罗是父亲的挚友，他为了生活办了个私塾，有八九个学生。我和罗的内弟严炳刚和罗叔三人寄住在学东家里。我和炳刚用几块土砖搭了个灶，自己做三人的饭。大米和油盐是父亲托人送去的，烧柴是自己从屋后树山上捡的枯树枝，菜也都是我们在附近采集的野菜。我和炳刚都是小孩，第一次做饭掌握不好火候，三人的饭往往烧糊，如果罗叔回家去了，两人的饭就做得很好，弄得我们莫名其妙，也很不好意思。

这期间日军的主力在准备进攻常德，在进到南县和安乡边的厂窖大垸时，发现中国军队来不及撤退，换上便装混入正在插秧的老百姓中间；华容和南县的老百姓也大量逃到厂窖大垸。日军包围了大垸，就用机枪扫，用刺刀砍，还用各种难以想象的残酷方法，不管男女老幼通通杀光，从 5 月 9 日持续到 10 日，竟然杀死了三万多人，造成震惊中外的厂窖惨案。我的小学老师黄剑萍当时正经过那个地方，躲在亲戚家的红薯窖里，对当时的情景记得非常清楚。他写了一篇《厂窖惨案亲历记》，载所著《黄叶轩诗文集》（2005 年 2 月）中。

这年秋季，叔父从辰溪湖南第四师范毕业回家，没有工作，为了生活，只好自己学种烟草。我回家时也帮助种烟。栽好烟苗后要浇水、施肥、除草、打虫。烟叶上起泡后就可以收取晾晒、整理、收藏。为了做卷烟卖，自己做了一个卷烟机，一天能卷 400 多支烟。卷烟的纸和烟盒纸可以买到。好的装前门牌，稍差的装恒大牌。自己摆个烟摊卖，多少能够补充点生活费。由于日军的封锁，传统的食盐供应链被切断。菜蔬没有盐很难下口。有人就到鄂西的三斗坪买从四川运来的岩盐，用双肩挑回华容。我们只能用稻谷换这种岩盐。一担谷约 132 斤，只能换 12 两岩盐。当时的市斤是一斤 16 两，12 两就只有 3/4 斤。这么贵的盐不敢多吃，长期缺盐弄得浑身无力，实在是没有办法。秋季发大水，冲倒了许多垸子。一天下午我在山上放牛，听见有人喊"又倒垸子了！"我往东南方向一望，只见白花花的水铺天盖地往垸子里涌。许多稻田被淹了，粮食短缺，鱼却多极了。一斤大米可以换十几斤鱼，把鱼当饭吃，又缺少盐，实在难吃。我本来是爱吃鱼的，这次吃伤了，好久都不想吃鱼了。由于封锁，火柴也买不到了，国安哥就割了许多蒿子编成长条，点燃后十几个小时不会熄灭。这是没有办法的办法，只好用这种原始的方法保存火种。我们平常做菜多半用清油即菜籽油，这时也买不到了，只好用棉籽油，不好吃也没有办法。点灯就用桐油，没有桐油就用松明，两者都冒黑烟，不得已才用。

1944 年 1 月，在注滋口县政府教育科工作的父亲也把我带到注市小学上高小，并且寄住在一家号称严复兴的小酒店里，这使我第一次有机会了解市镇的生活。注滋口在藕池河的两岸，是华容最大的市镇。藕池河是贯通长江与洞庭湖的四大河流之一，河中有几十上百斤的大鱼，有时还能看到江猪。我住的酒店门前一边摆一个肉案子，每天卖半头猪；另一边摆一个鱼案子，每天卖一条鱼。其中鲤鱼每条 50 斤上下，青鱼或草鱼 80 斤上下，最大的可达百斤。也是像卖猪肉一样切成小片卖。据说现在根本没有那么大的鱼了。

这年的农历七八月间，父亲要我到蓼蓝窖跟随堂伯父严灿然（我按照大排行称呼他二爷）读书。二爷家住在蓼蓝窖的东岳庙里，他的私塾也设在东岳庙里。

庙里还住着一位姓危的老人，我们称呼他危爹。他孤苦一人，靠挑担卖糖果香烟度日。他为人极好，但性情古怪。不吃大米饭，只吃蚕豆、豌豆或绿豆，大家称呼他豌豆八哥。他睡在一个装粮食的木柜上。这柜子大约只有五六十厘米宽，我们两人分两头睡。他怕我滚落到地下，就用一条腿压着我。可是他腿上有很多又粗又长的毛，刺得我很不舒服。他怕我心里委屈，总是跟我讲三兄弟怎么共睡一条扁担的故事。

入冬以后，二爷家搬迁到离蓼蓝窖不远的高家屋场，由高家四爹在自己家里为二爷办了一个私塾。我仍然跟随二爷读书，吃住也都在二爷家。同他的同父异母弟小名叫腊狗的叔父共睡一张床。他不久结婚，我还同他们共睡一张床。只是不再叫他小名，改称自然叔了。自然叔学裁缝，手艺不高，人又特别老实厚道，收入不多，日子过得很清苦。

我在蓼蓝窖读书时听说大妹芙蓉患病久治不愈，竟然过早地离开了人世，我伤心地哭了几场。她起病时我还在家，后悔没有很好地服侍和照顾她。现在已成永别，留下了终身的遗憾！

1945年我回家了。父亲为了一家人的生活，同他的好友罗原道合伙在我家开糟坊烧酒。为此在我家西侧盖了两间土坯茅草房。小间设灶和蒸馏设施，大间放发酵桶和簸席晾糟谷。当时烧酒有两种方法，一种叫清桌，完全用新的粮食；一种叫搭桌，发酵时要搭上原先的部分糟谷。我家是用搭桌的方法。一次要用一担三斛谷，约合220市斤，能够出80多斤酒。用料以稻谷为主，有时也用高粱。我常常帮助烧火或晾糟谷。更多的时候是同我家的帮工张永林挑担到注滋口一带卖酒。

就在这一年，父亲帮助原道叔在我家办了一个私塾，我再次从师原道叔。开始学习古文，学习用文言文作文。记得第一篇作文是登大尖峰游记，该山峰就在我家西南数百米，我们常在春天上山游玩。父亲知道我能够用文言文写作，非常高兴，说了许多鼓励的话，并且非常认真地修改文稿，同时耐心地解释为什么这样修改。父亲对子女一向非常严肃，像这样细心认真的教诲并不多，所以给我很深的印象。

"八·一五"日本投降了！一切又开始恢复正常。父亲还是希望我上洋学堂，多学些科学知识，将来成为科学家，能够对祖国做贡献。但正规小学一时还来不及恢复，我只好在家等待。帮助做些农事，包括砍柴、挑水、放牛、卖酒等，同时结交了几个放牛的好朋友。长期在我家帮工的严国安是一个多才多艺非常能干的人，为人又特别厚道。他写得一手好字，爱讲故事，编打油诗，还会拉胡琴、吹箫和竹笛等。我们把他当自家人一样，我称他国安哥，把他当老师学习。可以说我的童年是多灾多难，又是丰富多彩的，难得有那么多样的人生阅历。对我以后的成长多有影响，也是不无好处的。

学生时代

1946 年 2 月，设在新河口的五合乡中心小学恢复开学，我又随叔父去读书，上高小六年一期。二弟文思也一同在这个学校读初小。我家离这个学校所在的新河口有十七八里路，我几乎每个星期六下午都回家，星期日下午再赶回学校。路上要经过烂泥沟、牛氏湖等处，全部是乡间小路。下雨天路滑，过牛氏湖只有一座独木桥，下雨时如果不小心就会滑落到水里去。走这种路简直是一种考验。但我求学心切，经历了童年的磨难，好不容易上了这么一所好学校，这点困难完全不在话下，幸好我没有滑倒过一次。这个学校教师比较整齐，教学水平比较高，是华容县的模范小学。老师中印象较深的有教地理和美术的黄剑萍（笔名黄花瘦），教国语和公民的高谷，教算术的王镇心，教音乐的杨镇藩，教体育的王克钊，还有单蓬莱和杜炳焕等。其中单蓬莱、王克钊、杨镇藩和叔父都是湖南第四师范的同学。校长是黎幹，他很少到学校来。教导主任是赵季恺，事务长是庞裕。我和大家一样，学习都非常用功，从此开始了我的学生时代。

老师中对我影响最大的是黄剑萍老师。他那时不过 20 岁上下，长得一表人才，为人极好，大家都很喜欢他。他还特别有才气，写得一手好文章，包括白话文和文言文，近体和古体诗词等，字也写得很好，还会画国画，真是多才多艺。我们毕业后上了初中，学英语很吃力，就在暑期中找黄老师补习。他还是一位进步青年，中华人民共和国成立前夕曾协助做党的地下工作，后曾任新湖南报等报刊的记者。我上北大后多年没有回老家，回家后首先想到的就是去看望他老人家。

小学毕业后随即于 1947 年年初去考中学。当时华容县有两所中学。一所是1942 年由著名教育家罗喜闻和周仁等创办的私立南山中学，开始设立在华容南山的禹山脚下，后来迁到了北景港。一所是 1946 年秋季才开办的华容县立初级中学，校长是时任代县长的老教育家张耀寰。他曾先后任岳郡联立中学及岳郡联立乡村师范校长。考虑到华容没有一所公立中学，于是将自己的田产卖掉，在沱江书院旧房子旁边盖了一栋新教室楼。春秋两季招生，除了招收初中学生，还特地设置了简易师范部以培养小学教师。沱江书院位于华容县城东北约三四里的黄湖山脚下，背山面湖。山上栽满杉树，郁郁葱葱；湖中遍植莲荷，十里清香。书院正门进去便是大礼堂，迎面墙壁上镶嵌四方大石，上面刻着"整齐严肃"四个大字。据说是朱熹为岳麓书院题字的石刻转拓而来。全校师生每星期一上午要在这里举行周会。

学校开办时我没有赶上，到第二学期才去考。我考的是初中第二班，简称中二班，全班开始有 74 名学生，毕业时只剩了 28 名，还包括几名插班生，淘汰率是很高的。同班同学中有李广生、刘济中、黎尚炎、汤铭、刘学明、李新义、杨家修、余松林等。最聪明的是李广生。记得升学考试后父亲带我去看榜，第一名就是李广生。到办公室去查询，才知道他的作文就得了 100 分！很是惊讶。后来才知道他连小学都没有上过，是他的祖父教他学习的。上学后门门功课都很好，但一点也不骄傲，待人很和气。三年级时他被选为校学生自治会主席，我当了学习委员。当时有些班出了文艺性墙报，我们班的墙报取名《晨风》，我负责组稿和编排，并画些花边和插图之类。每张墙报约两张报纸大小，用横格纸抄写。内容多是些小品文和诗词之类。当时中三班有位女生长得有点怪，又特喜欢出头露面。广生就写了一首调侃词，用特别醒目的位置标出。我现在还记得很清楚，内容是"走路未出庭，额头已碰门。颈比鹭鸶犹细，脚较水牛稍轻。唱歌如击破罐，沙沙其声！"大家都知道广生是个老实厚道的人，没有想到他也有调皮的时候，玩得还很有水平。这期墙报一下子吸引了许多人来看，出尽了风头。

县中老师中印象较深的有国文老师张作宪，数学老师蔡匡，植物动物和生理卫生老师赵树藩，化学老师胡太然，历史老师张忠，音乐老师卢道庸和曹保民，美术老师周继勃等。周老师是当地有名的画家，国画和漫画都很有水平。特别喜欢画鹰，自号周老鹰，在县城做过个人画展。蔡匡老师的课讲得极好，听他的课简直是一种享受。奇怪的是我每次听不到一半就睡着了，不过我的数学成绩总是很好。开始他关照过几次，后来就不干涉了。他和我的父亲和叔父都很要好，我有时还到他家里去玩。张忠老师教外国史非常生动，板书整整齐齐，一些外国名词还同时写英文。我对历史课一向没有兴趣，只有听张先生的课是例外。

我在五合乡中心小学上学时的教导主任是赵季恺，没有想到县中的教导主任还是赵季恺。他是江苏人，说话本来就不好懂。他教我们英文，发音实在太差，我们只好跟着学，自然也不正确，后来怎么也纠正不过来。此人对学生极为严厉，动辄用大戒尺打手心或是罚站，同学们都怕他。

1950 年初中毕业想考高中，首选是岳阳的建设中学或湖西中学。我就约了几个同学一起去。先是离我家最近的汤铭来找我。他住在东湖边上的袁家嘴，在我家以南约 5 千米。我们一起到县城约了李新义，又一同往东山三封寺约了焦光鉴，往墨山铺约了蔡政之，往三郎堰约了萧宜勉，往砖桥约了徐树凯，最后到洪水港约刘济中。洪水港东临长江，隔江就是湖北省，南面紧邻岳阳县界。我们雇了 7 匹马，浩浩荡荡地奔驰在长江大堤上。过岳阳广兴洲后就走进一望无际的芦苇林。当时芦苇已经干枯，许多人割了当柴烧或盖茅屋。整个洞庭湖边都是这种芦苇林，号称八百里柴林。因为柴林中十分隐蔽，一向是窝藏土匪的地方。有钱人路过往往被抢劫或遭杀害。我们沿途就几次遇到被杀害者的尸体，老远就嗅到刺鼻的腐臭味。回家后跟祖母和母亲说起这事，她们都很吃惊，说"你们好大的胆子！太不懂事了。要是知道你们走这条路，说什么也不会答应"。我们到岳阳对岸的芦席铺时已经很晚，渡船停止摆渡了。望着宽阔的湘江，就是没有法子过去。只好找个小店住下。第二天到岳阳，就近报考了建设中学。当时岳阳有两所高中，都很有名。建设中学原来是湖南省立第十一中学，在岳阳街区的北头，离船码头很近。另一所是私立的湖西中学，在岳阳街区以南，距离比较远。湖西的校长是华容南山的罗喜闻，他曾经组织何长工等留法勤工俭学，也帮助过毛泽东，是很有名气的教育家。我们因为手头拮据，不敢久留，就只考了建设中学，自我感觉不错，没有等到发榜就打道回府了。实际上我们大部分人都上不起学。后来只有汤铭上了建设中学，刘济中和徐树凯，还有李广生和黎尚炎等到县人民银行找了个点钞票的工作。我则经叔父推荐上了小学教师培训班。经过一个星期的培训，主要是政治学习，被分配到宋家嘴的华容第五完全小学任教。叔父则在西边相距七八里路的留仙窖华容第六完全小学当校长。

第五完全小学的校长是杜耀煊，教师有段德勋夫妇、罗世雄、周世英、杜炳焕等共计十名。除杜炳焕外都住在学校里。我的年龄是最小的，担任的课程却是最多的。包括二年级的语文、四年级的算术、五年级和六年级的地理和体育。每周有 30 节课，排得满满的。工资是县里统一规定的，全部用大米计算。分两级，一级每月 160 斤，二级 140 斤。我因任课最多，被定为一级。扣除伙食费，剩下的由学校雇人送到家里。周世英教美术，我也喜欢画画，有时向他请教。他有四幅古山水画，相当于 A4 纸大小。每幅都用咖啡色的漆皮纸包装并做旧，写明是唐阎立本的真迹。画的水平的确很高，估计是后人假托的。还有一位吴老师会拉二胡，我也向他学习，大家相处非常融洽。宋家嘴街道全部在河堤上，离学校不到百米。我们在晚饭后常常上街去泡茶馆，老板不但热情地沏茶、上点心，还打热水泡脚。如果想看戏还可以帮助买票。那种温馨的服务以后就很难得见了。

教小学的生活虽然不错，但我还是一心想升学。要上高中当然还是到省城长沙为好。可是暑期间父亲病了。左大腿内胯长了很大一个痈，痛得不行。为了防止发展和感染，就只好注射青霉素。开始是十万单位，止不住痛，后来都是二十万单位。我到县城的西药铺买，一支差不多要一担谷的价钱，很贵，那也没有办法。我给父亲注射，有时候他自己注射。但效果并不理想。为了止痛，他自己扎中医的针。在这种情况下我很难长期离开，但是父亲一定要我到长沙去考学校，我也只好依从。

记得是八月份的某一天，我卷起一床被子和几件换洗的衣服，母亲给了我几块银圆，我独自一人就上路了。先到县城买了一张去岳阳的宏船票，找地方住了一夜，第二天一清早就上船了。我是第一次坐这种大船。一船可以乘载四五十人，因为到岳阳至少要一天，所以船上准备了饭菜，还可以睡卧。我们上船后只有很小的风，两个大风帆张得满满的，还是走得很慢。船夫只得不断地摇橹。先是通过几十里的华容河才能进入洞庭湖。华容河又名沱江，是从长江通往洞庭湖的四条人工河之一，也是华容通往汉口和长沙的主要运输通道。我们的船慢悠悠地直到傍晚才进入洞庭湖，猜想恐怕要到第二天才能到岳阳了。可是看着船老大并不着急。我们吃过晚饭后只好聊聊天，困了就躺在船舱里睡觉。幸好不一会儿起风了，风力很大，可惜是逆风。这时几个船夫就忙开了。我们乘坐的宏船两边各有一个腰划子，平常悬空不着水面，侧风或逆风时大船向一侧倾斜，那边的腰划子就着水了，使得大船不至于倾翻。为了利用风力，大船就走之字形。一会儿向左，一会儿向右，走得飞快。船上很多人觉得奇怪，逆风怎么能行船呢？我在初中物理课中专门做过一道力的分解与合成的题目，正是要回答逆风如何行船的问题，这回是真实体验到了。不管怎样，我们的船是多跑了许多路，等到好不容易靠岸的时候，已经是月亮老高，估计是近半夜了。上岸后人生地不熟。走到塔前街看到一个华容同乡会馆的招牌，不怕打扰人家就试试叩门进去。老板听说我是要到长沙去考学的，非常高兴，特别热情地接待。正好有一个较好的床位空着，就让我用了。还连声说"你放心，不收你的钱！"我真是感激莫名。第二天一早他把我叫醒，还帮我打好行李，并且一直送到岳阳火车站，为我买了去长沙的火车票，一直到把我送上车，没有让我花一分钱。我们从不相识，他只是说有老家的年轻人出门考学就特别高兴，能够尽一份力完全是应该的。世上就有这样的好人！

到长沙火车东站下车后往哪里去？我急着考学，特别想考著名的省立一中，但不知道一中在哪里。走到离车站不远的小吴门邮局前，那里有许多人力车在候客。记得我在家的时候父亲特别叮嘱我，说长沙有所谓里手特别会骗人。你如果要到哪里去，又不知道路，可以坐人力车，只告诉他要去的地方，绝对不要问有多远，要多少钱，免得受骗。我找了一辆人力车，只说到一中去。那车夫拉着我就跑，转了好几条街，最后终于到了一中。要了多少钱已经记不清楚了，反正不少。我后来上了一中，才知道离小吴门其实很近。我想那个车夫看我是个外地来长沙考学的，一定不知道一中在哪里。否则不用叫车，自己就可以走过去。我虽然警惕怕被长沙里手骗了，终究扎扎实实地被骗了！在一中报名后又到明德、衡湘和妙高峰以及湘江对岸的第一师范等校报了名。当时没有统考制度，一次可以考许多学校，而且可以插班。我在华容县城开了许多证明，考一中和一师都拿毕业证报名，考高中新生；考明德报了一年二期，考衡湘报了二年一期，考妙高峰报了二年二期，后来到各校看榜都录取了。在明德中学报名时，不想碰到了我的小学同学何肖孚，两人都高兴极了。小学毕业后他上了南山中学，我在县立中学，就很少联系了。没有想到他也来长沙考学，同他一起来的还有卜乐云和汤英杰，卜也是我小学同班同学。他们三人都住在离一中不远的清水塘仁和酒店，我还没有找到地方落脚，正好就同他们住在一起了。我跟何肖孚商量，觉得还是要上一个好学校，不要跳级了。于是我们两人就上了一中，卜乐云和汤英杰上了育才。我到一师看榜时，发现有刘济中的名字，但不知道他住在哪里，只好等开学后去看他。

初到长沙，什么都感到新鲜。卖针的用钳子夹着一根针在木板上一扎一弹，表示他的针很好不易断。嘴里不断地念叨："老牌钢针，千块一包，每包二十五口，大小都有！"当时一千元相当于后来的一角钱，真是便宜。我们住乡下的，只能在游走的挑担上买针，一个鸡蛋换一根针，贵得离谱了。长沙街上的橘子特别多又特别便宜，500元一斤，也就是5分钱一斤。我和何肖孚都没有钱，偶尔买一斤橘子两人分着吃好几天。长沙有几家电影院，票价很低，分300元和500元两档，我和肖孚都从来没有看过电影，竟然也看了好几场。

一中只有高中部，每期招四个班，这次招收的新生是55~58四个班，我和肖孚都在56班，全班有58名同学。校长是著名的老教育家陈润泉。我和肖孚因家里穷，享受了全额助学金。除了交伙食费还有一点零花钱。

1950年朝鲜战争爆发，10月中国人民志愿军入朝参战，国内掀起了抗美援朝爱国主义教育运动。不久上面又号召青年学生参加军事干部学校，我们班有不少同学报名。经过体检和考察，我们班的翟实斋、易庚山和刘如惠被录取进了空军，后来易庚山还当上了空军的教官。我当时也报了名，想当海军，还特地给父亲写了一封很动感情的长信。其实当时父亲久卧病床，已没有法子写信了。我则因为体格检查不合格没有被录取。到了12月初的某一天，突然接到堂兄森照的信，打开一看里面还夹带了五万元人民币，知道有故。一看是父亲故世了，顿时脑子一懵，天旋地转！老是想我要是不出来考学就好了，父亲那个病没有人照顾，不注射青霉素怎么能熬过去呢？现在家里只有祖母、母亲、三个弟弟和一个小妹，弟妹的年纪都还小，以后的日子会怎么过呢？我当即给森照哥写了一封长信，同时给叔父其嵩和堂伯父灿然写了长信，请他们尽可能关照我家。我想立即回家，可是在当时的环境下，回去也起不了多大作用。在外面读书，以后有个工作，也许多少能照顾一下家里。思虑再三，实在是左右为难。后来知道父亲是12月7日自尽的，他实在被病魔折磨得没有办法了！父亲是1915年农历十一月初六生人，享年仅仅35岁！

1950年冬至1951年春耕之前，南方新解放区进行土地改革，我家被划为地主，房屋和田产被没收。母亲和弟妹被驱赶到两里路以外的夏家庙，住到也被划为地主而被没收的房屋的一间偏屋里。叔父的房屋也被没收，一家人挤到我家的牛圈里。不久堂兄森照哥去世，他的妻子凤娇把房子拆了卖木料，自己跑到湖北找男人搭伙去了。

1951年上半年，我班的童恩正忽然不知去向。

1952年5月22日，根据上面的指示，撤销省立清华中学，将其并入省立一中，合并后改称长沙第一中学。清华中学原来在岳麓山的校址则成为新建立的中南矿冶学院的校址。原来的省立一中只有高中部，清华中学兼有高中和初中部。合并后的长沙一中也就有高中和初中两部。原来的班次也经过调整，我所在的56班跟55班合并成高一班。一中的前身是1912年8月创办的湖南全省公立高等中学堂，1914年5月改称湖南省立第一中学，以后也曾改称其他名称，但以省立一中的名称最持久。我入校时的校长陈润泉是1950年3月上任的，不幸于1952年冬病故，临时由省教育厅副厅长和《新湖南报》社长朱九思兼任。他后来当上了华中工学院的院长，在高校中很有名气。

湖南一中因为历史悠久，办学很有成绩，培养了许多优秀人才，有南方小北大之称。学校历来注意延聘高水平的教师，他们不但业务好，人品也好，真正能做到为人师表。老师中印象最深的有语文老师彭靖、化学老师郭德垂、物理老师李仲涵、数学老师汪澹华、音乐老师曾水凡、历史老师黄济洋、体育老师柯中快等。彭靖老师是邵阳人，乡音很重但能听懂。他只上过初中，但有文学天才，还善旧体诗词，字也写得很好。后来还当了湘潭大学中文系的教授。他讲课总是很带感情，分析入情入理。我的语文水平本来一般，兴趣也不大。受老师的感染，居然也对文学发生了兴趣。学校的图书馆藏书丰富，而且全部开架。我就如饥似渴地看了许多文学书籍，包括《红楼梦》等四大名著，巴金、茅盾、鲁迅、郭沫若、曹禺、老舍以及外国的托尔斯泰、屠格涅夫、狄更斯、莎士比亚、易卜生等的著作都尽量找来看。在这种情况下我的作文居然也有些长进，在长沙市中学生的作文比赛中居然也榜上有名，尽管只得了个季军，总算是有很大的进步了。我们的数学老师先后有张德滋和汪澹华。张老师讲课一板一眼逻辑性很强。汪老师从1929年起就到一中教授数学，是我校年岁最长最受大家尊敬的老师。他讲课充满激情，常常打比喻，让枯燥的公式变得易懂易学。他要求我们要"精通原理原则，消灭计算错误"。要思考原理原则是怎么来的，不要不假思索地死记硬背。计算要细心认真，不可粗枝大叶。既循循善诱，又严格要求。化学老师郭德垂讲课条理分明，深入浅出，把一些难记的化学反应式编成口诀以帮助记忆，还把元素周期表简化成押韵的五言诗。我现在大致还能记得如下。虽然没有包括所有元素，因为大部分都有了，剩下的也就好记了。

一价：氟氯溴碘氢，钾钠银汞金，

二价：氧硫钡镁钙，铁钴镍锰锌，

三价：铅锡铂铜汞，锰锑氮磷砷，

五价：硼铝铁金铬，六价铬钨硫。

他后来也调到湖南大学当教授去了。生物学老师讲课也很有风趣，他首先问我们什么是生物，除了植物、动物还有没有生物？我们一时都答不上来。他说细菌是不是生物？大家才恍然大悟。他讲生命的起源，讲遗传学说，指出有摩尔根学派和米丘林学派。摩尔根认为各种生物都有自己特有的基因，才能够保证物种的遗传。比如鸡只能生鸡，狗只能生狗等。米丘林强调外因的作用，提出后天获得性遗传。比如苹果树如果一代一代地逐步往北移栽，就能逐渐获得抗寒的能力，这就是获得性遗传。这引起了同学们热烈的讨论。有的说摩尔根对，因为内因是根据，外因是条件，外因要通过内因才能起作用。有的说米丘林对，符合达尔文进化论。否则猴子只能生猴子，地球上就不会有人类了。老师也不作结论，目的就是要引起大家的思考和研究的兴趣。他带我们到湘雅医院解剖室，手术台上放了几十个半解剖的尸体，掀开盖布让我们了解人体的内部结构。手术台旁边还有一个大药池，里面泡了几十个尸体。时间短的呈白色，长的呈不同程度的蜡黄色。女同学都吓得大叫。后来老师又捉了几只青蛙让我们解剖，发现有些结构跟人体相似。这样生动的生物课激起我们极大的兴趣，高考时有不少同学报志愿时填了生物系。音乐老师曾水凡自己会作曲，会弹钢琴。除了上音乐课，还组织我们参加合唱团和歌咏比赛。我是班里的音乐干事，喜欢唱歌、拉二胡、吹笛子等，算是比较活跃的。高中三年是我全面发展的时期，在各门功课中最喜欢的是数理化，但并不偏爱，还喜欢文学、生物、美术、音乐等等（图二至图六）。当时就有"学好数理化，走遍天下都不怕"的说法，是受批判和抵制的。我自认为没有受到不良的影响。尽管经济上十分困难，还是决定考大学，而且一定要考最好的大学。高考时报的第一志愿就是北京大学，居然被录取了！

1953年9月，我从岳阳乘火车到武昌，转乘轮渡过江到汉口，再乘火车到北京。在经过华北大平原时只见一片黄土，看不到一点绿色，中国南北景观如此强烈的对比给人以极深的印象。到北京出火车站后即看到北京大学迎新的横幅，同学们热情地把我们接上卡车，一直开到西郊的燕园。一路上跟我们介绍说，北大原来在城里，去年院校调整，北大的系科有很大变化，校址也搬迁到原来的燕京

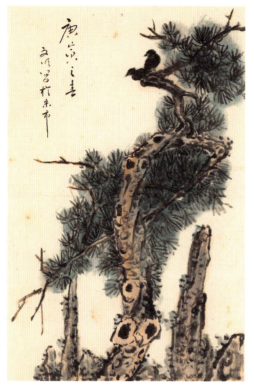

图二　1950年春在华容宋市自学国画之一　　图三　1950年夏在华容宋市自学国画之一

大学，成了清华大学的邻居。附近有圆明园和颐和园，是一处风景特别秀丽的地方，是读书人理想的圣地。院校调整后的北京大学规模远大于燕京大学，房子不够用，便在未名湖以南盖了三栋教学楼。往南有附小，再往南有一条东西向的路沟，路沟南盖了一个大饭厅。这个饭厅能够容纳全校几千名学生吃饭，全校大会也可以在这里举行。饭厅的南面新盖了一片学生宿舍。饭厅和学生宿舍都是简易楼。清华也盖了同样的饭厅和学生宿舍，据说就是清华建筑系的学生设计的。我报考北大时可以填写三个不同系科的志愿，我的第一志愿是物理系，第二志愿是中文系，第三志愿是历史系，其实我是一心想考物理系，没有想到我最后被录取到了历史系。到北大后才知道我在长沙一中的同学有六人考取了北大，其中四人在物理系，一人在数学力学系。我自认为他们的学业成绩并不比我好。我竟然去了历史系，好歹进了北大，还是比较高兴的。当时北大的校长是著名的经济学家马寅初先生，据说是周总理亲自请他来执掌北大的。马校长为人特别亲和，作报告时开口就是"诸位兄弟！兄弟我今天要讲的是……"历史系主任是著名的历史学家翦伯赞先生，他是湖南桃源人，维吾尔族，但早已不会说维语了。我从小学、初中到高中，每个班都有一个固定的教室，每个学生的座位也是固定的。上了大

学，却是一门课一个教室，上完一堂课要赶快跑到另一栋教学楼的某个教室，设法抢占一个较好的座位，不胜劳累。在湖南上学每天吃三餐米饭，菜也比较丰富。到北大早餐吃早点，稀饭馒头加咸菜，不习惯也吃不好。当时学苏联，上午要上六节课，而且要来回跑，到第五第六节课时又饿又乏又头晕，实在难受得很。我住在学生宿舍区的 21 楼一层朝北，当时北京冬天的风沙特别大，窗户又不严实，床铺和书桌上经常有一层土。上课时要往北经过大饭厅旁，再往北要过跨大横沟的木桥才能去教学区。那木桥很简陋，摇摇晃晃，雨雪天又很滑，不小心就可能滑倒。一年级时给我们

图四　1950 年绘画

上中国古代史的是张政烺先生，听说他是很著名的先秦史和古文字学家，但不善于讲课。上课时一手拿着讲稿一手拿着粉笔，想不起来时就拿粉笔敲脑袋。先生的板书写得很好，写完后要擦掉再写，一时找不到擦板，就用棉袄袖子擦，弄得半脑袋和上身一片白，我们看了觉得好笑又不敢笑。到第二学期时该选专业了。当时学苏联，叫作专门化。历史系有中国史、世界史和考古学三个专门化，我不知道选哪个好。当时考古教研室主任苏秉琦先生找我谈话，他听说我喜欢理科，就说考古是一个新兴学科，很有发展前途；考古的田野工作需要多种科技，室内研究也要有各种实验室，有理科基础是一个好条件，动员我选考古专门化，我就这样走上了考古的道路。不过考古专门化还属于历史专业，历史课的比重仍多于考古课。当时学生还可以自由选课，我在地质地理系选修了王嘉荫先生的"普通地质学"和"矿物学"；在中文系选修了阎简弼先生的"中国文学史"，还到生物系旁听了相关课程。总体课时虽然很多，却并不觉得负担有多么重，有的是时间玩。我同几个要好的同学经常到颐和园和西山八大处游玩，附近的圆明园倒去得不多。1954 年的暑假期间，我和同班历史专门化的饶良能、林华国、郑家馨、罗正清和秦声德五位同学带着简单的行李，徒步走到白洋淀，想看看《新儿女英雄传》里面描述的雁翎队活动的芦苇丛和游击英雄牛大水的原型人物。一路走去，

图五　1950 年绘画

图六　1951 年在湖南省立第一中学
（后改名长沙第一中学）
自学国画之一，笔名春草

饿了就到老乡家买个窝窝头。晚上找到小学教室把课桌一拼就当床。大家并不觉得苦，只是当作一种锻炼。但我这个湖南人对吃凉窝窝头很不适应，一路拉肚子。到了白洋淀，能够吃大米饭简直是一种享受。我们找到了一位据说可能是牛大水原型的船民，请他划着船在芦苇丛中来回穿梭，领略当年抗日游击队水上生活的情景。回到学校我又参加了民乐社和美术社，练习拉二胡，学画国画等，为学习生活添彩不少（图七）。

1956 年是令人心情快活的一年。这年 1 月召开全国知识分子会议，号召大家向科学进军。5 月又提出发展科学文化的"百家争鸣，百花齐放"的所谓"双百方针"，广大知识界人士欢欣鼓舞。3 月份在北京饭店召开全国考古工作会议，我作为学生也有幸全程参加了那个由郭沫若主持的重要会议。翦伯赞先生在会上大讲考古对于古代史研究的重要性，同时批评

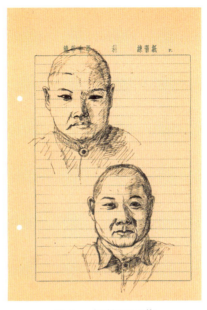

图七　同窗好友杨式挺
（1954 年 8 月 29 日绘）

图八　钢笔画习作
（1957 年 8 月华容夏家庙自家门前）
上：三弟文光　下：二弟文思

考古所半坡工地负责人不许在那里实习的学生抄写资料。这年北大历史系还请了多位外国专家讲课。其中有苏联专家安东诺娃，德意志民主共和国的洛赫，新西兰的德符和两位埃及专家。德符只做了一个讲座，他的第一句话就是：我到中国来就是想寻找故乡的。新西兰的原住民是毛利人，他们的房子和船上的装饰花纹很像中国商周青铜器上的花纹。他们用的有段石锛按照林惠祥先生的分类都是高级型的，中国东南沿海有大量初级型和中级型的，可见毛利人很可能是从中国东南跨洋过海到新西兰这个岛上来的。我们听了都感到很新鲜。上学期埃及专家阿·费克里讲"古代埃及史"，讲得有声有色，讲课内容由校长秘书高望之翻译，当年就由科学出版社正式出版。下学期埃及专家穆斯塔法·埃米尔讲"埃及考古学"，由西语系林幼琪翻译，到 1959 年才由科学出版社正式出版。从此我对埃及乃至西亚考古发生了兴趣。这年暑假期间由裴文中和吕遵谔先生带领到内蒙古赤峰一带实习，我写了一篇《裴老带我们实习》的文章，载《足迹：考古随感录》，详细讲了那次实习的情况。

　　1957 年令人难忘。5 月 1 日中共中央发布整风号召，说是要整顿官僚主义、主观主义和宗派主义三种歪风，提倡大鸣大放。上学期结束后，我在暑假期间回了一趟湖南的老家（图八）。返校后的下学期就到河北邯郸实习去了，学校里的情况都是后来听说的。

关于邯郸实习的情况，我在《邯郸实习忆旧》（见《丹霞集——考古学拾零》，文物出版社，2019年）中有详细的记载。实习结束后，大队伍回校，我和邹衡先生留下整理涧沟和龟台的陶片，直到1958年2月才回校。我回校后同邹衡先生一起继续在考古库房整理邯郸实习的资料。在整理涧沟两个灰坑中出土的人头骨时，发现上面有砍伤和割头皮的痕迹，感到非常惊喜。我后来写了一篇《涧沟的头盖杯和剥头皮风俗》，发表在《考古与文物》杂志上。

1958年是不平常的一年。2~4月全国开展了反贪污、反浪费的双反运动。学校则主要是检查思想，各人首先自查，把自己痛骂一顿；然后大家帮助，狠狠地批判。之后科学院考古研究所副所长尹达到考古专门化作报告，首次提出要"建立马克思主义中国考古学体系"的号召，引起很大反响。

5月份中央发布"鼓足干劲，力争上游，多快好省地建设社会主义"的总路线。我和学校的许多师生被派往昌平参加修十三陵水库的劳动。那是特强的体力劳动，不分日夜地挖土运土拼命干，饿了就吃窝窝头。回校后就开展思想革命，要拔白旗插红旗。从大饭厅直到南校门铺上红砖，象征又红又专。在镜春园北面有一个臭水塘，里面有很深的淤泥，学校动员师生要把它清理干净后建游泳池。我下去后才知道淤泥齐腰深，掏完泥后上来用水冲洗后，才知道整个下半身都被染成乌黑了。

8月初我们班才正式毕业，要分配工作，自己可以填写志愿。我们志愿去的地方多半是边疆或其他最艰苦的地方。我填的志愿是内蒙古和新疆，没有想到留在了北大。跟我一同留下的还有一位朝鲜族的白瑢基。他本来是朝鲜人，在汉城的金日成中学读书。后来一家人迁到了吉林延边朝鲜族自治州，他要上大学就考上了北大。留他的意思是想让他研究中国东北地区和东北亚考古，以便后来开设相关的课程，因为他的日文也很好，条件不错。可是他在汉城有一位未婚妻，结婚后他的妻子曾经来过北大，长得很漂亮，也很贤惠。后来中国连续三年经济困难，中朝关系也有些紧张，双方来往十分不便。于是在1964年他申请去朝鲜探亲后就再也没有回来。我曾经多次从各方面打听都没有任何消息。

初当老师

我留校后试用一年的月工资是46元，一年后是56元，以后又调整到62元，因为遇上了"文化大革命"，十多年没有变动。当了大学老师，如此待遇令人难以相信。尽管如此，既然当了老师，就得尽职尽责，教书育人。我的任务是教新石器时代考古，同时任教研室秘书，协助苏秉琦和宿白先生安排课程，从此开始了我的教学生活，但是并不顺畅。这时"大跃进"开始了。全国到处掀起了大炼钢铁的热潮，学校筑起了许多土高炉，我们教研室也在 30 楼后面筑了一个土高炉。吕遵谔老师任技师，我当班长。苏秉琦和阎文儒等老先生也参加进来。阎先生把自己家的一口铁锅和一块暖气片也都拿来炼钢！最终也跟大家一样，炼出来的不过是一堆烂铁渣子。生物系批判了试管育秧苗后，就在小东门外找了一块地，深翻约 2.3 米，每亩种 300 斤小麦，施了大量肥料。还不断地放送音乐，晚上用灯光照明。靠路边挖了一个大剖面，以便观察根系的发育是不是长到了约 2.3 米深。化学系拿红薯做橡胶，校园到处铺满红薯干，也没有听说是否炼出了橡胶。报纸上则天天有放卫星的消息。开始是某地小麦亩产 7000 斤，接着就有某地水稻亩产几万斤乃至几十万斤的报道。大家都知道那是不可能的，却要不断检讨自己太保守。

外面很热闹，我和邹衡先生继续整理邯郸考古实习资料，我完成了邯郸龟台寺考古发掘报告，邹先生完成了邯郸涧沟考古发掘报告，俞伟超完成了邯郸齐村百家村战国墓葬发掘报告。后来都交给苏秉琦先生审查，"文革"中几乎丢失，至今没有出版。

在校党委的号召下，考古专业师生提出要批判资产阶级考古学，为建立马克思主义考古学而斗争。分头编写《中国考古学》讲义。我和 57 级二年级同学共同编写新石器时代考古，写出了 5 万字，其他各段也是师生结合共同编写，最后合在一起于 1960 年铅印为红皮本的《中国考古学》。这期间不过名义上当了老师，却没有真正上一堂课！

1959 年原定 2 月某日带学生去陕西华县实习，系办公室贵增祥先生都跟我买好了火车票，明天就要出发，不巧下午 5 点左右我正在整理行李时突发胃痛倒地。朱承思和林华国把我送到校医院，知道是急性胃穿孔，当即请清华大学一位有经验的谢大夫动手术。麻醉药用多了直到第二天下午约 14 时才醒来，我还以为是早晨天亮了！后来知道手术做得不理想，刀口长了一个大肉瘤，时常发病，甚至少量便血。我还惦记着华县考古，暑期中一人跑到华县泉护村，由张忠培介绍泉护与元君庙考古发掘的情况，他特别提到苏秉琦先生将泉护一期的陶器归纳出四类八种。

1960 年 2 月我同李仰松和夏超雄带领 57 级全班到洛阳王湾进行田野考古实习，我全面负责业务指导。这个地点上学期已经由邹衡和夏超雄带领 55 级进行了考古发掘实习，文化遗存十分丰富。我们在上次发掘区南布置发掘区，发掘结果对上次有所补充和修正，收获颇丰。我在《王湾考古琐记》中比较详细地记载了这次实习的结果。

1961 年全国面临经济极度困难，学校食堂很少有细粮，常常只有蒸红薯，或者用玉米芯碾碎夹菜帮树叶之类做的忆苦饭。我的胃病没有好，吃这些东西就会钻心痛，甚至引起胃出血。每人的粮食是限量供应的，定量都很低，经常吃不饱。我当时与本系的青年教师同住 19 楼，两人合住不到 10 平方米的一间房。有些教师实在饿不过，就到郊外收完大白菜的地里找剩下的菜帮等弄回来吃。我不是吃不饱，而是吃不下。没有办法，只好尽量少活动，埋头修改新石器时代考古的讲义，下期给 60 级讲授新石器时代考古课程。

1962 年下学期由高明带队，加上我、夏超雄、李伯谦和张剑奇，带领 59 级学生到安阳实习，发掘大司空村的商代晚期墓地，接着在安阳东西两边，沿着洹河两岸进行考古调查与试掘，基本理清了豫北新石器时代文化发展的脉络，纠正了大司空类型和后冈类型相对年代被倒置的错误。我写了《安阳考古记略》（载《丹霞集——考古学拾零》）。

按照教学计划，59 级同学要在 1963 年下期分组进行专题实习。我主动要求带学生到甘肃实习，一是想了解所谓彩陶文化是不是通过甘肃走廊从西方传播过来的，二是想弄清楚所谓半山式彩陶是不是专门为死人随葬用的。因为最早在甘肃做考古调查的安特生在他所写的《甘肃考古记》中把马家窑式彩陶和半山式彩陶都列入仰韶期，认为前者是住地遗存，是生活用品；后者只用于为死人随葬，上面的锯齿纹应该称为丧纹。安志敏先生给我们上新石器时代课时也重复了这一说法，我对此表示怀疑。当年 9 月初，我和俞伟超一起带领 5 名 59 级同学到甘肃兰州实习。我带张万仓整理兰州雁儿湾和西坡呱马家窑期的资料，带张锡英整理兰州白道沟坪马厂期墓地的资料。带姚义田整理武威皇娘娘台齐家文化遗址的资料。接着带领他们三人发掘兰州青岗岔遗址，首次发现一座保持完好的半山期房址，那里面的彩陶显然不是随葬用的。那是一次最艰苦而收获最大的考古工作，我写了一篇《难忘的青岗岔》（载《足迹：考古随感录》）。俞伟超则带杜在忠和杨来福整理武威汉墓的资料。

甘肃实习回来，学校即派我赴通县骚子营与考古研究所的同志一道搞"四清"。1964 年 10 月又去朝阳区北甸搞"四清"，接着就去首都机场旁的天竺搞为期半年的"四清"，短暂回校后又被派到昌平县后牛坊搞"四清"，连续开展农村的阶级斗争，这时北京大学也由中央宣传部派工作队来校接管校党委，实际上是"文化大革命"的预演。我刚刚准备认真教书，同时潜心做考古工作与研究的愿望不得不暂时中断了！

教书育人

我是在 1961 年秋才正式给 58 级考古专业的学生讲授"新石器时代考古"课

程的，从那以后几乎每年都要上这门课，每年都有些新的内容。因为随着全国考古工作的进展，每年都有许多新的发现，某些原来的认识往往被新的发现所充实或改正。作为一门课程，不但要尽量收集新的资料和研究成果，还必须加以消化和系统化。所以我每年都要花很大的精力补充和修改讲义。直到1964年年初才完成一部20多万字的正式讲义，由北京大学印刷厂出了一个红皮铅印本。不久就因为不断的政治运动特别是十年"文革"的严重干扰，根本不可能进行新的补充或修改。"文革"以后中国考古学迎来了一个蓬勃发展的黄金时代，新的发现和研究成果层出不穷，我再也没有精力重新编写了，只能还用老讲义，再补充编写一些新资料充数，自觉有些力不从心，该有年轻人接棒了。时隔多年，没有想到有些朋友还挺看重那个1964年红皮本的《中国新石器时代考古》讲义，要文物出版社正式出版。我想在新的中国新石器时代考古教材或专著出版以前，把老讲义作为一块铺路石拿出来也不是毫无意义的，出版以后《人民日报》也做了介绍，看来效果还可以。

我认为作为考古专业的学生，首先要了解什么是考古学。可是除20世纪50年代初夏鼐先生为我们讲过一次"考古学通论"，以后再没有开设过类似的课程。我不揣冒昧从1990年起即为本科生讲授"考古学导论"，直到1998年。本来想结合讲课的内容写一本《考古学导论》的教材，但力不从心，只是写了一些相关的文章，后来结集为《走向21世纪的考古学》由三秦出版社出版。二十多年后又把续写的一些文章合编在一起，名为《考古学初阶》，还是希望能够多少起到一点启蒙的作用。

北大考古专业创立之初，中国考古学的课程就是请相关专家分时段讲授的，例如旧石器时代考古请裴文中先生讲授，新石器时代考古请安志敏先生讲授，商周考古请郭宝钧先生讲授等等。后来由较年轻的教师接棒，还是分时段讲。可是历史系首先是讲中国通史和世界通史，然后才讲断代史，让学生有一个整体的概念。考古专业理应先讲中国考古学，然后再分时段讲旧石器时代考古和新石器时代考古等等才比较合适。可是谁来开这门课呢？宿白先生提议由我们两个人抬。我讲先秦部分，秦汉以后全部由宿白先生自己担任。以后逐渐由年轻人接棒，这事就办成了，效果还不错。

我从1979年协助苏秉琦先生指导佟伟华和杨群两名硕士研究生，1981年开始独立招收硕士生，先后有吴玉喜、李权生、赵辉、王辉、李岩、胡木成、李水城、张弛、郑晓瑛（协助吴汝康先生指导）、段宏振、徐祖祥、李宗山、戴向明、吴卫红、樊力、霍丽娜、韩建业、贾汉清和张强禄等，同时参与指导历届研究生班的学生。1992年开始招收博士生，先后有孙祖初、李水城、张弛、钱耀鹏、江美英、金教年（韩）、赵春青、韩建业、洪玲玉、陈洪海、魏峻、秦岭和员雪梅等。其中不少已经成为知名学者，引领中国考古学的发展和诸多历史问题的研究与探索，这是我作为老师最感欣慰的地方。只有一点稍不如人意的就是那个金教年，他看起来很憨厚，却有一股子倔脾气。此人回韩国后再无音信。

北大考古专业从 20 世纪 70 年代开始接收外国留学生和进修生，我从这个时候也开始指导留学生和进修生，此前还曾协助苏秉琦指导越南研究生黄春征。我于 1977～1979 年指导美国进修生顾道伟（David W. Goodrich），1982～1984 年指导德意志联邦共和国高级进修生韦莎婷（Jenette Augustewerning），1983～1984 年指导日本高级进修生小川静夫（后改名大贯静夫），1985～1987 年指导新西兰进修生冯衍宗（Christopher David Pung），1987 年指导加拿大的文德安（Anne P. Underhill），1987～1989 年指导日本高级进修生中村慎一，1988～1991 年指导日本进修生内田恂子，1989～1992 年指导日本高级进修生小泽正人，1991 年指导日本高级进修生渡边芳郎和后藤雅彦，同年还指导英国的欧立德（Mark Elliod）和加拿大的陆珍妮（Jany Lucus），1991～1992 年指导日本高级进修生宫本一夫，1992 年指导法国的克莱尔（Claire Dienstag）和墨西哥的罗莎（Rosa elena Moncayo），还有以色列的吉迪（Gideon Shelach-Lavi），1996～1998 年指导日本的小宫山真实子等。其中大贯静夫一直在东京大学任教，对包括俄罗斯远东地区的东北亚考古有较深入的研究。中村慎一当了日本金泽大学的副校长，长期研究良渚文化和稻作农业的起源。宫本一夫当了日本九州大学的副校长，对中国北方文化有较深入的研究。文德安从加拿大温哥华卑诗大学转入美国芝加哥大学后，长期与山东大学合作发掘两城镇遗址，对龙山文化的陶器有较深入的研究。吉迪曾对红山文化的遗址进行多次调查和研究，后来当了以色列希伯来大学的副校长，对黎凡特地区做了不少考古工作。

我作为教师总是要求学生德艺双馨，注意业务能力和学术道德的培养。要求学生做的，自己首先要做到。还要做到教学相长，虚心向学生学习。即使是初学考古的本科生，他们的提问有时也能启发我对某些问题的进一步思考。研究生选择的课题多半是学术发展的前沿，在指导学生如何研究时自己也必须进行研究，这对提升自己的业务能力和学术水平也大有好处。

（原载《耕耘记——流水年华》，文物出版社，2021 年）

考古研究五十年

　　我在上大学以前根本不知道考古学为何物。读中学期间成绩最差的就是历史课。不过那时在先父的安排下并不很情愿地读过一些古书，包括《四书》和《诗经》《尚书》《左传》的部分内容，对以后学考古还有一点用处。在大学也是在懵懵懂懂的情况下选择了考古专业，不过在多名著名学者的教诲下，学下去也就慢慢有兴趣了。真正从事研究当然是在当了老师以后。

　　我在 1958 年留校任教，1959 年开始讲授中国新石器时代考古课程，同时也就开始了新石器时代考古的研究。在 1966 年"文革"灾难爆发以前，我主要做了两件事。一是编写中国新石器时代考古讲义，二是开展仰韶文化的研究。

　　我开始讲课时不但没有现成的讲义，连中国新石器时代考古的专著也没有，整个中国考古学也是如此。当时北京大学历史系在"大跃进"的声浪中决定师生结合编写教材。考古专业的师生结合起来编写《中国考古学》，1960 年出了一个红皮本。我开始是和 57 级同学共同编写新石器时代考古，热闹一阵后，修改的任务由我一人承担。由于基础太差，要达到大学教材应有的水平，就只好重写。我在自知能力不足的情况下，下决心花大力气。首先阅读资料，全面了解前人的工作和研究成果，把从安特生起几乎所有研究中国新石器时代考古的学者的著作都仔细阅读过。为了作些比较，我还阅读了庞培里在中亚土库曼斯坦所作的安诺遗址考古发掘报告，赫洛宾在安诺以东格奥克苏尔绿洲的考古报告，以及帕谢克关于乌克兰特里波列诸遗址的分期研究，苏联卡施娜的《仰韶文化研究》等，有些还做了详细的笔记。我跟中国科学院考古研究所的安阳队、洛阳队、内蒙古队、山东队、山西队、西安研究室和长江队建立了广泛的联系，还到各主要省份的文物工作队和博物馆参观学习，做了大量的笔记。同时在写作中就有关问题多次向翦伯赞、裴文中、夏鼐、苏秉琦等老先生请教。这样在 1962 年就完成了初稿，以后边教学边修改，到 1964 年 5 月出了红皮铅印本。全书约 24 万字，另编有插图一本。此后多年没有修改，只在讲课时加印一点补充材料。这份讲义也可以说是我国第一部成体系的新石器时代考古的专著，尽管还不很完善和成熟。在当时提倡所谓敢想敢干，把年轻人鼓噪起来大肆批判所谓资产阶级学术权威的气氛下，我的这种做法和态度似乎有点不合时宜。但回过头来看，我没有听从召唤跟着大起大哄，坚持走自己的路是对的，也实在是很不容易的。记得我把红皮铅印本送请系主任翦伯赞先生指教时，翦老极力主张正式出版，可是教研室主任苏秉琦说不要着急，放一放再说。这一放就没有日子了，直到现在也没有正式出版。

　　为了把新石器时代考古的研究引向深入，我选择了仰韶文化作为突破口。因为仰韶文化的地位特殊，相关资料最丰富，又是当时争论的热点，所以下决心先攻克它。当时对仰韶文化的认识是很肤浅的。只知道它是新石器时代晚期（有的学者认为属中期）、以彩陶为特征的一个考古学文化，年代比龙山文化早。本身可分为半坡和庙底沟两个类型，社会性质可能是母系氏族公社（也有人认为是父系的）。1962年师兄杨建芳发表《略论仰韶文化和马家窑文化的分期》，对仰韶文化做了比较详细的分析。1965年苏秉琦先生发表《关于仰韶文化的若干问题》，更对仰韶文化进行了比较全面的研究。这两篇文章都对我有很大的启发。不过我觉得当时许多人研究仰韶文化时对基础资料缺乏认真的分析。基础资料不准确，得出的结论自然不会牢靠。例如大家讨论半坡类型和庙底沟类型的关系，有的说半坡类型早，有的说庙底沟类型早，有的说二者同时，并行发展。但究竟什么是半坡类型，什么是庙底沟类型，却并没有弄清楚，相互的地层关系也没有认真分析。这样的讨论自然难以得出令人信服的结论。当时我想，任何一个考古学文化都应该有一个发生、发展和消亡的过程。在这个过程中，各个地区可能会有不同的表现。这些不同的表现除了内部的原因以外还可能有外因，特别是周邻文化的影响。只有在这些问题都基本弄清楚以后，该文化的生产和经济发展情况，社会组织和社会性质以及精神文化等各方面的问题的研究才有必要的基础。我就是本着这样的理念来从事仰韶文化研究的。但是要了解一个考古学文化的发生、发展和消亡的过程，首先就要做好文化本身的分期工作。而分期研究不能从文化类型出发，也不能笼统地从遗址与遗址的比较出发，而应该首先把每个遗址本身的分期弄清楚。然后将邻近区域相关遗址的分期进行比较，明确区域内的文化分期。再将各个区域的分期进行比较，才能得出整个文化的分期。这是一个从个别到一般逐级概括的认识过程。考虑到仰韶文化分布的渭河流域、汾水流域和洛河流域等自然分界清楚，文化面貌也略有不同，所以首先按照这种分区来选择典型遗址，按地层单位和器物类型重新进行分期研究（这是万不得已的。如果考古报告写得好，这一步原是可以省略的）。1966年以前，我先后分析了河南洛阳王湾、渑池仰韶村、陕县三里桥和庙底沟、山西夏县西阴村和陕西西安半坡等遗址的资料，并且以这些遗址的分期为基础，分区进行分期研究，最后进行整个文化的分期。在准备撰写《仰韶文化的起源和发展阶段》的论文时，一场"文革"无情地把我的计划打破了。不过"文革"后的研究基本上还是按原计划进行的，直到 1989 年才把有关论文结集出版了《仰韶文化研究》一书。其中关于聚落形态和埋葬制度的研究摆脱了传统的所谓母系父系说。因为社会的发展不是按家系的变化而是按生产力和生产关系来划分阶段的，其中尤以所有制的变化最为重要。我着重分析了半坡类型的聚落和大量墓葬资料，发现当时还没有明显的贫富分化，应该是以氏族公社为基础，同时有部分家族和胞族的财产。此种情况到庙底沟期开始发生变化，到仰韶晚期变化更加明显。但当时因后两部分的材料尚不充分而没有展开讨论。

20 世纪 70 年代末到 80 年代，我主要做了两件事，一是长江流域考古和稻作农业起源的研究，二是山东考古和东夷文化的探索。

我国长江流域的考古工作开展较晚，那里史前文化的发展水平如何，有什么特点，在全国史前和早期文明的发展中占有什么样的地位，都是有待研究的问题。1974 年，北京大学考古专业的师生应长江流域规划办公室陈淮先生的邀请，参加湖北省宜都红花套遗址的考古发掘工作，我负责业务指导。同时在那里进行田野考古实习的还有厦门大学和四川大学考古专业的师生。红花套遗址的文化遗存主要属大溪文化，也有少量屈家岭文化的遗存和东周时期的墓葬。我们发现了屈家岭文化叠压大溪文化的地层关系，第一次解决了在当时尚不明确的两个文化的相对年代关系。更重要的是在大溪文化时被烧毁的房屋遗迹中，发现了大量掺和在泥土中的稻壳痕迹。当时还只知道屈家岭文化有粳型栽培稻，红花套的发现把栽培稻的历史提前了差不多上千年，促使我认真考虑长江流域是不是稻作农业起源地的问题。

（未完稿）

我的北大情

——纪念北京大学建校 120 周年

我是 1953 年考上北大的。高中是在湖南著名的省立第一中学后改名为长沙第一中学毕业的。当时我们班的同学有不少报考北京大学，我的第一志愿就是北京大学。为什么首先选择北大？因为北大太有名气了。谁都知道北大是中国政府最早开办的新式大学，对中国近现代历史影响巨大。北大是新文化运动的发源地，有一大批具有新思想的著名学者。我读了他们的书，可说振聋发聩，受到极大的感染。我进了北大，做了北大人，就感到有某种心灵的满足。

1953 年正是我国开始大规模经济建设的时期，同学们都想选择能够在将来为祖国的科学和经济建设贡献力量的学科，我和许多同学都报考了物理系，以为科学的前沿在物理学方面。我们班有七名同学考上了北大，其中五名在物理系，一名在数学力学系，我却被录取在历史系，这是完全没有想到的。因为我认为自己的学业成绩比较好，数理化水平也不比他们低，历史课反而是学得最差的。

因为我对历史学没有兴趣，对北大历史系当然毫无了解。进了历史系，才知道这里有许多大师级的著名教授。系主任翦伯赞就是与郭沫若、范文澜齐名的三大马克思主义历史学家之一。教授中国史的张政烺、邓广铭、邵循正，教授世界史的齐思和、周一良、杨人楩和教授考古学的向达等，都是学贯中西，并且是中外知名的学者。不过开始也就是知其名，听课以后才逐渐仰慕他们的学识和高尚的品德修养。先生们不但课讲得好，对我们这些初入大学的年轻人又非常关爱，循循善诱。我在这种情况下居然逐渐认识到学历史也不失为一种不错的选择。北大历史系有中国史、世界史和考古三个专业，学生要到二年级时才在老师的帮助下选择专业。当时考古教研室主任是中国科学院考古研究所的苏秉琦先生兼任的，他听说我喜欢理科，鼓励我学考古。说考古学也需要自然科学知识和技术，学历史就用不上了。还说考古学是一门非常年轻的学科，发展前途广阔。全国的考古学者又非常少，急需培养相关的人才云云。我就这样进入考古专业学习，毕业后又留在考古教研室工作，几十年没有挪窝，现在还是北京大学考古文博学院的教授。从而也就跟北大结下了不解之缘！

北大的历史是不断上进的，也是非常坎坷的。记得 1956 年上面号召向科学进军，北大师生几乎铆足了劲，图书馆和实验室都挤得满满的。那年暑假我正好跟着中国旧石器时代考古之父、北京猿人的发现者裴文中先生到内蒙古赤峰和林西一带实习。先生的学识和修养给我以极大的教益。我在考古的征途上虽然是初次学步，却从此下定决心要为祖国的考古事业奋斗终生。

1957 年中央号召全党整风。北大师生以无比的热情投入运动，大字报贴满校园，大会小会发表了许多宝贵的意见，但也有不少偏激乃至错误的言论。我和许多同学都认为对这些言论应当严肃批评，用事实进行说服教育。没有想到后来竟演变为雷霆万钧的"反右"运动。不过"反右"中教学还是照常进行的。按照教学计划，1957 年下半年，我们 53 级考古班要进行田野考古实习。全班同学在诸位老师的带领下，到河北邯郸地区进行实习，先后发掘了涧沟、龟台两处新石器时代至商周时代的遗址，还有齐村一百家村的赵国贵族墓地，之后又在周围的许多地方调查了一大批遗址，收获非常丰富。

1958 年年初回到学校帮助老师整理考古资料。毕业时我被留校，分配在考古教研室当一名助教。不久就赶上了"大跃进"。在大炼钢铁的热潮中，我们居然也在学校里搭起了小土炉。不过北大作为一所高校主要还是提倡科研"大跃进"。鼓励年轻人要解放思想，敢想敢说敢干，让学生编写教材。我那时就跟 57 级学生一起编写新石器时代考古的教材。虽然觉得有些不切实际，但对我毕竟还是一种锻炼。此后我作为一名年轻教师，几乎每年都要讲授"新石器时代考古"课程，并且结合上课不断修改教材。1964 年正式出了一本红皮的铅印讲义，实际上是我国第一部新石器时代考古的专著而得到广泛的传播。

田野考古实习是考古专业学生的必修课，而指导实习的任务主要是由年轻教师担当的。我差不多是每年的上半年上课，下半年带领学生实习。看似很劳累，实际上对自己工作能力的锻炼和业务水平的提高都大有好处。

1964 年年初，我刚从甘肃考古实习工地回来，旋即被派到北京市组织的"四清"工作队。先后到通县骚子营、朝阳区北甸、顺义天竺和昌平后牛坊参加"四清"，少则一两个月，多则半年。之后就是"文化大革命"，中间曾到江西鲤鱼洲五七干校锻炼。回校又干了一年后勤工作，到食堂当司务长。1972 年考古专业开始招收工农兵学员，我又捡起了教学工作。1977 年恢复高考招生，教学计划相应地进行调整，从此才走上了正轨。过去北大的考古专业在全国是唯一的，"文革"后期许多高校也成立了考古专业，纷纷要求我们支援人力和提供教材。我们虽然从 1958 年就开始编写中国考古学的教材，但一直没有完成。此时不得不重新规划，正式成立编委会。我们在先后招收硕士和博士研究生的同时，也接受了不少进修教师，算是对兄弟单位的一点支持。过去我们主要研究和讲授中国考古学。限于当时的条件，教师基本上没有出过国门。随着国家的改革开放，我们的教师也陆续到国外讲学或做访问学者。同时也请外国学者来讲学，接受外国的访问学者，并招收外国留学生和研究生。在这种情况下，仅仅作为历史系的一个专业就很不方便了。于是在各方面的支持下，1983年正式成立了考古系。随后建立了以碳-14方法为主的考古年代实验室，建立了赛克勒考古与艺术博物馆，成立了中国考古学研究中心，出版了不定期的学术刊物《考古学研究》。随着事业的发展，后来又扩充为考古文博学院。所有这些努力，是在北大不断向前发展的总形势下实现的，并且一直得到校方的关怀与支持。现在北大要建设世界一流的大学，这是北大义不容辞的历史责任，我们每个北大人也都要有这个雄心，并且要竭尽绵薄，奋勇争先，以表达我们对北大的拳拳深情。我曾写过一首小诗，现录于此。诗中的燕园情也就是北大情！

燕园情思

我志在北大，北大伴清华。城中难发展，燕园安新家。

初进新校园，望见博雅塔。塔影映未名，风景美如画。

湖畔有书斋，冠名德与才。德才均备全，体健好身材[1]。

元培老校长，自由揽人才。精英多聚集，包容大胸怀[2]。

独秀举大旗，请来德与赛[3]。德赛配德才，育出栋梁材！

敬爱马校长，亲如好家长。师生皆兄弟，独胆担大义[4]。

倡新人口论，宣讲费苦辛。威权压不倒，拳拳报国心。

难忘五七年，春风拂燕园。为表爱国情，赤子献丹心。

忽闻闷雷声，黑云顿压城。有理无处申，失言变罪人。

五八大跃进，教育要革命，师生勤出进，燕园不宁静。

---

〔1〕　未名湖北岸七座书斋冠名为德、才、均、备、体、健、全，后将前五座改称红一至红五楼。

〔2〕　蔡元培任北大校长期间提出"思想自由，兼容并包"的办学方针，尔后成为北大的重要传统。

〔3〕　曾任北大文科学长的陈独秀首先提出要"拥护那德谟克拉西（民主）和赛因斯（科学）两位先生"。

〔4〕　马寅初校长对师生讲话时，开头总是说"诸位兄弟！兄弟我要讲的是……"非常亲切。

"文化大革命"，大革文化命。教授挨批斗，知识当粪土。

没事打派仗，学校变战场。回首燕园梦，世事成渺茫。

浩劫十年过，青春逐逝波。岁月催人老，不容再蹉跎。

教学回正轨，科研爬高坡。继承好传统，更要唱新歌。

奋力数十年，北大换新颜。琼楼拔地起，学术勇争先。

大师勤授业，学子多出色。科学上高峰，院士超五百〔1〕。

声誉遍寰宇，迎来远方客〔2〕。回首崎岖路，难免断魂魄。

闲来未名行，处处是柳荫。柳荫遮不住，博雅伟岸身。

精神沁人心，北大催上进。我为北大人，心中有明灯。

老来当益壮，不负培育恩。坎坷六十春，不改燕园情〔3〕。

［原载《精神的魅力（2018）》，北京大学出版社，2018 年。后收录在《丹霞集——考古学拾零》，文物出版社，2019 年］

---

〔1〕　历年被选为中国科学院院士和工程院院士的北大教师和校友超过 500 人，多人获国家最高科学技术奖。

〔2〕　据不完全统计，北大在校外国留学生约 4000 人。每年接待两万多外宾，包括约 80 位外国大学校长。

〔3〕　我在燕园学习和工作已逾六十春秋。个人的青春、理想和事业，都是跟燕园分不开的。

邯郸实习忆旧

我真正懂得一点考古学应该是从邯郸实习开始的。那是1957年，永远难以忘怀的1957年。那年春天的北京大学校园特别热闹。同学们拥护党中央整风的号召，发扬北大的民主传统，在校园里贴了许多大字报，有的搭讲台发表演说，充分表达爱党爱国的感情。可是仅仅热闹了一个多月，一场"反右运动"像泰山压顶一样盖了下来。我们班也批评和批判了几个同学，都是历史专业的。考古专业一向被认为不大关心政治，说我们是"两耳不闻窗外事，一心只把古来考"。其实是言过其实，因为下学期就要出外实习半年，在业务上抓得紧一些以便做些准备是很自然的。

9月初一开学，我们考古专业53级的全体15名同学、几位老师和工作人员，在宿白先生率领下，开赴河北邯郸进行田野考古实习。指导实习的老师主要是邹衡先生，赵思训先生指导照相，刘慧达先生指导测量和绘图，52级毕业留校的祝广琪先生则协助邹先生指导。学校总务处还专门派了李忠负责行政后勤，后来由部队转业的刘闰接任，另外还带了两名炊事员做饭。我们的考古工作是跟河北省文化局合作进行的，省文化局派其下属文物工作队的孙德海队长和刘来成参加辅导，他们原来是全国考古人员训练班第二和第四届毕业的，有比较丰富的田野考古经验。他们带了老马和拴柱两名技工，还派李宝珠跟李忠一同负责行政后勤。邯郸市文化馆的柴俊林和省文化学院的江达煌等也参加学习。大队人马都住在邯郸市西约9千米属于邯郸县的涧沟村，在村前西头盖了一个大席棚做伙房和饭厅。参加发掘的民工也都是涧沟的村民。

我们开始发掘的地点就在涧沟村北。遗址北部和东部为沁河环绕，部分已被沁河冲毁，剩下的不足3万平方米。遗址的西北和东南各有一个打靶场，东北有一座拦洪坝。省文物队孙德海等此前已经在那里发掘了一大片，约1200平方米，称为1区。我们是接着他们发掘区的北面来布置发掘区的，称为2区。发掘的方法是开探沟，多是2米×10米，方向正东西。事先由探工普遍钻探，哪里地层较深就在哪里开探沟，所以互不连续。我挖的是HJ2T6，即邯郸涧沟第2区第6号探沟。探沟挖下去再往外扩，才知道发掘的是一个大坑，别的同学挖的也都是一些大坑，坑外基本上没有文化层。文化遗迹仅发现 3 座陶窑、2 座水井和 1 座乱葬坑，实际发掘面积 1420 平方米。省文物队在第 1 区也挖了一些大坑，同时发现了 5 座陶窑和 2 座水井，与水井相连还有两条小水沟。至此整个遗址已基本挖完了。两区都没有发现任何房屋遗迹。除 1 区发现两个婴儿瓮棺葬外，也没有发现其他墓葬。倒是杨式挺挖的一口水井中发现有先后扔进去的 5 具人骨架，孙国璋挖的一个圆坑中发现有 10 具人骨架，只是当时没有清理。柴俊林挖的一个水井深 7 米，近底部发现有 60 多件汲水罐。

涧沟遗址的文化遗存以龙山文化为主，其次是早商文化，后来发现其中一部分应该属于先商。龙山文化可分两期，早期的陶器多灰褐色，饰绳纹和篮纹，有肥袋足双錾鬲。晚期多磨光黑陶，有朱红或红黄白相间的彩绘。从龙山文化到早商，这里应该都是陶器制造场。那些大坑无疑是取土坑，水井应该是为取水和泥用的。至于那些乱葬坑，其中的死者男女老幼都有，有的作挣扎状，有的身首异处，有的头部有砍伤或烧焦痕迹，应该是外地族群来争夺陶器制造场而发生战斗的牺牲者。特别值得注意的是，有两个龙山文化的大坑底部各埋三个人头盖骨，有的上面还有剥头皮的痕迹。这应该是战斗胜利者砍下敌方头颅做头盖杯并留下头皮以做纪念的证迹。后来我曾专门写了一篇文章加以说明。

在涧沟发掘期间，我们几个同学利用休假的日子到附近的百家村遛弯儿，在一条小沟边无意发现有灰层，随便刮一刮发现有不少陶片。其中有彩陶和篮纹陶片，应该是属于仰韶文化的。后来这类遗存就被命名为百家村类型或大司空类型，算是一个额外的收获。涧沟发掘的后期，大部分同学的探沟和灰坑已经挖完，只留下贾洲杰等同学继续挖。其余同学分为两组。一组到邯郸近郊的齐村—百家村发掘战国墓葬，他们共挖了 32 座赵国下级贵族的墓葬。我和纪仲庆、戴尔俭、白瑢基、袁樾方五名同学一组则到涧沟以西约 3 千米的户村龟台寺进行发掘，由邹衡先生和刘来成先生指导。

龟台寺遗址在一个龟形的小土台上，元明时曾经在台上建了一座寺庙，故名。台顶面积 3000 余平方米，遗址仅分布于东北部分。因东北两边被沁河冲刷，所剩遗址已不足 1000 平方米。我们的发掘仍然采取探沟的方式，发掘面积 674 平方米。龟台的发掘有两个插曲。一个是当别人的探沟中发现一些灰坑时，白瑢基的探沟没有灰坑。他很奇怪，叫我去看。我一看沟壁上挂了好几个灰坑，他挖掉了还不知道。才发觉他有色盲。后来考古专业规定不要招收有色盲的学生。二是我挖的探沟紧贴北边悬崖，在挖第 81 号早商的灰坑时，因坑中填土比较松软，在找边时突然垮塌，我的下半身被埋，铁锹把都砸断了。幸亏没有把我掀到崖下，否则不堪设想。后来我们在崖边发掘时都在腰部绑一根粗绳，另一头拴在靠里边的大木桩上，以保证人身的安全。不过我们的发掘还是有很大的收获，发现了龙山文化、早商和西周三个时期的文化遗存。这里的龙山文化比涧沟的晚，陶器多深灰色，绳纹、篮纹和方格纹都很发达，本身还可以分为两期。早商文化也可以分为两期，分别与郑州二里岗上下层对应。西周也可清楚地分为两期，这是一个新发现，是对西周遗址的首次分期。

整个发掘工作结束后，随即分组开展田野调查。我在新石器时代组，由李仰松先生从学校赶来指导调查。同行的有徐秉铎、李炎贤、袁樾方和白瑢基等。商周组由邹衡先生带领纪仲庆和杨锡璋等到邯郸以南不远的峰峰矿区调查。宿白先生和刘慧达先生带领杨泓和孙国璋等也到邯郸以南峰峰矿区附近的南北响堂山调查石窟。战国秦汉组由苏秉琦先生的研究生俞伟超带领调查邯郸附近的赵王城和临漳的邺城等遗址。这后面三组都取得了非常丰硕的成果。

我们新石器时代组走得最远，一直往北到石家庄西北的平山县调查。那里是革命老区西柏坡所在，正在修岗南水库，我们的调查就是在预计为水库淹没区内进行的。我们住在县城，在县教育科搭伙。人家一天吃两顿饭。上午 9 点开饭，我们 7 点就出去跑路调查。下午 4 点开饭，我们要到 6 点多才回来，完全吃不上热饭，只有带玉米面蒸的饼子上路。当时已经是 11 月末，天气很冷，饼子冻得硬邦邦，简直像块可以打狗的石头。野外调查专门找田边地角，不走好路。一天下来又累又饿，还只能吃这种打狗饼子，我的胃一下子坏了，痛得很难受，从此留下了一个病根。现在想起来怎么那么傻，把调查的时间调整一下，跟人家一同吃饭不就好了嘛！问题是十多天的调查十分辛苦，收获却很小，只发现了尚庄和韩庄两处小遗址。陶片跟安阳后冈仰韶文化的差不多，后来这类遗存就被称为后冈类型。袁樾方和白瑢基没有跟我们一起走，他们在田兴村附近的地头见到几块陶片，一看是新石器时代的，就在那里挖了一条小探沟。探沟内的文化层很浅，出了一些彩陶和篮纹陶片。我后来帮他们整理，觉得跟百家村的陶片有些相似，彩陶花纹却不大相同，应该是同一时期的东西，只是有些地方差别，也算是一个不小的收获。

田野调查结束后，考古队全体人员转移到邯郸市里的防洪指挥部，所有发掘和调查的标本和资料也都搬到了这里，以便开展室内整理。发掘时采集的标本绝大部分是陶片，因此整理资料时首先要清洗和拼对陶片。这对于真正认识各类陶器是一项必不可少的工作，也是一项基本功的训练。然后按照单位和地层关系进行排队，也就是类型学研究的训练。这时苏秉琦先生专门从北京赶来，指导我们进行陶器排队，并亲自动手做试验。排好队后就挑选标本绘图并制作卡片，再把发掘时的记录和测绘图纸等一起按单位归并放入资料袋。最后分组撰写发掘报告。

这时已进入 1958 年年初了，全国开展轰轰烈烈的除四害运动。邯郸打了许多麻雀，街上小摊贩有油炸麻雀卖，5 分钱一只。李炎贤特爱吃，一次就能吃五只。还有道口烧鸡，有的同学买了大伙吃。这跟平山的情况简直是天壤之别了。

实习快结束时，我们还与邯郸市文化馆合作举办了一个实习成果展，老师和同学参加讲解，参观的人很多。这大概是最早的一次公众考古活动吧。此后北大每次考古实习后大都进行类似的活动，效果很好。

（原载《丹霞集——考古学拾零》，文物出版社，2019 年）

王湾考古琐记

　　在我的考古生涯中，王湾考古占有重要的位置。那是在 1960 年上半年的事，快一个甲子了。我那时是北京大学历史系考古教研室的助教。二月份开学后，中共历史系总支副书记徐华民和考古教研室副主任宿白先生召集李仰松、夏超雄和我三人，说这个学期考古专业 57 级的学生要进行田野考古实习，系里派你们三人进行辅导。李仰松任实习队长，负责全面工作；夏超雄除业务辅导外，负责全队的政治思想工作；严文明则可以多考虑业务方面的事情。李仰松曾经带领 54 级和 56 级在陕西华县泉护村和元君庙进行考古实习；夏超雄则是在 1959 年下半年协助邹衡先生指导 55 级在洛阳王湾的考古实习，这次实习的地点还是在洛阳王湾，是驾轻就熟。只有我是第一次作为教师指导学生实习。不过我对 57 级这个班的同学比较熟悉。前一年我刚刚跟他们共同编写中国新石器时代考古讲义，那是乘"大跃进"的风潮，我对学生还没有上课学习就编写讲义这件事简直是匪夷所思，再说我自己也刚毕业不久，还没有正式上课，就跟学生一起编写讲义，也实在是勉为其难。现在又参加辅导考古实习，说是要打破过去考古发掘的旧框框，要贯穿"大跃进"的精神云云，我心里也颇多疑惑。

　　王湾原来称南王湾，东距洛阳市区约 15 千米，位于涧河的东南河湾处。遗址就在村西北的高台上。实习队初到王湾，同上次一样分住在老乡家里，上工非常方便。这个村落有两个部分，主体部分在遗址东部的陡崖下；另一部分紧接遗址南部，在平地上挖了十个正方形竖坑，并在四壁掏挖窑洞。每个窑洞住一户人家。少数人家有两个窑洞，一个住人，一个养牛和放置杂物等。竖坑底部平坦，是大家共用的广场。这样的窑洞不需要任何建筑材料，有一把镐头就可以掏挖出来了。住在里面冬暖夏凉，十分舒适。我过去只知道利用黄土高坡建窑洞，没有听说平地也可以挖坑建窑洞，这次算是开眼界了。

　　王湾遗址首先是中国科学院考古研究所洛阳工作站发现的，经邹衡先生复查后才决定在此进行考古实习。遗址范围东西和南北均约 100 米，东、北、西三边都逼近断崖，部分遗存已被塌毁，原来的面积应该超过一万平方米。第一次和第二次发掘分别位于遗址的北部和南部，总共发掘 3625 平方米，包括遗址的主体部分。文化遗存以新石器时代为主，其次为周代和北朝，另有一座西晋砖室墓。每个时期的遗存都很丰富，地层复杂，各种遗迹相互叠压和打破的关系更是层出不穷，对实习队是一个很好的锻炼。

新石器时代文化是王湾考古的主要收获。通过两次发掘，可以大致将其分为三期八段，包含了从仰韶文化到中原龙山文化的全过程。不但为豫西地区新石器时代文化建立了一个详细的年表，梳理了长时段的文化发展谱系；同时也廓清了中国新石器时代考古学研究的一些长期争论不休的问题，例如仰韶文化与龙山文化的关系问题，仰韶文化本身的类型与年代分期问题等。我在 1963 年 2 月写的一篇《从王湾看仰韶村》的文章中已经做了比较详细的介绍。

我们第二次发掘的主要收获之一是发现了最早的仰韶文化遗存，包括 1 座房屋和 4 座瓮棺葬，都分布在发掘区的东北部。房屋为方形的木骨泥墙，因为被火烧毁，有两个躺着的幼儿来不及起身逃走，被烧塌下的屋顶盖住了。幼儿旁边有两个杯形口尖底瓶，一看就知道是相当于半坡早期的。房屋内还有鼎、罐、盆、钵等陶器，罐内有烧焦的小米。因为我是全队负责新发现遗迹登记和编号的，房屋发现后我随即给予编号 F15，并且在指挥板的图纸上画了简单的实测图。我看到保存那么好的房屋十分动心。特别是层层抹泥的屋顶整块塌落，翻转过来有非常清楚的木椽印迹。如果按坐标摆放后仔细测量照相和记录，可以准确地复原屋顶的结构。不过那个地方属于第一组的发掘区，是李仰松辅导王岩发掘的。我负责辅导的是第二组，在发掘区的西南部分，要回去照看。王岩是急性子，等我不在场时三下两下就翻开了，没有仔细测量和照相。整个房屋的实测图也画得很草率，这使我非常伤心。其实王岩的做法也与当时要求大干快上的"大跃进"精神有关。另一个更加突出的例子是测绘墓葬中的人体骨架图。当时发现了不少新石器时代和周代的墓葬，测绘人骨和随葬品是很麻烦的事。李仰松介绍他在陕西华县指导实习时发现的人骨更多，每个骨架只测头手脚五个点就行了。有个同学甚至说王湾墓葬中的人骨架多是仰身直肢葬和侧身屈肢葬，刻两个印模不就行了！这话显然有点抬杠的意思，实际上不可能那样做。因为要大干快上，工地很少用民工，大部分发掘和运土任务都是由同学自己干。运土是用独轮小木车推的，走在只有一米宽的隔梁上很危险。幸好只翻了两次车，旁边探方挖得不深，并无大碍。没有想到夏超雄辅导的第三组出了事。该组林沄挖了一座又窄又深的战国墓，挖到七八米深才见人骨和随葬陶器鼎豆壶等。因为到了傍晚快下工了，就用虚土掩盖。第二天上工时，他跟往常一样踩着墓壁上的脚窝下去，不小心踩偏，整个人就摔下去了，连哎呦的声音也没有听到。大家慌了神，不知如何是好。我要夏超雄赶紧跟洛阳的八一步兵学校联系，并立即乘运土筐下去把林沄抱着坐到筐里提上来。林沄身子轻轻的软软的，一声不吭，真是急死人了。好在步校的医生乘吉普车很快就赶来了，到医院仔细检查只是轻微脑震荡，真是谢天谢地！可爱的林沄回来跟没事人一样，不久就开始照常工作了。

王湾发掘结束后，实习队全体即到洛河沿岸的洛宁和偃师两县进行考古调查，并在偃师高崖进行了试掘，发现了与王湾相似的地层关系。随后就到考古研究所洛阳工作站进行室内整理和编写实习报告。在整理过程中拼对复原了大量陶器。我在翻检第一次发掘的陶片时，发现有一些很厚的黑光陶片，上面有刻划和不规则的镂孔。拼对出来竟然是一个非常豪华的大型器座。再看上一次已经复原的可盛100斤粮食的篮纹大瓮，还有这次发掘的H459出土的瓦足盆和大陶盘都不同一般，其他陶器也很大气，可见王湾三期文化的发展水平之高，远远超过一般性的估计。而王湾遗址很可能是一个中心聚落所在，可惜因为后期破坏，没有发现较大的房址和墓葬。

我们在资料整理过程中，把第一次和第二次发掘的陶器加在一起排队。新石器时代划分为三期八段，周代基本按照洛阳中州路西工段的分期标准。最后写实习报告时是分期分组进行的。王湾二期的资料最多，写作进展缓慢。后来由林沄花了一个通夜就完成了。我只负责写了整个报告结语。最后由字写得好的郭大顺和韩榕誊清抄写了一遍，实习任务就算完成了。

王湾考古实习结束后曾经由李仰松执笔发表了一个简报。正式考古报告由李仰松负责，从1961~1965年，再从1974~1975年，中间还有几名参加过实习的学生协助。邹衡先生则负责周代部分，温明荣负责北朝部分。最后由北京大学出版社于2002年6月出版。花了这么长的时间一遍一遍地整理核对和研究，基本情况总该弄清楚了吧。但很遗憾，报告的主体部分新石器时代的叙述简直是一锅粥。

报告将王湾新石器时代分为三期六段。其中第10页图八王湾新石器时代遗址陶器分期表中，第一期一段只有庙底沟期的器物，完全没有更早的以F15所出为主的半坡期器物。可是后面叙述第一期文化的陶器时，又把半坡期和庙底沟期的合在一起。H215是一个很大的灰坑，出土了近百件陶器和十几副猪下颌骨，可是在灰坑介绍中完全没有提及，也没有一张平面和剖面图。更奇怪的是坑中出土的陶器在图八中标明为一期二段，而在图版十至十三用四个版面专门发表H215的器物，可见还是很重视的，却标明属于二期二段！实际上都不正确，应该是二期一段才比较合适。图八的二期四段中把秦王寨期和庙底沟二期的合到了一起也不恰当。再看第11~15页讲典型地层中器物的演变关系时，每一件出自某某灰坑的标本，又画蛇添足地说是属于某某地层，而且是属于两处相距数十米的探方中完全不搭界的某某地层，真是匪夷所思。报告中图表和文字表述相矛盾或错误的地方比比皆是。例如图五南区遗迹分布图中 G22 是北朝的大沟，却标成了表示周代的斜线。而附表一中注明周代 3~5 组的 H480 在图五中反而标成了表示北朝的图例横线。横穿整个南区中部的北朝大沟也完全没有反映。如此等等不一而足，怎么就不好好核查一下呢！

（原载《丹霞集——考古学拾零》，文物出版社，2019 年）

安阳考古记略

　　1962年9月5日，由高明领队，我和夏超雄、李伯谦、张剑奇率领北京大学历史系考古专业59级全班同学和两名越南留学生到河南安阳进行田野考古实习，参加中国科学院考古研究所安阳队的工作。当时考古所在安阳小屯建了一个工作站作为安阳队的驻地，我们也就住到了安阳工作站。经与考古所协商，我们实习发掘的地点选在豫北纱厂所在的大司空村旁边。这地方过去考古所挖过，情况比较熟悉。当时安阳队的队长是郑振香，副队长是魏树勋，队员有杨锡璋、邱宣充等，他们都是北大考古专业毕业的校友。名义上郑、杨和邱参加辅导，但实际上主要还是北大的教师担任辅导。开工之前由郑振香作了"解放前安阳考古工作情况"的报告，接着由我讲授"田野考古方法"的课程。然后郑振香陪我考察工地并确定发掘的具体位置。

　　9月12日正式开工。鉴于遗址的文化层比较深，又有墓葬和灰坑等遗迹，我决定采取4米×5米的探方，东北各留1米宽的隔梁，实际发掘的是3米×4米，只比一般探沟宽1米。这样既便于控制地层，又便于发掘遗迹。第一阶段叫作试掘，两个学生挖一个探方，教师把着手教。大约20天后，有些探方快做完了，学生发掘的基本方法也初步掌握了。于是就全面铺开，一个学生一个探方，训练独立发掘和记录的能力，教师只做重点指导。我是业务总负责，要掌握整个工地发掘的情况和进度，给每个探方和新发现的遗迹或墓葬编号。学生发掘时要每天做工作日记。我则做全工地发掘的工作日记，到晚上还要把学生的工作日记收集起来检查和批改。发掘过程中，每个探方差不多都有一两个半米宽、一米多长的坑，不像是墓葬，民工说那是挖天花粉的坑。下面就挖到许多灰坑和墓葬，还有两条很长的灰沟。墓葬都不大，应该是商代晚期平民的墓葬。女同学郑允飞挖的53号墓算是最大的，除了随葬有较多的陶器，还有一个汉白玉的俎。后来又发现了漆棺的痕迹，允飞不敢动手，特地把细心的胡人瑞叫来。胡用一根小竹签一点一点地剔拨，终于露出一大片彩色漆皮，上面有非常鲜丽的云雷纹花纹。发掘期间是非常紧张的，每个单位做完后要测量、画图、照相，写发掘记录。出土器物要登记造册，移交保管处。遇到雨天只好停工，就在豫北纱厂的饭厅或小学教室讲课。我先后讲了"仰韶文化的类型与分期问题"和"关于龙山文化的若干问题"。还请魏树勋讲了如何根据占卜用龟甲反面钻凿痕迹的形状和排列方式来进行分期的研究。

田野发掘结束后做了个小结。然后分为两组进行田野考古调查。李伯谦率领一组沿着洹河往西，调查了大正集和范家庄等地，并在大正集老磨岗进行试掘。事前我曾经到大正集去过一次，发现那里有所谓后冈类型和大司空类型两种仰韶文化遗存。后来试掘想找到两者的地层关系，却只挖到了大司空类型的遗存。这两个类型的名称是安志敏先生提出来的。他执笔写的《1958～1959 年殷墟发掘简报》（《考古》1962 年第 2 期）中，根据高广仁在大司空挖的一座陶窑和一个灰坑中出土的彩陶跟后冈彩陶不同，认为两者应该属于不同的类型，并推测大司空类型早于后冈类型。在安阳工作站大门内放置的一个坡面柜中，陈列了简报中发表的那几块彩陶片。我想了解一下全部相关陶片的情况，问郑振香放在哪里。她说都埋掉了，埋在哪里也不知道，真令人哭笑不得。当时安先生大概以为大司空那样的彩陶是一个新发现，其实早在 20 世纪 30 年代初，吴金鼎等人在安阳附近发掘的秋口同乐寨就发现了那样的彩陶，在侯家庄高井台子和大正集老磨岗发现的陶片中两种彩陶都有。1957 年我在河北邯郸实习时清理的百家村遗址，所出陶片就跟大司空遗址一样，河北的考古学者称之为百家村类型。从全面情况来分析，后冈类型明显早于大司空类型而不是相反。

我带领一组同学往东，主要在洹河南岸调查。那里有两条东西向的缓坡，分别称为广润坡和茶店坡，实际是洹河改道以前的河滩，遗址多在这两个坡上。我们在蒋台屯东面一个池塘边的陡崖上看到了多层的龙山房屋遗迹，都是白灰地面，中间有火塘。墙壁是夯土筑成，约 40 厘米厚。我第一次看到有这么清晰的多层房屋剖面，随即用皮尺加钢尺草测并画图。我们调查了十多处遗址，最后在大寒南岗、鲍家堂和郭村西南台进行了试掘。大寒南岗是一个很大的龙山文化遗址，我们在岗顶偏北的地方挖了一条探沟，不多深就发现了白灰地面和圆形火塘，是典型的龙山房屋遗迹，因时间关系没有把整个房基做出来。南岗北边的断崖上和鲍家堂都发现有仰韶文化的遗存，发掘所得陶片都是属于大司空类型的。

田野调查结束后天气已逐渐转冷，于是从 11 月 19 日开始转入室内整理。我首先讲了室内整理的方法和具体安排。又请考古所技工王振江讲了陶器的修复方法。同学们在拼对陶片、修复器物后，就要挑选标本、画图和制作卡片，最后要写出发掘报告。大家都很用功，有时晚上还自动加班。我及时讲了陶器排队和如何分型定式与分期问题。最后写报告时我又讲了如何写报告和如何使用参考书的问题。期间正好体质人类学家颜闇先生来访，我就请他给同学们讲了一课"什么是人类学"。同学们感到收获很大。

实习期间我们通常是休息大礼拜，每十天才休息一天，以便洗洗衣服或办一点个人小事。也有的到安阳街上去玩玩。我没有什么事情，一天带陈振裕沿着洹河边散步，顺便看看有什么遗址。走到柴库，看到旁边断崖上有文化层迹象。拿小铲一刮，发现有三个明显的层次，从包含陶片看，竟然依次是小屯、龙山、仰韶三叠层！看来这样的情况在安阳乃至整个豫北地区是很常见的。我们往西一直走到了秋口同乐寨，那里也有一个仰韶文化遗址。有一次杨锡璋告诉我，说安阳西边的水冶有一个手工制造陶器的老人，人们称呼他原始老头，是不是有兴趣去看看。我当然愿意，于是就同他一起去。水冶在古代曾经是一个冶铁的地方，但我们没有看到冶铁的遗址。老杨带我到一个孤零零的小土岗上，那里有三座小土窑，正是老人制造陶器的地方。一座是住室兼工作间，一座是烧陶器的窑，中间一座是放熟泥和晾干陶坯的窑。烧好的成品就码放在外面，数量不多。因为当地供销社会定期来运走，同时送些吃的和其他生活必需品。老人有一个小孙女，做陶器时孙女用脚蹬轮盘，老人扶泥拉坯，成型后用线绳割下，摆放在一块木板上，再运到旁边窑洞里上架晾干。问老人是不是感到孤单和寂寞，老人说习惯了。可惜那天没有带相机，实在应该把这个难得的场景记录和实拍下来！

安阳实习时正值全国三年困难时期的后期，生活十分艰难。我们吃的粮食只有又糙又涩又发硬的高粱橛子，十分难吃。我又有严重的胃病，吃这种东西痛苦至极。高明看我实在难熬，工作又离不开，便想法子弄了几斤挂面。我还舍不得吃，偶尔煮点吃，虽然是无油无佐料的光屁股面，也还是一种难得的享受。其实我们几个教师的身体都不大好，李伯谦和夏超雄都有肝炎，夏还有很严重的糖尿病。我和夏一同住在阁楼上的小房间里，他因为尿急尿频，一夜要起床五六次，简直是活受罪。越南留学生黄春征是苏秉琦先生的研究生，学新石器时代考古，苏先生交给我指导；黎春焰是宿白先生的研究生，学青铜时代考古，田野实习都让我们带。因为是外国人不能跟我们一样受苦，需要特批大米白面等细粮。高明只好专程去郑州找省粮食厅办理手续。可是女学生郑允飞是新加坡归侨，也实在受不了吃高粱橛子的苦，多次哭闹，要求按归国华侨改善一下待遇，但想尽法子就是办不成。

生活虽然很苦，考古实习还是取得了较好的成果。我们发掘的大司空村遗址毕竟是商代晚期盘庚迁殷的王都所在。《竹书纪年》谓商殷在此建都后，"二百七十三年更不徙都"。我们用小铲释天书，虽然只接触到那早已湮没的历史的一角，却勾起我们想把过去被颠倒的历史再颠倒过来的豪情。在安阳工作站，一进大门的右手边墙上显著的位置，挂着郭沫若书写的一首诗。那是他参观和考察殷墟的即兴之作，大意是暴虐无道的商纣王其实还有很大的功劳，应该为他翻案。我怎么看着就不舒服，也戏填了一首词，盛赞武丁而鞭笞商纣，名曰《殷墟怀古》，兹录如下：

殷墟怀古　*水调歌头*

盘庚创基业，洹上立殷城。一统山河万里，功烈维武丁。

夷纣拥玉亿万，尽是众人血汗，设炮烙酷刑。白骨若有知，固应鸣不平。

乾坤改，追往事，久沉沦。昔日孔圣，已叹文献不足征。

今有太学稚子，专攻大地天书，历史要究明。帝王何足道，奴隶是主人！

（原载《丹霞集——考古学拾零》，文物出版社，2019年）

难忘的青岗岔

青岗岔是甘肃省兰州市附近的一个小村子。29 年前，我曾在那里进行过一次不寻常的考古发掘工作，留下了不可磨灭的印象！

第一次甘肃之行

对于一个考古学者来说，甘肃是特别吸引人的，因为那里是中西交通的孔道，古代文化非常发达，文化面貌相当复杂，而各文化之间的关系诸家说法不一，谁都想去探一个究竟。我当然也不例外，因此很早就想到甘肃去走走，这个愿望到 1963 年终于实现了。那年下学期，北京大学历史系考古专业要组织学生进行毕业实习，我提出带一个小组到甘肃去，一则协助省博物馆整理一些过去发掘的资料，二则在兰州附近进行一些调查和小型发掘，以便大致理清甘肃新石器时代乃至铜石并用时代诸文化类型的基本特征和相互关系，或至少在这方面有个比较明显的进展。这个意见被采纳了。当时决定甘肃实习队有 5 名同学，分两个小组：新石器时代有张万仓、张锡瑛和姚义田 3 人，由我带领；秦汉组有杜在忠、杨来福 2 人，由俞伟超带领。

我们一行 7 人于 9 月 16 日出发，18 日抵兰州。我们先后拜见了乔国庆馆长和省文化局文物科吴怡如科长，商谈了实习工作的具体安排，确定了整理资料的几个遗址。新石器组在整理告一段落后还要对兰州附近一些遗址进行调查和发掘，最后都要写出实习报告。

新石器组整理的是兰州雁儿湾、西坡岇、白道沟坪和武威皇娘娘台四个遗址的材料，前两处属马家窑期，后两处分别属马厂期和齐家文化。这几处遗址的发掘资料当时都发表过简报，但资料报道不详细，分析也欠深入。整理的结果不但对各期文化面貌有了比较深刻的认识，而且第一次将马家窑期分成了不同的组，将马厂墓葬分为几期；第一次认识到齐家文化居址与墓葬的文化特征的差异，居址陶器所受客省庄二期文化的影响较之墓葬中随葬品所受影响更为明显。这些知识都是单从已发表的报告和文章中难以得到的，使我们深深地感到甘肃史前文化是多么丰富而复杂，要想把甘肃史前考古推进一步，没有扎扎实实的田野工作和室内整理研究工作是很难实行的。

整理工作将告一段落时，张学正同志带我看了省博物馆的全部新石器时代的藏品以及 1962 年他和谢端琚在渭水上游调查的一批资料。我发现渭水上游有大量仰韶文化庙底沟期的遗存，也有少数半坡期和马家窑期的遗存。我过去在翻阅安特生的《中国史前史研究》的第 11 章时便已注意到这一点了，这次对实物的浏览又大大加深了印象。我把每个遗址所属的文化期逐一在地图上标示出来，并且把同一时期遗址的分布范围用铅笔圈起来。结果发现了一个非常有趣的现象，就是最早的遗存仅见于陇东，年代越晚则分布范围越往西边扩展！40 年前，安特生到甘肃进行了一次大规模的考古调查，提出了一个"仰韶文化西来说"，遭到了中国学者的批评。说他的立论缺乏根据，犯了传播论的错误。但正确的发展路线究竟应该是怎样的，却谁也说不清楚。我现在的这张文化分期和分布图，应该说是以事实为根据的，却恰好把安特生的说法倒转过来，西来说变成了东来说或西去说！这在理论上说得通吗？我想了许多，后来在《甘肃彩陶的源流》[1]一文中试图作了一个自圆其说的阐明。这可算是甘肃之行的第一大收获。

目标青岗岔

在我排比的系统中比较薄弱的是半山期的资料。省馆没有挖过半山期的遗址，馆藏半山式彩陶器虽然很多，但多系收集而来，没有确切的出土地点，更谈不上共存单位。凭这些资料进行整理，我想不会超过巴尔海姆格伦《半山马厂随葬陶器》的水平。而当时关于半山式遗存的看法颇为混乱，有的沿袭安特生旧说，以为它是马家窑期居民的随葬陶器；有的认为半山—马厂是并行发展的两支考古学文化，有的则认为半山是继马家窑之后的一个文化期。我个人倾向于后一种说法，但现有的资料不足以完全证明这一点，只好再做些调查发掘工作。因此我们就把下一阶段野外工作的重点放在半山期遗存上。

在出发调查之前，我仔细地翻阅了省博物馆文物队的调查记录，得知兰州附近有三处可能属半山期的遗址，即青岗岔、庄儿地和安乐村。前两处相距很近，都属西果园公社；后一处在黄河北岸盐场区，已经破坏殆尽。我们初步把青岗岔作为发掘的首选遗址，但为了慎重起见，预先对周围一些遗址进行了调查。

我们调查的地点有桃园公社陆家沟附近的西坡岘、双可岔、小坪子和西果园公社青岗岔附近的岗家山、庄儿地、曹家嘴等处。西坡岘遗址的资料是我们整理

---

〔1〕 严文明：《甘肃彩陶的源流》，《文物》1978 年第 10 期。

过的，是一处很大的马家窑期的遗址，曹家嘴也是遗物很丰富的马家窑期遗址。双可岔在西坡岈北约 500 米，是马厂期遗址和齐家文化的墓地。小坪子是一处介于马家窑期和半山期之间的墓地。

我们到小坪子去过两次。那是一块面积不足一亩的农田，位于陆家沟村北约800 米，面临一条名叫下沟的大冲沟。1957 年改水浇地时曾经挖出许多墓葬，从农民那里收集到的陶器来看应是介于马家窑期和半山期之间的东西。如果能再挖出些墓葬，不但对于研究马家窑期和半山期之间的关系十分重要，而且也在一定程度上证明马家窑期墓葬的存在。因为当时仍有些人认为马家窑式陶器只出于居址，是专为活人用的东西。我们看到地面上暴露的碎陶片的确是介于马家窑与半山之间的，它们应该是被打碎的随葬陶器。地面人骨也随处可见，看来破坏惨重，可能剩不了几座墓了。我们怀着十分惋惜的心情离开了那里，最后把目标紧紧地对准青岗岔。

这个遗址过去曾经调查过多次。1945 年 3 月 19 日，夏鼐和凌洪龄首先发现了这一遗址，认为根据采集的遗物来看，"似乎是马厂期的葬地"。但从发表的图版中看到有些带锯齿纹的彩陶片，似乎也有半山期的遗存〔1〕。

1947 年 9、10 月间，裴文中等复调查青岗岔遗址，认为是"仰韶时期之葬地"，这里所谓仰韶乃是对半山期遗存的称谓。但他指出在第一台地的灰层中，采得红色绳纹和篮纹陶而无彩陶，也许还有齐家文化的遗存〔2〕。

1958 年 8 月 18 日，省博物馆赵之祥前往调查，因地在青岗岔村西之岗家山，故定名为岗家山遗址，编号为58LA17。他根据采得的陶片及暴露的灰层断定那是一处半山期的遗址，而遗址北头的黑毛嘴当为半山期的墓地。这是第一次确定存在半山期的遗址，并且同墓地连在一起。可惜资料没有发表。

1959 年 5 月 2 日，上海博物馆马承源等又去调查，结果证实了赵之祥的观察〔3〕。

根据历次调查的资料来看，这个遗址的文化面貌可能比较复杂，而主要的文化遗存当属半山期者，这正是我们的目标之所在。

青岗岔村位于孙罗沟上源的庙儿沟西侧，海拔约 1900 米，较兰州黄河河面高出 400 多米。村后西侧紧靠岗家山，山高约 100 米，山顶海拔 2000 余米。往南地

〔1〕　夏鼐、吴良才：《兰州附近的史前遗址》，《中国考古学报》（第五册），中国科学院考古研究所，1951 年。

〔2〕　裴文中：《甘肃史前考古报告》，《裴文中史前考古学论文集》，文物出版社，1987 年。

〔3〕　马承源：《甘肃灰地儿及青岗岔新石器时代遗址的调查》，《考古》1961 年第 7 期。

势急剧上升，至马衔山最高峰海拔达 2670 米。我们从村西往青岗岔山上爬不过二三十米便见到灰层，从采集的陶片来看是属于齐家文化的，这大概就是裴文中调查的第一台地的灰层之所在。然后一直顺路往上爬，差不多到了山顶，那里已开辟成了梯田。我们顺着梯田的断崖仔细观察，几乎到处都是文化层，但灰层甚少，看不到什么陶片，地面上也几乎不见陶片。这情况和庄儿地完全一样，也许这正是半山遗址难于寻找的原因之一吧！我们跑了一遍又一遍，仍然见不到几块陶片。只好在灰层稍多的地方用小铲拨弄，终于在几个地点找到了一些彩陶片和有细堆纹的夹砂陶片，全部属于半山期，看来这确是一处半山遗址。

我站在山顶观看地形，并且对遗址范围进行步测。这时我才知道整个岗家山呈舌形，南北走向，舌根连着南边的高山，舌尖对着庙儿沟和弯沟交会处的沙滩磨。东边隔庙儿沟与庄儿地半山期遗址对峙，西北隔弯沟与曹家嘴遗址相望，三个遗址的相对高程也差不多，只是曹家嘴可能要低二三十米。遗址的范围遍布整个舌面，包括六坰地、七坰地、八坰地、九坰地、坟湾子、达连地和方地等，南北长 400 余米，东西宽 200 余米，就兰州附近来说应是一个比较大的遗址。遗址北头适当舌尖东侧的山坡上，因挖水平沟植树而发现了一些半山式彩陶罐，当是墓地所在。但那里坡度甚陡（约 60°），不知道为什么要把墓葬埋在那里。

遗址的范围和文化性质虽然确定了，但因暴露的迹象太少，对遗址的内涵捉摸不透。加上人手少，经费紧，时间又短，只能挖很小的面积，究竟能得到什么样的结果，实在没有把握，只是抱着试一试的心情把发掘计划定了下来。10 月 24 日，全队人马进驻青岗岔，开始对岗家山遗址进行发掘。

第一座半山房子的发现

10 月 25 日，全实习队五人——蒲朝绂、张万仓、张锡瑛、姚义田和我再次踏查岗家山遗址。在遗址东南部的八坰地东断崖上发现一段灰层，在其中发现一些半山式彩陶片和一个差可复原的饰细条堆纹的夹砂罐。在它的南边几米远处又见到一些灰烬和红烧土块，这是我们第一次看到的遗迹现象，但一下子还无法判断是窑还是窖穴，或者是房子的一角。我们决定在这里开一条探沟，编号为 63LQT1。

在方地东断崖上也找到一些灰层，出齐家式和半山式陶片，决定在那里开 T2。

26 日正式开工，由张锡瑛和张万仓分别挖 T1 和 T2，我和姚义田着手草测整个遗址的地形图。我们用的仪器仅仅是小型绘图板、三角板、皮卷尺和袖珍经纬仪，加上两根标杆。一天多下来竟把整个遗址的一张五千分之一的地形草测图拿下来了。后来拿经纬仪校对，还基本上相符合。用最简单的办法和最短的时间草测一个遗址的地形图可以做到相当的准确性——从那以后我曾多次把这个经验介绍给学生和其他年轻的考古学者们。

发掘工作一直在不停地进行，不到一个星期便获得了令人振奋的结果。我在11 月 1 日的日记上写道："今天是一个不寻常的日子，我们终于找到了半山的房子！"这天张锡瑛身体不适，我和老蒲亲自负责 T1 的发掘工作。这探沟的第一层是现代耕土，第二层是修梯田时垫起来的扰土，除有少量半山陶片外还有几块小瓷片。第三层为灰白色软土，第四层是灰黄软土，都出半山式陶片，应为半山期地层。揭去第四层，发现有大量红烧土块，上面印有木椽的痕迹，同时还有大量已被烧成木炭的柱子和椽子等。在这些堆积物之间或之下有许多被砸碎的半山式陶器。个别地方露出了硬面，是被烧成青灰色的又平又硬的地面。这一切说明我们所挖的乃是一座被火烧毁的半山期的房子。只是因为这条探沟正好打在房子中间，一下子还不了解它的形状和大小。

也是在这一天，张万仓在 T2 清理出了一座齐家文化的双间房子，形状与西安客省庄的双间房十分相似，只是面积稍微小一点罢了。姚义田则在九堌地西边老乡烧土豆的坑边发现了三座窑址。这真是一个丰收的日子！三座窑中一座只剩窑室后壁，未作清理。另两座分别开 T3 和 T4，T3 的窑属马厂期，T4 的窑属半山期。窑室均为方形，《考古》1972 年第 3 期上发表的简报说是椭圆形不确。西坡岘发现的马家窑期的陶窑和白道沟坪发现的马厂期的陶窑也都是方形窑室。看来方形窑室应是兰州地区马家窑文化陶窑的一个共同的特点。马厂期的遗存除窑址外，还在达连地东北断崖找到一段灰层，夏鼐先生调查时可能就是在这里采集的陶片。

确定发现了半山房子后，随即暂停往下清理。因为工地没有人打过探铲，我只好自己动手，花了一整天终于把房屋范围找准了，并且知道了是一个半地穴式建筑。11 月 3 日开始扩方。11 月 8 日晚上下了一场小雪，但基本上没有耽误工作。11 月 10 日开始清理居住面上房屋倒塌的堆积及下压的器物。为了把工作做得细一些，只用了一个民工，全部由我们自己动手。

我们先剔除松软的土，所有红烧土、石块、木炭、陶片及其他迹象都暂保留不动并给予编号，以便观察它们的联系和照相、绘图，弄明白后再逐一起取。

我们首先注意到地面上大量的木炭。每个柱洞里差不多都有一截木炭，高出地面 10~25 厘米不等，地下部分因未被烧着而已腐朽成泥。靠近这些柱根倒下的木炭，有的长一米以上，很明显是柱子被烧后留下的遗迹。但是还有更多的木炭不知归属。我们很想从它们的粗细和方向上找些联系，但难以作出明确的判断。

估计除柱子外还应有梁架和檩条之类。由于火毁时是逐渐坍塌的，所以方向比较乱。我们将大木炭采集了一些标本请学林业的段馆长鉴定，知道是青枫木。据说过去青岗岔附近就生长着许多青枫木，村子因此而得名。将较碎的木炭采了十几斤，以便进行碳-14 测定。估计全部木炭有一百多斤，说明房子中的梁柱檩条之类有相当一部分燃烧不充分，或是在半封闭的情况下燃烧的，这可以证明房顶是抹了很厚一层泥的，否则不会出现这样的情况。有些木炭旁边的泥土已烧成砖红色，背面有檩条痕迹；而房内堆积的第四层灰黄软土大概也是房顶的泥土。

房子依山而建，坐西朝东，即朝向坡下。进深 7.4 米，面阔 6.5 米。进门有个圆形火塘，略高出地面，周围筑一泥圈。火塘的前面正中有一块立石，当为挡风的设施。火塘已被烧成青灰色，非常坚硬，在泥圈里面和前方直到立石处都堆满灰烬、炭屑和红色烧土块。

因为房屋是火毁的，室内器物来不及搬走，至少大件的陶器是没有搬走的。生产工具和装饰品等可能随身带走了一些，也还有一些留在室内，并且都被房顶塌下的泥土所覆盖。据此不但可以大致了解当时房子内生活用具等配套的情况，还可以根据这些器物的分布大致了解室内布置和空间利用的情况。

生产工具主要放在靠近西壁即后壁的地方，计有石制斧、锛、凿、纺轮、刮削器、敲砸器和砺石各 1 件，残骨锥 1 件，陶刀（收割用具）2 件。装饰品仅见半截石璜，在房子的东南角。陶器能复原的有 12 件。有 3 件彩陶瓮，1 件在西北角，2 件在西壁下稍偏东处。其中 1 件的底部发现有黍子的皮壳和炭化颗粒，可见是储藏谷物用的。有 5 件夹粗砂陶瓮，有 3 件靠南壁，2 件在中间稍偏东处。有 2 件夹砂白陶瓮，肩部饰数组弧形细堆纹，表面被熏成烟黑色，1 件在火塘南边，1 件在西壁下正中的位置。有 2 件带嘴砂锅，外表满是烟炱，当为炊器，但都放置在西南角。也许用的时候才搬到火塘上，不用即时撤走。那件带烟熏痕迹的夹砂白陶瓮既在火塘旁边，说不定也可当炊器用，可能是炊煮的东西有所不同。此外在房子的东南离火塘不远的地方有个残破的彩陶碗，还有 2 件残彩陶罐和 1 件彩陶盆。这些就构成了房屋主人的基本生活用具。房子北边没有器物，地面特别光平，那大概是休息睡觉的地方。这块空地宽仅 1.8 米左右，如果睡一排只能容纳两三个人，如果睡两排最多也只能有四五个人，这大概就是一个家庭的规模——虽然我们还难以推测这是一个什么性质的家庭（图一）。

在我们这次发掘之后，省博物馆文物队又在 1976 年 6~7 月间，在同一块地的同一断崖边上发掘了两座半山房子。其中 F4 在我们所挖房子（F1）的北面 8 米，F5 又在 F4 的北面 3.4 米。F4 很小，差不多只有 16 平方米，也是被火烧毁的。这屋子里的器物很少，说明住在里面的人可能不是一个独立的生活单位，而与紧靠

图一   青岗岔半山期 1 号房基素描（徐祖藩画，1963 年 12 月 12 日）

在旁边的 F5 的居民结成一种特殊紧密的关系。F5 有 45 平方米，我们挖的 F1 有 48 平方米，两者面积差等，功能也可能差不多，各自代表一个独立的家庭。如果再多挖一些房子，对于探讨当时的家庭和社会组织是会有很大意义的。只是这个工作长期没有进展。直到现在，我们所知道的半山房子仍然只有这么 3 座。

不管怎样，半山期房子的发现毕竟是一件可喜的事。何况我们同时发现了半山窑址，勘定了一个半山期遗址的范围，甚至初步了解了半山居址和墓地的关系。于今再也不能说半山式陶器只是专给死人随葬的了。半山式陶器和相关的遗迹遗物应该代表着一个单独的文化实体，人们有时称之为半山类型，有时称之为半山期。鉴于它同马家窑期和马厂期的遗存在分布上有大面积的重合，而文化内涵上又有诸多联系，因此我倾向于把它们看作是同一文化的不同发展阶段。而要解决马家窑期同半山期的关系，小坪子一类的遗存是一个关键。我期待着这类遗存的新发现（图二）。

一次花钱最少的考古工作

1963 年对全国来说是刚刚经历了三年最困难时期之后的一个年头，而甘肃的困难时期还没有完全过去。青岗岔这个地方由于严重缺水，土地瘠薄，居民生活显得更困难一些。

初到青岗岔，当地生产队长安排我们住在卫生院旁的一位老乡家里。房东待

图二　青岗岔发现半山期房屋后与省文物队队长张学正在兰州黄河铁桥旁合影

我们非常热情，给我们烧洗脚水。我们洗完脚后想去挑水，可是找不到水桶。问小朋友，答说没有桶。我们不信，他才告诉我们水是用毛驴在十几里路以外驮来的，不是挑的。从此我们就不好意思洗脚了。早上打一小盆水几个人共用，洗完脸后留下来到晚上擦脚。

因为缺水，山上没有一棵树，也很少长草。地里很难长庄稼，只能种土豆，产量很低。为了省钱，也为了尽可能与老乡打成一片，我们没有单独开伙，而是在老乡家里吃派饭。每日三餐都吃土豆，不是烧土豆就是煮土豆。由于我们是吃公家粮的，上面拨了一些面粉下来，所以中午一顿的煮土豆中能有几根面条。没有任何菜，吃饭时桌上放一碟生盐，各人可以蘸点盐吃。饭碗也不用洗，用舌头舔舔就行了。这种伙食我们不过吃了20多天，老乡们却是常年过着这样的生活。想到这里就更加深了我们勤俭节约的自觉性。

为了节省经费，我们从兰州到青岗岔三十几里的上坡路，好多行李和发掘用品都是借板车自己拉的。工作结束后返程虽然是下坡路，但是除行李外又增加了许多考古标本，还是借板车自己拉的。我们5个人从10月24日住进青岗岔到11月15日离开，20多天中只花了1元多钱买了两斤点灯的煤油和一张窗户纸，连同伙食费在内的生活开支总共才花30多元。发掘的时候也是尽量少雇民工，大部分由自己挖。特别是到最后清理房子里面的遗迹遗物时几乎全部由自己动手，以至整个发掘的费用包括民工工钱和赔偿费还不到300元。的确是一次花钱最少而收获相当丰富的考古工作！

几十年来我东奔西走，足迹几乎踏遍了神州大地，参加过好多次考古工作，青岗岔的发掘是最难忘怀的一次。我常常想到那里孕育了发达史前文化的非常特殊的黄土地地貌，想到青岗岔遗址的方方面面，想到在那里度过的日日夜夜，想到第一次发现保存完好的半山房址的喜悦，想到一同生活了 20 多天的勤劳质朴而又热情好客的老乡们，特别是同我们一起工作的许成义、崔志清两位生产队长，他们的音容笑貌至今还清晰地萦回在我的脑海里。整整 29 年过去了，这期间我们的国家发生了天翻地覆的变化，青岗岔的面貌也一定变得好得多了。多么想再去看看啊！我不禁默默地祝福：青岗岔，你好！

（原载《文物天地》1993 年第 1、2 期。后收录在《足迹：考古随感录》，文物出版社，2011 年）

周原考古忆往

　　1976 年是我们国家很不平常的一年。国家主要领导人相继过世，4 月 5 日清明节，老百姓借祭奠总理之名向"四人帮"投掷了无数锋利的匕首，却被毫无道理地打成反革命事件。7 月唐山大地震死伤数十万人，人祸天灾接踵而至。直到10 月粉碎"四人帮"，被"文化大革命"折腾得死去活来的亿万民众终于熬过了劫难。这一年我在陕西周原。

到周原去

　　在学校，我们是在工宣队和军宣队的领导下进行所谓斗、批、改，根本谈不上有什么真正的教学和科学研究。为了摆脱那种无穷无尽的批判斗争，北京大学考古专业的教师们借着批判修正主义教育路线、实行开门办学的旗号，走出校门，把大部分时间都花在带领学生进行田野考古实习上。我那时身体很不好，也宁愿坚持到野外去。1974 年带学生到湖北宜都红花套发掘大溪—屈家岭文化的遗址，收获颇丰。1975 年再到湖北主持发掘楚国纪南城 30 号台基，接着又发掘毛家山遗址，还整理了松滋桂花树大溪文化墓葬的材料。1976 年差不多整年在陕西周原。

　　之所以选择周原，是因为那里是传说中周人先祖建立基业的地方，多年来许多西周时期的重要铜器都出在那里，其中包括铭文最长或内容最有价值的天亡簋、毛公鼎、小盂鼎等。过去中国科学院考古研究所和陕西省考古研究所等虽然也做过一些工作，但对遗址的全貌仍然缺乏基本的了解。如果能够联合各方面的力量进行大规模的勘探发掘，不但对探索周人国家的起源和早期发展会有重要的作用，就是对遗址本身价值的认识和加强保护的措施也会起到积极的作用。这事首先是俞伟超提出来的。他同我商量是不是一同去做一番工作。因为我的业务主攻方向在新石器时代考古，怕我不愿意花大力气去做周代考古。其实我 1957 年发掘河北邯郸龟台寺，1962 年发掘河南安阳殷墟大司空村，1975 年发掘湖北楚纪南城，都是属于商周时期或以商周时期为主的遗址。能够发掘周原这样头等重要的遗址，对我来说是求之不得的。何况在当时那种令人窒息的政治环境下，离开学校去做一些实际工作当然是再好不过的。

俞伟超为了准备周原的考古工作，早就跟国家文物局文物处陈滋德处长谈了，得到了陈的全力支持，并且以国家文物局的名义要求陕西省有关方面努力合作。于是伟超又到陕西找省文化局、省博物馆、文管会、西北大学历史系和宝鸡市有关负责人商谈，决定成立由省文化局领导、各有关单位参加的陕西周原文物保护与考古发掘领导小组，对周原地区的文物保护与考古发掘工作实行长期的领导与管理。北京大学参加领导小组的有历史系分总支书记李志义和工宣队代表王长久。1976年3月5日，我和北京大学考古专业74级全班同学和老师从北京出发，先到西安参观学习，然后直到周原工地。17日，领导小组在宝鸡市召开了第一次会议。决定在周原开展大规模的考古勘探与发掘工作，同时举办亦工亦农考古短训班。参加这次考古工作的有北京大学考古专业74级学生和三名教师、西北大学考古专业的师生、省博物馆、文管会和宝鸡市博物馆的业务干部以及亦工亦农学员116人。师生人人动手，不再雇用民工。为了顺利地开展工作，在领导小组下设立了办公室，由宝鸡市文化局的容铎任主任，下设业务组、政宣组与后勤组，组长分别由北京大学的俞伟超、权奎山和宝鸡市博物馆的李和亚担任。

这次大规模发掘的地点，早在2月份就有所酝酿。为了最后敲定，业务组人员在正式发掘之前详细研究了一份1/2000的地形图，然后共同对遗址进行全面踏看。我发现岐山、扶风两县之间的冲沟应该是早先就有的，在周代也许没有现在那么宽和深，但在当时应该是存在的。所以整个遗址应该是分成东西两半，只是东边的一半较大。我们在对整个遗址进行踏看时，最被看好的是扶风的召陈和岐山的凤雏，其次是扶风的云塘和岐山的贺家，于是便决定首先发掘这四个地点。

周原的考古因为有北京大学和西北大学两个考古专业的学生和大批亦工亦农的学员参加，就不是单纯的考古发掘，而是把田野考古工作和考古教学紧密结合在一起的。我们规定十天为一周，其中七天发掘，两天上课，一天休息。除了上一般考古课，我和俞伟超着重讲授田野考古方法。俞讲考古调查和墓葬发掘，我讲遗址发掘和室内整理，准备在适当时候把讲稿整理出来，出一本田野考古学的小册子。后来我讲的部分分别发表了，俞讲的部分没有整理出来，就不能出书了。他对类型学也有极大的兴趣，回校后作了几次讲演，并整理成文发表了。这是后话。为了配合周原考古发掘和教学工作，俞伟超和卢连成还编印了一本《陕西周原资料》，其中包括古文献中有关周原的历史记载，周原所在的岐山、扶风历来出土铜器略目和岐山、扶风考古文献略目等。为了及时地报道周原考古的情况，办公室决定出版不定期的《周原考古简讯》。周原考古就这样轰轰烈烈地开展起来了。

3月19日考古短训班在周原所在的庄白村举行开学典礼。3月20日各路人马即进入工地正式动土发掘。初步的分工是，俞伟超和卢连成负责召陈遗址，权奎山和西北大学的刘士莪负责云塘制骨作坊遗址，这两个遗址在沟东，属扶风县的法门公社。我和省文管会的徐锡台、陈传芳在沟西贺家村，负责发掘贺家和凤雏。这两个遗址属岐山县的京当公社。徐不直接负责工地。我在一开始是负责贺家的发掘，挖了几天，便交给陈传芳负责，我则转移到比较复杂的凤雏工地主持那里的发掘去了。

之所以选贺家是因为以前在那里出土过先周的遗物。周原不是周文王的爷爷古公亶父也就是周太王首先在此建立基业的吗？从太王、王季到文王都是在这里建都，应该留下那个时期的遗迹和遗物。贺家是当时所知明确出有先周遗物的地点，当然不能放过。可是在正式发掘之前，省文管会让民工先挖掉了半米深，然后由探工打探眼找墓。找出的墓用白灰一一标出，考古人员只需按照白灰画出的墓框往下挖就是了。这样做据说是为了节约业务人员的时间和精力，结果是有些文化层被挖掉了。有些白灰框内以为是一座墓，挖下去成了两座或三座。墓葬之间还有没有别的遗迹也无法弄清楚了。这样不画探方的发掘方法实在不足为法。挖了半天，全部是西周时期的墓葬。原来打算寻找先周遗存的希望落空了。

发掘凤雏遗址

我在去凤雏工地之前，省文管会已经让民工先开了四个10米×10米的探方，也是挖了约半米深，又都没有编号。我在动工之前仔细考察了遗址的状况。首先看北边，那里有一个较陡的坡，坡上没有发现任何陶片或其他文化迹象，那陡坡应该是遗址的边界。从北坡往南略有倾斜，大约60米开外倾斜度明显增加，大概也离边缘不远了。遗址东边的界线也很明确，那里有一条从贺家通往凤雏的小路，路面略低于遗址。从断面上可以看到不厚的文化层和路土。小路的东边有一个陡坡，上面可以看到一些陶片和红烧土，那应该是另外一个遗址。遗址的西边没有明确的边界，但七八十米以外已看不到文化遗物。这样我就以遗址的东北角为基点布置探方，还按照10米×10米的大小依顺序排号。从北往南是T1～T10，从东往西是T11～T91，总共100个探方。事后证明，这个探方网基本上覆盖了整个遗址。

我们首先在已开挖的四个探方的基础上扩大为九个探方。经过约20天的发掘，初步探知有一座成组的建筑，包括前殿、后室、西厢和两个小庭院，那应该是一个大型建筑的西北部分。考虑到这组建筑的西边和东边高地上还可能有其他建筑，所以将其命名为岐山凤雏第一号西周房基，编号为QFF1。下面的任务就是向东和南面扩方，以便了解这座建筑的全貌。这个发现使整个周原考古队兴奋不已，于是在 1976 年 4 月 17 日出版的《周原考古简讯》第二期上发表了重要消息：《周原考古的重要收获——岐山凤雏村发现西周宫殿或宗庙遗迹》，并发表了遗迹图和出土原始瓷豆的线图（图一至图三）。

我注意到后室和西厢有一部分被红烧土覆盖，庭院里也有大量红烧土。土里面有许多草筋，样子很像是麦秸。可以肯定这房子是被火烧毁的，那些红烧土应该是房顶塌落下来的碎块。如果揭开这些碎块，将有可能了解房顶的结构，还可能发现原本放在房子里面的器物，进而了解房屋的用途。这工作必须非常慎重，应该在整个建筑的轮廓弄清楚以后再来考虑。

图一　在周原凤雏考古发掘时的几位负责人
前排右起：于得涛（岐山县文教局副局长）、严文明、祁建业（岐山县文物科长）；后排正中：王长久（北京大学历史系工宣队员）

图二　在周原凤雏遗址解释 1 号房屋基址可能的布局

图三   严文明（戴草帽者）在周原凤雏工地讲解西周建筑基址的情况

由于南部的地面已被后期破坏，难以根据已知的迹象去追索，我就决定首先向东扩方，寻找东部的边界。揭去后期的地层，很快就发现了东部的边界。由此知道后室是三间房，唯中间是明间，没有前墙，只在相当于前墙的中间部位设一约 60 厘米见方的土台。可见这房间不是居室，可能是设置祖先牌位的地方。东厢与西厢完全对称，二者与后室之间均为一空间，前面通回廊，后边开门通向室外。后室、东西厢与庭院之间有 2 米宽的回廊，两个庭院之间有 3 米宽的过廊。从过廊通后室的明间是整个建筑的中轴线，东西两边严格对称，一丝不苟。

在北部的布局基本弄清楚之后便向南扩方。可是南部的地面已被早年破坏，找不到墙体。这里是不是还有房子，如果有的话，是个什么样的开间和布局都不清楚。好在殿堂前面有一个大庭院，先找出庭院的边界，再依据东西厢外侧檐阶的边缘往南追，或许可以找出整个建筑的轮廓。由于檐阶的地面和外壁都抹了约 1 厘米厚的三合土，如果檐阶往南延伸，即使没有了地面，那外壁的三合土应该还可能找得到。事实上在平面上一刮，立刻就露出 1 厘米宽的沙线，正好连着北部檐阶的外壁，那就是三合土墙皮的痕迹。对比沙线里外的土质土色，也可以看出一些差别。依据这个线索一直往南追，直到约 45 米处（从北部檐阶边缘起算）成直角向内拐，这里已是门房所在。继续做下去，在两个门房之间发现了直通庭院的门道。更有意思的是在门道前面还发现一道短墙，端端正正地遮住了门道。那不是影壁吗？没有想到中国的影壁可以追溯到西周时期，真是太有意思了！考古工作至此，整个建筑的大致轮廓就已经完全清楚了。

热闹的现场会

凤雏西周建筑基址的发现是周原考古最重大的成果。同时在沟东召陈也发现了几组西周晚期的建筑基址，其中最引人注目的是 3 号房基。它也是建筑在一个夯土台基上，东西长 24、南北宽 15 米。中间有隔墙将其分为三大间。东西两间各有两排共 12 个柱础。中间的大厅接近正方形，面积超过 200 平方米。其中有三排共 15 个柱础。柱础石虽然都已不存，但下面的礤磉却很清楚。那是用拳头大的河卵石加土夯筑而成的，直径都在一米以上。在它的旁边还发现了许多板瓦和筒瓦，有的筒瓦上还有半瓦当，可见这座建筑的规格之高。它虽然是一座单体建筑，但显然不是孤立的，应该是与其他建筑构成一个有机的整体，其规模应该远远超过凤雏 1 号建筑基址。在云塘的制骨作坊旁边的一条深沟里发现了大量的下脚料，主要是牛骨，数量之多当以吨计，上面有明显的锯割痕迹，同时出土的还有一些残断的铜锯条。周原考古可谓旗开得胜，在短期内就取得了如此丰硕的成果，实为难得。考虑到这一期的考古工作已经告一段落，国家文物局于是决定在岐山召开周原考古和亦工亦农短训班现场经验交流会，同时举行短训班的结业仪式。

会议于 6 月 7 日至 12 日举行。到会的有中国科学院考古研究所和河北、河南、山东、山西、辽宁、吉林、甘肃、青海、湖北、湖南、江苏、浙江、四川、贵州、广东、陕西等省的文物考古部门和北京大学、西北大学、山东大学、吉林大学、南京大学、中山大学、四川大学、武汉大学、郑州大学等校的考古专业的代表。国家文物局副局长沈竹和文物处长陈滋德、陕西省革命委员会副主任章泽等都参加了会议。会议主要是总结和交流各有关单位精诚合作开展周原考古并取得重大成绩和举办亦工亦农短训班的经验。在当时的政治环境下，把举办亦工亦农考古短训班说成是缩小三大差别、限制资产阶级法权的创举。实际上这些学员从生产队来，学了田野考古知识和基本技术还回生产队去，将会成为保护古代遗址的一支重要力量，少数优秀学员还被选拔到大学考古专业接受正规的专业训练，后来都已成长为考古工作的骨干力量。

会议期间代表们集体到凤雏和召陈等工地参观考察与交流。记得为了迎接代表们，当地政府连夜组织人力修整道路，沿路扎了十几道彩门。代表们来的时候，大批中小学生穿着花衣，手举花环，高喊"欢迎欢迎，热烈欢迎！"陈滋德悄声跟我说："这不像是欢迎外国元首吗？"凤雏工地首先由我介绍情况。这时走来一个人跟我握手，问"你还认得我吗？"我一怔："哎呀！你不是童恩正吗，怎么干起考古来了？""你怎么也干起考古来了？"两人热烈拥抱。原来我们两人在湖南省一中是同班同学，在宿舍睡同一张床的上下铺。两人兴趣都很广泛，都特别喜欢数理化，就是对历史没有兴趣。可是在 1951 年他和他的父亲（当时为湖南大学教授）以"莫须有"的罪名被捕，从此就没了音讯。想不到我们竟是在这种场合重逢，真是高兴！后来我们的交往就比较多了，直到他不幸去世。

现场会结束后，我写了一个简讯，发表在 6 月 15 日出版的《周原考古简讯》第 6 期上，主要报道了现场会的消息和凤雏考古取得的成果，第一次发表了凤雏西周建筑基址完整的平面图。

新的收获

1976 年 9 月，新的学期开始。北京大学考古专业招收了一个考古进修班，学员 31 人，多是在大学考古专业毕业，并在文物考古单位或大学考古专业任职者。学制一年，半年实习，半年授课。目的在于进一步提高田野考古学和考古学研究的水平。所有教学工作都由我和俞伟超负责。我们决定带领全班到周原进行田野考古实习，以便在周原这种大型遗址的考古发掘中经受锻炼，以提高学员的田野考古学水平。

我还是继续主持凤雏遗址的发掘，目标是弄清楚第一号建筑基址的内部结构。参加者除了进修班的部分学员，还有西北大学考古专业的部分学生，技术工人是李滌陈。由于整个建筑的南部和主殿的地面都已毁坏无存，要进一步了解其具体结构一时找不到头绪。于是我便从打破西厢第二间（从北数）西墙的灰坑 H8 做起。那灰坑中堆满着红烧土，说明挖这个灰坑时周围的房屋倒塌堆积并没有清除干净，只是在灰坑废弃后某个时期，为了清除周围的红烧土才把它填埋到灰坑中去。我亲自动手来做，发掘过程中在坑壁上清楚地看到被打破的房屋墙壁的基槽。这基槽宽 58 厘米，跟墙壁一样厚，深 60 厘米，再挖北边的 H9，得到了同样的结果。这个信息十分重要——只要南部房基破坏的深度不超过 60 厘米，墙壁的基槽就有希望找出来，整个房基的细部结构也就可能弄清楚了！于是我让认土能力比较强的技工李滌陈跟我一起来做。我告诉他可能的走向，他一面铲，我们一面辨认。终于在不太长的时间内把整个东厢和西厢的分间情况弄清楚了！

接着做两个门房，但除了柱坑，一点墙基的痕迹都找不到了。我注意到这两个门房的台基高出地面还有 60 厘米，如果加上应该有的墙壁基槽的深度，原来的台基至少有 1.2 米高。而整个台基的北部仅比地面高 10 厘米左右。因为原来的地面北高南低呈缓坡状，为了使房基大体保持水平，所以筑成了这个样子。

由于门房和主殿的墙基都已不复存在，只好靠寻找柱洞来进行复原。主殿的柱洞南北有七排，每排四个，非常整齐。假如周围的立柱都是夹壁柱，整个主殿建筑就是东西约 18、南北 6 米，占地约 105 平方米。主殿的柱洞较大，也应该较深。推测主殿的地面应该比整个台基的地面高约 50 厘米，是在大台基上又筑一个小台基。主殿通向后室的过廊原有的地面也已不存，现存地面仍略高出后室地面，显然原来的地面还要高一些。这样整个房屋建筑就可以比较准确地复原了。我在

11 月 24 日画完了岐山凤雏第一号西周房基平面图（图四），此图后来先后为北京大学考古教研室商周组编写的《商周考古》和夏鼐先生所著《中国文明的起源》两书所采用。同时我还画了一些局部结构图和复原图，都存放在周原考古队办公室的资料室。

沟东区继续在召陈发掘，又发现了几处建筑基址，只是保存都远不如凤雏第 1 号建筑基址那么好。到了 12 月 15 日和 25 日，沟东庄白村农民在平整土地时发现了两个铜器窖藏，西北大学的刘士莪老师等随即前往清理。仅 1 号窖藏就发现铜器 103 件，包括鼎、鬲、壶、簋、尊、觚、爵、盘、豆和编钟等 21 种器物，总重 1450 斤。其中有铭文的就有 74 件，年代涵盖整个西周时期。铭文最长的史墙盘有 280 字，用韵文讲述微氏家族如何从周文王起历代为西周王朝效劳的历史，确实是一次重大的发现。

没有完成的工作

1976 年下半年的周原考古没有上半年开始时的那种气势，又因为唐山大地震的余波和政治上的巨大震荡而不能不受到相当的影响。考古队经常听到传闻说某某时候会有地震，于是我们晚上就不敢在屋里睡觉，大部分人就睡到田野用玉米秸搭起的棚子里，还派人到羊圈值班观察羊的反应。10 月 6 日粉碎了祸国殃民的"四人帮"，但报纸和电台一时还没有公开发布消息。我妻子的医院住了不少高级官员，他们消息灵通。妻子知道后赶紧把消息告诉我，我随即在傍晚下工后亲自到沟东告诉俞伟超。两人兴奋得不得了，因为还没有正式报道，又不好过分声张。俞拿了一壶酒，弄了一些小菜，一面喝酒一面历数"四人帮"的恶行。很晚了，还兴犹未尽，我也不便回去了，两人就同睡在一铺炕上，兴奋得总有说不完的话，几乎是彻夜未眠。精神上沉重的枷锁一旦解除，真是有说不出的痛快！不久省里也得到了消息，跟着就改变了对我们的态度。不说是处处作梗，至少是少了相互配合的热情。因为北京大学是"四人帮"重点控制的所谓"六厂二校"之一，似乎我们也是执行极"左"路线的小人物。不知道我和俞都曾经是"四人帮"大批右倾翻案风时重点挨整的对象。所有这些事情对我们的思想和情绪造成很大的冲击，难以专心于考古业务。因此这半年尽管有不少新的收获，而整个考古工作的进度明显地慢了下来。

拿凤雏考古来说，本来想在下半年把第一号建筑基址的发掘工作彻底结束，但事实上做不到。快到学期末了的时候，还是有几件事情没有做完：一是打破建筑基址的 14 个灰坑只做完了 10 个，位于西厢从南数第二间的 H11，以及紧靠其东边打破走廊的 H12 和 H13，还有位于其北面第三间房的 H14 就没有来得及做。

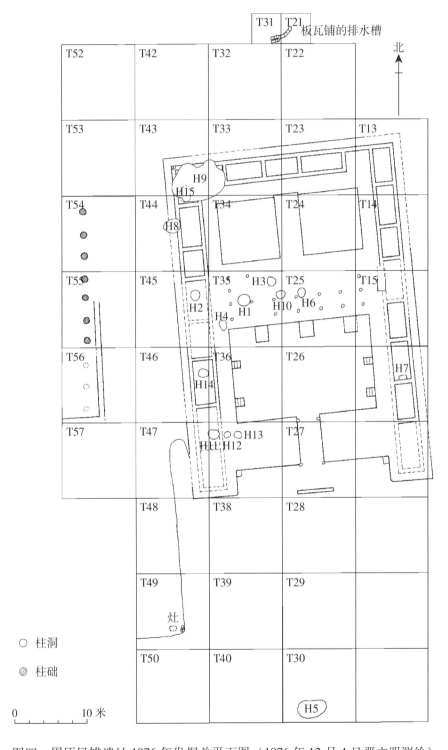

T31　T21
板瓦铺的排水槽
北

T52　T42　T32　T22

T53　T43　T33　T23　T13

H9
H15
T54　T44　T34　T24　T14
H8

T55　T45　T35　H3　T25　T15
H2　H4　H1　H10　H6

T56　T46　T36　T26
H14　H7

T57　T47　H13　T27
H11　H12

T48　T38　T28

T49　T39　T29
灶

○ 柱洞

◎ 柱础

0　10 米

图四　周原凤雏遗址 1976 年发掘总平面图（1976 年 12 月 4 日严文明测绘）

记得我把那些灰坑的边找出来以后，准备第二天来做，结果当晚下了一场大雪，没有法子接着做了。正好也到了学期末了，队里决定就此收工，只好留到来年去做了。二是北部有几间房子的地面上有大量红烧土，那是房屋的倒塌堆积，我是想留到后来仔细清理，看看室内有什么器物或摆设，也没有来得及做。三是后庭的排水沟通向台基的东边，那东边一定会有顺着地势向南流的排水沟。要找这条沟就必须扩方，同样需要时日。四是在一号基址的西边发现了另一个房屋基址，其柱础比第一号基址的要大，估计整个建筑也会比一号基址大。因为没有发现火烧的迹象，推测是在一号基址被火烧毁后重新建起来的。因为只看到东边的一隅，不好做肯定的结论。而要把这座建筑弄清楚，没有一两个季度的发掘是做不到的。我当时以为第二年还会继续去发掘，没有想到我在周原的考古工作就此画了一个句号，后来的许多情况我就不大清楚了。

我走了以后，大概在凤雏又进行了两次发掘。1977年秋的某个时候，徐锡台到北京来，告诉我凤雏发现了甲骨文，我大为惊喜。问他具体情况，他说是在西厢一间房子的窖穴里发现的。那窖穴里有许多红烧土和几块陶片，还有许多甲骨片。当时只捡了少量较大的甲骨，其余大量的都随土倒掉了。过了好多日子，民工在清洗甲骨和陶片时，发现有的甲骨上面有字，于是赶紧把原来倒掉的渣土重新挖出来过筛，才又捡出一万几千片甲骨，其中有200多片刻字。根据他说的情况，知道那个出甲骨的窖穴就是我发现的H11，只是因为一场大雪和学期结束而没有来得及清理。这一发现引发了学术界的热烈讨论。徐锡台和陈传芳都以为西厢那个房子乃是专门储藏甲骨文的地方。有的学者更以此判断凤雏一号房屋基址为宗庙建筑，甚至以出土甲骨文的最后年代来判断一号房屋基址的年代。这些说法都是以那个窖穴是在房屋使用的时候专门为储藏甲骨而挖建和使用的为前提。这个判断显然是不正确的，因为H11打破了所在房间的墙壁。如果是室内专门储藏甲骨的窖穴，为什么要挖坏墙壁呢？再说那些甲骨很碎，有刻字的不到总数的百分之二，明显是一堆废品，并且是作为垃圾倒入已经废弃的窖穴，哪里是作为神圣物品珍藏的状态？其实凤雏一号房屋基址上的十几个灰坑或窖穴都不是房屋内的设施，而是在房屋毁弃以后才挖出来的。例如H11东边的两个窖穴，一个挖在走廊上，一个打破门房的墙壁；主殿西南角的H4也在走廊上。主殿范围内的几个窖穴分布毫无规律，有的贴近柱洞，因为是口小底大，下面已经挖到柱子的下面了，无论如何是不好解释的。何况像H8是打在西厢从北数第二间房的外墙上，把外墙全部打掉，而这个窖穴的情况跟H11并没有太大的区别。至于H9更是把西厢最北一间及其东边一大片都打掉了。所有这些灰坑或窖穴基本上都堆积了或多或少的红烧土，似乎是房屋烧毁时房顶或墙壁倒塌的堆积。但那些红烧土都比较碎，又掺了一些杂土，大部分应该是二次堆积，是灰坑废弃后形成的堆积。

陈传芳写了一本《周原与周文化》，把周原考古的大部分资料都发表了。因为不是他亲手所作，有些地方写得不很准确。上述甲骨坑是一例。书中发表的《岐山凤雏村西周甲、乙建筑基址平面图》上，从西小院经过过廊、东小院、东厢出基址的排水管道，最后应该有顺地势南流的渠道，但在图上看却是一些不规则形状的灰坑等遗迹。它们是与一号基址同时还是不同时的，是什么关系不清楚。又如一号基址西边的所谓乙组基址，只是一个东西较宽的单体建筑，跟我在 1976 年12 月 4 日工地即将结束时画的平面图明显不同。我当时只找出了该建筑东边的一排柱洞和一个边线，都没有到头。与书中的图相比照，往北至少还有两个柱洞，可能还没有到头。往南的边线应该再延伸三个柱洞的距离才向西拐。而且所有柱洞都比一号基址的大，所以我推测这个房屋基址应该比一号基址大。但书中的乙组基址比一号小得多，而且只是一个单体建筑。到底是我做错了呢，还是后来发掘的人只看到了局部而没有注意整体的结构？这至少是一个疑问，只有等以后的高人再到凤雏考古的时候去验证了。

周原考古的启示

1976 年的周原考古时间不长，而收获颇丰，其中一项重要的启示就是如何把握学术前沿和寻找突破口的问题。相对商代考古而言，当时西周和先周考古的成果显然差得很多。作为西周都城的丰镐遗址的考古工作做了许多年，没有取得重大的突破。根据文献记载，周人自从在古公亶父率领下来到岐山之阳的周原，经济社会迅速发展，经过三代人的努力，到文王迁都沣京，便基本奠定了灭商的实力。而周原历年出土了大量西周青铜重器，也发现过一些先周遗物，说明不仅是先周时期，即使在整个西周一代，周原还一直是周人的核心腹地和力量的源泉。因此要研究周人之所以在短期内勃兴的深层原因，首先就要对周原进行大规模的考古工作。这本身是一种战略性的决策。

既然决定在周原进行大规模的考古发掘，而周原遗址那么大，首先应该从哪里动手呢？当时有两种主张。一种是传统的看法，认为应当从遗址边缘文化堆积比较厚的地方入手，那样可以多挖些陶片等遗物，可以比较快地了解遗址的文化性质和不同时期的文化特征，也不容易挖坏重要的遗迹。我和俞伟超则力主从最能代表遗址性质和发展水平的地方入手，也就是捡最重要的地方挖。在实地勘察时，有人看到召陈和凤雏文化层很薄，虽有不甚明确的建筑遗迹暴露，但所见陶片极少，不主张挖这两个地方。我说陶片少正好说明那里有重要的建筑遗迹，哪有垃圾堆到重要建筑区的？地层薄说明遗存单纯，没有或很少有不同时期遗迹的相互打破关系，重要遗迹才可能保存好，极力主张首先挖这两个地方。后来的发掘完全证实了这一判断。

为什么要选择最能代表遗址性质和发展水平的地方入手，也就是选最重要的地方开挖呢？道理很简单，因为要做好任何事情都要抓关键，牵牛要牵牛鼻子。如果只是在遗址边缘敲敲打打，即使挖了一大批灰坑和陶片，只能知道那是个西周遗址，那是不挖就已经知道了的，至于周原到底是个什么性质的遗址完全摸不着边。热闹了一场，不但学术上得不到多大成果，原来打算推进西周考古的愿望落空，也难以引起地方当局和社会人士的重视，遗址的保护和进一步的考古工作就成了问题。当然要做到这一点，主持发掘的人必须有丰富的田野考古经验和把握全局的能力，否则就会造成破坏。周原考古的这个启示，应该引起考古界同行们的关注。

（原载《足迹：考古随感录》，文物出版社，2021 年）

胶东考古记

　　1979年初春的一天，我去看望苏秉琦先生。他跟我谈到他去烟台和长岛的情况，说那里是个好地方，既是连接山东和东北的桥梁，又是通向朝鲜和日本的门户，考古工作应该大有可为，鼓励我不妨去试一试。不久，烟台地区文物管理委员会的李步青和李经章等来到北京，带了许多新石器时代的陶片和石器等标本，让我仔细揣摩。他们说苏先生很看重这些东西，他在烟台停留了很长一段时间，不但看了那里的出土遗物，还亲自到长岛县的一些岛屿进行考察，足迹直抵北隍城岛。还做了一个很好的学术报告。这次带标本来让我看也是苏先生的意思，一是想叫我有个初步印象，听听我的看法；二是想邀请我到胶东地区做点工作。我答应先下去看看再说。

　　是年8月，我约社会科学院考古研究所的韩榕一同去烟台，烟台地区文化局的刘局长热情地接待了我们，地区行署专门给我们派了一辆北京吉普，并且派李步青先生陪同我们一起调查。李是20世纪50年代初期全国考古工作人员训练班的学员，是考古界的老黄埔，我们都称他为步老。步老不但对胶东考古非常熟悉，而且对当地的风土人情、历史典故了如指掌。上自地区领导，下至基层文物干部和普通老百姓，见人就熟，而且都能谈得来。有他的指引，我们的调查肯定会有收获。8月11日驱车先到蓬莱，接着去福山、牟平、荣城、威海和烟台市郊，到23日告一段落，历时只有13天，却调查了好几十个遗址。因为有车，跑得快，一天就能考察好几个遗址。步老总说我性急："忙什么，这次都看完了以后还调查什么？"其实我是想尽早找到适合学生实习的地点。因为开学在即，没有合适的遗址进行实习可就麻烦了。幸好这次调查的结果还不错，可供实习的遗址不止一处。于是我们正式商定由烟台地区文物管理委员会、中国社会科学院考古研究所山东队和北京大学考古专业三家合作发掘福山邱家庄和牟平照各庄两处遗址。邱家庄是贝丘遗址，年代较早；而照各庄是年代较晚的另一类型遗址。两种遗址都试一试，目的在于尽快地对胶东史前文化的特点有一个初步的了解。

　　邱家庄旁有夹河北流入海，遗址上到处散布着文蛤和毛蛤壳，也有很少的海蛎子皮，是一个河口型贝丘遗址。但现在距海已达 15 千米，说明新石器时代的海平面比现在稍高，海岸线离遗址很近；同时也由于夹河泥沙的淤积，使河口不断地往北延伸。人们也许会认为贝丘遗址的经济主要应为采贝而不大可能有农业，其实不然。因为在邱家庄发现有许多磨谷器——石磨盘和石磨棒，是农业经济比较发达的证据；遗址中还有大量的猪骨，包括幼年和成年的个体，而养猪是要有比较发达的农业做基础的。邱家庄遗址原有许多房屋，可惜地面都已破坏无存，仅仅留下了大批的柱子坑。这种坑一般为长方形，人站在里面可以转身两头轮流挖，到半人深后就在一头再挖多半米深，然后栽柱子。这样一根柱子埋在土里的部分就有一两米深，岂不是很大的浪费！记得发掘的时候，揭去耕土和晚近土层后就是一大片花土，仔细辨认才知道是密密麻麻的柱子坑。每个坑都被不止一个坑打破，又不止打破一个坑。究竟哪些是同时期的，只是挖坑先后不同而发生打破关系；哪些确是不同时期而相互打破的，实在无法分辨清楚。按柱子洞的排列来找它们的联系也不容易办到，简直头疼死了。后来发现类似的情况在胶东贝丘遗址中非常普遍，邱家庄的发掘算是提供了一个可供参考的实例。

照各庄遗址与邱家庄不大相同。开始调查时，因为遗址上长满了一人多高的青玉米，只能从田头地角暴露的灰层和陶片等迹象作出极不准确的判断。那时以为遗址面积有几万平方米。可是等玉米收割完毕，才发现没有那么大。不仅如此，原先发现的灰层并不连续，遗址中几乎没有连续的地层，而只有一些大大小小的形状不规则的灰坑。不过照各庄的发掘仍然有非常重要的收获。因为它的文化面貌十分单纯，容易辨认和比较准确地把握文化特征。发掘时因为看到有许多轮制的磨光黑陶，以为是龙山文化遗址。到室内进行初步整理时，才知道它同哪一个典型的龙山文化遗址都不相同。在过去发表的材料中，只有平度东岳石的资料比较相似。高广仁和黎家芳在讨论龙山文化的去向时特别分析了东岳石的资料，认为它不像一般的龙山文化而像是比龙山为晚的文化遗存。后来我们在几处地方发现了这类遗存叠压在龙山文化之上的地层关系，照各庄的碳-14 年代也比龙山文化为晚而基本上落在夏代范围之内。所以我认为应该把这类遗存单列为一种考古学文化。根据考古学文化命名的惯例，建议以首先发现的东岳石遗址命名为岳石文化。此后关于岳石文化的研究便成为山东考古的一个热门课题。

参加邱家庄和照各庄遗址发掘的，在烟台地区有李前庭、吴玉喜、王锡平和各县的文物干部，考古所山东队有韩榕，北京大学有教师赵朝洪、李平生和我以及七六级全班学生。大家精诚团结，严格要求，是一次颇为成功的合作。发掘接近尾声时，根据各人完成的情况陆续转入室内整理。为了继续胶东地区的考古调查，李步青提议我把工作安排好后，具体指导交赵朝洪负责，李、韩和我三人抽空到乳山去走走。因为在乳山的南斜山曾经出土一件火候很低的素面鬲，上面刻有好似"日出"字样的符号。步老相信那是最早的陶器，而且是传说中扶桑之所在。我当然不相信他的说法，但也很想到那边去看看。我们于 12 月 21 日去乳山，连着调查了小管村和南斜山等六七处遗址；然后转到栖霞又调查了杨家圈等六七处遗址。为了让学生写实习报告时有所比较，应该对附近的辽东半岛的新石器时代文化及其与山东半岛的关系有一个起码的印象。于是带领全班学生到大连和旅顺参观了几天。那里从大汶口文化、龙山文化到岳石文化的整个时期都受到山东半岛的强烈影响，而山东半岛则基本上看不到任何辽东半岛的影响。

回到牟平后韩榕对我说，潍坊艺术馆的杜在忠多次带信来，希望我们到那里去做些工作，韩对那边的情况也比较熟悉。于是我们两人于 12 月 21 日去潍坊，在杜在忠陪同下调查了潍县、寿光、诸城和五莲的几十处遗址，12 月 30 日始回到牟平。这样我们对山东半岛东部的史前遗址又有了进一步的认识。

在潍坊时，曾经商量由潍坊艺术馆、社会科学院考古研究所山东队和北京大学考古专业三家合作发掘诸城前寨遗址。可是到 1980 年 8 月北京大学行将开学，学生就要到工地实习的时候，考古所忽然说不参加了。于是只好由北大和潍坊两家合作，在前寨发掘了一个比较大的大汶口文化的墓地，同时试掘了附近一个龙山文化早期的凤凰岭遗址，然后对潍坊地区进行了广泛的调查。这次实习是由李仰松、张江凯、赵朝洪和杜在忠等负责进行的。我于 11 月初到那里看望了各位师生，了解到前寨的发掘收获不小。然后带了杨群、佟伟华、安家瑶三名研究生和进修生严进军继续到烟台地区调查。这次调查的地点有海阳、莱阳、莱西、黄县和长岛，调查报告分别发表在《考古》1983 年第 3 期和《史前研究》创刊号（1983 年第 1 期）。长岛的调查导致后来连续多年的大黑山史前村落遗址的发掘。

这两年的工作虽然一直在烟台和潍坊地区，却一直得到山东省文化厅和山东省文物考古研究所的支持。省文物考古研究所的杨子范和张学海同志多次表示要与北大合作进行胶东考古，我们当然感到高兴。1981 年秋，省文物考古研究所派了有丰富田野考古经验，而且对胶东考古非常熟悉的郑笑梅为首的考古队和北京大学考古实习队合作，对栖霞杨家圈遗址进行了较大面积的发掘，发现了一批大汶口文化和龙山文化的遗存。其中最值得注意的，是在龙山文化层的红烧土中发现有稻谷、粟和黍三种农作物共存的情况。杨家圈大约处在北纬 37°20′，是现知史前栽培稻分布纬度最高的一个地点。由于有这一发现，稻作农业最初传入日本的路线开始明朗化了。过去有所谓北路说、中路说和南路说，后二说事实上不大可能，而前一说又缺乏证据。杨家圈的发现证明北路说是有道理的。如前所述，从大汶口文化直到岳石文化的长时期中，山东半岛的史前文化是单方面向辽东半岛传播的，而辽东半岛史前文化对朝鲜半岛的影响也是很明显的。因此我提出了一个从山东半岛经辽东半岛、朝鲜半岛再到日本九州，以接力棒的方式传播过去的说法，简称为北路接力棒说，后来因为朝鲜平壤附近的南京遗址和大连大嘴子遗址都发现了稻谷遗存而得到了相当的证实。在杨家圈第一期即大汶口文化晚期的陶器中，有一种鼎甗，即在鼎腹内做一箅隔，以便放上箅子蒸饭。这种器物过去只见于良渚文化，杨家圈的发现说明胶东和江浙地区有一定的文化关系，稻作农业有可能就是通过这一文化传播路线从长江流域传到胶东地区的。

在杨家圈发掘基本结束之后，我们派出了几个小分队到附近进行考古调查，并且试掘了莱阳于家店和栖霞上桃村等遗址。在于家店的一座大汶口文化墓葬中，发现一位壮年女性的下颌骨拔去了 6 颗牙齿，拔牙后的齿槽完全闭合。这是中国史前文化中拔牙最多的一个例子。据我所知，在世界各国古今拔牙的记录中，只有日本绳文文化和印度尼西亚西里伯斯土著中个别人的拔牙数才可以与之相比。例如日本津云贝冢的一个女性和伊川津贝冢中一个男性都被拔除了上颌两个犬齿和下颌四个门齿。二者都属于绳文文化晚期，比大汶口文化要晚。尽管于家店离日本不是太远，却不可以认为是受了绳文文化影响的结果。是否那位女人生前患了什么疾病而过早地掉了几颗牙齿，以至于造成拔牙的假象则不得而知了。

1982 年 8 月，由山东省文物考古研究所和山东省考古学会主持召开了山东史前考古学术讨论会。为了让大家了解近年来胶东考古的进展，特地把会议地址选在最东边的荣城县石岛。在这个会上，我根据前几年考古研究的成果，对胶东原始文化作了系统的阐述，初步提出了一个文化发展的谱系性见解。即最早的是白石村一期，以下依次为邱家庄一期、紫荆山一期、于家店一期、杨家圈一期、龙山文化、岳石文化、珍珠门遗存和南斜山墓地。后三者的年代分别相当于中原地区的夏商周时期，而文化面貌则大不相同。所以我认为它们应当是东夷的文化。而在岳石文化以前的诸新石器文化则应是东夷祖先的史前文化。我在会上特别强调指出：“研究胶东乃至整个山东和苏北地区的史前考古，不能不涉及在我国古代文化的形成中起过重大作用的东夷文化的问题。根据历史记载和实物遗存，研究东夷文化的起源、分布、内容和特征，以及它同华夏等各族文化的关系，应当成为我国考古学的重大课题之一。”[1]

为了探索东夷文化，当年除继续发掘长岛北庄史前村落遗址外，还特别抽出一支力量发掘长岛珍珠门遗址。这个遗址最惹人注目的是以素面红陶鬲为代表的陶器群，包括碗、簋和甗等为数不多的几种器物。这些陶器全为粗泥红陶，手制，

---

〔1〕　严文明：《胶东原始文化初论》，《山东史前文化论文集》，齐鲁书社，1986 年。

素面无纹，制作技术显然比岳石文化退步多了。但从鬲的形制特点等方面来看，显然与岳石文化有相当的关系，只不过二者之间还有一段缺环。有趣的是，与这类陶器共存的还有少量绳纹灰陶鬲和罐等，其特征与中原地区晚商文化基本一致。由此我们可以断定像珍珠门素面红陶鬲一类遗存的年代，大致上相当于商代晚期。因为它和商文化很不相同，推测应是东夷的土著文化，我们称之为珍珠门文化。

1983 年我们有意识地扩大了田野考古的规模，目的在于进一步理清胶东史前文化发展的谱系以及东夷文化的来龙去脉。这年除了继续发掘长岛北庄和珍珠门遗址外，还特别选了烟台市的芝水、乳山县的小管村和南黄庄进行发掘。在芝水发掘的面积虽然不大，但收获颇令人高兴。那里的文化可分三期，第一期为岳石文化，第二期为介于岳石文化与珍珠门文化之间的一种文化遗存，第三期是比珍珠门文化更晚的另一种文化遗存，这后两期正是我们要着力寻找的缺环。芝水二期的陶器以灰褐色为主，较岳石文化陶器的颜色浅些，又不像珍珠门文化的陶器那么红。几乎没有纹饰，岳石文化陶鬲的腰部总是有一圈附加堆纹，芝水二期已不见这种做法，只是在有些陶鬲的腰部压一圈凹窝，珍珠门文化连凹窝都没有了。胶东的岳石文化中至今没有见过陶鬲，珍珠门文化有许多素面鬲，而芝水二期已有少量陶鬲。这些都说明芝水二期乃是继承岳石文化而向珍珠门文化发展的一个重要环节。芝水三期已有大量的绳纹灰陶，周代齐文化的影响已经非常明显。这里在周代应该是莱国所在地，齐始封营丘时就在东门外同莱夷打了一仗，后来齐与莱的关系也还是很密切的。明确了这一历史背景，芝水三期的文化面貌就不难理解了。

在小管村发掘的面积同样有限，但是在那里发现有岳石文化、龙山文化和大汶口文化依次叠压的地层关系，对于完善胶东史前文化的谱系还是很重要的。南黄庄与南斜山连在一起，是一个大型的石椁墓群。我们在南黄庄村东清理了二十多座墓葬，墓圹都很小，内用石板砌成椁室，中间置木棺。棺木已经完全朽烂，但薄木板的痕迹仍然清晰可辨。随葬陶器均为灰褐色，夹砂，器形主要有鬲、鼎、簋、罐，此外还随葬有双翼形的青铜镞。鬲、鼎、簋均为素面，鬲为深腹矮档，袋足已不明显，过去发现有刻划符号的就属于同一类型者。鼎身为圜底盆形，矮足，常有一对鸡冠耳。簋的形制同珍珠门者相近，只是底部相对较大。罐多圜底，肩部饰三角形刻划纹，腹部和底部均饰绳纹，与一般西周陶罐的形制基本相同。所以我们推测这里是被齐人排挤到山隅海角，又受到齐文化一定影响的东夷人民的墓地，年代当在西周中晚期。

这一年为了探索东夷文化的分布和夷夏两种文化在各地的消长情况，配合研究生和本科毕业班的实习，还分别与益都县博物馆和昌乐县博物馆合作发掘了益都郝家庄和昌乐邹家庄遗址。在郝家庄也发现有岳石文化叠压龙山文化的地层关系，但那个遗址主要是岳石文化的遗存，然而有些特征与照各庄不大相同。郝家庄的陶器上有较多的横绳纹而照各庄没有，郝家庄有少量鼎而照各庄不见，照各庄有大量的舌状足的三足罐而郝家庄少见。我们发现胶莱河以东的遗址都和照各庄相同，而潍淄流域直到济南一带的遗址则和郝家庄基本一致。至于山东大学在泗水尹家城发现的第二期文化又有一些自己的特点。因此我们认为岳石文化至少可以划分为三个地方类型。后来我们了解到，在山东东南和江苏交接的沂沭流域以及山东西南与河南交接的地区，也都有岳石文化的分布，并且各自具有一定的特点。古书上说夷有九种，说明各地夷人文化是有区别的，现在从考古学文化上也可以得到相当程度的证实。邹家庄主要是龙山文化，也有少量岳石文化和珍珠门文化的遗存。但这里的珍珠门文化似乎有更多的商周文化的成分，看来昌乐一带已经是这个文化的西部边界了。

1984年主要是发掘北庄遗址，经过连续几年的发掘，已可看出那里是一个规模较大而且保存较好的史前聚落遗址，成为胶东考古的重要成果。1985年主要发掘邹家庄，同时在周围地区进行了调查。1986年集中精力整理资料。1987年5月16日至20日，我们分别在烟台和长岛县召开了"胶东考古座谈会"。与会者除了直接参加胶东考古的主要人员外，还有胶东考古的倡导者苏秉琦先生以及关心胶东考古的李仰松、张忠培、郑笑梅、高广仁、张学海、李伯谦、郭大顺和蔡凤书等。为了准备这次会议，我们把从1979年以来考古发掘的所有实物资料按照地点和单位陈列出来，并由张江凯和王锡平作全面介绍。希望大家在充分了解这几年的考古工作的情况下，能够深入地交流看法，指出问题，提出建议。因为是采取现场座谈的形式，大家都比较放松随和，想到什么就说什么，意见交换比较充分。这种会议的形式最初是从河北蔚县吉林大学与河北省文物研究所的考古工地开始的，是苏秉琦先生所大力提倡的。类似的会议过去在辽宁朝阳等地开过多次，这次是集中研究胶东考古。苏先生认为这次会开得很好，很紧凑，对解决实际问题和活跃思想都起了积极的作用。经过几年的工作，胶东的新石器时代和青铜时代的文化谱系已经基本上建立起来了。今后的问题是如何更加充实和完善。但工作总要有个阶段性，现在第一阶段已经完成，要集中精力整理资料，编写报告。过去有些地方把报告写出来了就万事大吉，对于出土的实物资料和发掘整理中的文字、图表、照片等资料没有很好地保存管理。他再三强调不要轻视这项工作，原始资料要子子孙孙永保用。保管好资料不是封存起来，要让大家看，欢迎别人继续研究。他的这个意见既讲到了考古学研究的基本特点，又是针对我国考古界普遍存在的问题而提出来的。遗憾的是这个问题至今没有很好地解决，今后还要作极大的努力。苏先生还谈到胶东是山东的一部分，但却是比较特殊的一部分，直到齐桓公时还看成是他的边疆。胶东又同相邻地区有各种联系，是环渤海的一个重要地方。他说不要小看渤海，它好比东方的地中海。小而言之它是海岱、中原、燕山南北和辽东几个文化区的交汇地带，大而言之它是中国通向朝鲜半岛和日本的门户，因此要有计划有组织地进行研究。我们的考古学者是第一流的，但是工作条件太差，横的交流太少，要设法改变这种状况。这次胶东考古座谈会就算是环渤海考古的第一次座谈会，以后可以由渤海周围的各省市轮流开座谈会，但每次会前要做好工作，要有资料可看。会要小，人要精，讨论的问题要集中。这样便于解决实际问题，到会的人都会有收获。遵照苏先生的这个意见，后来在山东淄博、辽宁大连、河北石家庄和天津先后召开了几次环渤海考古的会议，都取得了很好的效果。

由于胶东考古的重要，我们的工作被列入了"七五"国家级社会科学重点项目。按照项目的要求，工作结束后将出版《胶东考古》和《长岛考古》两本考古报告集，还将出版一本胶东考古的论文集。由于写作和出版方面的原因，有关论文已陆续发表了约20篇，暂时没有必要结集了。两本考古报告均已完成，《胶东考古》就是其中之一。当我写这篇回忆性的小记时，始终关怀胶东考古，并且给予许多具体指导的一代宗师、我们敬爱的苏秉琦老师已经长辞人世了，对胶东考古有过许多贡献的杨子范、李步青和杜在忠也已先后作古。想到这里，我和我的同事们都抑制不住心头的悲痛。谨以此书作为我们永恒的纪念！

[原载《文物》1998 年第 3 期，收入《胶东考古》（文物出版社，2000 年）时略作修改。后收录在《农业发生与文明起源》，科学出版社，2000 年]

长岛考古琐记

长岛考古开篇

长岛原来属蓬莱县，是传说中蓬莱仙山所在。全县有大小 32 个岛屿，像一串珍珠洒落在渤海通向黄海的大门口。其中的庙岛旁边有很好的避风港，南来北往的船只常常在此停泊，北宋宣和四年（1122 年），由福建船民和商贾出资在岛上建了一座天后宫，俗称天妃庙，船民纷纷上香祈求和感谢海神娘娘的保佑。为了让海神娘娘认识自己的船只，往往要造一只一米多长跟真船一样的模型。据说这样的模型有三百多只，跨越的时间有八百多年，那可是船舶史的极好资料。可惜在"文化大革命"中被当作四旧给毁掉了，只在博物馆还留下几只。原来那个岛叫沙门岛，因为那座庙很有名，大约从明朝后期开始，所在的岛就被称为庙岛，整个长岛县的岛屿就被称为庙岛群岛（图一）。

图一　从南长山岛看庙岛上的天后宫

早就想到长岛县去做考古调查，因为那里是山东半岛通往辽东半岛的必经路线，这条路最早是什么时候开辟的？有没有一些迹象可寻？再说如果海岛上有遗址，所依托的生态环境跟陆地上应该有所不同，能不能通过考古工作深入地探索一下？正好苏秉琦先生刚从长岛回来，他也想让我到长岛做些工作。经过与有关方面的联系，决定1980年秋到岛上去看看。

1980年11月18日~12月16日，我带领北京大学考古专业的两名研究生佟伟华、安家瑶和贵州省的进修生严进军，会同烟台地区文物管理委员会的李前庭、李步青、王锡平，还有中国社会科学院考古研究所山东队的韩榕，一行八人渡海到长岛县，并与县博物馆的宋承钧一道，进行了一个月的考古调查。当时天气很冷，海风很大。我们从南长山岛开始调查，往北经过北长山岛、砣矶岛、大钦岛，每处都发现有重要的史前遗址。本来还打算到最北的北隍城岛，在那里肉眼就可以看到旅顺的老铁山。因为风太大，只好折回往南到大黑山岛。可是刚一进岛，北风夹着鹅毛大雪铺天盖地，整个岛上白茫茫一大片，完全无法进行考古调查。想出岛也不可能，因为风大，船只无法开行。就这样足足在岛上窝了三天。我们住在乡政府的招待所，挤在被窝里取暖，顺便讨论和总结这次考古调查的收获。步老（李步青）喜欢说个笑话给大家逗乐，一会儿又埋怨大黑宋（宋承钧）怎么把我们带到这个地方来了。大宋说大黑山肯定有史前遗址，天公不作美，我有什么办法？我当然也不死心，我们的工作总不能就这样结束吧？

锁定北庄

事情真是凑巧。有一次我起床到屋后小解，那里有一道盖房子时挖成的断崖，抬头一看，断面上似乎有一些红烧土。职业的敏感让我十分惊喜，立刻回屋里取了小铲，动手一刮，就知道是被火烧过的房屋遗迹。于是我就不停地刮，把整个剖面都暴露出来，竟然是并排三座半地穴式的房屋基址。里面的陶片跟蓬莱紫荆山一期的很像。我兴奋异常，不管手冻得僵硬发麻，咬牙把整个房址的剖面图测绘出来。回到屋里，我就跟大家商量，从1981年起，北京大学的田野考古实习就转移到北庄来，由我负责，北大、烟台和长岛三家合作，进行长期的考古发掘，以便对这个海岛上的史前聚落进行全面的研究。今后长岛的考古就以北庄为重点，结合其他遗址的工作，将会有重要的收获。原来忐忑不安的心一下子踏实下来了。因为大风雪的阻隔，一时出不了岛，我就抓紧时间把此行的考古调查报告写完。本来我是边调查边记录，在北庄只是最后整理清稿，出岛后就寄给石兴邦先生。因为石先生告诉我陕西要出一个《考古与文物》杂志，叮嘱我无论如何都要支持一下。我就把这篇《山东长岛县史前遗址》寄送过去，最后发表在那个杂志的创刊号上。

海岛上的史前聚落

北庄遗址的发掘是从 1981 年秋开始的，当年北大的田野考古实习主要在栖霞县的杨家圈，那是跟山东省文物考古研究所合作的项目，早就计划好了，北庄只能派少量师生，由赵朝洪领队，发掘了遗址西南部的一片。1982～1984 年三年的秋季都是全班人马，由张江凯领队，发掘了遗址的大部分。

1987 年春又进行了补充发掘。先后参加的人员有北大教师葛英会、赵辉、宋向光，研究生佟伟华、李权生，进修教师王建新和进行基础实习或专题实习的本科生；烟台地区有王锡平、林仙庭和所属各县的文物干部。长岛县的各级干部、当地民众和驻岛部队自始至终都给予了热情的支持和帮助。

经过发掘，揭示了一个比较完整的史前聚落。年代大致相当于大汶口文化早期，我们称之为北庄一期。之后还有北庄二期、龙山文化和岳石文化的少量遗存，以及十几座战国墓葬。发掘的最后阶段又发现了少量比北庄一期更早的，大致相当于福山邱家庄一期的遗存。可以说北庄遗址几乎代表了整个长岛史前历史的缩影。而最重要的当然还是北庄一期的聚落遗址。

北庄一期的聚落位于大黑山岛的东岸，北依岛上东北端的烽台山。聚落即建于山下的缓坡上。考古发现的房屋基址明显地分为南北两区。北区东西约 60 米，南北将近 30 米。南区距北区约 30 米，顺地势下降一两米，范围略小，东西也是 60 米，南北仅 20 米。总共发现房址 90 多座。李权生和张弛都曾经将房址分成三期，每期还可以分成若干组。表明这个聚落内部应该有一定的层次结构，可以看出至少有三级组织，并且曾经持续了相当长的时期，是一种比较稳定的结构。步老高兴地比喻为东半坡。其实北庄比半坡完整得多，跟陕西姜寨一期的仰韶文化早期聚落倒是有异曲同工之妙。

所有房屋都是半地穴式的。一般在地穴四周的地面做一个 0.3～0.4 米宽的平台，地穴底面、四壁和平台上都用海胶泥抹平。紧贴平台内侧立几根柱子以支撑屋顶，平台外侧则筑矮墙。秦大树在清理 39 号房基时我正在那里，发现紧贴平台外侧还有明显的墙基。这墙只有十几厘米厚，中间有一排密集的木棍痕迹，明显是木骨泥墙。因为墙体很薄，木棍又很细，估计不会很高，最多有半米。这样房屋在地面上就显得很矮，有利于防御海上的大风。而室内仍有足够的高度供居住其中的人自由活动。我发现有的房址周围的平台上还放置有石磨盘和一些陶器，免得放在地面上碍事，这样住在里面就比较舒服了。北庄的房址因为保存得比较好，不但可以比较正确地复原，对于其他史前文化中大量存在的半地穴式房址的复原也可以作为重要的借鉴和参考。

在北庄南北两区房址之间的斜坡地带略偏西的位置发现有十几座墓葬，其中有两座多人合葬墓特别引人注意。一座有 62 人，另一座有 39 人，全部都是二次葬。考虑到两者都被后期灰坑打破，估计原来的人数还要多一些。此外还有一座 6 人二次合葬，两座二人合葬似乎都是未成年的小孩。其余单人则都是仰身直肢葬。只有一座二人合葬墓随葬了一件陶鼎。在清理两座大合葬墓时，我特别请吕遵谔先生现场起取人骨并进行初步的鉴定。发现大部分人骨都有枕骨变形，并且拔除了上颌侧门牙，这两者乃是大汶口文化普遍流行的风俗。结合出土陶器的特征来看，北庄一期的居民应该就是大汶口文化的居民，也就是东夷人的祖先！

根据从北庄一期地层中提取的植物硅酸体和孢子花粉的分析，可知当时的植被以落叶阔叶树为主，还有少量松树和竹林。草本植物中除禾草类以外，还有喜湿的蓼类，说明当时的气候比现在还稍稍湿润一些。北庄一期发现的动物骨骼甚多，其中家畜有狗和猪，野生动物有野猪、斑鹿、狍子、獐子、貉和各种海鸟。有座房子的平台上放着一个陶鸟鬶（图二），活像在海面上游弋的水鸟，说明北庄一期的居民对水鸟是特别熟悉的。

图二　北庄一期的陶鸟鬶

狗和猪是可以由人工从大陆带进去的，那么多野生动物是怎么进入岛上的呢？原因是长岛在地质史上，曾经多次与陆地相连。形成海岛后原来的野生动物自然就留下来了。

北庄一期居民的经济生活是丰富多彩的。佟伟华曾经在一座房址里发现了少量粟粒，住在遗址旁边的张振邦老人看了，立刻回屋里拿了一把小米进行对比，几乎是一模一样。后来在另一些房址被烧成红烧土的墙壁碎块中也不时发现粟和黍类的皮壳。而且有些房址中还发现了加工粮食的石磨盘和石磨棒，说明当时已有一定的农业，同时饲养猪、狗等家畜，猎取各种鹿类等野生动物。更由于所在海岛的便利，可以大量地捕捞鱼类和各种贝类。所捕鱼类以真鲷为主，数量甚多，还有东方鲀等。贝类则有砗磲、蚶、鲍鱼、大连湾牡蛎、文蛤、日本镜蛤、菲律宾蛤仔、厚壳贻贝、锈凹螺、单齿螺、脉红螺等。其中有些贝的原产地远在外国，反映当时也许有远距离的海上交通。现在的长岛县有常住人口的十个岛中，南五岛是半农半渔，北五岛全是渔业。大黑山岛是南五岛之一，6000多年以前已是半农半渔。根据我们多年的调查，其他岛屿史前的生业也是南北有别。因为南五岛相对较大，有适于农耕的土壤；北五岛较小且多岩石之故。

东夷祖先探海的足迹

我们到胶东和长岛进行考古的目标之一是探索东夷的文化遗迹。东夷在夏商时期曾经是一个强大的族群，到西周时山东建立了齐、鲁两个大国，东夷很快被边缘化，胶东是其最后的据点。如何从考古学遗存中识别，则还是一个没有解决的问题。1979年我带领北大考古专业的师生发掘了牟平照格庄遗址，发现那里的文化遗存虽然有点像龙山文化，但仔细分析还是与龙山文化有明显的区别，年代也比龙山文化晚些，已经进入夏代纪年的范围。于是我便在《夏代的东方》一文中明确提出那便是夏代夷人的文化，并命名为岳石文化。在长岛，我们在大黑山的北庄、北长山的北城、砣矶的后口和大口以及大钦岛的东村都发现有这个时期的遗存。

在北长山岛的西北角有一个珍珠门遗址。因在一座小山的西北坡，地势也向西北倾斜，西边和北边临海处都有二三十米高的陡崖，下面是很深的珍珠门水道，形势十分险要，完全不适于居住，只可能是临时性的作业场所。我们于1980年调查后，就想进一步了解遗址的情况，便于1982年和1983年进行了两次发掘，发现很少有文化层，只有一些灰坑遗迹。有些灰坑修整得比较好，可以避风或进行某些处理海产品的作业。灰坑中出土许多石锤和大量砸开的石片，后者大概是加工鱼类和海贝的工具。同出的陶器明显分为两类。一类为手制的素面红陶，数量较多，主要有敞口乳状袋足鬲、甗和圈足碗等，其素面风格应该是继承了胶东地区的龙山文化—岳石文化和烟台芝水二期文化的传统，而制作技术则有逐步退化的现象。另一类为绳纹灰陶，数量甚少，有鬲、簋和瓮等。一望就知道是商文化系统的东西，年代则在商末周初。这是一个十分重要的发现。由此知道商文化的势力已发展到胶东，甚至影响到了海上的长岛。而土著文化虽然被迫退处海岛一隅，却顽强地保持自己的风格。这就是东夷的文化，我们称之为珍珠门文化。在长岛发现珍珠门文化的遗址还有南长山的王沟、北长山的北城和店子、砣矶的大口以及大钦岛的北村等处，说明在商周之际，长岛仍然是东夷的天下。我们注意到从北庄一期起，整个长岛都已布满了先民的足迹。最北的北隍城岛有一个山前遗址，遗物还相当丰富。从北隍城岛肉眼可以看到旅顺的老铁山，相距只有40千米，对善于探海的东夷先民不会是严重的障碍。佟伟华写了一篇文章详细分析了新石器时代山东半岛和辽东半岛文化交流的情况，认为从北庄一期起，就有不少文化因素传到了辽东半岛。而辽东半岛的文化因素只有极少部分到达长岛而没有登陆到胶东半岛，说明那极少的因素大概是长岛的东夷先民带回来的。此后文化传播的方向一直是由南往北，充分显示了东夷祖先探海的足迹。他们同我国东南沿海的百越一样，都是开拓海疆的先行者。

长岛与环渤海考古

1987 年 5 月，在长岛考古基本告一段落的时候，我们在烟台和长岛两地召开了胶东考古座谈会。苏秉琦先生首先仔细观摩了全部出土遗物，接着又全程参加会议并发表了很好的意见。到会的学者有故宫博物院的张忠培，中国社会科学院考古研究所的高广仁、吴汝祚、韩榕，山东省文物考古所的郑笑梅、张学海，山东大学的蔡凤书，辽宁省文物考古所的郭大顺、孙守道、许玉林，烟台地区文管会的李前庭、李步青、王锡平，长岛县博物馆的宋承钧，北京大学的李仰松、李伯谦、张江凯和我，一共有近 30 位学者。我主持会议时特别强调，欢迎大家仔细观摩标本，画图、照相、做记录都可以。写文章要用哪些资料也可以提供。请大家来，理所当然要尽量给各位提供方便，真诚希望得到大家的帮助。苏先生在充分肯定胶东和长岛考古工作的同时，特别提出要把这项研究纳入环渤海考古的大课题中。他说渤海好比中国或东方的地中海，环海各地的文化交流是早就存在的，只是我们的工作还做得不够。渤海既是中国北方的门户，也是连接中国、朝鲜半岛和日本的重要通道。这方面的研究也还刚刚起步，以后要继续做下去。像这样的座谈会也要继续召开，可以采取轮流坐庄的办法。这次会议就算是第一次环渤海考古会议，以后再开第二次第三次。按照苏先生的意见，后来在临淄、大连和石家庄分别召开了第二至第四次环渤海考古会议，除本国学者外还有不少外国学者参加。长岛与环渤海考古从此成了一个国际性的课题（图三、图四）。

重游长岛

长岛是扼守京津门户的战略要地，我们刚进岛时还没有对外开放。尽管水产十分丰富，但因没有同外面的市场连接，对虾仅卖五毛钱一斤，一大盆海红只卖一毛钱。老百姓收入不高，政府也没有多少钱。即使在这样的情况下，各级干部和老百姓乃至当地的驻军，对我们考古队都十分热情。在工作和生活上都给予了无微不至的关心和帮助。我们在岛上的生活都过得非常愉快，同时也结交了不少

图三　苏秉琦先生在观摩北庄出土器物

图四　胶东考古座谈会在烟台博物馆合影

前排左起：左一至左六：刘德璞、孙守道、严文明、高广仁、荣凤刚、苏秉琦
　　　　　左八至左十一：张忠培、李仰松、杨鸿勋、吴汝祚
中排左起：赵朝洪、杜在忠、韩榕、许玉林、李伯谦、郑笑梅、李步青、张文军、
　　　　　李前庭、宋玉娥
后排左起：王焕礼、吴玉喜、张江凯、王锡平、陈雍、赵辉、王迅、葛英会

朋友。随着改革开放的深入，长岛的经济社会面貌也发生了很大的变化，各项事业都有了很大的发展。对文物保护和考古工作的支持也大为加强。北庄遗址已经被列入国家级文物保护单位。县政府更是请专家设计建立了遗址博物馆和遗址公园。我应烟台市和长岛县朋友们的邀请曾经几度旧地重游，还应邀为北庄史前遗址博物馆题字（图五）。

图五　在北庄史前遗址博物馆与夫人留影

2010 年我偕夫人重游长岛时，亲眼看到岛上的现代化建设也已有了很大的发展。滨海大道宽敞整洁，新楼林立。还新建了县博物馆和鸟馆等，游人熙熙攘攘，一片繁荣景象。一晃就是 30 年了，我也成了老人。感慨系之，遂提笔赋诗两首：

一

长岛考察三十年，北庄大口到山前。

东夷功业开新宇，海上文明着先鞭。

二

蓬莱传说有神仙，海市蜃楼似有缘。

幻影哪如真实美，从来仙境在人间！

（原载《丹霞集——考古学拾零》，文物出版社，2019 年）

山东史前城址考察记

  2001 年 10 月 15 日 北京大学中国考古学研究中心的"聚落演变与早期文明"课题组和有关人员，为了解山东地区史前城址的情况，决定进行实地考察。我们一行 7 人：郭大顺、张江凯、赵辉、张弛、韩建业、秦岭和我，乘 T35 次旅游特快列车于 13：30 从北京出发，18：10 到达济南，受到省文化厅谢厅长、文物处尤少平处长、文物考古研究所李传荣所长和佟佩华副所长等的热情接待。晚宴后住山东民政大厦，初步商量了考察的日程和具体安排。山东大学的栾丰实也是考察队成员，现正在两城镇考古工地，一时离不开，只好中途参加。课题组的另外两位成员，内蒙古的田广金有病，吉林大学的杨建华在香港，这次考察就不能参加了。

  10 月 16 日 上午由佟佩华陪同去章丘考察城子崖城址，中途经过西河遗址，大家下车看了看地望。这是后李文化中最大和保存最好的一处遗址，大约有 10 万平方米，已经公布为第五批国家保护单位。佟佩华介绍说整个遗址略呈椭圆形，只是西北部向西突出一块。1998 年挖的 19 座房子大致在遗址的中部偏北，属地穴式，差不多每座房子都有许多器物。发掘以后的房屋遗迹现在已经完全被压在公路下面了，真是可惜。据说遗址东南部也发现过房屋遗迹，但是没有正式发掘。

  接着到城子崖遗址。那里建了一个遗址博物馆，陈列了不少西河遗址和城子崖遗址的器物。章丘市文化局李局长和博物馆杨馆长热情地迎接我们，并且一直陪同我们参观。我们首先参观了博物馆的陈列室，接着到北边西段看发掘过的城墙遗迹。由于受风化影响，表面有些粉化，基本上还可以看得清楚。大家的感觉是岳石文化的城墙夯筑的痕迹非常清楚，建筑技术很高；而龙山文化的所谓城墙完全看不清楚。所指城墙只是一般堆土，好像没有夯过，而且坡度平缓，不像是城墙的样子。我们又从西城墙脚下走到南墙西段的一个发掘点考察，那里把 1931 年发掘的探沟也重新挖开了，但是坑壁大部分崩塌了，恐怕还是再回填为好。旁边新挖了一条大探沟，同样看到岳石文化的城墙非常清楚，而所谓龙山文化的城墙也不怎么像。看来城子崖是否有龙山文化的城还是一个疑问。

从城子崖驱车到章丘市府所在的明水镇，参观了市博物馆的库房。其中有许多焦家大汶口文化遗址的出土物品，还有一件从西河遗址采集的陶塑人面，是一件难得的艺术珍品。

在章丘用过午餐即返回济南。下午参观省文物考古研究所的标本陈列室，从新石器时代的后李文化起，按照时代顺序同时又按照遗址摆放，同一单位的尽可能放在一起，看起来非常方便。大家看得比较仔细。赵辉向佟佩华建议挑选一批精品到北京大学考古博物馆展览，佟认为是个好主意。

晚饭后本来想看看趵突泉，可是太晚关门了。于是就到新开的泉城广场散步，广场极大，人很多，熙熙攘攘，一片升平景象。

10月17日　今天省文物考古研究所派了一辆伊维柯面包车，并且由王守功陪同考察。我们的队伍里又多了一位山东大学的徐基，他是江凯的同班同学。我们先到桓台县博物馆，副馆长许志光和淄博市文物局的张光明热情地接待我们。这个博物馆是1998年建立的，有8个陈列室，包括陶器馆、青铜器馆、瓷器馆、古泉馆、书画馆、蝴蝶馆等，藏品十分丰富，品位也很高，在县级博物馆中可能无出其右者。我们重点看了陶器馆，那里重点陈列了李寨遗址的器物。据说博物馆花了1000多万元盖起来以后，县里又给了100万元进行考古发掘，于是在这个遗址开了许多探方，发现有龙山文化的房屋遗迹、9口井和许多陶窑。据说窑和井集中在一起，可能井也是为烧窑用的。出土了许多龙山文化的陶器，其中有不少鬲式或鼎式甗而基本没有鬲，城子崖则有大量素面鬲，区别非常明显。龙山文化层下面有300多座大汶口文化的墓葬，都比较小，随葬陶器个体也比较小，其中一部分是明器。在大汶口文化的陶器中有相当多彩陶，花纹变化甚为复杂，是一批珍贵的资料。岳石文化部分主要陈列史家那座祭祀坑的器物。看完陶器馆后其余各馆也都浏览了一下，其中尤其是书画馆和蝴蝶馆的陈列最为珍贵。

午饭后我们驱车到桐林遗址考察。这个遗址我看过几次，发现有大汶口文化、龙山文化和岳石文化的陶片，但主要是龙山文化的遗物。原来说这里有一座20万平方米的龙山文化城，赵辉此前带了几名学生进行了初步勘探，只在断崖上发现有灰沟的迹象。我们沿遗址中间的十字形路沟察看两边的断面，看到有许多灰坑和房屋遗迹，也有局部的夯土，像是与房屋有关，没有看到城墙的痕迹。所谓灰沟也只是一种分析和判断，需要通过发掘来验证。看完桐林遗址后便去省文物考古研究所的临淄工作站，罗勋章出来迎接。大家稍事休息，看了一些标本。晚上住临淄宾馆。

10月18日　上午乘车到临淄中国古车博物馆参观。这个博物馆建在高速公路下面，有14辆车，有2辆是驷马车，其余是二马车，发掘工作做得很好，车轮和车厢都做得很清楚。王守功参加过发掘，给我们做了详细的讲解。接着到临朐县博物馆，参观了山旺化石展览。文物都装箱锁在库房里，没有法子看了。博物馆的书记把我们带到离县城很远的老龙湾一家农民饭馆吃虹鳟鱼，浪费了许多时间。午后考察西朱封遗址，我过去曾经调查过，只知道是个比较大的龙山文化遗址。后来李学训和韩榕先后挖了 3 座大墓，出土了一批精美玉器，才引起大家特别的注意。遗址北部被现代村落所压，但大部分在村南，据说以前一直分布到弥河岸边，后来因为取土修筑河堤挖去了不少。三座大墓本来是在遗址南边人工挖出的断崖边，现在又向北挖去了约 80 米，这片墓地可能所剩无几了。不过村东还有一片墓地，除龙山文化的以外还有大汶口文化的。遗址其余部分保存尚好，上面又没有多少后期的堆积，发掘起来比桐林要方便得多。陈星灿等曾经带人来钻探过，发现有一条灰沟，没有发现任何城墙的迹象。

看完西朱封开车约 2 小时到诸城市博物馆，扈馆长、韩刚副馆长等非常热情地接待我们。先让我们看了石河头和杨家庄的东西，两地相距约 10 千米。石河头我过去调查过，发现有龙山文化的石棺墓。韩刚等发现北面有居址，有房屋和水井等；南面是墓地，挖了 13 座，其中 11 座是石棺墓，2 座是土坑墓。从出土陶器看大部分属于大汶口文化晚期，个别属于龙山文化早期。杨家庄是一个石器作坊，采集了大量石锤、半成品和废料。其中有些与石河头出土的完全一致，可能就是石河头居民的作坊遗址。

晚餐博物馆隆重设宴，饭后住中粮宾馆。

10 月 19 日   上午参观诸城市博物馆，史前部分主要陈列前寨大汶口文化和呈子龙山文化的遗物，既没有按照时代摆，也没有按照遗址摆。陈列的器物也不够丰富。按照博物馆的条件本来是可以陈列得好一些的。

接着到莒县博物馆，文化局张局长和博物馆张馆长热情迎接。现在莒县和五莲县一起被划归日照市。五莲县是 1947 年建立的，而莒县有十分悠久的历史。周代莒为东夷建立的国家。博物馆陈列品相当丰富，其中属于大汶口文化的，重点陈列了陵阳河、大朱家村和杭头的物品，以陵阳河的器物最多最精又最有气派。陵阳河出土了不少玉器，其中有方形璧和薄边璧可能受到了红山文化的影响，而阶梯形长方小玉块与浙江遂昌好川所出几乎别无二致。许多有刻划符号的尊形器也从省文物考古研究所返回到县博物馆。午餐是县委书记设宴，饭后由博物馆馆长陪同考察大朱家村和陵阳河遗址。

大朱家村遗址位于县城以东 8 千米一条小河的北岸，1979 年秋王树明等曾经发掘大汶口文化墓葬 31 座，其中有部分大墓，出土遗物丰富。据说后来县博物馆又挖过，张馆长说在遗址东部保护标志旁还有一座大墓没有挖。遗址面积约 6 万平方米，墓地在南边近河岸处，居址在北边没有发掘。

陵阳河在大朱家村南约 6 千米的陵阳河南岸，王思礼、王树明等在 1979 年进行过比较大规模的发掘，发现墓葬 45 座。可分两片，大墓在西边，小墓在东边，均靠近河岸，有的大墓几乎在河床边。6 号大墓就是苏兆庆和赖修田在河边洗手时发现的，据赖修田说某天陵阳河赶集，王树明等去调查莒县古城只剩苏兆庆和赖修田二人在遗址发掘，一上午没有结果。12 点收工二人在河边洗手，苏知道陵阳河发大水时往往冲出些陶器，所以洗手的时候比较留意。忽然在水下发现一个口部有破损的大口尊，二人十分兴奋，用手刨了一个多小时把大口尊刨出来了，经过发掘才知道是一个大墓。开始我们不知道遗址的具体位置，听张馆长说张学海前所长不久前来勘探过，在河北岸发现了一道城墙，我们就找城墙，一无所获。后来遇到一位参加陵阳河发掘的技工，非常热情地指点当时发掘的地点和发掘时的情况，心里才明白一些。这个遗址很大又非常重要，可是没有保护好，前两年有一个大寺村整个迁建在遗址上，没有人去制止，真是哭笑不得。

张馆长说县城东约 25 千米的段家河有一个 80 万平方米的龙山文化遗址，前不久张学海来说发现了城墙，建议我们去看看。我们绕遗址半周，很少发现龙山文化的陶片，可能没有找到主要的地方。后来到城子头看城墙，老乡告诉我们是平地时剩下的土埂，我们铲平剖面一看全是生土，根本不是什么城墙。

看完遗址后驱车到日照。先经过旧市区街道比较狭窄，相当繁华。接着到东边新市区，占地面积非常大，市府大楼十分气派，周围盖了一些高楼，投资可能不少，不知道经济效益究竟如何。博物馆在市府旁边，我们住在离博物馆不远的日照迎宾馆。栾丰实从两城镇工地赶来与我们会合。晚餐由市文化局赵斌局长设宴款待。

10 月 20 日 上午由日照市博物馆杨馆长陪同去五莲东南角的丹土村遗址考察。去年省考古所曾经做过勘探和试掘，发现有三道环壕城圈。最里边的是大汶口文化晚期的，中间是龙山文化中期的，外面是龙山文化晚期的，有 20 多万平方米。我们看到遗址北半部已经被现代村落所压，南半部也建了许多塑料大棚，每个大棚都要落下几十厘米，挖出许多石器和陶片。一些文物贩子收购文物，一把石斧 10 元，一个陶罐也 10 元。过去地面常常能捡到器物，现在就很难捡到了。遗址东面临近潮河支流两城河，流到两城镇后才入潮河。当时这两个遗址可能是有联系的。

看完丹土村遗址后就到五莲县博物馆参观。这个博物馆是新建的，里面陈列几件最早的陶器是五莲县城北不远的留村出土的。留村遗址很小，是属于大汶口文化花厅期的，也是山东东南部最早的一个遗址。其余的陈列几乎全部是丹土村出土的，从陶器看大部分是大汶口文化晚期的，一部分是龙山文化早期和中期的。有几件玉器特别引人注目，一件双孔大刀长约 45 厘米，宽头约 18 厘米，窄头约

12 厘米，很薄，通体灰白色，前所未见。一件玉钺长约 30 厘米，刃宽约 18 厘米，很薄，通体呈白色，中间镶嵌灰绿色圆石片，也是极少见的精品。此外还有五角和六角环、三出璇玑形璧、二节玉琮和普通玉钺等。据说中国历史博物馆和故宫博物院都收藏有丹土村的玉钺等，台湾《故宫文物月刊》曾经发表过一些资料。

午后由栾丰实陪同到两城镇考察，见了美国的文德安和杰夫，非常高兴。我们首先看了遗址西北部的发掘工地，有两座方形房子，前年在北边挖的地方除方形房子外还有圆形房子。圆形房子用土坯砌墙，现在残剩的土坯有 7 层高，宽约 26 厘米，长度不一，最长近 50 厘米。房子有早晚，最后有墓葬打破，其中有一座墓有棺椁，左手臂部分有大量绿松石珠，应当是镶嵌或穿缀在某种东西上的。发掘区西北有座大崮堆，是座汉墓，1936 年在附近挖过探沟。我们在上面可以看到整个遗址。1936 年还在相当于遗址中南部的瓦屋村挖过 50 多座墓葬，现在那里盖了房子。根据山东大学的勘察，遗址外围有一条灰沟，沟内面积有 80 多万平方米。解剖的探沟里出土极多陶片，仅复原的就有五六百件。中间的围沟内面积 30 多万平方米，里面的围沟内面积约 25 万平方米，解剖的探沟内出土了一排与灰沟平行的圆木，可能是桥。栾丰实带我们绕遗址走了一圈，多少留下了一点实际的印象。现在遗址南部为两城镇所压，北部还有一多半保存尚好，现在只是省级保护单位，应该升级为国家保护单位。

栾丰实向我们介绍了与美方合作进行考古调查和发掘的情况。杰夫用筛子选出了许多制造石器时留下的碎渣，他还仿制了一件石锛，做了十分详细的记录。他现在耶鲁大学上学，打算写一篇龙山文化石器的博士论文，很有意思。晚上把文德安和杰夫接到我们住的宾馆，文德安给我们看了电脑记录的一些遗迹照片。看来他们的合作是有成绩的。

10 月 21 日　今天上午在日照市博物馆看两城镇出土的陶器。这个博物馆花了 1500 万元盖起来了，比较新颖、现代化，因为经费紧缺内装修没有完工，所以没有陈列。两城镇的陶器极多，其中比较值得注意的是有一件灰色素面鬲，与茌平尚庄完全相同；一件黑陶甗，上部方格纹，下部篮纹，下部形态像岳石文化的甗，只是没有附加堆纹。

接着考察东海峪遗址，以前发掘的部分已经被取土降低了一米半左右，上面栽了许多树。遗址总面积约 6 万平方米，只有大约 2/3 保存尚好。以前郑晓梅和张江凯挖过，发现许多房子和 30 多座石棺墓。后来征集了 56 亩地加以保护，现在是省级保护单位。发掘的资料经过几次搬家，据说现在放在曲阜颜庙，口袋和标签损坏了不少，一直没有正式整理。

下一个重点是考察尧王城。遗址在日照市区以南，有 56 万平方米。韩榕等在这里挖过几个地点，发现有龙山文化的大房子和墓葬，一个坑中有许多炼铜渣，还发现有稻米和小米等。资料也没有整理，仅在《史前研究》上发表过一篇简报。遗址虽然经过一些破坏，但大部分保存尚好，明显高出周围地面，到处都可以捡到陶片。西北部还发现有夯土遗迹，可能是出城墙的拐角。这个遗址应该升级为国家级保护单位。

中午回到日照吃饭后，与栾丰实等告别，驱车上高速路，将近下午 6 点到济南。省文物考古研究所安排我们住齐鲁宾馆，并且隆重举行晚宴招待，刘谷、王思礼、郑晓梅夫妇和张学海等出席，大家都很开心。

10 月 22 日　上午参观山东大学博物馆，该馆新近迁到了原山东医学院一座大楼内，于海广兼任馆长。其中主要陈列尹家城、丁公和两城镇的陶器以及长清仙人台的铜器。大部分器物并没有摆出来。

下午应省考古所邀请作学术报告，我讲了"科学与考古"，郭大顺讲了大汶口文化的有关问题，然后进行了热烈的讨论。

晚上考古所在金三杯酒家设宴送行，气氛热烈。

10 月 23 日　早晨 7：30 乘 36 次特快旅游列车回京，到家时已经将近下午一点。郭大顺稍事休息将于晚上乘车回沈阳。

这次考察受到山东省文物考古研究所和各地行政文物部门非常热情的接待，收获颇丰。陵阳河、两城镇和尧王城等重要遗址我过去也没有看过，这次考察都有了比较深刻的印象。

这次知道，后李文化的遗址都比较大，其中小荆山最大，有 10 多万平方米。房子也比较大，器物种类比较多，以圜底器和矮圈足器为多，同北辛文化似乎衔接不上。大汶口文化明显有地方差别，鲁中南、鲁东南、鲁北和胶东都可以划分为地方类型。大汶口遗址规格最高，但似乎不能控制整个文化。陵阳河其次，明显只能控制鲁东南。鲁北和胶东的中心还不明确。鲁东南在大汶口文化中期只有莒县有个别小遗址，到大汶口文化晚期和龙山文化早期发展到高峰，龙山文化晚期明显衰退，到岳石文化就只剩下很稀少的几个小遗址。这个变化可能有自然的原因，更可能是社会的原因。

关于史前城址，只有尧王城、丁公和景阳冈有比较明确的线索，其他所谓城有些可以否定，有些毫无线索，完全不像宣传的那样热闹。但是桐林、两城镇等许多遗址有壕沟。边线王也可能是壕沟。看来龙山文化还处在从环壕聚落向城址转变的时期。

（原载《足迹：考古随感录》，文物出版社，2011 年）

从湖南到安徽

意外的序曲

湖南省文物考古研究所和日本的国际日本文化研究中心合作在湖南澧县城头山遗址进行环境考古研究，今年的工作已经基本上告一段落。经过商量，日文研的河合隼雄所长和我准备一起到工地看看，了解一下合作的情况。1998年12月4日，我和高崇文乘南方航空公司的3142航班到长沙，因为飞机晚点，下午7点才下飞机。袁家荣到机场迎接，先到通程国际大酒店，河合所长和管理部长早已在那里等候，还有日方工地负责人安田喜宪和翻译黄晓芬。湖南省方面有文化厅副厅长金则恭、文物局谢局长、文物考古研究所张书记和袁家荣与裴安平两位副所长等也都在场，省方设宴款待。因为我们来晚了，让他们等了很久，实在不好意思。席间气氛非常热烈融洽，我感到很高兴。可是在谈话中了解到日方突然改变了计划，据说是因为河合所长感冒下不了工地，他们打算明天一早全体陪所长到昆明去，不去澧县了。我感到这样做非常不妥，饭后立即到河合房间，指出我这次来是日方邀请的，目的是与河合所长等同赴现场了解今年双方合作的情况，交流看法，并且就今后的工作做一些安排。为此何介钧所长不等在香港中文大学的学术会议开完就提前赶回来做准备，现在正在工地等我们去，怎么可以把他撇下来掉头就走呢？这显然是对我方的不尊重，这样下去还怎么能继续合作呢？听我这么一讲，日方立刻赔不是，决定还照原计划到工地去。我说河合所长既然有病，最好就留在长沙，其余的人明天一起到澧县去。大家觉得这样安排挺好。我说既然大家同意就这么决定了，还要派人照料河合所长，我们才好放心下去。一下来就将了日方一军，这是我事先万万没有想到的。

再访城头山

12月5日一早，我们乘省政府的三辆小车直奔澧县。车牌号码是湘0打头，通过任何收费站时不但不交费，收费站的人员还要敬举手礼，神气十足，这实在是中国特色，不足发扬的。大约 11:30 到常德，在一个个体饭店用过午餐，随即上路，直奔澧县城头山工地。何介钧在工地迎接。我们看到原来为保护遗迹搭建的一些简易棚子都被拆除，新搭了一些较好的棚子，为的是进行航空摄影。我们先看城西南部切开的一个断面，那里清楚地显示几个时期的城墙依次叠压和逐步扩大的情形。接着看南城门附近的遗迹，那里地层关系比较复杂。在大溪文化时期似乎有一条深沟，中间被填出一条路（城门路）；或者是有两个深坑，里面积满了黑色淤泥。沟或坑壁有木桩和编织物护坡。淤泥里面发现有大量的有机物，包括船桨、稻谷、葫芦、豆子和各种植物种子。是继河姆渡之后在新石器时代遗址中发现有机物遗存最多的一次。在屈家岭文化时期一部分沟被填实，而且砸得很紧，向城外伸出像个舌形半岛，两边的沟也依半岛向外弯曲。确实的情况虽然还没有完全弄清楚，但已经初步看出来城门及其附近还有比较复杂的结构，是很有意思的。

最后到东门附近参观，那里正在进行相当规模的发掘。最下面是水田遗迹，田埂长度已经延伸到 19 米，但是找不到拐弯的地方，不知道到底有多大，是个什么形状。大溪文化的城门处有一排柱洞，洞径约 20 厘米，间距约 30 厘米，向北一直延伸到城墙上，应当是栅栏和栅栏门。到屈家岭文化时期，城门口铺满卵石，一直延伸到城外。城门口内有一个直径约 40 米的土台，边缘地方堆满红烧土，上面是一层黑灰，有的地方铺满陶片。现在有些地方还没有发掘完毕，何介钧估计是一个祭坛。不论怎样，它应当是一处特殊建筑或者是某种特殊建造的基址。与它相对的城墙脚下有一排长方形坑，其中有的埋几件陶器，有的有石头和陶器，有的只有几块红烧土。这些坑都打破城墙脚，可能与那个土台或祭坛有些关系。在土台的南边正在发掘的一个探方内发现有一座窑址，窑箅呈川字形。周围有一些红烧土坑等。安田的几个助手正在那里采取土样标本以便寻找昆虫和寄生虫等。

晚上住到澧县兰帼宾馆，平常日本队员就住在这里，他们和老板已经混得很熟了。澧县的文物干部曹拿了城头山遗址博物馆的规划方案给我看，要我提些意见。因为国家计委已经一次性拨下 500 万元作为博物馆的建设费用，但现在的规划方案至少要 2000 万元。怎样建还真是一个问题。

一次成功的会议

12 月 6 日一早，我们从澧县出发乘车到长沙，住到通程国际大酒店。这是一家五星级的宾馆，在长沙三家五星级的宾馆中是最豪华的一家。但是生意并不很好，据说每天要亏 80 万元左右。因为到宾馆时已经很晚了，下午三点钟才吃完午饭。稍事休息，便召开中日双方负责人的会议，到会的有中方队长、湖南省文物考古研究所所长何介钧，中方顾问严文明和关心这项工作的高崇文；日方队长、国际日本文化研究所所长河合隼雄和管理部长，以及日方工地负责人安田喜宪，黄晓芬当翻译。日方顾问梅原猛本来是要来参加的，因为健康原因没有到中国来。

　　我和河合首先说明开会的旨意，就是双方总结一下今年的工作，看看有什么成绩和不足之处，双方配合得怎么样，有没有要改进的地方，明年的工作如何开展也可以初步交换一下意见。接着何介钧全面地介绍了一下今年工作的进展情况，充分肯定了成绩，也提出了一些要改进的地方。他认为尽管中国方面也做过一些环境考古方面的工作，但是比较零散，不配套，设备也比较落后。日方正好发挥这方面的优势，把澧阳平原的环境考古搞上去。但是日方人员不懂考古，对于如何取得标本和在哪些地方采集标本不大理解。所以希望明年开工时双方对工作的性质和意义都做些介绍，尽量避免工作中的盲目性和可能发生的误解。日本方面对这些意见完全接受。安田认为今年的工作进行得很顺利，生活上的安排也非常好，对中方在各方面的配合与照顾表示感谢。我问他河北、四川、云南等地与湖南澧县的伙食比较起来哪个地方的最合胃口，他说澧县的伙食最好，农家的饭比宾馆的更好吃，他们已经养成吃辣椒的习惯。管理部长提到虽然今年的工作很不错，但是明年怎么做，是不是能够有新的重大发现，心里没有底。但是如果没有重要发现，日方在申请经费时可能会遇到一些困难，这一点希望中方能够理解。我说城头山遗址是国家级文物保护单位，在那里发现的水稻田是世界最早的水稻田，那里第一期的城是中国最早的城，而且从大溪文化到屈家岭文化连续有四次筑城活动，这样重要的遗址能够让日方参加工作是很不容易的，把这些道理同日本文部省或财团讲清楚，相信他们是会支持的。再说考古工作往往需要持续多年的努力，不能期望每年都有重大发现。不过只要规划得好，阶段性成果总是会取得的，这点可以请日方放心。日方对这个解释非常满意。我还特别强调我们的队伍虽然是由中日双方组成的，但它是一个整体，一切工作都应该通过队长，当然队长要多和大家商量，使我们的工作做得更好。大家觉得这个会议开得很好，充分交换了意见，又统一了思想和认识，明年的工作一定会做得更好。

从湖南到安徽

　　12月7日上午我和高崇文同日方人员一起乘飞机到北京。日方人员打算稍事休息，第二天拜访国家文物局负责人员，然后回国。我和高崇文直接回到学校，到家时已经下午3点钟了。

　　还在去湖南之前，安徽省文物考古研究所的张敬国来看我，说在含山凌家滩又进行了较大规模的发掘，出土了许多玉器，其中不少是以前没有见过的。更重要的是在墓地发现了祭坛遗迹，要我和张忠培一定去看看。我只好马不停蹄，约了高崇文、李水城和张忠培一起，于 12 月 8 日乘火车到安徽去。

考察凌家滩遗址

我们一行四人于 12 月 9 日早晨 7 点半到合肥，张敬国和杨立新所长在车站迎候。吃过早点，就乘北京吉普车直奔含山凌家滩。含山县在合肥市东约 100 千米，凌家滩则在含山县南约 50 千米的裕溪河北岸，原来属于长岗乡。到遗址前，含山主管文物的女县长等好几位干部已经在路上等着我们。我们决定先到墓地看看。那是一个岗地，1987 年首次在那里发现玉人和刻划着复杂图形的玉板时曾经引起学术界的极大关注，1988 年我到这个墓地看过，因为发掘面积很小，一下子看不出个眉目。这次挖了一千多平方米，连同 1987 年发掘的，总面积已达 1775 平方米，大部分已经揭露完毕，只有少部分现代坟所在的地方还没有挖，东部边缘也没有做到尽头。墓地北边约 5 千米是太湖山，有国家森林公园和梅花鹿饲养场。山麓有一条低岗伸向凌家滩，名曰长岗，墓地就在长岗的南端。据说这片墓地的北边不远处还可能有一片墓地，只是还没有发掘。

张敬国告诉我们在墓地发现了一个祭坛。我们根据他的指点看到几乎在整个墓地上都有用人工筑成的地基，其中包含有石块、小石子和黏土等物，厚 20~50 厘米，极其坚硬。大致是中间厚，周围比较薄，因而中间显得比原来的地形更高一些。因为早期发掘时没有认识，加上后期的破坏，整个形状已经不大清楚了。在它的上面有几个圆形和长方形坑，其中有一个长方形坑中有几件陶器，张敬国说是祭祀坑。由于迹象太简单，又受到比较严重的破坏，很难肯定这就是祭坛的遗迹。

在这里前后发掘了 44 座墓葬，其中有个别的被所谓祭坛的地基压着，有不少打破了地基，还有一些关系不明。南边的几座墓葬较大，以前发掘的 4 号墓就在南边的正中，其中出土有三个站立的玉人和玉龟夹玉板等特殊器物，是这个墓地中最大的一座墓葬。这次在西南角发掘的 29 号墓可能是第二号大墓，其中也出土三个玉人，只是腿部特别短，可能是表现正面的坐姿。同墓中还出土玉鹰、两把玉戈和很多玉钺等。玉鹰的两翅张开，末端均做成猪头形，体部则在一个圆圈中刻划八角星纹，很是奇特。东南角也有一座较大的墓葬。西边的墓葬数量最多，有 21 座，其中有中等墓也有小墓。20 号墓出土有 111 个管钻下来的玉芯和许多制造玉器时留下来的边角料，墓主人可能是一位玉匠。北面只有少量小墓。

墓地的南面不远就是凌家滩村，也就是凌家滩遗址分布的地方，只是遗址的面积比现代村落的面积还要大些，匡算起来大约有 100 万平方米。在村子里还可以看到大面积的红烧土堆积，可见那里有重要的建筑遗迹。遗址中靠近河边的地方发现过彩陶，也许遗址的年代跨度比墓地要大些。无论如何，从凌家滩遗址和墓地所见的情况来看，已经够得上一个中心聚落的规模了。

看完遗址后便到太湖山下的昭关宾馆用午餐，然后到伍子胥经过的吴楚边界昭关凭吊。那里的古迹已经荡然无存，现在看到的昭关乃是前几年造出来的假古董。

在安徽省文物考古研究所

我们在安徽转了一整天，到晚上才回到合肥安顿下来。下榻的地方是安徽省文化厅招待所，省文物考古研究所成立40周年和省考古学会第九届年会就在这里召开。12月10日上午举行开幕式，我和张忠培都讲了话，李水城代表北京大学考古学系宣读了贺词。我谈到上次参加省文物考古研究所成立30周年时，所里的气氛是生机勃勃，真有点像一个人到了而立之年的味道。现在40周年应该进入不惑的境界了，但是不像。前几年有的同志经受不住市场经济大潮的冲击，所里的工作没有抓得上去，大家有些意见。现在加强了领导班子，希望今后的工作能够有一个新的局面，这也就是我的祝贺。下午由我和张忠培作学术报告，我们都没有准备，我只好讲了一下近年来关于文明起源的新探索；张讲了半个世纪以来的新石器时代考古研究。效果究竟如何，实在不敢自信。

晚上省考古所的主要业务人员约我和张忠培开了一个座谈会，就安徽考古所今后的工作交换了一些看法，大家情绪还比较高，我说这就是希望所在。

12月11日上午，我们到省考古所看标本，主要是看凌家滩出土的玉器。其中璜、环等的玉质最好，钺、戈等武器次之，玉人、玉鹰等都因受沁发白，硬度也较低。这次最大的收获是看到了29号墓出土的两件玉戈。开始张敬国告诉我说是玉矛，如果是矛那当然也很重要，因为新石器时代遗存中很少见到石矛，玉矛则还没有听说过。这两把玉戈初看起来的确像矛，但不大对称，尖端与柄的中点也不在一条直线上，如果把柄部理解为戈的内就很合适了。所以我说应该称为玉戈，大家都觉得有道理。这是迄今所发现的年代最早的戈，从而为戈的起源找到了一个重要的证据。但张敬国关心的是不是够得上评为今年的十大发现之一，张忠培满口说没有问题！

初登九华山

11日下午，张敬国和吴卫红等陪同我们到九华山。下午两点钟从合肥发车南下，估计五点以前能够到达目的地。一路经过巢湖，到长江过铜陵大桥，直奔青阳。九华山原来属于青阳县，现在已经独立为一个县级单位。在青阳时就看到了一座去九华山的石牌坊，但是过了石牌坊到九华山还有相当长一段距离。天色已经黑下来了，我们摸着黑沿着曲曲弯弯的山路慢慢地向上爬着，到目的地时早已过六点钟了。原来打算吃过晚饭后去看看和尚们做法事，因为时间太晚无法安排了。

12日一早便登九华山。我们先乘车到缆车站，坐上缆车向上攀，只见山势陡峭，满山青松翠柏，十分壮丽。到站后便开始徒步登山，虽然修了石阶，但因坡度甚陡，又结了冰，走起来还是非常困难。不管怎样，我们还是登上了最高峰天台，极目远望，群山竞秀，翠绿中点缀着各色古刹，煞是好看。下山途中我们参观了几座庙宇，可惜都是近现代重建的，只有一座是明代的。九华山本是佛教的四大名山之一，据说原来有上千座寺庙，大部分被相信拜上帝会的太平天国起义军烧掉了。虽然后来略有恢复，又遭到了"文化大革命"的破坏，现在已经不到一百座了。近年来旅游相当兴旺，不少华侨回来捐资修庙，九华山又热闹起来了。不过现在的和尚似乎不如从前的那么虔诚，许多人住在山下，对于世俗的酒色财气也不能以一切皆空的理念来对待了。

我们中午下山，到青阳稍事停留，参观了县博物馆。该馆是从皖南民居中选了一座徐姓祠堂搬迁而来的，从买房、拆卸、搬运到重建总共只花了80万元。我们看到祠堂旁边还搬迁来了几家民居，据说还要多搬一些，组成一个民居公园，虽然失去了原来的环境，但在当前农村民居大量破坏的情况下，这样做对于建筑本身还不失为一种保护办法。

参观省博物馆和包公祠

12月13日上午参观省博物馆，杨立新陪同给我们做解说。据说这次花了100万元，包括房屋的整修和重新布置陈列。东西比过去多得多了，但是因为经费太少，陈列的布置做得十分简单，管理也很差，一些观众随便用手抚摸汉画像石等展品，看守的人却在那里漫不经心地打毛衣。这次展出的新石器时代的东西不少，我特别感兴趣的是双墩出土的一大批陶器上的刻划符号。这些符号一般刻在矮圈足碗底部，只有把碗倒扣起来才能看到，这跟杨家湾和柳林溪的大溪文化陶碗上的刻划符号的部位一样，只是符号的风格大不一样。大溪文化的基本上是一些比较简单的抽象符号，而双墩与侯家寨的则多半是比较复杂的具象符号，诸如鱼啊鸟啊等等。青铜器中最重要的当然是楚器和蔡器，但蔡侯墓的青铜器大多有粉状锈，它是青铜器的癌症，一些器物已经锈得不像样子，实在可惜。最后一部分是皖南民居的资料，很丰富也很有特色。我们参观足有一个上午，馆里没有暖气，虽然穿了很多衣服，还是觉得很冷。看过后我跟杨立新他们说，这个博物馆实在该改建一下了，问他们有没有建设新馆的计划。他们说有此一议，但是又有人说这个老馆是毛主席参观过的，不好拆，又没有别的地方好盖新馆，就这样拖下来了。

下午稍事休息后去参观包公墓和包公祠。包公墓完全是新造的假古董，不过环境清幽，是一个休闲游玩的好去处。包公祠可能是明代建的，里面还有不少香火。两个地方都在护城河旁边，我们从包公墓沿着河岸一直走到包公祠，风景极好。我虽然来合肥不止一次，但真正看街道和风景这还是第一次。合肥的街道也比较整齐，卫生比北京好得多，只是交通秩序不甚理想。

忙碌了一天，晚上乘火车北上，12月14日上午回到北京。这次安徽之行虽然画了一个句号，但是安徽的考古工作今后究竟会怎么样发展，仍然不时地萦回在脑海之中。

（原载《足迹：考古随感录》，文物出版社，2011年）

九九广东行

冬日广州满城春

1999 年 1 月 21 日，应广东省文物考古研究所的邀请，我偕夫人和赵辉一道乘南方航空公司 3102 航班于下午 3 点多钟飞抵广州白云机场。古运泉和李岩到机场迎接。现在是九九隆冬，北方是一片灰黄，过长江才看到一些绿色，可是广州的机场外栽满了各色鲜花，十分艳丽。我们先到东北郊天河体育场附近的省文物考古研究所，沿路都是绿色的树木，也有一些鲜花，市面五光十色，人群熙熙攘攘，真可谓是满城春色，同北京有鲜明的对比。我们在所里稍事休息，顺便参观了各个部门和研究室。自从省文物考古研究所从省博物馆院内搬迁到这里来，我还是第一次参观这个新的建筑。然后到考古所西北边的豪景酒店办理住宿。这个酒店是国家安全部办的，设备和服务都不错。少顷省博物馆的邓炳权馆长和杨式挺来看望我，我和杨式挺是老同学，已经好几年没有见面了，自然有许多话要谈。接着由考古所和博物馆共同设宴招待，气氛甚为热烈。

重返石峡

1 月 22 日上午从广州出发，由古运泉和李子文两人轮流开车到广东北部的曲江石峡。因为朱非素、杨式挺、李子文和赵善德等从去年 3 月起一直在那里整理 20 世纪 70 年代发掘的资料，现在整理告一段落，希望我去看看。我们沿新改造的一级公路前行，看到一路有不少地方塌坏了，还有几起车祸。12 点多钟到翁源一家饭馆用过午餐，便继续向曲江石峡开去，下午 3 点左右到达，朱非素等出来相迎。杨式挺、赵善德和香港的孙德荣、马文光也已经先期到达，大家见面非常高兴（图一）。我第一次到石峡是在 1985 年，那时朱非素等陪我考察了石峡和粤北的许多新石器时代遗址，这次算是我重返石峡了。

我们稍事休息，即先由李子文介绍他 1985 年发掘的资料，那时发掘了十几个探方，地层搞得比较清楚。接着由杨式挺介绍 20 世纪 70 年代发掘的遗址部分，

图一　在曲江石峡遗址上（左：杨式挺　右：朱非素）

才知道石峡文化至少有两座分间式长屋和许多柱子洞，但发掘时全然不知道，竟然把栽柱子的墙基槽当作灰沟。幸好在遗迹平面图上还可以明确地判断为房子。杨式挺把遗址的资料分为四期：第一期大约相当于汤家岗一期；第二期即石峡文化；第三期是所谓石峡中层，年代可能定在夏商；第四期约当西周晚期到春秋时期。这个判断大体上是正确的（图二）。我们一直看到吃晚饭的时候。曲江县主管文教的曾副县长设晚宴招待大家，席间谈到县里现在正在抓五个一工程，就是一条路，要乡乡通水泥路；一套房，每家要有一套合适的住房；一棵菜，说是要种反季蔬菜，以便卖到好价钱；一粒米，过去这里出产马坝油粘，是一种贡米，很好吃，但产量不高。现在这种米很行销，价格比普通米高许多，所以大力推广，去年种10万亩，今年要种25万亩。还有一头牛，就是养荷兰进口的肉牛来代替本地的黄牛。黄牛的出肉率只有35%左右，荷兰牛的出肉率则可达65%~70%，而且个体也要大一倍左右。如果这五个一工程能够实现，本县的经济和群众生活水平将会提高一大步。曾说现在当干部不容易，很辛苦。我想对于大多数干部来说可能是实际情况。不过我不明白当干部的为什么要管那么多事，为什么不可以把主要精力放在行政管理、社会治安和公共设施的建设等方面，而要花那么多精力去抓本来可以由企业或个人做的事情。如果政府的职能有一个根本的转变，我想廉政问题、扰民问题等等都会比较好地解决，老百姓的日子也会好过得多。

图二　研究石峡陶器

原来曲江县政府设在韶关市，现在迁到了马坝镇，而且建设得很不错，我们晚上就住在马坝的曲江迎宾馆。23 日一天主要看石峡的墓葬资料，由朱非素介绍。她排得很认真，把全部墓葬划分为五期。我看早晚差别并不很大，也许分三期就可以了。下午四点左右到石峡遗址看了看，又与发掘区的平面图对照考虑，似乎明白了一些。遗址有三万多平方米，考古发掘只有四千多平方米，仅仅是八分之一，主要在东部，整个聚落遗址的情况还难以作出明确的判断。

然后由古运泉开车到韶关市，市文化局的黄局长到半道迎接，并且陪我们游览了韶关的主要街道。最美丽的地方在两江汇合为北江的三岔口处，那里盖了一座非常漂亮的韶关海关大楼，据说许多新婚的男女都要在这里照相纪念。晚上市文化局设宴招待，到 21 点才回到宾馆。

24 日上午开了个关于石峡整理和如何编写发掘报告的座谈会。先由杨式挺和朱非素谈了资料整理的情况和存在的问题，然后由我谈了谈对整理情况的看法和编写报告的设想。我认为石峡遗址的文化遗存可以分为四大期，分别代表四个考古学文化。第一期文化大致相当于汤家岗；第二期文化即石峡文化；第三期文化大约相当于夏商时期，但不是夏商文化；第四期文化则相当于西周晚期到春秋时期。而重点在石峡文化。这个文化有一个比较完整的墓地，它的北部有一座东西长 45 米以上、南北宽约 9 米的分间式长屋；西边有一座方形或长方形的房屋，南边也明显有长方形房屋，自成单元，这是很难得的。墓葬中有的随葬几十件陶器和数件石钺，如墓 47 是；有的随葬石钺、琮和一百多件石镞，如墓 104 和墓 105 是。可见当时已经明显地出现了贫富分化。考虑到遗址的绝大部分还没有发掘，也许可以认为在石峡文化时期，这里已经是一处超出其他遗址的中心遗址。关于发掘报告的编写体例，我建议按照四期文化的顺序写，二、三期文化的遗址和墓地要分开写，有关遗物的名称要统一，型式不一定统一，这样写起来会比较容易一些。我希望尽快把考古报告写出来，因为这是全国考古界都非常关心的一件事情。

访问英德

1 月 24 日下午，古运泉提议我和秀莲到英德去看看，由他开车，同行有李子文、金志伟、孙德荣和马文光。现在英德已经建市，又是省级历史文化名城。我们到达后安排在市府招待所。主人非常热情地接待了我们。稍事休息，便去参观市博物馆。沿路看到正在修筑的沿江大堤，全是用钢筋水泥筑成，堤上是高等级公路，堤内是商业长廊，堤外是旅游景区，十分壮观。现在投资已经达到两亿元，据说完成要花六亿多元。过了大堤便到了博物馆，据说原来这里是比较高的地方，但是现在在大堤内显得很低，市政府已经决定投资三千万元在另外一个比较高的地方盖新博物馆，原来的这个博物馆就基本停止开放了，今天是专门为我们安排的。

博物馆的展品虽然不多，但还是比较精练。我主要看了一些新石器时代的东西，其中有青塘圩洞穴遗址群的石器等。然后到库房看了云岭牛栏洞的标本。这里由中山大学的张镇洪和金志伟等于 1996 年和 1998 年两次共发掘了十多个小探方，第一次发掘的结果见《英德云岭牛栏洞遗址试掘简报》，发表于《江汉考古》1998 年第 1 期。洞内出土石器主要是所谓陡刃石器，就是把砾石打断，稍稍加工，使刃部的夹角达到 70~80°。发掘者把它分为五期，时间跨度被定为从旧石器时代末期经中石器时代到新石器时代早期，但这种陡刃石器从早到晚并没有什么变化，只是在第六层出一件两面对钻未透的所谓重石，第四层出土粗绳纹小陶片，第一层出土一件通体磨制的小石斧和几片指甲盖大小、绳纹较细的陶片，要明确断代是很困难的。与简报同一期发表的张镇洪等所写《广东英德牛栏洞动物群的研究》便说："整个堆积层的岩性变化不大，从第一层到第六层都有螺壳和蚌壳出现，所以可以把它当成一个单元来看"（21、22 页）。并且说由于动物群绝大部分是现生种，又多喜凉动物，与黄岩洞、独石仔、白莲洞、鲤鱼嘴、甑皮岩和庙岩的动物都差不多，因而"生成的年代很可能在 2 万~4 万年之间"（28 页）。两者

图三　考察英德牛栏洞遗址

的结论是非常矛盾的。

1月25日上午，我们先到云岭牛栏洞参观（图三）。那里有一座孤立的石灰岩小山名曰狮石山，原来在山脚下有一个很大的劳改营。农民曾经在山洞中圈牛，所以叫作牛栏洞。洞口的堆积比较厚，集中开了几个小探方，并且分了几个地点，但地层的衔接有些问题。比如第一地点分了六层，原来说是全部压着第二地点，现在又说是第二地点与第一地点的第二层相衔接。分期也有很大的随意性，特别是没有注意每层的活动面，没有考虑人类在洞中不同区域的活动特点。听说市里原来计划在这里建一座大型水泥厂，我们看到地基都已经打好，但市政府考虑到遗址的重要性，决定停办水泥厂，改建遗址博物馆，这是很有魄力也很有远见的。可惜遗址虽然不错，发掘却不尽如人意，今后应当加以改进。

接着市里的同志陪我们游览宝晶宫，是一个石灰岩山洞，洞内千回百转，琳琅满目，并且有三层，每层温度不同。洞外风景也十分美丽，是省级旅游胜地。大家玩得很痛快。

在省文物考古所

1月25日傍晚回到广州，一路上说说笑笑。古运泉的俏皮话特别多，什么"男人发财就变坏，女人变坏就发财"之类，都是些当代的民间谚语。我们开玩笑说他的水平可以与陕西的魏京武比肩，要是举行南北对抗赛，没准古所长会取得胜利。晚上古运泉邀请我们到广州东郊棠下渔港的东江海鲜楼用餐。那是一个很大的地方，外面停了几百辆车，都是去吃海鲜的。几十桌一间的大餐厅有好几个，楼下有个海鲜大排档，池子里和笼子里养着各色各样的海鲜。我们先定一个餐桌，领了一份菜卡，然后到大排档那里点菜。每个排档有各自的业主，他按照客人的要求称足某种货物的分量并且装进塑料袋，写好菜卡，一份系在塑料袋上，一份送往餐馆。专门有人把塑料袋集中送往加工车间，加工好了送厨房。货主、运输人员、加工车间和餐馆分属于不同的主人，但是运作起来有条不紊，效率极高。从点菜到烹调好端上桌子不到 20 分钟。我跟大家说，这种管理方式真好，可不可以把它运用到考古发掘工作中的遗物和资料管理方面去呢？动动脑子，也许会大大改进我们的工作。

26 日上午到省文物考古所参观最近在各地发掘所得的石器和陶器等标本。标本室设在办公室的上面即第十层，标本架是用不锈钢做的，有导轨，可以很方便地推动。古运泉说他在美国参观时看到了这种标本架，觉得很方便，回来就定做了一套，在国内还算是比较先进的。只是标本并不太多，摆放得也不大规范。我主要看了珠海平沙棠下环和宝镜湾、东莞园洲和村头、博罗银岗和梅花墩的东西。冯孟钦又把我拉到他的房间看他最近发掘出土的标本。晚上曾琪来访，甚是亲热，我约他给考古学的世纪回顾写篇稿子。约九点半古运泉邀请我们上白云山观看广州夜景，我们一直爬到海拔 382 米的摩星岭，看到周围万家灯火，十分壮丽。下山吃过夜宵，回宿舍时已经是下半夜一点了。

再访珠海

在广东省除广州外，我去过的次数最多自然也是最熟悉的地方就要数珠海了。记得 1985 年春我第一次访问珠海时，同朱非素、李子文和赵善德等重点调查了淇澳岛的几处遗址，后来写了一篇《珠海考古散记》，发表在珠海市博物馆等编的《珠海考古发现与研究》（广东人民出版社，1991 年）上。以后或专程或路过，又到珠海去过几次，每次都要了解珠海考古进展的情况。听说最近那里又有比较重要的发现，我们决定去看一看。

1 月 27 日上午由邱立诚开车直奔珠海市平沙管理区，同行的有赵辉和朱非素，区委副书记梁兰等热情接待了我们。午餐后由北大毕业的王世林带我们到棠下环遗址考察，沿路看到一望无际的甘蔗林，知道那里是一处重要的蔗糖基地。我们一直走到海边，在一个海湾的岸边即是遗址所在，只是没有看到沙滩。1998 年省考古所在这里发掘了 1500 平方米左右，文化面貌初看起来与东莞村头相近。在第一发掘区第 8 探方第四层中曾经出土过一件铸造青铜斧子的石范（李岩：《广东青铜时代早期遗存诸问题浅析——从珠海棠下环出土石范谈起》，《东南亚考古论文集》，香港大学博物馆，1995 年）。同时也出了几片彩陶，地层不明，可能有较早的遗存。

　　从棠下环出来走不多远，接着通过一道约 6 千米长的海堤，便到达高栏岛。再往前走几千米，便到了岛西南的宝镜湾遗址。1998 年在这里发掘了 500 多平方米，出土了大量的遗物。我们参观时看到有许多柱洞，只有少数成排，多数不大规则，可能有干栏式建筑。从遗址向上爬约二三十米，便是著名的宝镜湾岩画所在。不过宝镜湾岩画不止一处，山坡下沙滩边有天才石岩画和宝镜石岩画，我们看到的岩画称为藏宝洞岩画，是最重要的一处。它的南边还有大坪石岩画。藏宝洞由两块巨大的石头东西相向而立，上面原来盖着三块大石，后来地震时塌下来了。南边顶着山崖，只有西北边有豁口可以进去。据说前清时期有个海盗叫张宝仔的曾经在这里藏宝，东西两块巨石上的岩画即是他的藏宝图。岩画非常复杂，与香港的某些岩画风格相似，只是后者更为抽象。徐恒彬对于它的内容和年代曾经有过非常精辟的分析，写了《高栏岛宝镜湾石刻岩画与古遗址的发现和研究》，发表在《珠海考古发现与研究》281～294 页。他认为藏宝洞的岩画应该属于青铜时代，至少不晚于春秋。我们站在藏宝洞外向下面的宝镜湾和海面瞭望，夕阳照得海水金光闪闪，映衬着漫天霞光，真可说是气象万千！下到遗址处向上望藏宝洞，突然想到那不是所谓巨石文化的多尔门或石棚吗？据说里面发现过灰烬和夹砂陶片，会不会有墓葬呢？只见那石棚巍然耸立，显得既庄严又十分神秘，真有宗教圣地之感。莫非这遗址和石棚上的岩画有什么内在联系么？我脑子里总是萦回着这个奇怪的想法。

　　1 月 28 日上午我们从平沙来到珠海。先到珠海市博物馆，受到馆长李荆林和副馆长陈小鸿、李世源以及肖一亭和卜工等热情的接待。馆里将一间很大的展览厅作为整理室，满屋子铺的是宝镜湾遗址的器物，他们说是特地为我准备的。这个遗址的遗物非常丰富，初步看来至少可以分为两期。早期的遗存保存较好，数量也最多。陶器中有圈足盘、器盖、釜、大型夹砂罐和支脚等；刻划纹特别发达，也有少量绳纹、贝印纹和贝划纹；总体特征与后沙湾二期相当，但内容要丰富得多。玉器中有与石峡完全一样的斜刃钺，有些豆和个别罐也与石峡文化相似，年代可能与石峡文化相当而文化面貌有较大的区别。晚期则可能与石峡三期或鳗鱼岗相当。特别值得注意的是在早期的刻划纹中有一部分绹索纹和水波纹等似乎与藏宝洞岩画中几艘船上的花纹相似，二者很可能有某种关系。如果真是这样，那就太重要也太有意思了。

傍晚由陈小鸿陪我和秀莲游新圆明园，因为设计得比真圆明园更加集中，服务设施也好得多，所以非常好玩。晚上在那里看了一场歌舞剧叫珠海之光，气势恢宏，情节奇特，跟梅原猛写的新歌舞伎不相上下。

1月29日上午在珠海市博物馆开了个座谈会，就宝镜湾遗址资料的整理、研究等问题交换了意见。大家都认为这个遗址十分重要，一定要好好研究和保护，还要开展必要的调查和补充发掘，有些测试也要做出适当的安排。

又过深圳

1月29日下午到深圳市博物馆，第一副馆长王璧等出来迎接。深圳正要盖一个规模宏大的市政府大院，旁边要盖新的博物馆。但王璧等人不大想换地方，说搬到那里就没有现在这样自由了，可见自由是很重要的。我们先上库房看咸头岭、大黄沙和向南村等遗址的标本，咸头岭发掘的面积有1000多平方米，没有发现一片彩陶。过去所得彩陶是采集的或者是出自扰乱层的，与饰于圈足盘等上面的早期彩陶纹饰明显不同。这里最富有特征的标本是绳纹釜、灰白陶圈足盘、饰贝印纹的罐等，也有支脚，过去总以为它和汤家岗乃至石门皂市接近。大黄沙则以红彩加刻划纹的圈足盘和厚唇绳纹罐为特征，据文本亨介绍遗址可分上下两层，下层的罐为凹缘，上层的罐为平缘，咸头岭的则为卷缘，似乎咸头岭比大黄沙上层还要晚些，很觉奇怪。后来杨耀林和叶扬专门为了这件事来找我，说大黄沙只有一个文化层，所谓上层是挖咸鱼窖时扰上去的，不可靠。他们仍然倾向于咸头岭比大黄沙早些。而向南村遗址则与东莞村头的面貌接近。

1月30日，赵辉和朱非素等留在博物馆继续看考古标本，我和秀莲由黄崇岳的夫人小潘和暨远志陪同到沙头角中英街和国贸大厦等地浏览。深圳这几年又盖了许多高楼，商品也十分丰富。中英街现在已经改名为中兴街，但与香港的界限仍然分得很清楚，限制也很严格，和香港回归以前没有什么变化。晚上住寰宇大酒店，与博物馆之间隔着荔枝公园，园中有一个小湖，风景甚好。

初访东莞

东莞万福庵和村头遗址是很有名的，发掘资料也都看过，但是到东莞这还是头一次，因而特别值得珍惜。我们于1月31日上午从深圳出发，先到东莞虎门旁边的村头遗址考察。这个遗址面积有4万多平方米，在珠江三角洲算是比较大的。省考古所几次发掘的总面积有三千多平方米，文化面貌比鱿鱼岗等要晚一些，应该属于青铜时代早期。我们在遗址的南坡和北坡都看到了成层的贝壳，也能捡到一些陶片。村民对保护遗址很有积极性，希望政府在这里建一座遗址博物馆，他们准备无偿地提供土地。村边有许多土地庙，还有许多二次葬的瓮棺，一排排地摆得很整齐，据说是客家人的埋葬习俗，现在还在实行。

接着到东莞市博物馆参观，沿途高楼林立，一派兴旺景象。博物馆与科学馆和图书馆连在一起，有五层楼，库房设在四层，展厅设在五层。有三个展室，新石器时代部分主要陈列村头遗址的出土物品，也有几片万福庵的彩陶片，其余便是历史时期的物品。

从博物馆出来，主人邀请我们到附近的可园参观，园子很小，占地只有三亩三分，但是很有名气，是珠江三角洲的四大名园之一。我们看了里面的景物和陈列，岭南画派创始人居廉等在这里住了十年，创作了大量的国画，其中有些就陈列在可园内。整个园子的建筑错落有致，小巧玲珑。我们一一参观，深觉受了一次高雅文化的熏陶，最后上琴楼欣赏了古琴的弹奏，大家玩得很痛快。晚上又回到了广州。

粤东第一站

在广州休整一天，同时到省文物考古所看看后沙湾、草堂湾、园洲、村头和牛栏洞等地的标本，便于 2 月 2 日赴粤东参观考察。第一站是博罗，由古运泉开车，同行的有秀莲、赵辉、朱非素、李子文和赵善德。路上赵善德晕车，吐得一塌糊涂。我们先到博罗银岗的七星伴月遗址。这里正当罗浮山的南边，一望无际的香蕉园。在银岗镇东边有一个大水塘，再往东有七个土岗，上面栽满荔枝树。中间的五个土岗上都有大量夔纹陶片，有的有米字纹陶片，有的土岗脚下发现有烧陶器的窑。银岗南边有一条流入东江的小河，河岸旁有大量夔纹陶片。把这些情况联系起来，便可知道在这里有一个生产夔纹陶的中心，产品由小河经过东江运往各地。省考古所在这里进行了一些发掘，今年打算继续做些工作。接着参观博罗园洲的梅花墩，那里是一马平川，种植香蕉和水稻，稍微高一些的地方栽了许多荔枝树。原来在稻田里有四个小土墩，老乡称之为梅花墩。现在只剩下一个残土墩，上面发现有一个烧夔纹陶的龙窑。窑壁还可以看得相当清楚，大约有 15 米长，这是在我国发现的最早的龙窑。

傍晚经过博罗县城到惠州市，市文化局长热情接待了我们。晚上住金华宾馆。惠州是个地级市，常住人口只有 38 万，流动人口却有 20 多万，支柱产业有电话、电脑和电视机等。市区北临东江，西连西湖，风景十分美丽。惠州市政府大楼盖得有点像法国卢浮宫，前面也有一个仿金字塔的玻璃罩。建筑师也许因为北面有罗浮山，地方政府又是一方之主，像个土皇帝，所以有此杰作。

晚上到西湖边散步，欣赏惠州夜景。

东行到普宁

2 月 3 日从惠州出发，经过惠东、海丰、陆丰到达普宁。普宁原名流沙，八一南昌起义后，部队曾经退驻粤东，主要领导人员在流沙开过一次重要的会议。我们到会议旧址参观了展品，接着看了历年调查发掘的一些考古标本。文化局副局长兼博物馆馆长吴雪彬原是中山大学考古专业毕业的，与张昌倬是同班同学。他给我们详细地介绍了几个遗址的资料。一个是虎头埔，1982 年曾经发掘了 15 座陶窑，其中除横穴窑外，还有 6 座单坑窑。后者仅有一个方形、长方形或圆形的坑穴，烧窑时陶器和燃料都放在坑穴中，仅仅比露天烧进步一点点。出土陶器有高领篮纹或长方格纹矮圈足罐、釜和矮圈足杯等，腹部常有类似凸弦纹的附加堆纹，也有少量似云雷纹和似曲折纹的纹饰，文化面貌略像石峡文化晚期。广东省博物馆等曾经发表《广东普宁虎头埔发掘简报》（《文物》1984 年第 12 期）。一个是后山，似有两套资料，一套是树皮布打棒或有平行刻槽的石拍，应当是与彩陶共存的，但这里没有发现彩陶和同时期的陶片；另一套有鸡形壶、凹底直领罐和凹底盆等，都饰小方格或菱格纹，年代显然比虎头埔晚，比东莞村头也要晚些，是青铜时代的遗存。龟山主要出浮滨类型的陶器，也有少量与后山一样的陶片。因此普宁从新石器时代到青铜时代就可以清楚地分为四期，在粤东应该是有代表性的。

普宁市大约有 30 万人，环境优美，有不少特产（图四）。我们住宿在侨联温泉宾馆，设备和服务都还不错。

图四　在普宁渔港

汕头风情

2月4日从普宁出发，经过潮安到达汕头，沿途房屋一栋连着一栋，车辆川流不息，我们的车只能减速开行，将近11点钟才远远望到那石笋一样高耸的楼群，不用问就知道那是汕头特区。这是我第二次访问这个美丽的城市了。记得1978年庐山会议后，我曾经同李仰松等连续访问了福州、厦门、汕头和广州等地。当时的沿海公路虽然号称国防公路，但是路面并不很宽，连二级公路的标准也够不上。我们乘坐的长途公共汽车又很旧，开起来全车哗哗作响。早晨5点从厦门出发，颠颠簸簸到下午6点才到达汕头。我们抓紧时间到市内各条街上走走，那时的印象是街道曲曲弯弯，也不很宽，但同当时国内一些城市比较起来还是相当繁荣的。一别20多年过去了，汕头已经由一个只有一二十万人口的中等城市一跃而为一百几十万人口的、相当现代化的大型城市。车开到韩江口时登上渡轮，旁边是一座高耸的斜拉大桥，据说是亚洲第一，2月9日就要正式通车了。进入市区，走在宽阔的滨海大道上，两边是整齐的椰树林，一边是高楼耸立，一边是大海和无数停泊的船只，完全是一座海边大城市的气派。据说这里有很大一部分是填海筑起来的，那工程就更大了。

我们先到市文化局，副局长兼博物馆馆长张无碍等热情地接待了我们，给我们介绍了汕头市建设的情况和博物馆的情况。用过午餐，便去参观博物馆。这是一所仿古建筑，因为是1956年盖的，比较简陋。馆藏文物有一万多件，主要有贴金木雕、陶瓷和书画等几大类。限于时间，我们只参观了贴金木雕和书法两个馆。张馆长告诉我们，由于博物馆建筑太旧也太小，现在已经盖了一座新馆，邀请我们去看看。新馆就在旧馆西边不远，都靠近中山公园，有八层，立面设计非常漂亮，据说花了一亿多元。现在内部装修还没有完成，市里决定要在今年10月1日开馆展览，时间是很紧的。

张无碍副局长等又邀请我们到市东南的新开发区看看，这里有很大一部分是填海造起来的陆地，新建的居民楼十分漂亮。我们沿着滨海大道前行，经过一座雄伟的悬臂式大铁桥，名为海峡大桥。过桥后到一座海滨花园，内设宾馆，建筑十分豪华，有总统套间，但利用率不高。

汕头市现在有铁路通广州，有高速公路通广州和深圳，有很大的国际机场，海路更是四通八达，交通运输十分便利。市里有五六所五星级的大宾馆，街上跑的多是奔驰、宝马等高级轿车，市党委大楼、市政府大楼等都极尽豪华奢侈。你可以看到一旦放开政策，将会释放出多么伟大的创造力，建设出多少人间奇迹！不过汕头市的建设也有一些值得注意的问题。有些工程不一定是当前所必需的，有些工程是寅吃卯粮，据说各方面的欠债已经达到 800 亿元之巨。如果不及早调整，后果恐怕是很令人担忧的。

在汕头市的建设中，华侨和港澳同胞功不可没。李嘉诚给汕头大学的投资就有十几亿港币，还建设了许多高级的住宅，专门分给比较穷苦的人居住。有人写对联：翻身不忘共产党，幸福全靠李嘉诚。这话虽然不很确切，但广大华侨和港澳同胞的支持的确是一股巨大的力量，他们的爱国热情也的确是令人钦佩的。

潮州览胜

2月5日从汕头出发，先到饶平，下午到达潮州市。到饶平后本来要看看浮滨遗址，一来路比较远，二来听说遗址基本上被破坏了，只好不去，看看博物馆的标本。所谓博物馆就设在一个祠堂里，东西不少，就是无人管理，器物上积满灰尘。主要看了浮滨的东西，有尊、豆、钵、罐、壶等，纹饰多是竖篮纹。这些东西在广东找不到源头，也没有发现明确的后继者，分布面除粤东外还可以到达粤北和珠江三角洲，这是一个很奇怪的现象。石器多戈和锛，锛的刃部拱曲，当是为挖独木舟一类东西而特制的。看完东西便到柘林海边去吃海鲜。那里围了一大片海湾，原来已经开辟为稻田，但经济效益不高，现在又放水实行网箱养鱼，网箱旁边盖一座水上小房子，数量极多，一望无际，蔚为壮观。下午到潮州市，它是这次粤东行重点考察的地点之一。

潮州是国家历史文化名城之一，隋文帝开皇十一年（591 年）始设潮州，后来名称几经变化，到唐肃宗乾元元年（758 年）复名潮州，此后历宋、元、明、清各代，潮州相沿为郡、州、路、府的治所，成为粤东地区的政治、经济、文化的中心，历史上曾经被誉为海边邹鲁和岭海名邦。潮州戏、潮州音乐、潮州工夫茶和潮州菜等，都是极富特色，享誉中外的。潮州方言跟广州白话也有很大差别，跟闽南方言倒有某些近似之处。我们从潮州东南过韩江，往北望见古老的湘子桥即广济桥，这桥初建于宋乾道七年（1171 年），被称为世界上最早的启闭式桥梁。过桥沿江往北，见到与湘子桥相对的东城门，巍然耸立，尽显古城风貌。进城就住在古城宾馆，原来是地区招待所，又名潮州迎宾馆。现在包给私人经营，房屋上改建为城墙的样子，服务人员全部着清代服装，颇能吸引顾客。

我们稍事安顿，便去参观博物馆。主要看了几个遗址的出土文物。这里最早的新石器时代遗址当推陈桥村贝丘遗址，那里出土彩陶、绳纹陶和打制石器，应该与珠江三角洲的彩陶遗址群属于同一时期。其次是池湖凤地，出土有刻划纹和绳纹陶片，应该与宝镜湾属于同一时期。梅林湖遗址则是浮滨文化的东西。其实这里还有许多遗址，只是考古工作比较薄弱而已。

为了对潮州的文物古迹有一个大致的印象，2月6日上午由市博物馆的工作人员带领我们先后参观了己略黄公祠、韩文公祠和开元祠等。己略黄公祠建于光绪年间，是一座私人祠堂。其中雕梁画栋极为精致。韩文公祠建在城东的笔架山麓，是为纪念大文学家韩愈而建的。韩愈曾经被贬到潮州八个月，在这里兴学堂，为民除害，写下了有名的祭鳄鱼文。祠中有韩愈手迹的碑刻，更有历代名人的许多题刻。此祠在"文化大革命"时期破坏严重，现在已拨款正在修复。开元寺始建于唐开元二十六年（738年），规模宏大，内部陈设在"文化大革命"中多被捣毁，现在又重新修复，交由宗教部门管理，香火不断。潮州文物古迹极多，尽管只看了一小部分，还是对这座古城留下了深刻的印象。它的古香古色极富韵味，与汕头的现代气派形成鲜明的对比。

揭阳考古

我们于2月6日下午到揭阳，它也是一座古城，秦代就曾经在粤东一带设立揭阳戍守区，属南海郡。后来辖区几经变迁，今治所是宋绍兴年间始建的，现在已经是拥有30万人口的地级市了。揭阳位于榕江流域，古代遗址极多，仅属于先秦时期的就有100多处（邱立诚等：《广东揭阳先秦遗存考古调查》，《南方文物》1998年第1期）。这些遗址的发现虽然有各方面人士的努力，而大部分则得力于揭阳市里一位已经过世的文物干部。人们谈到他时都不禁流露出崇敬和感激之情。

我们住在揭阳宾馆，稍事安顿，便去市博物馆参观。博物馆设在学宫即孔庙的西厢房，前半部是文物展览，后半部是办公室和库房。另外一座库房设在孔庙最后一座建筑崇圣祠的楼上。文物标本之丰富是粤东各地区所少见的。我们从6日下午到7日上午看各个遗址出土的标本。有两件打制石器，分别出于新亨老鼠山和埔田车田，为燧石制，两面加工，其中一件有点像舍利期手斧，应该属于旧石器时代，可惜没有对遗址进行过详细调查。新石器时代遗存中最早的可能是玉湖湖岗出土的夹砂陶片，饰绳纹，个别有红衣，器形可辨的仅有圜底釜和罐，年代应近于陈桥村。其次是出土篮纹加薄附加堆纹的矮圈足罐等的一批遗址，以埔田世德堂水库为主，文化面貌大致与普宁虎头埔相当；但有不少遗址出鼎足，有些石器如锛和箭头等也和石峡文化的相似，可能受到了石峡文化的影响。属于青铜时代的有两类遗存，一类大体与普宁后山相当，主要是小方格纹，遗址甚多，有埔田新岭后、东山龙石、霖盘南塘山、白塔宝联面前山、地都铁场、仙桥戏院后和中夏等处；另一类为年代较晚的浮滨文化，有新亨落水金狮、地都油甘山、白塔大盘岭、白塔宝联面前山、新亨戏院东等处。此后可能是以地都华美沙丘为代表的一类遗存，出土有弧刃青铜斧、梯格纹釜、刻划纹尊、双鼻觯形器等，全部是红陶，也许是西周的。最后一类当为以地都油甘山的夔纹壶为代表的遗存，该壶肩部有双鼻，饰小方格纹，下腹和圜底部分也饰小方格纹，只有中腹饰夔纹，可能是春秋的。但地都华美沙丘还有另外一类遗存，有圜底釜、圜底罐、豆等器形，个别为凹底，主要饰横篮纹，个别罐肩部饰竖篮纹，腹部饰斜横篮纹，都是灰陶，似乎比浮滨文化还要早些，可能是浮滨文化的前驱。限于时间，我们只能粗粗地看看标本，无法去考察遗址，多少有点遗憾。

北上梅州

2月7日上午10点从揭阳出发北上梅州市，过丰顺后便进入山区，公路曲曲弯弯一直往上爬，然后蜿蜒下山，到原先是畲族聚居区后来被客家占据的梅县畲江镇近旁的新化村，省考古所李子文等在附近进行考古发掘时，曾经住在一位姓刘的家里，关系很好，所以特别安排在他家吃午饭。饭后稍事休息，看了村里一座无人住的客家围屋。房子还比较讲究，只是有些旧了。但人们喜欢住洋房，围屋将会被逐渐淘汰。我照了几张相，便爬上后面的小山龙岗顶上，这山相对高程大约有200米，山势较陡，山坡上不可能有任何建筑；山顶不到一千平方米，却发现有许多陶片，其特征与普宁虎头埔的陶器基本相同，大致相当于石峡文化晚期的45号墓。梅县是客家最集中的地方，我们在去梅州市的路上看到不少客家的墓葬。客家人死后先实行土葬，大约三年后的初春时节，尸体已经完全腐化分解，气候又比较干燥，于是将尸骨收集起来放在瓮棺里，再把瓮棺放进土龛，一个土龛里放两三个瓮棺，是二次葬的临时置放处。过一定时间要换瓮棺，所以旁边往往有破碎的旧瓮棺。如果有能力便要埋在像坐椅似的永久性墓穴里，我们看到漫山遍野都是这样的墓葬。我在台湾看到的也是这样的墓葬，可能也是实行同样的葬俗。我照了几张照片，便直往梅州而去。

梅州人因为多是客家，文化素质较高。他们说潮州人讲赚钱，梅州人讲读书，所以历史上出了许多名人。梅州市坐落在梅江之滨，近年在梅江下游筑了水坝，使市区附近的水面大大加宽，形成非常美丽的风景区。市区规划得也非常好，既有古城的韵味，又有现代化的气派。这里有一个华侨博物馆，是仿照客家围屋造的，很快就要交工；还有一个客家博物馆，据说收集了许多客家的文物。叶剑英是梅州人，为了纪念他在市郊建设了一座很大的剑英公园。可惜都没有时间参观了。这里是古运泉和李子文的家乡，有许多亲戚和朋友，副市长也出面接待，显得特别亲热。安排我们住在梅州迎宾馆，晚上一起唱卡拉OK，大家玩得很高兴。

8日上午抓紧时间到市文化局文物科和梅州县博物馆观看考古标本。较早的遗址有山子下，李子文发掘过，出土遗物相当于普宁虎头埔，但有子母口豆和包边鼎足，明显受到石峡文化的影响。较晚的相当于普宁后山，有围岗上和梅西雷打石等处，蕉岭县的牛角发也有同样的遗存。李子文挖的畲江桥头凹峰里既有后山的东西，也有浮滨的东西。我们大体上都看了一过。

在梅州市虽然是匆匆一瞥，却留下了非常美好的印象。

河源恐龙多

已经临近春节了，我们只好加快步伐，立即从梅州往回返。8日下午5点赶到了河源市，这里的恐龙蛋化石数量之多仅次于河南西峡，主要分布在市区和南郊，常常一窝一窝地出土，已经收集的就有九百多个。这里又有全国最集中的菊石化石，最大的菊石化石也出在这里。所以河源市博物馆就很有特色，集中陈列了许多恐龙蛋化石和菊石化石，大多是博物馆馆长自己收集起来的。他还收集了一些客家文物，只是考古文物不太多，但有一批唐代越窑瓷器却是不可多得的珍品。

河源市人口也有30万，其中客家人占98%，因为接近广州，语言和文化所受的影响较大，文化人又不如梅州那么多，所以对客家文化的研究反而不如梅州做得好。河源市有一个非常美丽的风景区，就是1958年修建的新丰江水库，能够蓄水139亿立方米。水质极好，除发电外，主要为深圳和香港提供生活用水。现在叫作万绿湖，已经辟为重要的旅游胜地。市政府的负责同志邀请我们去玩玩，9日上午乘船游了月亮湾等几个景点，据说还不到全部风景区的百分之一，可惜没有那么多时间玩了。

节前回广州

2月9日下午5点半左右回到广州，离春节很近了。我们看到街上一串串的红灯笼、各色各样的对联、年画，一盆盆的金橘，到处年货堆积如山，人们熙熙攘攘争购货物，节日的气氛已经很浓了。我们住宿的豪景酒店也挂满了红灯笼，摆上了一大盆金橘。广东的金橘是很有特色的，一盆金橘树多数高1~1.5米，大的超过2米，均呈塔形，外面布满直径3~5厘米的金橘。这种金橘也可以吃，只是味道不太好，主要是作装饰用，我看比圣诞树好多了。现在广东人过春节都要买一盆金橘，上面挂一些写满吉祥话语的小条。这种习俗说不定以后会推广到全国的。

10日上午广州市文物考古研究所邀请我去参观位于中山四路的南越王宫遗址，我们先看了录像和出土遗物，然后看发掘工地。在四千多平方米的范围内，发现有曲曲弯弯的石砌水渠、水池和水井。水池中发现有大量龟鳖的甲壳，估计是养龟鳖的地方。水渠所在可能是御花园的一部分。后来在唐宋各代都有一些遗迹，只是水井就有好几十眼。这里本来是广州市的中心区，是开发建设的重点，旧房的拆迁就花了两亿多元。现在划的保护面积有四万多平方米，包括儿童公园在内，如果全部拆迁还不知要花多少钱。广州市政府的决定确实是有很大的魄力，也是很有远见的。

11 日上午省考古所邀请我座谈，希望我对所的建设和今后的发展提些建设性的意见。鉴于广东近年来发掘了许多遗址，其中有些相当重要，所以我建议他们在田野工作中应该有目的地选择一些遗址进行规模不大的发掘，尽快把文化发展的谱系建立起来；同时要尽快把资料整理出来加以发表，有的可以出专刊。为了有一个发表资料和研究成果的园地，我建议他们与广西、海南和广州市联合起来办一个不定期刊物，可以取名为《华南考古》，等条件成熟后再考虑转为定期刊物。下午由省考古所和省博物馆联合举行报告会，邀请我作学术报告。参加的人除来自广州市有关各单位，还有来自深圳、珠海和三水等地的同志。我就新石器时代早期文化的探索、关于考古学文化区系类型的研究问题和对广东考古的初步印象三个方面谈了一些自己的看法，算是这二十多天在广东各地参观学习的一点心得和体会。

晚上省考古所全所职工和家属在豪景酒店举行迎春节聚餐会，邀请我们参加。所里还给每位职工家属发压岁钱。大家一边吃饭饮酒，一边表演节目，气氛十分热烈。我也借此机会给大家拜个早年，对于大家的关照和款待表示衷心的感谢。

2 月 12 日，离春节只有三天了。赵辉、秀莲和我乘南方航空公司的波音 747 大型飞机回到北京，乘客大概有 50 多人，空空荡荡，与火车上十分拥挤的情况形成鲜明的对照。

广东考古的初步印象

这次到广东转了一圈，只差粤西没有去了。古运泉说不能一次都让你看完了，留个悬念，下次才有兴趣来。我想即使粤西也看过了，下次还是有兴趣来的。

从考古的角度来看，广东确实有非常鲜明的特点。这里依山面海，平地不多。山脚下有许多洞穴遗址，而海边和珠江三角洲则有许多贝丘遗址和沙岗遗址，还有不少遗址在河边或小山坡上。这种考古遗址多样性的情况是与广东自然环境的多样性紧密相连的。近年广州市内又有南越王墓和其他重要遗迹的发现，城市考古已经提到了突出的位置。由于海外交通发达，近海沉船等遗迹遗物每有发现，水下考古也大有可为。这样复杂的情况在各个省区中可说是首屈一指。因此在田野考古方法上也会面临许多新的问题，应该有不少值得深入研究和探索的地方，在工作中应该特别注意环境考古和现代科学技术的应用。

广东位于南岭以南，接近热带，几乎是长夏无冬，食物等自然资源十分丰富。在史前时期，采集—狩猎经济一直持续到很晚的时期。由于纬度低，大冰河期的气候并不很冷，从冰河期向冰后期转变也没有像其他地方表现得那么剧烈。表现在考古学文化上就是连续性比较强，从旧石器时代向新石器时代过渡的界限也没有其他地方那么分明。从地理区位来看，广东北连长江流域，南接东南亚，是中国与海外交通的重要通道，这在考古学文化上也表现得非常清楚。

广东地方不算太大，也不算太小。我们外地人总以为广东话就是一种话，都那么难懂；以为广东菜就是一种风味的菜，都那么好吃。这次到广东一转，才知道广州白话和潮州话大不相同，和客家话更加不一样。广州菜和潮州菜的风味也差得很远。考古学文化也是一个道理。粤东和粤北就很不一样，珠江三角洲又是一样，我想粤西也还会不一样，至少是分成四块。四块之间有同又有不同，按照区系类型的方法进行研究就行了。

这些年广东的考古工作做得不少，但是资料没有整理出来，有不少旧账要加紧还。好多简报和论文又发表得很零散，有些发表在外省的刊物上，很不起眼。我在省考古所的座谈会上郑重建议出一份《华南考古》的刊物，力量不够可以联合广西和海南乃至香港和澳门一起办，先出不定期的，以后有条件再改为定期刊物。把它办成促进华南考古、发表华南考古重要资料和研究成果的重要阵地。大家觉得这个主意好，能不能实现就看他们的努力了。

（原载《足迹：考古随感录》，文物出版社，2011年）

武夷山厦门行

（2012 年 5 月 27 日~6 月 3 日）

厦门大学有关方面邀请我去该校"人文国际讲座"作学术报告，顺便到厦门和周围地区玩玩。记得我还是 1978 年参加江西庐山"南方几何印纹陶学术讨论会"后跟几位朋友一起去过厦门一次，看了厦大校园、集美中学和陈嘉庚墓园，印象很深。陈先生是著名的华侨领袖，他把自己全部积蓄都用在国内的各项事业上，厦大和集美也都是陈先生捐款建设起来的，对先生的爱国热情十分感佩。厦大人类学系有许多老朋友，能够见面叙旧也是人生一桩乐事。于是决定于 2012 年 5 月春夏之交，还不很热的时候去看看。年纪大了一人行动不太方便，正好张弛有个研究生何奇原来是厦大的学生，对那边的情况很熟悉，让他陪我去比较方便。于是就决定先到武夷山玩玩，然后再到厦门去，这样会比较顺当。

何奇是纳西人，普通话说得很好，一点也看不出是个少数民族学生。他有个女朋友小杨在民族大学读研究生，也是纳西人。纳西人数不多，但文化水平高，有自己独创的本民族文字东巴文。据说现存的东巴文经卷就有两万多部，经师还能够朗诵。东巴文是半象形半指事会意字，对研究文字起源很有意义。能够与何奇在一起聊聊纳西人的情况也是很愉快的。何奇于 5 月 27 日下午陪我到首都机场，乘厦门航空公司的班机于 18:30 起飞，将近 21:00 抵达武夷山机场。厦大的吴春明和当地文物干部一同到机场迎接。然后进入市内到悦华酒店办理住宿。这是一所四星级的旅游酒店，在武夷山是最好的一家，设备和服务都很不错。说来惭愧，我知道武夷山是著名的世界自然与文化遗产，却不知道武夷山市在哪里。到了之后才知道是崇安县改名，就像徽州改名为黄山市一样。1978 年我乘鹰厦铁路的火车经过武夷山时正当早晨，山上云雾缭绕宛如仙境，那是我对武夷山的第一印象。但那只是一掠而过，这回却可以尽情欣赏整个武夷山风景区的面貌了！

到九曲溪漂流

武夷山属于中亚热带季风气候区，地形复杂，峰峦叠嶂，相对高差达1700米。特殊的地貌和地理位置，形成了良好的生态环境。在第四纪几次气候剧变的过程中所受影响较小，成为多种动植物的避难所，是地球上少有的多种生物资源的宝库。武夷山有四大景区，即西部的生物多样性区，中部的九曲溪生态区，东部的自然与文化景观区和西汉时期的东越王城遗址区。我们对特殊动植物知识甚少，西部地区就没有去。今天有微雨，如果我们先到九曲溪乘竹筏漂流，在蒙蒙细雨中欣赏两岸美妙的风光会别有一番风味。

九曲溪发源于武夷山脉主峰西南，全长约63千米。其中下游近10千米已开发为漂流区段。我们在早饭后即乘车往西走十多千米到星村，那里特设有一个竹筏漂流站。看见有很多人排队，我们买票后每人领到一件塑料雨衣，罩在身上跟在加拿大参观尼亚加拉大瀑布时穿的塑料雨衣几乎一模一样。按规定每个竹筏最多坐六个人，两人一排。由一名竹筏工撑篙兼导游。我们从第九曲开始顺流而下。历经九曲十八弯，两岸千峰竞秀，万木争荣，云雾缭绕，雨丝轻飘，感觉如入仙境。小溪水流很浅，清澈见底，拐弯的地方则有深潭。竹筏慢慢往下漂，导游则不时拿竹篙拨正航向，沿途不断地讲述各个景点自然风貌的特点、相关的神话传说和人文故事。他知识面广，口才又好，讲起来妙趣横生，听着简直是一种享受。我们一面听他讲，一面欣赏两岸的景物。发现有的陡崖上似有崖居和悬棺葬，有的崖壁上还刻有苏东坡等人的题词。据说两岸这类遗存还有许多，是九曲溪人文景观的重要内容。可惜因为在蒙蒙细雨中看不真切。如果有时间上岸考察一番，必定会有更大的收获（图一）。

这次漂流全程将近10千米，只觉得时间过得太快，想不到武夷山竟有这么好玩的地方。回来写了一首小诗：

九曲溪漂流

闽北武夷景色幽，清溪九曲绕山丘。
丹崖肃立迎游客，绿树婆娑频点头。
两岸风光看不尽，一张竹筏任漂流。
平生不信神仙事，却似神仙天上游。

考察东越王城

5月28日下午雨停了，春明建议我们到东越王城去考察一番。从酒店乘车南

图一　微雨中打伞乘竹筏在九曲溪上漂流

行约 40 千米到兴田镇城村的汉城遗址。那里有一个闽越王城博物馆，馆长丁海祥热情接待，我们就先看博物馆。福建在先秦时期到汉代初年有一个闽越国，汉武帝时，闽越王郢被其弟余善杀害并自立为王。当时武帝已封丑为越繇王，都东冶（今福州），奉闽越先祀。武帝只好又封余善为东越王以"与繇王并处"。据考证城村汉城当即为东越王城遗址（图二）。博物馆陈列大部分是东越王城的遗物。其中的瓦、瓦当和陶水管等建筑材料和一些铜铁器大多是仿自中原汉文化的产品，而日用陶器则多是继承闽越地区几何印纹陶文化传统而略有改进。有些器物则体现越汉两种文化的融合。我们从博物馆步行到城址的东门，门外有一群建筑基址。然后经北门进城，到高胡坪和大岗的主殿区。整个城址一览无余。记得这个城最早是由福建省博物馆的张其海主持发掘的，他原来在山东省文物考古研究所工作，参加过临淄城的发掘，有做城址的经验，工作做得有条有理。那时叫崇安汉城。我不知道崇安改成了武夷山，到了武夷山也不知道会参观崇安汉城。可见随便改换地名不是一件好事。

这个城大致呈不规则的斜长方形，面积约 48 万平方米。四周环山，坐落在一个小盆地中。城东临近崇阳溪。城内地势高低起伏，建筑错落有致。高胡坪甲组建筑基址有大殿、侧殿、厢房和门房，中间有庭院，布局严谨，与中原地区的汉式建筑格局相似。但主殿内柱网密布，各柱础石之间相距仅有 1 米，应该是干栏

图二　在东越王城遗址前

式建筑栽桩的础石。这又体现出越式传统建筑的特点。整组建筑基址都保护得很好，也便于参观。没有任何为保护和参观而兴建的设施。现在一些国保级的重要遗址要建所谓遗址公园，弄了许多现代设施，花费了许多钱不说，实际上还破坏了遗址，与保护遗址的本来愿望背道而驰。这座城址的保护很好，又便于参观游览，实际上就是一个遗址公园，应该成为推广的典范。据说现在准备申报国家遗址公园，我看是够条件的。但又听说南平市要搬迁到城村，并改名为武夷山市，那现在的武夷山市又该改个什么名称呢？再说在如此重要的都城遗址近旁建设一个地区级的大市，对保护遗址到底会有什么影响，是不是组织过专家进行科学评估了呢？实在令人有些忧心忡忡。

到丹霞嶂和瑞泉岩看崖居

到武夷山一定要看崖居，那是最富有地方特色的人文景观。在九曲溪漂流时看不清楚，就决定到丹霞嶂和瑞泉岩水帘洞去观看。

29 日上午同吴春明、何奇及武夷山世界遗产监测中心主任俞建安等一道乘车到酒店对面不远的大王峰后，沿崇阳溪往北行十多千米到丹霞嶂附近，在山谷小道上漫步行走，一路看到两边丹霞地貌的山体变化多端，有的像擎天柱，有的像老鹰昂头张望的样子，非常奇特。更多的是笔立的陡崖，有的陡崖上有成组的崖居。丹霞嶂为一又高又宽、几乎直立的崖壁，壁面朝北，近顶部有数道宽窄不一的岩缝。崖居就建在较宽的岩缝中。这道岩缝略有倾斜，东高西低，距离地面

50～70米不等。从东往西由山门、住房和吊装物品的天车架构成。住房外面有石砌墙，房间则用夯土墙相隔。下面一道较窄的岩缝也有房间，通过洞穴可与上面的房间相通。房间外面有木栏杆围护的走廊。所谓天车架是用木头做成的架子，下面设置木轳辘，装上绳索可以从下面吊装生活必需的物资。据说里面还有清咸丰年间的题刻，说明是为躲避匪患而兴建的。我们坐在路边特为游人设置的条石凳上仰望高耸的崖居（图三）。一面仔细观看，一面惊叹古人如何在直立的陡崖上凿孔打桩并建造起成组的房屋来！我在2006年曾经到美国科罗拉多州南部参观印第安人的蒲埃布洛村落和上面的崖居。那些崖居也是建在红砂岩的缝隙中，只是没有武夷山的崖居那么高，我还特地从一个简易的木梯爬进去仔细观察过。里面很窄也很暗，虽然隔成了房间，但相互可以沟通。房间里面只有土床、火塘和石磨盘等，十分简陋。住在里面主要是为遮风避雨和躲避野兽。尽管也有防御功能，却绝没有武夷山崖居那么险峻，更没有武夷山崖居那么丰富多彩的人文要素。

图三　在丹霞嶂壁下看天车架崖居

看过丹霞嶂崖居后，我们又从山间小道向北走去，最后走近一个叫作瑞泉岩的巨大陡崖。崖壁朝东，宽约百米，呈弧形向两边展开并向内凹，顶部前倾，形成巨大的岩厦。岩厦顶上有两道清泉，飞流直下，终年不绝，颇有瑞气，故名瑞泉岩（图四）。又因为流水泻下像个帘幕，遮挡在岩厦的前面，所以后来又有人叫作水帘洞。崖壁上便有明代崇安人胡文翰的题刻，横额"水帘洞"，上联"今古晴檐终日雨"，下联"春秋花月一联珠"。如此绝妙的美景，可惜我们这次没有看

图四　在瑞泉岩岩阴下，后为俞建安

图五　在三贤祠前

到。这个岩厦开发较早，宋代道士江成真曾经在这里建清微洞真观，后又改称为水帘道院。历年几经变迁，原有建筑多已毁坏，仅存山门等遗迹。我只好登山门察看一下周围的形势，想象当年的情景。让我更感兴趣的是左侧的三贤祠。该祠始建于南宋年间，祠内供奉刘子翚、刘甫和朱熹三位贤人（图五）。其中二刘都是朱熹的前辈。据说刘子翚曾经多次带领朱熹拜访刘甫，三人共同讲学论道。原祠早已破旧不堪，现存祠宇为 1923 年重修。全祠均为木构建筑，因岩厦内不会有雨，所以连屋顶也是用木板盖的。我从斜坡慢慢走上去，走到祠内恭敬地向三位先贤致礼。其中朱熹虽属晚辈，却成就最大，名望也最高，他在武夷山住过很长时间，留下了许多相关的遗迹，应该全面调查整理才是。

由于时间的关系，我们只看了丹霞嶂和瑞泉岩两处年代不同、功能有别的崖居。其实武夷山的崖居甚多，各种崖居所依托的自然环境颇不相同，形态结构和使用功能更有很大的差别，并不都是一般的住所。比较特别的就有书院和佛、道参拜与修行等宗教场所，甚至还有制茶的作坊。现知各种崖上建筑遗迹多为宋至明清期间所为，是不是还有更早的，则需要进一步勘查。武夷山还有更多的崖葬和崖壁题刻，所有这些崖壁上的遗存共同构成了武夷山区与自然景观融为一体的极富特色的人文景观。类似的崖壁文化遗存在江西、湖南、贵州等省的山区也有分布，只是没有武夷山这么集中，也没有这么多种类。学术界一般比较注意各地发现的悬棺葬和崖葬，却很少见到有关崖居的报道。吴春明说他们对武夷山的崖壁遗存做详细调查研究后，还准备对中国南方崖壁文化遗存的分布、年代、形制和功能等方面进行全面的研究。我认为这是一个很有意义的工作，应该作为国家的重大项目在人力物力上给予有力的支持。

为了体验一下当地民俗，我们就在附近找个地方吃农家饭，喝功夫茶。下午开车经过星村又走了几十千米，最后到遇林亭参观南宋龙窑。窑址依山而建，已经发掘的两座分别长 70 多米和 113 米。发掘后重新填埋，外形可以全部看到。下面一段没有填埋的窑膛盖了一个简易的棚子，观众可以清楚地看到窑膛的结构。窑址周围树木葱茏，山脚下是草坪，旁边盖了一个不大的博物馆，朴素大方。整个遗址保护得非常好，与周围的环境也很协调。这不也是一个很好的遗址公园吗？

访厦门大学人文学院考古专业

我们从遇林亭用过晚餐后乘车直接到武夷山机场，不料飞机晚点，很晚才飞到厦门机场。从机场到厦门大学经过好几个桥梁和隧道，曲曲弯弯，晚上找不到方向，只见铁桥高架海上，灯火辉煌，十分壮观。后来才知道厦门是个近圆形的海岛，机场在岛的北端，厦大在岛的南端。我们坐车大概是绕了个半圆弧才到厦大的。到学校后就直接住逸夫楼宾馆，已经很晚了，没有惊动别人。第二天早饭后由吴春明陪同参观厦大人类学博物馆。老朋友吴绵吉也特地赶来一同参观。我看他身体很好，多年不见，相互都很想念，问长问短。从逸夫楼到博物馆有一段路，正好参观校园。两边大多是白墙红瓦的新建筑，在绿树掩映之下显得特别美丽而典雅。博物馆的陈列比我过去看到的丰富多了，并且很有特色。看完博物馆回到宿舍，老朋友蒋炳钊来看望我。寒暄了几句，才知道他因患糖尿病割去了 8

个脚趾。我事先完全不知道，否则一定会首先去看望他的。

按事先的安排，下午到考古教研室与各位同仁见面，其中还有在厦大兼职的焦天龙。首先参观实验室，到处都是做水下考古的设备和标本。然后同大家一起座谈（图六）。吴春明首先为我介绍了教研室各位同仁，接着讲了专业教学、实习和科研的情况，我说北大和厦大的考古专业是兄弟学校的兄弟专业，我们一直相互关心相互支持。厦大这个专业规模不大，教师人数也不多。但从林惠祥先生开始直到现在，都办得很有特色。坚持考古与人类学或民族学相结合，坚持以东南百越及其史前文化的研究为主，并重视与东南亚相关文化关系的研究，近年来又开拓海洋考古。这样有特色并做出重要成绩的专业在全国高等学校中没有第二家。希望继续坚持传统特色，尽量做大做强。教育部和国家文物局等相关部门应该给予实实在在的有力支撑。

图六　在厦门大学考古教研室座谈

游鼓浪屿和胡里山炮台

学校本来安排我第二天到鼓浪屿游览。正好我有个侄女新云就在厦门，听说我到了厦门大学，就和她丈夫一起带着三岁的小儿子来看我，并一同到鼓浪屿游览。当我们开车到轮渡码头时，发现这里的游人极多，简直挤不开身。记得以前我第一次上鼓浪屿时参观了许多小洋楼，还爬到日光岩上去过，这回连想都不敢了。我们在人丛中挤来挤去，最后转到郑成功纪念馆，倒是比较清静了。我们就在纪念馆参观休息，缅怀这位曾经收复台湾，为中华民族立下大功的英雄。从鼓浪屿出来，由侄女婿蔡艳辉开车接我到他们在海仓的家休息，顺便又看了他自办的小工厂。看样子他们小家的日子过得不错，我心里也无比的高兴。回校后吴绵吉夫妇特地请我到校门外不远的南普陀寺旁吃素餐。老朋友相聚叙旧，情意绵绵。他们的长子也来作陪，可谓"怡然敬父执"。他长得一表人才，在中国银行工作多年，颇有成就。

图七　参观胡里山炮台

　　6月1日天气有点热。吴春明驾车带我们到厦大东边海岸的胡里山炮台参观（图七）。那里是清朝时期重要的海防前哨，特别从德国购买了两尊克虏伯大炮。我们只看到架在掩体中的一尊，炮筒又粗又长，据说有几吨重。问另外一尊在哪里，说是1958年砸碎炼钢了。这么好的钢还怎么炼？如此珍贵的历史文物炼成了一堆废铁渣，实在愚蠢至极！如今特地在炮台旁办了一个常设展览，全面介绍克虏伯工厂的情况，还有当时清兵兵营生活及士兵操练的情况等的实物和照片。这些都是十分珍贵的历史资料。

　　从胡里山出来顺海岸边向东走，海风习习，空气特别清新。走在沙滩上软软的，特别舒服。走了一段路到椰风寨附近，看到旁边竖立着巨大的标语牌，上书"一国两制统一中国"八个大字。才知道对面不远就是小金门。再往前走，就到了前埔社区，厦大在那里有部分教职工宿舍，锺礼强就住在那里，他就接我们在一家餐厅里吃海鲜火锅，别有一番风味。

下午回到学校，应邀在人文学院的"人文国际讲座"作学术报告，大约有二三百人参加，讲完后还有不少提问，我都一一作答，气氛热烈。晚上人文学院周宁院长设宴招待，副院长和历史系主任等也参加。席间谈了很多问题。我特别强调厦门大学具有人类学特色的考古专业非常重要，近来又开展海洋考古，国内高等学校中仅此一家，几十年坚持下来不容易，在国家学科建设中应该是重点扶植的对象。但他们人数很少，发展中会有不少困难，希望院系方面给予大力的支持。很高兴几位负责人都有同感。

参观漳州土楼

6月2日上午由吴绵吉、吴春明师生二人陪同到漳州华安县仙都镇参观大地土楼。这里的几座土楼都是蒋家所建，我们重点参观全国最大、号称土楼王的二宜楼（图八、图九）。华安县博物馆馆长林芝谋特地赶来陪同参观。这座土楼始建于清乾隆三年（1738年），至三十五年（1770年）建成。创建者蒋士熊是一位儒商，曾经支持刘铭传建设台湾，得到清政府的嘉奖。旋又在家乡建设多处祠堂庙宇，最后才决定建设自家的二宜楼。但未完工便过早离世，最后由儿孙完成。该楼平面为正圆形，直径73米有余，高16米。外墙为土筑，底部厚2.5米，逐层上收，顶上厚0.8米。全楼只有一个大门，关上大门谁也攻不进去，可以有效地防御盗匪。里面房屋有内外两环。内环一层，外环四层。内环围绕的院落有600平方米，可以进行各种公共活动。那里有两口水井，可供日常生活必需的用水。内外环的房屋都是木构瓦顶单元房，内环每个单元有一进厅，左右分别为厨房和餐

图八　在二宜楼前

图九　二宜楼内部一瞥

厅，后面有小天井，有过道与外环房屋相通。外环一层为仓房。二、三层为卧室，四层为各家祖堂。单元房前有一圈连通的走廊，上下则有楼梯相通，互相串门很方便。全楼有 191 个房间，可住 500 人左右，规模够得上一个不小的村落了。我看所谓土楼只是就外墙来说的，如果从整个建筑来说，也许称围楼更加合适。我们进去参观，房屋主人都很欢迎。我们在一家堂屋小坐，主人用功夫茶和各种特色小吃招待。一些单元房堂屋的布置很讲究，正中墙壁上挂着祖先的画像，两边墙壁上往往有壁画和诗联。标题为第一家的公共祖堂内有"三世同堂""五世其昌""九世同居"等题材的大幅壁画。有的壁画内容为《西厢记》等故事，有的画行孝图，还有不少画花鸟或山水，多是国画风格，也有个别的西洋画。据说总共有二百多幅。还有其他装饰彩绘数百幅。诗联有的是与壁画相配，有的是在廊柱等处的楹联。内容多是赞美家乡山水，或是鼓励读书上进，知书识礼。有的房屋墙壁糊了外国英文报纸，大概是返乡的华侨的住房。有些地方还有各种木雕和少量石雕。整个建筑的文化氛围十分浓烈，简直像个民间艺术博物馆。

我们从二宜楼出来，到后面参观两座较小的土楼。这两座楼一方一圆，是蒋家孙辈人建造的，里面住家的情况也差不多。据介绍漳州的土楼还有很多，主要分布于南靖、华安、平和、诏安、云霄、漳浦等县，总数有 800 多处。其中二宜楼是第一个列入国家级文物保护单位的土楼。2008 年，整个福建土楼更被列入世界文化遗产名录，成为全人类的宝贵遗产。现知最早的土楼是漳浦县的一德楼，建于明嘉靖三十七年（1558 年），可惜已经塌坏，只剩残迹了。其次是华安沙建乡宝山的齐云楼，建于明万历十八年（1590 年），在一座小山上，为椭圆形，保存尚好。

我过去在广东北部的始兴和东部的梅县参观过客家的土楼，也有方形和圆形两种。据说客家土楼和闽南土楼属于两个不同的系统。闽南土楼内部是单元式，客家土楼内部是通廊式，房间的平面布局颇不相同。客家土楼的分布范围甚广，但不知始建于何时，很可能比闽南土楼早一些。闽南土楼可能是受客家土楼的影响和启发，又结合本地风俗的一种变通的形式。最初可能是为防备倭寇的抢劫骚扰而建造的，对于加强亲族内部的团结，弘扬祖传的优良家风也会起到很好的作用。如此相互模仿，代代相传，形成了一种极富地方特色的乡土文化的显著标志。

我们从华安土楼回厦门的路上，还看了一处仙字潭岩画。说是岩画，其实是刻在水潭岩壁上的文字（图一○），当地人可能以为是神仙留下来的，所以叫仙字潭。此岩刻从唐代起就不断引起有关人士的注意。宋代初年成书的《太平广记》引唐张读《宣室志》云：仙字潭"石壁之上有凿成文字一十九言……郡守因之名其地为石铭里。盖因字为名，且识异也。后有客于泉者能传其字，持至东洛，故吏部侍郎韩愈自尚书郎为河南令，见而识之。其文曰'照□黑视之鲤鱼天公畀杀人牛壬癸神书急急'，然则详究其义，似上帝责蛟螭之词，令戳其害也。其字则蝌

图一○　仙字潭岩壁上铭刻的古越文字

蚪篆书"。明代何乔远的《闽书方域》亦谓仙字潭"壁中有古篆六行二十四字，广数尺"[1]。但盖山林经过研究认为是岩画而非文字[2]。我只是粗粗看过，觉得还是像字，且字迹工整，笔道粗细均匀，已经脱离了原初象形文字的阶段。我想应该是闽越人创造的一种文字，比山东邹平丁公和莱阳前河前被认为是东夷的陶文进步得多。可惜遗留下来的仅此一处，总数也不过几十个字，现在已无法识别了。即使如此，这方岩壁刻画的古越文字实在太重要了，一定要加以保护才是。

傍晚回到厦门，许多朋友到宿舍来送行，还送了不少纪念品。第二天去飞机场前又有一些朋友送行。整个日程就算完成了。这次武夷山厦门之行时间不长，收获却很丰富。留下了难忘的印象！

（原载《丹霞集——考古学拾零》，文物出版社，2019年）

---

〔1〕　福建省考古博物馆学会编：《福建华安仙字潭摩岩石刻研究》，中央民族学院出版社，1990年。

〔2〕　盖山林：《中国岩画学》，书目文献出版社，1995年，77~79页。

三访港台

途经香港

应台湾史语所的邀请，我和北大中文系的裘锡圭教授决定去台北参加该所的70周年所庆，顺便到香港停留几天。这是我第三次访问港台了。

1998年10月21日一早起来去首都机场，乘国航班机CA101航班于7点50分起飞，10点50分到达香港新修的赤腊角机场。香港古物古迹办事处的孙德荣在机场迎候。我们出机场后随即驱车到香港中环力宝大厦的中华旅行社换取进入台湾的旅行证，手续办得很顺利。大约12点半到香港特区政府大楼第40层的古物古迹办事处稍事停留，见了总馆长招绍瓒和馆长邹兴华、萧丽娟等。他们的职务名称听起来不大习惯，实际上相当于办事处的主任和副主任。他们非常热情地招待我们吃过午餐，又到九龙尖沙咀他们原来的办公地点看了马湾岛东湾仔北遗址发掘物品的陈列。东西虽然不大丰富，但在香港还是很难得的，被评为1997年全国十大考古发现之一。陈列室旁边是韩康信和左崇新的工作室，在那里复原了两个东湾仔北遗址的人头骨，都是长头型，低眼眶、短面、阔鼻，比较接近于河宕人或华南人种，并且有拔除中门齿的习惯，平均身高约1.63米。左崇新曾经做了许多新石器时代人头的复原工作，包括大汶口人、河姆渡人、柳湾人、火烧沟人和大甸子人等。他答应送一张河姆渡少女的复原像给我。

下午4点多钟，孙德荣开车把我们送到机场。这回留意看了一下沿路的景色，经过跨海的青马大桥，沿着大屿岛的北岸急行，约半小时就到了赤腊角机场。据说机场是填海造起来的，造陆面积相当于一个九龙半岛。从修路、填海到建成机场，一共花了一千多亿港元，投资可谓巨大。这个机场从外表看起来并不十分宏伟，但内部的空间相当大。大概是因为亚洲金融危机的影响，过客并不很多，因而显得特别空旷。一些标志性设备相对较小，商店虽然很多，门面也都很小。从总体来看还不如日本大阪的关西空港那样气派，服务也比那里差得多，这是我事先没有想到的。

一点小麻烦

这次到台湾的飞机是国泰 CX402 航班，本应 18 点 55 分起飞，因为有一名旅客没有上，所以等了半个多小时。到桃园中正机场时已经是 21 点多了。下飞机后提取行李，左等右等都找不到。到柜台上去问，说到另外的提行李处看看。又等了好一会儿，裘锡圭的行李找到了，我的行李就是找不到，只好到柜台上登记。一看登记的人很多，都是没有取到行李的。在香港时听说新机场 7 月 1 日启用时并没有完全准备好，后来很乱了一阵子，很多货物运不出去。没有想到现在还是不断出问题，那些行李多半是在香港搞错了的。我没有法子，只好走出机场。一看没有人前来迎接，我们就来回找，总也找不到人，心里很不是滋味。于是叫了一辆计程车，司机是桃园县的，不知道"中研院"在哪里。天下着雨，车开到台北后问路，好不容易总算到了"中研院"的学术活动中心，江美英和李宗琨在门口等我们，安顿好住宿，已经是半夜 12 点多了。我们觉得很不妥当，跟李宗琨讲明天尽快给我们换票提前回去，李感到很为难。司机来电话说他到机场找不到我们，不知道我们已经到了院里。接着杜正胜所长给我来电话表示道歉，说是派了人去机场迎接，不知道怎么搞错了，他要查一下云云。这是我出外旅行从来没有遇到过的事情。

学术研讨会

10 月 22~24 日，为了配合史语所 70 周年所庆，召开了一个名为"迈向新学术之路：学术史与方法学的省思"的学术研讨会。参加者除了"中研院"和在台湾其他单位的学者以外，还有中国大陆方面和在美国的中国学者，其中有余英时、宋文薰、李亦园、梅祖麟、陶晋生、许倬云等，他们都是"中研院"院士。张光直现在美国，本来是要参加会议的，因为健康原因医生不允许他来。会议一开始，首先由李远哲院长致辞，接着杜正胜作主题报告："史语所的过去、现在与未来"。稍事休息，历史学组讨论，余英时主讲，题目是"学术思想史的创建和流变——从胡适与傅斯年说起"。讲得很生动，也还比较实事求是。

第二天上午是考古学组讨论，宋文薰主持。本来是张光直主讲的，因为他来不了，只好由臧振华主讲。他现在伦敦大学研修，为期一年，是临时赶回来的。下面发言的有颜娟英、陈芳妹、刘益昌和李匡悌等，由我作评论。下午语言学组的会我没有参加。

我因为没有取到行李，心里很着急，所里一直在帮我联系查找，国泰航空公司也寄来信件，保证尽力寻找。他们启用接拨全球各航空公司的电脑行李搜寻系统,今天下午总算有了下落,傍晚由机场派人把行李送来了,一块石头落下了地。看来台湾航空部门的服务还是很好的。晚上所长设宴招待从中国大陆和美国来的客人,大家玩得很开心。

10 月 24 日,会议进行到最后一天。上午是人类学组讨论,由余英时主持,李亦园作评论。到会的人很多,讨论也很热烈。主要是涉及历史学和人类学的关系。李亦园列了一个表,从内容、方法和时空架构等方面说明二者的确有密切的关系。它们可以互补、互动、相互渗透,同时又有明显的区别。我想人类学和考古学的关系也可以这样看。下午是古文字学组的讨论和综合讨论,我参加了一半,听了裴锡圭等人的发言。后来吴棠海来接我到他的办公室去玩,看了许多玉器标本。晚上他和夫人一起在一个相当讲究的湖南餐馆湘园招待我,很晚才送我回住所。

参观博物院

10 月 25 日。今天下了一整天雨,台北东部的汐止等处又发大水。吴棠海夫妇来接我参观台北故宫博物院。参观的人非常多,其中有不少日本人。我们主要看了玉器馆、青铜器特展馆、宣德瓷器特展馆和张大千绘画特展馆。对于玉器和瓷器,吴棠海几乎每一件都给我做了详细的讲解。他对制作工艺有特别的兴趣和相当深入的研究,我希望他继续到北大去讲课。张大千的绘画除了本院的藏品外,还从世界各地调集了许多作品,实在难得。同时还有一个毕加索的绘画展览,我实在不会欣赏,没有看。

从博物院出来,吴棠海又把我送到松山机场,赵永红在那里等我。赵娶了一位台湾的妻子,但不能定居台湾,只能每年有半年的探亲时间。他陪我乘 6 点 05 分的飞机到嘉义,大约 40 分钟就到了。江美英和北大俄语系的李明滨教授在机场迎接。李是台湾淡水人,现在江美英所在的佛光大学华南管理学院讲学,听说我要来非常高兴,一定要来接我。我们乘车走了一个多钟头,就看到了中正大学的校舍。华南管理学院在中正大学的东边,我们在那里住了一宿。

访台南艺术学院

10 月 26 日,早晨驱车约一个半小时到台南艺术学院。这学院是四年前才开始兴建的,现在已经初具规模。此前马世长曾经来这里讲课,接着李崇峰也来讲课,他已经来了 20 多天,到明年 1 月份才回去。我就住在他们住的房子里。院里为教师盖了 7 栋楼,每栋有四套房间,每套两层或三层。有一间大客厅,四间卧室,还有餐厅、厨房、两个卫生间等,相当宽敞。这些房子都建在小河岸边,风景非常优美。黄翠梅是 8 月份才调来的,现在担任图书馆馆长。她带领我们参观了图书馆、音像馆、餐厅等建筑。图书馆前有一个铜镜广场，是用不同颜色的石子铺成四叶镜的形象，十分别致。所有建筑都很讲究，造价甚高。现在这个学校只有二百多名学生和四十多位教师，日子过得很舒服。

下午由黄翠梅开车到南科看一个考古遗址，可是到了那里只见一片大平原，到处是建筑工地。台湾新竹有一个高科技园区，这里打算开辟一个更大的台南高科技园区，简称南科。可是我们进了园区就找不到方向，来回不知转了多少圈，大家开玩笑说该不是南柯（南科）一梦吧。左打听右打听，到傍晚终于找到了遗址，开了几十个探方，取了十几个人骨架，据说与十三行遗址是同一时代的。晚上回来汉保德校长设宴招待，席间有俄罗斯圣彼得堡艾尔米塔什博物馆的音乐家列斯尼琴科在座，他是来教俄罗斯音乐的（图一）。

10 月 27 日，上午我作了一次学术讲演，题目是"中国彩陶的谱系"（图二），同时放了一些幻灯片，大家颇有兴趣。

图一　与台南艺术学院黄翠梅女士和俄罗斯冬宫博物馆 Lubo 博士合影

访问南华管理学院

10 月 27 日下午，由黄翠梅开车把我们送到佛光大学南华管理学院。佛光大学是由星云大师创办的综合大学，以恢复中国古代书院传统，重建人文精神，树立21 世纪新型大学的形象为目标。现在设有两个校址，一在宜兰的佛光山，正在建

图二　在台南艺术学院讲中国史前彩陶的谱系

设中；一为嘉义的南华管理学院。其所以名南华，是因为佛教最初传入中国时，多借庄子的义理加以解说，称为格义。庄子又称南华真人，《庄子》一书又称《南华真经》；同时南华又指禅宗，乃佛光山之法脉。学校楼房的命名也很有讲究。主楼名为成均馆，因为周代称大学为成均。《周礼·春官·大司乐》："掌成均之法，以治建国之学政，而合国之子弟焉。"图书馆称为无尽藏，学人招待所名藐姑射，也采自《庄子》。教学大楼名为学海堂，学生宿舍称文会楼，取《论语》"君子以文会友，以友辅仁"之意。我们一到学校，校长龚鹏程就非常热情地接待了我们。这学校虽然是佛家创办，却十分尊崇孔学。学生进校先要祭拜孔夫子，老师授予学生简册，教他好好读书；学生呈送老师戒尺，请他严加管教。每个学生必须学一门艺术课，美术、音乐或戏剧都可以，只是一定要画、要弹奏或演出。音乐室里放满了中国民族乐器，诸如埙、笙、排箫、二胡、琵琶、三弦等，做工都很精致。图书馆很大，很多书是个人捐献的，或者从私人手里购买的。王云伍的书也由这里托管，可以出借和使用，但要保证安全。图书馆有翻拍机和复印机等，使用起来非常方便。还附设音像室和茶座，为师生考虑得十分周到。会议厅设备也很好，可以用六种语言同声翻译。学校强调人性化管理，处处尊重人，体贴人，而且不收学费，这在台湾是独一无二的。校园的环境也很优美，在这里学习实在是一种享受。这里很重视引进人才，怕江美英毕业后到别的学校去任职，所以提前聘任了她。

晚饭后校方一定要我作一个学术报告，我只好应允，讲的题目是近年来先秦考古的重要发现和研究成果。

游阿里山

10 月 28 日，天气晴好，我们决定游阿里山。阿里山是玉山山脉的一部分。玉山山脉的最高峰海拔 3950 米，是亚洲东部的最高山峰。在日本统治时期，因为它比富士山还高一百多米，曾将其改为新高山。1945 年台湾光复后才恢复原有的名称。我们由学校乘车约一个小时就到了阿里山脚下，上山的路曲曲弯弯，来回盘绕，江美英有些晕车，我和赵永红倒没有什么关系。最后到旅客服务中心，把车停下，改由步道行走。一路古木参天，多属红桧、扁柏、铁杉之类。林下有玉山箭竹、杜鹃等灌木和阿里山一带特产的台湾一叶兰，与山下的植物有明显的不同。因为时间关系，我们沿着最短的路线游览。先经过阿里山火车站，是专门为游客设置的小型火车，今天因为游人太少，又刚刚撤除台风警报，所以没有启动。以下经过梅园、阿里山工作站、沼平公园、阿里山阁到姊妹潭。这是两个小潭，妹潭只有一亩大小，姊潭周围有二百多米，有许多古树兜，是早年被砍伐的，每个直径有一二米。水上建有九曲桥和凉亭，景致甚好。下面经木兰园、受镇宫和香林小学，再经过一座吊桥，就到了阿里山神木群。这里有二十多棵巨大的红桧，树龄都在千年以上，最老的有两千多年。苍劲挺拔，生机益然（图三）。最后去看阿里山神木，它可以称为古木之王，树龄有三千多年，可惜前不久被雷击倒，现在已经枯朽横卧在那里。阿里山还有更多古老的树兜，有各种形状，被命名为象鼻木、三代木等。看完神木后经慈云寺、高山博物馆和香林初中，就慢慢往回走，

图三　在阿里山的古木前

回到旅客服务中心时已经是下午三点多钟了。

在山上时晴空万里，天空碧蓝，一点尘埃都没有。从山上下来，云雾忽然一阵阵袭来，而且越来越浓，五十米以外就看不到人。到了山脚下有一个中华民俗村，可惜已经关门，只好到旁边的吴凤庙参观。吴是清康熙时人，年轻时曾随其父到诸罗县番民中做些小生意和治病，深得番民爱戴。二十多岁被任命为诸罗县通事，专管该县四十八番社事务。番民本有猎取人头的风俗，常常猎取汉人头以求禳灾祈福。吴劝导番民改除恶习，48 年中竟无一次猎头事件发生。到了乾隆某年，番社流行传染病，死了许多人。一些年轻的番民声称要猎头祭社，吴凤力劝不止。于是他约定番民在某时某地见一穿红衣戴红帽的骑马人即可猎杀。番民如约果猎一骑马人，一看是吴凤本人，全族大为震惊悲痛，从此不再猎头。人嘉其义，立庙奉祀至今。庙中有黄少谷、陈立夫、孙运璇、谢东闵和李登辉等送的匾额。但最近有人考证说吴凤的母亲是曹族人，父亲是汉人，他会说两边的话，做两边的生意，赚了很多钱，一些汉人嫉恨他，设计把他杀死。那些美丽的花环是后人有意加上去的。现在台湾有一股翻案风，吴凤究竟是一个什么样的人，恐怕还需要认真研究。

从吴凤庙到嘉义市，南华管理学院的校长龚鹏程设宴招待。席后乘飞机到台北，回到"中研院"时已经是晚上 11 点钟了。

参观历史博物馆

10 月 29 日上午由江美英陪同参观历史博物馆，黄光男馆长和黄永川副馆长等热情地接待了我们。最近博物馆改进陈列，新增加了中国通史、历代陶俑和一位与毕加索齐名的法国画家让·杜布菲（Jean Dubuffet）的作品展览等，一共有 12 个展览厅，规模还是比较大的。据说旁边的艺术中心和科学馆要搬走，两处建筑将合并到历史博物馆，场地就会更加宽敞了。

我们上午主要看了通史展览和法国画家的展览。下午作了一个关于彩陶的学术报告，又继续参观了其他陈列馆。通史陈列中有不少彩陶，包括半坡、庙底沟、马家窑、半山、马厂和辛店各期的。还有几件十分精美的蛋壳黑陶高柄杯，是七八年前从香港古董市场上买来的。据说那时在香港一下子出现了二三十件蛋壳黑陶，台中的自然科学博物馆、历史博物馆和吴棠海都买了一些。其精美完好的程度远远超过以前的发掘品。假如是真的，那个墓地一定有很高的规格，但不知究竟在什么地方。这里的青铜馆中陈列了 20 世纪 30 年代中央研究院在河南新郑和辉县发掘的春秋、战国的青铜器，有鼎、罍、大方壶、鉴等许多重器，造型和花纹都十分精美，可说是镇馆之宝。不少北魏的石刻也很珍贵。唐三彩更是引人注目，展品又多又大，在大陆也是很少见到的。我们一直看到 18 点钟闭馆为止，仍然觉得太匆忙，只能走马观花，以后有机会还应该再来看看。

访问台湾大学

10 月 30 日下午，应台湾大学人类学系谢继昌主任的邀请，对该系师生就陶器、农业和文明的起源问题作了一个学术报告。台大人类学系我过去访问过两次，宋文薰和连照美教授等非常热情地接待了我。那里有很丰富的藏书，还有一个很好的考古标本陈列室和民族学标本陈列室，这次都没有时间去看了。宋、连二位都因为身体不适没有见面，尹建中教授不幸在前几天过世，老熟人只有黄士强教授一人。于是邀请中文系的吴教授作陪共进晚餐，吴本是清华的，老事记得很多，又很健谈，所以过得很愉快。谢曾邀请我下学期到台大来讲课，但他申请的经费不够，只好重新办理，时间也要往后延了。这个系的考古学教师已经面临青黄不接的局面，过去曾经推荐过刘莉、冷箭和江美英都没有办成。这次联系吕烈丹，我极力作了推荐，希望能够成功。

参观"原住民"博物馆

10 月 31 日上午，和江美英一起到台北故宫博物院附近的顺益台湾"原住民"博物馆参观。这个博物馆规模不大，是林清富先生创办的，1994 年 6 月开馆。林先生的创办宗旨是，通过对"原住民"文物的收集、研究与展示，期望能够促进各族之间的了解，相互尊重，共同创造和谐、温情的社会，为中华多元文化贡献一份心力。

台湾的少数民族过去曾分为高山族和平埔族，高山族有阿美族、泰雅族、赛夏族、布农族、邹族、排湾族、鲁凯族、卑南族、雅美族共九族；平埔族有噶玛兰族、巴赛族、凯达格兰族、龟仑族、道卡斯族、巴则海族、拍瀑拉族、巴布萨族、邵族、洪雅族、西拉雅族共十一族。20 世纪 80 年代台湾少数民族人权促进会发起正名运动，要求取消"山胞"和"高山族"等称谓而改称"原住民"。现在平埔族已经汉化，仅仅保存在记忆中了。

博物馆的展览共分四层。一楼是综合展示厅，说明台湾的自然环境、少数民族与南岛语族的关系，少数民族在岛内分布的情况等。二楼着重在少数民族的生产与生活，包括狩猎、农耕、纺织、制陶、住房、男子会所等。三楼展示男女服饰、装饰品、刺绣和文身等。地下一楼主要展示宗教信仰等方面的东西，还有影像视听室和影像图书馆。地下二楼是行政办公的地方。展品虽然不太丰富，而且比较新，一些服饰上的珠子多用现代纽扣代替，远不如台湾大学人类学系陈列室的标本丰富和有价值，但在陈列方式的现代化方面花了许多工夫，给人以一个比较完整而且比较明确的概念，是值得一看的。

下午回来不久，吴棠海来电话要请我们聚一聚以表示送别，并且约了邓淑苹一起去。六点多钟的时候邓淑苹开车来接我和江美英一道去，本来还想约赵永红夫妇，但没有联系上。饭后到吴棠海的工作室，他给我们看了许多古代玉器和玻璃器，再一次大开眼界。回来时已是深夜了。

重返香港

11月1日星期日，这次访问台湾的日程已告结束，准备起程返回香港。李宗琨全家和江美英来送行，史语所派林师傅开车把我送到桃园中正机场，乘国泰CX565航班于13点20分起飞，约一个半小时到达香港新机场。招绍瓒、邹兴华和孙德荣在机场迎接，安排我住在九龙尖沙咀的龙堡国际宾馆。稍事休息，就到楼下用餐，顺便谈了一下这几天的安排。招绍瓒希望明年6~8月我能组织人员来港进行考古发掘，顺便办个考古培训班。同时他也想出一份刊物，要我帮他出点主意，我看他的态度是很诚恳的，是真心想把工作做好的。

参观考古遗址

11月2日上午由邹兴华带领，连同韩康信、左崇新等去参观考古遗址。汽车先开到赤腊角机场加油，然后到香港郊野公园。这个公园面积很大，据说占了大屿山的一半还多，风景非常美丽。小车进入单行道，左右盘绕，便到了宝莲寺和天坛大佛的所在地。铜佛坐在小山头上，比日本的镰仓大佛更为宏伟。善男信女络绎不绝，香火颇盛。

时近中午，我们到一家据说是香港最有名的裕记烧鹅店用餐后，便去看扫管笏遗址。这是一个沙堤遗址，堤后有两条小溪从左右流出海湾，现在污染十分严重。遗址上堆满了集装箱，有的地方盖了房子。右边修了一条柏油路，孙德荣曾经在路旁边挖到石锛等器物，估计是属于新石器时代晚期的。新鸿基房地产公司要在这里开发，明年6~8月要先期进行考古发掘，所以招绍瓒希望我带领北大师生来这里工作。但遗址上尽是现代建筑，下面的情况怎么样也看不清楚，发掘起来难度极大，使人难以下定决心。接着又去看李浪林正在发掘的龙鼓滩遗址，也是一个沙堤，过去曾经发掘过，属于新石器时代晚期和青铜时代。这次在番鬼荔枝（台湾叫释迦）园里开了两个探方，仅见一个小灰坑，出了一件小罐的破片，实在太贫乏了，大家开玩笑说挖了两个卫生方。

傍晚6点钟应邀参加了香港艺术博物馆举办的大英博物馆所藏古代埃及文物

展览的开幕仪式。因为大英博物馆最近要修理内部而暂时闭馆撤陈，借这个机会运到香港展览。到会的客人很多，讲话都是用英语和广东话，没有一句普通话，令人有一种陌生感。看完展览后刘茂把我接到她的家里，一路讲了许多关于她自己和她的工作方面的事情，很感亲切。到家见了王文建和他们的女儿王玥，王文建刚刚从湖南回来，到家才三个小时，已经准备了许多菜肴。他们住的地方条件很不错，四居室一套，紧临海滨，环境十分优美。晚上王文建把我送回宾馆，又聊了一会儿，他离开时已是半夜 12 点了。

紧张的一天

11 月 3 日一早，邹兴华就陪我参观位于新界大埔碗窑乡的明清瓷窑遗址。这遗址非常大，现存有挖瓷土的矿坑、捣碎瓷土的水碓、石碾子、备料池和好几座龙窑，遍地都是青瓷片、匣钵和窑砖等废料堆积。当局有意保护并且打算建一个遗址博物馆，据说要花两三亿港元。紧接着回来到油麻地古物古迹办事处的库房看过去发掘出土的标本，主要有涌浪、沙罗湾、龙鼓洲等处的陶器和石器。

中午霍丽娜在香港中环一家潮州餐馆设宴，杨建芳兄也来聚会，相见甚欢。霍点了一些我没有吃过的菜，其中有炸霍花雀，那是一种从西伯利亚飞来的候鸟，比麻雀还小得多。还有炒鸵鸟肉、柚皮海参等。下午两点半霍把我送到香港特区政府大楼，由招绍瓒陪同与古物古迹办事处的顶头上司香港特区政府总部民政事务局副局长伍锡汉和首席助理局长肖伟全会面，他们询问我对香港文物考古工作的印象和今后如何开展工作的看法，谈得还比较融洽。接着又到香港会展中心与霍丽娜会面，喝过咖啡，她陪我们到会展中心里外参观，这里是举行香港回归仪式的地方。香港号称东方明珠，这座建筑就设计成一个蚌壳含珠的样子，建筑材料都是高档的，显得富丽堂皇，现在已经成为香港的中心了。

下午 6 点钟到古物古迹办事处设在尖沙咀的文物资源中心作学术报告，已经很累了。讲的是长江流域在中国文明起源中的地位和作用，我想尽量讲得明白一些，但有些资料一下子想不起来，实际上没有讲清楚。晚上又开宴会，回来一点精神都没有了，头脑发木，胡乱洗了个澡，倒在床上就睡着了。

参观古代科技展

11 月 4 日早晨招绍瓒陪我到新建的香港历史博物馆参观。这个博物馆的常设展览是香港历史，因为一下子还没有准备好，要到明年才能展出。现在的第一个展览是从北京中国历史博物馆原封不动地搬来的"天工开物——中国古代科技文物展"。馆长丁新豹是丁汝昌的后代，因为是老相识，所以一见如故，非常热情地接待了我们。中国历史博物馆专程陪展的王冠倬全程陪同参观讲解。整个展览分为天文、造纸、印刷术、指南针、火药、农业、纺织、陶瓷、铜铁冶铸和机械十个部分，还专门从苏州请来技术工人用古代织机作织造云锦的表演，令观众大开眼界。

中午又到会展中心，由新鸿基集团的经理陈国钜先生设宴饯行，韩康信和左崇新等也参加了。我和陈先生是第一次见面，他告诉我他是香港的北大之友的召集人，他的任务主要是为北京大学筹集资金，还要为资金来源把好关。他问我如果有什么需要尽可以告诉他，他一定会支持的。我对他的热情豪爽表示感谢。他对韩康信的史前人骨研究颇有兴趣，我建议他帮助韩建立一个体质人类学保存与研究中心。他还为文物考古事业的发展提出了一些很好的建议，我答应把这些建议提请有关部门研究。

下午就要起程回北京了。在香港访问期间，招绍瓒曾经多次跟我谈到与北大合作进行考古发掘和举办考古训练班的事，他的态度是很真诚的，我想我们一定要认真研究和推动这项工作。

（原载《足迹：考古随感录》，文物出版社，2011 年）

在台湾大学的日子

在台大任教

台湾大学过去叫作台湾帝国大学，是日本占领时期开办的。自从 1945 年收复台湾，特别是傅斯年执掌台大后，一切按北京大学的模式办，有些原北大的教授也来到台大任教，因而在相当长的一段时间里，这两个学校虽然在名义上没有什么联系，而实质上却有不少相似的地方。过去我曾多次访问台大，对台大人类学系的情况比较了解。这个系原来叫考古人类学系，是李济先生主持创设的。在三年多以前，该系就有意邀请我作客座教授。此事在操办过程中几经周折，现在终于得以成行。我和内人多少做了一些准备，并且在我的博士生、台湾南华大学教师江美英的陪同下，于 2000 年 2 月 19 日从北京飞抵香港，受到香港古物古迹办事处负责人招绍瓒等的热烈欢迎。在香港停留两天，于 21 日乘国泰 466 航班约 19:00 抵达台北。台大人类学系教师陈有贝、原来在台大人类学系毕业、现为北京大学考古学系新石器时代考古研究生的洪玲玉和史语所的李匡悌到机场迎接。到台大时已是晚上 8:40 了。因为天下小雨，一直不停，司机的路又不熟，找我的住房就费了好大的功夫，最后才找到基隆路三段 85 巷 2 号的客座教授宿舍。这是一所日本式平房，有三间卧室、一间书房和一间很大的客厅，加上餐厅、厨房、佣人房和卫生间等，面积大约有 200 平方米。因为是老式房子，厨房和卫生间设备较差，不过也还是可用的。大约 21:30，震旦文教基金会的吴棠海先生和他的妻子一起来了，拿来了很多厨具和餐具。第二天又拿了一些镜框和花盆等物，帮助把房子装饰起来，这样就算是安顿下来了（图一）。

22 日上午由人类学系办事员陈仁杰接我到系里去，先见过系主任谢世忠，他向我大致介绍了系里的情况，然后引见了几位在系里办公的同事们。这个系共有 12 名教师，包括系主任在内，其中教授、副教授和助理教授各四名，另有一名办事员，两名教务员（这里称为助教员），一名技士和三名工友，一共 19 位正式编制的教职员工。宋文薰和陈其禄为已退休的名誉教授。工友退休后不准备再招聘

图一　台湾大学校园一景

新的，依靠社会服务就行了。台大还有一个人类学研究所，与人类学系实际上是一个机构，只是挂了两块牌子。系主任就是所长，讲师以上都是所里的研究员，负责开研究生的课程。系所还聘请了许多兼任教授和副教授，其中有孔德成、李亦园、石磊和臧振华等。全系现有博士生 6 人，硕士生 25 人，本科生 122 人。系里原来有许多图书，我过去来台大时曾经由宋文薰先生带领仔细看过，其中人类学和民族学方面的书籍特别多也特别珍贵。可惜前两年学校盖了一个大图书馆，把各系的图书基本上都集中起来了，这样专业人员借书反而不大方便。系里给我安排了一间研究室，在 303 房间，有书案、书柜、电脑和电话等，比较方便。我向教务员了解了一下课程的安排和听课学生的大致情况，这样上课时就心中有数了（图二）。

我住的房子

我住的房子是老式平房，灰砖水泥墙，歇山式瓦顶。迎门有五级台阶，门廊有四根大柱和鼓形柱础，两边是红漆栏杆。进门的大客厅左边有西式壁炉，右前方有一间书房。所有房间都铺设花瓷砖，老旧家具基本上是日式的。这房子已经有一些日子没有住人了，因为我来，学校雇人打扫了一番，还新置了洗衣机、电冰箱、电视机、除湿机和床具等，电、热水和煤气等都很方便。房子外面是一大

图二　在台湾大学人类学系门前

片绿地，有人定期来剪草。近旁有许多树木，有榕树、樟树、乌桕、变叶木、棕榈、金果橄榄等，还有一些我说不出名字的树。花木主要是山茶和杜鹃，一红一白，争芳斗艳。鸡蛋花和扶桑还没有开花。因为潮湿，柏油路面和水泥台阶上都长了许多青苔。真可以说是"苔痕上阶绿，草色入帘青"。但这不是陋室的景象，而是与大自然的和谐相处。

我们这个85巷实际上是一个大院子，总共只有6座平房。我住2号，哲学系的陈鼓应先生住3号，1号是数学系的一名客座教授，4号大概也是哲学系的，5号和6号房子比较破旧没有住人。那么大一个院子总共没有住几个人，显得空荡荡的，但是并不冷清，因为常常有客人来造访。紧靠这个院子的北面就是台大教授住的65巷，也是一个只有平房的大院子，有40多座房子，只是排得略紧一点，规格也稍微低一点。

我们的住所在台大校本部的东南侧，到人类学系去先要跨过基隆路和舟山路，从图书馆旁的侧门进去，经过椰林大道，直到大道终点的北侧即是。步行大约要20分钟，这样我可以顺便锻炼身体。

第一堂课

到台北时就遇上雨，一直下了十几天没有停歇。我们一方面安顿家务，添置一些必要的东西；一方面做些上课的准备。系里配的电脑一时还不能用，只好用自带的便携式电脑。但用简体字写出的提纲很难打印出来，想了许多办法勉强打印出来了，效果却不大理想，以后还要想想办法。

根据台大聘书的约定，我在这里要开两门课程，一门是给本科生开的"新石器时代考古研究"，一门是给研究生开的"史前聚落与文明起源"。3月3日是星期五，安排上研究生课。在北京时徐苹芳告诉我，台大上课的学生不多，只要有一个人听你就得上。因为他去年在台大历史系任客座教授，知道这里的情况。上课时间到了，学生才一个一个来，显然不大踊跃。到齐了一数，连江美英一起才11个人，中途又退出了3个旁听的。不过我想这种研究生课经常能够保持五六个人听就可以了。我尽量用启发式和讨论式，但认真对话并不容易。我讲的是聚落考古，提的问题却多半是什么社会考古学、行为考古学、认知考古学、过程主义和后过程主义考古学等一类的问题，涉及田野考古学方面的问题极少，这跟北大的学生很不一样。

晚上系主任邀请我和内人到一个名叫湘厨的湖南饭店聚餐，人类学系全体教职员工都参加了。一是所谓吃春饭，每年春季开学时全系员工都要举行聚餐，以便联络感情；二是借此表示对我的欢迎。席间气氛倒是比较融洽，只是湖南馆子的饭菜一点湖南味道也没有。女士们大多很能喝酒，最后把一名男士曾振名先生喝得烂醉如泥。

与陈鼓应一席谈

在台大，我和陈鼓应先生是比邻而居，3月5日是星期日，他约我到复兴路一家江浙风味的餐馆方家小馆，饭菜比较可口，还确实有点江浙风味。看样子他跟那里很熟，一去大堂就跟他打招呼，很是亲热。我们一面用餐，一面聊天。他是哲学家，对老庄有很深的研究。他为人耿直，喜欢抨击时政，维护言论自由。大约在1971～1973年间，同几位朋友办了一个名叫《大学生报》的杂志，写了一篇万言书：《给蒋经国的公开信》，得罪了当局，上面要学校把他除名。他只好跑到美国，后来到了大陆，在北大哲学系待了12年。后来也是因为学生的一些事情弄得有些不愉快。前三年台大为他和另外两位一起被除名的教授平反，他才又回到了台大，可是没有自己的房子，只好住在客座教授宿舍。两个孩子在美国都不愿意回来，太太也常在孩子那边住，所以他现在只是一个人，还要照顾一下老岳母。对于两岸关系，好像他认识的人很多，有些人找他过话，他表示反对"台独"。他深感台大学术风气不正，水平也不高，只知道学美国，远远不如北大。我不知道这是真心话，还是为了说给我好听，也许两种成分都有。我表示虽然来过几次台湾，毕竟人事关系不熟悉，政治层面上的事更是不了解。不过我主要是来教书的，别的事情不大想过问。

欣赏俄罗斯芭蕾舞剧

3月12日傍晚，吴棠海夫妇接我们到中正广场国家戏剧院观看俄罗斯芭蕾舞剧团演出的《睡美人》。这是我第二次到这个剧院来看芭蕾舞演出了。大约三年以前，江美英曾经陪我来看法国现代芭蕾舞剧《罗密欧与朱丽叶》，跟古典芭蕾舞差别太大，实在看不懂。这次是古典芭蕾舞，又是俄罗斯有名的节庆芭蕾舞团演出的，水平高，也多少好懂一点。中正广场大概是蒋介石去世后建起来的，石牌坊的门上面刻着"大中至正"四个大字，进门通过大广场迎面是仿照天坛形式又有所改变而建造的中正纪念堂，右边是仿照太和殿建造的国家戏剧院，左边是仿照保和殿建造的音乐堂，中华风韵很浓。在台北，中华风韵最浓的当数台北故宫博物院了。在蒋家父子主政时期，在这些方面是很注意的，现在却逐渐淡化了。

这次俄罗斯芭蕾舞团是从3月4日到22日在台湾各地巡回演出，演出的节目有《天鹅湖》《胡桃夹子》《睡美人》和《仲夏夜之梦》。因为剧团明天就要转到宜兰去，我们只能看睡美人，其他节目就看不到了。

睡美人的故事发生在17世纪，在庆祝阿芙罗拉公主命名的典礼上，恶仙女卡拉包斯诅咒她一旦被纺锤刺破手指，就会永远昏睡不醒。公主的教母丁香仙女立即说只要有一位王子吻公主的前额，公主就会苏醒并且和王子结婚。公主16岁时在一次舞会上过度兴奋，不慎被纺锤刺伤手指，一下子昏睡了100年。有一位杰齐林王子在森林中打猎，受丁香仙女指引吻了阿芙罗拉公主，公主立刻苏醒，并且和王子结成美满的姻缘，仙女和各方贵宾齐来庆贺。舞剧的音乐是柴可夫斯基继天鹅湖之后创作的又一部著名作品，他对别人说这部舞剧的音乐是为他自己作的，是他最满意的作品之一。

舞剧分三幕共四场，历时1小时45分。剧场甚大，灯光和音响效果都不错，场内秩序井然，十分安静，在这里欣赏俄罗斯的芭蕾舞剧实在是一种享受。

台湾的选举

3月18日是台湾地区大选的日子。我一到台湾，离选举的日子差不多还有一个月，各种媒体就已经炒作得沸沸扬扬了。五组候选人中，国民党的连战、萧万长，民进党的陈水扁、吕秀莲和独立候选人宋楚瑜、张昭雄势均力敌，难分伯仲。不意在选前一星期，"中研院"院长李远哲出面支持陈水扁，这一派的势力大增。连营则争取陈履安、宋美龄、孙运璇、辜振甫、王永庆等大佬支持，宋营也找到林洋港和郝伯村等人的支持。各派到处集会游行，大造声势，都说本派有把握，对方某派已经出局。一次集会动辄数十万人，有颂扬，有批评，有控诉，有揭发，情绪激昂。竞选的旗帜到处插，广告满天飞。李永迪刚从美国回来，说那里也正在竞选，比台湾文明多了。不过这样激烈的竞争，基本上还没有发生武力冲突。规定学校等场所不得举行竞选活动，我稍微注意了一下，台大校园里就是没有一张竞选的广告。贿选是不允许的，但各地仍时有发生，已经查办了140多起。应该说基本上还是按照应该有的规则在办。这其中免不了有些人不知所从，台大有些教授说，听谁的好像都有理，真不知道该投谁的票。

投票到16:00截止，立即进入票数统计。我们坐在电视机旁看着各位候选人得票情况的累计。到17:40还没有统计到一半。只好动身到苏杭餐厅，应台大文学院院长李东华之邀请赴宴。作陪的有老文学院院长黄启方（现在是世新大学人文社会学院院长）、历史系教授阮芝生、哲学系教授陈鼓应及人类学系主任谢世忠、前系主任谢继昌和退休教授黄士强等，本来还请了史语所的臧振华，因为他昨天晚上才从菲律宾回家，可能还没有看到邀请信，没有来。席间谈论的主要话题自然是选举。正在谈论之间，有人报告选举结果：扁第一，得票率为39.3%；宋第二，得36.84%；连第三，得23.1%。跟估计的顺序相同，但没有想到宋有那么多选票，而连输得那么惨。由于扁的当选，跟内地的关系更加引人注意，究竟会走向何方，令人担忧。又说到李登辉这个人实在厉害，他表面上支持连，实际上是牵制宋而挺扁，因为他的政见跟陈水扁是基本一致的。所以国民党惨败了，而作为国民党主席的李登辉却胜利了。

饭后回到家里继续看电视，几位落选者礼貌性地向陈水扁道贺。但宋营的人不服气，要求宋赶快组党继续拼搏。不少人涌到国民党总部高喊李登辉下台！要清算他和国民党的罪责。后来与维持秩序的警察发生冲突，有几个人扭打受伤了。这类事情看来以后还会发生，如果处理不好，统独的矛盾势必会激化起来。不过扁营的胜利，决不能简单地看成"台独"的胜利。因为国民党在台湾55年的统治，积累了不少民怨，特别是近年来黑金问题严重，党内矛盾重重，人心思变。而连战比较保守，又难以摆脱李登辉的阴影，所以大部分群众集合到了宋营，一部分则转到扁营。宋营也不能说是坚决的统派，只不过是对国民党当权派的所作所为不满，要求比较彻底的改革而又不愿意走"台独"的路罢了。陈水扁为了号召群众，也大讲两岸对话与和平，大讲清流共治，说国家利益高于政党利益，要实行全民政府等，淡化了"台独"主张，才会有那么多的支持者。据说此人善变，以后他究竟会做些什么，实在难以预料，只有听其言、观其行了。

校园风光

台湾大学的校本部像一个不规则的四边形，东西长而南北略窄。西北是新生南路，西南是罗斯福路，东北是辛亥路，东南是基隆路。从罗斯福路和新生南路交会处进门，便是一条正东西向的非常宽阔的椰林大道，大道两边排列着高大而整齐的椰子树，非常壮观，南国风味十足。大道东边的尽头是新图书馆。据说这个图书馆建筑和设备质量的档次和先进程度堪称亚洲第一。只是书库太小，现在就已经盛不下了。椰林大道中段以南是行政大楼，是全校活动的中枢。它的正对过是文学院大楼，文学院西侧是老图书馆，现在已经改为日语系所用了，再往西就是人类学系，也就是在椰林大道西头北侧。行政大楼东侧是理学院，理学院对过是工学院，可以说主要的教学活动区就在椰林大道的两边。在文学院和工学院之间有一段空地，再往北有一个叫小福的地方，小卖部、餐厅、银行等应有尽有，很是方便。在椰林大道北侧紧靠图书馆的地方是学生活动中心，那里有各种社团活动，十分活跃。选举期间，到处都吵吵嚷嚷，学校里却很安静。学生活动中心门前有许多布告牌，上面贴的都是各种社团活动的广告，没有一张关于选举的宣传单，也没有那些个人的启事、声明之类的东西。校园西北部有一个很大的运动场和两个体育馆。最近要开第50届校运动会，同时接待高中毕业班的同学来校参观，各系纷纷举办某某活动周，到处插着宣传的彩旗。目的是尽量介绍本系的情况以便吸引高中生报考。体育场东侧有一个小湖，水质浑浊不清，既没有青草，也没有莲荷，光秃秃的。校园里的建筑有些是日据时期老台湾帝国大学留下来的，有些是光复以后陆续修建的。一般是三四层西洋式楼房，深砖红色或赭色，很少装饰，显得朴素无华。只有人类学系、日语系和农学系展馆排成门字形的三栋楼是白色的，外墙全部镂雕成密密麻麻的圆形孔眼，有些像个鸟笼子。园内除椰子树外还有许多槟榔树、棕榈树、金果椰子、铁树、枫香、乌桕、樟树、火焰柏、南洋杉、凤凰木、相思树、喜树、橄榄和榕树等，郁郁葱葱；山茶和杜鹃都是鲜花怒放，草坪一片绿茵。整个环境虽然谈不上特别美丽雅致，也还可观，而且比较整齐、清洁，比较安静有秩序，是个读书的好地方。

不应该有的烦恼

应香港古物古迹办事处的邀请，北京大学考古学系将派十几名师生到香港屯门扫管笏进行考古发掘，时间是3~7月，正是我在台湾大学的日子。因为我是牵头人，商定我在发掘期间至少去看两次，如果有什么事情也好及时处理。还有儿媳妇惠萍4月下旬要生产了，老伴不放心，要亲自去照料，享受一下抱孙子的喜悦。所以老早在北京时就把到加拿大的签证办好了。我们一到台大就提出办理多次出入境的手续，就是不好办。说是出境可以，再回来就要重新申请，可是一次申请要3个月，等于不让我回来了。对太太的限制更加严格，她必须同我一起出入，不得单独行动。托人找陆委会和出入境管理处都没有用。不但如此，香港入境的手续也不好办，古物古迹办事处想了许多办法也没有用。早知道这样我就不来了。事情弄到这样，叫人如何不烦恼！

游动物园

最近几天不是阴转多云，就是多云间晴，真是难得的好天气。前天杨美莉夫妇请我们到中正广场音乐厅欣赏民乐合奏和戏曲选段清唱，包括京剧、昆曲、豫剧和歌仔戏等。昨天管东贵和臧振华夫妇请我们到仁爱圆环的一家江浙风味的叙香园聚宴，然后到饶河夜市观光，买了点小东西。今天是3月27日星期一，上午上完课，下午由洪玲玉陪同游览台湾大学东部偏南、位于文山区的台北市立动物园。我们坐捷运高架电车大约有六七站就到了。园子依山而建，面积颇大，分前后两大区。前区有台湾乡土动物区、蝴蝶馆、蝴蝶公园、可爱动物区、夜行动物馆和热带雨林区等。后区面积大，一路上坡，所以我们游完前区后，坐游览专车到最远最高的西北部温带动物区，再往下依次观看非洲动物区、澳洲动物区和沙漠动物区等。一般动物还算丰富，但缺乏珍稀动物。园中植物繁茂，品种甚多，郁郁葱葱，够得上一个好的植物园。因为是星期一，游人不多，地面非常清洁，空气清新，负氧离子一定很多，是一个参观学习兼休养健身的好去处。

拜见华容父老乡亲

过去每次来台湾后，总是设法拜访在这边的华容父老乡亲。可是这次一来就连续下了十几天雨，为选举的事又闹得沸沸扬扬，怕出去不大方便，所以拖了下来。前几天吴竹钧到我家来，几乎聊了一个下午，十分开心。我表示要逐一拜访几位老人，吴表示可以先联系看看。经过联系，大家觉得还是在一起聚会为好，于是决定今天到吴竹钧开的都一小馆见面。小馆在忠诚路一段171巷8号，坐计程车走了大约45分钟。我们到的时候，卢仁凤等老先生都已经在座了。卢老原来当过华容县城关镇镇长，今年已经92岁高龄，身体仍然很健康，记忆力很好，许多老事都还记得清清楚楚。吴雨村老先生原来是五合乡的乡长兼五合乡中心小学的校长，我当时在那里读书，所以他老人家曾经是我的校长。再早一些时候他还在南州中学教书，我的叔父和舅父都是他的学生。今年1月2日我和文思等兄弟姐妹专程到郴州庆祝舅父 80 华诞，拍了一些照片；舅父听说我要到台湾去，专门拿出自己的诗集，托我呈送吴老。他早就不能写字了，还是强撑着用发抖的手歪歪斜斜地写下了"请吴雨村老师指正"的字样，充分表达对故旧的深厚感情。当我把照片和诗集捧呈吴老，并且把当时的情况如实转告的时候，他老人家十分感动，连说要即刻写信。他说自从到台湾来，50 年没有回过大陆，这回一定下决心去探望故旧，看看祖国的大好河山。现在吴老已是 88 岁高龄的老人了，但身体十分硬朗，能够一口气做一百多个俯卧撑，头发也多半是黑的。我们大家都祝福他老人家健康长寿。国风伯是家父的挚友，现在是华容在台的第三老人了，今年 87 岁，身体也很健康。他原来住在泰顺街二巷 31 号，离台大很近。我来台北后第一个想去看望他老人家，几次都没有联系上，后来才知道他搬到桃园去了。今天本来是要来的，因为有事没有来，只有国立叔来了。国立叔跟我的叔父可说是莫逆之交，后来他回老家一次，特地会见叔父，其情景实在令人感动。可惜叔父早离人世，要是活到现在该是多么好啊！国立叔虽然刚满 80 岁，却有点老态。还是那么厚道，说话慢条斯理。他说光中现在越南胡志明市开工厂，大约两个星期后会回来看看，那时一定邀我们夫妇到他家去做客。

今天到场的还有几位第一次见面的老乡。一位黄石先生过去曾经在台大任教，我们谈了许多台湾的情况。一位叫王峰，是刘济中在南山中学的同学和好朋友，喜欢写诗。今天到场的差不多都是老国民党员，但是对国民党高层的腐败无能都痛心疾首，王峰也不例外。这次国民党败选，3 月 24 日李登辉确定辞去党主席职务，当日他就写了一首诗，题为《李下台确定有感》：

> 基因据说出扶桑，草莽枭雄草地郎。
> 武士精神偏耀武，狂人政治总疯狂。
> 刻舟寻剑笑愚鲁，缘木求鱼惹祸殃。
> 台独独台终幻梦，猢狲树倒正遑遑。

3 月 30 日国民党成立改造委员会，据说要下决心改造国民党，以便重整旗鼓。当日他又写了题为《改造成吗?》的一首诗，大表怀疑。诗曰：

> 改造委员半百多，新瓶旧酒味如何?
> 基层权少钱更少，和尚人多粥不多。
> 派系长期争利益，中枢早已染沉疴。
> 败军之将难言勇，后会有期费琢磨。

还有一位周雪斋，看起来年轻，实际上也是六十几岁的人了。他给我们照了很多相，高声朗诵了一首自由体诗，大意也是反李反独，期望早日解决两岸问题。还有一位年轻人可能跟宋楚瑜有关系，他说要到宋楚瑜那里开一个会，中途就离席了。今天玩得虽然痛快，可是回想几次在台湾会见父老乡亲，人数却一次比一次少。最年长的张先堂老先生曾经参加过共产党，经历非常坎坷。他老人家待我极好，可是现在已经作古，无法再见他慈爱的面容了，想起来不禁凄然！

参观台北故宫博物院和历史博物馆

4月3日一早，臧振华就开车来把我们老两口连同江美英和洪玲玉一起接到台北故宫博物院参观，邓淑苹在院里等我们，他们的小儿子臧运祥也同我们一起参观。博物院是星期一休息，邓选了这个日子好让我们看得仔细一些。两家人和两名学生，一面参观一面玩，在博物院过了一个愉快的星期一。

台北故宫博物院展览十分丰富，我们的重点是看玉器。先看玉器馆的陈列，后看玉器别藏续集。玉器馆陈列的大部分是台北故宫旧藏，一部分是近年陆续收购的。旧藏所谓周汉玉器中，一部分是新石器时代的，多半属于红山文化和良渚文化；一部分是宋代以至明清时代仿制的，邓都一一加以甄别。古代还有将古器物改制的情况，例如一个笔筒是用齐家文化的玉琮改制而成；有的半璧璜实际是用全璧对半切割而成。玉器组三个人，经常到大陆去，了解考古工作的最新成就，以便给馆藏玉器的定性与断代找到确实的根据。她们工作的细致认真和一丝不苟的精神给我留下了深刻的印象。所谓玉器别藏是把私人的收藏借来展览，以前办过一次，非常成功。这次费了更大的力气，也收到了不少精品，但比起第一次来说还是差多了。估计私人收藏已经收集得差不多了，所以在可以预见的时期内不会再举办类似的展览了。

我们除看玉器展览外，还看了秦孝仪院长个人捐赠文物的展览以及宋代文物展览等。后者包括有许多极为珍贵的书画和各种文物，多是台北故宫旧藏，在大陆也难得举办类似的展览，所以他们自诩为世界级的大展。

4月6日我们又去参观历史博物馆，这个馆我以前参观过几次，对于那里以河南新郑出土品为主的一大批青铜器和超大型的唐三彩印象十分深刻。这次是因为同时有三个新的展览，一个是玻璃器展览，一个是龙文化展览，还有一个是达文西展览，所以我们早就计划去看一看。

开馆的时间是上午10点，我们9:45就到了。天下着小雨，参观的人群举着伞已经排成了长长的队伍。出来接待我们的是保管部主任林淑心，参观过程中先后陪伴我们的还有考古组的杨式昭和江小姐以及黄永川副馆长等。我们先看四楼的玻璃展，古今中外的玻璃都有一些，虽然珍品不多，但是在台湾，这样的展览还是第一次。接着到三楼看了通史陈列，同过去的变化不大，我重点看了彩陶和青铜器。再到二楼看龙文化展，这个展览本来是北京中国历史博物馆举办的，现在整个搬到台湾来展出了。我在北京没有去看，正好在这里补一补课。

主人怕我们太累，请我们到东边的茶座休息用茶。窗外就是台北著名的植物园，有一个很大的荷花池，风景极好。主人开玩笑说："我们跟植物园合作得很好，他们负责维护管理，我们负责观赏和招待客人，必要时还提提意见！"大家哄堂大笑。我们一面品茶喝咖啡，一面闲聊，顺便谈谈博物馆的发展计划和他们在澎湖岛北部的水下考古工作。博物馆的出版物也很多，平均每年大约要出70本书，印刷都很精良，这需要多么大的财力支持啊！

我们来看的重头戏是达文西展览，全名是"达文西：科学家、发明家、艺术家特展"。是由德国图宾根文化交流协会和中国时报等单位主办，并且由德国的戴姆勒–克莱斯勒集团等单位赞助才实现的。达文西就是达·芬奇，记得我小时候对意大利文艺复兴时期的两位艺术大师达·芬奇和米开朗基罗充满着崇敬与喜爱的心情。达·芬奇的画当然是登峰造极的，我最喜欢的是他的素描《自画像》和油画《蒙娜丽莎》，那个自画像我不知描画过多少次，才知道那是可望而不可即的。前年5月在巴黎卢浮宫看到了蒙娜丽莎的真迹，简直是欣喜之至。小时候也知道达·芬奇还是个科学家，他精通人体解剖学，还设计过用人力启动的飞机模型。但这次展览品之丰富和全面却是我没有想到的。展品大致可分三个部分，第一部分是绘画，包括油画、素描和底稿，有真迹也有不少复制品；第二部分是笔记和手稿，他留下的这部分遗产有5000页之多，极其珍贵；第三部分是按照他的设计制作的各种模型，包括时钟、印刷机、武器、防御工事、飞行器、机械工程、水利设施、桥梁、建筑和城市规划等许多方面都有独具匠心的设计，他对于数学、天文学、动物和植物学、人生哲学和艺术理论等都有专门的研究，真可以算是一个无所不能的全才。有趣的是与达·芬奇同时，在中国也有一位有名的画家唐伯虎。达·芬奇作为文艺复兴的巨匠，与他的同时代人一起完成了从中世纪那种以情感和想象为基础纯美表现到以科学洞察为基础的美学表现的转变，可是中国的画家却一直以情感和想象为基础来作画，并且拘泥于各种程式，使早在宋代就已经达到很高成就的中国画不断走下坡路，变得毫无生气。

参加东南亚考古学国际小型研讨会

应史语所的邀请，4月7日一整天在该所参加东南亚考古学国际小型研讨会。到会的外国学者有英国伦敦大学考古研究所的 Ian Glover（英·格罗佛），菲律宾国家博物馆考古部的 Rey Santiago，泰国的 Surapol Natapintu 和日本鹿儿岛大学的新田荣治等，连同本国学者和研究生等一共将近 20 人（图三）。Ian Glover 长期在东南亚做考古工作，以前我曾经请他在北大考古系讲授东南亚考古。这次见面都非常高兴，他送给我两篇文章，还答应以后尽可能多送一些东南亚考古的资料给我。他在会上首先对东南亚考古作了回顾，然后又把最近在越南的考古发掘情况作了介绍。臧振华和 Rey Santiago 先后介绍了他们合作在菲律宾巴丹岛和吕宋岛北部的考古发掘工作。巴丹岛离台湾很近，史前文化跟台湾有明显的关系。Rey Santiago 还介绍了菲律宾的考古情况。他说菲律宾有一千多个岛屿，考古人员不到 10 人，都是从各个部门抽调来的，没有科班出身的。所以非常希望外国学者同他们合作进行考古工作。博物馆库房的标本很多，也欢迎外国学者参加整理研究。Surapol Natapintu 介绍了泰国中部史前晚期文化的情况，也谈了一些泰国考古界的情况，地大人少，跟菲律宾大学 2 月初在日本千叶国立历史民俗博物馆召开的会议上提交的文章几乎完全一样。日本有一个东南亚考古学会，量博满担任会长，有会员 150 多人，去东南亚做过考古工作的就有 20 多人。不过研究的问题也还是鸡零狗碎，不成气候。此外，臧振华和研究生洪晓纯讲了菲律宾的石锛问题，现在伦敦大学考古学研究所博士班的张光仁讲了贸易瓷与菲律宾原始时代的研究，陈仲玉以珠江三角洲为例讲了海湾三角洲环境考古的取向问题。在讨论中何传坤、

图三　在东南亚考古国际研讨会上与英国伦敦大学的英·格罗弗教授交谈
（中为臧振华先生）

刘益昌、宋文薰、连照美、李匡悌和我都提问或者发表评论，会议开得短小精悍。从会议上了解的情况来看，东南亚考古要有一个较大的发展，还有很长的路程要走。

初访淡水

4月16日星期天，天气晴好，洪玲玉约我们到台湾北部的河口城市淡水走走。尽管淡水离台北市不远，我却从来没有去过，确实也想去看看。我们从台湾大学旁边的公馆站乘捷运直达淡水。捷运在台北市内是地铁，出市便到了地上，车站里的设施先进，车厢宽敞明亮。一路欣赏路边的美景，颇为惬意。淡水是台北县的一个镇，却具有县城的规模。市区依着山势，高高低低，西临淡水河口，北面大海，形势险要。我们下车后沿着步行街慢慢走着，欣赏街边的各色摊点。中午时分到了红毛城下面的一个名叫"领事馆"的饭店用餐，然后参观红毛城。所谓红毛城乃是荷兰殖民者于1645年建立的一座小小的城堡，因为当时台湾人把荷兰殖民者称为红毛贼，所以把他们建造的城堡称为红毛城。城堡用红砖砌筑，有两层，现在那里正在举办一个"探索17世纪的台湾"的展览。展览中比较珍贵的是两位荷兰人捐献的一些17世纪前后的古地图、绘画和书籍等，是记载西班牙、荷兰和大英帝国等西方殖民者侵占、掠夺台湾的重要历史资料。

离开红毛城不远有一所19世纪的英国领事馆，那个饭店大概就是依据这个领事馆而取的名字。这座建筑比起红毛城要讲究多了，里面还基本上维持当日领事馆内的陈设。说明也尽量中性化，参观的人络绎不绝。从这里出来就到旁边的一所建立不久的教会大学，叫作真理大学，在旁边就是淡江大学。最后坐车到最北边的沙嵛，那里本来有一个乡里办的海边浴场，大概因为条件不合格被取缔了。本来是想到这里看夕阳日落的景象，因为时间尚早，海风又比较大，不想在那里傻等了，于是兴尽而返。

野柳览胜

4月17日，又是一个晴朗的日子。李永迪建议我们到台湾岛最北的海边玩玩，大家欣然同意。于是由李永迪开车，洪玲玉、江美英和我们老两口一路往北，重点是游览野柳风景特定区。野柳属于台北县万里乡，东南距离基隆港只有15千米。由于地壳运动、海浪侵蚀与风化等作用，使那里形成一个狭长的地岬，向北伸入海中。地岬上的岩石奇形怪状。由于岩石有竖向和横向的节理，在节理部分受到侵蚀后，形成一排排的方块，很像豆腐干。当地壳上升，豆腐干周围受到严重的侵蚀。上层含较多褐色钙质的硬质砂岩风化得比较慢，下面比较软的黄色砂岩风化得比较快，于是形成蘑菇状的地貌。蘑菇的形状千奇百怪，有的像女王头，有的像大象、乌龟或禽鸟等。蘑菇的头部因为有大量穿孔贝挖出的小坑，经过侵蚀以后很像马蜂窝，十分好看（图四）。其他地形还有像蜡烛的烛台石，像生姜的姜石，像树轮的轮纹石以及溶蚀盘、海蚀沟等。在较软的黄色砂岩层中有许多化石，最常见的是圆盘状的海胆化石，看起来就像一朵黄色的花。我们一一浏览之后，就顺着地岬的脊背一直往前走，直到最高处的测量标志架和灯塔，然后下到东坡下返回。地岬的西坡因为受到西北风刮起的海浪的拍打，显得比较陡，寸草不生。东坡相对较缓，上面长满榕树、铁树、芭茅、杜鹃、橡树等花木，非常茂盛。坡下也有不少形状怪异的岩石，还有一个情人洞，外面看起来是两个洞，里面却是相通的，是幽会的好去处。

图四　台北县野柳海边的风化石"王后头"

野柳还有一个水族馆，叫作"海洋世界"，估计没有太多特点，所以没去光顾。用过午饭，就开车沿着海岸往西北走，没有多久就到达台湾最北端的石门。这个石门实际是一个岩厦或穿洞，南面是山，北边是海，洞门正对南北，像一座从海上登陆的山门。我们在此稍事停留，继续开车西行，便到了石门乡的白沙湾别墅区。车到 50 号门口停住，李永迪告诉我们，这就是他们家的一个小"别野"。我们进去一看，好大呀！院子起码有一公顷，里面种植着南洋杉、棕榈等许多树木。有两座房子，一个游泳池，一个车库。里面设备应有尽有，我特别注意那里有大量的书籍。因为李永迪的祖父喜爱文学，出过诗集；父亲是历史学家，主要研究近现代史，对文学也有浓厚兴趣；母亲是地质学家，对生物有兴趣，还相信气功；自己是青年考古学家。所以他们家里的书籍范围非常广泛。但是别墅地方比较潮湿，书籍的保存情况不是太好。

在别墅里休息了一会儿，就出外在周围溜达。这里盖了不少房子，但是大部分都空着，可能是因为还有别的房子住。李永迪只有一个弟弟，他们一家在台北就有四个住所，在苏州还有一栋比较高级的别墅，所以不可能常住在白沙湾。

我们体验了一会儿别墅的生活，看着月亮就出来了，又圆又亮。于是决定往回走。经过李登辉的老家三芝乡，那里修了一条很宽的登辉大道。我们无暇多顾，直奔台北。沿路灯火辉煌，车如流水。到家时已经是 22 点过了。

送内人去加拿大

在许多朋友的帮助下，我和内人出入台湾的旅行证终于办好了，但是香港的通行证还是办不下来，这样我在 6 月底以前就去不了香港。不过秀莲去加拿大抱孙子的事总算可以实现了。

许多人建议我们订加拿大航空公司的飞机，正好洪玲玉的堂哥在旅行社工作，订票的事就由她负责了。问题是渥太华飞机场太小，没有国际航班，从台北起飞（从北京或香港起飞都一样）往返都要在温哥华换飞机。因此从台北乘 18 次航班 16:55 起飞，当地时间 12:30 到温哥华；下飞机后要办入境手续，还要提取行李，再到另外一个地方办理登机手续，发行李，转乘国内的 3138 航班 14:45 起飞。据说两个地方相距很远，中间只有两小时一刻钟，秀莲又不懂英语，如果走岔了赶不上，下一趟飞机要到 21:00 才发，而且要到卡尔加里过夜，第二天早晨再飞渥太华，这可是一件头痛的事。于是我们就做了许多准备。一是要秀莲上飞机时跟空姐说明，请她帮助找一位地勤服务人员带领办理各种手续，多给一点小费就是了。二是由李永迪打印一张中英文对照的说明书，说明自己是谁，要乘什么航班到渥太华找谁，把一苹和严松的地址和电话号码都写上。还有万一身体不适或其他可以想到的事情也顺带列了几条。三是与在温哥华不列颠哥伦比亚大学的李旻约定，万一有什么问题就给他打电话，他会及时尽可能地提供帮助。

4 月 21 日 14:00 李永迪和洪玲玉到我们的住所接我们去桃园中正机场，正好马文光在那里等着我们。他是专门从香港来向我报告北大考古学系在香港屯门考古发掘的情况的。我们把秀莲送上飞机后一同回到我的住所。立刻给一苹和严松发电子邮件，告诉他们妈妈已经顺利地登上飞机，要注意到温哥华换机的情况。晚饭后我们看了马文光带来的考古工地录像和照片，听了他简单的汇报，知道那边的工作比较顺利，我就放心了。送走客人，我一个人睡在一栋空荡荡的大屋子里，怎么也不能入眠。老是看表上指到了几点，秀莲该飞到哪里了。第二天我一直坐在电话机旁，到 11 点多严松来电话了，告诉我妈妈安全抵达。接着秀莲跟我说旅途特别顺利，她到温哥华后没有找地勤人员帮忙，因为多数人是旅游团的，自己排到了前面。等办完换机手续才花了一个多钟头，时间绰绰有余。到渥太华出机场时一苹和严松两家一齐出动迎接，高兴极了。我于是也松了一口气，中午多喝了一杯酒。

参加华容同乡清明祭祖

4 月 23 日在台湾的华容同乡会举行清明祭祖活动，为此同乡会的理事长徐光中特地于 22 日从越南飞回桃园家里，今天赶来台北。活动地点选在松江路 152 号的金玉满堂湘菜馆。记得我第一次到台湾拜见华容父老就是在这个饭馆。台上挂的横幅上写着"华容旅台同乡清明祭祖大会"，由卢仁凤老先生主祭：首先上香，献花圈，献果，全体向列祖列宗行三鞠躬礼（图五）。接着卢老讲话，理事长讲话，我和吴雨村老先生讲话。畅叙乡情亲情。饭馆摆了六桌大席，可是只坐满了五桌。除了上次在吴竹钧家里见到的几位以外，还见到了白珩，他老人家曾经在华容县政府和家父同过事；戴某，是我叔父的同学；还有饶易之老先生的儿子；老家在宋家嘴的严奉铭，他曾经作过严松出国留学的经济担保，可惜后来没有办成。他比我大三岁，但因为我的辈分比较高，所以对我特别尊敬，约我在老伴回

图五　拜见华容旅台同乡

来后一定要到他家去做客。还有涂国斌，他原来是台大电机系毕业，工作倒还不错，现在已经退休几年了，就是家里事有些头痛，四个女儿都离了婚，做父亲的也没有办法。还有不少我不曾认识的父老乡亲，大家都很亲热，真是像回到了老家一样。不过大家在议论中也不免流露一种失落感。参加祭祖的人一年比一年少，去年有八九桌，今年六桌都坐不满；而且绝大部分是老人，年轻人不感兴趣。现在台湾又特别强调本土化，外省人感到有压力，这类活动恐怕难以继续下去了。但是作为一种联络感情的渠道，大家还是希望勉力撑持下去，短期内是不会停办的。

今天的聚会，因为我是从大陆来的，受到特别的优待，让我坐了首席，一直跟卢仁凤和吴雨村等老先生坐在一起。吴老特别把上次聚会后写的两首诗送给我，题目是《春暖花开迎学人》，前面说"庚辰三月，序属新春，百花争妍，万物向荣。值此良辰美景，喜有北京大学严文明教授应邀来台讲学。我华容县旅台乡亲，爰于4月2日假天母吴君竹钧之雅筑，设宴为严君伉俪洗尘。旧雨重逢，畅叙离愫，对中华儿女之情感与光明前途深具信心。特赋七律二首"。其一曰：

> 春风又绿蓬莱岸，四迓文旌仰道珍；
> 博学深思专业富，道学精进又日新。
> 交流学术全终始，融密乡情感倍亲；
> 欣见奏功臻美果，嘉君化育展经纶。

这首诗的第二句是指我四次访台的事。其二曰：

> 评论两岸双赢略，一统中华理当先；
> 宝岛本来属祖国，台湾通史记专篇。
> 台独误国战端起，大陆征诛灾祸连；
> 枉顾尊严民族耻，疯狂分裂着罪愆。

从诗中可以看出他对李登辉的作为是很有意见的。最后吴老还送我一联切"文明"二字："文起百代衰，通今博古；明察秋毫末，入地钻天。"

会见秦孝仪

4月25日，应台北故宫博物院之邀，仔细看了库藏的部分石器和玉器，还有几件新买来的陶器，并且作了一个"中国彩陶的谱系"的学术报告。报告之前会见了即将卸任的老院长秦孝仪。秦院长已是八十高龄的人了，但是身体还很健康，精神状态不错。一见面就说："听说你来我很高兴，我们是老乡呐！"我说他职掌

博物院 18 年，能够建设到现在这样的规模，成了一个保存和弘扬中国传统文化的
重要基地，很不容易。他听了颇为感慨，说很快就要退下来了，"送给你一本书，
得空的时候可以翻一翻，就是太重，带回去不方便，可以帮你寄"。我一看是《故
宫跨世纪大事录要》，两册一函，像一块大砖头，的确很重（图六）。书中概述了
台北故宫博物院的历史，分肇始、播迁、复院、扩建、转型和茁壮六个部分。包
括有许多重要资料的图片。秦院长在前言讲到博物院的宗旨是"以第一流科技，
护惜七千年华夏文化。结合国人集藏，开启大陆联展，把故宫推向世界，将世界
引进故宫"。他最近在报上发表《俯仰之间》连载长文，历数 18 年来奉献台北故
宫博物院建设的事迹，颇为感人。他问我看过"千禧年宋代文物大展"没有，我
说看了，没有想到内容有那么丰富那么好。他说那的确是世界级的展览。看到我
有兴趣，又送了两大本宋代文物图录给我。秦曾经当过蒋介石的侍从文书和国民
党中央的副秘书长，因为有这么一层关系，所以在三月中旬专程去美国为宋美龄
103 岁生辰祝寿。我问他宋的健康状况怎么样，他说很好，电视里播放的镜头是
真实情况，但是太短。年纪大了，一天休息时间比较长，至少有四个小时头脑很
清楚，记忆也还好。他说因为我要作学术报告，他自己还有些事，今天不能作陪
了。约定下次再找个时间宴请我，好好聊聊。我当然爽快地答应了。

图六　在台北故宫博物院会见秦孝仪院长

严松喜获千金

秀莲到渥太华一个多星期了，通了两次电话，每次都以为惠萍生孩子了，因为预产期是4月23日。今天已经是29日了，我一直守着电话。下午严松真来电话了，说2:45生了个女孩，这里的时间也就是北京时间是14:45。那千金小姐迟到了还要小性子，一出来就哇哇地哭，算是雏凤试声吧。我给她取了个名字叫凤鸣。严松给她取了个英文名字叫Joyce，此名不俗，我知道19世纪爱尔兰著名作家就叫Joyce James。严松说那小东西的眼睛滴溜溜转，像是要好好审视这个陌生而奇妙的世界。她偏偏选在下半夜来，怪折磨人的，秀莲、一苹和小松一直守在医院，折腾得一夜都没有合眼。我把这消息告诉了一直关心这事的洪玲玉，她和姐姐洪晓纯为了给我道喜和分享快乐，买了好多菜来，自己动手做饭。我开了一瓶法国波尔多干红葡萄酒，尽兴地美餐了一顿。

拜访石老璋如先生

5月3日下午，李匡悌开车来接我到"中研院"，主要是想拜访石璋如先生和管东贵先生。先在李匡悌的研究室小坐，看了他的书籍和照片，方知他父亲李其复是董作宾先生的好友。董作宾先生曾经用甲骨文字体写过一些条幅馈赠于他。先生去世后，他把这些字汇集起来出了一本书，名叫《董彦堂先生甲骨文法书集》，以资纪念。匡悌特地送了一本给我。少顷李宗琨来，带我到他的研究室转了转，看到那里的书摆得很整齐，既多又好。他是一个多才多艺的人，除了研究古文字以外，还会治印、绘画和摄影。他给我看了一些摄影作品，品位甚高。他说他不愿意参加展览或评奖活动，只是自己好玩。他选了12张黑白风景照片印了一份月历，也特地送给我一份。下面该去看石老先生，考虑石老年岁大，我怕过多惊扰他老人家，决定晚饭以后去拜访。

石老究竟有多大年岁，谁也说不清楚。估计今年有100岁，至少有99岁，如果按虚岁计算也是100岁。所以张光直、李亦园和宋文薫三位院士联名发起庆祝石璋如先生百年华诞的活动，要出版纪念文集，邀我写文章共襄盛举。石老是我国考古界的元老和宗师，是我国考古学的开拓者之一，著作等身，对于我国田野考古和商周考古的贡献尤巨。最为难能可贵的是他老人家至今还天天上研究室工作，还不断有新作问世。为人治学都可以作为我辈后学的楷模。我每次来台湾时都要拜访石老。记得第一次见他时，双方都很高兴。我说自己虽然没有机会师从先生，但我最早接触的考古学著作中就有石先生的大作，从中受到了很大的教益。石老也谈到了我的一些小文章，当时简直不敢相信他老人家怎么还会注意到我这个无名晚辈的涂鸦，回头一想也不奇怪，因为他老人家一直关心着大陆的考古工作，许多考古著作他都看过。

我这次来台湾后一直想拜访石老，4月7日在东南亚考古会议上见到了他，寒暄了几分钟，他邀我得空时到他家坐坐，所以今天一去他老人家就非常高兴。他说最近眼睛不大好，白内障，一只眼动了手术，现在勉强能看书，但是两只眼睛不大合作；耳朵有点背，腿也有点软，都快要成为瞎子、聋子和跛子了。我知道他是拿自嘲来开玩笑。问他出门拿不拿拐杖，他说拿，就是不大用，有时候扛在肩上，人家以为我是军人出身的。他详细问了在大陆的一些老人的情况，特别关心张政烺先生的健康状况。还问了大陆考古界的一些事情，了解了我在台大的工作和生活的情况。我看时间已经比较晚了，怕影响石老休息，老人家却一再挽留，一直谈到21:00。他问我上次在东南亚考古会议上照的相片拿到了没有，我说可能人家忙，暂时还没有拿到。他说再照吧，又一起照了几张相片，才依依不舍地离开了。因为时间太晚，不好去打搅管东贵先生，只好再找机会拜访他了。

台湾的北京大学校友会

在台湾的北京大学校友，最早有傅斯年、陶希圣、蒋复聪、狄膺等人相约于每月四日举行茶会或餐叙，也就是校友会，相沿至今。据说早期有730多人，现在只剩70多人了。以前没有登记注册，是"黑会"。至1998年才正式登记，12月17日百年校庆（他们不承认五四为校庆）举行成立大会，选举杨西崑为会长。杨于今年1月过世，又选田宝岱为会长，徐芳和彭令占为副会长，包德明（女）为监事长。田是山东乐陵人，85岁了，1939年西南联大经济系毕业，当过外交官。徐是浙江象山人，89岁了，1935年中文系毕业，后在文科研究所工作。包是四川南溪人，88岁了，1935年经济系毕业，是铭传大学创办人和校长、世界国民外交总会副主席、联合国国际大学校长协会总会顾问团副团长。今天适逢"五四"，邀我参加，到会的有40多人，其中有几位是近年来在北大学习的年轻校友，而大部分是80岁以上的老人。会上简单地报告了一下会务情况，宣布已经派了一名常务理事到北大去参加102周年校庆活动。我首先被邀请讲话，我说有幸在台北参加北大校友会的活动，有机会看望各位老学长老前辈，感到格外高兴。我说当年北大吸引我报考的首先是她的爱国主义和科学、民主的精神，这也就是"五四"的精神。我们一定要继承和发扬这种精神，为国家的统一和民族的复兴而竭尽绵薄。各校友自由讲话，有的回忆当年校园生活，有的阐述北大精神和"五四"精神。曾经担任过行政院秘书的李保谦已经是89岁高龄的老人，看起来却像是六七十岁，讲话慷慨激昂，特别强调"五四"的爱国主义精神，强调一定要继承这个光

图七　参加台湾北大校友会"五四"集会

荣传统。我觉得这是一种很有意义的活动，只是要考虑如何更好地吸引年轻人参加（图七）。

参加江永丰的婚礼

5月8日是江美英大弟弟江永丰结婚的喜庆日子，我决定应邀参加，一来表示祝贺，二来想了解一下台湾乡下结婚的风俗人情。将近中午李永迪、江美英和洪玲玉到我的住所，由李开车先奔台湾东北角的三貂脚，在那里用过午餐，便沿着东海岸南下，沿途景色甚好。进入宜兰县境后首先经过的是头城，据说是汉人在东海岸建造的第一个城，往南依次有二城、三城和四城等。江美英的家在宜兰县城区和礁溪乡之间，她家的稻田就分属于两边。快到礁溪乡时，隔老远就看见一个用蓝色塑料布搭盖的大棚，那就是准备摆酒席的地方。我们到达时，许多帮忙的厨师正在预备菜肴。江美英的父亲江金松是个地道的农民，已经70岁了，家里那些稻田还全靠他一人耕种。我看他并不显老，身子骨还挺硬朗。今天他特别高兴，东奔西走，一刻也不闲着。他还是老里长，家里还挂着他和李登辉的合影。他有七兄弟，基本上都在外面做事或经商。老六就在加拿大蒙特利尔做生意。江金松有两儿两女，大女儿在乡里管幼儿教育，二女儿江美英在南华大学教书，同时在北大读博士，小儿子江承玮在本乡开了一个承玮营建股份有限公司，今天结婚的大儿子在上海专门做 VCD 生意，家里只有江金松夫妻和老母亲三位老人，还能做那么多事，真是不简单。

江永丰以前我就认识，那时他在江苏盐城做光盘生意，看样子经营得还不错，已经扩大到上海了。新娘子田然是陕西人，西安外语学院毕业，在深圳工作。据说两人首先是在飞机上认识的，真是千里姻缘一线牵。新郎家里设了一个香案，上面放置十几位从庙里请来的菩萨，新郎和新娘要在这里拜天地、祖先和双亲，夫妻对拜和交换金戒指，结婚仪式就算完成。晚上约七点钟，宾客陆续进入宴会棚，大约有 80 桌酒席。还搭了一个舞台，由江美英的姐姐主持。我虽然不懂她讲的闽南话，但她讲话的神情和银铃般铿锵的声调，简直像个专业的节目主持人。她的歌也唱得很好，真是多才多艺。下面有乡长和副县长讲话，新郎新娘唱歌和喝交杯酒等，然后新人下来到每一桌敬酒。酒宴相当丰盛，有鱼翅、鲍鱼、螃蟹、大虾、豆腐鲨、生鱼片等，据说一桌成本至少要新台币 5000 元，80 桌就是 40 万元，太铺张了。江美英说不要紧，因为礼金会大大超过办宴会的支出。

20:30 了，还没有要散席的样子。我们因为要赶回台北，只好跟主人告别提前退席了。回台北走的是盘山路，距离虽然短了一些，但是弯弯曲曲，又是晚上，不敢开得很快，还是走了两个多钟头，到家时已经快晚上 11 点了。

在博物院会见梁从诫夫妇

5 月 10 日上午，邓淑苹接我到台北故宫博物院看最近收藏的一些陶器和玉器。中午秦孝仪院长设宴款待。正好梁从诫夫妇在天下远见出版社社长高希钧等人陪同下也来博物院拜访秦院长，所以就凑在一起了。梁最近为母亲编了一部文集，就是《林徽音文集》，大陆出版后，天下远见出版社买下版权在台湾出版。这次梁是应天下远见出版社之邀来台参加首发式，5 月 8 日才到台北。据他说，这部文集在大陆只印了一万五千部，台湾却印了四万部，说来颇为感慨。近几天来台湾报纸大篇幅报道这件事。内地近来放映一部电视剧《人间四月天》，描写徐志摩与林徽音的恋爱故事。梁说那首诗是他母亲写给刚生下的他的，"你是人间四月天"是表达母亲对儿子的爱，不是徐志摩写给林徽音的。秦院长问梁先生的名字是不是有什么说法，梁说因为父亲学建筑，希望儿子也学建筑。中国建筑学的奠基人是宋代《营造法式》的作者李诫，从诫就是要我学建筑，继承中国建筑学的优秀传统。可是我连清华大学的建筑系都没有考上，只好到了北大历史系，现在又不务正业了。我说梁家总是站在时代潮流的前列，现代人类面临的最大问题之一就是如何保护环境，如何解决好人与自然的关系。从诫兄又大声疾呼，唤醒国人的环保意识。梁说天下远见还准备出版一部他家四代人的书，包括梁任公、梁思成、梁从诫和他 24 岁女儿的文集。他说他女儿在美国念哲学，给他们写了几封信，对美国社会的一些现象颇为不满。她说富与穷、奢与俭是两种不同的概念。穷不一定会懂得俭，也会奢，天天借贷，寅吃卯粮；富也可以俭，不一定会奢。很有哲学道理，所以准备收进文集里面。这个女孩子的思想显然也是站在了时代的前列，大家觉得出版这么一本书确实很有意义。

龙山寺一瞥

5 月 13 日，上午看宝，下午到龙山寺一游。

早饭过后不久，邓淑苹接我到新生南路云中居古玩店，主要是看看张伟华为蓝田山房收买的几件高档玉器。据说张伟华和吴棠海同是台湾最有名的古董商，只是吴棠海更喜欢研究，张伟华买卖手段可能更高。我们先是看了两方良渚文化的玉璧，都很平整，磨制光亮，看不出加工痕迹。边缘都稍稍内凹，其中一方刻一周云雷纹，中间夹两只对称的飞鸟。笔道极细，肉眼很难看得清楚。璧的正面刻一只鸟立在祭坛上的柱头上，另一面刻云彩纹。第二方璧略小一点，形制相同，只是周边没有云雷纹，反面也没有云彩纹。正面也是刻一只鸟立在祭坛上的柱头上，笔道更细，肉眼完全看不出来，只有借放大镜才能勉强看清楚。邓淑苹说这可能是有意作成，以造成一种神秘感。接着又看了第三方璧，较小，加工也不大精致，上面刻一头猪，后脚系一根绳子。猪身上满饰云雷纹，笔道较粗，也是良渚文化玉器刻纹的一般风格。另外还看了一些小玩意儿。拿在手里把玩，与在博物馆隔着玻璃看大不一样。花纹刻得那么细又那么工整，太难了。特别是第二只璧，锦匣上写的是 1991 年买的，当时并没有看出什么花纹，是台北故宫博物院举行群玉别藏续展时张丽端发现的。记得展览时特别安了一个放大镜，我还是没有看清楚，今天总算是饱眼福了。

下午管东贵先生来约我到外面走走，顺便看看台北名刹龙山寺。我们先到火车站附近，在地下街转了转，喝了杯咖啡。上到地面，要了辆计程车，那司机脾气特别犟，告诉他路就是不听，自作主张绕了一个大圈子。到龙山寺已经傍晚，烧香的人仍然川流不息。这寺大约是清朝年间建的，规模很大。有前殿、大殿、后殿和钟鼓楼等。有龙柱数对，玲珑剔透；许多梁柱和阑额也都有精美的雕刻。所用石材非常讲究，主要是泉州白石和青石。黄色琉璃瓦顶，屋脊上也有美丽的雕塑。寺里供奉的主要是妈祖，又说她是三清圣祖，好像与道教有些关系。只见人们一群一群地烧香祭拜，其中也有一些高鼻子蓝眼睛的西方人，有的西方人还穿着灰色长袍托钵化缘。外面则还有一些演节目的，卖小吃和卖纪念品的，还有一群盲人在给客人推拿按摩，真是熙熙攘攘，好不热闹。

出龙山寺，就到新光三越去吃台湾菜，可是那里举行婚礼，剩下的座位要等很长时间。于是只好换地方，看了几家都有喜宴，最后找到了一家广东餐馆。问今天是什么好日子，说明天是母亲节，今天星期六正是好日子。台湾 8 月 8 日还有爸爸节。人们对这些节日看得很重，而政治性纪念日反倒比较淡薄。

特殊的家宴

杨美莉怕我不会做饭自己吃不好，要帮助我做饭。我说干脆你们一家都来聚餐吧。我们约好 5 月 20 日晚上来。杨美莉拿了许多菜来，大家一起动手，做了美美的一桌菜。不是我宴请他们，反倒是他们宴请我了，真是不好意思。杨美莉想考台大人类学系的博士，以便自己能够用人类学的某些方法来研究中国考古学。她已经收集了长江中下游 1000 多件石斧的资料，并且用电脑做成了便于查阅或分类统计的资料库。她对台湾考古界的研究方向颇有看法，说过去日本人都注意台湾历史上与大陆的文化关系，现在把台湾划到什么南岛语系中，搞什么东南亚考古，对大陆的东西一点也不熟悉，也不想去学。我说我这次到台大来讲学也深有这方面的体会，"中研院"史语所本来有比较好的基础，现在也没有人研究中国考古学了。幸好你们博物院还有几位对中国考古学有兴趣的，都很不错，不过限于条件，主要是研究古器物学，这是不够的。杨说她正是感受到了这一点，所以要补一补人类学的课，我表示完全赞成和支持她的想法。

南下高雄

高雄市立美术馆将于 5 月 27 日至 7 月 23 日推出"黄河文明——甘肃远古彩陶特展"，特地邀请我给该馆的工作人员和义工讲一讲中国彩陶文化的问题。5 月22 日一早，江美英从嘉义赶到台北来接我。我们本来打算乘远东航空公司 7:55 去高雄的飞机，一看时间还早，就改买了 7:25 起飞的机票。台湾岛内的航空非常便利，有许多航空公司，每个公司又有许多航班，随时都可以买到所需要的机票，比在北京乘公共汽车还要方便。说话间 8:17 便到了高雄国际机场，美术馆的工作人员蔡幸伶到机场迎接。坐小车约半小时到美术馆，该馆位于鼓山区甘肃路和美术馆路的交叉口，环境清幽，拟建设为美术馆公园。本馆为仿红砖建筑，据说造价 8 亿新台币，每年的活动经费约 1.5 亿新台币。馆里工作人员只有六十几人，都很年轻，馆长大概也只有三十几岁，是江美英的学生，下面领着一批毛丫头，文化素质谈不上很高，却很活跃，经常举办新的展览。这次甘肃彩陶特展，展品主要是由甘肃省博物馆、省文物考古研究所和兰州市博物馆等单位提供的，其中有彩陶 120 件，包括白家、半坡、庙底沟、石岭下、马家窑、半山、马厂、齐家、四坝、辛店、卡约、沙井等时期的不少精品，构成了一个相当完整的系列；另有素陶、陶塑及玉器、石器、骨器等数十件，连在广河齐家坪出土的两只齐家文化的金耳环也拿来了。我上午讲了"中国彩陶的谱系"，让他们对甘肃彩陶在中国彩陶中的地位有所认识；下午讲了"半坡期彩陶之分析"，希望给大家提供一种如何分析彩陶的基本方法，大家听了觉得颇有收获。讲到一半的时候，台北故宫博物院前副院长张临生等也来听。她们是陪秦孝仪到佛光山来玩的，据说星云法师亲自招待。美术馆请我和张临生等到一家澎湖风味的海鲜馆寻子屋用餐。然后乘21:30的飞机返回台北，到家时已经是23:00过了。

重访南华

5月30日下午，我从松山机场乘立荣航空公司的飞机到嘉义，机场极大，主要是军用，兼作民用。江美英接我到南华大学。因为机场在嘉义南边而南华大学在嘉义北边，距离相当远，小车开了将近一个小时。南华大学以前称为南华管理学院，江美英在那里的艺术研究所任教，我曾经访问过，受到龚鹏程校长的接见。龚鹏程把这所学校建设起来了，并且改成了大学，可是为某些人所不容，只好离开，现在到宜兰创办佛光大学去了。人们谈到这件事情的时候不禁感慨系之！艺术研究所的蔡所长也下来了，现在是由文化大学调来的陈国宁教授任所长。陈是老朋友了，这次是应她的邀请，给艺术所的研究生讲"考古研究与文物保护"。因为艺术所主要是研究艺术史，经常会与文物古迹打交道，所以给我出了这么一道题。晚上陈国宁邀请我到她的小木屋坐坐。那些小木屋全是教师宿舍，因为全部是用木料建成的，防震防潮，住起来很舒适，所以小木屋是一种爱称，表示大家很喜欢。陈国宁的先生在美国亚利桑那大学任教，两人只有在假期才能相聚。陈住的屋子有两层，估计面积有200平方米，那么大的房子就住一个人，显得过于空旷寂静，所以养了一只小狗。陈弄了些水果招待，还送给我她的著作和几个仿古陶瓷杯子。后来她陪我到校园里走走，道路曲曲弯弯，地势高高低低，树木葱茏阴深，淡淡的月光和灯光相互映照，空气清爽，四周十分静谧，只听到草虫的鸣声，使人有身处世外桃源之感。陈国宁非常喜欢这里的环境，不大喜欢台北的闹市，我当然也有同感。

在张家做客

担任台北故宫博物院副院长多年的张临生女士，因为政坛的变化，博物院的负责人跟着大换班，她看到这种形势，干脆连公职也辞去了，落得一身轻松，每星期都来听我讲课。她知道我内人在31日星期三会从加拿大回来，星期四是新石器时代考古研究的最后一堂课，一定要在课后宴请我们。本来还约请了连照美和陈夏生等人，可是连临时闹肚子，陈家里有事，只有邓淑苹一人作陪了。张住在信义路富邦银行旁边，我们先到她家把她婆婆请下来，再到附近一家泰国餐馆要了一个包间。老婆婆是广东人，名门出身，已经九十高龄了，仍然耳聪目明，身板挺直，走路不用拐杖。张一直给婆婆捡菜，婆媳相处看来非常融洽。饭后到张临生家小坐。她在台北有一套自己的房子，大概是觉得不够气派，所以又在繁华的地段租了现在的这一套房间。她的先生梅教授在新竹台湾清华大学研究语言学，那里当然也有自己的房子。夫妻两边跑，据说类似的情况还有不少人。我们一边聊天，一边欣赏她家的装修和陈设，总的感觉是高档、雅致，不落俗套。我们吃了些水果和糯米蒸的小点心，看看时间已经很晚，就由邓淑苹把我们送回家了。

玉山观日出

　　6月5日，我和秀莲乘自强号列车于11:30到达嘉义，江美英到车站迎接。用过午餐后稍事休息，便乘13:30的小火车上阿里山。山下十分炎热，路两边所见植物多属于热带性的，主要有波萝、甘蔗、龙眼、荔枝等，从山脚到半山腰便是大片的槟榔树。因为槟榔产值高，近年来发展极快，据说全台湾已经种植近6万公顷。槟榔树着根浅，破坏原有植被，引发泥石流等自然灾害，已经引起社会各方面的关注。小火车开到独山时已经海拔1000米以上，渐渐出现竹林和松、柏等树木。这时天气急剧变化，山间云雾缭绕，一会儿下起雨来，空气也凉爽了许多。小火车在独山绕了好几个圈子，穿过了许多隧道，慢慢盘旋而上，这时就只见松、杉一类的高大树木了。小火车摇摇晃晃地往上爬，总共穿过了48个隧道，到17:00多才抵达阿里山车站。我们被介绍到阿里山广场旁边的樱山大饭店住宿，预定明天一早去玉山观日出。

　　6月6日正是农历5月5日端午节，早晨3:20旅店电话通知我们起床，3:50集合上车，旅店老板把其他宾馆要去看日出的旅客一一招呼上车，自己当司机又当导游。天气有些冷，广场上有几个摊位卖绒衣和羽绒服等，还有卖早点的。我们从旅店一人租了一件羽绒服，买了些面包和热咖啡等，约4:00出发去玉山森林公园。天还是一团漆黑，我们坐着大巴弯弯曲曲地穿行在森林中，将近5:00才逐渐亮起来。已经进入玉山国家森林公园的范围了，可是周围并没有什么高大的树木。老板是邹族人，对这里的情况非常熟悉。他告诉我们说，这里原来是很好的原始森林，日本占领时期被大量砍伐。我们现在走的公路路基，原来是日据时期修建运木材的小火车路线，光复后才改建成观光用的柏油路。据说玉山有7个观日点，导游选择了一个点，海拔2580米。大约5:20，东方的山凹处很快地亮起来，周围一片朝霞。俄顷太阳喷薄而出，由于有云层，轮廓不很分明。大概是因为山比较高，太阳一出来就呈现白炽状态，没有一轮红日的美感。本来准备多拍几张照片，实在找不到合适的镜头，拍了两张也就算了。回来的路上，导游给我们介绍了几棵老树。有一对古树相距约30米，原来树枝相交，称为"夫妻牵手"，但前些年两棵树被雷击毙，现在成了两棵枯树，就称为夫妻树。往回走约里许，见坡下一棵极大的红桧，高75米，导游说有4100岁，是玉山第二号，不知是不是正确。听说阿里山神木是最老的，也只有3500多年，前些年已经被雷击倒了。往回再走一段，见路边有许多猴子，不怕人，争抢游人抛掷的食物，相互打打闹闹，煞是好玩。又往回走一段，见一棵大树，郁郁葱葱。导游说是红豆杉，有2700岁。据说可以防癌，价值可达一亿多新台币。一路上走走停停，回到旅店时已经7∶15了。

我们稍事歇息，就去游阿里山。上次来阿里山没有上祝山观日，这次虽然错过了观日的时间，还是想去看一看，于是就往祝山方向走去。一路经过几段石砌的步道，尽情地享受森林浴的快乐。这里的树木主要有红桧、柳杉、云杉和南洋杉等，树干笔直，多数有七八十年的树龄。林中有不少老树兜，奇形怪状，煞是好看。路边常常可见一些野草花，最好看的是毛地黄，有红的也有白的，形状像芝麻花但更加好看。因为有毒，游客不能采摘，正好保持了环境的美观。我们登上对高岳观日坪时，发现原来的观日坪已经被地震破坏，现在全部新修了。极目远望，山峰腾越，云雾缭绕，别有一番风味。回头经诏平公园、姊妹潭、受镇宫，越过吊桥，到慈云寺、三代木，经阿里山宾馆，于11∶40回到旅店。办完手续，乘12∶00的公车下山，一路倾盆大雨。

溪头的台大实验林

6月6日下午约14∶00，我们从阿里山回到嘉义车站，江美英的两个学生从高雄开车来接我们到著名风景区溪头去。本来中正大学的雷家骥教授要请我们到他家去过端午，实在安排不过来，就只好婉谢了。

溪头属于南投县鹿谷乡，因为是四条溪水的源头，故名。我们到达溪头时已经是傍晚了，首先找到台大实验林溪头餐厅旅社，登记住汉光楼，凭台大教师证可以享受五折优待。这里除汉光楼外，还有红楼、凤凰宾馆、国民旅社和各种别墅。旁边还有一个五星级的米堤大饭店。可是因为地震的影响，总共没有几个人住，显得特别冷落幽静。因为天色已晚，我们只参观了苗圃和附近的一些地方。第二天游溪头，本来想沿溪行，因为地震破坏了道路，只好改变计划。先到大学池，池水清澈，上面有一座竹桥，周围有各种树木，景致甚好。然后通过林中步道缓缓而行。因为是台湾大学的实验林，许多树木花草旁边都插了说明牌，使我们增长了不少植物学方面的知识。这里的花主要有大花曼陀罗、月桃、绣球、杜鹃、野芋和野姜花等；树木种类和阿里山差不多，主要有红桧、柳杉、云杉、冷杉、南洋杉、楠木和银杏，还有少量油松等。一片种植了 52 年的柳杉林已经相当粗壮，旁边 80 年树龄的红桧反而较细，可见柳杉比红桧生长迅速得多，而红桧是台湾主要的优质用材。这里还有大片的桫椤树，分鬼桫椤和笔筒树两种。树干有七八米高，叶片也有一两米长，是我见过的最大的羊齿植物。我们走到游乐区的最高处，那里也有一棵神木，只是比较小，树龄只有 2700 年。在下山的路线中间经过大片的毛竹林，称为孟宗竹林。竹子是南投县的一大产业，这里的竹林更是出名。进入竹林后不时掉下小雨点，我们在一所高级竹楼前稍稍休息，便加快了下山的步伐。

游完园已是中午时分，去旅店办完手续，就开车到鹿谷乡一家全笋餐饭馆用餐。这时下起了倾盆大雨，幸好我们的游览已经圆满结束，真该感谢上天的照顾。

哲学家的小宴

陈鼓应先生找了一位企业家黄胜得支持，成立三清道家道教文化基金会，伴同成立大会召开海峡两岸的易学讨论会，北京大学、武汉大学和山东大学都派了代表参加，特地邀请我和内人去参加他们哲学家的聚宴。他们选了一家蒙古烤肉店，参加的人员在台湾方面除黄胜得外，还有三清宫副宫主吕秀全和来自台湾大学、文化大学、"中研院"哲学所等单位的学者。我认识的有北大哲学系的王博和山东大学的乔副校长等，有几位台湾朋友虽然不大熟悉，说起来还是认识。我们从易经谈到中西文化的对比与交流以及海峡两岸的关系等，倒也无所局促。王博不久要到美国哈佛大学去一年，我希望他不要忘了中华文明史的编写任务，他说带到美国也要完成。

读梁批《中国史前陶器》

托洪玲玉在"中研院"傅斯年图书馆借到一本吴金鼎著的《中国史前陶器》（G. D. Wu, 1938, *Prehistoric Pottery in China*, London），一看扉页上写着"思永兄指正　吴金鼎　二八、一、卅一日"，是作者送给梁思永先生的。梁思永用铅笔在书中密密麻麻写了许多批语，这实在是一本十分珍贵的书籍。《中国史前陶器》是吴金鼎留学英国伦敦大学时写的博士学位论文，1938 年出版。看来吴是在一拿到书就立即送给梁的。全书分五部分：一、绪论，二、陶器群，三、陶器特征，四、陶器分类，五、年代和结论。陶器群中全面介绍了豫北、豫西、山东、山西、陕西、甘肃和辽宁所有新石器时代乃至历史时代早期的陶器，最后有一个年代总表。这是中国第一部有关新石器时代考古的综合性著作。该书对于每一个遗址的陶器首先分无纹与有纹两类，下面再分红、黑、灰、白等颜色。例如素面红陶下面再详细讨论颜色、形态、质地、厚度、制法和表面处理。如果是有纹陶，最后还要讨论纹饰。在一个区域内每个遗址的陶器介绍完毕后，往往相互做些比较，排出年代顺序。这样的年代排比自然缺乏必要的科学依据，所以梁思永批评说："断代根据过于偏重于制法，而制法究系推测，以至有缥缈之感。断代比较最可靠之形制又被忽略。总之断代离开地层是难事。"关于仰韶村遗址，吴金鼎虽然正确地分为两期，但理由没有讲清楚。梁思永批评说："仰韶村遗址似非一期之堆积，红陶外，有黑陶。仰韶Ⅰ、Ⅱ二期之分（既承认安氏一文化之说）未举出理由。"关于西阴村遗址，吴金鼎依据地层分为四期，是唯一考虑地层的，但对陶器又缺乏深入分析，以至于把四期的年代从仰韶一直延伸到了商代。梁思永批评说："所拟各层并无其特殊之陶器，是否须如此分析？？？"至于把荆村陶器定到商周时期更是令人费解。这类问题甚多，是该书最大的缺点。此外梁关于陶器制法和纹饰等方面也有许多批语。粗略统计，梁思永先生在全书上的批语或提示性文字共有152处，最后还另纸书写了提要和总批语，可见他对本书的重视和阅读的认真态度。

不过吴金鼎认为后冈早于仰韶，不召寨相当于龙山，齐家相当于不召寨，他还将高丽寨置于商周以后，这都是很有见地的。兹将其年代表列后以供参考。

史前遗址年代序列

（包括史前陶器延续至历史时期者，同行的遗址年代相同）

辽宁	山东	豫北	豫西	山西	陕西	甘肃
		后冈1 侯家庄1 大赉店1				
			塌坡			
		刘庄				
			仰韶1	西阴1		
		侯家庄2	秦王寨 池沟寨 陈沟	西阴2		

续表

辽宁	山东	豫北	豫西	山西	陕西	甘肃
单砣子 沙锅屯1	龙山1 两城	后冈2 小屯1	青台	西阴3		
	凤凰台 安上村	辛村 大赉店2	仰韶2 不召寨		齐家坪	
此栏以下诸遗址某些史前陶器延续至历史时期						
沙锅屯2		后冈3 小屯2		西阴4 荆村1		半山
高丽寨1 沙锅屯3~4				荆村2	斗鸡台	马厂
		侯家庄3 大赉店3				
						寺洼
	龙山2					辛店
高丽寨2						沙井

注：此表载《中国史前陶器》170页，1938年。其中表中刘庄在浚县车站西1英里，中研院1933年发掘，属后冈类型；辛村在浚县车站西2英里，淇水北岸，属龙山。塌坡在广武西北7英里，属后冈类型，资料见郭宝钧：《河南古迹研究会成立三周年工作概况》，开封，1935年。陈沟在广武西北6英里，青台在广武西2.5英里，均属秦王寨类型。连塌坡三者均为河南古迹研究会1934年发掘。

6·11 强烈地震

6月11日凌晨2:23，强烈的摇晃把我从睡梦中惊醒。只听到房屋嘎吱嘎吱作响，室内的吊灯大幅度摆动，我立刻明白是地震发生了。秀莲问我跑不跑，我说不能跑，把被子蒙着身子就是了。地震持续不到一分钟就基本停止了。后来知道这是一次6.7级的强烈地震，震中在台湾中部的南投县一带，初步了解死2人，伤36人，山体大量滑坡，道路中断，物资财产有一定损失。我们前几天正在南投等地游玩，幸好回到了台北，真是好险啊！

品尝人道素食

6月12日中午，台大历史系教授阮芝生夫妇约请我和内人尝尝台湾的素食，地方是南京东路一家叫人道素食的饭店，黄士强和一位研究生作陪。饭店中等规模，来吃素食的人很多，其中有不少年轻人。店堂里挂的标语上写着："人道素食，请适量选用，阿弥陀佛！"看来这是佛家开设的，除本店外还有分店。据了解台湾素食相当普遍，单是台湾大学周围就有十余家素食饭店。这个店用餐采取自助式，有各式甜点、沙拉、蔬菜、仿海鲜、现煮的面条、现卷的日式卷饼，还有汤类、水果、饮料和冰淇淋等。阮先生十分真诚，因为自己吃素，只好请我们吃素食。换换胃口，倒也吃得挺痛快的。

在史语所的一天

6月16日一早，李永迪来接我到史语所，应邀与李先登先后作学术报告。到会的有石璋如、管东贵、臧振华和颜娟英等六七十人。我讲的题目是"中国考古学：新世纪的机遇和挑战"，大家提了不少问题，表示对大陆考古学的发展颇为关心。我原来没有讲台湾考古，可是有的学者要我谈谈对于台湾考古的印象。我说台湾考古并不是像有些人说的只是一盘青菜豆腐，而是大有可为；但是研究台湾考古不能不同时研究整个中国考古学，当然也应该研究东亚考古。原来史语所研究大陆考古有相当的基础，现在却几乎没有人研究了，希望这种情况有所改变。两岸的学者应该商量如何加强交流与合作的问题，许多人表示有同感，反响相当热烈。

下午先参观历史文物陈列馆的筹建情况，接着看了铜器修复室，中国历史博物馆有两位修复专家在这里帮助修复殷墟、辛村、山彪镇与琉璃阁的铜器。其中两件有水陆攻战纹的铜鉴，原来拼对不正确，甚至有两件碎片互换的情况。这次解体后重新拼对，图形就纠正过来了。大家都非常感谢他们的努力。最后参观库房，我以前虽然看过，但当时多半按照器物质地分类摆放，这次改变为按照出土地点摆放，方便多了。我重点看了两城镇、城子崖和小屯的器物。其中两城镇有不少刻划纹的薄胎黑陶片，有一件黑陶片上刻着所谓神祖纹，有介字形冠饰，与同一遗址所出玉锛上的纹饰十分相似，只是过于残破罢了。据说两城镇的发掘报告已经基本完成，其中包括现在仍然收藏在南京博物院的资料，不久就可以出版了。到该下班的时候了，保管部门的人员又开箱拿出了一些彩陶器，其中有阎文儒先生20世纪40年代作为西北科学考察团成员时收集的马厂和沙井文化的，还有三件彩陶钵，完全是大司空类型的，但是没有文字，不知是什么时候从什么地方采集的，总之应该是1949年以前的发现，这是一个意外的收获。

同行朋友的聚会

臧振华和邓淑苹夫妇早就约我们到他们家做客，同时约几位考古界的朋友聚聚。6月18日下午，臧振华开车把我们接到"中研院"。因为秀莲是第一次到"中研院"，所以先到全院各处看看，觉得环境和建筑都很好。我的兴趣却在胡适纪念馆。这馆原来是胡适的旧居，几间普通的平房，包括卧室、书房、工作室、客厅和餐厅等，里面的陈设一仍其旧，显得朴素、高雅。旧居旁边盖了一个展览厅，里面陈列了反映胡适生平事迹的许多实物和照片，包括他的著作的各种版本和手稿等。墙上镶嵌了几幅胡适墨迹的石刻，其中有"大胆的假设，小心的求证"，"有几分证据，说几分话。有七分证据，不能说八分话"，充分反映了他的治学态度。胡适是"五四"新文化运动的旗手，他的思想曾经深深地影响了几代知识分子。蒋介石的题词则相当准确地概括了胡适的一生："新思想的启蒙和旧道德的楷模；旧传统的卫士和新文化的先锋。"

参观纪念馆后便到臧振华家小坐，他们家的装修和陈设雅致大方，颇有美感。我们看了两盒录像带，就接管东贵、颜娟英一起到安和路凯旋门大厦的香港水都海鲜楼。宋文薰、连照美、黄士强和谢继昌等也先后到达。台湾考古界的主要学者都聚集于此了。宋文薰刚从法国回来，谈兴很浓。他说他是梅原末治的学生，梅原末治讲话连日本人也听不懂，宋可以听懂。到台湾大学做客座教授时宋文薰是助教，开始照本翻译，谁也听不懂。后来用自己的话来讲，必要时加以补充纠正，大家满意了。梅原要看安阳殷墟发掘的东西，李济不让看。后来高去寻让他看了，他又是写又是画，还拍了照片，回去就出版了一大本《安阳遗宝》，他的很多书都是这样出来的。京都大学出了一本校史方面的书，其中许多梅原的学生都骂他。鸟居龙藏只上过小学，是靠自学成才的。后来当上东京大学的副教授和系主任，他的父亲就在该系做工友。据说他曾经直呼他父亲为工友，不过很多人不相信。宋文薰说他想写两部随笔，一部写日本考古界，从梅原末治写到林巳奈夫；一部写台湾考古界，从李济先生写起。大家希望他的大著早日问世。席间还谈到台湾考古界的一些情况等，尽欢而散。

三会华容乡亲

6月20日，我和秀莲到吴竹钧家，卢仁凤、吴雨村和徐国立三位老先生和黄石、王峰、周雪斋、赵永锡、朱某和胡明智夫妇等。吴雨村老先生和王峰等写了多首诗篇送给我，赵永锡则代表华容乡亲致欢迎词，并且送给我一本由海峡两岸和平统一促进会编印的《中国和平统一研讨会论文集》。席间差不多都是谈论两岸关系问题，不过大家也认识到台湾问题复杂，彻底解决有待时日。当务之急还是要加强人民的往来、交流以增进了解，同时对于当政者施加影响，推动和平统一，实现中华民族的伟大复兴。

登阳明山

6 月 23 日早晨 6:30，阮芝生先生驾车接我们到阳明山去游玩。路经士林官邸附近，不一会儿就进入阳明山公园的范围，小车弯来弯去地向上爬，一直开到二子坪，山势蜿蜒，树木葱茏，云雾缭绕，美不胜收（图八）。后到竹湖区，有许多竹子，同时有很大的花圃，养了许多花。再往回走，换一条路，就到了蒋介石的故居（图九）。房子比较简朴，保护得很好但没有开放。以前阳明山叫草山，蒋住下后忌讳有落草之嫌。因素仰王阳明，故在附近立了王阳明像，同时把山名改称阳明山。我们一直玩到 12 点过，还仅仅游了阳明山的一个小小的角落。在台北近旁有这么好一个风景区实在是造化的精心安排。进入市内泰顺街，阮先生找了一个素菜馆，环境清幽雅致，是消夏用餐的好去处。

图八　游台北阳明山

鹿鸣堂的答谢晚宴

在台湾大学一个学期的课教完了，在此期间，许多朋友从工作上和生活上给了我们许多支持与帮助。为了表示我们的谢意，决定 6 月 24 日在鹿鸣堂苏杭餐厅小聚，一共摆了两桌酒席，管东贵、宋文薰、连照美、张临生、陈鼓应、李东华、

图九　在阳明山蒋介石像前

图一〇　在鹿鸣堂告别宴会上给台大连照美教授斟酒

臧振华、邓淑苹、杨美莉、李柏如、谢继昌、谢世忠等出席。席间说了很多对于台湾考古和两岸关系寄予期望的话，气氛融洽。大家频频举杯，互道祝福，依依惜别，很晚方才散席（图一〇）。

三峡祖师庙和莺歌陶艺老街

6月25日，李永迪和他的女朋友曦平接我们到附近玩玩，目标选在台北市西南属台北县的三峡镇和莺歌镇。三峡镇长福街有一座著名的祖师庙，为三进五开间殿堂式庙宇。各殿均为重檐式，中殿为重檐歇山顶回廊式。整个建筑的石柱、梁枋、斗拱、藻井、石雕、木刻、彩绘无不尽善尽美。仅石柱就有156根，多用透雕法。正殿的祖师公、四大部将、四大金刚和五座门都是铜铸。石雕、木刻和彩绘的故事多取自封神榜、东周列国志、三国演义、隋唐演义和说岳全传等，包含有丰富的历史内容。庙内供奉的祖师公是河南开封人，生于宋仁宗庆历四年（1044年），后因世乱率众迁居福建安溪清水岩，以利人济世为己任，后人立庙奉祀。安溪人多迁台者，遂于清乾隆三十四年（1769年）于三峡兴建祖师庙，后毁于地震，重建后香火不绝。日本占领台湾后，该庙成为台湾人民反抗日本的重要据点，后被日本人焚毁。光复后于1947年重建，采用上好材料，聘请名家设计施工，一切按最高规格办理，至今尚未完全竣工。此庙凝聚了丰富的历史内容和高品位的民族艺术作品，令人久久不能忘怀。

午后到莺歌镇看陶艺。莺歌镇与三峡镇仅隔一条小溪，跨过一座桥就到了。那里从清代开始烧制陶器，现在还保留有老的陶窑。窑旁边有一条陶艺老街，有好几十家陶瓷店铺，各色各样的陶瓷器琳琅满目，既是商店，也是展览馆。我们一家一家地看，李永迪买了一个非常精致的小紫砂壶，我买了一个紫砂花盆作为纪念。

印第安啤酒屋

洪晓纯和洪玲玉姐妹知道我爱喝啤酒，一定要在我离台之前请我光顾一下台湾的啤酒屋。6月26日晚，我们到台大后门外的印第安啤酒屋，看到门外有玛雅文化风格的雕刻，进屋后左拐右拐，到达地下二层，已经有不少客人了。我们要了一个单间，看到外面许多桌子都要了一个木制的鼓形啤酒桶，每桶装酒3000毫升，我看太多，就一人要了一杯扎啤。一看整个杯子雕成玛雅人头像的样子，拿起来足有一千克重。我们一面喝酒，一面欣赏满屋子的玛雅风韵，的确是别有一番滋味在心头。据说本店在台北一共有5家连锁店，生意还很不错。

游台北南山

游阳明山时，阮芝生先生就说还要请我到南山玩玩。6月27日一大早，他就开车来接我们。经过木栅、新店，到石碇就看到层峦叠嶂，小车蜿蜒而上，是为九龙山。满山树木葱茏，以樟木为主。不久进入汐止乡地界，路边常有细管引流泉水，有些人专门开车来接泉水，阮芝生也接了两桶泉水，他说这比市面上卖的矿泉水好得多。这里路边有许多石桌石凳，我们走走坐坐，悠然自得。接着到乌来，那里风景秀丽，有许多温泉。在青翠的半山腰上，一条银白色的瀑布直泻而下，大约有50米高，十分壮观。不禁想起李白咏庐山飞瀑的诗句："飞流直下三千尺，疑是银河落九天！"我们在瀑布旁边玩了许久，就往回走。过了新店，阮芝生说还可以到政治大学后山去看看，我们就往那边走。原来我以为只是一座山，其实地方大得很，那里有许多茶座，还有不少寺庙。最后我们来到一贯道的天恩寺，这是一座新盖的三层仿古建筑。一贯道是儒释道耶回一并奉祀，而最重儒释道。我们上二楼时看到中间供着至圣先师孔子，右边是老子，左边是释迦牟尼。住持听说我们是北京来的，特别热情。说如果我们中国人都按孔夫子说的做，两岸的问题早就解决了。言谈中有无奈也有期望。出天恩寺时天色已近黄昏，匆匆回家，已经是下午6点过了。

离台返京

按照原定计划是6月30日离开台湾，到香港稍作停留，7月1日返京。正好"中研院"定于6月29日至7月1日召开第三次国际汉学家会议，我虽然不想参加，但既受人家邀请，可以参加一下开幕式，会会老朋友。后来因机票问题改在6月29日离台，又因为北京大学有一个考古队在香港屯门扫管笏进行发掘，第一阶段刚刚结束，我要去看一下。香港古物古迹小事处还要我作一个学术报告，于是决定推迟到7月2日返京。

在离开台湾大学的时候，本来许多朋友要亲自送行的，因为参加汉学家会议不得脱身，管东贵、许倬云和臧振华等只好打个电话表示惜别。吴棠海夫妇、邓淑苹、陈鼓应、阮芝生和人类学系谢主任等到舍下话别，马文光28日晚上专程从香港赶来迎接，江美英和洪玲玉一直把我们送上飞机。在台大一个学期的教学任务总算是圆满结束了，这一段时期既平常又颇多感触的经历将久久地留在我的记忆里。

（原载《足迹：考古随感录》，文物出版社，2011年）

滇西掠影

　　2008 年 6 月，应云南文物考古研究所的邀请，偕夫人到云南大理白族自治州考察剑川海门口遗址，并出席该遗址考古发掘的专家论证会，顺便到滇西参观游览。我们于 6 月 16 日 16:30 乘南方航空公司的飞机从首都机场起飞，同行的有张忠培夫妇、李伯谦、黄克忠等。20:00 到昆明。稍事休息，换祥鹏航空公司的小飞机飞大理，大约 22:00 才到达，住洱海边的苍山宾馆。

剑川海门口遗址论证会

　　6 月 17 日上午约 8:30 从大理出发乘车到洱源和剑川两县的交界处，剑川的四套班子前来迎接。到剑川住佳利大酒店，进门时许多穿着民族服装的男女列队隆重欢迎。

　　17 日下午即去剑川县南的剑湖南面的海门口考察考古发掘工地（图一）。那里原来有一个小海子，实际是一片沼泽地，近年因修渠排水才成为陆地。考古发掘在 1395 平方米的面积内分了四个小区。每个小区内有密密麻麻的 4000 多根木桩和个别的木板。木桩的平面布局很乱，只有个别地方围成长方形，很像是干栏式建筑的房子。据考古发掘的负责人闵锐介绍，经过钻探得知整个遗址大概有 25000 平方米，全都有密集的木桩。如此大规模的木桩建筑物是前所未见的，瑞士的湖上居址是世界知名的，跟海门口相比也只能是相形见绌了。我们看到发掘区都浸满了水。长期水泡可能是木桩能够保存的重要原因。

　　晚上由闵锐介绍仔细观看了海门口遗址的出土物品（图二）。遗址分 10 层分属于三个时期，大致相当于新石器时代晚期到青铜时代中期。出土物有大量陶器、石器和骨器，还有木器、青铜器以及稻、麦、粟等谷类遗存。木器中有木桨、木耙和木刀等，还有榫卯结构的木构件。看来整理任务还相当艰巨。

　　18 日上午海门口遗址专家论证会正式开幕。首先由大理白族自治州和剑川县的负责人致辞，接着由闵锐介绍考古发掘的情况。下午论证会由黄景略主持，邱宣充、李伯谦、张忠培、黄克忠、我和张增祺等先后发言，一致肯定发掘取得了

图一　参观剑川海门口遗址，拿话筒者为海门口考古发掘主持人闵锐

图二　参观剑川海门口遗址出土器物

重大收获，并且为下一步的保护提了不少建设性意见。

晚上到剑川宾馆观看剑川白族古乐演奏，其中有从唐宋时期流传下来的阿吒力佛乐及道腔、洞经等古乐，十分精彩。

19 日上午继续开论证会，有更多的与会学者发言，最后通过了专家论证意见书，论证会圆满结束。

石宝山和沙溪镇

19 日下午到剑川县城以南 20 多千米的石宝山参观。那里有三处南诏时期的石窟。我们主要参观了石钟山的石钟寺。那里有一座龟背石，形状像一个大松塔或蘑菇，也像一口钟，徐霞客曾经到这里旅游，看到了这座龟背石像一口钟，就把这座山也取名为石钟山了。那里的石窟很有特色。有的竟以南诏王为主窟，有的观音在坐佛之上，传说第一代南诏王是受了观音的指点才当上国王的。还有一个小洞窟，中间是一个女阴，两边却雕刻佛像。把传统的女阴崇拜和佛教结合起来了。这里还有一个风俗，就是每年七月有三天歌会，在那里男女可以自由找自己喜欢的对象交合。有些妇女长期不孕，就可以通过这种方式"借种"，做丈夫的心照不宣。大理自治州政府还特以此三日作为法定的民族假日。

从石宝山下来再往南就到沙溪古镇参观。这里紧邻从剑湖流过来的黑潓河，是茶马古道中间的一个重要的驿站，已公布为第六批中国历史文化名镇。基本保持明清时期的老样子。许多房子很讲究，有兴教寺、寺登街、四方街等，还有一些是接待马帮的客栈。据说有一位瑞士人看到这个古镇特别感兴趣，募集资金做了两次大规模的维修，还准备做第三次。有些台商看到了赚钱的机会，租了一些房子开旅店。

丽江古城和玉龙雪山

6 月 20 日上午，由云南文物考古所的杨德聪所长、刘旭副所长和闵锐各开一辆车，分别陪张忠培夫妇、我和夫人以及国家文物局的张凌和文物报的李政到丽江纳西族古城参观。到了丽江就直奔丽江市博物馆，重点看那里的东巴文化展。现在收集的东巴文书有两万多件。东巴文是一种非常特殊的文字。看起来有点像古埃及文，都是从左向右横排书写。实际上又完全不同。古埃及文是拼音文字，只是字母象形。东巴文既象形又谐音，形音义相结合，造字原则有点像古汉字。但并不是一字一音，只有经师一代一代传承才能正确诵读。比如东巴经中有一篇《人类的起源》，开始就说"古时候，天震动，地动摇……"古时候是画的一个虎头，虎古谐音，你不能望文生义念成"虎头"，只能按照经师的读法。虽然是象形，但每个字都有固定的写法，是一个完整的文字系统，不能随意去画或写，它是纳西人给人类留下的极为珍贵的文化财富。对于研究文字的起源具有特殊的意义。

从博物馆出来就到附近的黑龙潭公园散步，黑龙潭水质清澈，园内古木参天，风景极好。午后驱车往北到玉龙雪山游览。到停车场后转乘游览车开到海拔较高的云杉坪。那里周围是原始的云杉树林，中间却是一片平坦的草地。据说在这草地上栽树也不长，很是特别。这里已靠近雪山，山上的冰雪可以看得清清楚楚。我们在这里玩了很久，直到服务人员要下班了才依依不舍地离开。

晚上逛丽江古城，确实是古色古香。街道旁边的小水渠中流着从玉龙雪山下来的冰水，清澈而洁净。商店多是小门面，除本地人经营的以外，还有不少外地人包括台湾人开的店铺。女士们买了一些纪念品。游人中有许多外国人，熙熙攘攘，十分热闹。为了保护古城，在旁边又建设了一个新城。现在人口大约各有十万。晚上住祥鹏客栈。

第二天一早就去看纳西族的名人方国瑜先生的故居。方先生早年在北京师范大学本科毕业，又在北京大学研究生毕业。一生著作等身，大约有两千万字。徐中舒先生称他是南中泰斗，也是纳西人的骄傲。

大理和保山

6月21日从丽江到大理。上次经过大理停留的时间太短，这次要好好看看这座古城。我们首先到著名的蝴蝶泉，想看看那里的蝴蝶。所谓蝴蝶泉只是一个小池子，周围风景极好，就是没有看见一只蝴蝶，有点失望。有人告诉我们旁边有一个蝴蝶大世界，在一个人工搭建的大棚里养了成千上万只蝴蝶。进到里面看各种各样的蝴蝶，真是五花八门，还有说明牌，令人赏心悦目，也算不负此行。

接着到崇宁寺看大理三塔。主塔是唐朝贞观年修建，旁边两座小塔是宋代修建的，因为地震的关系已经明显地倾斜了。我们从塔基上可以清楚地看到洱海，真是美丽至极。崇宁寺本身早已不存在了，可是大理州政府一定要重建。既不做考古工作，也不查相关资料，就建了一个假崇宁寺，还有一座大门，看了不伦不类。

傍晚从北门进大理古城，先在兰林阁酒店安顿下来。在外面用餐后就游览古城，古城也是古色古香，游人甚多，可惜我们无法把整个古城转一圈。

省文物考古所在大理有一个临时的工作站，考古发掘的许多器物和陶片就放在那里。22日上午，刘旭领我们去那里看银梭岛出土的东西，主要是新石器时代的，比海门口遗址早，但似乎衔接不上。我建议他们在大理建立正式的工作站，尽快建立起滇西或大理地区的文化谱系。

本日中午赶到保山，首先参观保山博物馆。因为保山出铜鼓，整个建筑也仿照铜鼓的模样。除了有考古文物展览，还有专门滇西抗日战争的展览。看完博物馆后就到保山附近参观光尊寺。此寺始建于南诏初期，明清时重建，后又重修，有21栋房屋。所奉是儒释道三合一。抗日战争时曾经作为滇西抗敌长官公署，卫立煌驻跸于此。

腾冲"边城"

22日下午从保山出发到"边城"腾冲。途中翻过高黎贡山，山上云雾缭绕，还不时下雨。大约18:30到腾冲。这个城市非常漂亮，街道布置得像花园。现在正建设空港，明年即可直飞昆明。我们也就住在腾冲空港的观光酒店。

23日上午参观国殇墓园。滇西腾冲战役打得极为惨烈。日军把守腾冲石城顽固抵抗，我二十集团军在美国空军的配合下彻底摧毁了腾冲城，歼灭日本侵略军二千余人，包括一名少将。我官兵伤亡更加惨重，牺牲了八千余人，包括两名少将。这个墓园就是为这些为国捐躯的英勇将士而建的。墓园正门上有于右任题写的"忠烈祠"三个大字。

然后到和顺乡参观，那是一个侨乡，有许多华侨，虽然人在海外，但对家乡的建设和中华文化的传承十分关心。这里有一座和顺图书馆，始建于1928年，以前的1906年有一个研究会，所有图书就并入这个图书馆了。其中有二十四史、万有文库及地方史书等8万余册，图书的品位甚高，保管也很好。现在已列入国保单位。

接着看艾思奇故居。艾原名李某，是聂耳的挚友。他的《大众哲学》是为人熟知的。可是1966年3月仅56岁就去世了，实在可惜。

中午就在"和顺人家"餐馆用餐。饭后参观道教的文昌宫，又名玉真宫。建筑群保持完整，环境也好，准备申请为国保单位。接着看文庙建筑群。然后又考察南诏时期的古城遗址。

腾冲有许多珠宝商店，以卖翡翠出名。腾冲加工翡翠有悠久的历史，但翡翠的产地却在西边的密支那野人山一带。原来那里是属于中国的，所以腾冲的原料不成问题。可是现在那块地方划给了缅甸，原来在内地的腾冲成了边城，要获得原料就要靠国际贸易了。我们看到街上有不少缅甸人，大概都与翡翠交易有关。

腾冲又有很多火山，因此就有很多温泉。晚上女士们去看翡翠，我们男士就到热海洗温泉浴了。

梁河的"傣族故宫"

6月24日，我们一行10人从腾冲南下到梁河县。那里原来是南甸宣抚司署所在，号称傣族的"故宫"。土司是江南人，姓龚，在元朝的军队中任百夫长到千夫长，留在本地后当了土司并赐姓刀，统领南甸十个土司。范围比现在的德宏傣族自治州大三倍，其中包括现在划归缅甸的一部分。到第 28 代土司龚绥当了德宏自治州的副州长，可是在"文化大革命"中被活活整死，他的儿子在台湾幸免于难。这个衙署建筑是汉式的，有五进四个院落，共有四十七栋房屋。因为曾经是傣族的政治中心，所以有"傣族故宫"之称。现为国家级保护单位。

我们从梁河继续往南到了盈江，参观一座傣族的金塔，虽然也是国保单位，其实只是在 1947～1955 年建成的现代建筑。在金塔旁边有景颇族和傈僳族的纪念塔。这里是几个民族聚居的地方。中午我们就在纪念塔旁边的景颇族人的餐馆用餐。

瑞丽—畹町边境行

24 日下午从盈江出发，经过陇川直奔边境城市瑞丽。这个城市大约有 5 万人，街道整齐清洁，铺面都相当气派，大部分是珠宝商店，翡翠饰品是这里的抢手货。街上游客很多，主要是外地人，还有不少外国人。第二天上午到附近的姐告玉城，那里除正规商店外，还有许多摊贩，玉器玉料到处都是，想买便宜货的多半青睐这个地方。同行的几位多少都买了一些作为纪念。这里是中缅两国交界的地方，中国政府在这里设立了海关。从姐告出来就到不远处的一个国际村，这个村庄是中缅各半，有大片的荷花塘，荷花盛开，风景十分美丽。

离开瑞丽到另一个较小的边境城市畹町，也有不少玉器商店。这里是抗日战争中滇西战役最后一战的地方。边界的畹町桥就是争夺很激烈的地方。我们特地在那里照相留念（图三）。

离开边境，就到德宏傣族景颇族自治州的首府芒市也就是潞西。市区较大，人口也比瑞丽多，但市容较差。市里同志领我们看了一处树包塔，一株 207 年树龄的菩提树把一座塔包了起来。树是省保单位，塔是县保单位。我们开玩笑说到底是省管县嘛！接着又看了一处菩提寺，这座建筑的下面是由许多木桩托起来的所谓干栏式，是当地普遍的建筑方式。可是上面的主体建筑却是汉式的。旁边新盖了一栋藏经楼，收藏了许多傣文佛经。当地的佛教协会也设在这里。

西双版纳的热带风情

6 月 26 日上午从芒市出发，中午到保山用餐。保山博物馆王馆长陪我们从保山到腾冲、梁河、盈江、瑞丽、畹町、芒市再回到保山，转了一个大圈子，帮了我们许多忙，到此才依依话别，实在感谢他了。从保山到大理全部是高速路，但不时有阵雨，有时是大雨。到大理后与刘旭、闵锐等话别，由省文物考古所的蒋志龙陪我们乘 18:40 的班机飞西双版纳的首府景洪，住金版纳酒店。

图三   中华人民共和国瑞丽口岸

西双版纳地处云南省的最南端，已经是热带地区了。上午到景洪西边的勐海，因为地势较高，气温比景洪低 5℃，比较凉爽。我们首先参观一座傣式建筑的曼海佛寺。这是一个国保单位，修缮费国家出，僧人当地村里供养。小孩子 8 岁就进寺学傣文，等于上学。年纪大了可以还俗结婚，平常也可以吃肉。可是佛寺的经营却是旅游公司。然后看景真八角亭，也是一个国保单位，主体是康熙时建的，旁边的佛寺、塔和僧房是后来续建的，保存都很好。

下午到景洪的曼听公园游玩。这里原来是傣王的御花园，有 1300 多年的历史。"文化大革命"中遭到破坏，后来又重建，已经很难保存原来的样子了。现在园里有 1961 年周恩来参加泼水节的塑像。

6 月 28 日往东南边境的勐腊。那里有 1959 年始建的热带植物园。负责人告诉我们园里现有 18000 种植物，但对外公布只有 13000 种。我们不知道这种事为什么要内外有别。我们坐园内的敞篷车，导游一路介绍。最后又参观了园内的热带植物博物馆，得到了不少知识。

西双版纳是傣族自治州，傣族人的生活怎么样，我们一行人都很想了解一下。所以在回景洪的路上特别拜访了两家傣族的家庭。主人非常热情地接待我们，只是语言不通。房子新盖不久，虽然保持干栏式的风格，但底下的地面铺了水泥，放了许多东西，包括拖拉机、摩托车和大量木料。房顶盖琉璃机制瓦。居住层全部是木板地面，墙壁也都是木板做的。房间比较宽敞，有卧室、公共活动间和厨房等。旁边老房子的瓦都是平板，很薄，大约只有半厘米厚。用瓦钉勾住木椽上的横条（木或竹）。房东有自己的橡胶园，生活相当富裕。

回到昆明

6月29日乘飞机回昆明，住春城花园酒店。下午到省文物考古所参观，那是一座6层的楼房，办公的地方还比较宽敞。主人给我们介绍了整个所的情况，特别是近年考古工作的情况，然后参观考古标本，我们主要看了石佛洞等处出土的陶器。从考古所出来就到省博物馆参观。那里有一个云南青铜文化展，很有特色，但展览方式似乎还可以改进。

到了昆明，自然想看看老同学和老朋友。经与李昆生等联系，定在云南大学校门外的一个餐馆聚会，蒋志龙把我和老伴送到餐馆，见到老同学蔡葵（尔轨）、朱桂昌、王玉笙、汪宁生和我的学生李昆生、赵美等。他们早就在那里等候了，见了面真是高兴。朱桂昌现在研究里耶秦简中的日历，汪宁生在办刊物，蔡葵在集邮。他们都是退休以后自己找点事情做。汪宁生在民族考古学研究上有很高的成就。我在任北京大学考古系副主任的时候，曾经征得系主任宿白先生的同意，想把宁生调到北大来，尽管作了许多努力，最终也没有办成，实在遗憾。不过宁生自有办法，利用云南的特殊条件，照样出了许多成果。学术是没有界限的，他的成果照样得到学术界的关注与高度评价。李昆生还在任上，所以显得特别忙。大家好久不见，有说不完的话，最后还只得依依惜别。李昆生把我们送到宾馆，时间已经很晚了。

6月30日上午，我和张忠培一道到云南陆军讲武堂参观。这里是培养了朱德、叶剑英、蔡锷和越南的武元甲等一大批著名的革命将领的摇篮。虽然是国保单位，但有些地方已被别的单位挤占。现在只剩下一个大四合院及附属建筑约3万平方米，不及原有面积7万多平方米之半。里面有一个常设展览，分辛亥革命（云南是重九即10月30日革命）、护国首义、抗日战争等几个展室，但多年未变，有些资料需要充实。现计划改陈，需要600万元，我想这一点钱总是不难解决的。

云南有一个花卉世博园，我们中午就在世博园中的吉鑫园餐厅吃云南特产过桥米线，同时观看白族和纳西族等的歌舞表演。16:20乘飞机返回北京。滇西掠影半个月，留下了难忘的印象！

（原载《足迹：考古随感录》，文物出版社，2011年）

新疆览胜

新疆是我国面积最大的省份，约占全国面积的六分之一。早年因为在全国的西部而称为西域。汉武帝太初四年，也就是公元前 101 年，即在西域设置使者校尉，驻今南疆轮台的乌垒城。汉宣帝神爵二年（公元前 60 年）置西域都护府，仍驻乌垒城。唐贞观十四年（公元 640 年）设安西都护府于交河，之后移至阿克苏的龟兹。明清之际，我国西北部的蒙古族有漠南蒙古、漠北克尔克蒙古和漠西厄鲁特蒙古。后者又分为准噶尔等四部。曾被准格尔统治的维吾尔族住天山南路，从事农业。至清乾隆年间准格尔叛乱之际，维族亦起而反清。均被平定后，乃设新疆省，归伊犁将军统治。

新疆地域广大，民族众多，虽然设置了行省，实际管治薄弱。进入近代，西方殖民者以探险为名多次进入中国新疆和蒙古等地。其中只有瑞典的斯文赫定与中方当时北京大学的教务长徐旭生先生合组的中瑞西北科学考察团认真地做了环境、民族、民俗、资源、考古等全面的考察，发表了多卷本的考察报告。其成员贝尔格曼（Bergman）也曾三次赴新疆进行考古调查，采集了大量细石器等新石器时代的遗物。中方成员黄文弼等则采集了彩陶等遗物，并考察了高昌故城。

我一直渴望到新疆去看看那里的风土人情，如果能做点考古工作就更好。1995 年 11 月 12~21 日，终于有机会跟随宿白先生和考古所的徐苹芳等乘自治区政府专用的面包车去南疆一游。我们首先考察东疆的交河故城，讨论保护方案，那里因为气候干燥，平均年降水量不过几毫米。城址不大，墙壁还有一两人高。地面有很深的浮土。我走在上面不慎踢出一片麻布，原来是裹着婴儿的。离交河古城不远有一座高昌古城，规模比交河大得多，保存也很好。离高昌不远就看到一排火红的山脉，那就是西游记里面讲的火焰山。山里埋藏的煤炭有时会自燃冒出浓烟。我们经火焰山南麓不远就到了吐鲁番。那里地势陡然低下，中间的艾丁湖竟然低于海平面 150 多米。气候炎热又极为干燥。村民为躲避炎热多躲在坎儿井下。这坎儿井可说是一项天才的发明。据说最初是从中亚那边学来的。吐鲁番的坎儿井是从天山冰川脚下引进雪水，连串的坎儿井相互间从地下沟通，既便于施工，更能够防止水分过分蒸发，真是一种巧妙的设计。我也跟村民一起下到井下侧面掏出的窑洞中，感觉十分凉爽。

吐鲁番以产葡萄出名，我们看到一排排的葡萄架，下面挂着一串串的葡萄，令人喜爱。村民还特地摘下一串让我们外地的客人品尝。附近还有许多不盖屋顶的"房屋"，墙壁也全是漏孔，里面挂着的葡萄都成了葡萄干。吃葡萄干另是一种滋味。当地的维吾尔族姑娘看到我们这些远道来的"客人"，都翩翩起舞表示欢迎。

从吐鲁番向西直达新疆维吾尔自治区的首府乌鲁木齐，受到自治区政府的热烈欢迎。特地把政府专用的面包车给我们用。我们一路就是乘坐的这辆面包车越过天山隘口直到南疆。先是经过焉耆看博斯腾湖。那是新疆难得的一座大淡水湖，湖水清澈，有许多水鸟。不远处就是著名的尼雅古都城遗址，斯文赫定探险队的贝尔格曼在向导奥尔德克带领下于库姆河的支流小河沿岸首先找到了小河墓地。后来日本的橘瑞超也曾去探察过。新疆考古所的伊弟利斯所长告诉我们旁边不远还有一个小河墓地，他们曾经在2002~2005年进行过全面发掘，在《新疆文物》2007年第1期上发表过一个简报。伊弟利斯说去那里先要经过一段沙漠。我们踏着寸草不生的沙漠，周围渺无人烟，远远望去有许多树立的杉木，那就是小河墓地所在。我们走近墓地，发现每根杉木的下面都挂着一个草包和一个牛头。草包里面放着粮食和羊骨等，对着牛头有一座墓葬。其中有一副棺木，棺内的死者都已成为木乃伊似的干尸。尸体外面裹着衣服。新疆博物馆陈列着一个小河出土的木棺，里面安葬的是一位美丽的少女，身上穿着漂亮的衣服。如此高规格的墓地，却没有一座墓随葬青铜器或玉器之类的贵重物品。墓地的大杉木应该是从远处的山上砍伐、修理后运来的。这要动员多少人力啊！我想只有尼雅都城的统治者才能有如此巨大的组织能力。如果这一推测不错，那小河就很可能是尼雅都城贵族的墓地！我们从小河墓地出来，上车继续前行。走不多远，看看天色已黑，就在蒙古族自治州首府库尔勒过夜。第二天开车西行，路很窄，我们看到不时有满载的货车翻倒在路旁。路北是戈壁滩，那是从天山上崩裂下来的石块滩地。每块石头大约有两三斤重，棱角分明，当地人称之为戈壁，好像很荒凉。其实那只是一段一段的。天山有许多垭口，每个都是一个冰川。上面的雪水流下来，就会形成一个绿洲。每个绿洲就会形成一个县，跟内地的县差不多。我想当年班超通西域，经历三十六国，每个国大概也就是一个县。我们一路西行，到轮台时天色已暗。继续前行到库车，那里有克孜尔千佛洞，大群的石窟十分壮观。宿白先生是研究石窟的权威，他从山沟爬上去，一个一个石窟仔细察看。这些石窟本来是佛教徒开凿的，里面画着佛教的本生故事等。后来这里被伊斯兰教徒占据，在原来的壁画上乱涂乱抹。不过原来的佛教故事还能看得明白。

我们从库车到阿克苏，那里是维吾尔族的聚居地。县委书记是上海知青，七个县长只有最后一位是维族。新疆的生产建设兵团平时从事农业生产劳动，同时注意军事操练。一旦有事就可以随时出动。

新疆实在太大，这次只到南疆北部的边缘，浮光掠影地走了一趟，南边的塔里木河是中国最大的内陆河。再往南则是中国最大、世界第二的大沙漠——塔克拉玛干沙漠。据说下面有很深的含水层，甚至还有丰富的石油层，开发价值极大。

这次没有到北疆去。过了足足十二年，终于有机会来了。2007 年 9 月 14 日，王辉接我到甘肃张家川的马家塬考察戎人墓地。之后由杨惠福开车，经武威、张掖、瓜州到敦煌。在那里过中秋。又由彭金璋陪同考察千佛洞。27 日，西北大学的王建新派人把我和老伴接到新疆的哈密。那里的文物干部是北大考古系毕业的，特地陪我们游览了哈密的清真寺等胜迹。29 日，王建新又派人把我们接到天山北麓的巴里坤哈萨克自治县。西北大学在那里的红山口和东黑沟有一个考古工地，后者规模很大，中心的大房子为半地穴，里面的木柱都很粗大。周围有许多半地穴的小房子。围绕房屋有一千多块岩画，上面大多刻划大角的北山羊。如此大规模的聚落，王建新推测可能是匈奴单于的营帐。

天山北麓的风景极佳，跟南麓光秃秃的戈壁滩形成鲜明的对比。我和老伴特地往山上走走，欣赏那里美丽的风光：山顶是皑皑的白雪，山腰是茂密的云杉森林，山下是牛羊成群的大草原。真是美丽极了。我不会写诗，却在山上引发了诗情，低吟了一首《新疆谣》[1]。

西北大学的考古实习队跟当地哈萨克牧民相互关系十分融洽。为了欢迎我们远方的客人，特地在哈萨克大帐篷中设宴款待，席间还翩翩起舞，好不欢快！不过巴里坤只是哈萨克族的一个自治县，哈族集中的地方在新疆西北部的伊犁哈萨克自治州。哈族是一个游牧民族，性格十分豪爽。他们驯化了大鹰鹫也就是鹫，放牧时牧人骑在马上，把鹫放在肩上，让他充当羊群的保护神。他们有夏季牧场和冬季牧场，每当季节转换之时，牧人骑马扬鞭，肩上扛着鹰鹫，赶着羊群，十分壮观！我们随后于 10 月 4 日下午在新疆考古研究所参观小河墓地出土的遗物，还特地看了那位少女美丽的容貌。

---

〔1〕　详见本书后文《新疆谣》。

旅美纪行

经美国的美中学术交流委员会提议并与中国社会科学院历史研究所等单位联系，决定于 1986 年 6 月下旬在美国弗吉尼亚州艾尔莱举行"中国古代史与社会科学一般法则学术研讨会"。美国哈佛大学的张光直事先告诉我，我已被列入邀请名单，希望我一定参加会议。后来我才收到国家教育委员会的通知和美国国家科学院与美中学术交流委员会的邀请函。与会的中国学者还有社会科学院历史所的杨向奎、林甘泉、田昌五、李学勤，考古研究所的郑光，四川大学的童恩正，云南大学的汪宁生和吉林大学的张忠培、林沄等。陪同人员有社科院外事局的张友云。

初到美国

我于 6 月 18 日早晨 7:30 乘校长专用车到首都机场，同去美国的一行人林甘泉等也陆续到达。天气晴朗，预报今天北京最高气温为 35℃，不过早晨还不是太热。办完各种手续后于 9:40 登机。我们坐的是中国民航 981 航班的波音 747 宽体客机，能够坐三百多人。10:20 起飞，约 12:10 到上海，这里今天最高气温是 30℃，还不感到闷热。在候机室稍事休息，办理出境手续，登机时又上来一些客人，几乎坐满了。14:00 起飞，北京时间第二天 0:30 到旧金山，当地时间还是 18 日早晨 8:30！

因为我们是顺着地球自转的方向飞，时间就过得特别快。在太平洋上，水天一色，漫无边际。只是感到太阳走得快，北京时间 18:00 多天就黑了，空姐要我们安静休息，可是这么早怎么也睡不着。不到四个小时天就亮了，22:20 太阳就冲出了海面，而且上升得特别快，这跟在泰山观日出完全是两番景象。

旧金山十分凉爽，毋宁说有点冷清。大夏天了，阳光灿烂，最高气温却只有 14℃。旧金山机场比北京机场大得多，设施也比较好，服务周到，但服务人员很少。场内商店货物十分丰富，规格也比较高。

在旧金山休息不到两个小时，当地时间 10:20 起飞，五个多小时到纽约，当地时间是18日18:35，而北京时间是19日早晨7:35！本来从上海来时飞机上乘客还比较满，主要是中国人，外国人没有几个。到旧金山后绝大部分都下去了，登机时没有一个新的乘客，飞机上空荡荡的，没有一个外国人。

从旧金山飞纽约，一路天气晴朗，只稀稀疏疏有点白云，所以地面的景色可以一览无余。到美国中部时，只见一望无际的大平原，地面都开发成四方四正的农田格子，每个格子就是一个农庄，北面正中是房舍，十分整齐。进入五大湖区，没有想到湖水一片青蓝，简直是清澈见底。中国要有这样大的淡水湖就好了。过湖以后是丘陵区，到处是青葱茂密的森林，没有露一点土色，丘陵之间的水面也不少。傍晚时到了纽约，居民区的房屋密密麻麻一大片，也是棋盘格式的，大高楼只占比较小的一块，非常集中。

纽约今天的最高气温是23℃，傍晚更加凉爽。美中学术交流委员会派代表迎接我们。因为天色已晚，大家也有些劳累，就安排在机场附近的希尔顿宾馆住宿。明天准备飞华盛顿。

在华盛顿

6月19日上午9:10乘泛美航空公司的飞机从纽约起飞，约10:30到达华盛顿。美中学术交流委员会派一位青年樊利谟（Limo van）迎接，他很热情，中文说得很好。除我们开会期间外，准备全程陪同我们，直到送上回国的飞机为止。华盛顿是美国的首都，但人口并不多，只有70万人，大部分是黑人。市里也没有高楼大厦，主要是一些政府机构和文化设施。到处是绿地，显得清净雅致。我们下飞机后，随即到美国国家科学院，中午就在那里用餐。随后参观著名的弗利尔美术馆。这里有一个博物馆群，弗利尔美术馆是其中之一，还有赛克勒博物馆等许多家。弗利尔美术馆所藏中国古物最多，兼有日本、印度和阿拉伯等国家和地区的物品。我最感兴趣的是弗利尔1919年从上海购买的据说是出自浙江的一大批良渚文化的玉器。其中有几块玉璧上用极细的针刻的鸟立在台阶上或台阶上立的柱子上。同时陈列的还有玉琮、玉镯、玉环、玉牌饰等。

傍晚参观著名的"水门"，尼克松就是因为"水门事件"而被赶下台的（图一）。所谓"水门"是因为那里有一股水流，先流到一个大理石雕的浅圆盘里，接着依次流到较矮的大理石圆盘里。是一个超级市场旁装点门面的设施，并没有什么特别的地方。我们看了"水门"顺便参观超级市场。里面货物极多，档次也高，可是营业人员和顾客都很少，所以显得安静舒适。

主人特别安排我们在太白楼中餐馆用晚餐。餐后安排住宿。我们住在小河旅店（The River Inn Hotel），房间甚大，设施一应俱全。楼上还有游泳池。晚上在大

图一　华盛顿的"水门"

街上溜达，到处有松鼠，一点不怕人。店门口有奏乐的，跳舞的，卖杂耍的，装扮成火星人的，人们熙熙攘攘，甚是热闹。

6月20日，晴，有阵雨。

上午参观美国国家历史博物馆，其中有美国历届第一夫人蜡像馆、工业馆、农业馆和科技史馆等，内容丰富。

接着到华盛顿广场，那里绿草如茵，巨大的长方形水池一头高耸一座方尖碑，一头是林肯纪念堂。我们先到林肯纪念堂瞻仰，然后在广场一侧看了越战阵亡将士纪念碑。这里依地面起伏切开了一个长长的剖面，在剖面贴上黑亮的花岗岩，上面密密麻麻地刻着在越战中阵亡的将士的姓名、军衔和所属部队的名称。我注意到上面保持得干干净净，没有任何乱写乱画的痕迹。地上摆放着鲜花和小星条旗。尽管许多美国人反对越战，但是对于为国捐躯的将士还是表达自己的敬意和哀思。看了深有感触。

离开纪念碑就去参观航空与航天博物馆（图二）。这个馆很大，里面陈列着各种飞机和航天器材，包括登月火箭、航天服和各种卫星。还有一个航天员在月球上行走状况的布景箱。参观者可以进入登月火箭的座舱实际体会一下。记得美国航天员登上月球的第一句话是：我跨上月球只是一小步，却是人类探索宇宙的一大步。看完博物馆后接着让我们看了一场很有意思的电影："走向太空"（To Space）。电影演示了从登月计划、准备、火箭发射、登月行走、采石头到返回地

图二　参观航空航天博物馆

面的全过程，真是大开眼界。

中午到国会图书馆用便餐，整个下午就参观这个图书馆。它是美国最大的图书馆，由杰弗逊、亚当姆斯和麦迪逊三个分馆组成，三馆之间有地道相通。藏书总量约8000万册，其中中国图书约50万册。工作人员达5000人，一个单位有这么多人，在美国是罕见的。这里借书非常方便。大部分图书是开架的，你可以任意提取。馆内有许多个人使用的阅览室，你可以借很多书在那里看，可以用很多天，你不还，没有人来打扰或给你收拾。外借书的数量也比较宽松。总之是尽量方便读者。

晚上在四川大饭店用餐。回到宿舍已比较晚了，加上整天参观有些累了，就没有再安排活动了。

6月21日，晴。

上午先到水门附近溜达，然后到白宫。没有买到参观的票，进不去，只好在外面看看。我们走在铁栅栏外边，看到有黑人支着棚子站在那里，据说是抗议者，晚上就待在棚子里不走。究竟为什么抗议我们也没有兴趣去打听。白宫没有看成，就去参观美国国家美术馆。里面陈列大量油画和雕塑。有欧美各国各个时期各个流派的作品，可惜没有那么多时间去细细品味，只是走马观花而已。

15:30到宾夕法尼亚大街的约瑟夫-亨利大厦候车，16:00乘巴士去这次开会的地点——弗吉尼亚州的艾尔莱别墅，大约18:00到达。艾尔莱别墅是二百年前的一个老农场改建的，全部是平房，有些房子还保留着农场原来的名称，如马厩、车房、草库等。场部外边有大片的草地，草地边缘则有参天的大树（图三）。空气清新，风景优美，现在经常在这里举行小型的国际学术讨论会。在我们到达之前，美国、英国和加拿大等国的学者已先期抵达。大家热烈相会，彼此问候，气氛融洽。安顿好住宿后，大约18:30由史密森博物院秘书亚当姆斯代表美方在院子的草坪上举行露天欢迎宴会。

图三　艾尔莱牧场（左起：张忠培、严文明、汪宁生）

艾尔莱研讨会

6月22日上午9:00整，"中国古代史与社会科学一般法则研讨会"正式开始。参加会议的除中国大陆的学者外，还有台湾"中央研究院"史语所的杜正胜，美国哈佛大学的张光直和叶兹（Robin Yates）、匹兹堡大学的许倬云、加州大学（伯克利）的吉德炜（David N. Keightley）、南加州大学的尤金（Eugene Cooper）、华盛顿大学的杜朴（Robert L. Thorp）、亚利桑那大学的约菲（Norman Yoffee）和美洲研究会的哈斯（Jonathan Haas），加拿大不列颠－哥伦比亚大学的皮尔逊（Richard Pearson）和英国伦敦新左派评论的安德生（Perry Anderson）。正在美国访问的石兴邦先生也参加了讨论。担任翻译的有寒春、阳早的女儿、白海思和慕容捷。会议分为五组：1）总体考察，2）社会关系，3）经济和政治关系，4）宗教和意识形态，5）模式法则和比较。会议的论文都有中文和英文两种文本，事先都已经分送给每一位参加者阅读过。所以发言限制在十分钟，主要讲文章的重点和需要补充与特别说明的问题。主讲人发言后有一位主评论员发言，时间不超过三分钟。之后大家可以随意提问和讨论。

我被安排在第一组第一个发言，提交的论文题目是《中国史前文化的统一性与多样性》。主评论员是张光直。光直对我的论文提出两项观察和一项讨论。第一项观察是：这篇论文的观点与当前对世界其他文化发展道路考察的结果颇相一致。它优于过去观点的地方有二，一是能够对中原地区以外不断发现的新文化有所说明，二是对1972年以来大量绝对年代的测定结果也有较好的处理。"所以我对这项观察非常兴奋，并表示完全的支持"。第二项观察是对于论文中提出的从旧石器时代向新石器时代过渡的三种途径的估计。这三种途径的划分无疑是正确的，不过从洞穴演变的途径以后可能会出现更多的材料并产生更加丰富的结果，特别是对于华南史前考古会有更多的期望。一项讨论是：似乎新石器时代早期多样性比较突出，晚期统一性比较突出。到底在什么时候统一性盖过了多样性呢？光直认为可能在公元前4000年前后，考古学文化开始组成一个联系网。虽然证据还不充分，但它会影响我们对于中国文化的定义和中国文化的疆界的认识。吉德炜认为张光直提的公元前4000年可能太早了，也许提公元前3500年会更好一些。张光直说，在公元前5000年有不少独立的考古学文化，之后出现了许多相同和相似的因素，例如仰韶文化、大汶口文化、马家浜文化和大溪文化等都出现了鼎和豆。到公元前3000年龙山文化形成期，这种相似性好像很巩固和完善了。所以就取中间值公元前4000年。当然如果相差一二百年是无关紧要的。

第二个发言的是郑光，题目是《中国新石器时代和中国文明史》。林沄对郑的论点有不同的看法，引起了激烈的争论。

下午继续讨论。先后有林甘泉、张光直和许倬云发言。林发言的题目是《古代中国社会发展的模式》，张的题目是《文明起源的连续性与突破性》，许的题目是《社会变迁的再考察：战国与前汉》。几篇论文都有相当的深度，但讨论并不热烈。

6月23日讨论第二组问题：社会关系。上午发言的有汪宁生、李学勤和吉德炜。汪发言的题目是《仰韶文化的埋葬习俗和社会组织研究》，李的题目是《考古发现与中国古代的姓氏制度》，吉德炜的题目是《中国新石器时代的考古方法与历史问题》。汪宁生认为，一些学者运用仰韶文化的墓葬资料论证当时的社会制度是母系社会，证据并不充分，论证的方法也存在一些问题。张忠培不大同意，两人争论起来。吉德炜说，虽然一些民族志的资料有不少无血缘关系也可以埋在一起的情况，但更多还是按照血缘关系来安排埋葬的。中国历来特别强调血缘关系，在这种情况下研究史前的埋葬制度，首先从血缘关系来考虑是不奇怪的。皮尔逊说 20 世纪 60 年代在美国出版过一本书，作者详细考察了全世界各民族存在母系制度的情况，证明并不是所有民族都有过母系社会，更没有多少民族存在过母权制。

　　下午只有两人发言。一是张忠培，题目是《中国父系氏族发展阶段的考古学考察》，二是皮尔逊，题目是《新石器时代埋葬的诸形态：解释方法的问题》。讨论基本上是接着上午的议题。吉德炜说，在中国为什么一个时期特别流行多人二次合葬，而以后又一下子不见了，应该不是偶然的，可能是社会变迁的反映，很值得研究。

　　6 月 24 日开始讨论第三组问题：经济和政治关系。上午发言的有叶兹和童恩正。叶发言的题目是《从比较和历史视角看中国的奴隶社会》，童的题目是《从考古资料看中国西南的奴隶社会》。

　　下午自由活动。

　　6 月 25 日上午发言的有尤金、杜正胜和林沄。尤发言的题目是《从原始公社到亚细亚生产方式》，杜的题目是《封建主义、城邦和社会结构》，林的题目是《中国早期国家的结构问题》。应该说林沄的文章写得最好，把一个很复杂的问题论述得清清楚楚。

　　下午讨论第四组问题：宗教和意识形态。第一个发言的是黄展岳，题目是《从人殉和人牲的演变看中国古代社会》，第二个是杜朴，题目是《祭祀实践与社会结构：安阳殷墟的证据》。

　　6 月 26 日上午田昌五发表《尧舜禹传说与中国文明的起源》，杨向奎发表《孔子和礼的起源》。

　　下午讨论第六组问题：模式、法则和比较。哈斯发表《中国与新世界的比较和对比》，约菲发表《中国和美索不达米亚：比较、对比和古代文明的演进》，安德生发表《国家的产生：在中国的反映》。至此整个讨论会结束，没有总结也难以做总结。大家收拾行李，17:00 出发赴华盛顿机场，乘纽约航空公司的飞机到达波士顿机场。樊利谟到机场迎接，然后驱车到剑桥，沿途看到大片绿地，青翠欲滴，令人感到心旷神怡，与纽约那种繁华闹市形成鲜明的对比。晚上住在哈佛大学旁边的夸里提旅店（Quality Inn）。

在波士顿

　　6 月 27 日到哈佛大学参观哈佛图书馆、人类学系、皮巴德博物馆和赛克勒博物馆。哈佛大学图书馆藏书约 1000 万册，每年购书十余万册。我们主要参观哈佛燕京图书馆，由冯燕彩女士接待。该馆主要藏中、日、朝文图书，尤以中文书籍为多。据冯女士介绍，哈佛大学从 19 世纪末就开始收藏中文书籍。1928 年有一位铅制品商人捐献了 600 万美元，请中国燕京大学帮助哈佛大学收集中国书籍，同时帮助成立了哈佛燕京学社。

接着到人类学系，由张光直接待。主要看了他的工作室。他的同事和助手都叫他 KC，显得很亲切随和。皮巴德博物馆主要收藏印第安人和非洲土人的文物，就直接放在架子上，摆得很挤，也没有玻璃罩，看起来很方便。因为室内空气做了净化处理，所以裸露放着也没有一点灰尘。

下午参观福格博物馆。也是属于哈佛大学的。陈列室中有不少良渚文化的器物。其中有一件墨绿色玉钺，编号 192，是 Fritz Bilfinger 于 1940 年在杭州附近购买的，著录于罗越所著《古代中国玉器》（Max Loehr 1975, *Ancient Chinese Jades*, Fogg Art Museum, Harvard University）。该钺长 120、最宽 95、厚 4 毫米，重 109 克。管钻一孔。两面用极细的线条刻抽象的神徽，颇像日照两城镇玉锛上的刻划。罗越误认为是西周物，实际应该是良渚文化晚期的东西。有一件黑陶双鼻壶，高 129、口径 73、圈足径 92 毫米，圈足近底部有五个横长方形镂孔。圈足略残缺，里面有 7 个像文字一样的刻划符号，上面糊了一些泥巴，好像是有意做的假。

在大千饭馆用晚餐。饭后到街上溜达。剑桥的风景是极美的。街上人来人往，非常热闹。到处是演节目的，杂耍、唱歌、乐器演奏，各色各样，都有一定水平。大多数是好玩，也有为什么事情募捐的。

6 月 28 日上午参观波士顿美术馆。该馆东方部主任吴同及夫人金女士非常热情地款待我们。

下午参观美国独立战争纪念地。晚上约见巫鸿。他原来是中央美术学院毕业，后到故宫博物院工作，现在哈佛大学读美术考古的博士生，方向是南北朝以前的美术考古。即将毕业。他的博士论文是山东汉画像研究，已经写了 600 页。他还写过关于商周青铜钟的论文，有 300 页。跟他长谈了两个多小时，问他毕业以后的打算。如果想回国，可不可以到北京大学考古系来任教，我们会热烈欢迎并努力做好必要的安排。听说他新近与韩丁的女儿（原来在 101 中学读书）结婚。如果一起回来，韩可以在英语系教英文。巫鸿说他还没有想好。如果美国有哪个名牌大学招聘，例如哈佛大学或芝加哥大学，他会考虑。如果没有就回国，如果北京大学不嫌弃，首选当然是北大，反正不会去故宫或中央美术学院。这话是说给我好听的，估计他是不想回国了。

在纽约

6 月 29 日上午稍事休息。午饭后即往机场准备飞纽约。在离开宾馆前，服务台告诉我们把要托运的行李放在走廊里，以便服务员集中送往机场。可是郑光偏把箱子锁在房子里。到机场时谁也没有发现。等快登机时，宾馆的服务员开小车把箱子送来了。他是在收拾房间时发现的，知道我们要飞纽约，所以赶紧送来。大家为宾馆服务的周到所感动，一再道谢。正准备登机时，忽然听到广播，说是飞机乘客超员，希望有乘客改乘下一班客机，票价减半。全票是 314 美元。下一班飞机只晚 45 分钟，就可以节省 157 美元。但我们的机票是美方早定好的，纽约的时间也是早安排好的，所以没有考虑换机的事。好像别人也没有换机的。航空公司只好换了一架大飞机以保证准点起飞。

在纽约住列克兴登大街的多拉尔旅店（Doral Inn）。安顿好住宿就去观光唐人街。所谓唐人街并不是一条街而是一个街区，英文叫中国城或中国市区（China Town）。这地方在纽约最繁华的曼哈顿，紧靠华尔街。纽约的主要街区是非常整齐的，许多摩天大楼挤在一起，给人一种压抑感。华尔街和唐人街的房子都不太高，又比较老旧。所谓华尔街是英文 Wall Street 的音译，意思是大墙街。据说当初跟印第安人打仗的时候曾经筑了一垛防卫的大墙，因以得名，后来成为金融寡头集中的地方。唐人街没有华尔街好，有些像上海南京路 20 世纪 30 年代的老房子。主要商店是百货、南货、绸缎、珠宝、中药等。同时有一些饭店和洗衣店等，店名和招牌多用中文。店门前摆小摊，这是唐人街特有的现象。进到街区简直就像到了中国一样。尽管我们都穿着西服，但人家一看就知道是从中国内地来的，跟香港或台湾人不一样，跟本地华人更不一样。

我们走到一家"四五六饭店"门前，正对店名发生好奇，店主人急忙热情地招呼我们进去用餐。饭菜很便宜，店主人一直陪着我们聊天。说他是江苏人，很早就到了美国。说见到我们就像见到了亲人一样，亲不亲故乡人嘛。他还向我们介绍了唐人街的一些情况。说着说着又送了两道菜，让我们感到格外的温馨。

看望辛格尔老人

6 月 30 日上午出发到纽约以西的新泽西州的苏密特市，专门造访私人收藏家辛格尔博士（Paul Singer）。辛格尔原来是奥地利的犹太人，因为逃避德国法西斯的迫害于 1939 年移居美国，现已 82 岁，身体还很健朗。他 11 岁就开始收藏古代文物，13 岁起就特别喜爱收藏中国文物，是另一位犹太收藏家、外科医生赛克勒的好朋友。他独自一人住在一所公寓里，一个星期买一次食物，跟谁也不往来。

我们问他为什么不买一所别墅，他说别墅不安全，公寓有保安，人又多，反而比较安全。但是不跟别人往来，怕的是有坏人知道他有宝。他幽默地说，全世界的考古学家和古物收藏家都知道有个辛格尔，可是附近的人都不认识我！我们看到他房子里放满了各色古物，拥挤得很，连放床的地方都没有了，只好睡在沙发上。他这里也有不少良渚文化的东西。有刻着简化神徽的两节琮，有所谓冠形饰而实际上是玉梳背的，明明是良渚文化的，可是后来刻上了朱雀。还有一件大璧，直径约40、孔径约10厘米，是我所见最大的良渚玉璧。此外还有几件半山的彩陶罐和彩陶瓮。还有二里头文化的青铜爵和镶嵌绿松石的青铜牌饰。他知道北京大学要建立博物馆，是赛克勒先生告诉他的。他说开馆的时候他一定会去表示祝贺。老人的这份情意使我们很受感动。

重回纽约

下午回到纽约，就在街上观光（图四）。看了洛克菲勒中心、百老汇和美国最大的百货公司 Macy's。

7月1日访问大都会博物馆（图五）。它是美国最大的博物馆，有正式业务人员 1200～1400 人，临时工作人员约 800 人。每年经费 4000 多万美元，另外还有专款作为征集文物的经费。全馆共有 20 个部或馆，其中远东部又分中国馆、日本和朝鲜馆、东南亚和南亚馆。单是中国馆陈列面积就有 6000 平方米，是远东部最大的馆。我们到达后，东方部副主任马克斯韦尔热情接待并共进午餐。他告诉我们中国馆要适当扩充，重新布展。现在有些东西下架了，这次看不到，有点遗憾，希望下次再来。我注意

图四　在纽约街头
（左起：童恩正、严文明、张忠培）

图五 在大都会博物馆前

到里面有许多甘肃的彩陶，包括半山的、马厂的和辛店的等，都是完整器。还有一大批商周时期的青铜器，其中有端方收集的铜禁，上面放着尊、卣、觯等，据说是 1901 年在宝鸡斗鸡台出土的。前不久该馆请中国苏州的工匠仿照苏州园林的格式布置了一个景区，可以在那里露天（实际上面有玻璃屋顶）品茶，有很浓的中国风味。

埃及馆有藏品 4 万件。有许多古埃及的石雕像、纸草文书、石棺和木棺等，有的木棺有四重，里面有木乃伊。由于美国帮助建设了阿斯旺水坝，埃及将水库区的一座小神庙连同前面的砌道赠送给美国，就放在大都会博物馆，馆里也专门盖了一个很大的房间。

希腊、罗马馆藏品也极为丰富，此外还有西亚馆、美洲馆、非洲馆、大洋洲馆等。给人的感觉是气魄真大，完全可以称得上是座世界博物馆！

该馆的经营方式也值得参考学习。所有藏品都有详细的档案和资料卡片，查找非常方便。如果是学者参观，索要某项资料，馆里可以复印赠送。凡有捐赠的文物，必定设一个时期的专门陈列，配合出版陈列说明或书籍。如果纳入主体陈列，器物卡片上必定注明捐赠者姓名，这样不少人乐于捐赠，馆藏文物也就不断丰富了。

下午参观联合国大厦。一进门就经过一个走廊，两边陈列着二战末期美国在广岛投掷原子弹的惨相的照片，还有一些被烧焦扭曲的实物。告诉人们要维护和平、反对战争，有化刀剑为犁锄的意思。大厦内各个会议室都可以进去参观，我们看到经社理事会的会场有一部分屋顶没有盖好，据说是提醒与会者世界还有好多事情要做，要努力建设。走到安理会外面时看到那里正在开会，中国代表正在发言。我们虽然不能进去，却可以从电视大屏幕上看到会场内的情况。联合国自己发行邮票和信纸信封，我们都买了一些，有的就写了简短的信从联合国寄出去，以作为纪念。

7 月 2 日上午到世界最高的世界贸易中心参观。老远就看到两座高楼，上下一般粗，像两根柱子，又像老式火轮上的烟囱。人们常说建筑是一门艺术，可是这两座建筑简直毫无艺术可言，说是现代科技作品还差不多。参观的人不少。我们乘电梯直达 107 层大厅只用了 1 分 20 秒钟，很平稳。大厅周围是玻璃窗，设有多台投币式望远镜。从望远镜可以欣赏周围的景色。起初雾气很浓，能见度几乎为零。一会儿雾气稍消，看下面就好像从飞机上往下看一样，整个曼哈顿尽收眼底。通过望远镜还可以清楚地看到水面上来往的船只和小岛上的自由女神像等。我们下楼后再次到华尔街，街道不宽也不直，建筑不高但很讲究。那里是美国的金融中心，集中了大量的财富。华盛顿就任总统的联邦议会堂也在那里。

走出华尔街之后，从曼哈顿南端经过巴特里公园，到一个船码头，登上专设的观光游艇，往北朝自由女神像驶去。这女神像坐落在哈德逊河入海口附近的自由岛上。游艇环绕自由岛缓缓航行，我们可以从各个方面仔细观看。神像为青白色，近看十分高大，端端正正地耸立在花岗岩的基座上。女神身着古希腊风格的长袍，头戴冠帽上有象征光芒四射的七道尖芒，在阳光照射下显得十分耀眼。她右手高举象征自由的火炬，左手捧着的文件，据介绍上面刻有"1776 年 7 月 4 日"的美国独立宣言。脚下踏着打碎的脚镣手铐和锁链，表示挣脱了专制暴政的枷锁。据说这座女神像原是法国著名雕塑家弗·奥·巴托尔迪穷十年的功夫设计塑造而成，作为法国人民赠送美国以纪念美国独立 100 周年的礼物。法国和美国人民追求自由解放的精神是全世界所仰慕的。记得我小时候学到法国大革命的历史时，曾为法国人民为打碎专制暴政而不惜流血牺牲的精神所感动，法国人民喊出了"不自由，毋宁死"的千古绝唱，喊出了全世界受压迫人民共同的心声。我们这些来自世界各地不同肤色的人们，看着那女神高举自由的火把，无不从心里产生极大的震撼（图六）。

回头从船上也可以清楚地看到曼哈顿簇拥的摩天大楼，那都是世界最高的建筑，十分大气而壮观。啊，这就是纽约，这就是世界商贸的中心，它让人集中地感受到美国经济已经发展到了何等的高度！

图六　纽约哈德逊河口的自由女神雕像

返回旧金山

时间安排得很紧。我们在 7 月 2 日 15：25 就乘飞机从纽约出发到旧金山，中间在达拉斯换机，整个航程有八个多小时。到旧金山时已经是纽约时间深夜的 23：30，但旧金山时间还是 20：30，天还是亮的，好像日子又过得慢了。樊利谟安排我们住在金门假日饭店（Golden Gateway Holiday Inn），一所非常漂亮的宾馆。

7 月 3 日上午观光旧金山市容。这里是中国人很熟悉的地方，居民相当一部分是华人和华侨，大多是广东人和台湾人及其后裔。这里的唐人街虽然没有纽约的那么大，但是比较整洁，也多是中国式的商店。市区依山建造，街道起伏不平，但很清洁，很有秩序，不像纽约那样脏兮兮乱糟糟的。因为人口比较少，行人可以随便在街上信步横穿，不必担心被车撞着。这里是车让人而不是人让车。街上有一种老式的有轨电车叫 Cable Car，车身是敞篷式的，司机没有方向盘，只有很费力的操作杆。这种车是专门为观光用的，所以走得很慢。

我们乘坐有轨电车观看街景，顺便到市区以北的海滨游览（图七）。那里有一个船舶史展览馆，有各种各样的船舶模型，也有几艘老式的船只。旁边有许多卖海货的摊店，有新鲜的也有干货，不少人在那里选购。

下午到布伦戴奇美术馆参观。那里有许多中国的古物。有大量马家窑、半山和马厂的彩陶，还有一些齐家文化的陶器。有一件马家窑彩陶和一件齐家陶罐只

图七　在旧金山海边看海豹

是几个月以前从青海倒卖出来的，不禁为国内文物走私行为之猖獗而感到气恼。馆内还有许多欧洲印象派的画，也给人以深刻的印象。

7 月 4 日是美国的国庆日，既是美国建国 200 周年，又是自由女神像建立 100 周年的日子。市面上到处卖自由女神的多角帽，许多人买了戴在头上。我们上午看电视，看到美国总统里根出席在纽约哈德逊湾自由女神像旁边举行的庆祝仪式，许多船只列队进入，其中最远的是从澳大利亚来的。还有许多大型的歌舞等文娱节目。

下午到烛台公园（Candlestick Park）看棒球赛。美国人特别喜爱棒球，露天赛场里挤满了观众。天空万里无云，夏日的阳光直晒在每个人身上，海风阵阵吹拂，只觉得头顶灼热，身上倒还比较凉爽。人们的穿着五花八门，有穿呢制大衣或棉袄的，也有穿衬衣单裤的，甚至还有穿背心裤衩的。不断有小贩穿梭卖热狗等零食的。天上不时有小飞机盘旋，拖着长条庆祝国庆的标语，据说多半是私人的飞机。我不懂棒球，只看到人们不时欢呼，拉拉队声浪此伏彼起。

看完球后到金门大桥参观。该桥在旧金山市以北旧金山湾进入太平洋的峡谷即金门之上，金门宽约 1300 米，两岸岩壁陡峭，水道又很深，架桥非常困难。此桥始建于 1933 年，1937 年建成。而 1936 年在纽约建成了 102 层的帝国大厦，在很长一段时间里都是世界最高的建筑。那时的美国经济发展简直是如日中天。桥的设计者采用悬索吊拉的方式，不用桥墩，只在两岸各树立一座极高的门塔，然后用巨大的钢缆把整座桥吊起来。两座门塔之间的距离为 1280 米，两边还有很长的引桥。桥面距水面将近 70 米，所有巨轮都可以毫无阻碍地通过，看起来十分壮观。上面除车道外还有人行道，免不了有人到桥上寻短见。据说大桥建成以来确有不少人投身太平洋。

我们在金门大桥旁边的一个海鲜馆 Voilini Seafood 用晚餐。一面吃饭一面欣赏桥边的夜景。桥上灯火通明，两岸还不断地放焰火。夜空中还有飞机盘旋，尾巴上拖着巨大的标语条幅。这就是国庆之夜的金门桥！

7 月 5 日上午去加州大学（伯克利）。先到奥克兰（Oakland），此城约 20 万人，伯克利（Berkley）与奥克兰相连，约有 12 万人，都是小市镇。加州大学在伯克利占了很大部分。我们先到东方语言系，系主任夏德安接待我们，介绍了该系的情况，中午设家宴招待我们。饭后参观该校的东亚图书馆。该馆始建于 1898 年，跟北京大学的历史一样长久。现在藏书 50 多万册，其中中文 26 万册，日文 23 万册，其余还有蒙文、藏文和朝鲜文等图书。26 万册中文图书放在四个地方。考古书籍多存放在生物楼第 6 层，四库全书和大藏经等放在另一个较好的书库里。图书管理员有的是博士，对图书非常熟悉。红楼梦就有好几个版本，都一一拿给我们看。他们很希望同我们交换图书，特别是内部发行的图书。我想既然是内部发行大概不会跟他们交换。有些书限量发行，国外因为有配额有时比国内还好买一些。

参观完图书馆就到吉德炜家。吉住的是一所平房，面积不大，可是他邀请了几十位客人聚餐。他家里连一张像样的桌子都没有，只好用自助餐。三三两两，有的客人就蹲在院子里。来的客人都是研究有关中国问题的学者，其中最著名的有语言学大家李方桂先生等。一面就餐一面交谈，甚是融洽。丁爱博也是客人之一，我原来不认识，老同学杨泓要我给他带一封信。他会说中国话，我们高兴地聊了起来，这信也就成了我们的介绍人。

7 月 6 日游览国家植物保护区茂林国家公园。那里是红杉的原始森林，其中多是几个人合抱的大树，笔直挺拔。有些树明显经火烧过，但依然青葱如故。据说主要是遭受雷击，电火烧着时树木会分泌一种汁液阻燃，所以烧不起来，这也许就是这座原始森林能够保持到今天的主要原因。

中午接受布伦戴奇博物馆馆长宴请和交谈。下午进行访美的小结。7 月 7 日上午自由活动，各人买了一些东西。15:45 乘中国民航 986 航班波音 747 宽体客机回国，到上海停了很长时间，回到北京时已经是 8 日凌晨了。

（原载《足迹：考古随感录》，文物出版社，2011 年）

访德日记

第十一届国际史前和原史学联盟会议拟于 1987 年 8 月 30 日至 9 月 2 日在联邦德国美因兹市召开，我们中国的几位学者安志敏、俞伟超、李伯谦、乌恩岳斯图和我，应联盟秘书处和美因兹罗马—日耳曼中心博物馆魏德曼馆长的邀请出席会议并顺便作短期访问。我的学生韦莎婷因在罗马—日耳曼中心博物馆工作，许多事情都是由她帮助安排的。

登上西行路

我们于 8 月 28 日晚饭后到首都机场，遇到李非送他妻子王一曼到荷兰阿姆斯特丹附近一所地理学院进修。还有北大西语系的景老师也乘同一架飞机，他是到西柏林自由大学去进行科研的。我们搭乘的是德国汉莎航空公司的波音 747 宽体客机，于 22:00 起飞，比预定时间晚了半小时。因为路途遥远，外面一团漆黑，看不到任何景物，空姐要我们早点休息。

8 月 29 日。在飞机上睡了一夜，北京时间第二天 6:30 到了阿布扎比，当地时间是 1:30，午夜刚过，天空黑沉沉的。在到达阿布扎比之前老远就看到一片亮光。下飞机后一看是一个很现代化的国际机场。阿布扎比是一个很小的酋长国，因为产石油变得很富，才能够修建那样豪华的机场。我们在候机厅休息了一个多小时，在免税商场浏览了一下。室内因为有空调非常凉快，出到门外，一股热浪袭人，到底是沙漠地区。赶快回到室内，当地时间 2:55 起飞，按北京时间已是 7:55 了。大约又飞了六个半小时就到了欧洲最大的机场法兰克福。当地时间是 7:30，而北京时间已经是 14:30 了。我们昨天晚上从北京起飞，今天早晨就到了法兰克福，好像只过了一个夜晚，实际上过了 16 个半小时。日子过得特别慢，这跟到美国去的感觉完全相反。

初识美因兹

我们在法兰克福飞机场受到魏德曼馆长和韦莎婷的热烈欢迎。韦莎婷曾经在北大考古系进修，是我的学生，又是美因兹罗马—日耳曼中心博物馆的短期工作人员。我们在德期间她将一直陪伴我们充当翻译和向导。他们带领我们坐地铁，约 45 分钟就到了目的地美因兹市。因为是周末，街上空无一人，十分清静。我们住在城市边缘的黑森堡旅店（Hotel Am Hechenberg），旁边可以看到私家的葡萄园。旅店好像是私人开的，两层楼，有三四十个房间。我们只看见女主人一个人和一个女帮工。单间每天 49 马克，免费供应早餐。韦莎婷给我们每人一张公共车月票，每张 50 马克，可以坐电车也可以坐公共汽车。我们安顿好行李，就上街参观美因兹市容。这里气候宜人，穿着西服一点不觉得热。市区不大，也没有高楼大厦，不过一般房子也还是比较讲究。街道十分整洁，许多人家门口养花种树。电车是有轨的，比坐汽车更方便。电车站和公共汽车站三面围着玻璃，没有看到上面有乱画或砸伤的痕迹。在车站或在车内碰到的人都非常客气地主动向我们打招呼。说美因兹博物馆好，葡萄园也好玩，希望我们过得愉快之类。我们信步来到了农贸市场，东西不算多，但很干净整齐。每星期只有二、五、六三天才有集，收场时东西往车上一装，拉走后清扫车立即开来，很快就恢复原样，干干净净。

下午由韦莎婷带我们参观美因兹大教堂。它是一座哥特式建筑，11 世纪起建，17 世纪重修。装饰相当讲究。现仍在使用。接着去参观印刷博物馆。据说它是建在早年在欧洲发明活字印刷的人的住所。馆内陈列世界各地各个时期的印刷品极多，其中有印第安人的图画文字，也有中国、日本和朝鲜的印刷品等。另外还有许多印刷机，各种刻字的木版和铅版等。大家看了颇有感触。中国的印刷术发明得也很早，特别是活字印刷乃是四大发明之一，对世界有很大影响，怎么就没有一个像样的博物馆呢！

8 月 30 日。上午到罗马—日耳曼中心博物馆，同韦莎婷一起准备明天讲演稿的英文译稿。国际史前和原史学联盟第 11 届大会明天就将在这里举行。博物馆建在莱茵河边，呈"U"字形。左侧耸立着罗马时期的石门和石刻圆柱，馆内则有许多罗马时期的雕塑和其他文物，今天来不及看了，准备专门安排一段时间来全面参观一下（图一）。

下午讲稿准备完毕，就到莱茵河畔走走。河水丰满清澈，看不到一点污染的迹象。两岸树木郁郁葱葱，点缀一些别墅式房屋。河上架设有铁路桥和公路桥各一座，据说公路桥是在古罗马时期的老桥上架起来的，现在的桥墩还是古罗马时期的原物。

出席国际考古学大会

8 月 31 日。上午 9 点多各国代表们陆续到达罗马—日耳曼中心博物馆会议大

图一　在博物馆内参观罗马时期的安佛式陶罐

厅，9:40，国际史前和原史学联盟（UISPP）第11届大会正式开幕，到会学者有九百多人，来自50多个国家。有些欧洲的学者是自己开小车过来的。

大会由国际史前和原史学联盟秘书长主持，巴伐利亚州州长首先致欢迎词，接着美因兹市长、美因兹大学校长、国际史前和原史学联盟主席先后讲话，他们都谈到南非代表问题。一致表示坚决反对南非种族主义和种族歧视政策，同时要提倡学术自由，尊重学者的权利。并且说德国人过去对待非日耳曼人的痛苦经历使得他们对这个问题特别关心。但是不能因为某个政府的政策不好就牵连到那个国家的老百姓和普通学者学术活动的自由。他们的发言博得全场热烈的掌声。接着有两个美因兹大学的学生一男一女登上讲台，激烈地反对大会邀请南非学者参加，说他们跟南非政府一样都是种族主义者，美因兹不能给种族主义者提供讲坛云云。他们一上讲台，会场里一下子退出了80%以上的人，只有极少数人在那里看热闹。学生照样讲下去，大会主持人也没有进行干预。

等两名学生讲完退席，大家立即返回会场。正式开始作学术报告。第一个发言的就是南非著名的旧石器时代考古学者杜比阿斯。他首先声明自己是反对种族主义的。他说在这里喊几声反对种族主义是容易的，直接面对种族主义的政府表示反对就困难得多，需要无比的勇气和毅力。可是他反对种族歧视反了39年，怎么就不能参加这个国际考古学大会呢？下面报以长时间的热烈鼓掌。接着他转入正题，讲了南非早期人类的考古发现与研究的情况，颇有新意。

接着发言的是美国旧石器时代考古学家克拉尔克，讲的几乎是同一主题。后面是几位美国人讲美洲考古。散会后，市政府在地方博物馆举行晚宴招待各国学者。

9月1日为各分会开会，地点改在美因兹大学。我们参加亚洲分会，会场在哲学楼的阶梯教室。我注意到每个教室外面都有一个跟教室一样大的空间，有咖啡、冷饮和点心等。下课后师生可以在此休息，谈话聊天，非常方便。今天一共有13人发言，英语、德语、法语、意大利语大家都懂，不用翻译。只有中国学者有困难。但是会议主持者也不能专门为中国学者设翻译。只好让罗泰和韦莎婷坐在我们身边小声翻译。中国学者的发言也由他们两人分头翻译。

晚上巴伐利亚州州长设宴招待部分学者，邀请我和安志敏参加。席间大会副主席、秘书长和罗马—日耳曼中心博物馆前馆长先后讲话，都讲了许多对中国十分热情的话。还特别拿出以前夏鼐先生请一位书法家写的毛泽东词《沁园春·雪》给大家看。之后秘书长特别跟我们说，国际史前和原史学联盟准备选举两三名中国学者为常务委员或理事，希望得到我们的支持。我当即表示感谢，安志敏说请联盟给中国社会科学院写信，社科院同意才可以。在大会最后一天举行的理事会上我被选为常务委员或称为理事。

9月2日上午重回罗马—日耳曼中心博物馆开全体大会，重点文章安排在大会宣读。我第二个发言，论文的题目是《中国新石器时代聚落的演变》。讲完后台下热烈鼓掌，大会主席同我热情握手。美国、德国、法国、印度和墨西哥等许多国家的学者找我要论文的复印本，并且跟我座谈，提出了许多感兴趣的问题。美因兹市电视台和广播电台的记者都来采访，法国人类学报要求用法文发表，我只好一一答应。

下午自由活动，韦莎婷带我们先后参观了地方博物馆、伊特鲁斯坎人艺术馆和罗马—日耳曼中心博物馆的战车馆。西方的战车都是四轮，和中国的两轮车有所不同。

晚上德国考古研究所中国部的魏莎彬设宴款待中国学者，特邀罗泰、韦莎婷和海德堡大学的赫尔曼作陪。

9月3日，大会组织各国学者到美因兹市西南约50千米处参观一个中世纪的叫白洞的铜矿。矿坑不大，我们走进去可以看到采矿的工具痕迹。下午到雷山参观一个凯尔特人的山城，年代大约在公元前2世纪。城墙用石头堆砌而成，城内长满了参天大树，风景极好，可惜看不到任何建筑遗迹。晚上就在附近的森林饭店用餐。直到22:30才回到美因兹。

9月4日在美因兹大学继续分会讨论。我特地到近东分会去，看看那里近来有些什么新的发现和研究成果。

　　Kanpisty 报告伊拉克前陶新石器时代的情况：早期的房屋略圆很小，有点像磁山文化的。第二阶段房屋多为圆形半地穴，贴壁有土坯。进门两边各有一个土床，中间有四根对称的木柱，柱子外面抹 10 厘米厚掺石膏（姜石？）的泥。中间一坑似为灶，坑内有许多燧石，可能是加工石器用的。还有石磨盘和磨棒，可能是烤面包用的。这些很像仰韶文化半坡类型的房子。晚期（约公元前 6700～前 6600 年）有长方形房子，长边约 6 米，有 6 根柱子，土坯也掺石膏，墙壁上有部分涂赭色。其他学者介绍了土耳其、埃及、巴勒斯坦—以色列新石器时代考古的情况，似乎没有多少新的进展。

　　9 月 5 日上午在美因兹大学继续分会讨论。我去听了关于斯基泰考古的发言等。下午又回到中心博物馆举行闭幕大会。主席讲话。秘书长讲话谈到中国学者已经被选入理事会，并且宣布理事会决定：下一届即第十二届大会于 1992 年在捷克斯洛伐克的布拉迪斯拉法召开。下任主席捷克学者也讲了话。这个时候又有两名美因兹大学的学生登台，大讲反对南非种族主义的事。于是大家都纷纷退场，大会就这样匆匆闭幕了。

游威斯巴登

　　从美因兹过河就是威斯巴登（图二）。这是一座古老的贵族城市。房屋都很讲究，古典式，多是一百多年以前建的，第二次世界大战时也很少破坏。这里有温泉，古罗马贵族就在这里建澡堂。风景极好，教堂林立。商店里货物多是高档的，价格也极贵，比美因兹贵得多。据说有钱人喜欢在这里买东西，有气派。穷人就只好到美因兹购买了。

　　威斯巴登有不少中国餐馆。我们找了一家亚洲饭店，想要几个菜，一看跟西方一样也是分餐制，一人一份，根本没有什么中国味儿。一问别的所谓中餐馆也是一样，这跟美国的情况大不相同。

参观线带纹陶文化遗址

　　9 月 7 日，阴，有小雨。韦莎婷陪我们去法兰克福北部，参观一处叫作 Niedereschbach 的新石器时代的村落遗址，属于线带纹陶文化早期。遗址表面已经被破坏，几乎看不到文化层，也很少有陶片等遗物，只有房屋遗迹和个别灰坑（图三）。这个工地是法兰克福大学的吕宁教授主持的，但是他本人正在非洲撒哈拉沙漠以南进行考古，这个工地就改由他的助手负责。我们看到已经揭露出的 8 座房屋遗迹，原始地面都已经不存在了，只有墙基槽和柱洞。房屋都是长

图二　在威斯巴登草地上休息
（左起：韦莎婷、严文明、安志敏、李伯谦、俞伟超）

图三　法兰克福以北一线带纹陶房屋基址的发掘方法

方形，西北—东南向，排列不大整齐。每座房屋的两长边有墙基槽，西北头有三个柱洞。东南空缺部分也许是门的所在。没有发现灶或火塘一类的设施，也许是被破坏了。

发掘方法很奇怪。没有探方，用全站仪控制，这倒是没有什么不可以。遇到遗迹就画小方格子，每格大约是半米见方。然后用国际象棋的方法发掘，即挖一格空一格，根本不按照遗迹的形状找边。这样一半的遗迹都被挖掉了。我问他们为什么要这样挖，他们说这样可以很清楚地看到遗迹的剖面，挖掉的部分可以画图复原。工地的设备对一个小发掘队来说倒是很方便的。一共有三个拖车箱或者说是像拖车箱的房子，因为下面有车轮。一个是卧室，能够睡三四个人。一个是厨房加餐厅。一个是工作室，可以绘图，对标本做简单的清洗和修复。工地还有浮选工具，用完了往车上一放。整个工作完了挂上卡车一下就拖走了，比支活动房更加便利。

下午到法兰克福大学考古学系，同时是考古研究所，所系合一。吕宁教授的助手接待了我们。我问他们系有多少教师，多少教授、副教授、讲师和助教，他说只有吕宁一位教授，没有副教授、讲师和助教，只有吕宁教授的助手，而助手多半是学生。问有多少学生，也说不清楚。因为低年级来上课的很多，以后越来越少，流动性很大。学生喜欢哪个教授，就可以到哪个系去。如果那个教授调到别的学校，学生也可以跟到别的学校去。问学制，答曰大学本科6年，博士要看工作和完成论文的情况而定。大学四年可以毕业，主要学通识课程。五、六年级学专业课程，实际相当于硕士课程，没有硕士研究生一说。大学毕业考博士，博士生一般都要当教授的助手，可以说既是学生也是先生。博士毕业也可以留下做博士后，照样要承担一部分教学工作。可以一直做下去，直到教授退休才有机会竞争教授岗位。因为一个系只可能有一名教授。还有联邦德国所有大学都是公立的，没有私立学校，上学不交学费。除柏林以外，一座城市只有一所大学，并且就用城市的名称命名，如美因兹大学、法兰克福大学等。城市大小不同，所以大学的大小也有很大差别。这些情况跟中国、美国、日本或苏联都大不相同。

吕宁的助手是专门研究线纹陶文化的。他说线纹陶文化属于新石器时代早期，分布于全德国、捷克和奥地利等地区，年代约为公元前5500~前3900年。石器多为不规则形状的细石器，很少有第二步加工。个别一半有光泽的多半是镰刀的刃片。早晚期的石质不同，器形也有一些差别。据说早期原料来自西部，晚期来自东部。由此推测当时有贸易或人群的移动与替代。石磨盘可以分三期，早期较平，磨棒较长；中期磨棒中等；晚期磨盘中间凹下，磨棒最短。早期原料来自西部，中期以后来自东部。早期陶器极粗糙，厚1~2厘米，夹植物碎屑，器形多平底，多素面，个别有阴线纹。

到新石器时代中期已经不是线纹陶文化了，但是仍然有不少刻划纹和压印纹。

器形多圜底。出现大石墓，长方形，多人合葬，有长坟堆。

访诺威特旧石器时代遗址

9月8日，晴。韦莎婷等陪我们到美因兹以北的诺威特参观旧石器时代遗址。这里是一个火山活动区，到处是火山灰的堆积。有人在这里开采火山灰，因而发现了人类文化遗址。这里旧石器时代遗址一共有十几处，分布在一条小河两边，我们看了其中经过发掘的五个地点。

第一地点位置较低，火山灰下面为黏性泥炭，不透水，反而冒水，因而许多有机质的东西得以保存。我们看到有许多树木都向东倒，可能火山爆发时刮西风，或者是火山从西边喷发气浪向周围冲击的结果。其中还有一些林下植物和小型动物，可以比较准确地了解当时的气候和生态环境，比一般考古发掘中仅仅根据某些动物骨骼和孢粉分析来判断要可靠得多。根据碳－14测定，这次火山爆发的时间为公元前9800年左右，正是从更新世进入全新世的时候。

第二、三、四、五地点都在火山口以内的黄土堆积中，有一个长百米以上的大剖面可以清楚地看到地层叠压的情况。这几个旧石器时代遗址年代有早晚，早期、中期、晚期的都有。发掘方法都是开探沟或探方，为便于工作都盖了塑料棚，发掘工作做得很细。

我经过允许捡了几块火山灰也就是浮石带回家作纪念。

下午参观旧石器时代博物馆同时也是旧石器时代考古研究所，房子原来是一个地主庄园，由美因兹罗马—日耳曼中心博物馆买下后改建为博物馆，是中心博物馆的一个分部。馆长兼所长Botzinsky教授自始至终陪同我们参观并做详细的讲解。他在这里进行旧石器时代考古已经十几年了，发现了旧石器时代早、中、晚各期和中石器时代的遗存。这里把阿齐利期放在旧石器时代晚期，因为当时的气候还比较寒冷。以后才算是中石器时代。所有发掘出土的遗物都收藏和陈列在这个博物馆。

属于旧石器时代晚期的马格德林期有许多圆形房屋，根据其中发现的动物骨骼可以区分出哪些是冬季营地哪些是夏季营地，因为有些动物的活动是有季节性的。根据其中石器的分析可以知道其原料是东边还是西边来的。这些房屋地面摆放了许多泥页岩，每块大约长30、宽20厘米。上面刻划各种动物图像，有毛象、马、鸟和海兽等，还有很多妇女图像，有头或没有头好像不是紧要的，乳房和臀部则特别夸大，一望就知道是女性。有些妇女小雕像也是如此。

这里的旧石器时代考古工作做得很好，值得我们学习。

再访法兰克福

9月9日，晴。韦莎婷陪我们再次访问法兰克福。首先参观法兰克福历史博物馆，也就是地方史和民俗博物馆。一进门就看见大幅恩格斯语录，摘录《英国工人阶级》里面的一段话，就是资本家如何残酷剥削工人阶级，同时急速创造社会财富。红底金字，上角有恩格斯的大胡子侧面头像。陈列分三条线：一边是工人艰苦劳动和贫困生活的状况，一边是资本家无比奢华享乐的状况，中间是各个时期制造出来的先进产品。这很像是阶级对比教育的展览，但并不是提倡无休止的阶级斗争。因为后面讲如何通过工人运动和议会斗争，使工人改善了政治待遇和生活条件。这大概是按照德国社会民主党思想搞的展览。

接着参观民族博物馆。这里专门陈列外国资料，定期轮换，一次只陈列一个国家的一两个民族的。我们这次就只看到了东爪哇的民族文物展览。还有考古博物馆，主要是展览史前和罗马时期的文物。可惜今天不开馆，有点遗憾。

访海德堡大学

9月10日，晴，傍晚有小雨。今天去海德堡大学。海德堡是个山谷小城，跨莱茵河两岸，人口只有13万多。其中大学生就有3万多。加上教职工和为学校服务的人员，几乎占了一多半，是名副其实的大学城。海德堡大学的各个系所都很分散，几乎分布在全市的各个角落。我们先到美术史系，同时是美术研究所（图四），系主任和所长雷德侯热情地接待我们，他的中文讲得很好。系里中文和日文书籍甚多，主要是关于美术史和考古学方面的。雷德侯本人长于中国书法，并且开书法课程。赫尔曼则讲授中国汉以前美术史。在这里学习的外国留学生中有中国台湾和朝鲜的。

接着参观民族学系和研究所，这里几乎都是所系合一。教学和科研的内容主要是外国各民族。系主任耶特曼教授接待我们。他特地用幻灯片为我们介绍了他亲自拍摄的印度到西藏边境的岩画，内容极为丰富。他不久前还接受了美国赛克勒先生捐赠的一万多幅关于中国北方地区的青铜刀剑和牌饰等文物的照片，准备整理出版。

在海德堡还参观了一座文艺复兴时期兴建的古堡，后来曾经被雷击有点损坏，现在看起来还是很壮观。傍晚雷德侯设家宴招待，在院子里自己动手烤牛肉串，别有一番风味。

图四　在海德堡大学雷德侯教授的研究室做客

回美因兹

9月11日，小雨转晴。在美因兹逗留了十几天还没有很好地参观美因兹罗马—日耳曼中心博物馆，今天魏德曼馆长特别为我们做了全面的介绍。这个馆一共分7个部：1）诺威特旧石器时代考古博物馆和研究所，2）新石器时代——凯尔特时期的陈列，3）罗马时期的陈列，4）中世纪早期的陈列，5）修复与保存部，6）实验室，在美因兹大学，7）出版部。全体员工140人。

我们首先参观出版部。这里只有三名工作人员，三间房屋。一间是办公室，两间书库。出版杂志三种：《博物馆年刊》《博物馆通报》（季刊）和《保存与修复》（半年刊）。另外有三种专刊：一是旧石器时代考古，二是除旧石器时代以外的考古发掘报告，三是研究报告。一般是作者把稿件交给出版部，出版部人员输入计算机并打印出样稿，作者审查修改，再交出版部修改并制成胶片，最后联系印刷厂印刷。印好的书返回出版部自己发行。三个人一年除了出三份杂志外还可以出若干部专刊，工作效率实在是高，很值得我们学习。

接着参观陈列室后，着重参观修复与保存部。这里经常接受外地甚至外国文物的修复任务，其中有法国、捷克和奥地利等国的文物。修复内容包括陶器、铜器、铁器、木器和金银器等。有一件法国出土的王冠正在修复，因为有的地方已经锈成一团，不知道里面有什么零件，金属丝怎么盘缠，因此先照X光胶片，然后才可以拆开，修复的时候可以对照X光图像进行校正。整个修复的过程就是研究的过程，每一部分，每一步骤都有记录、附图和照片，修复以后的整本记录可供发表。

修复铜器翻模主要用硅酸橡胶，用油画颜料上色。修复和上色的原则是外行看来完整，内行可辨真假。铜器去锈比较彻底，去锈后显铜色，不像中国去锈后显铜绿色。遇到有些有害盐类，按照当地工艺传统贴铝箔或锡箔，在较高温度和较潮湿的环境下可以慢慢吸收。否则要用化学药品，这是在不得已的情况下才可以考虑。

据介绍，培养器物修复的技术人员最好是中学生，大学生好高骛远，不愿意干这种活。招来中学生先学三年手工活，学会用斧子和锤子。再学外语和理化知识，并独立担任修复的活。博物馆可以根据各人的水平授予学士或博士学位。

访特里尔市

9 月 12 日，晴。坐火车去特里尔市。城市规模不大，和美因兹差不多。因为接近西南部边境，与卢森堡和法国毗邻，外国人比较多，东西比较便宜，每年接待的游客以百万计。

这是一个古老的城市，有许多罗马时期的建筑，有竞技场、游泳池和温泉浴池等，还有城墙和城门。耸立在市北面的"黑城门"据说是公元 2 世纪的建筑，是罗马帝国最大的城门之一。所有建筑都用红、灰、白三色石块砌成，或者用红砖和灰、白石块砌成，很好辨认，年代也好断定。

中午到特里尔博物馆用餐。该馆去年才建成，主要陈列罗马时期的古物，内容丰富。陈列室养了一盆葡萄，说是罗马时期的一直养到现在，真有点令人难以置信。

接着参观特里尔大教堂，很古老，是罗马时期建的，中世纪及以后改建。可以看到有部分墙壁是用红灰白三色砖石砌成的，规模宏大，是这次德国之行看到的教堂中最大的一座。该市教堂甚多，宗教势力极大，所以马克思深感宗教之危害。

最后参观马克思故居（图五）。在布吕肯街一条僻静的小巷里，是一栋三层楼的巴洛克式房子。1818 年 5 月 5 日，卡尔·马克思在这里出生，一直到 1835 年高中毕业都住在这里。以后为纳粹分子所占，所以遗物很少，主要是一些图片。实物中主要是世界各国用各种文字出版的马克思著作，包括许多中文版的著作，还有许多著名人物送的礼物。有一幅挂在墙上的马克思肖像，乍看跟别的马克思像没有什么区别，细看却是由许多文字组成的，据说内容就是震撼了世界的《共产党宣言》。这所房子不大又很朴素，只是因为出了一个马克思，就引来世界各国无数景仰他的人来参观瞻仰。最令人感到奇怪的是，紧跟在我们之后竟然有许多盲人

图五　在特里尔市马克思故居前

来"参观"，他们看不到什么，无非表达景仰的心情。一个宣称要做资本主义掘墓人的叛逆者，竟然在资本主义的祖国受到如此崇高的对待，这件事很值得我们深思！

在魏德曼家做客

9月13日是星期日，稍事休息，便应邀到魏德曼家做客。魏住在一座四层高的楼房里，除了卧室、客厅、两间书房，还有一间很大的餐厅。餐具很讲究，女主人也非常好客，希望中国客人能够过一个温馨愉快的周末。跟许多德国人家里一样没有电视机。他们说看电视太浪费时间。饭后魏德曼非常认真地跟我们谈工作。他说中国考古学取得了巨大的成就，但是西方并不很了解。为了让西方听到中国学者的声音，他提议用德文出版一份《中国考古学》年刊，由中国社会科学院考古研究所、中国历史博物馆、北京大学考古学系和美因兹罗马—日耳曼中心博物馆四家署名，稿件由中方提供，翻译出版事宜由德方承担。出版后送作者抽印本100份，作者单位整本杂志100份。谈话中充满着对中国的友好感情。我们都觉得这是个好主意，要设法促其实现。安志敏先生有点犹豫，一是怕德国考古研究所有意见，二是怕中国社会科学院不同意。回国后我向学校汇报，说是要跟社科院和历史博物馆商量后再定，以后就再没有下文了。真是！

准备回国

9月14日，阴。访德的日程基本完成了，今天休息，上街走走，顺便买点东西。俞伟超买了一架望远镜，我们四人各买了一台打字机，再加一些零星物品。

9月15日9:30，魏德曼、卡洛斯、韦莎婷等开了三辆小车送行，直送到法兰克福机场登机。看到我们一人提一台打字机，问我们办理退税没有，我们不知道有退税一说。他们说外国人买东西可以凭护照退税14%。可是办理手续要一两小时，来不及也就算了。

我们仍然坐的是汉莎航空公司的飞机。12:30起飞，中间在罗马机场停留一小时。罗马机场也很大，建筑质量和气派甚至超过法兰克福机场。因为往东飞，日子过得很快。到加莎机场已经是9月16日凌晨4:00了。停留一个半小时后起飞，大约8:30进入中国国境，天已大亮，一会儿太阳出来了，照得地面一片金黄。飞机越过新疆塔里木盆地、河西走廊、黄土高原到北京，一路都是土黄色，中间镶嵌点点绿色，跟欧洲形成鲜明的对比。

德国印象

德国跟美国都是所谓西方国家，但是很不相同。德国没有摩天大楼，高层建筑也很少见，一般都是三四层的巴洛克式建筑。没有豪华气派，却有古朴典雅。农村的房屋也很不错，没有破旧的现象，村里村外都很清洁。听说二次大战时德国的城市大部分被炸毁，很多男人被纳粹驱赶当了炮灰，所以战后的恢复建设主要是靠妇女完成的。

德国人穿着整洁入时，看不到美国那种奇装异服和怪模怪样的打扮。行为举止讲究文明礼貌。我们每次上公共车时，车上的乘客一定会点头打招呼，德国人之间也是如此。唯有美国兵总是坐在最后排，没有人理睬。我问他们是怎么回事，答曰他们是占领者，耀武扬威，为什么要理他？我说我看他们好像很老实，再说美国不是你们的盟国吗？答曰不对，你看那飞机不时呼啸穿过，周围基地里面有好多导弹，那维持费还要我们出，你在这种情况下能舒服吗？听到这些我似乎明白了一点。

德国的汽车很多，多是普通小轿车，几乎看不到豪华车，也几乎看不到外国车。我和李伯谦特别注意找，也只找到两部日本车。车上往往有一个架子，是放折叠船的。每到周末，一家人开车到莱茵河边，然后撑开小船游玩。我们有一天晚上到河边散步，看到河上点点灯光，游动闪耀，就是许多家庭游船编织的美景。

至于德国人对古迹的爱护，也给我们留下了深刻的印象。

（原载《足迹：考古随感录》，文物出版社，2011年）

访韩感怀

韩国是我国的近邻，历史上关系极为密切。承蒙韩国朋友的厚意，一再发出邀请，使我有机会先后三次访问该国：第一次是 1992 年 11 月，应圆光大学全荣来教授的邀请，参加该校百济文化研究所成立 20 周年而举办的"东北亚古代文化国际研讨会"，会后几乎在全国范围进行了旋风式的访问。第二次是 1996 年 11 月，应东亚大学沈奉瑾教授的邀请，参加该校五十周年大庆而举办的学术研讨会，之后进行了短期的参观与考察。第三次是 2002 年 12 月，应忠北大学李隆助教授的邀请，参加小鲁里发现的稻谷遗存的研讨会，会后也进行了短暂的参观访问。每次访问都给人留下了深刻的印象，令人感怀。

初到汉城

1992 年 11 月 11 日，我和辽宁省文物考古研究所的郭大顺和许玉林、吉林大学的魏存成和徐光辉等一行 7 人到天津机场集合，乘民航 907 航班于上午 11 时起飞，在空中先往南经上海、济州岛再往北到汉城，拐了一个大弯。据说不久会有从北京直飞汉城（今首尔）的航班，那就方便多了。飞机是当地时间下午 3 点 10 分到汉城的，东道主圆光大学的全荣来和老朋友李亨求到机场迎接。汉城机场比北京机场大多了，秩序也好多了，但办事效率太低，我们差不多到下午 5 时才离开机场。全荣来他们是两点到的，足足等了 3 个小时！我们住的地方在江西区艺茶园宾馆，小巧别致，有农家风味。少顷，先期到达的日本著名的考古学家江上波夫来看望我们，弄得我们很不好意思。照理应该我们前去看望江上先生，因为他是考古界的老前辈了。

12 日上午首先参观韩国国立中央博物馆，韩炳三馆长出来相迎。我们过去曾经多次在一起参加学术会议，是老熟人了，相见十分亲热。这个博物馆的房屋建筑是罗马式的，体量很大，又很讲究。一问原来是日伪总督府的房子，正好建在李朝故宫的前面，压了朝鲜的龙脉，是朝鲜人的耻辱，有人主张要炸掉。我说这么好的建筑炸掉有些可惜，留着当国耻纪念地也可以嘛，韩国人不大赞成。

图一　在韩国国立中央博物馆门前与全荣来教授合影

　　博物馆的陈列分别布置在大楼的三层，总面积达 18000 平方米。短时间不可能看完。内容有按时代的，也有按专题摆放的。其中有一件据说是出自大田的铜牌饰，上面刻有三人。一人持耒耕地，一人举锄挖地，一人伸手到罐里，似是在取种子播种，中间是翻耕好的田块。据说这件铜牌跟辽宁沈阳郑家洼子所出的牌饰相似，可能是公元前 4~前 3 世纪的东西，比四川汉画像中的农事图早多了。我们还看到一些没有打开的大箱子，长方形，至少有一平方米大，但不厚。据说是早年日本人大谷光瑞从敦煌千佛洞揭取下来的壁画，至今没有打开过。

　　这个博物馆的后面就是朝鲜李朝的故宫，这次没有时间参观了，只在大门前跟陪同我们的全荣来教授一起照了一张相以作纪念（图一）。因为要赶到圆光大学去开会，只好在返程时找个时间好好看看，还要把整个汉城都看一下。

圆光大学：东北亚古代文化讨论会

　　圆光大学位于全州裡里市，是由佛教方面的人士办的，创办人名叫崇山，校园里专门建了一座崇山纪念馆。该校设立有一个百济文化研究所。为庆祝该所成立 20 周年，由圆光大学和俄罗斯莫斯科大学共同主办，并由圆光大学承办"东北亚古代文化国际讨论会"。应邀参加会议的主要有中国、日本、俄罗斯和韩国的学者。会议于 11 月 13 日在崇山纪念馆召开。校长金三龙致辞。因莫斯科大学校长没有来，他的致辞由一位莫斯科大学的朝侨代读。本来由韩国考古界的元老金元龙和江上波夫作基调讲演，因前者患肺癌到美国治疗去了，就由全荣来代讲要点。大会的发言全部用本国语言，不做翻译。因为所有发言者都提交了文章或提要，大家可以自己看。这样省去了翻译的时间，缺点是不能让每个人都了解发言的全部内容。会议到 14 日下午结束。

13 日下午会后，校博物馆原馆长金在先教授带领我们到博物馆参观。这个博物馆的建筑颇为讲究，据说是韩国大学博物馆中最大和最好的一个。博物馆的陈列分四层，从史前到李朝按时代摆放，另有不少中国的物品。主陈列之后有一个民俗馆，收藏也很丰富，其中最引人注目的是李鹤（女）的韩绣。金在先曾留学台湾大学历史系，后转学考古，重点是史前考古，1957 年毕业。他对台湾的情况非常熟悉，汉语也说得很好，我们交流就很方便。

旋风式参观

从 14 日下午开始，我们就进入旋风式的参观行程。第一站参观百济弥勒寺遗址和百济益山王宫遗址（图二）。这两处现在都由圆光大学负责发掘。两者前面都有石塔，之后是经幢、经堂和讲经堂，后二者外部都有回廊。整个建筑讲究中轴线和组合，特点是多用石头砌筑。弥勒寺原为百济所建，以后新罗增建，高句丽又增建，直至李朝都还在使用。有些屋瓦上有"大中""延祐""太平兴国"等中国朝代的年号。

15 日上午参观全州博物馆，全荣来曾任该馆馆长。这个博物馆的建筑十分精致。馆内陈列分两层，下层是考古发掘品陈列，其中包括弥勒寺出土物品和复原模型以及益山王宫遗址的出土物品等。后者有舍利盒和黄金盒，黄金盒中装着许多金板，上面都刻着经文，十分珍贵。上层是古代艺术品陈列，也很有特色。

接着驱车到光州，参观光州博物馆。这个馆比全州博物馆大些，陈列品按照时代排列，从旧石器时代直到李朝。其中最重要的乃是新安郡道德

图二　与江上波夫先生（中立者）等
参观百济弥勒寺石塔

图三　在高趮郡竹园里与全荣来和冈村秀典考察石棚

岛附近元代沉船中打捞起来的大批青瓷器。

　　参观全州博物馆时，看到有两对新郎新娘。参观光州博物馆时又看到有十几对新郎新娘，新娘都穿着纯白色的长婚纱，完全不穿民族服装。他们在博物馆外游玩、照相并举行仪式，显得很有文化品位，也给博物馆增添姿色。

　　下午返程到全罗北道沿海的高趮郡竹园里看石棚（图三）。先到一个农家后院看到一个很大的石棚，接着到后山坡下看到大批石棚，据说约有 400 座，是一个大型墓地。接着到扶安郡龟岩里看大石棚，有 20 多座。石棚的盖板既大又厚，最重的据说有 300 吨。原来还想看一座高句丽山城，因太晚天黑了，只好作罢。

　　16 日上午大队人马从裡里市出发，经秋风岭，过大邱，直达庆州。庆州原来是新罗古都城，房屋建筑古色古香，旅游的人很多，有点像日本的京都。我们先参观五陵，有五个很大的封土堆，是传说中新罗早期五位国王的陵墓。中午到一个家庭小饭馆“森林别馆”用餐，首先看到门前树立两根木柱，柱头上各雕刻一个人头，下面分别用汉字写着“天下大将军”和“地下女将军”，反映当地传统的民俗。大家落座后，主人给每位客人端来一个烧得滚烫的石钵，里面装约半钵大米饭、几片肉、豆芽、胡萝卜丝和白菜丝等，还有一个生鸡蛋。自己把鸡蛋打开放入钵中，然后用力搅拌。这就是韩国传统的抓饭，每钵 15000 元，约合人民币 110 元，颇不便宜。

　　下午参观王陵公园，园内有许多大土冢，冢上植草，下面也是草坪，不少游人在那里玩耍。其中有一座"天马冢"已被发掘，并已辟为博物馆。此冢的发掘是从中间劈开，挖去一半，再按原样盖上顶棚，棚顶覆土植草，从外面看还跟原来的土冢一样。进到冢内看就是一个博物馆，一方面可以清楚地看到棺椁的结构和积石的情况，同时又可以看到陈列的出土文物。这样的设计把保护和开放结合得非常好，值得好好学习。

看完天马冢还有一点时间，本来想参观博物馆，因为今天是星期一闭馆，馆长到日本去了还没有回来，只好改变计划。驱车到东南十余里的佛光寺参观。这里是一个新罗时期的寺庙群，大多数都已修复，环境清幽，但游人不多。

17 日上午参观庆州博物馆。馆长李兰暎刚从日本回来，她向我们介绍了该馆的基本情况并赠送书籍。该馆成立已有 80 年，现在的馆舍是 1975 年修建的。全馆有 80 人，其中研究人员 12 名。这个博物馆属国立性质，行政上归中央博物馆管理，人员、经费都由中央博物馆统一调配。考古工作则由庆尚北道文化财研究所负责，考古报告整理完毕后，所有资料全部交给博物馆，但不一定都放在本馆。这个博物馆有三个分馆，因为正在进行内部整修，只开放了新罗古坟馆。其中陈列的黄金冠就有好几套，其他还有许多黄金制品，几乎成了专题的黄金饰品展。

从博物馆出来，全荣来领我们参观庆州的雁鸭池，此地原有的建筑多已不存，只剩地基，上面铺草保护。后面一个亭子里有一个雁鸭池复原的全景模型。接着去石窟庵，该处是朝鲜八景之一，风景甚美。窟龛及前面的建筑都保存得比较好，但只剩下一尊石佛，现已被列为国宝之一。

下午从庆州发车去釜山，釜山是韩国第二大城市和最大的海港，又是一座山城，高低错落。海港西岸有个太宗寺和太宗台，山势陡峭，树木葱茏。下面港阔水深，百舸竞渡。港中有一小岛，填海修了一条路与岸上相连，上面建有一所海洋学院。海岸边堆满集装箱，晚上灯火辉煌，一片繁华景象。我们首访东亚大学。沈奉瑾在新校舍迎接我们，并且跟学考古的学生见了面，受到热情的欢迎。接着就到相距十几千米的老校区参观校博物馆。该馆藏品非常丰富，放了上下两层楼。我最感兴趣的当然是东三洞的陶片。其下层有少数隆起纹陶片，上层大部分则是栉目纹，许玉林说其中有些跟辽东出土的陶片相似。

18 日离开釜山到晋州。进到晋阳城，一看是个古建公园。在右边高岗上有一座门楼，门额上有"岭南布政司"几个大汉字。出晋阳城往前的山坳下面，就到了国立晋州博物馆。该馆为 1984 年所建，显得很新。陈列品也比较丰富，主要是伽耶王国的遗物。我还是重点看了东三洞的陶片。

午后驱车到达大邱，它是韩国的第三大城，车流如织，交通十分拥挤。我们的目标是庆南大学博物馆。馆长尹荣镇热情接待了我们。博物馆陈列室有三层，

图四　在宾馆客房用韩餐

陈列物品虽多，但内容较杂，主要是 1960 年以来收购的。这里历史上是新罗、百济和伽耶的交界地区，文化遗物也多少反映了这种特点。晚上尹馆长设宴款待。席间谈到韩国有一个规定：国立大学如果没有博物馆和图书馆，即不能称为综合大学。大学的博物馆也做田野考古工作。该校还设立了考古人类学系，分两个专业。每年招收 40 名学生，其中考古 10 名，人类学 30 名。毕业后多数考研究生，因为研究生毕业后比较好找工作。

我们 19 日于大邱驱车向西到达大田的忠南大学，李亨求早早在此迎候。魏存成给大家放映了一些高句丽的幻灯片。午饭后稍事休息（图四），就出发到清州的忠北大学，校长亲自接见，该校的先史文化研究所、湖西文化研究所、考古美术史系和博物馆的负责人都出面欢迎，场面非常热烈。我们重点看了李隆助教授的旧石器时代考古研究室和博物馆，那里除了放置有许多韩国出土的旧石器，还有许多做打制石器实验的标本。然后去兴德寺印刷博物馆参观，那里有世界上最早的金属活字印刷，看到了金属活字和早期的印刷品。晚餐时有李隆助等许多人作陪，他希望跟北京大学合作进行教师互访、互派留学生、共同就双方感兴趣的问题进行研究等，我表示衷心欢迎。

20 日一早，李隆助催我起来，领着我到清州最好的浴池进行桑拿浴。首先在淋浴处把身上洗净，然后热汤、蒸汽、冷浴反复三次。热汤烫人，蒸汽更加烫人，冷浴又冰人。然后经过一段石子路，上面淋冷水，下面脚板磨得生痛。最后入人参汤，一股浓浓的人参味，李隆助要我尽情地泡，说这是李朝皇帝经常泡澡的地方，要体验一下皇帝泡人参汤的感受。我说不上有什么感受，只是觉得很惬意。最后洗完澡一量体重，足足掉了两千克！

重返汉城

我们在圆光大学开完会，并且在全国周游一遍后，于 20 日回到汉城，立即参观李朝故宫（图五、图六）。这故宫规模不大，布局讲究中轴对称，宫殿跟中国的建筑风格很相似，但不用琉璃瓦。显得比较朴素。

汉城很大，地铁交通非常发达。汉江很宽，上面架了许多桥梁。我们由金暎珠陪同逛了最热闹的南大门市场和东大门市场。东大门还有瓮城，南大门只剩大门本身，两边城墙都已不存在了，旁边有许多超高层建筑。市场极为热闹，到处摆着地摊，东西极为丰富，也比较便宜。街上人山人海，只是不大遵守交通规则，经常闯红灯。这就是我对汉城的第一印象！

汉城作为韩国的首都称为 Seoul，正译应该是首里，也就是首都的意思，正如琉球国的首都称首里一样。但现在韩国按照语音译为首尔，意思反而不明确了。

东亚大学五十年

我第二次访韩是在 1996 年 11 月韩国东亚大学建校 50 周年之际。我被邀请参加为校庆举办的"东亚都市的起源和发展"学术研讨会。会议定在 11 月 5 日

图五　参观李朝故宫之一角

图六　在李朝故宫后花园

召开，此前我正在日本宫崎大学参加"中国草鞋山遗址古代水田稻作国际研讨会"和"国际稻作文化讨论会"。11 月 4 日离开宫崎到福冈，转乘飞机于下午 3 时到韩国釜山。因为福冈和釜山之间只隔着一个不宽的海峡，好像刚一飞上天就准备下降。在飞机降落过程中往下面望，整个釜山尽收眼底，景象十分壮观。出机场时受到沈奉瑾、崔梦龙和李正晓的迎接。我们先到沈的研究室稍事休息，寒暄一番。晚餐后，请日本河上邦彦讲他发掘的两座古坟的情况，放映了许多幻灯片。到晚上 11 时才住到釜山观光宾馆。洗澡后稍稍准备明天的发言，上床时已是 5 日 1 点半了。刚刚睡好，早 5 点李亨求唧唧敲门，说要帮助我准备发言。他是一片好心，可是我最需要的是睡觉。他只好走了，真是对不起得很！

早餐后就到东亚大学，先见过校长，然后到大会堂。一路看到有许多祝贺校庆的条幅，还有一些礼品，上面写的基本上都是汉字。我问为什么，据说是为了表示隆重和高雅。会议开始，校长和沈奉瑾先后致辞，然后大会发言。我讲的题目是"中国都城的起源和早期发展"。韩国和日本的学者也都就都市考古等方面的问题作了发言，并进行了一些讨论。晚上举行了一个非常热烈的庆祝宴会，还赠送给我们一些校庆纪念品。

原来在东亚大学的辛勇旻早先在北京大学进修过，所以我们很熟。他现在在湖岩美术馆工作，正主持一个考古工地，要请我去看看。他自己开车从韩国最南直到北部的京畿道水泉市，傍晚到了他主持发掘的工地。那是一个百济时期的墓地，已挖的 21 座都是石棺墓，工作做得很好。

11 月 7 日上午参观湖岩美术馆，周围环境非常美。我大致看了金属器馆、陶瓷馆和绘画馆，又看了保存科学部，辛勇旻一一做了介绍。这个馆经济实力雄厚，将会有较大的发展。下午乘火车返回釜山。

11 月 8 日上午参观东亚大学博物馆，在库房里看到釜山市蔚山郡牛峰里出土的新石器时代早期的陶片，均为褐色粗陶，平底，饰隆起纹及三角斜线突起纹等。中午沈奉瑾等在学校水宫饭馆设宴，满桌摆着三文鱼、牡蛎、墨鱼、贻贝、海蜇以及一些不知名的海鲜食品，尽是生的。我第一次吃全生的海鲜，有点犹豫。既然大家都说好吃，我就麻起胆子都尝一尝，觉得味道还可以。席间沈奉瑾希望我推荐一两名研究生或年轻教师到他名下学韩国考古，待遇不菲。他认为懂得中国考古学的人学韩国考古有很大的优势，因为中国和韩国的古代文化有许多相似和相通的地方，单学韩国考古有局限性。只有懂两国考古的人才能成为高水平的学者，我对他的说法颇有同感。

参观昌宁古坟群

8 日下午去昌宁参观新罗时期的校洞古坟群和桂城古坟群。之后又参观伽耶的石冰库古坟群，均保存甚好。这里是新罗和伽耶交界的地方，所以有二者的古坟群。昌宁有一个古坟博物馆，小而精巧，陈列品也反映了这个特点。沿途青山绿水和大片收割后的稻田，一片乡村景象。

考察东三洞等贝冢

很早就想看看东三洞贝冢。11 月 9 日上午到釜山市以东的海岸边考察，发现遗址的位置正好与海洋大学所在的小岛隔海相望。遗址很小，贝壳也很少，主要是牡蛎、文蛤和另一种不知名的贝类。

下午到釜山以西考察凡方贝冢，这里贝壳极多，主要是毛蛤和文蛤，为河口贝。文化性质和东三洞基本相同。接着又到金海郡考察水佳里（Sugali）贝冢。性质和时代也基本相同。从这些贝冢所出陶片的特点来看，有些与日本对马岛和九州北岸边绳文文化早期的陶片相似，说明两地早年有过一定的文化交流。

之后顺便考察戊溪里（Mugeli）支石墓，据说原来有很多，现在只剩了一座。盖石极大，约有 7 米长，4 米半宽，1 米厚。不远有金海驾洛国首露王陵，陵墓前面有用汉字刻的石碑，详细记载王陵起建和重修的历史。

小鲁里稻谷的疑云

我第三次访韩是在 2002 年。记得那年的某一天，韩国忠北大学的李隆助教授来到寒舍，告诉我在小鲁里发现了距今 14000~12000 年的稻谷，还给了一份在印度—太平洋史前考古年会上所作报告的简本。从照片看那稻谷应该是真实的，我怀疑年代测定有误。不过李隆助还是很有信心。不久他正式邀请中国农业大学的水稻专家王象坤教授、湖南省文物考古研究所的所长袁家荣和我到韩国参加小鲁里稻谷的学术研讨会。我们于 2002 年 12 月 17 日乘亚洲航空公司的波音 747 班机从北京起飞，一个多钟头以后就到了韩国的仁川机场。然后乘班车到清州，李隆助亲自迎接，住清州旅游宾馆。

18 日上午到忠北大学文化中心，受到忠北大学的校长、清原郡的郡首和韩国绿色革命之父许文会等人的欢迎。会议首先由李隆助、许文会和徐学洙分别作了有关稻谷发现情况的报告、出土稻谷鉴定的初步报告和古环境的研究报告等。下午大会发言和讨论。我、王象坤和袁家荣先后讲话，本来还有日本的西谷正和俄罗斯的库兹明的讲话，二位因故未到，但提交了发言稿，便由韩国学者代读。之后进行了长时间的讨论。有的学者对报告中疑似稻的提法表示不妥。有的学者对用泥炭层的标本测年是否准确表示怀疑。不过大家还都是认真地分析证据和进行讨论。而东道主则想努力说服我们几个中国人相信他们的惊人发现，这也是在情理之中的事。我们一方面说了些鼓励的话，同时又实事求是地指出问题所在和解决问题的可能途径。

19 日上午参观忠北大学先史研究室和校博物馆，那里陈列了从小鲁里到家瓦地等出土稻谷遗存的系列标本。下午参观小鲁里遗址。那里现在还是一片沼泽，有个大企业要在那里进行开发，所以要先期进行考古发掘。结果发现那里有一个旧石器时代晚期的遗址，稻谷就发现在离遗址不远的泥炭层中，而且埋得很深，测定的年代又很早。如果一切不误，那当然是一项了不起的发现，过去关于稻作农业起源的一切理论都要推翻。对这样的问题当然要慎之又慎，与会的多数韩国学者和日本学者也都采取了非常慎重的态度。我建议在沼泽周围进行更加仔细的勘探，重点要放在北边，看看有没有更晚时期的遗址；要研究遗物在沼泽中是否可能下坠到早期地层；还要研究出土稻谷层位中其他植物的遗存，看看可否与更新世末期或全新世某个时期的植物群相对照。最后再看看这些稻谷到底是什么年代的，由此再来估计这次发现的学术意义。

20 日上午到水原市全国农业振兴厅展览馆参观，内容分过去、现在和将来三部分，很有特色。接着参观了种子库，有十多万份种子，其中水稻有 24000 份。

王象坤说中国有 7 万份。午后到金浦一山看农业资料馆，那里离家瓦地遗址不远。李隆助建议改为家瓦地博物馆，人家不大同意。

访韩感怀

韩国历史上跟中国关系特别密切，可是 1895 年中日甲午战争后，整个朝鲜半岛一下子沦为日本的殖民地，时达 50 年之久。二次大战后虽然获得独立，却分裂为两个国家。我们访问和参观了很多地方，会见了很多韩国朋友。总的感觉是韩国人特别热爱自己的国家和民族，热爱和尊重本民族的历史，也特别珍视同中国的传统友谊。

韩国的经济是从废墟上快速发展起来的，早已成为亚洲四小龙之一。但在发展经济的同时还特别注意文物古迹的保护。为了保护李朝故宫，不惜把殖民地时期的日本总督府炸掉。各地的重要古迹也保护得很好，而且在保护的同时又注意向公众开放，庆州的天马冢就是一个很好的例子。韩国有一个比较健全的博物馆系统，各州的博物馆统由中央博物馆管理，从而保证了地方博物馆的质量和业务水平。各综合大学都必须设博物馆，再加上一些小地方的博物馆、专业性博物馆和私人博物馆等，成为保护历史文物和向公众进行历史文化教育的重要阵地。韩国最重要的文物称为国宝，所有国宝都有非常详细的档案记录，相关资料编成了 12 巨册书，公众可以从其中了解国家的重要文物和进行监督。

韩国学术界很注意国际合作和学术交流，不时召开国际学术讨论会。同中国科学院古脊椎动物与古人类研究所就曾合作发掘垂杨介旧石器时代遗址。北京大学的外国留学生中韩国学生是最多的，其中有不少是学考古的。但中国研究韩国和朝鲜考古学的人不多，这种情况今后应当有所改变。

（原载《足迹：考古随感录》，文物出版社，2011 年）

应聘日文研

缘起

1997 年 10 月 3 日至 1998 年 6 月 30 日，我应国际日本文化研究所（简称日文研）的聘请，作为客座教授在该所工作了 9 个月。这是我第 12 次访问日本了，而且是时间最长的一次。除正常的工作外还访问了许多地方，得到各方面热情的接待，至今难以忘怀。

日文研的创始人和第一任所长是日本著名学者梅原猛先生。他本来是研究西洋哲学的，后来转而研究东方哲学。他认为东方哲学或东方思想有许多优越性，比如强调天人合一即人与自然的和谐，而不是一味地强调改造自然和人定胜天；强调人伦道德和个人修养而不是强调个人主义和自我奋斗，对于当今社会的发展，都是具有至关重要的意义的。他想进一步了解东方思想所产生的根源或经济基础是什么。他注意到东方各国都是以稻米为主要食粮的，根据最新的研究，中国的长江流域正是稻作农业起源的中心地区，至今还是稻米生产数量最多的地区。过去认为东方文明最早发生在中国的黄河流域，现在看来长江流域文明发生的年代也不见得比黄河流域晚。他参观过浙江余姚的河姆渡遗址，为在那里发现的 7000 年以前非常发达的稻作农业而感到惊叹。他还参观了浙江余杭的良渚遗址群，为那里巨大的建筑遗迹和特别发达而精致的玉器工艺而赞叹不已，认为东方文明最早就可能发生在良渚文化所在的地区。因此他很想跟中国学者合作，探讨良渚文化乃至长江流域文明的起源及其对整个东方文明的影响。因为我多次在日本讲稻作农业的起源和长江流域在中国文明起源中的作用等问题，对良渚文化也有一些研究，所以他特别通过在日文研工作的徐朝龙找到我，希望同我合作。徐早年在四川大学考古专业学习时，我曾经在那里讲授中国新石器时代考古学，有一段师生之缘。他因此很自然地成了我和梅原之间建立联系的重要纽带。他们同时也和浙江方面联系，看能不能从良渚遗址的发掘与保护方面入手，如果顺利，以后再考虑进一步合作的问题。我们讨论了许多次，并且在国家文物局授意和各方面都同意的情况下签订了正式协议，梅原猛请日本著名的考古学家樋口隆康为日方队长，我为中方队长。在日本举行了隆重的签字仪式，我和樋口郑重签字并换文，随即报请中国国家文物局送有关方面会签，可惜迟迟没有下文。为了把事情进行下去，梅原便请当任所长河合雄正式聘请我到日文研工作一段时间，以便进一步商量相关事宜。我就是这样来到日文研的。

初到日文研

我和内人王秀莲于 10 月 3 日乘东方航空公司的 MU525 航班从北京出发，先到青岛办理出关手续，当地时间下午 2:00 到达日本关西空港。先期到达日文研的北大考古系高崇文教授到港迎接。先乘火车到大阪驿，换乘阪急列车到桂驿，再乘出租车到日文研，时间已是晚上 7:30 了。日文研负责接待的奥野女士把有关事情安排好后，因为时间太晚，高崇文叫她先走，一切事情由他和王美秀夫妇张罗。王美秀做了一桌丰盛的菜肴为我们洗尘，还帮我们打扫了房间，送来许多副食和水果等，令我们非常感动。这里中国学者不少，对我能来日文研特别高兴。所方也特别开 Party 欢迎。之后河合所长和我正式签订任职合同，又和村川事务长一道向我介绍日文研的基本情况。河合还专门同我讨论了如何开展中日合作调查长江文明等事情，指定安田喜宪为同我合作的联系人。

日文研是梅原猛先生创建的。他曾经跟我谈及当时的情况：他感到像日本这样一个国家，应该有一个研究机构，来吸引国内外学者研究日本的历史、文化及其在世界上的地位与作用。他先找当时的首相中曾根康弘，把他请到现在日文研所在的地方，说只要你同意我在这块地方建所，其他一切事情都由我来办好了，首相爽快地答应了他的要求。接着找大企业家稻盛和夫，先跟他喝酒，等他半醉了再跟他要多少亿日元。梅原猛不无得意地说："当时他满口应承，后来却有些反悔。我说'君子一言，驷马难追'。其实他不是真的反悔，他是真心支持我的。"日文研就是这样创办起来的。行政关系直属日本文部省。

这个所建在风景秀丽的野鸟公园山下，十分幽静，是从事学术研究的理想场所（图一）。办所方针是开放式的，研究人员分为本所专职研究员和客座研究员两类，客座研究人员中又分本国和外国两类。外国学者一般限制在 15 人左右，但由于任职期限从三个月到一年不等，实际上每年来的外国学者有二三十人。其中最多的是中国学者，其次有韩国、美国、德国、新加坡等国学者。我初到时的中国学者有北京大学的高崇文、山东大学的高文汉、山东省文物局的张从军、中国社会科学院的程广林等；以后陆续来的有中国社会科学院的田桓、四川大学的霍巍和复旦大学的葛剑雄等，多数都带着夫人。他们有的研究日本史、日本文学或中

图一　日文研一角

日关系，有的研究考古学、民族学或宗教学，总之跟日本多少有点关系。日文研学术研究分为五个领域：第一领域为动态研究，包括现代、传统和基层三个方面；第二领域为构造研究，包括自然、人类和社会三个方面；第三领域为文化比较，包括生活、制度和思想三个方面；第四领域为文化关系，包括旧交圈1、2和新交圈三个方面；第五领域为文化情报，包括外国的日本研究和本国的日本研究两个方面。每个方面都有本所的研究人员和与外单位共同协作的研究人员。学者怎么研究完全由自己决定，所方没有任何规定，对日本国或日本文化持批评态度的也欢迎。我曾经同河合所长谈到如此自由将如何保证质量的问题，他说我们邀请的都是有造诣的学者，不可能没有一点水平。至于怎么研究那是学者自己的事，我们不会也不应该过问。日本人能有这种气魄很值得我们学习！研究所常常召开各种国际性的学术会议，邀请本国和外国的学者参加。有时也接待一些参访的外国学者。

日文研有一个外国学者的公寓，每套房间中包括卧室、厨房、餐厅、浴室、卫生间和洗衣房等，有的还有客厅。室内有空调、电视，随时有热水供应，整个设备相当现代化，在这里生活比较方便。

主楼有大小会议室，经常举行各种国际性学术会议，还有接待室、财会室、图书馆和健身房等。每一位研究人员都配备有一个研究室，里面有电脑、打印机、电话、书案、书架和空调等，可以很方便地从事研究工作。主楼西边还单独有一栋大会堂，专门为召开大型会议而建。

图书馆有不少藏书，我们可以进书库选择自己所需要的书籍，借出的数量和归还日期都不受限制。京都有个朋友书店，专营中国出版的书籍，每个星期送一车书来，我们可以任意选择，先看内容，等下一次来时再付款，不需要的退回就是了。同时还有书目赠送，书目上没有的列出书名也可以预订，非常方便。所里的复印设备颇先进，可以单印，也可以整本书印，旁边有装订设备。

日文研有许多出版物，有专书，也有连续性的，包括一些国际会议的论文集。其中日文的有《日本研究》（1989 年创刊，半年刊）和《日文研》（1988 年起，半年刊），两者都有英文版。还有大量《日文研丛书》。即使外国研究者回国以后，所方也一直赠送。

运作这样一个研究所需要相当多的经费支持，据说全部都由文部省拨付。

我的工作

我在日文研的工作大致是围绕稻作农业的起源与传播和所谓长江文明的探索来进行的，但不局限于此。由于高崇文先期到达，对所里情况比较了解，给了我许多帮助。徐朝龙虽然是日文研的正式成员，因工作需要经常外出，但我在日文研的生活和工作他都一直是关心和尽力帮助的。其他中国学者也都热情相助，使我免了许多麻烦。我除了在所里工作，还可以出外旅游参观，出席学术会议，包括到国外的活动等，不必报送计划，任由我自行安排。唯一的计划是由我主持一个"稻作农业、陶器和都市的起源"国际会议。由于良渚遗址的考古发掘计划搁浅，我建议日文研跟湖南省文物考古研究所合作，参加澧县城头山遗址的环境考古研究。那个遗址有一个环壕土城，是中国最早的一座城址，应该是探索文明起源的上好地点。后来几经研究，高崇文和徐朝龙也帮助做了许多工作，终于签订了协议。湖南省文物考古研究所的所长何介钧为队长，日文研的安田喜宪为副队长，我和梅原猛为顾问，后来的工作总算比较顺利。梅原猛还希望和我合作写一本书，内容是关于长江文明的。所里有很多个人电脑，但写不了中文，就专门为我买了一部台式机。我用这部电脑写了《东方文明的曙光》和《稻作文明的故乡》等几篇文章，还写了《中国新石器时代考古学》讲义十几万字，可惜后者拷上软盘后回国途中给挤碎了。电脑这东西有时不注意会出事，和我们在一起的美国学者夏皮罗写了多少万字，不知怎么一下子丢了，急得他直想跳楼！

在国内免不了有许多杂事，这里就清静多了，日子过得比较轻松。期间参加了几次国际学术研讨会，应邀作了几次学术报告，还跑了不少地方，包括以前一直想去而没有去成的琉球和北海道。中途回国到贵州参加一年一度的全国考古汇报会，还到欧洲去了一趟。本来和安田约好到埃及去的，后来因为安全问题没有成行，唯一留下了一个小小的遗憾。

访问京都大学

京都大学在发展日本考古学和从事中国考古学研究方面都占有特殊重要的地位。我过去访问日本时曾经到京都大学参观过，这次算是重访。10 月 16 日由上野祥史驾车接我和秀莲同去，首先到京大博物馆，在京大文科研究所工作的冈村秀典和秦小丽在门前热情迎候。我们首先看内部陈列，那里摆放的主要是 20 世纪 30 年代滨田耕作时期的藏品，大部分是从中国运来的。其中值得注意的有仰韶文化半坡类型的杯形口尖底瓶（1937 年由一位日本人捐赠，至于那位日本人怎么弄到的就不知道了）、良渚文化的石钺和十节大琮、商代中期（二里岗上层）的青铜鬲、夏家店下层文化的陶鬲和辽宁旅顺四平山遗址出土的许多陶器和石器等。后者是日本学者在 20 世纪 30 年代发掘的，工作日记和发掘记录包括测绘的遗迹图等都还保存完好。这遗址有成排的积石墓，基本上属于龙山文化，正由冈村秀典和九州大学的宫本一夫整理。冈村还特地复印了一份积石墓分布图给我。陈列室里有一大批古埃及、希腊、罗马时期的标本，是英国考古学家皮特里（F. Petrie）送给他的学生滨田并让他带回国的。除此而外，还有许多韩国、澳大利亚、北美、墨西哥和秘鲁等国的古物，简直像个世界考古博物馆。

博物馆的书库里有许多古旧的考古书籍，其中有一部大开本的《埃及阿拜多斯发掘报告》，是德国 1878 年出版的，插图全部是铜版画，印刷十分精良，应该是善本中的善本。

从博物馆出来就到京都大学文科研究所，冈村秀典就在那里工作，秦小丽在那里攻读博士生。这个研究所有单独一栋西洋式建筑，是 1930 年建起来的。所里有一个很大的书库，主要收藏中国的古旧书籍，包括各种类书和地方志等，相当齐全。限于时间，我们只能粗粗地浏览一番。要有工夫在这里做研究多好！

游岚山和天龙寺

10 月 8 日，晴。上午由高崇文陪同我和秀莲一道乘西五巴士到桂驿，转乘阪急到岚山驿。过渡月桥，沿桂川上溯，河水清澈碧绿，两岸树木葱茏，风景极为优美。走过一段路，爬上一座小山，那里有一个瞭望台，从台上可以看到桂川的上源，不时有小船慢悠悠地划过。再往前走不远就到了周恩来诗碑的所在。周恩来的诗《雨中岚山》就刻在一块不甚整齐的石头上。我们在那里稍事凭吊，然后去看天龙寺。看到正殿正在维修，就去看后殿，要买票穿拖鞋才能进殿里面参观。殿的周围回廊离地面只有半米高，一步就能踏上去，不买票也可以上去参观，但就是没有一个人上去。庭院中的池塘和小溪里有许多锦鲤，游游停停，全不避人。游人伸手可捉，可就是没有人去捉。国民的这种素质当不是短时间能够养成的。

天龙寺全名是灵龟山天龙资圣禅寺，又名大本山天龙寺，始建于 1339 年，是京都五座山寺中第一号寺院，已经被列入世界文化遗产。寺中藏有宋代马远的画，还有宋元时期的青瓷和大量佛经写本等。前来参观的游客络绎不绝。

参观二条城和平等院

10 月 26 日上午，秦小丽和京都府教育厅文化财保护课主任磯野浩光接我和秀莲参观世界文化遗产之一的二条城。这座城始建于德川家康的庆长八年（公元 1603 年），明治时期改建为离宫。有内外二城，均为大石头砌筑，城外都有围壕。城内殿宇保存也都比较好。

秦小丽还想陪我们看平等院，因时间关系只好改个日子再去。1998 年 1 月 2 日，我和秀莲从日文研出发，到河原町东四条桥上与秦小丽一家会面。之后乘火车到宇治市平等院参观。该院始建甚早，平安后期的 1052 年改建。其中的凤凰堂（阿弥陀堂）内供奉的阿弥陀如来塑像为 1053 年造，为日本国宝。平等院规模甚小，但风景甚好，已是冬天不像冬天。1995 年已定为世界文化遗产。我想中国像这样的古迹能够列为国保单位就不错了（图二）。

图二　秦小丽陪同参观平等院

拜访梅原猛

早就想到梅原猛家去拜访，毕竟我的合作对象主要是梅原先生。10 月 30 日下午，我和高崇文、高文汉一起，由安田喜宪陪同去梅原猛家。他住的是一座典型的日式房屋，虽然很旧，但很讲究。那里原来是梅原先生的老师、著名哲学家和辻哲郎居住的地方，环境十分清幽。从房屋出来往北有一条弯曲的小道直通银阁寺，那位哲学家时常走这条路到银阁寺去，所以被称为哲学家小道。

梅原先生事先知道我们要来，所以在我们到达时，他和夫人都穿着和服跪在木板地上迎接。我们进门之前都脱鞋换上拖鞋，双方行礼毕，都席地而坐，按照日本茶道的规矩上茶。其实这是中国唐宋以前的老规矩，只是后来改变了，日本却继承了下来。梅原问我生活是不是习惯，工作是不是方便，叮嘱安田要多多照顾。他特别希望我在中日合作进行长江文明的调查方面多多操心。然后领我们参观他的房屋和里面的设施。他主要不是介绍自己，而是介绍那位老哲学家的生活方式。我们不敢久留，停不多时就向主人告辞。梅原又偕夫人跪地相送。如此大礼真使我们有些不好意思。中国号称文明之邦，但一些必要的文明礼节都丢弃殆尽，实在应该反思一下。

拜访樋口隆康并参观泉屋博古馆

拜访梅原先生之后，第二个要拜访的就是樋口隆康先生。樋口是前辈日本学者中长期研究中国考古学的著名学者之一，年事虽高仍身强体健。他是京都泉屋博古馆的馆长兼奈良县博物馆的馆长。多数时间在泉屋博古馆。我和高崇文上午去看望他，他很高兴我们能来日文研。他说尽管中日合作进行良渚遗址发掘之事一时实现不了，只要两国学者诚心合作，长江流域古代文明的调查研究还是有希望进行下去的，我对此也有同感。我们寒暄了一阵之后，就把新近出版的拙作《史前考古研究》敬赠给他，请予指正。他也回赠了书籍。然后我们参观泉屋博古馆（图三）。之所以叫泉屋，可能是因为收藏了许多中国的古钱币。但更重要的是收藏和陈列了大批十分珍贵的商周青铜器。其中有所谓"虎食人卣"，跟在法国博物馆的一件十分相似。可能是商代南方的一个方国叫"虎方"的镇国重器，反映虎方祖先起源的神话故事。另一件青铜大鼓，下面有人像托着，大概也是虎方的重器，反映另外的神话故事。这些器物在中国国内都还没有见到。泉屋博古馆还出版了不少研究著作，包括定期出版的刊物《泉屋博古馆》，是日本研究中国考古学的重要阵地。

图三　与梅原猛（右）和樋口隆康（左）先生在一起

访大阪国立民族博物馆

　　原来在吉林大学任教、又在北京大学考古系进修的徐光辉现在日本龙谷大学任教，家住在大阪。几次约我到他家去玩，顺便参观国立民族博物馆，说那里有一个新的展览云云。我和秀莲于 12 月 13 日到大阪，光辉在梅田车站迎候，然后到心斋桥—日本桥电子一条街买了点东西，就一同到他的家里去。他的太太小韩非常热情，弄了很丰盛的菜肴，还请朋友来作陪。酒罢三巡又是卡拉 OK 又是跳舞，一直弄得很晚，干脆就住下来了。

　　第二天由光辉陪同到万博公园，那是一个很大的地方。除了国立民族博物馆，还有国际艺术馆、美术馆和儿童游乐园等。我们无暇多顾，就直奔民族博物馆。这地方我过去来过，同该馆的前馆长佐佐木高明还是多次打过交道的老朋友，这次没有见着，是馆里另一位负责人接待的。我们主要看了一个特别展，就是把大英博物馆 100 年以前的一个展览，连展柜和所有陈列品全部运过来展出。内容是关于日本、东南亚和太平洋各群岛的民俗文物，实在非常珍贵。我们仔细参观，最后把其他展馆也浏览了一下，其中有不少中国的民族和民俗文物，包括江西的古民居和农具等。

"和之国"国际学术会议

12 月 17 日下午，我和高崇文一道去奈良参加"和之国"国际学术研讨会，住福田宾馆。这是一个连续性的国际会议，差不多每年举行一次，一次一个主题。去年的第二次会也是 12 月在奈良举行的，主题是"稻作农业与文明"，我也参加了。这次会议是第三次，主题日文写的是"巨大墓与文明"，实际是"威权纪念物与文明"，英文名是 Power Monuments and Civilization。我和高崇文共同按照日文主题的旨意准备了一篇文章，题目是《埋葬习俗与中国古代文明》。上次开会邀请的外国学者只有哈佛大学和伦敦大学的几位和我。这次人数较多，有英国伦敦大学的考古学院院长阿科（Peter Ucko）、申南（Steve Shennan）、费克里·哈桑（Fekri A. Hassan），美国加州大学圣迭戈分校的 Guillermo Algaze，密西根大学的马库斯（Joyce Marcus）和弗南内里（Kent Flannery），华盛顿州立大学的 Timethy A. Kohler，埃及开罗大学的 Hala Barakat，中国陕西考古研究所的焦南峰和西北大学的王建新等。日本方面参加会议的有樋口隆康、石野博信、寺泽薰、中村慎一等，大阪大学的都出比吕志也来了，但不是正式代表。

12 月 18 日在奈良县新宫会堂开会，樋口隆康致欢迎词，然后由费克里·哈桑主持。他首先发表基调讲演，说 Monuments 可以是古代的纪念物，也可以是现代的一幅画、一棵树等等，不知他要阐明一个什么意思。我在下午发言，为了听我们发言，秦小丽、陈洪海、冈村秀典和前园实知雄等也都来到了会堂。19 日继续开会，Peter Ucko 主持，他的发言也是哈桑那一套，说什么希特勒的画像，还有斯大林在红场的画像等也都是 Monument，也都要研究云云。伦敦大学的考古学怎么成了这个样子！

奈良橿原考古研究所

奈良橿原考古研究所的菅谷文则和前园实知雄等邀请我、高崇文和张从军在 1998 年 1 月 16 日专程到奈良参观访问。前园在橿原神宫车站迎接，先到河上邦彦主持发掘的天理黑冢古坟工地，菅谷文则也在工地会面。黑冢古坟是一个较小的前方后圆坟，东西向，后圆部分堆满大卵石，中间挖一长方形竖穴，南北向，长 8.3、宽 1.3 米，中间放置一个独木棺，死者放在中间，但尸骨已完全腐烂，连牙齿也没有保存，只剩下一片朱砂。相当于头部以北的左边随葬了 33 面铜镜，还有刀剑、箭镞和马镫等铁器。上面由片石砌顶。棺木南端早在镰仓时代被盗，但没有造成多大破坏。这是该所在大和古坟群（日本最大的古坟群）中发掘的第三座古坟，年代较早。大和的日文发音是 yamato，因疑为邪马台国所在。但日本的三角缘神兽镜以弥生时代的发现为多，至今已达 600 余面，其中平原古坟（弥生末期）即有 43 面，是出土最多的一个。该坟在福冈县前原町，为方形周沟，竖穴木棺，铜镜放在周沟内。同一地点的三云鑺沟遗迹有 36 面，福冈市须玖冈遗迹有 30 面以上。那里也叫 yamato，时间比大和古坟早，更有可能是邪马台国所在。

下午参观橿原考古研究所附设博物馆，副所长兼馆长泉森皎陪同。该馆在去年已把陈列进行大幅度改造，内容比过去丰富多了。之后又参观了库房和技术室，特别参观了木器保护的技术。木器清洗后即泡在一种糖液中加热。此糖似白砂糖，舔尝一下有甜味。在加热过程中木器中的水分逐渐被糖所取代，然后放在冰柜中−30℃冷冻，再在干燥箱中烘干。如果不冷冻就干燥，标本容易变形。据说这样做的效果比较好。奈文研不用糖而用树脂，成本高，花费的时间也比较长。这个经验值得吸取。

从京都到东京

早在去年 11 月份，徐光辉告诉我说东京东洋文库的大井冈先生想请我作个学术报告，顺便带夫人去东京玩玩。因时间安排稍稍后延。1 月 18 日，光辉和大井冈来到日文研，亲自开车接我和夫人去东京，一路走走玩玩。下午到达名古屋市东郊的爱滋县陶瓷资料馆，所在是一个很大的公园，环境极好。我们只看了主楼的日本馆、亚洲馆和现代馆。亚洲馆中主要摆放中国、泰国和伊朗的陶瓷器。中国馆涉及的年代是从汉朝至明清。伊朗 12 世纪的陶器和辽三彩十分相似，到 18 世纪就有青花瓷，但和明清的青花瓷不大一样。我特别注意泰国班清文化出土的陶器。那些陶器分属于早中晚三期，早期（公元前 3600~前 1000 年）和中期（公元前 1000~前 300 年）属青铜时代，晚期（公元前 300~公元 200 年）属铁器时代。陈列说明中怀疑早期的年代是否有那么早，很有道理。我想泰国的青铜时代总不会比中国早一千几百年吧。早期出土的豆和罐上都有连续性之字印纹，中晚期都有复杂的彩陶，是否与中国出土的某种彩陶有关，值得研究。

下午到静冈县湖西町的三之日天然温泉，住浜名湖边客栈（Hamanako Lakeside Plaza），是一所 13 层楼的大宾馆。晚上洗温泉和桑拿浴，一身轻松。然后喝酒聊天，顺便商量到东京的日程安排。

19 日上午出发先到静冈登吕遗址，那里有日本最早发现的弥生文化时期的稻田。我第一次访问日本正是登吕稻田遗迹发现 40 周年，日本考古学协会专门开会纪念。我就是应邀参加那个隆重的纪念会并参观登吕遗址的。十年过去了，遗址仍然保护得很好。只是为了普通民众参观，增加了一些复原的稻田和水渠系统，以及几所复原的房屋和高仓等。

静冈的第一胜景当然是富士山。我们先到富士山西边的一个小山头叫作日本平，上面有两座宾馆。为方便观景大门是敞开着的，那里有非常好的视角。我们一面喝咖啡，一面观赏富士山，看得清楚极了，还拍了许多照片。接着往东走到离富士山更近的富士川 SA，位置在富士山的南边，也是一个专门观赏富士山的地点，有看台等设施。然后又转到富士山的东边，几乎把这座神山看了个遍。我尽管到日本多次，这样清楚地观看富士山还是第一次，就差没有爬上去了。我们是19 点到东京的，住在花园宫宾馆，与赵辉、苏哲和东京大学的吉开将人等见了面。赵辉是在千叶县的历史文化资料馆做访问学者，苏哲在一个女子大学。大家聚在一起非常亲热。

20 日由光辉、赵辉等陪同到东洋文库，稍事休息即作学术报告。到会的学者有东北亚考古学会会长和东洋文库负责人田村晃一、後藤直、量博满、饭岛武次、西江清高、谷丰信、小泽正人、铃木敦以及中国学者朱岩石、朝侨郑汉德等。讲的题目是《中国文明起源的探索》，无非是同大家一起切磋罢了。我在报告后在东洋文库参观了一下。这里藏书甚多，大多是东方各国的，包括中国（西藏的藏文书单独放一个位置）、韩国和越南的古书，《永乐大典》就有 34 本。也有不少西文古书，主要供学者利用。量博满说东洋文库图书馆是日本学术界的骄傲！他们还定期出版《东洋文献目录》，收录相当全，我过去常常使用它了解有关方面的研究情况。编这样的目录需要花很多工夫，这么繁重的任务却只有两个人参加，效率是很高的。

21 日去东京博物馆参观的途中经过一条街，叫作 America 横街，简称 Ame 横，在高架桥下边，是在美军占领期间美国兵卖处理物资及小件物品的地方，现在则主要卖衣物、海鲜及小杂货等，价格特别便宜，来买东西的人非常多。我们到博物馆后，由谷丰信和先史课长陪同看展览。博物馆的主楼叫本馆，主要陈列日本平安以来的工艺美术品。西侧的西洋式楼是 1907 年为纪念明治天皇结婚而建，主要陈列日本先史以来的文物；东楼为研究部和东洋馆，陈列中国、朝鲜、东南亚、西亚和埃及的文物。还有蝦夷馆，陈列物品不多。东京博物馆我已经参观过多次，这次只重点看了中国、朝鲜和蝦夷馆。

22 日上午到东京大学，先看考古教研室。室内图书较多但很乱，标本室更乱，到处是灰尘。柜子破旧，一些外国标本包括中国、朝鲜和两河流域的，都放得乱七八糟，几盒甲骨文也随便摆放。据说在北海道常吕的基地倒是管理得比较像样。考古教研室有教授 3 人，副教授 1 人（即大贯静夫），助教 1 人，总共才 6 人，主任是今村啓尔。每年招收本科生 10 名，研究生 2~3 名，看来东京大学的考古教学有点萎缩。接着看东洋文化研究所，所下分东亚一、东亚二、东南亚、西亚四个研究室。东亚一主要是松丸道雄建立起来的，有许多中国古文字书籍，管理较好，室内考古学只有吉开将人一人。午后看东京大学博物馆，它没有常设展览。去年12月为配合东京大学建校120周年办了个展览，主题为东京大学在海外的地质、考古、古生物和人类学等方面调查的情况，可惜很多实物都已撤去，只看到了很少一部分。

下午量博满接我到上智大学，该校规模较小，但校舍较新。我们在史学科办公室休息，顺便讨论了一下中日合作进行浙江桐乡普安桥考古发掘的事宜。然后看图书馆，馆舍很大，书籍全部开架，同时有大量电脑可供检索，还有若干黑白和彩色复印机可自行使用，条件相当优越。晚上到大学附近的"维新饭馆"聚餐。此馆是华侨郑东方先生的祖父在明治三十五年所开，明年将庆祝100周年。他本人原来是在比利时学西洋史的，尚未毕业就回来继承祖业经营饭馆了。饭后住后乐园（取范仲淹"后天下之乐而乐"的意思）卫星宾馆。23日回京都日文研。

访向日市和长冈京市

1月24日小雪，上午和高崇文、张从军一道应邀去离京都不远的向日市和长冈京市，两市相距很近。先后看了两座古坟和长冈京市的两个发掘工地。其中一个发现有弥生文化前期的环壕聚落，规模比九州板付的略大。这个发现应该是很重要的，证明大陆文化从九州到畿内可能只需要很短的时间。

下午我们三人在向日市市民会馆作学术报告。我讲的题目是"埋葬制度与中国古代文明"，基本上是根据在奈良"和之国"学术讨论会上发言的内容稍稍作了一些变动。听众相当踊跃。

春节（1月26日）过后，日文研的学术活动比较繁忙。

2月22～23日召开"东亚比较文学研讨会"，北京大学中文系的乐黛云和严绍璗来参加，我们是熟人，特地拜访了他们二位。

3月2～3日，由尾本主持召开"从东亚和太平洋看日本的人种与文化国际研讨会"，中国社会科学院考古研究所的韩康信、袁靖和傅宪国都来参加。这个会议讨论的问题我也很有兴趣，所以也参加了部分会议。

3月5～9日，我和秀莲一道访问了琉球。

金泽—石川行

3月14～16日，由量博满先生提议，我们在浙江普安桥考古队的几位主要成员决定到金泽大学聚会，顺便到石川县参观访问。

我和秀莲于14日早晨到京都火车站，乘北陆线雷鸟9号列车头等坐席，中午

图四　在石川县兼六园赏雪景
（左起：中村慎一、严文明、王秀莲、量博满、赵辉）

12点到金泽。量博满、中村慎一、西谷大和赵辉等到车站迎接，稍事安顿，就一同到金泽大学。这个大学原本在金泽市里，现在搬迁到了郊区的一个山坳里，可以有比较大的发展空间。学校的规模比较大，学生大约有一万人。我们直接到文学部考古教研室中村办公的地方，开会讨论今年普安桥考古发掘的事宜。大家意见基本一致，决定分头做些准备。

　　14日晚上大雪，第二天早晨继续下。大家冒雪出发到石川县博物馆参观。该馆原来是日本军队的库房，后来改为大学，现在又改为博物馆。这个馆有四个陈列室，一是考古出土标本，二是江户以来的历史，三是工艺品，四是民俗展品，主要是几个农家和渔民家庭的布置，很有特色。

　　接着参观日本三大名园之一的兼六园，据说原来是江户时代一位大名的园子，现在是日本文化财指定庭园和特别名胜。园内古木比比皆是，因为下了大雪，压得树形千姿百态。量博满兴奋极了，说太巧赶上大雪，雪中游园是难得的机会，更添一番雅趣！（图四）

　　下午去能登半岛温泉洗浴，借此放松一下。我们先沿西海岸走，有一段是在海边沙滩上行车。正好太阳出来了，海上风浪极大，人都有些站立不稳。看着大海波涛汹涌咆哮，感到自然的伟大和自我的渺小！大约走到半岛的中段后就转向东海岸，那里是和仓温泉所在地。我们住温泉中最大的加贺屋宾馆，有四栋楼，我们住的楼房是一栋 20 层的高楼。客人很多，房间很大，完全是和式的，窗外可以饱览大海的风情。我们就在自己的房间泡温泉，尽情地享受，浴后一身轻松。晚餐时量博满包了很大一个房间，我们两人一桌，席地而坐。吃的全是生猛海鲜，种类很多，有的还在动在爬。服务的女士都是穿着和服，跪着进来弯腰行礼，帮助每位客人进食，否则我和夫人还真不知道怎样下手。量博满说了很多动情的话，说是我们中日两国学者能够合作进行考古工作是他多年的心愿，今天终于能够实现，心情特别激动。因此一定要用日本最传统的方式招待我们中国的朋友，请大家一定要尽情享用！这一天确实过得特别愉快。

16 日上午上能登岛参观水族馆，馆舍很大，设备也很先进。我们看了各种海洋鱼类和其他动物，最后又看了海豚表演，留下了深刻的印象。

主持国际学术研讨会

3 月 18 日，由我和安田喜宪共同筹办的"稻作、陶器和都市的起源"的小型国际学术研讨会在日文研召开，主要有中日两国学者参加。中国方面有中国农业大学的张文绪，湖南省文物考古研究所的袁家荣和裴安平，河北省文物研究所的郭瑞海和李珺，江苏南京博物院的邹厚本，浙江省文物考古研究所的王明达，上海博物馆的张明华，四川成都文物考古研究所的翁善良和蒋成，重庆市文物局的刘豫川，北京大学考古系的张弛和赵辉等。第一天的会议由安田主持，河合所长致欢迎词，我作基调讲演，讲演的题目就是"稻作、陶器和都市的起源"。会议开了三天，先是各人作报告，然后是讨论。最后由日本比较文明学会会长伊东俊太郎作总结，他谈到了良渚文化等的一些特点，认为已经达到了文明或都市化的程度，并为中国考古学的成就而感到高兴。我作了一个简单的闭幕词。会上宣布这次提交的论文将用中、日、英三种文字出版。

为了配合研讨会的召开，并将会议的主要成果向公众宣传。21 日在日文研的大会堂举行了学术报告会，分别由梅原猛、徐朝龙和我作了公开讲演。我讲的题目是"中国稻作农业和陶器的起源"。听众甚为踊跃，有些听众还是特地从东京赶来的。日本民众对学术问题的兴趣与重视程度给人以深刻的印象。

东京—横滨

女儿严一苹一家三口从新加坡来探亲，玩了几天，4 月 8 日我和秀莲带着他们一起到了东京，住在早稻田大学的奉仕园。4 月 9 日由中国社会科学院考古研究所的朱岩石等陪同在东京各地游玩，4 月 10 日由赵辉、苏哲陪同到横滨。先到中华街，那是一个很大的街区。我们走到四牌楼，东西南北四个大门，南门叫朱雀门，北门叫玄武门。进去看到一个关帝庙，是当作财神供奉的，香火很旺盛。看看街景，跟中国国内的一些城市没有两样。我因要回早稻田大学作报告，跟苏哲、赵辉先回学校，在考古教研室作"稻作、陶器和都市起源"的报告，内田润子也参加了。她早早就来看我们，一直等到晚上 10 点秀莲和一苹等回来，见了面特别高兴。

11 日到国学院大学考古学研究室，受到大学院院长小林行雄和考古研究室主任吉田惠二的接待。二位向我介绍了国学院大学的基本情况，然后重点参观了新潟县任遗迹出土的绳文草创期的陶片。遗址的文化层可分四层，陶器也可以分为先后四段。第一段陶片均为夹砂褐陶，素面，较薄，厚约半厘米，制法看不清楚。第二段似为泥条叠筑，每段宽约 4 厘米，小圈底。饰隆起线纹，应该是附加堆纹及堆纹之间用竹片横刮挤起的细隆起纹。第三段为爪形纹陶。第四段为用小竹棍戳印的纹饰，有单根戳或用两根并拢戳，口部往往戳穿成为镂孔。第五段出现少量绳纹，进入绳文时代了。这是日本绳文草创期唯一有清晰地层关系并且能够分段的遗址。第一段的陶器应该跟长野县下茂内遗址出土陶片的年代相当，可能达到 14000 多年，是研究陶器起源的重要资料。接着又看了在北海道出土的旧石器时代晚期的石器和考古资料馆收藏的大量绳文陶器。小林就是研究绳文陶器的著名学者。下午小林行雄和吉田惠二邀请我作学术报告，题目是"中国文明的起源"。小林特别提到我曾经给国学院大学培养了後藤雅彦、三宅俊成和时雨彰等进修生，表示衷心的感谢。下面还有不少年轻人表示要到北大跟我学习，情绪颇为热烈真诚。

登上富士山

4 月 12 日，阴。上次去东京的路上看了富士山，但没有上去，给我们留下了悬念。这次到了东京，访问国学院大学后还有点时间。秀莲和一苹昨天去了镰仓，今天想上富士山看看。我们于上午 8 点多乘专门的巴士从新宿出发，直达富士山下的河口湖站，再乘巴士到山上的五合目。从山脚上去一路都是松林，林下全是积雪。五合目以上就没有树林，积雪更厚。再往上看，只见云雾缭绕，看不到山头。冷风嗖嗖，4 月的天竟然非常冷，上不去了，只好悻悻而返。回程还没有走多远，忽然太阳出来，山顶上也看得清清楚楚。真是变化多端。但我们已没有多余的时间了，只好尽可能多照了几张相，就返回河口湖，最后返回新宿。

参观 Miho 博物馆

4 月 17 日，应掘内纪良先生和夫人的邀请，由黄晓芬陪同我们一家到滋贺县

Miho 博物馆参观。掘内纪良先生很喜欢西洋音乐，帮助中国培养了不少音乐人才，通过黄晓芬的介绍，我在北京初次认识了掘内先生，并且应邀参加了他主持的音乐会。Miho 博物馆是由神慈秀明会教主办的，馆舍后面就是该会教的总部所在，掘内先生是其财团成员之一。据说博物馆的部分建筑是著名建筑学家贝聿铭设计的，周围环境的布局设计也出自贝聿铭之手。基本是仿照桃花源的意境，让人赏心悦目，极其优美。博物馆中设中国、西亚、埃及、希腊、罗马及日本等分馆。陈列品很丰富，有些展品也很精致，值得一看。

参观琵琶湖博物馆

4 月 23 日，由黄晓芬和岳晓华陪同我们一家到滋贺县琵琶湖，参观琵琶湖博物馆。琵琶湖是日本最大的湖泊，湖水清澈见底，在细雨蒙蒙中别有一番情趣。湖内有两个水下的遗址，是绳文时代的，考古学家设法筑了两个大围堰，把水抽干后进行考古发掘。博物馆规模很大，陈列主题是自然与人，湖与人，陈列品以湖中所产鱼类为主，还有捕鱼的船只和网具等，强调自然与人的和谐。据说建设这样一个博物馆共花了 300 亿日元！

东京：三星堆文物展

4 月 30 日至 5 月 13 日访问西欧四国回来，5 月 15 日去东京，16 日参观由四川省文物考古研究所和东京世田谷美术馆共同主办的三星堆文物展览。因为地方比较偏僻，参观的人并不很多，没有预期的那种轰动效应。但参观的人还是很感兴趣。接着参加"三星堆出土文物学术研讨会"，先后由樋口隆康、徐朝龙和冈村秀典作主题报告，之后由稻田耕一郎主持，开小型讨论会。参加者有西江清高、平尾良光、赵辉、苏哲、朱岩石、饭岛武次、大贯静夫和陈祖德等。

大使馆的关怀

5 月 27 日，中国驻日本大使馆的刘德有夫妇专程来日文研看望我们夫妇，请我们到长冈京市锦水亭餐叙。日本方面有梅原猛和日中协会事务局长白西绅一郎作陪，原北京大学东语系教授、现任日本京都外国语大学教授卞立强先生也参加，都是一些为中日友好竭力的老朋友。下午到日文研举行座谈，所里的中国学者都被邀请参加，气氛热烈友好。

访龙谷大学

6 月 3 日，应徐光辉邀请到龙谷大学滋贺分校，这是龙谷大学的新校区，环境非常优美，在校学生有 7000 多人。在京都的老校区有学生 13000 多人。光辉的研究室很大，周围摆满了书柜，还有电脑等设施，中国大学的老师很难有这种条件。光辉让我给师生们作了一个学术报告，题目是"中国文明起源的进程"。然后由光辉陪同游览校园，又到他家做客，受到热情的款待。

访大阪市文化财协会

6 月 10 日至 14 日到北海道访问。15 日应大阪市文化财协会的永岛部长的邀请到大阪市访问。在永岛陪同下先看难波宫，又看了太极宫等遗址。可以看出他们为保护古迹费了许多心血。永岛要我做了一个学术报告。我关心的是日本考古工作的管理体制，向他请教。他说日本各地的考古工作是由教育委员会管理的，职能相当于中国的文物局。大部分考古工作是跟工程建设相关的。在这种情况下，工程建设部门必须报请教育委员会审批，后者介绍考古机构或有考古专业的学校承担考古发掘的任务，三方要签订正式的协议，明确规定各方的责任与权益。经费全部由工程部门提供，预算项目中既包括发掘和资料整理的资金，也包括发掘人员的医疗保险和考古单位的发展基金。经费的使用要有独立的会计事务所监督，工作完成后要有决算，多退少补。避免考古部门努力多要，工程部门尽量克扣，经费使用又缺乏监督的毛病。我觉得这些精神很值得我们参考。

跟梅原猛对谈

跟梅原猛先生对谈之事是早就约定好的，至少要无局促地畅谈两次，谈的内容也是大致商量好的。因为梅原先生认为我不仅注重考古发现本身，还特别注意考古资料的解读，从理论的高度来重建人类文明的历史。而我特别欣赏梅原作为一个哲学家，能够注重新的考古发现所可能揭示的人类文明演进的重大问题。尽管从事研究的业务领域不同，却有许多相同或相近的想法，预期谈话会比较顺利。第一次对谈安排在 6 月 7 日，由角川书店组织，在京都的皇家宾馆（Royal Hotel）专门安排一个客厅。我和梅原猛对面就座，中间放一个小录音器，徐朝龙坐在中间进行翻译。谈的内容是"稻作农业与陶器的起源"，谈了约 4 个小时，觉得效果还不错。第二次安排在 6 月 20 日，还是原先的地点，内容是"长江文明的起源"，也谈了 4 个小时。以后梅原猛又跟樋口隆康先生对谈一次。三次谈话收集在一起，经徐朝龙稍加整理，在角川书店正式出版。书名是《长江文明的曙光》，作为日文研长江文明调查团的系列丛书之一。

梅原猛是一个有着多方面成就的著名学者，号称是日本的郭沫若。他创作了不少剧本，其中的《舒美尔加什》讲的是古代苏美尔王国时期的一个故事。说农业产生之后带来了文明，但是破坏了森林，因而遭受自然之神的惩罚。他的剧本每次在日本的剧场演出都受到热烈的欢迎。在我行将离开日文研的前夕，正好在名古屋的中日剧场上演他创作的超级歌舞伎 Oguri。他特别派车接我们夫妇以及原北大东语系教授卜立强、耿墨学和刘兰华等去观看。散场后梅原夫妇还特地设宴款待。

参观天桥立和玄武洞

我在日文研的时间不算长，好像一晃就过去了。在离开日文研的前夕，朋友们也是难舍难分。王妙发说我的时间安排得太匆忙了，京都最好玩的地方还没有去。一定要陪我们再玩玩看看。6 月 23 日，他亲自开车接我们夫妇和刘兰华、梁风到京都最北面的天桥立。先坐缆车上到一个山头，在那里可以观看一条好似"飞龙"的整体形象。实际上那是在海湾中间自然形成的一条大堤，名曰天桥，是日本三大自然景观之一（图五）。其余两处是松岛和广岛的严岛。有意思的是，如果背对天桥，弯腰从胯下望去，海天不分，更像是天上的一座桥梁，实为奇观。下山后步行过天桥，中间只有一条小路。两边尽是百年以上的苍松，风吹过来，松涛阵阵，犹如大海的波涛！

从天桥立往西，经过一群山洞，大多是半边外露，成簇的棱柱状结晶岩石非常醒目。最初发现这些山洞的学者一一给予命名，分别叫青龙洞（图六）、玄武洞、白虎洞、南朱雀洞、北朱雀洞，总名曰玄武洞。后来地质学家就把与这些山

图五　参观天桥立

图六　参观玄武洞之一的青龙洞（左起：刘兰华、王秀莲、梁风）

洞岩石相同的火山岩统名为玄武岩。

从玄武洞再往西就到了陈崎温泉。那里在小河两边开设了数十家温泉旅馆。我们选了一家最好的"鸿之汤"温泉，尽情地洗浴，放松精神。

难舍日文研

今年的阳历年和春节都是在日文研过的，朋友们怕我们寂寞，徐朝龙和徐光辉特请我们到他们家过年，感到特别亲切，也体会到日本的风俗民情。在离开日文研之前，秦小丽、徐朝龙等又先后宴请，朋友们作陪，气氛热烈。30日离开日文研，许多朋友和安田研究室的全体成员出来送行，依依惜别。

日文研作为一个学术研究机构，将许多国家的学者和本国学者聚集在一起，进行范围广泛的研究，需要有一个非常宽松的环境，同时要有相当好的物质条件，使学者们可以潜心进行学术研究而基本上不受干扰。做到这一点是很不容易的。不能说日文研没有一点要改进的地方，但是它确实是想尽力去做。所方对学者处处尊重、关照，尽可能提供必要的帮助。而且在学者离开之后还一直保持着联系，及时寄送新的出版物，对一个学者来说很是难得，每个人在离开之际不免会产生难舍之情！

（原载《足迹：考古随感录》，文物出版社，2011年）

琉球访古

琉球群岛位于东海之东，东北部是日本的九州，西南部是中国的台湾，从东北到西南绵延约 1000 千米，像一根长长的弧形链条。现在北部的大隅诸岛和萨南诸岛属鹿儿岛县，冲绳本岛和西南部的宫古诸岛、八重山诸岛等为冲绳县。单是冲绳县就有大小岛屿 150 个，其中有居民的为 42 个。最大的是冲绳本岛，其余较大的还有久米岛、宫古岛、石垣岛和西表岛等。由于所在的纬度较低，又处在海洋的包围之中，所以气候比较暖和，1 月的平均气温达 16.8℃。虽然属于亚热带，却有不少热带植物，一年四季花开不断。海中的动植物也十分丰富，珊瑚就有 77 属 370 种。琉球的历史更加引人注意，所以很早就想到琉球群岛去看看，可是以前访问日本十多次，每次行程都安排得很紧，一直找不到机会。从 1997 年 10 月起，我应聘为日本文部省直属的国际日本文化研究中心的客座教授，才有比较充裕的时间到各地去走走。正好我的一名学生後藤雅彦这时已应聘为琉球大学考古学研究室的教师，有意邀我到琉球玩玩；还有北京大学考古学系的副教授赵辉应聘在日本国立历史民俗博物馆从事研究，他已经在我之前到达琉球，住在後藤那里。如果能够聚在一起做一次琉球访古，尽管只能走马观花，也该是十分惬意的。于是我就和妻子商量一起去琉球的事，决定在 3 月初起程。

初到那霸

1998 年 3 月 5 日，我和妻子乘阪急电车到达大阪的梅田车站，现在龙谷大学任教的徐光辉、在日本访问的北大考古学系教师苏哲和辽宁省文物考古研究所的张克举都在那里迎候。他们非常热情地把我们送到伊丹机场，于是我们乘日航班机于 13:40 起飞，越过日本南部和浩瀚的太平洋，16:00 到达冲绳首府那霸市，赵辉和後藤都在机场迎候。这里的气温比京都高，今天是 21℃。到处是绿树、鲜花和青草。海风很大。我们乘车直达市区的太平洋宾馆，稍事安顿，便上街去逛市场。那霸市有一条主要的大街名为国际大街，据说大小商店有一万家。冲绳的旅游业十分发达，旅客中除日本人外还有不少外国人，再加上许多美国驻军，购买力十分旺盛，而冲绳的物产有限，所以商店里的货物大部分是外地运进来的，其中也有少量的中国货。我们先在大街两边盖着天棚的市场溜达，顺便买了些小东西，然后到一家饭馆用餐。店堂里除少数炕桌外，还有不少桌椅，很合中国人的习惯。这里的饭菜也有点像中国的做法，我们要了几个炒菜，味道都还不错，大家吃得很香。

访首里城

3月6日一早我们到过去琉球国的首府首里城参观。该城在第二次世界大战时期被毁，后来逐渐重修，力求恢复原来的样子，现在这里已经开辟为首里城公园。

我们从正门进去，门上端端正正楷书四个大字："守礼之邦"。几位身着古装的导游小姐在门前招呼。游人很多，其中有不少是中学生。

琉球的历史是很古老的。早在12世纪的时候，岛上出现了许多按司（ァジ），各自筑城（琉球语グスク），相互攻伐。经过兼并，到14世纪时形成三大势力，即北山、中山和南山。1429年中山王尚巴志（1422~1439年）统一三山，定都首里城，称琉球王，受中国明王朝册封，是为第一尚氏王朝。到第二尚氏王朝，特别是尚真（1477~1526年）和尚清（1527~1555年）的时代，琉球国力最为强盛，与中国的关系也最为密切。首里有许多石刻，基本上都是用中文书写的，其中最早的一座石碑是1427年中山王时期立的"安国山树华木碑记"。可是到了1609年，日本德川幕府势力范围的萨摩藩岛津家久率领3000士兵打败了琉球国，力图把琉球国也纳入德川幕府的势力范围。此后琉球国表面上仍然受中国的保护，实际上受萨摩藩的控制（图一）。

日本明治维新后即开始对外扩张。明治二年（1869年）改蝦夷地为北海道以加强对北方的控制。明治五年（1872年）公然设琉球藩，1874年出兵侵略台湾，1875年出兵侵略朝鲜，1877年无理阻止琉球向中国进贡，1879年干脆吞并琉球国，并废琉球藩，改称为冲绳县，中国的清朝政府驻日公使何如璋提出严重抗议。琉球统治者虽然极力反对，终因力量不足而亡命中国福建，想依靠清政府的帮助以恢复旧日的江山。可是不久发生中日甲午战争，中国战败，日本侵吞琉球既成事实。二次大战中日本战败，1945年日本投降，冲绳由美军占领，设冲绳民政府，1972年才归还日本，但仍然保留大片的美军基地。现在许多琉球人并不认为自己是日本人，他们有自己的语言和自己的风俗习惯，许多风俗习惯跟中国倒是比较接近。

首里城曾经于1660年和1709年两次被烧毁，二次大战时，美军于1945年进攻冲绳，又彻底烧毁了首里。从1958年起一面清理遗迹，一面进行重建。至今这

图一　琉球的古树

工作仍然在进行之中，不过大部分已经重建起来。

首里城建在小山包上，城内高高低低，错落有致。进守礼门之后，经过欢会门、瑞泉门、漏刻门、广福门，进奉神门，就到了一个大的庭院即御庭，是全城最高的地方。御庭前面就是正殿。正殿朝西，表示心向中国的皇朝。前面有一对大龙柱，很像中国的华表。正殿为重檐歇山顶，红瓦镶白边；全殿用 161 根木柱，连同门窗隔扇统统用桐油（岛上产油桐树，不产漆树）油成红色。殿内装饰多为龙和狮子的雕刻并贴上金箔。殿内大致按照琉球王朝时的实际情况布置，在第二层御座的上方有一方红色的匾额，上书"中山世土"四个金字。正殿的左侧是北殿，是接待册封使和议政的地方，又叫议政殿；正殿的右侧是南殿，其中布置了一个陈列室，陈列物品中绝大部分是明朝皇帝赏赐的衣物、珍宝和乐器等，还有万历皇帝的诏书。同时还有许多中国学者和僧人的书画。当时有不少学者和僧人常住琉球，有的是作为中国皇朝的使者，有的还在琉球国做官，所以留下了不少遗物。真不知道这些东西是怎么保存下来的。

参观冲绳县博物馆

从首里城出来，後藤便带我们到北边不远的冲绳县立博物馆参观。博物馆建筑不大，还有些旧，据说盖了 50 多年。馆内陈列分为四个部分：一为历史馆，二为自然馆，三为工艺品馆，四为民俗馆。另外有一间库房中放置有上百件瓮棺。

琉球流行洗骨葬，这些瓮棺是存放人骨的。大部分是釉陶，也有石雕的，都做成房子的样子，雕工精美。

历史馆中的文物最引人注意。陈列从绳文时代开始，其文化似乎是从九州传来的。接着是所谓贝冢时代、城的出现、先岛文化、统一国家、册封体制、海外贸易、与日本的关系和近代文化等部分，最后是美军占领时期。我注意到从城的出现开始，中国的影响明显增加，从各个城址出土的遗物中可以看得非常清楚。例如出土陶瓷器中就以中国的占绝大多数，从宋瓷到明青花到处都是。也有少量朝鲜、越南和泰国的产品。本地陶瓷倒是比较晚才兴起的。当时通行中国货币，岛上发现的铜钱有北宋的天圣元宝、元丰通宝和明朝的洪武通宝、永乐通宝等。稻福遗迹出土浙江的湖州镜子，有的地方还出中国的围棋子和双陆等。不过这些东西从萨摩入侵以后就逐渐减少了。

自然馆陈列有许多表现琉球自然环境和特有的动物和植物标本，特别是许多海洋生物标本非常珍贵。其中有一种叫砗磲的大贝，有80多厘米长，几十斤重。过去看到有些海岛文化遗存中有所谓贝斧，就不大理解贝壳怎么能够做斧子。其实都是用砗磲壳做的。历史馆中就陈列有这种贝斧。工艺品馆首先映入眼帘的是当地民族服装"红型衣裳"，冲绳的染织、漆器、陶瓷、玻璃和书画等，大多具有热带风情以及在与海外广泛交流的背景下培育出来的特殊风格。民俗馆则着重反映人们的日常生活方面的习俗，包括农业、渔业、衣食、信仰、丧葬等方面。"泡盛"是琉球人最喜爱的本地名酒，据说其酿造历史可以追溯到15世纪。

看了博物馆，对冲绳的自然、历史、文化、物产和民俗等可以有一个大概的印象，对琉球人珍视自己历史的感情更有了深切的体会。

冲绳还有一所壶屋烧物博物馆，实际是陶瓷博物馆，我们在7日上午去参观。陶瓷资料并不丰富，但具有琉球特色。馆舍内有一座龙窑，馆前院内还有一座龙窑。我们参观时遇见了福冈的横山浩一先生，他在冲绳有些工作。我们也算是多年的老朋友了，没有想到在这里相见，倍感亲切。

访中城城

琉球的古城遗址是很多的，单是冲绳本岛就有200多处。其中最有名的除首里城外，还有归仁城（北山）、浦添城（中山）和大里城（南山），其他比较有名的还有中城城、胜连城等，都是石砌的城堡，且多在小山包上，形势险要。3月6日下午，我们选了一个保存最好的中城城进行实地考察（图二）。

我们一行从石砌小路前进，前面看到高大的城门，门上的券顶还保存完好。进城走到高处一望，可以看到有三个高低不同的城相互连接在一起。城垣都是用

图二　琉球中城城遗址一角

珊瑚石凿成长方块砌起来的，工程巨大，现在残存的高度大概还有两三米。城内建筑都已经荡然无存，只剩下遍地青草。不过仔细看还可以看到一些宫殿的基址，有的上面还有石头的柱础。我们想找点陶片或瓦当之类的遗物，结果一无所获。据说这城已经申报世界文化遗产。

从中城城出来顺便参观了一所中村家的住宅。中村家的先祖姓贺，原是王国的忠臣，负责筑城等土木工程，并且当了中城城主。以后中城城被胜连城主所灭，贺氏一家离散。直到1720年家运复兴，做了地方小官。现在看到的房子就是那时盖的，是琉球现存最古的私人宅第。整个院落占地约1500平方米，外面用石头砌院墙，里面主屋有174平方米，加上附属建筑共有300多平方米。进门有一个屏风，类似中国的影壁。过影壁进入中庭，过中庭进屋是佛堂，两边是起居室，里间是卧室。左边是仓房和厨房。中庭东边的客房是专门供王府巡视人员住宿的。西边的附属建筑有牛栏、羊圈、马厩和猪圈，还有碾米房和农具库房等。一些设施跟中国南方的富裕农户颇为相似。

调查贝丘遗址

琉球有许多贝丘遗址，我们想实地考察一下。3月7日上午由西南海岸驱车往北，沿途经过一系列美军基地，包括近期就要归还日本的普天间和嘉手纳空军基地。基地外面围着长长的铁丝网，里面的营房和停泊在机场的飞机都看得清清楚楚。我们先在普天间基地西边的一处菜园里考察了野国贝丘遗址。停车后绕着遗址走了走，面积不大，最多一两千平方米。贝壳也不多，我们稀稀拉拉采集了几个贝壳和个别碎陶片，看不出个所以然。飞机不断地从头上呼啸而过，声浪震得人很不舒服。我们也不想多停留了，于是驱车继续往北走。

经过冲绳岛最狭窄的地段便到了恩纳村附近的仲泊贝丘遗址。这个所谓贝丘，实际上是互相毗邻的四个岩阴遗址。里面的贝壳也不多，陶片偶见。遗址旁边有一条石板铺的小路，是古琉球国首府通往北部的必经之路。我们沿路爬到小山岭上，东西两边都可以看到海。一望无际，水天一色，海风习习，令人心旷神怡。贝丘的考察没有什么收获，倒是观赏了难得的景致。

琉球村风情

琉球村在冲绳岛南段的最北端，接近最狭窄的地峡，是一处集中反映琉球风情的民俗村。我们一共去过两次。那里有各种式样的民居，有瓦屋，更多是茅草屋。每所房子里都有居民在劳作或玩耍。有的在纺棉花，有的在织布，有的在弹琴，有的在唱歌（图三）。还有做陶器的，酿酒的和榨甘蔗制糖的等等。所用的纺车、织机和水牛拉的碾盘等跟中国南方农村的几乎完全一样，我小时候好像都见过。村子中间有一个广场，不断有民间歌舞表演。小卖部有各色各样的手工艺品和土特产，我们买了一些小工艺品和点心以作纪念。

图三　在琉球村看传统织布表演

图四　在东南热带植物乐园

　　琉球村往南不远有一座东南植物乐园，又名热带生态博物馆，规模很大（图四）。西边是植物园，共收集东南亚、北非和拉丁美洲等地2500多种热带植物。有各种椰树林、梭罗树林，有大片的荔枝和龙眼树、南美樱花，还有很多不知名的树木和花卉。东边是水上乐园，有三个大水池，里面放养了许多锦鲤等观赏鱼类，水面有大片睡莲，周围也有许多花木。还有昆虫馆，收集了1000多种昆虫标本。是个休闲和获取知识的好去处。

难忘的琉球

　　从3月5日到琉球，9日离开，前后五天，真正在琉球的时间不到四天。除了前面谈到的几处地方，还去过海角万座毛，据说有一位琉球国王经过那里，看到海岸的礁石可以坐一万人，由此得名。去过 Moon Beach，那是个度假村，风景极好。最北的地方到过冲绳北部名护以西的冲绳纪念公园，整个公园的规模极大，我们只看了其中的海洋馆。那里离北山的首府归仁城不远，也没有来得及去看，甚至在首里城旁边的琉球国王陵寝玉陵也没有去看一下。後藤在琉球大学任教，我只到他们的考古教研室去看了看。据说全校有8000名学生，本地人只占35%。至于冲绳本岛以外的岛屿，也有很多诱人的美景和古迹，就更没有时间去欣赏了。真是来去匆匆，走马观花，留下了难忘的印象，也留下了更多的悬念。

　　琉球多山，农田不多。虽然产稻米，最多只够3%的消费。在稻谷黄熟的时候常有台风，严重的时候会颗粒无收。过去琉球产稻米也很少，主要吃芋头、多种甘蔗，靠水产和海外贸易。当时与中国的福建、广东来往十分密切，远地贸易南到安南、暹罗、马来亚、苏门答腊、爪哇和吕宋，北到日本奈良和朝鲜釜山等地。现在粮食和蔬菜几乎全部靠进口，水产也不多，又没有工业，经济收入主要靠发展旅游业，再就是与美军基地相关的产业。居民的生活水平比日本本土要低一些。琉球人的小车并不少，但多是二手车。美军基地很大，里面有大学，有六个学院，还有许多中学和小学，有医院和修理工厂等。很多人靠做基地的生意赚钱。日本人一心想收回美军基地，但琉球人比较现实。他们觉得日本人也是外人，美军驻扎固然不好，但有不少经济收益。跟美国人交朋友，出国也比较容易，是一种复杂的心情。现在中国人到琉球去的也越来越多，那霸有福建会馆，还与福州结成友好城市，中国的商品也逐渐多起来了。我想以后的交往会更加密切起来的。真想再有一次机会到琉球多走走看看，那是一个令人神往的好地方！

（原载《足迹：考古随感录》，文物出版社，2011年）

北海道一瞥

北海道在日本的最北端，面积 83517 平方千米，人口约 557 万，平均每平方千米只有 67 人，是日本开发最晚的地方。据说那里风景很好，很早就想去看看，一直没有找到机会。东京大学的大贯静夫希望陪我去玩玩，我当然非常高兴。我们约好在札幌会面，再到北海道东北部，因为东京大学考古部在那里有一个基地，大贯比较熟悉。

札幌和千岁

我于 1998 年 6 月 10 日早晨乘西五市巴士于 6:57 出发，转阪急列车到大阪，再转 JR 到关西空港，乘全日空 133 班机于 11:00 起飞，12:50 到札幌东南的千岁机场。大贯早在那里等候。在机场用过午餐，乘 JR 到新札幌站，准备乘公共汽车到北海道博物馆，想不到这里的末班车是 13:00，时间已过，只好给博物馆打电话。博物馆考古部的右代启视开车来接我们，很热情。稍事休息就参观博物馆的陈列。这座博物馆正式名称叫北海道开拓纪念馆，是为纪念北海道开拓一百周年而建立的，所以馆内陈列主要说明北海道的历史和开发史。最早是旧石器时代晚期，之后依次是绳文文化、续绳文文化、鄂霍茨克文化、擦文文化、虾夷到アイヌ（阿伊努），再是日本人如何到北海道拓殖开发，资料很详细清楚。日本人觉得他们开拓北海道是一件很值得纪念和大书特书的事，所以盖了这个纪念馆。日本明治维新时期对外扩张就是从琉球群岛和北海道开始的。

参观完博物馆后稍事休息，就坐火车到札幌（图一）。札幌有 150 万人，占整个北海道人口的 1/4 强。街道像围棋格子，比纽约还要整齐，房屋也很新很漂亮，没有特别高的大厦。我们就住在地产宾馆（Chisan Hotel）。晚上北海道大学的林谦作教授在札幌市最繁华的地方设宴招待，酒馔十分丰盛。林是专门研究绳文文化的，所以谈话也很合契，直到 22:15 始散席。

6 月 11 日小雨。早晨浏览了一下札幌市容。首先看了旧市政厅和钟楼，都是明治时代的仿美式建筑。然后在横贯市中央东西向的大通公园溜达。这个公园把

图一　札幌市一角

札幌市区分割成南北两半，设计非常奇特。之后由林谦作陪同到札幌东南的千岁市郊参观几个考古遗址。

　　首先参观的是名叫アイヌ的周堤墓。所谓周堤墓是在墓地周围筑一道土堤，平面呈圆形，一般直径三四十米，最大的约70米，有一个可供出入的缺口。现存土堤高三四米，底宽五六米。中间有几座或十几座墓葬。我们参观的这个墓地早在明治时代就发现了，但时代和性质都没有弄清楚。后来因为修公路遭到部分破坏，才知道是周堤墓。其中的墓葬一般长2、宽0.8、深约2米，头部竖立一块石头或一根木桩。大约1/4有随葬品。年代大约为距今3200~3000年。现在在アイヌ附近一共发现这样的周堤墓30处，可见其规模之大。而整个北海道发现有周堤墓的地方也只有四五处。我问当时人的居住址在哪里，答曰不知道。我说当时既然能够修筑这样大的周堤墓，说不定居住址会有寨墙甚至城墙，应该好好调查一下。中午我们回到千岁市Kilin啤酒厂用餐。这个地方环境非常优美，鲜花盛开，绿草如茵，所以叫作Kilin Garden House。我们吃的是成吉思汗烧烤羊肉，喝Kilin啤酒，十分惬意。

　　下午先到千岁市的柏台Ⅰ遗址参观（图二）。这里因为修建国道而发现了旧石器时代晚期的遗址，并且进行了大规模的发掘。遗址的上部有绳文文化层，下面有1米厚的火山灰层。去掉火山灰即露出原始的地面。我们看到有被火山灰压倒的大树和复杂的树根系统，都已经腐朽，但形状清晰。对火山灰和树木进行年代

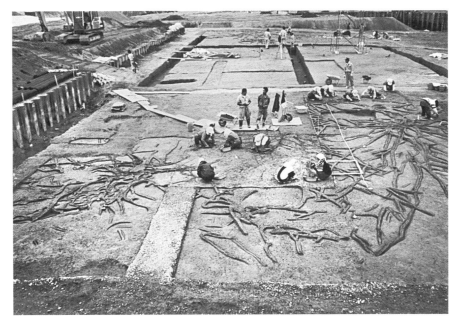

图二　千岁市柏台 I 旧石器时代遗址在发掘中

测定约距今 17000 年。紧贴树根下面就是旧石器时代晚期遗址。其中石器有不同的集中区。一区是黑曜石制造的，用湧别技法制作，但石质比较次，里面有许多杂质。另一区是用泥板岩制造的，也用湧别技法制作。两区的石制品都有不少可以拼对起来。此外还出土炭屑、一面磨平的赤铁矿和砺石等。估计年代为距今 20000 年左右。

然后去看美美贝丘遗址。实际上只剩下很小一块，上面盖了房子保护。可是因为没有找到看管的人，打不开门，没法进去看，只好从玻璃窗往里看。里面白花花的，都是河口贝，很纯净。据说遗址属绳文前期，距今大约 6000 年。接着去看美美北遗址。这里是一座垃圾处理场，挖了一个很深的大坑，遗址受到一些破坏。在大坑的南边正在进行考古发掘。林谦作说有绳文前期距今约 6000 年时期的旱田，激起我极大的兴趣。但发掘者介绍说这里出土了大量网坠，其数以百万计，99% 都已被碰碎。还有大量贝壳堆积，旁边有小路和许多极小的"房子"。所谓房子多椭圆形，长径约为 2 米，短径约 1.5 米，里面没有灶和用火的痕迹，似乎是一处季节性的捕鱼场所。完全没有任何农业的痕迹。因为下小雨，参观不大方便，只好马马虎虎收场。

东京大学考古实习基地常吕

17:10 林谦作把我们送到千岁机场，乘 JAS029 航班于 17:40 起飞，飞机向东

图三　东京大学常吕考古实习研究基地

北方向飞去，越过山区到了东北部平原。18:30 到达女满别机场。女满别（Me-manbetsu）是アイヌ语，是一个仅 1 万人口的小市镇。东京大学驻常吕工作站的熊木俊朗到机场迎接我们。从机场坐小车往北走，约 40 分钟到常吕，这是个只有 1000 人的小镇。在常吕用过晚餐后，开车西行约 10 千米才到东京大学的工作站，这地方属于常吕郡常吕町荣浦（图三）。

东京大学的考古工作站或者叫作考古实习研究基地有三栋房子，一栋是工作室，一栋是陈列室，一栋为宿舍。我看了一下工作室，其中有修复和绘图的地方，还有资料储藏柜。图书不少，有关北海道的考古发掘调查报告和民族学调查资料都很齐全，还有很多外文书，包括汉文和西文都不少。我一面参观，一面和熊木俊朗等聊天。我问东京大学为什么在这里建基地。他们说过去东京大学主要在国外考古，包括中国在内，在本国没有基地。二战后不能到外国去了，而国内重要的地方都已经有别的学校或考古机构占领，东大不好跟别人去挤，只好到北海道一个偏僻的地方建点。这个地方在古代是一个很大的聚落，从绳文文化直到擦文文化，延续了很长时间，从表面上可以看到一个个的凹坑，每个凹坑就是一所房子，大概有 3500 个房子，多少年都挖不完。但是因为离东京比较远，交通和生活都有所不便，花钱也比较多，所以平常只有两三个人看守。大贯已经有两年没有来过了。我们住的宿舍外表像一个窝棚，都是用木头和树皮盖的。里面有两层，下面是厨房、饭厅和储藏室，楼上是卧室，都是双层床，是为学生来实习准备的，跟北大实习基地的生活条件也差不多。

　　6月12日晴。因为纬度高，早晨4:00天就亮了，怎么也睡不着，翻来覆去，5:00起来一个人到住地附近溜达。先参观东大在这里的考古陈列室，东西不多，很快就看完了。慢慢走到海边，看到一个标牌，才知道这里是荣浦サロマ湖国定公园，是旅游的胜地，风景极美。其中有古遗迹森林公园和度假村等。度假村的房子外表仿照原始人的居室，里面则用现代材料和装修，没有看到有什么人住。往海上望去，一大早就有快艇来回巡逻。海边有一尊常吕渔业协同立的纪念碑，说以前东京大学的一位教授来这里教渔民养殖扇贝，叫帆立贝，渔民收入大增。说日本80%的扇贝都是在这里养殖的，除日本本国以外，还远销香港、东南亚和欧美，成为本地居民的最大产业。

　　上午由大贯开车到常吕南边的阿寒（Akan）国立公园参观。公园的范围很大，是一个包含各种景观的自然保护区。我们先到常吕参观常吕河口遗址（トコロカヮグチ）。那里是一个河岸沙丘，常吕河从南面向北流入海，入海前向西拐了一个弯，遗址就在河东岸的拐弯处。因为要把常吕河裁弯取直，新河道要穿过遗址，所以常吕町埋藏文化财主持进行考古发掘。常吕町共有5000人口，有专职的考古人员。这个遗址的发掘就由一位大学考古专业毕业的专职人员主持，另有两位中学毕业并且经过多年训练的业务干部。遗址中多黑沙和黄沙，地层划分比较困难，因为有成单元的遗迹和陶器等遗物，文化分期并不困难。经过排比大致可以分为绳文早中期之间、绳文后期、续绳文期和擦文文化共四期。有不少房屋基址和露天灶，也有几座墓葬（图四）。

图四　参观常吕河口遗址

屈斜路湖和硫黄山

参观完遗址后就向南走，到达阿寒公园西北的一个山岭叫美幌峠（Bipo-lotoge），站在岭上可以看到公园中屈斜路湖的全景。这个湖本来是个火山口，面积相当大，中间有一个小岛名曰中岛。我们开车慢慢绕湖一周，沿路森林茂密，风景甚好。然后经过屈斜路街，再走一段路就到了硫黄山。山上有十几处地方喷发硫黄蒸气，范围不到一平方千米。别的地方森林茂盛，唯独硫黄山寸草不生（图五）。山上的石头都是热的，喷出的硫黄蒸气有些烫手。硫黄的气味很浓，据说对人体没有什么害处。有几个老乡在硫黄喷口煮鸡蛋招揽生意，可是没有几个人敢买。

图五　在硫黄山上，上面满是硫黄蒸气

从硫黄山下来再往前走一程，就到了アィヌ民俗资料馆，是川上郡弟子屈町教育委员会办的。很小，东西又少，还要收300日元门票。在这个资料馆的前面有一家アィヌ老妇人开的商店，尽卖アィヌ民俗物品，房子也是アィヌ传统的草屋，特别热情地欢迎我们参观。老人听说我是从中国来的，还特别为我吹了一曲口琴。

别了アィヌ老妇人，就开车往上爬，到了一个比屈斜路湖高得多的火山口湖——摩周湖（图六）。在那里一面吃便当，一面参观照相。这湖不大，但很深，周围岩壁非常陡峭。因为很高，除了雨水就不会有别的水流入，可以说没有任何污染。湖中没有鱼，水质极清，真所谓水至清则无鱼。据说世界上的湖水最清的是贝加尔湖，摩周湖水名列第二。

图六　屈斜路火山口湖

　　下午回家后随即到东大考古基地近旁参观常吕遗址馆（ところ遺跡の馆）。这个馆是由常吕町教育委员会举办的，有许多实物和照片。其中有一张由菊池和饭岛等人调查测绘的沙堤上的遗迹全图，图上各个时期的房子约有 3500 座，并且可以根据形状大致划分出所属文化期。根据已经发掘的部分来判断，准确率大约有 2/3 以上。从馆里出来就参观ところ遗迹の森，意思是常吕森林中的遗迹，紧靠在遗迹馆的东南边。其中有绳文村、续绳文村和擦文村，都是在原有房址基础上复原或半复原起来的，同时还保留许多房屋基址的原貌，就是一个个的浅坑，旁边竖立木牌标示房屋的时期和编号。据说为了复原这些房子，日本文部省拨了很多钱，其中最大的一座房子复原就花了 1000 万日元。现在由常吕町政府管理开放，但没有几个人去看。晚上东京大学在常吕的全体教师出面，在一个小饭馆设宴招待，席间频频举杯，到很晚才尽欢而散。

　　6 月 13 日晴。早晨一个人出外散步，沿着萨罗马（サロマ）湖岸向南走，看见一个约两米半高的标志物，上书サロマ湖，北纬 44° 07′，东经 143° 58′，当地时间 6：00，气温 15℃。我把手表校对了一下。再往南走有少年之家、野营森林公园等。在这里散步真是心旷神怡。

　　早饭后由大贯开车，先到网走，看到网走监狱博物馆。据说这个监狱的管理很有名，许多电影在这里拍摄，高仓健就在这里拍过片子。现在这里已经建立新的监狱，老监狱就成了博物馆。到处是广告。据说本地各种博物馆中这里的门票最贵，参观的人最多。我们只是在门口看了一下外景，没有兴趣去看监狱。我们想参观的重点是北海道立北方民族博物馆，该馆以北海道资料为主，同时收集了格林兰因纽特人、阿拉斯加和斯堪的纳维亚以北的人类生活与文化相关资料，反映人类如何征服寒冷在衣食住行和精神生活上采取的各种对策和措施。虽然规模不很大，但很精致，建筑水平也是高档次的。

从网走向东到达小清水原生花园。所谓原生花园就是天然野生花草的保护区，其中主要是一种开小红花的灌木。过去养马专门吃杂草，花开得很好。现在很少养马，草长得很长，影响花的生长。现在离开花的旺盛季节还早，只有极少数花开着，如果到本月底或下月初，将会满地是花，非常好看。从这里往东到斜里町朱圆周堤墓，这里有两个周堤，一个中间有一座大墓，一个里面有 14 座小墓，每座墓上都铺着石块。

知床半岛

再往东北走就上了知床半岛。沿半岛西岸走不多久就看到一个瀑布，叫作オシンコシン滝，水量丰富，颇为壮观。没有想到在半岛上会看到这么大的瀑布！再往前走就到了一个小镇叫ウトロ，这里有知床自然中心和野营公园等，我们都没有去看。标示牌告诉我们从这里可以进入知床国立公园，但是小车不能进入，只能徒步走或者乘船从西岸绕进。我们只好放弃，开小车横跨知床半岛。中间爬上一个山岭叫作知床峠，稍事停留，看看周围的景致。向北望可以看到一座高山叫作罗臼岳（ラウストゲ），山坳里还有一些积雪，山顶云雾缭绕。向东可以看到较低的山脉，大贯特别告诉我那是北方四岛之一的国后岛的一部分。下知床峠往东直到海边的小镇罗臼（ラウス），在这里便可以非常清楚地看到国后岛了，中间只隔了一个不太宽的根室海峡。罗臼是一个渔村，因为海边地势狭窄，只有一条街，南北延绵有一两千米长。居民主要的生业是捕鱼和养殖海带，据说都很富足。我们到村子的最南端，找到一家据说是日本唯一的海马屋用餐。一进门就看到墙上挂着一个大兽头，比马头还要大些，脖子又粗又短，大贯说这就是海马，但是一点也不像马（图七）。我知道的海马是像虫子一样的小东西，现在才知道这里的海马是跟海象、海豹一类生活在寒冷的海中的大动物。我们选了海马和麋鹿两个火锅，要了两瓶啤酒，吃得有滋有味。主人告诉我们说店里的海马就是他自己捕捉的，一般人不容易吃到海马，所以还送给我们一张吃海马的证明。

从罗臼沿着海岸往南走直到标津，都可以看到国后岛，这条公路也就被命名为国后国道。一路上看到有望乡台、国后展望台、北方领土馆等，还有很多标语，炒作得非常热闹。但据说俄罗斯为了保护渔业资源，很少捕鱼；大量的鱼为日本

图七　在罗臼的海马餐馆，墙上挂着海马头

方面捕捞，所以日本渔民很富。如果北方四岛归了日本，俄罗斯人可能会争着捕鱼，罗臼渔民的日子可能就没有现在那么好过了。

从标津回网走

标津那里也有一个小半岛向东伸入海中，叫作别海町野付半岛。这里地势极为低平。半岛中部有一个旅游点，我们把车停下，往南步行约 1.5 千米，沿途满是野草花，也是一个原生公园。再往前走地势更低，高潮时海水可能侵入，所以搭了一个长长的木板桥。沿桥进入一大片枯树林，据说树龄多在 90~150 年，因为陆地下沉，树木被海水浸泡而枯死。不过现在地面都是干的，不知是不是地壳又上升了（图八）。走到末端有一个小土包，上面还有几棵活树，但是没有人居住。这是说明地壳局部变动的典型事例，所以得到国家的特意保护。在半岛南边有一大片低湿地和潮间带，没有看见有什么人在那里赶海。

我们从野付半岛往回走，又经过网走。那里有一个史迹资料馆和史迹公园，因为天色已晚，都已经关了门，没有法子进去看了。从篱笆外面往里看，里面有一个鄂霍茨克文化村，有许多凹坑形状的房屋基址，还有一部分复原的房屋，据说是请库页岛上的土著按照当地房屋的样式复原的。

从网走往北到能取岬，是伸出海中的地岬。那里有灯塔。许多人在那里等待看海上落日的壮丽景色。日落还有一会儿，我们来不及等待，就沿着能取湖岸边回到了常吕。再到荣浦观日落，也别有一番景象。

图八　野付半岛的低地，地面沉没海底后又稍稍浮出水面

　　6月14日晴。早晨沿着サロマ湖东岸往南走约2千米，到荣浦汽，属于网走国定公园。这里有海产市场，有各种鱼虾和螃蟹等。大贯买了两个大螃蟹。市场旁边还有船长之家和污水处理场等。早饭后同大贯一起从常吕往南，经过河口遗址再往南到菜园遗址。东京大学的师生正在这里发掘。遗址中有绳文文化、续绳文文化、鄂霍茨克文化和阿伊努文化各个时期的房屋基址等。发掘方法是开4米×4米的探方，先在东北角挖1米×1米，如果没有遗迹就不再挖了；有遗迹才扩大到整个探方。这虽然省事，但也容易漏掉遗迹和相关的现象。再往南有一个道东最大的贝丘遗址。北海道习惯分为道央、道北、道南和道东四片，道东即北海道东部。这个遗址也是东京大学负责发掘的，现在由常吕町负责保护。其中有从绳文文化早期到续绳文文化各时期的遗迹。我们只是绕遗址走了一圈，没有时间看出土遗物了。从遗址匆匆忙忙赶到女满别机场，东大在荣浦基地的教师来送行。用过午餐，就乘亚洲航空公司的波音767客机直飞大阪关西国际机场，14:40到达。回家时已经是傍晚时分了。

　　从6月10日到14日，包括旅途只有短短五天，到北海道看了不少地方，虽然是坐车观花，匆匆一瞥，但还是留下了难忘的印象。

（原载《足迹：考古随感录》，文物出版社，2011年）

欧游散记

　　儿子严松在比利时布鲁塞尔自由大学上学，研究生毕业后又找了一份工作，儿媳也在那里。几年没有见面，很是想念。早就想去看看，可是签证老办不下来。国际日本文化研究中心又聘请我做客座教授，行期很快就到了，只好先到日本再说。到日文研后事情较多，直到 1998 年 3 月份才到大阪比利时领事馆办理签证，不想却非常顺利。于是我们就准备 4 月底动身去比利时，顺便游览西欧的几个国家。

　　我和内人一道于 4 月 30 日上午乘车到大阪关西空港，住在附近的王妙发早已在下站的地方等候我们。他陪我们到空港四楼 D 区办理登机手续，很顺利就办妥了。我们乘坐的是荷兰航空公司的波音 747 宽体客机，东京时间 10:30 起飞。飞行路线开始是贴着日本西海岸向北略偏东，到东京西转向正北，过北海道后转向西北，进入俄罗斯后一直向西偏北飞，经过新地岛与大陆之间的海峡，过乌拉尔山北缘，经彼得堡、哥本哈根以北，再往西进入荷兰，于当地时间大约 15:30 到达阿姆斯特丹机场。因荷兰与日本的时差有 7 小时，所以正好飞了 12 小时！

　　阿姆斯特丹机场很大，登机口就有 115 个，有 6 个通道。我们要转机的候机厅在 C6，走了很长时间才找到。不过路标都很清楚，不大容易走错。在机场办理入关手续，连候机足足有 4 个小时，十分乏味。最后转坐的是一架不足 100 座的小飞机，18:25 起飞，19:10 就到了比利时首都布鲁塞尔。机场较小，管理也乱。我们出机场时取了行李就走，无人过问。这大概是欧洲共同体各国之间的一项规定，从荷兰到比利时等于国内航班，不必再办理通关手续了。儿子严松和儿媳在门口迎接，小松开车一直接到他的家里。他住的是一所四层楼的顶层，有一间客厅兼餐厅，两间卧室，住得还可以。

比利时：布鲁塞尔

　　我们在布鲁塞尔住的日子前后有十多天，陆陆续续看了一些地方。中间到别的城市或别的国家后又回到布鲁塞尔，所以对这个城市的了解稍多一些。

图一　王秀莲和严松在布鲁塞尔的比利时王宫前面

　　我们来到布鲁塞尔的第一天正逢 5 月 1 日国际劳动节，严松驾车陪我们参观市容。街上行人很少，店铺大多关门，没有集会游行，也没有任何节庆的迹象，显得冷冷清清。我们先到王宫（Palais Royal de Bruxelles）外面参观，建筑庄严朴素但不宏伟（图一）。游人不能进入，我们就到对面的公园游逛。然后看了两座教堂，没有人做礼拜，可以随便进去参观。接着到市中心的大广场（Grand Place）。先是参观了旧市政厅（Hôtel de Ville），规模其实不大，只是在这里才看到有几批旅游者。走出市政厅，在一个街角处看到一个小孩撒尿的雕塑。这尊雕塑很多人都知道，就是 Manneken Pis。其实很小，大约只有半米高。今天穿了一身新衣服，还是在不停地撒尿，只是脖子上戴了一个红领巾，我怀疑是中国旅游者干的。在旧市政厅对面的 Maison du Roi 现在是布鲁塞尔市博物馆，据说里面有大量那位撒尿小孩穿过的衣服。中午 12 时整，我们赶到 Le Carillon du Mont des Arts 去看布鲁塞尔著名的 Jacquemart 钟，想看看是不是准时敲钟。不料机器坏了，一声也没有敲。我们看到市里还有多处纪念第一次和第二次世界大战死难者的纪念塔。

　　其他日子得空的时候我们就逛大街。布鲁塞尔市内多四层楼的建筑，显得比较旧。人行道多用小方石块拼砌，但石质不好，虽经多次修补，路面还是凹凸不平。商业街的门脸一般不大显眼，外面多用英文招牌和广告，里面则比较大，商品十分丰富，档次也比较高。电器、服装和皮鞋等的价格跟日本差不多，食品要便宜一些。市中心区有不少中国餐馆，用中文书写"聚珍楼"和"萬宜餐馆"

等。还有中国贸易公司，有的地方还有用中文书写的"兑换各国金属货币"之类。我们在"新华超级市场"看了一下，规模不大，主要是经营中国食品和蔬菜，东西摆得满满的，但包装不大讲究，卫生状况也不大好。在那里服务的主要是广东人，好像有一两个阿拉伯人。购物的人很多，生意兴隆。市内交通很方便，我们乘地铁、有轨电车和巴士，全部都体会了一下。地铁车站和设备有些旧，可能修建的年代比较早。

5 月 2 日上午到布鲁塞尔市南面的牛市（Marché des Abattoirs）买菜。市场规模极大，分室内和露天两部分。我们买了很多菜，其中辣椒、茄子、萝卜等个头都特别大，大概是用化肥催大的。接着到一个超级市场，规模也极大，货物十分丰富。据说这样的市场还有好多个。

这里天气变化很大。上午还只穿一件西服，下午穿毛衣和夹克都觉得很冷。晚上住在 Everberg 的 Annemarie 老太太请客，我们一家四口赴宴。她是瑞士人，丈夫在欧共体总部工作。她曾经和另一位老太太到中国旅游时，我的女儿严一苹一直陪伴她们去了许多地方，也充当她们的翻译，所以一苹和严松在布鲁塞尔时都得到她们的许多帮助，来往比较密切。她还请了现在比利时皇家音乐学院任教的作曲家张豪夫偕夫人装帧设计师张严和他们的儿子张愚作陪，后者曾经在《湘女潇潇》中扮演小丈夫。Annemarie 的先生很健谈，对考古特别感兴趣。知道我是研究考古学的，就热情地跟我攀谈起来，很晚才散。

5 月 4 日上午去布鲁塞尔自由大学，浏览了一下校园。面积不大，大概只有四五栋楼房。我们先看了一苹办公室所在的楼房，再看学生宿舍，多是两层楼的方盒子。体育场也不大。心想比利时为什么舍不得花钱办教育？也许我们只看了校园的一部分，不能以偏概全。据说在校本部之外还有不少房舍。

南郊有一个"非洲公园"（Parc de Tervuren），面积很大，有小河、湖泊和茂密的森林，其中多是巨大的橡树。还有一个很大的皇家非洲中心博物馆（Musée Royal de l'Afrique Centrale），可惜星期一不开放，游人也就少了许多。只见三三两两，有的遛狗，有的垂钓。

下午到布鲁塞尔市北郊的一个公园 Ossegem Park，面积很大，公园旁边有一个巨大的原子模型（Atomium），联结电子和质子的管道可以通人（图二）。旁边有儿童公园、展览馆和电影院等各种设施。这个电影院名叫 Kinepolis，有近 30 个放映厅，可以同时放映近 30 部电影。放映厅大致分两层，因为是旋转而上，分得并不很清楚，每个放映厅的样式、结构和音响设备都各有特点，其中还有一个全景放映厅。每个放映厅只有 400 多个座位，宽敞舒服。进入电影院有一个自动售票处，可以自由选择放映厅和坐席。据说即使只有一个人看也会放映。我们选择

图二   在布鲁塞尔以北的原子模型前

看"泰坦尼克号"，因为正值上班的时候，有十几个观众，已经是很多了，大概是泰片比较卖座吧。放映厅的下面有一个大厅，有咖啡馆和小吃，可以容纳很多人休息。据说这个电影院是世界一流的，外表看去却很不起眼，我想照相留个纪念，但找不到一个合适的镜头！

滑铁卢和拉惠普庄园

我们在 5 月 1 日的下午就去布鲁塞尔以南的滑铁卢（Waterloo）。为纪念打败拿破仑的决定性战役，在那里筑起了一座小山，山顶上造一个长方形台子，台子上站立一尊象征拿破仑的雄狮雕像（图三）。山上铺满草皮。从山下到山顶有约200 个石砌台阶，游人可以拾阶登上山顶仔细观看拿破仑像。小山旁边还有一座小型博物馆，其中陈列详细说明滑铁卢战役的具体情况。拿破仑是一位盖世英雄，他率领法兰西大军横扫欧洲无敌手，没有想到在 1815 年 6 月 18 日反法联军的攻击下，最后惨败在滑铁卢，并被流放到非洲西部大西洋中的圣赫勒拿小岛上以终其一生。有感于斯，因赋《滑铁卢祭》：

盖世英雄拿破仑，横扫千军无比伦。
千秋功罪任评说，滑铁一战定乾坤！

图三　滑铁卢小山丘顶上象征拿破仑的雄狮雕像

从滑铁卢往北回来的路上经过拉惠普（La Hulpe）庄园，规模极大，直径大约有三四千米。中间是古堡，周围有森林、草场和多处池塘，风景十分美丽。前来旅游的人甚多，我们在这里也玩了很长时间。

布鲁日和安特卫普

我们于 5 月 6 日到比利时西北的水城布鲁日（Brugge），该市的街道和两旁的房屋建筑都很漂亮。房屋多是山墙在前，呈阶梯状，上面有许多人物雕像。据说这里是比利时最美丽的城市，也是一个海港城市，是比利时的威尼斯。但我们停留的时间太短，来不及游览全市的风景。

从布鲁日往东就到了比利时的第二大城市安特卫普（Antwerpen），该市位于比利时北部，在布鲁塞尔的正北。市内尖塔林立，建筑物样式变化较多，非常漂亮，是比利时最大的海港。我们主要参观了火车站、唐人街和大教堂。火车站是用中国的庚子赔款盖起来的，非常豪华，前面有一个很大的广场。大教堂是比利时最大的，尖顶上有金鸡独立。旁边的安特卫普市政厅广场上有一尊很有名的青铜雕像，是一个人奋力把恶魔的手扔出去的姿势。唐人街规模不大，只有大致平行的两条街。有新华超级市场、中华贸易公司、金昌贸易公司和许多中餐饭馆。我们在一家香港饭馆用餐，里面顾客很多，主要是广东人，也有白人和黑人。

比利时是世界上人口密度最高的国家。我们一路经过了一些城市和乡村，看不出有多么拥挤的现象，也许是管理得比较好的缘故。

荷兰：阿姆斯特丹

5月3日上午8点从布鲁塞尔出发，约10:15到荷兰首都阿姆斯特丹（Amsterdam）。荷兰语dam是大坝的意思，阿姆斯特丹就是阿姆斯特大坝。我们先在普通街上走走，后到大坝街和大坝广场（图四）。阿姆斯特丹如果从空中俯瞰，中心区有点像苏州的淹城，城中运河像多重环壕，只不过后者要大得多，共有六七重环城运河，两重运河之间就是一条圆环形街道。我们在大坝广场乘游艇在运河上游览，以便观赏两旁的街景。运河上有许多桥梁，样式各别，也是一种艺术品。据说总数有1000多座。运河之间还可以穿越。从运河上看街道，房屋建筑各色各样，以17世纪的老式建筑最为精致。多数房屋高四五层，上面有许多雕刻，古色古香，总体风格跟布鲁塞尔接近，但明显比布鲁塞尔高雅一些。街上有许多卖艺的或就是玩乐的人。有的是集体跳街舞，有手风琴伴奏；有的抛耍瓶形小棒或抛耍小球；有的装扮成中世纪的武士，一动不动，就像一尊青铜雕像；有的弹吉他；有的装扮成要饭的老人，大部分时间也不动，过路人有时扔下一两个硬币。

下午到阿姆斯特丹西南Lisse西边的Keukenhof参观。Keuken为厨房，hof为

图四　阿姆斯特丹街景一角

花园之意。这里是世界上产郁金香最多的地方。旁边有一个公园，里面有小溪和许多参天大树，下面也都种着郁金香。公园的一角有一个非常大的花棚，里面除了养着各色各样的郁金香外还有其他花卉。真正成了郁金香的海洋！我们从 Keukenhof 返回布鲁塞尔途中，开始一段还看到许多种植郁金香的大田，其中很多是为出口而培植的，荷兰每年从出口郁金香的贸易中赚得不少外汇收入。

世界第一大港鹿特丹

鹿特丹（Rotterdam）位于荷兰的西南，离比利时的安特卫普不远。我们于 5 月 6 日从安特卫普到鹿特丹。鹿特丹很早就是一个重要的港口，可是在第二次世界大战时遭到严重破坏。特别是 1940 年 5 月 14 日的一次狂轰滥炸，整个城市几乎被夷为废墟。我们先看了戴尔夫特港（Delfshaven），它几乎是仅存的旧海港设施，旁边还有少量旧的建筑物。现在的鹿特丹几乎完全是一座新城，并且从 1963 年起已经成为世界第一大海港。为了较好地观看海港，我们登上了 1960 年始建、1970 年又一次加高的欧洲塔（Euromast）。进入塔内，先乘电梯上升到 100 米高的位置。再坐上一个密封舱，完全仿照火箭发射的音响、火光和烟雾的效果。一直发射到 185 米高到达塔顶。在塔顶可以俯瞰港城的大部分地方，可惜天气不大好，能见度低，许多地方都看不清楚。从塔顶下降到 100 米高处有一个旋转式全景餐厅，也可以观看周围的环境。

本来满怀希望在访问鹿特丹后到荷兰西北须德海（Zuiderzee）外的拦海大坝去参观，看看荷兰人怎么用风车把那么大一片海水排干的。因为风太大，大坝上的风更大，站不住人，为了安全起见被封闭了。荷兰又名尼德兰，是低地的意思。全国面积 41160 平方千米，一半以上在海平面以下，人口稠密。河、湖等水面又占国土面积的 1/5 左右。国家的安全很大程度上要靠大坝保卫。看不成大坝，只好找个地方看看风车。正好在回布鲁塞尔的路程中，稍稍拐弯就到了一个叫金德都克（Kinderduk）的地方，那里有 19 座风车（图五）。每个风车都非常大，主塔有四层，里面都住着人。风车的叶片是用木条做架子，上面蒙布。只要有风就会自动运转排水。可是现在这些风车都成了古董，并已被列为世界文化遗产，只有每年 7 月星期六的中午才开动，我们就没有福气看它怎么运转了。据说荷兰曾经有一万座风车，现在还有一千座左右，大多是作为古董保存和供游人参观的。

访卢森堡大公国

我们决定在 5 月 5 日访问卢森堡大公国。从布鲁塞尔开车两个多小时就到了

图五　参观金德都克的古风车（世界文化遗产）

卢森堡城。比利时和卢森堡之间的边界虽然设了海关，但无人把守，两边的自然景色也没有两样。比荷边界也是一样，欧洲共同体国家之间都是如此。

卢森堡城坐落在一个大峡谷的两边。房子高高低低，其中 15～17 世纪的建筑不少。一般房子多三四层，以灰黄色为主，房顶为黑灰色，与比利时或荷兰以红褐色为主的色调颇不相同。市中心也有中国银行和一些中国餐馆，其中有一个叫"北京餐厅"。市府广场摆满了临时摊贩，卖各种小吃和工艺品等，很热闹，据说是节假日才如此，可是今天是星期二，不知道是什么节日。横跨峡谷有三座大桥，其中一座是双曲拱桥，有点像中国的赵州桥。一座是方柱桥，是用石头砌的方形桥墩支撑的，因为峡谷很深，所以桥墩很高，桥面却是平直的。另一座是大钢桥，大跨度，没有桥墩，很气派。我们看了许多古堡和其他建筑，有些古堡和老建筑的墙上标明始建的年代，修补的地方也特别标明修补的年代，让人看得明明白白。最后又到峡谷下面走走，感觉风景极好（图六）。

从卢森堡城驱车往北，经过巴顿将军墓。巴顿是第二次世界大战时著名的美国将领。在北非、诺曼底和德国战场都屡建战功，最后牺牲在德国的战场上。也许当时因战火关系不便就地安葬，就埋在紧靠德国边境的卢森堡一侧。墓前有巴顿的青铜立像，一辆二战时使用过的坦克和一只白石鹰，旁边插着卢森堡和美国两国的国旗。我们在那里瞻仰致意。再往北不远就到了卢、德边境的 Vianden，这里也有一个大峡谷，有一座卢森堡最大的古堡，但不开放，无法进去。Vianden 的

图六　卢森堡古城一角

街道也是上上下下，路上铺石子。游人不少，主要是德国人，也有英国和其他国家的人。

　　卢森堡全国面积仅有 2557 平方千米，人口 39 万，经济非常发达。过去主要靠钢铁，现在主要是金融。我们经过该国的乡村时，只见一片青葱，大部分是馒头形小山，山上全部覆盖着森林。山坡下为农田，小麦地一片翠绿，间插一片片金黄色的菜花，煞是好看。有的地方有成群的牛，据说主要是肉牛。比利时也多肉牛，荷兰则多奶牛。卢森堡的市镇和乡村房屋都很讲究，是一个富庶的、充满诗情画意的国度。

大都会巴黎

　　我们在欧洲的最后一站就是巴黎，5 月 8 日一早动身。到欧洲后的这些天老是阴霾霾的，有时还有小雨，气温很低，最高在 11～13℃之间，显得很冷。今天突然变成晴天，气温上升到 24℃，一下子热起来了。我们到巴黎后直达紧靠市中心的巴黎圣母院。这座世界知名的教堂位于塞纳河中间的小岛上，是我在欧洲看到的最大的教堂。不巧圣母院的前面整个搭着脚手架，看来正在维修。一打听并不妨碍参观，就放心了。我们进去仔细参观了一遍，然后到大厅后面看珍宝馆，可能不是常设的，需要买票。里面多是黄金制品，包括各种人像，有的还镶嵌宝石，确实是珍宝。

图七　王秀莲在巴黎艾菲尔铁塔下面

接着到蓬皮杜艺术中心参观，那里有一座现代化的建筑，其中有当代绘画展等许多展览。楼旁有一个水池，池中放了各种意义十分抽象而又简单的机械，都在不停地转动，实在是看不懂，一点艺术味道都没有，跟附近一些建筑上高品位的雕塑形成鲜明的对比。

下午去看世界知名的艾菲尔铁塔（图七）。塔身的形象早从各种媒体上看到了，远远望去也不觉得特别大，可是走近一看就显得极其宏伟。来参观的人很多，可以买票乘电梯上去。我们等了半个多小时才买到票，一人 58 法郎。先上第一级，再上第二级，有平台可以参观巴黎景色（图八）。最后上顶层，不想上面还那么大，大概能够容纳一二百人。因为天气好能见度高，可以清楚地观看巴黎全景。摩天大楼都在老远的一角，主城区没有高楼，街道规划井井有条，显得整齐而美丽。

5 月 9 日上午到巴黎西南部参观凡尔赛宫。从铁门进去就是一个广场，在广场的正中耸立着国王路易十四骑着骏马的青铜像。整个宫殿占地面积极大，地面上和房屋建筑上到处都有各种各样的雕塑，而且极其精美。我们买票只参观了 A 线，还有 D 线和 C 线，实在没有时间看了。A 线主要有国王和王子生活场面的系列油画，占了一个大厅；王后和公主生活场面的系列油画又占了一个大厅。中间有一个陈设玻璃灯和镜子的大厅，同时也有不少反映法国历史上重大事件的油画。之后又另外买票参观议会大厅。进去以后，就放映议会开会时议员们大声发言辩论

图八　在艾菲尔铁塔中层看巴黎

的场景，好像亲历其境一样。议会厅外面有许多房间，里面陈列了许多与历届议会有关的文物、文书档案和大量照片等。最后到宫殿后面的花园参观散步。这花园有一条中轴线，两边有许多雕塑，中间有水池、喷泉和各种雕塑。配上各种树木花草，使人赏心悦目，流连忘返。

下午参观巴黎名胜中最主要的线路：凯旋门—香榭丽舍大街—协和广场—卢浮宫。远处看凯旋门不太大，近前看却十分宏伟，上面有许多雕塑和铭刻。游人可以从台阶逐级走到门的顶上俯瞰香榭丽舍大街。假如有阅兵或游行之类的场景，这里就是检阅的好场所。

香榭丽舍大街笔直又宽大，可与北京的长安街相媲美。两旁是十分讲究的房屋建筑，没有高楼。与长安街不同的是，这些房屋多是商店，顾客甚多，所以显得热闹繁华。往前走向右拐就是国防部和荣军大楼，都是罗马式建筑，屋顶镀金，显得金碧辉煌。

大街的尽头是有名的协和广场，它是于1748年始建，1840年才最后建成。广场很大，周围的雕塑和房屋建筑都非常考究。广场本身可以说是法国近代重要历史事件的见证。例如广场中间竖立的一块古埃及的方尖碑，原来是拿破仑远征埃及时掠夺得来的（图九）。碑上铭刻有1600个古埃及象形文字，记载着公元前1300年法老拉姆塞斯二世的事迹。在法国大革命时期的1793年1月21日，国王路易十六和王后都曾经在广场的断头台上当着公众的面被处死；可是在革命阵营

图九　在巴黎协和广场上

内部的斗争中，大革命的领袖丹东和罗伯斯庇尔等又先后在同一个地方无辜被害。

从协和广场往前，通过蒂伊勒里公园，就到了卢浮宫，因天色已晚，只在卢浮宫前的喷泉和金字塔形的玻璃罩旁稍事休息，就乘地铁回到凯旋门再回到宾馆，明天再来参观。

参观卢浮宫

5 月 10 日上午参观卢浮宫。卢浮宫前面的广场上有水池和喷泉，旁边有一个金字塔形的玻璃罩，既可以给地下室采光，本身又是一种艺术作品。据说是美籍华人著名建筑师贝聿铭设计的。广场上人山人海，平时的门票每人 45 法郎，今天是星期日，只要 26 法郎。参观的人非常踊跃，其中有不少中国人。全馆由德依馆、里希留馆和叙立馆三座建筑连接而成，展览包括地下夹层共分四个楼层，有七个部分，即古代东方、古代埃及、希腊罗马、雕塑馆、工艺品馆、绘画馆、书画刻印馆和卢浮宫历史馆（图一〇）。我们首先看埃及馆。此馆为埃及学创始人商博良所创建，东西很多，我想大部分是拿破仑远征埃及时掳掠过来的。其中新石器时代有一些彩陶和许多石制器皿。埃及史前彩陶不多，而石制器皿十分发达，是其最大的特点。王国时期有许多大大小小的石雕人像。还有大量人形棺材，石质和木质的都有，上面刻着许多文字和图画。特别珍贵的是大量的纸草文书，因为埃及气候特别干燥，这些文书才得以保存下来。

图一〇　参观卢浮宫展览

接着看古代东方馆，包括利凡特、美索不达米亚和伊朗等地。陈列物品比较一般，但巴比伦神庙门脸上雕刻的雄狮等大型构件还是很精美和壮观。同时还有许多伊斯兰文物。

希腊罗马馆中陈列的古希腊彩陶特别多又特别精致，主要用黑红两色，对比鲜明，表面磨光，看起来很像漆画。花纹中多有人物故事，可惜我无法解读。这个馆在一楼专门开辟了一间大理石雕塑陈列室，雕塑之精美实在令人叹为观止。

雕塑馆中有大批文艺复兴时期的雕刻，其中有米开朗基罗大师和其他著名雕刻家的作品，同时有许多法国的雕塑作品。绘画馆更为精彩，单是出自佛罗伦萨和罗马的作品就占了整个大厅。其中有达·芬奇的蒙娜丽莎及其他作品，也有法国画派和北欧画派的作品。

整个卢浮宫的收藏与陈列实在太丰富了，单展品就有三万件之多。走马观花也无法看完。看了一整天也还是觉得不够，太匆忙了。

巴黎印象

小时候就听老师讲，世界上有几个著名的大都会：雾都伦敦，商都纽约，花都巴黎。说巴黎是花花世界，女人都是奇装异服，花枝招展，到巴黎要小心被香雾迷住云云。也许老师说得太片面，也许是时代变了，今天巴黎给人的印象完全不是那样。巴黎城市规划得有条有理，街道整洁，房屋建筑特别讲究，有些本身就是一幢幢的艺术作品。巴黎的环境保护也很好，空气清新，没有看到一家工厂或一个烟筒，也许工厂盖在别的地方我们没有看见。市内交通秩序良好，上车下车都很有礼貌。像凡尔赛宫和卢浮宫这样的地方，参观的人非常多，管理很难却井井有条。其中的展品虽然极其珍贵，参观者除了不能触摸，却都可以随便照相和摄像，包括达·芬奇的蒙娜丽莎画像在内。这一点很值得中国博物馆学习。

法兰西民族具有光荣的革命传统，大革命时期民众喊出的口号"不自由，毋宁死"曾经震动世界，当时提出的"自由、平等、博爱"的思想已经成为人类的"普世价值"。因此，我是怀着崇敬的心情来到巴黎的。可惜时间太短，还有好多该看的地方没有去成。

自从戴高乐将军执政以来，中法关系有了很大的发展。来巴黎旅游参观的中国人不少。街上可以看到有些中国公司的门脸，更有许多中餐馆，大多是温州人开的，也有广东馆、四川馆。广东馆有时跟泰国馆合开。还有越南馆，多用中文招牌。我在巴黎也有几个朋友，很想见面，又因时间过于仓促，就没有敢打扰他们了。

（原载《足迹：考古随感录》，文物出版社，2011 年）

加拿大探亲

儿女在加拿大已经住了许多年，多次表示要接父母去住一段时间，享受天伦之乐，顺便好好休息一下。我却一直抽不出时间，以致一拖再拖。这会因为儿媳要生孩子，婆婆要去照看，又舍不得把我一个人丢在家里，于是商量我们两人一起去加拿大。秀莲的护照还可以用三年，可是我的护照已经到期需要更换。（2003年）7月10日去办理，没有想到29日才领到。当天送加拿大大使馆申请签证，几个小时后就办好了，也是没有想到。随即订飞机票。赶上旅游旺季，座位紧张，最早只能订8月11日的票了，票价也高得吓人。

飞往加拿大

几天来秀莲忙着给儿女两家买东西，到10日晚上总算基本收拾好了。11日下午两点小薇开车带小蕙来送行，一直把我们送到首都机场。办登机手续时正好遇上李伯谦的女儿李洵，她非常热情地帮我们订好座位。我们乘的是加拿大航空公司030航班的波音767飞机，16:45起飞，在太平洋上过了一夜，下面茫茫一片，什么也看不见。十多个钟头后抵达温哥华，已经是第二天当地时间12:45了，因为在太平洋上越过了东经180°换日线，所以还是8月11日。温哥华机场很大，要在这里办理入境和转机手续。幸好秀莲来过两次，不至于茫无头绪。本来在飞机上已经填了一张入境登记卡，不想正在下飞机时，忽然让我们填一张临时印发的入境登记卡，里面增加了探亲对方的住址、电话等项目以及本人14天以内所在地址等内容。还发了一张黄表，填写自己最近是否发烧、咳嗽等内容，海关查验后自己还要保存14天以便查验。一下耽误了许多时间，后面几架飞机的旅客也都下来了，办理入境手续时简直人山人海。弄得人心惶惶，生怕耽误了转机的时间。好不容易办完入境手续，在登机时又把北京来的旅客分开再次检查，我带的笔记本电脑也要打开扫描。在温哥华总共停留了2小时45分左右，最后总算按时登上了飞往渥太华的飞机。这是138次的国内航班，也是一架波音767客机。

我们坐在最后靠窗的地方，天气晴好，可以比较清楚地看看加拿大的国土。

最先看到的是温哥华附近的海湾，海水碧蓝。接着是山脉，当是落基山。然后是一望无际的平原，全部是大大小小的长方块，大约四成是青绿色，可能是晚玉米；四成是黄色，可能是早玉米或尚未收割的小麦；两成是浅绿色，可能是土豆。加拿大只有 3000 万人，却有那么多肥美的农田，无怪乎成为世界著名的粮仓。傍晚天色渐暗时看到了大湖。记得 1986 年 6 月从美国旧金山飞纽约的那一次，飞越大湖时还是下午太阳高照的时候，下面看得清清楚楚，湖水碧蓝清澈，煞是好看。这次效果虽然大不如前，但是湖面的边界还是看得很清楚。过湖以后天色就完全黑下来了，大约再过一小时就到了渥太华。机场不大，旁边正在扩建。据说渥太华几年前只有 60 万人，现在已经有 100 万人了，主要是增加了许多海外移民。

我们走进取行李的地方，一苹和嘟嘟已经等在那里了。好几年不见了，十分想念。一苹相貌基本上没有太大变化，嘟嘟却是长大了，也懂事多了。开车半个多小时就到了一苹的家，已经快半夜 12 点了。

一苹的家

一苹的家位于渥太华西边的卡那塔市（kanata）西边的 evanshen 街 100 号。这是一种半封闭型的居民区，有三种户型，中青年一家一座小屋，一般是两层楼加地下室，前面是车库，都有一大一小两辆车，这种房子大约占 80%。老年人有活动能力的也住单门独户的小屋，只是多为单层，免得爬楼梯不方便。活动能力较差的老人住公寓，这种房子多为两层或三层，较宽且很漂亮，是社区办的，一座房子住五六户，有很好的服务。所有房子都是用木料盖起来的，砖只作为部分墙壁的贴面装饰。这个街区的东边有一个高尔夫球场，球场围绕的一个街区房屋规格更高一些，房价也更贵一些。一苹的房子在本街区属于第一种，使用面积 2400 平方英尺，折合 224 多平方米，连地下室大约有 300 平方米，装修讲究，造价只有 24 万加元，当时合人民币 130 多万元，比北京房子的造价要低得多。而一般人的工资则比中国要高得多。而且是贷款建房，十年还清。难怪人人都可以自己盖房子。一苹的房子同大家一样前后有草坪，按规定前面栽两棵不同种的树，一棵是自己的，一棵属于公家。后院草坪上放置了许多小孩的运动器材，有秋千、滑梯等，还有野炊烧烤的设施。家里养了小兔，还有小松鼠和小鸟不时出没其间，多少有一点野趣。草坪外沿栽了小树，还种了一些菜，有扁豆、西红柿、西葫芦、南瓜、黄瓜、韭菜和大葱等，多余的或新鲜的菜邻居朋友之间往往相互赠送。小区里住了好几家华人，此外还有韩国人，是一个国际性社区。大家相处很好。

去蒙特利尔看严松

休息了一整天，还是昏昏沉沉，时差反应非常强烈，这是过去少有的。为了早点去蒙特利尔看严松，8 月 13 日上午由一苹开车，载着嘟嘟、秀莲和我，沿高速公路往东北行，两个多小时就到了。由于经济不景气，严松的工作被辞了，上了麦吉尔大学的 MBA 硕士班，惠萍又开了一个小商店，弄得很忙。我们先到小商店看看，再到严松的住所——15 街 5648 号。附近全部是两三层的公寓楼房，位置适中，离市中心和奥林匹克中心都不远。严松住的是两室一厅的套房，厨房挺大，已经有近百年的历史了，但质量不错，木地板至今仍然严丝合缝。因为是板楼，通风较好，三口人满够住的，不过他们还想换个面积更大些的。惠萍即将临产，没有人照顾，秀莲来多少能够帮一点忙。鸣鸣长得很乖，见了爷爷、奶奶很亲，我们把她接到渥太华住了几天，同哥哥、妹妹玩得挺欢。

北美东部大停电

8 月 14 日下午 4 点多钟，宏毅从公司来电话说北美东部包括纽约和加拿大安大略省大约 5000 万人口的地区突然大停电。一会儿严松也来电话，要我们多接一些水，以防万一水也停了不方便。不久一苹把小女儿若丹（英文名字叫 Gloria）接回来了，说是幼儿园关门了，通知家长把孩子接回去。后来宏毅也提前回来了。晚饭没有法子做，只好改烧烤，大家倒是吃得有滋有味。据说加拿大可以把电网断开自己供电。到 15 日就断断续续来电，晚上就基本正常了。断电的原因有各种说法，一时还不大清楚。美国过去曾经有多次大面积断电，这回是最严重的一次。

嘟嘟过生日

嘟嘟 8 月 25 日满 8 岁，因为 18 日他要同爸爸一起送爷爷回北京，所以决定提前到 16 日过生日。嘟嘟是乳名，学名叫李云峤，英文名 Maxwell Lee。一早晨就装饰房子，门口贴印好的条幅——Happy Birthday，气球上也印着同样的字，有的气球印着 8 字表示过 8 周岁。邀了 8 位小朋友，一起聚餐玩耍，很是开心。

各奔东西

8 月 17 日上午在小学附近举行少儿足球赛，嘟嘟是主力队员之一，我们全家都去观看助威。可是嘟嘟有点感冒，使不出劲，开始还好，最后竟然输了。然后一苹、丹丹和我送鸣鸣和她奶奶去蒙特利尔，约 13:00 到家。鸣鸣可能是看足球时着了凉，路上就开始发烧，到家一量体温果然达 38℃ 以上，吃了退烧药后好了一些。傍晚一苹、丹丹和我回到渥太华的家，丹丹身体非常健康，又很机灵懂事，带她非常省心。回来时宏毅正在准备明天动身的行李。18 日 5 时大家都起来了，将近 6 时一苹开车送李认兴、宏毅和嘟嘟祖孙三人去渥太华机场。前两天因为停电许多飞机不能起飞，今天基本好了，还是超员，只到温哥华的部分旅客要动员搭下班飞机。7 点多一苹回来，赶紧送丹丹到幼儿园，自己又去上班。大家各奔东西，家里就剩下我一个人了。

喜得孙女

惠萍的预产期是 8 月 14 日，8 月 17 日我们去蒙特利尔时还没有临产的样子，终于在 8 月 21 日 11 时生了一个女孩，这是我们的第二个孙女，中文取名严奉宇，英文名想征求 Annemarie 的意见。她在比利时是一苹和严松的长辈好朋友，现在随老伴一起迁回他的老家苏格兰，我在北京和布鲁塞尔都曾经相见过。22 日上午，我和一苹带着丹丹去蒙特利尔。到严松家后和秀莲、严松、鸣鸣一起去医院看惠萍和小孙女，爷爷、奶奶和姑姑各送一束鲜花。小家伙看来很健康，哭声很大，能睁开眼睛看人。惠萍也已下地洗澡。医院条件很好，医务人员看来也很负责，而且完全免费。一苹说在新加坡一家私人医院生嘟嘟时花了一万新元，差不多合一万加元。相比之下简直有天壤之别。得了小孙女大家都很高兴，奶奶更是忙着准备小孩的衣物和用品，给惠萍炖乌鸡汤。23 日下午就把母女俩接回家了。

初识蒙特利尔

8 月 17 日我们去蒙特利尔时只在严松家待了几个小时，当天就返回渥太华了，蒙特利尔是个什么样子几乎全然不知。22 日我们高兴，在严松家住了一天，晚上逛了一下夜市。23 日一早我在严松家周围走了走，从 15 街南下往西经 13 街往北再往东经 20 街直到奥运中心边上才返回来。这一片街道非常整齐，顺序编号，共有六十几条街，基本上都是两三层的居民楼，间杂有一些商店和教堂。上午一苹开车载秀莲、鸣鸣、丹丹和我到蒙特利尔市中心区，那里高楼林立，和居民区完全是另一样景观。我们首先到仿巴黎圣母院建造的也称为圣母院的教堂附近泊车，到教堂里面观赏了一番。教堂前面有一个小广场，中间耸立一座雕像，用以纪念 1642 年首先"发现"蒙特利尔的法国人某君。广场周围有专门为观光客准备的马车。我们雇了一驾马车，沿着旧市区周游了一番，半小时 30 加元，倒是挺合算的。驾车人是很好的导游，一路跟我们介绍蒙特利尔的历史和各色代表性建筑。17 世纪的建筑还留下两座，18 世纪的建筑有海关大楼、教堂和医院等，19 世纪大体上形成了现在能够看到的旧市区的模样，20 世纪就在周围盖起了许多高楼，发展的历史非常清楚。蒙特利尔凭临圣劳伦斯河，河面宽阔，河水清澈碧蓝，市中心南面便是港口，市区就是靠着港口发展起来的。

我们下马车后一路看了一些老店铺，有玻璃店、陶瓷店、古玩店、古旧家具店和书店等，有一家陶瓷店里摆放了许多陶瓷雕塑，其中有小型的秦俑和汉代的说书俑等的复制品。紧靠旧市区的北边有许多中国商店，街道的南北两头竖立着中国式的牌楼，上面写着三个大字——"唐人街"，想必是很早就建立起来的。限于时间，我们只是经过看了一下。中国人对开发北美是有贡献的，这段历史应该好好研究一下。

走到东边近河岸的地方，发现有许多人挤来挤去，好不热闹。走近一看是一种仿古集市，大约是仿照 17～18 世纪集市的模样，有大草原印第安人的圆锥形窝棚——Tipi、桦树皮做的小船、织渔网的妇女和卖兽皮的摊贩等。有些印第安人一面在表演一面在讲解，可惜我听不懂。更多的是欧洲移民，多半是法国人，身着古老的法式服装，男人戴拿破仑式的帽子，女人穿长裙、裹头巾。他们有的在做各种买卖，包括各种民间小吃。有好几处卖枫树蜜的，装蜜的瓶子也做成枫树叶的样子。有的在表演杂耍或玩游戏，包括玩保龄球、拉小提琴、弹吉他，甚至有表演给犯罪者戴木枷的。组织者、表演者和观赏者（这个词不大准确）好像都很投入。可惜没有带摄像机，仅仅照了几张相，不过鲜活的印象已经深深地刻印在脑海里了。

参观总督府和国会山

8 月 30 日和 31 日是双休日，一苹带着 Gloria 和我先后到渥太华市中心略偏东北的总督府和国会山去参观。总督府叫 Rideau Hall，位于渥太华河与其支流 Rideau 河的交汇处，风景极好。这里本来是一所私人宅邸，1867 年用作临时总督府，可是新总督府一直没有建立起来，这地方就成了正式总督府直到如今，只是中间有些扩建。现在的总督是一位香港女人，英文名字叫 Adrienne Clarkson。这里参观不用花钱买门票，但是要领注明时间的参观券，以便导游按钟点一批一批地讲解。我们拿到 12:00 的票，导游把一个一个总督的情况都给我们做了介绍，领着我们一个一个房间地参观。主题是加拿大是在历任总督领导下，由各族人民披荆斩棘逐步建设起来的。里面有反映各族人民文化特征的实物、雕塑和油画等。给人的印象是朴实雅致而不豪华，文化品位比较浓。接着参观后花园，那里与其说是花园，不如说是植物园。有各色各样的植物，单是玉簪花据说就有上百种。附带参观了总督府的菜园，是总督自用的绿色蔬菜。总督府外有一大片林地，许多树是各国政要种植的，我们看到有肯尼迪、尼克松、里根和克林顿等栽的树。林地旁还有儿童游乐场和喷泉等。导游一再跟我们讲，这里是用纳税人的钱建设起来的，总督是为纳税人服务的，这里是每个人自己的家，什么时候想来玩都会受到热情的欢迎。

总督府参观完已经下午 3:30，国会山只好安排在第二天去看了。国会山（Parliament Hill）在总督府西南约 1.5 千米，地面隆起，是渥太华河南岸的小岗丘，使得上面的建筑显得高大宏伟（图一）。整个建筑群均为哥特式尖顶，分为三组：主楼朝南，中间是高耸的钟楼，西边是众议院会堂，东边是参议院会堂。后边也就是北边是图书馆，据说藏书相当丰富，因为正在维修，无法参观。东边一组建筑是总督办公的地方，我们看了几个有代表性的总督的办公室，都是按原来的样子陈设的。西边一组建筑没有开放。这里和总督府不同，到每一个建筑都要通过安全检查。我因为安了起搏器，每次安检都要跟人家解释一番，显得不胜其烦。由于参观的人很多，安检又很费时间，大部分时间是排队等候，到下午 4:00 才参观完，简直累极了。

图一　在渥太华的国会山前与爱女合影

我的日常生活

这次来加拿大主要是惠萍生孩子需要照看，秀莲自然就住在严松家里。我是多余的人，帮不了什么忙，挤在一起也不方便，所以就住在一苹这边。当然也不能完全闲着。每天早上出去散步，实际还是快步走，最远走半小时或多一点，来回一小时多。这样我把周围的所有街区都走遍了，附近的商店、学校、体育场、图书馆、教堂等也都走遍了。

　　早晨出外散步是一种享受。朝霞艳丽，空气新鲜。路边青草绿树，有充足的负氧离子沁人心脾。到高尔夫球场更是令人特别舒畅。街道总是干干净净的，据说隔好多天会清扫一次，但我一次也没有看见。秋天到了，天天早晨都有许多大雁往南飞去。多数飞得很低，很分散，基本不排行，一面飞一面鸣叫，只有飞得较高的才排成一字或人字。它们可能是在附近起飞，到一定高度才组成队伍的。

　　离我的住所约十分钟路有一个购物中心，有几座很大的超级市场，还有一些专业性商店，我们常常在那里买东西。还有很大的书店，里面有座位，可以边看书边喝咖啡，我有时到那里去看书，可惜没有一本中文书。

　　有一本英国出版的《孔子与古代中国》，是半通俗性的著作，写得不错，篇幅不大（翻译成中文大约只有十几万字），英文也不难懂，还有很好的插图，很快就看完了。我在国内还很少看到有这样的著作。

　　一苹说有一本张戎著的《野天鹅》（Wild Swans），在国外很受人欢迎，英文不难，闲时可看一看。我买了一本，一看确实写得很感人。书的副标题是《三个女人的故事》，内容是写外祖母、母亲和作者本人祖孙三代的苦难史。外祖母杨玉芳是辽宁义县人，1924 年才 15 岁，即被 48 岁的北京市检察总长薛知衡收为小姨太，1931 年生了个女儿叫薛宝琴，即作者的母亲。1933 年薛知衡病死，玉芳被遣送回娘家。1935 年 26 岁的她带着 4 岁的女儿嫁给 65 岁的老中医夏某。夏医生是满族人，是当地有名的富户，有三个儿子和一个女儿，都已结婚。他对玉芳一见钟情，不顾满汉不能通婚的戒律，也不顾儿女们的坚决反对，一定要和比自己小 39 岁，并且做过人家小姨太这种被认为是下贱人的她正式结婚，为此导致大儿子自杀。他把财产全部分给儿子们，自己带着玉芳母女迁居锦州，完全靠行医为生。他很爱小宝琴，把她看作自己的女儿并改名为夏德鸿。德鸿在锦州上学，是学生中的活跃分子，后来成了地下党支持的学生运动的小头领并一度被捕。1948 年共产党解放锦州，时为锦州党委会成员和办公室主任的王愚认识了她，虽然年龄相差十岁，也是一见钟情，不久结婚。王是四川宜宾人，原名张守愚，年轻时到重庆当工人，后来到延安参加革命。不久被派到热河朝阳领导抗日游击战争。接管锦州后，1949 年又被派往宜宾建立地方政权，并任宜宾地区专员，一家人跟着迁往宜宾。因为妻子叫德鸿，他们的第一个女儿叫小鸿，第二个女儿即作者叫二鸿。所以她把书名叫作《鸿》，翻译成英文就是 Wild Swan。这本书有 525 页，我每天最多能看 20 页，恐怕要一个多月才能看完。

　　在家里我几乎不上网，在这里没事倒经常上网，可以看到京报网、早报网、新浪网、华夏文摘和文学城等中文网页。有时间再写点文章。

中间休息时喂鱼、喂兔、拔草、浇水。傍晚一苹、宏毅和孩子们回来就有说有笑，享受天伦之乐。逢双休日就去外地参观游玩，或到蒙特利尔严松家里聚会。生活节奏完全变了个样儿，跟外面的联系也比在北京时少多了。表面上很轻松，但国内还有一摊子事儿总放不下，惦记着早些回去。我这个人啊！

游览奥体中心

9 月 6 日星期六，一苹、丹丹和我到蒙特利尔严松家，接秀莲、鸣鸣一起游览奥体中心。很远就看见一个像跳水台的斜塔，那便是奥体中心的标志。附近还有植物园和昆虫馆。我们没有那么多时间，就直奔斜塔。斜塔外面树立着历届奥运会举办国的国旗。斜塔下层有历届奥运会的图片展览。我们买了票坐上缆车直上斜塔顶部，那里有一百多平方米，中间有小卖部，周围有玻璃窗可以眺望整个市区和周围环境。我们看到西南方向有许多高楼，那便是市中心区，西边有小山，东南方向是圣劳伦斯河。塔底下是奥体中心的几座建筑，范围不大。最中心的建筑现在已经改建为生物棚。我们从斜塔上下来便直接进入生物棚（Biodome），开头有一场电影全面介绍生物棚的内容，接着到热带雨林，里面炎热潮湿，有许多代表性植物和动物；接着到温带，气候凉爽，最凉的地方是圣劳伦斯河口，缩微的河口造型加上大屏幕的河口背景，仿佛真是到了河口一样。最后是寒带南极，悬崖上到处是企鹅，水里也有许多企鹅在游戏，好像专门给游人表演似的。孩子们玩得特别高兴，一看表到了 14:30，只好回家吃"午饭"。本来是想看看体育设施，结果主要看了生物棚，倒也高兴。

异国过中秋

中秋对中国人来说是一个重要的节日，是一家人团圆的日子。今年一家人都到了加拿大，可是中秋是星期四，孩子们都有事，还是聚不到一起，只好两地分别团聚，等星期日再来个大团圆。

今年中秋恰逢 9 月 11 日，是"9·11"事件两周年的日子。上午我一人在家看美国电视台纪念"9·11"不幸事件的实况广播，下午看中央电视台庆祝中秋节文艺晚会的实况转播。晚上和一苹一家到附近一个意大利餐馆欢聚。近几天天气晴朗，应该是中秋赏月的好机会。我们专门选了室外的座位，可就是看不到月亮。原来傍晚天边起了云雾，只有天顶露出几颗星星。我们不死心，回家睡觉以后，半夜里又从床上爬起来赏月。这时的天空清澈如洗，月亮像高悬的一轮明镜，冷光从窗户照进卧室，四周静寂无声。啊，这就是异国的中秋之夜！

9 月 14 日星期天，我和一苹一家到蒙特利尔和严松一家会合。严松在附近的新北京餐馆订了一个圆桌。说是北京餐馆，注明却是川、粤、泰风味，主要还是粤菜，北京菜只有烤鸭。我们要了一只烤鸭、一套粤菜、一盘扬州炒饭和一瓶法国波尔多干红葡萄酒。各色菜的味道都还不错，在国外能够吃到基本不走味的中国菜还真是不容易。自从一苹和严松先后出国，我们家十几年就没有团聚过，不是少这个就是少那个。今天我们一家已经是十口人了，全体在加拿大聚会过中秋，真可谓是十全十美！不知什么时候在国内也能够全家团聚，那就更有意思了。

原海燕来访

前两天忽然接到一个电话，一听是原海燕打来的。她听出是我的声音非常惊讶又非常高兴，因为她不知道我到加拿大来了，埋怨一苹没有告诉她。可是她过几天就要回中国一趟，正在忙着准备。后来跟一苹联系，决定 9 月 13 日傍晚来看我。她住在卡纳塔南边，汽车十多分钟就到了。下车一看来了一家人：她丈夫李铭和小儿子，还有她的干爸干妈——就是一苹同学王红的父母。大儿子已经十五岁，有事到别的地方去了。李铭也是长岛人，北大数学系毕业，出国后改学电脑。先在温哥华待了五年，拿了个博士，后来才迁到渥太华。现在跟宏毅一个公司工作，只是部门不同。由于经济不景气，这两年大量裁员，据说是从十万左右裁得只剩三万多人，他们两人没有动，算是很幸运的了。一苹的公司最近也裁员，也还没有影响到她。可见他（她）们的工作都是很出色的。小原在一个税收部门当会计。因为税收部门只有半年有任务，所以她半年工作，半年休息领失业救济金，都说是最合适最舒服的一份工作。她送来一瓶加拿大特产冰酒，说是孝敬先生。大家聚会在一起自然会谈到许多国内和北大的事情，倍感亲切。

拜访加拿大医生

自从安装心脏起搏器后，右肩和上臂老是痛，右臂的活动范围也越来越小。国内医生有的说是起搏器肩周炎综合征，开的药方不见效。有的说要理疗，多运动，有的又说不能做激烈的运动。9 月 17 日，一苹带我找社区医生看看，主要是咨询性质。这位医生倒是很耐心，看得很仔细，还特别查了医书。我们不知道肩周炎英文该怎么表达，但她说的好像就是肩周炎。她还是建议我多运动，可以做理疗按摩。开了点止痛药，说不必着急，慢慢会好起来的。但愿上天保佑！9 月 22 日，我们又找了一位理疗医生，她也很详细地检测了有关部位，建议我用一根木棍帮助做不同方向的拉伸运动。劝我要有耐心，说可能要一两年以后才会好。

参观文明博物馆

9月28日，一苹陪我们到渥太华对岸的哈尔（Hull）参观文明博物馆（Canadian Museum of Civilization）。这个博物馆的展览分四层，第一层南边的大厅陈设了数十根印第安人的图腾柱，大多是好事者一百多年来陆续征集的。每根图腾柱高十米上下，下部直径大概有60~80厘米，都是用一棵笔直的树木雕刻而成，十分壮观。大厅的中间是原住民印第安人和因纽特人（爱斯基摩人）的实物陈列。现在加拿大已经不大用印第安人和因鲁特人这些名字，而用第一批民族（First Peoples，First Nations）或土著民族（Native Nation，Native Canadian）。陈列内容有用象牙做骨架搭起的雪屋，使用的各种工具，包括渔猎工具和手工工具等，有各种皮毛制的服装和非常丰富多样的装饰品，还有很多宗教道具和艺术品等。这些大多是以前征集的，现在保留得不多了。有一个房间陈列了一些考古发现的陶器，最早的有4000年，晚的只有500多年。全部是黑灰色的罐子，口部有圆的，也有多角形的，有尖底也有小平底，外表饰绳纹或篦纹。第二层也有一些原住民的陈列，但主要是儿童博物馆。这里是博物馆最热闹的地方，好多家长带着孩子在里面玩耍。其中有许多儿童的玩具，多是知识性的，可谓寓教于娱。还有许多表现世界各地风土人情的摆设，其中有中国的小商店和日本的和式建筑。一辆大花车里面可以坐几十个儿童并且可以自行驾驶，前面的指路牌上写着伦敦、纽约和北京等。第三层像是加拿大开发史展览，从东到西，从伐木盖房、开垦荒地、建设农庄到开设工厂等等。还有一些西方移民的家庭陈设。第四层有一些著名人物的家庭摆设，还有一部分北极探险的内容。

博物馆内设有餐厅。我们午餐后接着参观，直到下午3点。然后到外面休息。博物馆紧靠渥太华河，风景极好。对河就是国会山，渥太华的市中心区历历在目。这真是一个好地方，我们拍下了许多照片。

游览尼亚加拉大瀑布

很早就想游览尼亚加拉大瀑布，可是上个周末那里整天下雨，只好推迟。10月4日一黑早我们就起床，嘟嘟和丹丹还在熟睡中，一苹和宏毅分别把他们抱上车，大约6:30就出发了。天空很黑，不时下着雨，雨势时大时小，到多伦多才完全停止。经过多伦多后就环绕安大略湖的西岸行走，下午一点多就到了尼亚加拉瀑布城，老远就听到雷鸣般的水声。我们把车一直开到大瀑布旁边，只见河边人潮如涌，热闹非凡。观赏的人群中有不少是中国人，还有日本人、韩国人、黑人和许多欧洲人，大家都仰慕这个世界第一奇景。

图二　在安大略湖滨

　　尼亚加拉源自印第安语，意思是雷鸣般的水。这瀑布在尼亚加拉河的中段偏北，尼亚加拉河则是从南边的伊利湖向北流到安大略湖的通道（图二），也是加拿大和美国之间的界河。因为五大湖的水是相通的，我猜想其他四个湖的水都会经过大瀑布流入安大略湖，再经过圣劳伦斯河流入大西洋，所以才会有那么大的水量。尼亚加拉河流到瀑布跟前时河面很宽，并且遇到了一个山羊岛（Goat Island），从而形成了两个瀑布。在美国一边的比较小，称为美国瀑布（American Falls）；在加拿大一边的非常大，并且呈一个大圆弧，称为加拿大马蹄形瀑布（Canadian Horseshoe Falls）。尼亚加拉河将到瀑布时向西偏北拐了一个弯，瀑布下面的河段再向北偏东流，这样瀑布的正面完全朝向加拿大一侧，在加拿大比在美国一侧好看得多，游览的人也比对岸多得多。

　　我们先从小瀑布看起。说是小也比中国最大的黄果树瀑布大一倍还多。而且旁边有许多树木，风景十分优美。美国人为了方便游客观赏瀑布，在旁边搭了一个很大的类似跳水的平台伸向河中，还顺坡搭了许多脚手架，游客可以逼近瀑布尽情体会，就是看不到瀑布的全貌。我们在这边却可以从正面一览无余。那清澈的水流从高高的悬崖上直泻而下，砸在接近河面的岩石上，激起无数白色的水花再倾入河中，蔚为壮观，而更为壮观的还在后面。我们随着人群向南边推移，一会儿便看到了那马蹄形的大瀑布。这里的水流比小瀑布要多好几倍，由于是马蹄形，水流集中地砸向中间的深潭，激起的水雾直冲云霄。水声则由于得到共鸣而特别地加强，有如连续的雷吼。管理部门为了让游客能够更加贴近瀑布，特别安排了乘船游览的项目。我们回到北面的彩虹桥边乘船。每人船票费 13 加元，上船时领一件一次性塑料雨衣。河里有好几只船，每只船有两层，能乘二百多人。为了能够看得多一点，我们站在顶层。船启动后先贴着小瀑布下面走，只见无尽的水从高空抛下，水花像大雨一样往游客身上洒，声音比岸上听到的要大得多。然后往大瀑布前行，直逼大圆弧的里面。开始还能看到极其壮观的场面，后来就什么也看不见了，身上是一阵阵大雨泼来，轰鸣声震得好像天河塌了下来。驾驶员似乎特别照顾我们，让船停留的时间特别长，最后才依依不舍地离去。记得我1986 年在美国自然博物馆曾经看过尼亚加拉大瀑布的大屏幕电影，那是用气球贴近瀑布拍的，立体声响使人有身临其境之感。现在回忆起来，还是现场的感觉更令人震撼，不由从心里叹服造化的奇特和伟大！

看完瀑布还不到下午四点钟，我们就驱车沿尼亚加拉河北上。沿途树木葱茏，花草连片，不时点缀一些式样翻新的别墅，还有一座中国式庙宇。大约半小时就到了河口左岸的湖上尼亚加拉市（Niagara on the Lake）。该市曾经是安大略省的省会，美国独立战争时曾经是英军的总部所在，并一度被美军占领数月。现在这里还留有一些历史遗迹，并且有一座历史博物馆。可惜没有时间去看，只看了两家私人艺术博物馆。市里街道是棋盘格式的，特别整洁。房屋多只有两层，几乎一栋一个样，非常讲究。旁边还有有名的葡萄园，并且盛产葡萄酒。我们买了几瓶准备带回家尝尝。

傍晚我们再次返回瀑布，在大瀑布旁的一座高塔上的旋转餐厅用晚餐。从塔上不但可以看到整个尼亚加拉城，还可以看到美国布法罗即水牛城的全景。一片灯火辉煌。彩色灯光照射瀑布，一会儿红色，一会儿又变成黄色、绿色、蓝色，煞是好看。我们一面就餐饮酒，一面尽情欣赏，直到晚上十一点多才回旅店。

第二天还是一大早就起床，直驱多伦多。先到湖滨公园散步和观赏湖上美景。湖水清澈泛蓝，看不出一点污染。空气清新，沁人心脾。大约 9：30 我们登上市中心的高塔，它是加拿大最高的塔。从塔上不仅可以看到多伦多全景，还可以看到无边无际的安大略湖，还有湖上的小岛和岛上的飞机场，看到有些飞机正在起飞。其实安大略湖只是五大湖中最小的一个，这五大湖容纳了多少淡水！可贵的是五大湖周围有许多大城市，包括芝加哥、底特律、多伦多和水牛城（布法罗）等，竟然能够保持湖水的清洁而没有多少污染。这一点中国实在应该好好考虑一下环境保护的问题了。

过感恩节

10月11日是感恩节。据说感恩节一定要吃火鸡，宏毅特地买了一只大火鸡，自己在电烤箱里面烤，烤了两三个小时，老远就闻到火鸡的香味。晚上一家聚餐，谈论中外风俗的异同，颇为惬意。

游魁北克古城

10月12日，晴，有大雾。本来计划今天去魁北克，可是昨天有些感冒，不知道能不能成行。当时吃了点药，晚上觉得好些了，于是一黑早就起床。嘟嘟和丹丹都还在熟睡中，只好把他们抱上车。宏毅的车开得很稳。一路上雾气特浓，有的地方能见度只有10米左右。过蒙特利尔雾气还很重，大约到十点钟才散，沿路车辆不多，可以开得比较快。即使这样，到魁北克时已经是正午过了。我们首先登上全城最高的古城堡，导游给我们介绍城堡的历史和各个部分的功能。魁北克最早是法国人于1604年建立的，据点虽然设在小山上但没有建筑城堡。现在看到的城堡是1759年英国人打败法国人并且长期占领魁北克后，按照法国建筑师的方案建立起来的。上面除了总督办事处外都是一些军事设施，包括兵营、火药库、指挥所等，周围架设了许多大炮。这里长期由皇家22团的部分官兵据守，现在有的房屋已改建为博物馆，里面主要陈列皇家22团在世界各地的战绩，包括20世纪50年代初在朝鲜的战争，其中有缴获的中国人民志愿军的服装和毛巾等以示夸耀。

看完城堡后我们沿石阶逐级往下走，经过一座古堡式宾馆，一直走到河边。这座宾馆是当地的最高建筑，房顶比旁边的古城堡还要高，却仍然显得很协调。河边铺着数十米宽的木板路，非常别致。魁北克有点像江阴在长江的位置，圣劳伦斯河在城边还很窄，过城就突然变宽，到入海口差不多有100千米宽。这里河水很深，碧蓝而清澈，能泊巨轮。我们在欣赏美景时，正巧一艘巨型豪华邮轮伊丽莎白女王号驶近并缓缓靠岸，引来更多的人挤到岸边观赏，船上的游客也聚集到船边向大家招手致意，场面颇为热烈。回头要上一个高坡，大家觉得有些累了，就坐缆车上去。顺便遛了几家商店，然后到一家中国餐馆吃晚饭。魁北克其实很大，可供参观游览的地方很多。限于时间，只能略窥一角。看看天色已经断黑了，只好赶紧往回返。先穿过旧城区的几条街道。这里建筑一色是欧式的，颇有特色。出城后加速开行，到家时已经是23:45了。

中国人上太空

10月15日北京时间9点9分50秒，中国神舟五号载着太空人杨利伟在酒泉附近发射升空，围绕地球转 14 圈后于 16 日凌晨 6∶23 返回地面，降落在内蒙古四子王旗红格尔苏木的草原上。这是中国航天事业的重要里程碑。我们连续两天一直打开中央电视台国际频道观看有关消息，为祖国在科技领域的伟大成就而由衷地感到高兴。一位华侨说得好：中华人民共和国成立中国人站起来了，改革开放中国人跑起来了，现在中国人飞起来了。身在国外可能感触更深一些。不过中国还很穷，还有很多人没有饱饭吃，贪官污吏鱼肉百姓的事还很严重。这些问题迟早要解决的。希望我们的祖国会一天天好起来！

去尕汀诺山看红叶

10 月 19 日星期天，我们和一苹一家老小六人到尕汀诺（Gatineau）森林公园看红叶。先到渥太华西郊的河岸公园游玩。这里河面宽阔，河水清澈泛蓝，岸边有许多大雁，还有海鸥和野鸭在那里觅食。旁边有一群石塑人像，是用自然石块粘对起来的，姿态各异，颇富野趣。岸边绿草如茵，空气清新，人们三三两两在此游玩，十分惬意。

大约一小时过后，我们经过渥太华过桥到对岸魁北克省的哈尔，再转道往西到尕汀诺山森林公园。公园极大，长满天然树林，其中绝大多数是各种各样的枫树。有的是金黄色，有的是橙红色，非常好看。我们先看了两个小湖，据说此处原是海洋，后来陆地隆起，这湖是海中凹地，因而成湖。周围景致极好。然后到马更些·金（Mackenzie King，1874~1950 年）总理的庄园游玩。他是加拿大任期最长的总理，在他就任期间，加拿大从半殖民地变为独立国家。他在这里买了 231公顷土地，盖了几所小木屋。担任总理后夏天仍然住在这里。去世后全部捐献并辟为公园，住房则按原样陈设供游人瞻仰。我们参观了所有房间，还在他原来的餐厅吃午饭。饭后稍事休息，便往回返。到超市买了些东西，准备回家后送礼。因为明天我们就要离开渥太华了。

从渥太华到温哥华

应温哥华不列颠-哥伦比亚大学人类学-社会学系的邀请，在回国途中要在那里停留几天。所以让一苹帮我们更改飞机票，于 10 月 20 日飞温哥华。今天下午一苹、宏毅和两个孩子都提前回来了，一家人全体出动到飞机场送我们。渥太华新机场大楼刚刚启动几天，泊车的位置隔得好远。我们从三楼换登机牌，然后走到二楼登机，临别时都依依不舍。本来是 6∶00 起飞，可是晚了半小时。到温哥华时已是晚上九点。走到行李提取处时，荆志淳正在那里等着我们。我和荆志淳已经好多年没有见面了，这次是他从水城那里知道我到了加拿大，首先发电子邮件邀请我来，后来通过电话确定了日程安排。今天见面特别亲切，他把我们接到学校的格林学院（Green College）的客房，住242号套房。这是个老式房屋，住着非常舒适。荆志淳把我们安顿好，商量了明天的活动内容。话别后我们再收拾一下，上床时已经是半夜12点，相当于渥太华的凌晨三点，真是困极了。

在亚洲研究所作学术报告

10月21日，卑诗大学（当地华人对不列颠-哥伦比亚大学的称呼，英文简称UBC）亚洲研究所出面邀请我作学术报告，我作了题为《中国文明的起源和早期发展》的演讲。听众除了亚洲研究所和人类学-社会学系的教师和研究生外，还有历史系和古典艺术史系的教师共约30人。看样子大家还颇有兴趣，提了不少问题。亚洲研究所下设中国、日本和朝鲜等几个研究中心，中国研究中心原主任戴安娜（Diana Lary）是研究近现代史的，1964～1965年曾经在北京第二外国语学院教书，中国话说得很好。现在的代主任贝丽（Alison Bailey）原来在英国伦敦大学学考古，现在研究明清文学，也能够说中国话。中心出版有一份《中国研究》季刊。下午荆志淳和妻子牛宏仁（台湾人，祖籍河南）带我们参观了亚洲研究所的图书馆，里面有大量中文图书，考古书籍相当齐备。然后开车把整个学校周游了一番，学校在温哥华市区西边的半岛上，中间隔着茂密的树林。现在卑诗大学有5万多学生，其中医学院和生物学院比较有名。校内有许多华人捐献的房屋和设备等（图三）。

图三　在温哥华卑诗大学优美的校园里

晚上中国研究中心在一家泰国餐厅设宴招待。贝丽、戴安娜、研究甲骨文的高岛、荆志淳和一位研究希腊、罗马考古的教授作陪，席间彼此畅谈，颇为融洽愉快。

游温哥华

10 月 22 日天阴，这已经是难得的好天气。前些日子一连十几天下大雨，山洪暴发，冲毁了公路，造成一人死亡，2 人失踪。温哥华多雨，年降水量约 1500 毫米，集中在冬季，夏季反而干旱，容易发生森林火灾。

系里派张锋陪我们游览温哥华市容和风景区。张原来是中山大学人类学系的教师，先学考古，后改人类学，现在从詹森（G. E. Johnson）学社会学。我们的汽车从卑诗大学的东门出去，一直向东开行，并且逐渐下降，穿过市区，到一个小半岛，那是一个公园。从岸边可以很清楚地看到市中心的高楼大厦，跟从九龙看香港的景致十分相似。转到半岛的背面则可以看到北温哥华和西温哥华以及连绵的山丘。山上有几处滑雪场。据说 2010 年冬季奥运会将在这里举行。接着转到维多利亚公园，那里是一个小山包，景致极好。回头进入市区，到中国城转了一下。这里有好几条街，房屋一般比较矮，也比较脏乱。除商店外还有一所中国文化活动中心，在那里经常举行一些报告会和公益娱乐活动。现在温哥华有 240 万人，华人约占四分之一，是加拿大华人最集中的地方。温哥华西边有一个温哥华岛，面积很大，南端的维多利亚市是卑诗省的首府，大多是欧式建筑，风景极好。上去要乘船，而且要住宿，至少得花两天时间。荆志淳一再表示这次时间太紧无法安排，下次一定想法子去看看。

晚上皮尔逊设家宴招待，由荆志淳夫妇作陪。皮尔逊是张光直的第一个研究生，今年已经 68 岁。我们第一次见面是 1986 年 6 月参加在美国弗吉尼亚州艾尔利召开的学术讨论会上，以后又多次见过面，相互推荐过学生请对方培养，所以我们是老朋友了。他的夫人是在耶鲁大学念书时的同学，日本人，这引起他对日本考古的兴趣。他的学位论文就是《琉球考古》，以后的研究扩展到整个环太平洋地区，包括美国西部、夏威夷和中国东部。他有一个女儿在新西兰教书，主要研究夏威夷考古。所以皮尔逊每年要去日本、新西兰、中国和美国等地，最近又对泉州的海外交通感兴趣，12 月还将参加在桂林举行的华南考古会议。

皮尔逊的家是一所 50 年前建筑的豪华别墅，家里摆设也颇讲究。温哥华的房屋是北美地区最贵的，这所房屋就是相当大一笔财产。皮尔逊夫妇很客气，专门在一家重庆饭馆订了一桌酒席。席间谈了许多学术界的事情，到晚上十点才动身话别。

参观大学博物馆

10月23日上午荆志淳陪我们参观卑诗大学博物馆。加拿大最大的博物馆是多伦多的安大略国立博物馆，大学中最大的博物馆就数这一座了。这个博物馆收藏了大量印第安人的文物，其中图腾柱就有好几十根，大的比渥太华文明博物馆的还要大得多（图四）。此外还有少量太平洋各岛屿，包括巴布亚-新几内亚、所罗门群岛、斐济、萨摩亚、夏威夷等处的文物，以及中国、日本、朝鲜、东南亚和非洲的少量文物。每件文物上都有编号，按照编号可以查阅放在旁边的详细资料档案。较小的相关文物放在下面抽屉里，用玻璃罩上再加锁，既便于参观，又保证安全。博物馆附设有考古工作室、实验室和库房，十分宽敞。最近博物馆拟扩建，准备增加一倍展览面积，还要建陶器、石器、动物、植物、同位素、地质和数据处理等7个实验室，已经拨款5900万加元，计划5年建成。

图四　参观温哥华 Stanley Park 的印第安人图腾柱

下午同荆志淳讨论考古学的有关问题。晚上人类学系在一家香港餐厅设宴招待，系主任波科提罗（David L. Pokotylo，他是研究北美西北史前考古的）和全部教授参加，情绪热烈。饭后应曹心原的邀请到她家小坐。曹原在夏威夷，三个月前才应聘为本校艺术系教授。她花了将近一百万加元买了一所豪华房屋。我和曹过去曾经多次见面，虽然不算多么熟悉，也算是老相识了。异国相逢，特别亲切。

飞回北京

10 月 24 日天气晴朗，上午 10：00 荆志淳送我们去机场。登机手续非常简便。我们领登机牌并发完行李后，在机场餐厅吃过早点，稍事休息便上飞机。当地时间 13：00 准时起飞，很快看到温哥华市区和温哥华岛的全貌，接着便飞越浩瀚的太平洋。大约十小时过后进入中国上空，开始是一大片盐碱地，接着是一片沙地，然后是漫无边际的黄土山，这些地方都几乎寸草不生。只有进入北京小盆地才看到绿色，好像一个沙漠绿洲。难怪北京风沙大，要想治理好首先得把那些光秃秃的地方绿化，真是谈何容易！大约 15：15 飞抵北京机场，地面温度达 20℃，很暖和。回到家里，小薇已经让小时工把房间打扫得干干净净，还烧好了开水，我们心里感到热乎乎的。

（原载《足迹：考古随感录》，文物出版社，2011 年）

在丹佛消夏

从北京到丹佛

一苹跟着公司搬到美国丹佛市工作已经有好几个月了，工作不错，很遂她的心，所以她决定一家都搬迁到丹佛去住。上个月花 50 多万美金买了房子，这几天正忙着搬家。两个孩子放暑假了没有人看护，我们正好去帮帮忙。

（2006 年）7 月 5 日早晨石磊开车到我们家，9:00 动身到首都机场。我们买的是美国联合航空公司的票，办完登机手续，乘 UA888 航班于 12:05 起飞。过日本后便进入太平洋上空，不久天气渐黑，我们半坐半躺静静地休息，想睡又睡不踏实。北京时间 21:00 天已经大亮，23:05 也就是当地时间上午 8:05 到达旧金山。旧金山机场很大，有 90 个登机口。我还是 20 年前来过的，原来是什么样子已经完全记不起来了，无法同现在的样子作比较。只记得旧金山的夏天很凉，但没有估计到冷。我们办理完入关手续，就在去丹佛的第 90 号登机口候机。我们预订的机票是美联航 770 航班 12:35 起飞，因为航班延误到 13:05 才登机，在机场足足等了 5 个小时。室外的气温只有 13℃，室内的气温也差不多，我们简直冷得不行。登机后暖和多了，可是不知什么原因迟迟不起飞，直到 15:05 才飞。等于在旧金山待了 7 个小时，却只是在机场停留，外面的情况一点也不清楚，实在是浪费生命！

从旧金山到丹佛大约飞了两小时，飞机跨越落基山，可以看到山上还有积雪。最美的是山上的云彩，好像是无穷无尽的棉花垛。有时好像是棉花的海洋，飞机贴着棉花样的波涛前行。有时好像是棉花垛成的绝壁，直立可数十丈，飞机就傍着壁边飞行。有时在厚厚的云层中出现一个大圆坑，从坑中可以清楚地看到地面的景色。越过落基山就是一大片平原，实际上应该是高原。接近丹佛时看到许多绿色的大圆圈，据说是喷灌的农田。丹佛同旧金山差一个时区，我们到达时已经是当地时间 18:00 了。丹佛机场位于市区的东北郊，规模很大，周围一片空旷，机场可以任意扩展。我们下飞机后经过 B 厅，然后乘地铁到一个大厅，在那里取出行李。同时跟一苹联系，她还在来机场的路上。因为她最近搬家，搬家公司用一辆特大的卡车将家具等所有物件从加拿大渥太华运来，路上经过三天，今天刚好到达。卸车就花了好几个钟头，所以来晚了。等了一会儿，一苹带着两个孩子来了，见面好是亲热。寒暄了一会儿，买了些吃的，取了行李，便往一苹的新家走去。

一苹的家在市区正南的高原牧场（Highlands Ranch）的南部边缘，是新开发的居民区。我们从机场往南再往西，完全在市区外围转，只见一片黄色，草还没有返青，到南边才看到稀疏几棵小树，显得有些荒凉。车一直开了 30 英里，将近 50 千米才到家。房子是新盖的，室内装修都已完毕，后院的草坪还没有来得及铺好。从前面看是两层楼，有 3100 平方英尺。从后面看是三层，底下一层不算正式面积，实际上三面都有窗户，正面有门出到后院，是很好的一层房屋，面积有 1400 平方英尺，总面积约合 420 平方米，还有两个很大的阳台，比原来在加拿大的房子大多了。价钱也不菲，52 万美金。

一苹的房子基本朝南，前面有一个圆形广场，围着广场共有六户人家。南面有一个出口通向 Canyonbrook Dr.，即堪涌沟大道。因为这条路是沿着一条大沟修建的，这大沟也许就叫作堪涌沟。附近有好几户中国人，一苹对面一户的男主人就是北大地理系毕业的，和一苹是前后同学。有一位姓曹的是宏毅的同学。还有一位陈敏，温州人，离婚后带着两个孩子过日子。一苹初来时经小曹介绍住在她的家里，两人成了好朋友。

我每天早晨沿着附近的街道和公路散步，晚饭后则常常和家人一起聊天散步。这里的公路都是水泥路面，街道则都是柏油路，两边用水泥镶边，再抬高约 10 厘米修一米多宽的水泥人行道。两边房屋前面都有草坪，没有一点泥土露天，所以路上非常干净。我走了好多天皮鞋底还是干干净净，一点尘土也没有。所有房子大抵是由加州的 Shea Home 和 Rich Mond 两家房地产公司开发的，每座房子多是两层带一个地下室，3000 平方英尺左右。后院多用木板墙围起来。公路边的房子小区外也用木板墙隔开。房价从 40 万到 60 万美元不等，房价的高低除面积外还与位置有很大关系。近些年各国房价都在涨。一苹在加拿大的房子是 24 万加元买的，住了八九年大约可以卖 38 万加元。居民区有小学、中学和活动中心，后者有的附带有小卖部，买东西一般要到较远的地方。我们常常到接近市区的中国城或 Aurora 购物中心的韩亚龙食品超市购买食物和其他用品，顺便在那里的中餐馆用餐。

游览红岩公园

7 月 21 日，一苹开车带领我们一家到丹佛西郊浅山区的红岩公园（Red Rocks

Park）去游览。沿着 470 公路往西再往西北，车开了不久就到了落基山东麓的浅山区，道路弯弯曲曲，山上稀稀拉拉长些草，大多半干枯的样子，很少绿色。不久见到一座座的红色砂岩从地面突起，层次鲜明，向东倾斜没入地下，向西的一面被侵蚀截断，茬口参差不齐，呈现各种形状，近看非常险要。这里从 20 世纪 30 年代起就已经开辟为旅游胜地。我们先到一个泊车点，那里有商店和咖啡厅，很难得有几棵大树，是个休息的好地方。附近草地中有不少仙人掌，很小，长得非常艰难。若丹非常喜欢，用石头挖了一棵准备拿回家栽种，不小心扎了一手刺，痛得直哭。姥姥帮她把刺拔了才又高兴起来。从这里往上爬有两条路可以到达一座露天的椭圆形剧场（Amphitheater）。一条要走约两千米，坡比较缓；另外一条可以走一段汽车，路比较短，但坡比较陡。我们选择了后一条路，大概爬了一百多个台阶就到了。剧场夹在两座红岩之间，左边的叫小船岩（Boat Rock），右边的叫宇宙岩（Creation Rock），相距 100 米左右，从舞台处向上斜插天穹，极为壮观。两座岩石的剖面朝里，形状和大小都很相似，好像是一块岩石被掰开成两半似的，真是奇观。剧场的座位都是用石头砌的，大概有 70 多个台阶，可以坐 9000 多人。台阶呈弧形逐级而上，很像古罗马剧场的样子。两边各栽一行塔松，长得很茂盛。后座顶上有一个平台，平台底下是餐厅和商店，再往后便是很深的山沟。我们一直爬到顶上的平台，尽情欣赏这自然加人工的宏伟杰作。下面的舞台上正在排练节目，扩音器放送的音乐在山岩间回荡，令人心情亦为之激荡。据说美国国庆时这里是一个放焰火和狂欢的中心，真是一个别出心裁的选择。

直到傍晚约 19:00 我们才依依不舍地下山。天还没有黑，我们看到附近几处红岩，有的像青蛙，就叫青蛙岩，有的像骆驼，有的又有些像坐佛，那真正是"丹佛"了！

初识丹佛

到丹佛好多天了，一直在边缘打转，对丹佛全貌浑然不知。7 月 23 日，一苹带我们全家到市中心 downtown 去玩。那里是丹佛最繁华的商业区，有许多摩天楼和高层建筑。街道全部是斜方向的，东南—西北街从左至右按顺序号命名，东北—西南街则各有专名。贯穿东南—西北的中间一条街叫 16 街，是唯一的一条步行街。街道中间是林荫道，有供行人休息的坐椅和少量杂货摊。最奇特的是每隔二三十米有一头用塑钢做的黄牛，大小跟真的一样，姿态各异，满身画着五颜六色的花纹（图一）。有一头牛身上贴满了各国的钞票，其中有人民币和越南币，当然主要是美钞。其他地方也有一些牛的塑像，基本上是肉牛，没有看见奶牛。有一个地方看到平板的野牛形象，但没有水牛。因为到处是牛的形象，所以丹佛又

图一　号称牛城的丹佛街头处处有塑钢彩牛

被称为牛城（Cow City）。林荫道的两旁有免费坐的游览车，是无轨电车，大多数人可以找到座位。在这里没有看到中国商店，有家餐厅外面用中文写着"蒙古火肉"，想进去尝尝，可惜暂停营业。在 Downtown 之北是丹佛早期的发展中心，叫 Lower Downtown，简称 LoDo，有许多维多利亚式的建筑。在 Downtown 的西边有一个很大的体育场和儿童游乐中心。

在市中心没有吃到蒙古火肉，只好又回到位于 Alameda 西街的太平洋超市永昌饭店吃自助餐。这地方我们不只来过一次，位于丹佛的内圈，街上有好几家中国餐馆，也有日本和韩国餐馆。丹佛内圈属于 Denver County，街道全部是正南北东西的棋盘格。连中圈也都分成这样的格子。格子有大小，大格子大约 1 英里见方或稍微大些，是由较大的街道分割而成的。南北的大道叫 Boulevard，简称 BLVD，有的也称为 Street；东西的大道叫 Avenue，简称 Ave.，都是林荫大道之意，也有称为 Road 或 Parkway 的。这些街道多用地名或人名命名，如科罗拉多路、密西西比路、魁北克路、林肯路、杰斐逊路等。大格子内有小格子，也是正南北东西向，多是居民区，也有一些商店和公共设施。中圈可能因为地形有点起伏，大格子内没有小格子，而是弯弯曲曲的街道。至于外圈，连大格子也没有了，全部是弯弯曲曲的街道，多是新开辟的居民区。这些弯弯曲曲的街道有的叫 Street，有的叫 Lane，也有称为 Place，Way 甚至 Road 的，有的转一圈就叫 Circle。全市包括外圈在内，东西和南北的直线距离大约都有 40 千米，面积当在 1500 平方千米左右。丹佛城区（The City & County of Denver）人口约有 56 万，在美国排名为第 20，Downtown 的规模则为美国第十；如果加上 6 个大区（County）也就是中圈和外圈的人口则达 240 万，占科罗拉多全州的一半以上，其中亚裔有 6 万多人。

丹佛的东部有科技中心，市中心区旁有丹佛大学等三所大学组成的校园，还有丹佛自然历史博物馆、丹佛美术博物馆、动物园和水族馆等。附近有建立于 1906 年的美国第二大铸币厂，每年造币 10 亿多硬币，每块硬币上有一个小 D 字，表明是在丹佛铸造的。东北是大型国际机场，东南有私人小型机场，西北的波尔德镇（Boulder）是个大学城，有科罗拉多大学等高等学府，风景极佳。西南有红岩公园胜迹。贯穿全市南北有 25 号国道，另有几条州际公路，都是高速路。还有铁路与外面相通，主要是运输货物。市内有 200 个公园，郊外主要是西部山区有许多旅游和露营地点。

丹佛原来是西班牙人为开采金矿而建立的一个小镇，逐渐发展为北美洲西部的中心，成为印第安人、牛仔、篷车队、赌徒、枪手的聚集地。后为法国殖民者占领。1803 年由法国转让给美国。1867 年以丹佛为首府建立美国第 38 个州——科罗拉多州。科州产钼占世界的 3/4，钼钢极硬，是制造火箭不可缺少的材料。最近十年丹佛和科罗拉多州发展都很快，人口都增加了 1/3，是美国发展最快的地方之一。

科罗拉多州是美国地势最高的州，落基山从西部通过。丹佛位于落基山脉以东的高原上，海拔 1600 米，一年中晴天超过 300 天。年降水量只有 200～380 毫米。没有大河，只有科罗拉多河的上源等几条小河。普拉特河（Platte River）从市中心穿过，水量不大。市内东部有一个樱桃沟水库，西部也有几个水库和小湖，水源多是从落基山上下来的泉水和雪水。这里夏季的气候比较凉爽，白天最高气温多在华氏 85～95 度，约合摄氏 29～35 度，个别时候可以达到摄氏 39 度，只是中午一会儿热，早晚都很凉快；夜间最低为华氏 55～65 度，约合摄氏 13～17 度。在这里消夏是很合适的。冬季平均在摄氏 7 度左右，比纽约和芝加哥都要暖和。最美丽的时候是秋天，山上的白桦树叶一片金黄色，是旅游的最好季节。这里没有台风和暴雨，也没有大雾和沙尘暴等恶劣天气，是美国最适于富人居住的十大城市之一。

享乐全家福

我们一家分居三个地方，相距遥远，聚在一起很不容易。去年 11 月到老家祭祖，兄弟姐妹、儿女、侄儿女和相关亲戚大聚会，是平生第一次。这次到美国丹佛女儿家，约住在加拿大蒙特利尔的儿子一家来一起聚会，也是很难得的一次机会。8 月 8 日严松夫妇和两个女儿从蒙特利尔起飞，在多伦多停留三个多小时，到丹佛时已是本地时间 7:30 了。本来蒙特利尔到丹佛有直达航班，可是一天只有一班，夏季票不大好买，只好在多伦多转机了。一苹在机场定了一辆车，连税等在一起花了 335 美元，严松又花了 200 多美元买保险。这样取车花了些时间，我们等急了，又无法同严松取得联系，就跟在圣地亚哥开会的一苹打电话，要她跟严松或租车处打电话，她也打不通。到晚上 10:00 终于听到车响，心里一块石头才落了地。严松第一次到丹佛，晚上开近 50 千米的车，要过几个岔路口，进入住宅区街道曲曲弯弯，就凭在网上下载的一张地图，竟然一点不差地找到一苹的家，真是不简单。全家人聚在一起，个个有说不出的高兴！鸣鸣长高多了，跟丹丹一对小姐妹形影不离；小宇一头童发，两只大眼睛滴溜溜转，爷爷奶奶叫得特别亲热。

严松租的是一辆 8 人座的 Commander 大吉普，性能很好。我们第一天就到市中心的 16 号步行街游玩，然后坐免费公交车到东南端的科罗拉多州政府大厦参观。大厦的穹隆顶上贴着黄金，门前的第 15 级台阶上镶嵌一块黄金圆片，下面刻着 Mile High，表明这里海拔一英里也就是 1600 米。进门可以自由参观，大厅有许多圆柱，柱础上相当于石质的部分也贴着黄金。墙壁上挂着一些油画。州政府的西边有中心广场，对面是市政府和区政府，南边是法院。旁边有丹佛美术馆、丹佛历史博物馆和图书馆等公共设施，准备过两天再来参观。

8 月 10 日往南游科罗拉多泉。11 日上午严松、惠萍带着四个孩子到活动中心游泳馆游泳玩耍。下午他们全体又陪李嘟去打冰球。一苹从圣迭戈回来直接到冰球馆同大家一起回家。我和秀莲都有点累，在家休息、做饭，等晚上大家一起热热闹闹地团聚。12 日上午全家九人乘两辆车到市中心参观丹佛美术馆和历史博物馆。丹佛美术馆规模很大，里面陈列着从印第安人到以后殖民时期的各种美术品。我们只看到介绍，不知道正在扩建，要等到 10 月才重新开放，实在可惜。据说扩建后陈列面积要增加一倍。新馆设计外形非常特别，很像一团水晶晶体。里面设备十分现代化。我们只是在第一层参观了扩建的方案和新的陈列方案，留下了悬念和失望。我知道埃玛·邦克（Emma C. Bunker）曾经在这里工作，现在该是退休了。想见见她，可是问谁也不知道，真是奇怪。

接着到丹佛历史博物馆参观。这里有印第安原住民的历史文物和大量欧洲殖民者"开发"时期用过的各种机器、武器、大篷车，开采金矿、煤矿等的设备和大型布景箱。殖民者早期在丹佛的开发，就是朝着那里的金矿、煤矿和野牛去的。

参观印第安人崖居

从地图上看，丹佛的正南方不太远就是印第安人著名的蒲埃布洛。所谓蒲埃布洛，就是用泥土和石头建造的阶梯形聚落，主要分布在美国的西南部，包括科罗拉多州和新墨西哥州等。据说离丹佛稍近的科罗拉多泉也有相似的建筑。8月10日我们专程到科罗拉多泉游玩，那里距丹佛100多千米，车行一个多小时。沿途一片青翠，不时见到牧牛场的牛群。路西不远便是落基山，山下有航空学院。我们看到有滑翔机在训练，从山上不时有人跳伞练习。科罗拉多泉是科州第二大城市，但我们的目标主要在其西郊的诸神花园和印第安崖居（图二）。诸神花园（Garden of the Gods）主要是红砂岩被侵蚀后形成的奇特地貌，因为有各种形状，有的像人或神故名。这里有游览车，有导游解说。因为是中午，太阳晒得火热，我们就自己坐车转了一圈，好看的地方停下来照相。从这个地方往西看，可以看见美国的最高山峰 Pikes Peak，海拔14110英尺，合4300米。游览车可以开上去。附近有世界最高的悬索桥和高达七级的瀑布，还有天然的风洞等，我们都没有去看。已经午后1点多了，便找了个有树荫的地方席地野餐。严松特地给我买了最好的啤酒，大家吃得挺痛快。

图二　参观科罗拉多泉的印第安人古崖居

下一个节目是参观印第安人的崖居和蒲埃布洛村落（Monitou Cliff Dwellings & Pueblo），地点在诸神花园以西不远。这里顺着天然的红砂岩大剖面上的层理凿岩而居，据说是 Anasazi 人在公元 1100~1300 年开凿的。这 Anasazi 文化分布在科罗拉多州和新墨西哥州的四个地方。在崖居下方紧贴崖壁的土房子是由 Anasazi 人的后裔 Taos 人按照 Pueblo 的风格于 1898 年开始分三次建造起来的，他们现在住在新墨西哥州。房子里面有一个小小的博物馆，陈列着古代的工具、武器、陶器（主要是彩陶）和一些人头骨，据说都是 Anasazi 人的。旁边有一个礼品小卖部，卖的都是印第安人风格的东西，规模比博物馆大得多，可说是喧宾夺主。紧靠小卖部还有一个印第安人风格的餐厅，我们也没有去光顾。从博物馆出来有一个小广场，有几个人正在表演印第安人的舞蹈，其中一个叫作鹰舞。演出者一面舞一面唱，节奏急迫，弄得满身是汗，非常投入。孩子们也看得非常起劲。看完节目，我和严松带领几个孩子扶着简易的木梯爬进上面的崖居。里面很狭窄，像个隧道，墙壁和洞顶都没有修理，光线也不好，但足可以遮蔽风雨，特别在防卫敌人袭击方面是很有效的。我们看到有的房间有火塘，旁边摆放着石磨盘、石磨棒等，但大部分地方是空的。

参观崖居要收费。除了学生，老人小孩都要收，票价也不低。看舞蹈表演要投币，礼品部当然是要卖钱的，游览车和导游就不用说了。

我们在下午 5 点多就参观完了。在回家的途中遇到塞车，汽车排着长长的队伍，原来前面出了车祸。整整耽误了一个多小时，到下午 7:30 才回到家里。

见识波尔德（Boulder）大学城

8 月 13 日全家到丹佛西郊的 Golden，取这个地名就是因为这里出产黄金。再往西去就进入了山区。公路沿着小溪弯弯曲曲向上爬，一路很少见到绿色，跟到科罗拉多泉去路上看到的情况完全不同。最后走到了一个金矿，一看停工了。据说前面还有一座金矿正在生产，可以参观，只是要收费。可是车子开了半天也没有找着，只好快快而返。到 Golden 折往北行，就到了著名的大学城 Boulder。这里有科罗拉多大学和私立的科罗拉多学院等多所大学，整个波德尔镇就是为大学服务的。我们没有进校去看，只在教授住宅区旁边走了一下。后来我才知道李泽厚夫妇就在科罗拉多学院任教，过去闻一多和梁实秋都曾经在这个学院学习，是个颇有名气的百年老校。李在此任教已经十年，每年住六个月，回北京六个月。他是北大毕业的，早先曾经以《美的历程》博得学术界的称誉。在美期间写了《告别革命》（与刘再复合著）和《论语今读》等。他认为《论语》是中国的圣经，对中国思想文化和伦理道德的影响无与伦比，思想的包容量也极大。所以他做了译、注、论三方面的努力。这书我还真想看看，早知道他在这里我就会拜访他的。Boulder 西边山上满是松树，一片青翠。我们沿着盘山路一直往上爬，到山顶发现有露天剧场和专门的停车场，还有为野餐开辟的场所。我们选了一个比较好的地方，铺上塑料布，支起折叠椅，打开冷藏箱，美美地吃了一顿午餐。从山上往下望去，整个大学城 Boulder 尽收眼底。远处是丹佛，看不清楼宇，只见茫茫一马平川，一点起伏都没有，那便是科罗拉多高原！

丹城中文学校

丹佛比较著名的中文学校叫作丹城中文学校，校本部设在樱桃沟高中，八年前创办。开始只有华裔学生，后来白人、黑人的孩子也报名上学。今年又在 High-land Ranch 高中开办新校。这地方离一苹的家比较近，所以给两个孩子都报了名。8 月 20 日，我们一起送嘟嘟（李云峤）和 Gloria（李若丹）去上学。这学校外貌很朴素，一层的红砖平顶房，里面可是比较讲究。有地下室和各种活动中心。教室宽敞，设备一流，里外全部铺上地毯。今年招收了 200 名学生，设 10 个年级，还有学前班。此外又设有舞蹈、美术、民乐、太极拳、功夫、成人健美和成人口语等班级。教师大部分是从北京聘任的，也有少量美国白人。Gloria 上学前班，从汉语拼音学起。她在加拿大学过，这次是因为老师发音纯正，教学方法也很好，所以让她再学一次。即使这样，她还是班里最小的，而且学得很轻松。嘟嘟上六年级，第一堂课是讲香港旅游，稍微深一点，有些学生跟不上。老师是北京国际关系学院毕业的，一直在广播电视部门工作，是中央电视台第八频道的工作人员，在这里兼职。中文学校没有自己的校舍，两处都是借用普通高中的教室，所以只能在星期日上课，13:30～16:30 三个小时。一学年 180 美元，校本部为 220 美元，在美国就算是很便宜了。

除了中文学校，李嘟已经上普通中学七年级，即初中一年级，还参加冰球班等，在加拿大参加过歌咏队、学过钢琴、绘画、跆拳道、足球、篮球等，大概有十几个班。Gloria 上幼儿园大班，还参加滑冰、体操、舞蹈等班，在加拿大也学过钢琴、绘画、冰球等，成绩都不错。两个孩子都很聪明，兴趣也很广泛。

在南莎娜家做客

在美国东部和西部我都有很多熟人，可是都太远，往来不方便。丹佛只认识两个人，就是丹佛大学的南莎娜（Sarah M. Nelson）和美术博物馆的埃玛·邦克（Emma C. Bunker）。埃玛·邦克早已退休，不大好联系，只联系上南莎娜。本来想早点见面的，因为她要到斐济去开会，后来又到旧金山她姐姐家去，只好把日

图三   在南莎娜教授家做客（左：南莎娜，右：埃玛·邦克）

子推后了。9月3日，我们一家六口人应邀去南莎娜家做客。她家住在大学路南端近旁的教授宿舍区，是一座三层的小楼房。房前有很大一个草坪。我们看到那里停了几辆车，估计还有别的客人。进到屋里，果然看到很多客人，都是南莎娜请来作陪的（图三）。他们都坐在后院，那里摆了几张桌子，大家在那里吃点心聊天。我首先认出了埃玛·邦克，她见到我好亲热。她现在已经退休，我让一苹给她原来的单位打电话就是找不到，是南莎娜专门约来的。她说她的先生前几年已经过世，现在一个人过日子。有个小外孙女在怀俄明，她经常去那里，这次听说我来了，自己特地从怀俄明开车来见面，还送给我一本《欧美各博物馆所藏北方草原东部文物图集》。我看她虽然显得更老了，但是精神很好。我穿一套西服正合适，她却只穿一件短袖衫，一点也不觉得冷，可见身体也很健康。她说她前几年曾经到柬埔寨参与吴哥窟的修缮工作，后来就什么事情也不干了。别的客人我不认识，只好请南莎娜一一介绍。可惜我没有带名片，也没有接别人的名片，记不出名字来了。其中一位是铜管乐教师，曾经在中国台北办铜管乐培训班和在中学教铜管乐长达十年，所以中国话说得很好。他的妻子耿某是中国人，还知道我。一问才知道她原来是山西省考古研究所的资料员，被派到丹佛大学进修，两年前跟这位铜管乐教师结婚，现在正办理移民和申请美国国籍的事情。有两位是研究中国美术史的，其中一位女士主要研究唐宋美术，特别对杨贵妃感兴趣。谈得比较多的是原北京大学南亚所的赵穗生教授夫妇。赵是 73 级工农兵学员，曾经受教于季羡林等先生，现在是丹佛大学国际关系学院教授和美中合作中心主任。他说他每年都要回北京五六次，也去过台湾，见过陈水扁云云。太太是清华大学化工系毕业的，因为有三个孩子，所以就没有去找工作。还有几位客人也都是丹佛大学与研究中国有点关系的。南莎娜的先生是一位著名的胸外科医生，好像是不大爱说话，家里的事都由南莎娜一个人张罗。我们一面聊天一面用简单的自助餐。孩子们早就到后花园玩去了，我们也顺便去溜达。那里有一个小山丘，树木葱茏，绿草如茵。坡地上还做了一些祭坛、庙宇等袖珍小景，整个面积大约有 1000 平方米。看看天黑了，我们就回到屋子里。用过点心和咖啡，便由南莎娜带领参观她的房子。她说这房子是她自己设计建造的，用料很讲究，一共有十好几个房间。我们先看了她的书房，书籍多半是人类学和考古学方面的，其中有不少是关于中国东北和朝鲜的。她特地送给我两本自己的著作，一本是讲红山文化玉龙的故事，另一本是讲石家河文化玉凤的故事。卧室有好几间，里面有很多人类学的摆设，包括中国、朝鲜和中亚的工艺品。墙上挂了许多名画，也有一些中国画。她指着一幅全家福的照片给我们介绍说，他们有三个孩子，都结婚了，而且都有两个孩子，连他们老两口一共 14 人。可是只有一个孩子的家在丹佛，另外两个的家离得很远。平常家里只有他们老两口过日子，平均两年全家聚会一次，所以要有好几个卧室。主人的热情很让人感动，可是很晚了，只好依依惜别。

丹佛大学人类学系

应南莎娜之邀，我们于 9 月 7 日访问了丹佛大学人类学系。该校在大学路和耶鲁路的交叉处，旁边还有两所大学，那里是一个大学区。南莎娜热情地接待。她本是人类学系主任，刚刚退休，给她留下一个办公室（图四），还给了一个荣誉头衔，叫作约翰某某教授，约翰是丹佛大学的创始人。据说全校有这个头衔的只有几个人。我们先在她的办公室坐了一会儿，然后看了实验室、资料室、正在上课的教室和一间展览室，那里正在筹办一个西藏民俗展。据南莎娜介绍，人类学系只有 10 名教师，其中 9 人是教授。本科生 40 人，研究生 20 人，其中 10 人学考古，有一人是从中国南京来的。田野考古实习主要在本地，有时也到秘鲁去。我随便抽看了他们历年的发掘记录，包括 50 多年以前的记录，都做得很规矩，资料保存得很好。南莎娜特别拿出她在丹佛南郊一个洞穴遗址发掘出来的一些遗物，其中有许多木器，还有鹿皮等。她说因为洞穴里很干燥，所以保存了许多有机物。博物馆有一间库房存放了许多印第安人的头骨，现在成了敏感的问题，政府和印第安人都不让看，怎样处理要等以后协商解决，所以我也没有去看。我主要看了

图四　访问丹佛大学（左起：严一苹、南莎娜、严文明）

博物馆里的陶器，差不多都是美洲各地出土的。美洲的彩陶明显有几个系统，比如北美的那发和、中美的墨西哥和南美的秘鲁，彼此的风格很不相同。我看到巴拿马公元1000年左右的一组陶器特别有趣，一件小口广肩鼓腹彩陶罐，红地黑彩，很像大汶口文化的东西，同出的一件褐陶豆，口沿有锯齿，很像马厂的；两件盆形鼎，宽斜沿略卷，圜底，褐陶，表面稍打磨光，圆锥形空足，足尖外翘，外面有一竖道镂空。这几件陶器如果出在中国，是不会觉得奇怪的。

临别时南莎娜特地送给我一本很厚的书 *Handbook of Gender in Archaeology*（《性别考古学手册》），是她主编的，收录有西方考古学界许多学者的有关论文。她告诉我明天要到旧金山去，她姐姐在那里教音乐。我顺便问她是不是知道加州大学伯克利分校历史系吉德炜先生的情况，她说很不好，同张光直一样得了帕金森症。他跟我是同年同月生，老朋友了，听了这个消息心里很为他难过。

看了几本闲杂书

平常一苹上班，小孩上学，我在家无事，看了几本闲杂书：

Rich dad, poor dad，是美籍日本人写的英文书，很有趣。作者以第一人称叙述的方式，说他的爸爸是大学教授，教他好好学习，努力工作，可以拿到比较高的工资；他的朋友的爸爸是个房地产商，因为会算计发了大财。朋友的爸爸笑话他的爸爸是为挣钱而工作，累死了也挣不了几个钱；自己则是让钱为我服务，轻松愉快成了富翁。作者想做富翁，认了朋友的爸爸做爸爸。所以他有一个穷爸爸，

还有一个富爸爸。书中充满了生意经的说教，但文字诙谐好读。

《挪威的森林》，日本村上春树著，林少华译，上海译文出版社 2001 年出版。本书在日本发行超过 1500 万册，在世界各国也很风行。书中写主人公渡边从高中到大学一二年级与几位男女同学交往的故事。他最爱的直子本来是他的好朋友木月的恋人，后来木月自杀，直子精神有点失常，成了渡边的恋人，却一直住在一个有精神障碍的患者的疗养院里。期间渡边又在公共课上认识了活泼开朗、性格直爽的绿子，并且相互深深地爱慕着。文静腼腆、多愁善感的直子有所感悟而走了绝路，这对渡边的感情冲击极大，最终也没有和绿子结合。书中描写男女青年的性关系的情节看了令人吃惊。渡边的同学永泽竟然跟上百个女孩子睡觉，绝大多数是从不认识的。渡边也多次跟别人发生性关系，好像青年学生之间做这种事是家常便饭。当今日本的社会真是这样吗？国家、民族、社会责任、事业等等全都不考虑，以后的社会会成为什么样子呢？

《纵横天下湖南人》，王开林著，北京十月文艺出版社 2004 年出版。王开林是长沙人，北大中文系毕业。书中写了魏源、曾国藩、左宗棠、彭玉麟、胡林翼、郭嵩涛、曾国荃、谭嗣同、黄兴、蔡锷、宋教仁、陈天华、杨度、熊希龄、谭延闿、章士钊、何绍基、王闿运、叶德辉、易顺鼎、八指头陀、齐白石、沈从文共 23 人。有史实，有评价，有思想深度，又有文采，颇有司马迁之风。有些议论往往与现实相联系，认为中国的现代化不应只限于物质层面，还应该在制度和思想上做出努力。

《血色炼狱》，龙昇著，群众出版社 1994 年出版。这是一本自传体的报告文学作品。书中写他作为待业青年申请出国而成了特嫌，于 1966 年 5 月 15 日被关进了北京南城监狱，又因为没有实证而作为强制劳动者发配到南疆生产建设兵团。吃尽了苦头，中途逃跑，躲躲藏藏，因无处安身又自动返回。最后落实政策后仍然留原地劳动。在喀什噶尔娶妻生子。最后申请到日本探望父亲——某个公司的负责人，并定居日本的故事。

《中国古典名著译注丛书》，广州出版社出版，我看了其中的《论语》《孟子》《大学、中庸》（实际是包括大学、中庸等 13 篇的《礼记》选读）、《易经》《老子、庄子》等。这些书我过去都看过，其中《四书》还背诵过，现在只不过是温习一下。这套丛书出了三辑，每辑 12 本，纸张、印刷、装订的质量都不错，但编排和选题都很乱。我看的几本译注的水平不齐，注释简略，时有错误，还有一些错别字。这种粗制滥造的书翻翻可以，作为初学读本似乎不大合适。

（原载《足迹：考古随感录》，文物出版社，2011 年）

聪明的小猪

　　如果一个人过分愚蠢，会被人骂他蠢得像猪一样。但我却见识了一只聪明的小猪。1970 年 10 月，我从江西鲤鱼洲干校回来，被分派到历史系办的食堂当司务长。那个时候北京大学招收了第一批工农兵学员，学校原来的系都按照连队建设，学生上课不用教室也不用课桌，每人领一个小马扎。各系自办食堂，自搭猪圈养猪，自开菜地种菜。我既当司务长，这后面三项就由我负责管理。当时的勺园已是农田和草地，各系的猪圈就搭在那里。一个挨着一个，像一个大型养猪场。我系的猪圈中养了一头母猪，带着八九只小猪。几个炊事员不愿意喂猪，我只好自己去喂。过些日子后，不巧有一只小猪病了。我就把它装在一个藤条筐里，放在平板三轮车上，拉到海淀兽医站。兽医给它灌了些药，我就原样把它拉回来，直接放在食堂的一个角落里。给它喂一些稀饭之类好消化又富有营养的食物。大家忙着做饭，一时没有注意。等下次喂食时发现小猪不见了。我们在食堂周围到处寻找，竟然毫无踪影。我就到勺园的猪圈去喂猪。竟然发现小猪就在我们的猪圈的门口，望着里面的母猪呱呱地叫。母猪也走到栅栏的门口，望着小猪嘴对嘴地嘎嘎地叫，好不亲切！我简直惊呆了！它怎么知道找到自己的猪圈呢？要知道我们的食堂离勺园猪圈起码有500 米，我又不是把小猪从猪圈直接拉到食堂的。从猪圈到兽医站—食堂—猪圈实际是个大三角，而且我是把小猪装在藤条筐里运去运来的，小猪看不到路。难道它有指引方向的无线信号吗？这不禁让我联想到北京的雨燕。它们的老窝建在颐和园十七孔桥上一座古建的屋檐下，每年秋天出发，不畏艰难，长途一直飞往非洲的南端。第二年春天再飞回北京，还住在颐和园十七孔桥上的老窝里。多么令人惊叹！在鄱阳湖过冬的白鹤，每到春天就要往北飞到松辽平原觅食，过上一两个月，继续往北飞到北冰洋岸边产卵繁殖后代，之后又返回鄱阳湖过冬，单程就有 5000 多千米，年复一年。黑龙江的大马哈鱼定时游向遥远的大洋，又定时游回江里产卵。动物的这种特异功能实在难以想象，很值得相关学者好好研究啊！

（原载《耕耘记——流水年华》，文物出版社，2021 年）

怀念祖母

我的祖父章谦 1928 年就去世了，祖母当时只有 34 岁，一人抚养二儿一女。大儿子就是我的父亲，当时只有 12 岁；二儿子其嵩 9 岁，小女春芝只有 5 岁。家里没有劳动力，只好雇工种田以维持生计。在如此困难的情况下，他还设法送大儿子上私塾兼学中医；二儿子上小学和师范学习，帮助三个孩子先后成家。房子不够住，又张罗盖了三间瓦房。

我出生后不久就一直由祖母带大。因为两年后我妹妹芙蓉出生，我就跟祖母共睡一张床。过去女人都要裹脚，把脚捆绑得紧紧的，号称三寸金莲。每天晚上祖母都要洗脚，洗脚布。脚被绑了妨碍血液流通，显得冰凉。上床后就要我帮她捂热。怕我嫌烦，就跟我讲故事。说古代黄香九岁就知道晚上他自己先睡，把床席捂热了再让父母睡。还讲孔夫子如何讲仁义道德，如何做人等等。她没有上过学，都是祖父教给她的。她跟邻里关系都相处得很好，总是乐于助人。

祖母极为勤劳，大小事都要管。家里种了几亩棉花，从摘棉到雇人弹棉，然后自己用手摇纺纱机纺纱。每年 20 斤，能织 20 丈布。一家人的衣服几乎全部是靠这种家机布做的。

祖母本来是湖北天门人。那里经常发大水，农田被淹。俗话说"天门沔阳洲，十年九不收"。许多人只好逃荒，祖母就是从湖北逃荒过来的。孤身一人，经徐家婆介绍才跟祖父结婚。从此我家跟徐家就一直要好，成为三代世交。祖父原来先后有两位王夫人都过世了，跟祖母结婚时已是 38 岁，祖母才 20 岁。能够一人把这个家撑持起来真是不容易！

中篇

浚哲诗稿

东风[*]

1944 年春习作

东风吹到了大地，
吹开了园里的桃花，
吹醒了枝头的小鸟，
东风啊，你的能力真不小！

东风吹到了天上，
吹散了密密的云障，
吹暖了春天的太阳，
东风啊，你的能力真不小！

我奔跑在长满绿草的原野
去拥抱阵阵吹来的东风：
啊，是你温暖了我少年的心房，
是你燃烧起我心中的希望！

愿东风快快降临人间，
降临我多难的家乡，
用你的巨臂驱走冬日的魔障，
用你的温暖融化这尘世的冰霜！

---

* 中篇《浚哲诗稿》共 50 首诗，除最后三首诗《改编三字经》《〈圆梦斋诗选〉序》《耄年奢月感言》外，余均原载《浚哲诗稿：附亲友诗选》，文物出版社，2019 年。文后未一一标注，特此说明。

秋日登高远眺

1948 年秋习作

极目洞庭远，波光似镜函。
水天连接处，隐约一孤帆。

在华容县立初级中学的同窗好友，1949 年
前排左起：余松林、朱焱；中排左起：李广生、王海洋、汤铭
后排左起：包泽洲、严文明、刘济中、徐绍钧

春草〔1〕

1950 年春于华容宋市

草儿在地面下睡觉，忽然听到春天的脚步，
她悄悄地探出头来，观看美好的大千世界！
和煦的阳光照耀着她，柔软的春风抚摸着她，
丝丝的雨露滋润着她，嫣红的花儿陪伴着她，
草地的主人呵护着她，她在幸福中茁壮地成长！
她知道春天过后是夏天，她会遇到烈日的煎熬，
还会有狂风暴雨的袭击，这使她锻炼得更加坚强，
因为她已经深深地扎根，经得起任何的考验。
她知道秋天过后还有冬天，风刀霜剑严相逼啊！
翠绿的草叶枯黄了，草根却扎得更牢固了。
记住英国诗人雪莱的话：冬天来了，春天还会远吗？
一场野火从草地上掠过，枯黄的草叶变成了灰烬，
灰烬是上好的肥料，等下一个春天到来，
她会长得更加美丽！

---

〔1〕 读了白居易的诗"离离原上草，一岁一枯荣。野火烧不尽，春风吹又生"，颇有感触，遂写了这首自由体诗，从此用了笔名春草。

1951 年在湖南省立第一中学（后改名长沙市第一中学）
读书时自学国画之一，笔名春草

我们永远年轻活泼

1953 年 4 月，长沙一中

祖国照满着太阳，大地上春花怒放，
青春的歌声嘹亮，我们的心儿跳荡。

当东方的朝霞出现，优美的音乐在飞扬，
我们在旷野晨跑，迎着那初升的太阳。

当我们端起碗来，喝着第一口豆浆，
每个红润的脸上，焕发着幸福的容光。

猛力地吞噬知识吧，前面就是知识的海洋。
想起淮河，想起鞍钢，我们的心儿飞向了远方。

心儿飞呀飞向了大地，大地要竖起雄伟的工厂。
心儿飞呀飞到了山间，山间要建设巨大的矿场。

田野等待着拖拉机，敞开了广阔的胸膛。
三峡的浪涛奔腾咆哮，等待建设庞大的电厂。
祖国未来的工程师，请提起歌喉高声唱。
歌唱那幸福的未来，歌唱那美妙的理想！

燕子在高空中飞翔，百灵在婉转地歌唱，
我们永远年轻活泼，祖国永远康乐富强！

在新年联欢晚会上

1954 年 1 月 2 日，北京大学历史系

你来自西北，你来自江南，
而你来自东北——祖国工业的心脏！

你的歌声，展现了千里牛羊，
你的歌声，带来了江南的稻香。
你的歌声，好像马达在鸣响！

那是哪一年级的女生，满身乡下姑娘的打扮。
她来自华东海岸，歌声就像银铃一样：
——"啊，年轻的伙伴们！请不要徘徊在岸上，
也不要做乘船的客人。一定要做勇敢的船夫，
踏破那惊涛骇浪，越过辽阔的海洋！"
我沉入了遐想：我们站在历史的渡口，
前面是无边的海洋。春天的早晨，
薄雾烘托着初升的太阳。我跳上大船，
双手紧抓住船桨——我是一个船夫，
我们大家一起努力，划向幸福的彼岸！

水调歌头·殷墟怀古

1962 年秋率领北京大学考古专业学生发掘安阳殷墟有感

盘庚创基业，洹上立殷城。一统山河万里，功烈维武丁。夷纣拥玉亿万，尽是众人血汗，设炮烙酷刑。白骨若有知，固应鸣不平。

乾坤改，追往事，久沉沦。昔日孔圣，已叹文献不足征。今有太学稚子，专攻大地天书，历史要究明。帝王何足道，奴隶是主人！

1962 年 12 月在安阳殷墟指导考古实习时，与前来参观的 56 级校友在工作站前合影
左起：徐自强、顾敦信、郝本性、严文明、王恩田

鲤鱼洲放歌

　　1969年9月至1971年9月，北京大学和清华大学的大部分教师下放到江西新建县的鲤鱼洲，名曰走五七道路。我去了一年，记忆犹新，因略记其事云。

　　　　茫茫洪水淹神州，愚民虐民无来由。
　　　　夸说五七道路好，学军学农鲤鱼洲。
　　　　鲤鱼洲本是荒洲，无房无树无田畴。
　　　　自盖茅棚遮风雨，要在荒洲度春秋。
　　　　学军不用一枝枪，道是红书比枪强[1]。
　　　　阶级斗争天天讲，上工就是上战场。
　　　　干活不忘战备忙，半夜三更军号响。
　　　　紧急集合迎战斗，电影三战正开场[2]。
　　　　学农首须扛铁锹，挖泥铲土勤弯腰。

我在鲤鱼洲劳动的场景

---

　　[1]　红书指《毛主席语录》小红本。
　　[2]　雨天路滑，半夜起来列队赶往一里多路以外的空仓库集合待命，不少人摔了一身泥，懵懵懂懂中方知要看老电影。三战指《地雷战》《地道战》《南征北战》三部电影，时称"老三战"。

一身汗水一身泥，不管烈日似火烧。

历尽冬春与夏秋，老九种田又使牛。

小虫吸血恶蚊咬，还须斗私与批修。

战天斗地整两年，鲤鱼荒洲变良田。

秋收过后屈指算，一斤粮食五块钱[1]。

忽传大学还要办，五七战士往回返。

撂下良田无人要[2]，前途未卜路漫漫。

自由女神赞

1986 年 7 月 2 日，乘游艇在纽约哈德逊湾瞻仰自由女神像时有作

自由女神到美洲[3]，高擎火炬照寰球。

专制魔王须斩尽，世界大同方自由！

纽约哈德逊湾的自由女神像

[1]　在鲤鱼洲流行一句口头禅，说："知识分子种稻田，一斤粮食五块钱！"当时稻谷的实际价格大约 8~9 分钱一斤。

[2]　撤离鲤鱼洲时，曾经办理移交当地政府的手续，因是血吸虫重灾区，无人愿意迁入。

[3]　此神像是法国雕塑家巴拉尔迪为庆祝美国独立一百周年而创作，并作为法国人民的礼物赠送到纽约的。

内蒙古考古行

1989 年 8 月 12~18 日在内蒙古凉城县老虎山考古工作站参加"内蒙古中南部原始文化研究暨园子沟遗址保护科学论证会"期间，在岱海岸边散步，有感而发。

天苍苍，野茫茫，内蒙古，好地方。
牛羊肥，驼马壮。文物多，历史长。
考古人，挥手铲。释天书，解迷茫。
民族文化大发扬，振兴中华谱新章！

与郭素新和李伯谦在岱海上

在阴山下敖包旁骑马体验大草原风光

六十自勉

1992 年 10 月

泛舟学海，雨骤风狂。胸有南针，永不迷航。
有容乃大，无私自强。观今鉴古，其乐洋洋。

扶桑歌

　　1993 年 10 月中旬应邀参加日本福冈市主办的国际学术讨论会，期间于 8 日到博多湾东北的志贺岛，参观"汉倭奴国王"金印出土地点。同行的有浙江省人大副主任毛昭晰和中国历史博物馆副馆长杜耀西。之后日方又赠送我该金印的复制品。据考证此印系东汉初年光武帝授予倭地奴国国王的，至今已一千九百多年了，说明中日友好关系源远流长。据说此印已列为日本国宝，弥足珍贵。此情此景，感慨良深。夜不成寐，作此《扶桑歌》。

　　　　旭日出扶桑，浮现海中央。徐福今何在？骗了秦始皇。

　　　　志贺见金印，汉授倭奴王〔1〕。从此结友好，至今不相忘。

　　　　大和平地起，厥有倭五王〔2〕。飞鸟兴邦国，改革图兴旺〔3〕。

　　　　奈良国渐强，遣使到大唐〔4〕。空海造假名，日文乃首创。

　　　　平安不平安〔5〕，幕府有镰仓〔6〕。室町到战国，国运久不昌〔7〕。

---

　　〔1〕《后汉书·东夷传》载："建武中元二年（公元 57 年），倭奴国奉贡朝贺，使人自称大夫……光武赐以印绶。"

　　〔2〕 公元 3 世纪在今关西的大和平原上建立了大和国。进入 5 世纪后，大和国势力扩张，先后有五位著名国王，史称倭五王。

　　〔3〕 飞鸟时代（593~710 年）的孝德天皇推行重大的政治经济体制改革，史称大化改新，促进了日本社会的全面发展。

　　〔4〕 奈良时代（710~794 年）日本国力渐强，广泛发展对外关系，大量派送遣唐使、留学生、学问僧到中国唐朝，全面学习唐朝的政治、经济和文化。据说按照汉字偏旁为日本首创假名的空海就是曾被派往大唐的学问僧。

　　〔5〕 平安时代（794~1184 年）皇室式微，外戚专权，武士兴起，农民起义不断，所以并不平安。

　　〔6〕 镰仓时代（1184~1333 年）是起于镰仓幕府的武士当权，中日民间往来甚多。

　　〔7〕 从室町到战国的两百多年间，地方势力膨胀，群雄割据，互相攻伐，社会动荡。中日政府间很少往来，但民间交流活跃。不少中国学者、僧人、商人和工匠来到日本。宋代理学和禅宗佛教也有很大影响。

江户尚传统，目标是小康〔1〕。明治倡维新，脱亚入欧忙。

穷兵又黩武，扬威我北洋。夺我台湾岛，吞灭琉球王。

昭和崇军国，气焰更嚣张。侵我大中华，转战太平洋。

勾结希特勒，东亚称霸王。生灵遭茶毒，军民齐抵抗。

终究乾坤转，正义得伸张。战犯下地狱，武运不久长。

今日话友谊，历史不能忘。教训须汲取，争做好邻邦！

日本志贺岛发现的金印，文字为"汉倭奴国王"

在日本九州志贺岛出土"汉倭奴国王"金印地点留影
同行有毛昭晰（右）和杜耀西（左）

---

〔1〕　江户时代（1600~1853 年）的实际掌权者是德川幕府，政治中心从关西迁到了关东。统治者笃信儒学，加强对地方的控制，取得两百多年比较平稳的发展。之后的明治维新一改江户传统，向西方一边倒，主张脱亚入欧，大肆进行侵略扩张。

自题小照

1995 年 10 月 14 日

华容道上客〔1〕，八岭严家人〔2〕。本名字浚哲，大号是文明〔3〕。平生学考古，鉴古以观今。莫道书生小，常怀济世情！

〔1〕 据考证我的出生地湖南省华容县乃三国时期华容道之所在。

〔2〕 华容县城南的严八岭为严姓世代的聚居地。

〔3〕 先父据《尚书·舜典》歌颂帝舜功德的“浚哲文明”为我取此名号。

滑铁卢祭

　　1998 年 5 月 1 日参观比利时布鲁塞尔以南的滑铁卢（Waterloo），在一座人工筑成的小山顶上竖立一尊象征拿破仑的雄狮雕像。盖世英雄拿破仑最后就是惨败在这个地方。

盖世英雄拿破仑，横扫千军无比伦。
千秋功罪任评说，滑铁一战定乾坤！

纪念滑铁卢战役的雄狮雕像

七十感怀

　　年届古稀，门人祝寿，我则不知老之将至。想业师季庚，寿秩八十，学界尊为泰斗。启蒙师苑峰，大寿九十，早登学苑巅峰〔1〕。石翁璋如，为我邦考古学先驱，期颐百岁，耳聪目明，笔耕不辍。嗟乎！人寿短长固不可期，要在有所作为。诸师景行，世所仰慕。晚生不才，自当朝暮奋蹄。壬午孟冬 10 月 14 日夜书。

一

七十古稀今不稀，八十学岭展大旗；

九十鹤发心未老，百秩寿翁乃称奇！

二

学海无涯生有期，师道不可须臾离。

晚生不知黄昏至，朝朝暮暮自奋蹄！

归故里

2005 年 11 月

故园别经年，往事如烟。旧友难寻旧宅偃。

祠堂庙宇今何在？换了新颜！

围湖造农田，栽稻种棉。汽车驶过君山前〔2〕。

无边洞庭不复见，感慨万千！

---

〔1〕　宿白先生号季庚，张政烺先生字苑峰。

〔2〕　君山原在洞庭湖中，刘禹锡咏君山诗形象地比喻为"白银盘里一青螺"。

世事总难言，发展优先。弟妹相聚话缠绵。

儿孙济济时运转，奋发向前！

2005 年 11 月的严家湾，我家的旧房子和后山的大树都不存在了！

兄弟齐聚岳阳楼

左起：四弟文才、妹夫罗学文、大哥文明、三弟文光、二弟文思

拜谒启蒙师

　　2005 年 11 月 11 日回湖南华容故乡期间，特偕胞弟文思拜谒敬爱的小学老师黄剑萍。先生笔名黄花瘦，博学多才。曾任湖南《湘潭报》与《建设报》记者和编辑，1957 年因直言获罪。阔别六十年矣，知先生长期遭受打击迫害，然铮铮硬骨，从不低头，犹如傲霜的黄菊，受到众人的尊敬。

陶令东篱下，黄花何其瘦。
凛然傲霜雪，而今呼万寿！

拜谒黄剑萍老师

访母校华容一中

2005 年 11 月

华容一中原名华容县立初级中学，早年为沱江书院，位于华容河即沱江东岸的黄湖山麓，传为楚章华台旧址。我曾于 1947~1949 年就读于该校。时值校庆六十周年前夕，得重返母校，情不自禁，爱作"沱江书院"嵌头诗一首以志庆。

沱水黄湖伴章华，江帆万里映朝霞。

书山学海等闲过，院育群英堪赞夸！

祝佟老八十六华诞

　　佟柱臣先生是我尊敬的前辈，一生奉献考古学研究，著作等身，涉猎面极广。2006 年是先生86 华诞，特书小诗为先生寿！

佟老不服老，病魔打不倒。著述如涌泉，笔耕似小跑。
东北情独钟，博物亦所好。遍览新石器，复把边疆考。
老骥不稍息，考古情未了。晚生祝先生，长寿永不老！

贺高明兄八十华诞

嵌头诗 2006 年 12 月

高屋建瓴，明察秋毫。治文有术，
学领风骚。之人有德，道非常道〔1〕。

──────────

　　〔1〕　高明曾著《帛书老子校注》。长沙马王堆帛书《老子》的《德经》在前，为《德道经》。我则谓高明斯人有德有道，且此道乃老子所说"道可道，非常道"。此贺词以"高明治学之道"嵌头。

阳关曲

　　2007年9月，甘肃考古所王辉接我和内人到该省参观考察，先后到兰州、临夏、天水、武威、张掖、嘉峪关和敦煌等地。又由敦煌研究院接待参观莫高窟、玉门关和阳关等地，再由新疆文物局和西北大学接待到哈密和巴里坤等地参观访问，一路接待都非常热情周到，感觉到处都是亲人。9月26日到阳关，因联想到王维《渭城曲》中"劝君更尽一杯酒，西出阳关无故人"句，反其意而用之。

　　　　　三菱越野步轻盈，顷从敦煌到玉门。
　　　　　葡萄美酒会须醉，西出阳关有亲人。

在甘肃阳关题词"西出阳关有亲人"

新疆谣

2007 年 9 月作，2017 年 9 月修改

新疆似应称西疆，汉唐西域是故乡。
都护长史勤治理，盛世伟业乃兴旺[1]。
东西交流大通道，丝路商旅穿梭忙。
天山横贯分南北，南北风光异彩色。
北疆天然好牧场，牛羊驼马多肥壮。
南疆绿洲似江南，处处都有稻花香。
东疆火州吐鲁番，葡萄瓜果甜又香。
原来连串坎儿井，雪水引来作保障。
新疆是个好地方，幸福生活须安康。
东突逆贼心不死，乱疆没有好下场。
各族同胞齐努力，建设新疆好地方！

2007 年 9 月 30 日偕夫人在新疆巴里坤天山北坡留影
从上至下：雪岭、云杉森林、大草原

---

〔1〕 汉武帝太初四年（公元前 101 年）置使者校尉驻今轮台的乌垒城，汉宣帝神爵二年（公元前 60 年）置西域都护府，仍驻乌垒城。唐贞观十四年（公元 640 年）设安西都护府于交河，后移至今阿克苏的龟兹。

三亚抒情

2009 年 12 月 5～15 日，由中华人民共和国人力资源和社会保障部组织院士专家休假团赴海南度假旅游，我和夫人被邀参加。先后到海口、琼海、博鳌、万宁、兴隆、陵水和保亭等地，最后在三亚尽兴赏景抒情。时间虽短，却令人难以忘怀。

三亚本属崖州城，河分三丫乃谐音[1]。
昔日天涯海角地，可怜无数发配人[2]！
如今高楼平地起，商行宾馆满新城。
中外旅游人如织，尽赏南国好风情。
三亚屡见唐人墓，所葬何人待究明。
郊外万年落笔洞[3]，更增访客探幽情。
三亚背后依保亭[4]，热带雨林满山青。
黎女声声呀诺达[5]，游人处处感真情。
三亚迤西有南山，山寺巍峨香火盛。
南海观音三面望[6]，慈航普渡惠苍生。
三亚往南有三沙[7]，好似珍珠海上撒。
国人自古勤开拓，友邻应知属谁家！

---

　[1]　三亚市内有东河、西河，合流后呈"丫"字形，因名三丫，取谐音为三亚。

　[2]　三亚西边巨石上有往昔书刻的"天涯""海角"大字，历来是发配犯人或遭贬斥流放的官吏的处所。

　[3]　三亚东北郊的落笔洞中发现了许多人牙、石器、骨器和用火痕迹，碳-14测定为距今10890 年左右。

　[4]　保亭曾经改名为通什，为海南黎族苗族自治州首府。现改为保亭黎族苗族自治县，建有国家热带雨林保护区。

　[5]　黎语呀诺达即一二三，表示欢迎之意。

　[6]　南山寺南面海中立有一尊观音菩萨像，高数十米，东北西三面都是正面朝向。

　[7]　三沙指西沙、中沙和南沙，但中沙未露出水面。另有东沙在三亚的东北面，都是我国固有领土。

从三亚望南海

长岛书怀

2010 年 6 月

我于 1980 年初次到长岛考古，至今三十年矣。当年欲探索的问题已获丰硕成果，长岛面貌亦已发生巨大变化。而今重登此岛，抚今思昔，不胜感慨，因赋诗二首。

一

长岛考察三十年，北庄大口到山前[1]。

东夷功业开新宇，海上文明着先鞭[2]。

---

[1]　在长岛县的大黑山岛北庄、南长山岛乐盘、砣矶岛大口、大钦岛东村和北隍城岛山前等处都发现了距今约六千年的聚落遗址。

[2]　从长岛史前文化遗存的分析可以清楚地看到东夷祖先从山东半岛渡海到辽东等地，率先开拓海疆的过程。

二

蓬莱传说有神仙，海市蜃楼似有缘。
幻影哪如真实美，从来仙境在人间！

偕夫人重返长岛看北庄遗址博物馆

观黑山巨型雕像

2010年9月18~19日去美国南达科达州黑山森林公园参观拉希莫尔（Rushmore）总统山和印第安人英雄名为烈马（Crazy horse）的巨型雕刻有感。

黑山森林多石峰，高低错落各不同。
雕刻大师发奇想，要把山峰变总统。
历尽艰辛十四载，拉希莫尔现尊容。
首席国父华盛顿，杰斐林肯与罗公[1]。

〔1〕　杰斐即杰斐逊，罗公为罗斯福。华盛顿领导独立战争，建立美利坚合众国；杰斐逊领导起草美国独立宣言，提倡保护人权；林肯领导美国南北战争，解放黑奴；罗斯福实行新政，领导美国参加第二次世界大战并取得胜利，使美国成为世界上的头等强国。

同女儿严一萍参观美国黑山四位总统的巨型雕像

在黑山森林印第安英雄烈马雕像前

立国建国施新政，跃居世界第一雄。

白人总统诚可敬，殖民历史不光荣。

印第安人要觉醒，再塑英雄显威风。

特选近旁大山峰，体量远超四总统〔1〕。

开山凿石数十载，誓将顽石变英雄。

英雄跃马指大地：此地原是我们的！

昔日驰骋无边际，岂能安处特居地？

印第安人不忘祖，辛酸往事难回首。

过往历史渐成灰，流水逝去不复回。

如今谁人能评说，世道多少是与非！

悼徐苹芳

2011 年 5 月 30 日

力耕汉唐　学领风骚　城市考古　尤多捉刀

刚毅正直　人人称道　斯人虽去　大树不倒

---

〔1〕　四总统胸像高约 49、宽约 56 米。印第安英雄跃马像高约 172、宽约 195 米，至今尚未完工。

八十自寿

2011 年

从心所欲又十秋〔1〕，耄耋老身未白头。
学海茫茫看北斗，大江滚滚向东流。
祝我健康亚健康，贺我长寿准长寿。
健康长寿为什么？不教岁月空悠悠！

在 80 寿辰庆典上

---

〔1〕 孔夫子自称"七十而从心所欲，不逾矩"。

在 80 寿辰庆典上和夫人在一起

八十抒怀

2012 年 2 月 1 日起稿，2013 年 4 月 1 日改定

华容道上客[1]，高山流水情[2]。楚风垂百代[3]，洞庭育丹心。
自幼受家训，立志做仁人。潜心学孔孟，不沾官与银[4]。
孔孟重人伦，不言鬼与神。我亦不信神，最爱是赛因[5]。

---

[1]　据考证湖南省华容县乃三国时期华容道之所在。我虽出生在此，并度过了宝贵的少年时光，毕竟只是一位道路上的过客。

[2]　华容严姓崇尚先祖汉代严子陵的高风亮节，尊之为"高山流水汉先生"。

[3]　唐代林宝撰《元和姓纂》谓"严姓，楚庄王支孙以谥为姓"，当为严姓之始。如此说来，我也是帝高阳之苗裔啊！

[4]　我曾经自铭曰：一不做官，二不敛财，修身格物，贤哲情怀。

[5]　赛因是英文 Science 的音译，意思是科学。

久慕北大名，负笈上京城。如愿登太学，难进赛因门。

无奈换门径，乃读无字经[1]。无字如何读？还得靠赛因。

首读地层学，继而攻类型。时空框架立，文化谱系清。

文化何所依？理应看环境。若要观社会，须察聚落群。

社会有发展，聚落有变更。发展有高下，水准看中心。

科技做手段，探索浅入深。宏观到微观，历史可究明。

燕园学未已，乃作田野行。内蒙初学步，邯郸总练兵[2]。

王湾显身手，分期最细心。伊洛广调查，谱系明如镜[3]。

中国考古学，起自仰韶村。人人说仰韶，观点乱纷纷。

原因究何在？无非在地层。我读仰韶经，王湾做典型。

王湾观仰韶，混乱终厘清。半坡庙底沟，关系亦甚明[4]。

分区理头绪，汇总看演进。潜心二十载，条理遂分明[5]。

全国新石器，仰韶是中心。以之为钥匙，开启研究门。

甘肃走廊地，文化通东西。彩陶何方来？历来有分歧。

细研雁儿湾，续考青岗岔。逐一溯源流，西来变西进[6]。

回头考殷墟，又作周原行。还探楚郢都，遍览古文明[7]。

转身赴胶东，遗址处处寻。求索东夷迹，岳石珍珠门。

---

〔1〕　这里指考古学，因第一志愿物理系未被录取，遂改学考古。考古学主要靠地下的实物遗存来进行研究，所以被称为无字地书。

〔2〕　1956 年暑期跟从裴文中先生到内蒙古实习，初步知道考古是怎么回事；1957 年下学期到河北邯郸进行田野考古基础实习，才得到比较全面的训练。

〔3〕　1960 年上学期到河南洛阳王湾等地指导学生进行考古实习，发掘资料经过整理研究，初步建立了当地新石器时代文化的详细分期和发展谱系。

〔4〕　我于 1986 年发表《从王湾看仰韶》（载《仰韶文化研究》，文物出版社，1989 年），首先将仰韶村遗址的文化遗存分为先后相继的五期，不但澄清了长期认识的乱局，半坡、庙底沟两个类型孰早孰晚的问题也不言自明。

〔5〕　参见拙著《仰韶文化的起源和发展阶段》，载《仰韶文化研究》，文物出版社，1989 年。

〔6〕　我于 1963 年带领学生到甘肃实习，发现史前彩陶是从陕西关中沿渭河进入甘肃后，一直向西到达河西走廊的西端，明显是向西发展而不是相反。后来发表《甘肃彩陶的源流》（《文物》1979 年第 1 期），把这个问题说清楚了。

〔7〕　我于 1962 年到河南安阳殷墟指导学生考古实习。1975 年参加湖北江陵楚国郢都纪南城考古大会战，主持城中 30 号宫殿遗迹的发掘。1976 年在陕西周原主持岐山凤雏遗址的考古发掘，首次发现了一座完整的西周宫殿基址。

胶东通辽海，海中有蓬莱。首批过海客，传说是八仙。

北庄到山前，考古越十年。始知探海者，东夷着先鞭〔1〕。

齐鲁意未尽，挥师长江边。目标石家河，平野见城垣。

宗教遗迹多，文字露端倪。意者三苗氏，都城在此建〔2〕。

此处尚蹉跎，良渚捷报传。反山与瑶山，祭坛兼墓园。

玉器多而精，世间所罕见。琮钺均上品，神徽喻王权。

围绕莫角山，惊现大城垣，更有塘山坝，古国都城现〔3〕！

往北看红山，聚焦牛河梁。玉器别一格，冢坛遍山间。

更有祖神庙，塑像甚庄严。文化虽有别，同是文明源〔4〕。

回头看仰韶，灵宝铸鼎原〔5〕。西坡建殿堂，大墓亦显眼。

墓中葬玉钺，首创是黄帝〔6〕。文明现曙光，已超五千年！

中华古文明，持续到如今。缘何未中断，道理要阐明。

我编文明史，注重溯渊源。一要看环境，二要看史前〔7〕。

史前根基深，远超百万年。祖先足迹勤，神州全踏遍。

进入全新世，气候大转变，神州腹心地，环境最优先。

北有黄土地，南有长江水，水热同步行，农业应运生。

少时学农耕，种稻有感情。欲问何时起，考古来追寻。

首探红花套，续有河姆渡，彭头山上山，万年已靠近。

最初发源地，多年说不清。边沿理论出，长江是中心〔8〕。

---

〔1〕　我于 1978~1987 年主持胶东考古前后十年，主要是探索东夷的文化遗存，参见《东夷文化的探索》，《文物》1989 年第 9 期。

〔2〕　我于 1987~1991 年主持湖北天门石家河遗址群的考古发掘与研究工作，先后出版了《肖家屋脊》《邓家湾》《谭家岭》三部发掘报告和一份调查报告。参见拙著《石家河考古记》，载《肖家屋脊》，文物出版社，2004 年。

〔3〕　参见拙著《良渚文化与中国文明的起源》，载拙著《中华文明的始原》，文物出版社，2011 年。

〔4〕　参见拙著《红山文化五十年》，载《红山文化研究》，文物出版社，2006 年。

〔5〕　河南灵宝铸鼎原传说为黄帝铸鼎之处，汉唐曾经在此建黄帝庙，历代亦多次立碑纪念。原上有西坡仰韶文化遗址。

〔6〕　《越绝书·宝剑篇》谓："黄帝之时以玉为兵。"石钺和玉钺是中国史前文化中第一种专门性武器。

〔7〕　我曾与袁行霈、张传玺和楼宇烈共同主编四卷本《中华文明史》（北京大学出版社，2006 年），2012 年英国剑桥大学出版社出版英文本。

〔8〕　参见拙著《长江文明的曙光》，湖北教育出版社，2008 年。

南方栽稻谷，北方种粟黍。南北相伴生，犹如双子星〔1〕。

农业大发展，文明亦渐进。六大起源地，中原是中心。

大河为主体，周围渐跟进。重瓣花朵开，整体格局清〔2〕！

母亲是黄河，长江是父亲。父母育儿女，炎黄多子孙。

子孙缔华夏，神州亮明灯。璀璨如朝日，照澈寰球东。

三代创伟业，汉唐竞辉煌。宋元大转变，明清放余光。

工业革命起，西方逞霸强。应对多失据，神州大震荡。

辛亥建民国，帝制改共和。国人大欢喜，好事又多磨。

内忧加外患，众生可奈何？幸有根脉在，志士仁人多。

浴血保家国，重振旧山河，全民齐努力，奋力勤开拓。

中华尚仁义，自强不欺弱，建设新世界，同唱大同歌！

我本一书生，教书又育人，能力固然小，世事总关情。

潜心习考古，鉴古以知今。漫漫修远路，前途有光明！

九曲溪漂流

2012 年 5 月 28 日，到闽北武夷山九曲溪乘竹筏漂流后有作

闽北武夷景色幽，清溪九曲绕山丘。

丹崖肃立迎游客，绿树婆娑频点头。

两岸风光看不尽，一张竹筏任漂流。

平生不信神仙事，却似神仙天上游。

---

〔1〕 参见拙著《农业发生与文明起源》，文物出版社，2004 年。

〔2〕 参见拙著《中国史前文化的统一性与多样性》，该文是 1986 年 6 月 22 日在美国弗吉尼亚州的艾尔莱别墅召开的"中国古代史与社会科学一般法则国际研讨会"上的发言稿，中文发表于《文物》1987 年第 7 期。本文提出中国史前文化形成了一个重瓣花朵式的格局，它是一个有很强凝聚力的超稳定结构，对往后中国历史的发展有深刻的影响，是中华文明之所以历经数千年而从未中断的深层原因，也是形成以汉族为主体的多民族统一国家的基础。

与吴春明乘竹筏在九曲溪上漂流

为《中国社会科学报》题词

2013 年 7 月 1 日

学术有传承，发展靠创新。
传承知根脉，创新是生命！

为郑州古都学会成立十周年题词

2013 年 9 月 16 日

炎黄缔华夏，中原一朵花。重瓣放异彩，夏商定天下。
汤亳今何在？考古来探查。潜心做保护，古都在脚下！

渔家傲·登石峁山城

　　2013 年 10 月 14 日，我同赵辉、吴小红和大贯静夫到陕西神木县，在陕西省考古研究所王炜林、孙周勇和邵晶等陪同下登临石峁山城。该城依山而建，气势磅礴。我身处其境，深为震撼。神木古为麟州，北宋范仲淹曾戍边于此，写下著名的《渔家傲·麟州秋思》一词，我亦有感而填《渔家傲》词一首。

石峁山城风景异，老夫迈步登石级。
走近东门寻彩壁，残迹里，红黄白色皆鲜丽。
巍巍皇城居重地，层层叠石围台壁。
礼玉琳琅璋与璧，惊未已，文明火炬边城起！

在石峁山城考古工地上

石峁外郭城东门石墙下塌落的白灰墙皮，上有红黄白色彩绘

燕园情思

2013 年 10 月

我志在北大，北大伴清华。城中难发展，燕园安新家。

初进新校园，望见博雅塔。塔影映未名，风景美如画。

湖畔有书斋，冠名德与才。德才均备全，体健好身材〔1〕。

元培老校长，自由揽人才。精英多聚集，包容大胸怀〔2〕。

独秀举大旗，请来德与赛〔3〕。德赛配德才，育出栋梁材！

敬爱马校长，亲如好家长。师生皆兄弟，独胆担大义〔4〕。

倡新人口论，宣讲费苦辛。威权压不倒，拳拳报国心。

难忘五七年，春风拂燕园。为表爱国情，赤子献丹心。

忽闻闷雷声，黑云顿压城。有理无处申，失言变罪人。

五八大跃进，教育要革命，师生勤出进，燕园不宁静。

"文化大革命"，大革文化命。教授挨批斗，知识当粪土。

没事打派仗，学校变战场。回首燕园梦，世事成渺茫。

浩劫十年过，青春逐逝波。岁月催人老，不容再蹉跎。

教学回正轨，科研爬高坡。继承好传统，更要唱新歌。

奋力数十年，北大换新颜。琼楼拔地起，学术勇争先。

大师勤授业，学子多出色。科学上高峰，院士超五百〔5〕。

---

〔1〕 未名湖北岸七座书斋冠名为德、才、均、备、体、健、全，后将前五座改称红一至红五楼。

〔2〕 蔡元培任北大校长期间提出"思想自由，相容并包"的办学方针，尔后成为北大的重要传统。

〔3〕 曾任北大文科学长的陈独秀首先提出要"拥护那德谟克拉西（民主）和赛因斯（科学）两位先生"。

〔4〕 马寅初校长对师生讲话时，开头总是说"诸位兄弟！兄弟我要讲的是……"非常亲切。

〔5〕 历年被选为中国科学院院士和工程院院士的北大教师和校友超过 500 人，多人获国家最高科学技术奖。

声誉遍寰宇，迎来远方客[1]。回首崎岖路，难免断魂魄。

闲来未名行，处处是柳荫。柳荫遮不住，博雅伟岸身。

精神沁人心，北大催上进。我为北大人，心中有明灯。

老来当益壮，不负培育恩。坎坷六十春，不改燕园情[2]。

六十春秋，湖塔依旧，耄耋老叟，乐以忘忧。两边是女儿和外孙

---

[1]　据不完全统计，北大在校外国留学生约 4000 人。每年接待两万多外宾，包括约 80 位外国大学校长。

[2]　我在燕园学习和工作已逾六十春秋。个人的青春、理想和事业，都是跟燕园分不开的。

读《牛棚杂忆》有感

2014 年 5 月

北大历史系同窗好友郝斌在"文化大革命"中曾遭江青点名，被打入牛棚，受尽折磨。2013 年在《光明日报》发表《牛棚杂忆》，2014 年 1 月又在台北出版《流水何曾洗是非》，深刻揭露了"文化大革命"灭绝人性的反人类罪行。文章和书都从"文化大革命"初北大历史系所在三院门前的一副对联讲起。原对联是"庙小神灵大，池浅王八多"。得到某公欣赏，要更改"池浅"为"池深"。从此北大以至全国都陷入十年浩劫之中！

小院聚名师，潜心育人才。学问登泰斗，世人皆敬爱。
某公有他谋，想事遂偏歪。小院变深池，多藏王八仔。
愤然掀恶浪，神州成苦海。寄语后来人，慎辨好与歹！

中华文明的曙光组诗

铸鼎塬之魂

2018 年 3 月 10 日

灵宝荆山下	有座铸鼎塬	始初铸鼎者	传说是黄帝[1]
传说难当真	可含真素地[2]	考察铸鼎塬	遗址颇大气

西坡的宫殿基址

---

〔1〕《史记·封禅书》说"黄帝采首山铜，铸鼎于荆山下。鼎既成，有龙垂胡髯下迎黄帝，黄帝上骑。"汉初即在铸鼎塬修黄帝庙，后有几次重修，今有庙址和黄帝庙碑。

〔2〕尹达说："从考古发掘中还发现了和'传疑时代'的某些部族里的可能有相当关系的各种不同的新石器时代的文化类型。从地望上，从绝对年代上，从不同文化遗存的差异上，都可以充分证明这些神话的传说自有真正的史实素地，切不可一概抹煞。"此话有理。见《尹达集》，中国社会科学出版社，2006 年，5 页。

西坡北阳平　仰韶中晚期[1]　悠悠五千年　正合黄帝纪[2]

黄帝铸鼎毕　乘龙飞天际　　化魂游广宇　巡视神州地

仰韶无铜器　厥有大鹰鼎[3]　苍鹰化龙身　腾云上天空[4]

西坡有殿宇　似若黄帝宫[5]　西坡葬玉钺　岂非黄帝兵[6]

黄帝战蚩尤　是始缔华夏　　铸鼎塬之魂　黄帝定天下

---

[1]　西坡、北阳平约当仰韶文化的中期偏晚，遗址之大和规格之高也是仰韶文化中少见的。西坡墓地的年代约在公元前3300~前3000年，也就是距今五千多年。见中国社会科学院考古研究所、河南省文物考古研究所：《灵宝西坡墓地》，文物出版社，2010年，281页。

[2]　按照传统的说法中华文明五千年，黄帝是中华的人文始祖。

[3]　与西坡仰韶文化大墓同时和具有同等规格的陕西华县泉护遗址的701大墓出有黑陶大鹰鼎，见北京大学考古系著：《华县泉护村》，科学出版社，2003年，73~77页。

[4]　陕西华县泉护村农民采集一件仰韶文化的彩陶盆，上面画了两条鸟首龙身的图形，现藏郑州华夏博物馆。

[5]　西坡遗址中心部位发现五座大型房屋基址，每座近200平方米。最大的一座连同室外回廊有500多平方米。室内地面经过特殊加工并涂彩色，应当是宫庙级别的大型礼制性建筑。

[6]　西坡有多座大墓随葬玉钺。传为东汉袁康著《越绝书》中记载春秋时的风胡子对楚庄王说："轩辕神农赫胥之时以石为兵……黄帝之时以玉为兵……禹穴之时以铜为兵……当此之时作铁兵"。这段话非常符合现代考古学揭示的实际情况，说明西坡玉钺就应当是黄帝时期首先使用的兵器。

赵宝沟之尊

2018 年 4 月 10 日

敖汉赵宝沟	狩猎又农耕〔1〕	前承兴隆洼	后启红山群〔2〕
陶器多刻纹	规矩有准绳	最酷黑陶尊	腹部画细纹
运笔如流水	构图极生动	多见叉角鹿	常伴野猪行
鹰嘴白天鹅	还有牛角形〔3〕	动物皆龙身	变幻如行云
内容难解读	宗教含义深	史前艺术品	世间无比伦

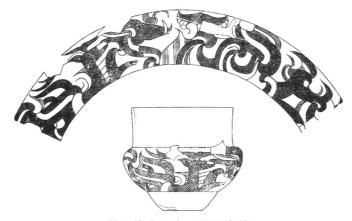

敖汉旗小山出土的黑陶尊

---

〔1〕　赵宝沟遗址中出土大量野生动物骨骼，主要有鹿、狍、野猪和鸟类。狩猎经济占重要地位。同时又出土不少农具，还有少量家猪骨骼，证明已经有农业和养畜业经济。见中国社会科学院考古研究所：《敖汉赵宝沟——新石器时代聚落》，中国大百科全书出版社，1997 年。

〔2〕　赵宝沟文化的年代，据碳-14 测定和适当调整，为距今 7000～6400 年，在兴隆洼文化和红山文化之间，文化上也是承前启后。

〔3〕　赵宝沟遗址出土动物骨骼最多的是鹿类和野猪，还有水牛和天鹅骨骼。见佐川正敏：《第四种动物的探索——中国内蒙古地区赵宝沟文化尊形器动物纹饰再考》，《红山文化研究——2004 年红山文化国际学术研讨会论文集》，文物出版社，2006 年，531～533 页。

牛河梁之祭

2017 年 5 月 8 日

红山文化在燕辽　　地跨赤峰与朝阳
朝阳三县交界处　　有座古老小山梁〔1〕
山梁临近忙牛河　　因河得名牛河梁
梁上石冢数十座　　聚葬大小红山王
人工凿石修墓穴　　墓墓皆用玉殓葬
十六地点墓最大　　随葬玉人玉凤凰
墓穴之上筑石冢　　绕冢布列彩陶筒
冢畔多少陪葬客　　是亲是奴已难说
如此安排为墓祭　　祭日亲眷皆守礼
大祭须上老祖庙〔2〕祭天应登大祭坛〔3〕
祖庙旁设大广场〔4〕显示祭祖大排场
祖庙供奉诸祖神　　是男是女难厘清
红山神人爱裸身　　泥塑石雕重传神
女人大肚似怀孕〔5〕男人蹬靴壮健身〔6〕

---

〔1〕　牛河梁在朝阳地区的凌源、建平和喀左三县交界的地方。

〔2〕　牛河梁第 1 地点被称为"女神庙"的遗迹中，发现有 7 个个体的泥塑神人残块，性别难以确定，称祖庙或祖神庙比较恰当。

〔3〕　牛河梁第 13 地点为一大土坛，中间用夯土筑成直径 40、高 7 米的坛体，外包石块并砌石墙，增加到直径 60 米，外面再铺石块，成为直径 100 米的巨大祭坛。

〔4〕　祖庙近旁有三个广场，总面积约 40000 平方米。旁边的窖穴中发现有许多大型祭器。

〔5〕　东山嘴发现的妇女陶塑突出表现大肚。

〔6〕　牛河梁第 5 地点发现的男人陶塑特意表现健壮有力的样子。

石像首推草帽山〔1〕　陶塑最酷敖汉人〔2〕
玉器最爱岫岩料　　加工重形不重纹
猪龙非猪亦非龙　　寓意深奥难说清
勾云形器最难解　　龟鸟虫鱼多写真
彩陶工艺学仰韶　　素陶保持旧传统
晚来再学大汶口　　脱胎变身小河沿
再变进入夏家店〔3〕　文明持续数百年
文明之光何时起　　溯源还看牛河梁

牛河梁第一地点出土陶塑人头像　　　敖汉旗兴隆沟出土陶塑人

────────────

〔1〕　敖汉旗四家子草帽山红山文化积石冢出土完整石雕人像和两个脸部残块。
〔2〕　敖汉旗兴隆沟红山文化房址中出土形体完整的坐姿陶塑人，大小几乎接近真人。
〔3〕　红山文化之后依次为小河沿文化和相当于夏代纪年的夏家店下层文化。

大汶口之春

2017 年 10 月 1 日

泰山脚下大汶河　　大汶河口史迹多
少昊驻跸大汶口[1]　东望日出泰山阿
鸟官鸟名用鸟彝[2]　刻画图形似文字
日出山岗伴彩云　　武器工具有斧斤
昆仑墟东寿华野　　羿战凿齿属内争[3]
陶器多种多颜色　　黑白红灰配浅青
手工技艺与时新　　玉石牙骨样样精
生机勃发春长在　　首派焦家守北庭
东南进驻陵阳河　　再进大朱小朱村
乘势更往海边拓　　累建五莲丹土城[4]
北渡渤海闯辽东　　蓬莱仙子相迎送
南向花厅阻良渚　　拐弯伸臂到蒙城
挤压仰韶老邻居　　直逼嵩岳中州境
晚年变身成龙山　　蛋壳黑陶无比伦
从此东夷与华夏　　上古文明两平分[5]

---

〔1〕　传说少昊都曲阜，史前曲阜应在大汶口。

〔2〕　据《左传·昭公十七年》郯子的话说，他的先祖少昊氏以鸟名官，为鸟师而鸟名。大汶口文化多用陶鬶，邹衡以为鬶形像鸟，古称鸡彝，我看不如称鸟彝更为恰当。

〔3〕　大汶口文化的居民有拔除侧门齿的风俗，古称凿齿民。《山海经·海外南经》云："羿与凿齿战于寿华之野，羿射杀之，在昆仑虚东。"

〔4〕　五莲丹土村遗址从大汶口文化到龙山文化先后建了几道有围壕的城墙，每次都有所扩大。

〔5〕　傅斯年先生有《夷夏东西说》（载《庆祝蔡元培先生六十五岁论文集》，中央研究院历史语言研究所集刊外编第一种，1935 年），认为中国上古史就是夷夏交争交胜的历史。

凌家滩之梦

2017 年 7 月 29 日

裕溪河边地　有座凌家滩　滩畔有良田　天赐米粮川
滩后有大山　安全有保障　滩前河水平　终年可行船
山上多美石　随时可采拾　石工造斧锛　石钺配亲兵
玉工技艺精　切磋费苦辛　贵胄讲阔气　玉器不离身
裕溪通巢湖　南巢是邻邦　裕溪过大江　视野更宽广
左观薛家岗　右窥北阴阳　远道有来往　直通牛河梁
如此形胜地　宜将都城建　围城须重壕　城中起宫殿
殿后设祭坛　祖茔建坛上　王者居南中　宝玉满墓坑
显贵排左右　平民皆殿后　职业有分工　墓区亦不同
神巫戴巫帽　坐立必守中　虔诚敬天地　双手紧贴胸
太平盛世日　神龙现身躯　河图浮水面　神龟负洛书
玉璜饰龙凤　彰显大王风　苍鹰胜金乌　载日又载猪
美哉凌家滩　明珠耀眼亮　照澈江淮地　文明现曙光
惜哉凌家滩　辉煌不久长　考古费思量　宛若梦一场

苍鹰载日和两猪

神巫双手紧贴胸

石家河赞

纪念石家河考古六十周年

2015 年 12 月 15 日

竟陵古迹多，最酷石家河。大城平地起，谭家设宝座。
城壕深且阔，绿水泛清波。防洪兼漕运，沟通东西河。
南面三房湾，拟是主祭场。大祭须大办，酒杯擞成垛。
北依邓家湾，宗教遗迹多。巫偶抱鱼祭，伴者舞婀娜。
东有黄金岭，西邻印信台。祈年祭天地，丰收乃可待。
成千大陶缸，不啻大谷仓。万千陶塑品，象征禽畜旺。
贵胄仗权力，财富如山积。进而拥宝器，不离玉与漆。
漆器多已朽，考古难寻觅。玉器重传神，风格独一帜。
神人为主体，虎鹰是图腾。龙凤首配伍，历代相传承[1]。

---

[1] 石家河曾经出土龙凤圆形牌饰，只是不在同一地点。湖南澧县孙家岗 M14 所出石家河文化的透雕玉佩，是最早明确将龙凤相配伍的标本。此后龙凤相配成为中国传统文化的重要象征。

文字虽初具，意义难究明。我意三苗氏，先楚创文明。
武士挥大钺，雄风震四邻。苗民弗用灵，舜禹来远征。
是非且勿论，事实要厘清。仍须多努力，考古解迷津！

石家河古城西部城垣和城壕

邓家湾出土的陶塑巫偶与猪羊鸡狗象等禽畜动物

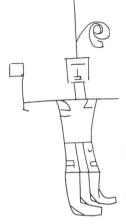

石家河肖家屋脊出土陶罐上的刻划纹，显示武士头戴花翎帽，身着短裙，脚蹬长靴，手挥大钺，威风凛凛，俨然一位军事首领！

谭家岭出土双鹰和刻划展翅鹰玉牌

谭家岭出土双人和神人玉牌

良渚颂〔1〕

2010 年 5 月作，2016 年 5 月增补〔2〕。

适逢良渚考古 80 周年，爰以此颂作为纪念。

太湖文明五千年，崧泽良渚踵相连。

开辟沃野千百里，首创石犁耕稻田。

莫角山上建殿宇，内城外郭大无边！

建都立业仰上帝，汇观瑶山祭昊天。

城外常发大洪水，安邦治国费思虑。

高建坝，低筑堰，大泽小泽连成片〔3〕。

塘山输水又行船，运送土石最方便。

卞家山下架船坞，沟通钱塘到海边。

陆上远通高城墩，寺墩赵陵与福泉〔4〕。

农工巫史聚良渚，都城众庶累万千。

工有玉石漆木陶，象牙丝绸与竹编。

攻玉技师手艺精，微雕技术远超前。

玉璧玉琮礼天地，玉钺神徽掌军权。

---

〔1〕　浙江余杭良渚遗址发现于 1937 年，1986~1987 年发现反山和瑶山祭坛兼贵族墓地，出土大量精美的玉器。不久又发现莫角山大型台城，受到学术界的极大关注。我仔细考察了有关发现后异常兴奋，随即写了《良渚随笔》一文，并在余杭文化馆题词："文明曙光在这里升起！"2007 年发现良渚古城，我在 11 月的新闻发布会上讲了这个发现的重大意义，当即题词"良渚古城，文明圣地！"良渚考古的发现是中国文明起源研究的重大成果，值得弘扬与赞颂，乃作《良渚颂》！

〔2〕　近年又先后发现良渚大规模农场和世界级的大型水利工程，于是提笔补叙！

〔3〕　在良渚古城西边的山口地带，发现有高坝 6 座，低坝 5 座，集水面积约 100 平方千米。形成高低大小不同而有联系的水库群，并与古城北边的塘山水渠相连通。

〔4〕　高城墩和寺墩在江苏江阴县，赵陵山在苏州，福泉山在上海，均为良渚文化的地区性中心遗址。

髹漆工艺独一帜，嵌玉画彩图鲜艳。

漆盘漆瓠与漆杯，专供贵胄摆酒宴。

黑陶似漆品类全，针刻花纹蛇与燕。

壶盛美酒鼎烹肉，簋豆鱼盘有河鲜。

不饮河水饮井水，卫生观念亦领先。

象牙梳篦插发际，白玉带扣系腰前。

华丽丝绸虽不存，佩饰斑斑犹耀眼。

莫角山上大粮仓，不慎失火烧储粮。

如今发现烧焦米，遗存尚以万斤量〔1〕！

巨量粮食何处产？原来郊外有茅山。

茅山稻田数十亩〔2〕，不啻王室大农场。

丘垄纵横通水渠，旱涝收成有保障。

丰收新粮有船运〔3〕，万斤稻谷入粮仓。

权贵喜造大坟山，墓葬排列须成行。

死后不忘带财宝，贵重物品全随葬。

贵胄大权岂天授？万民拥戴良渚王。

为王首要树军威，高举玉钺上战场。

头戴羽冠身披甲，南北征战打天下。

威风八面震华宇，大厦将倾自此始。

好大喜功难长久，盛极必有衰落时。

留下文字今不识，防风古国未可知！

未可知，君须知——

凤凰涅槃成金凰，良渚变身钱山漾。

马桥接力往前闯，尔后吴越逞霸强。

经济文化齐发展，人间苏杭比天堂。

今日领跑长三角，良渚泽惠不能忘。

精神融入大华夏，世胄延绵万年长！

---

〔1〕　莫角山东坡发现的烧焦大米，据测算大约有两三万斤。

〔2〕　茅山已发掘稻田每丘约有 2 亩。据探测整个稻田面积有 5.5 公顷，相当于 80 余亩。

〔3〕　2011 年在茅山稻田边的古河道中发现一艘独木舟。该舟长 7.35 米，头尖尾方，系用松木挖凿而成。

瑶山的祭坛和墓地

庄桥坟安装在木犁底上的石犁

反山墓 12 随葬大玉琮（上）及玉琮上的神人兽面纹（下）

陶寺石峁歌

2016 年 6 月 5 日

陶寺源自陶唐氏，为陶立寺曰陶寺。

陶寺石峁兄弟邦，兄弟守望各一方。

兄驻晋阳创伟业，协和万邦威名扬。

弟守边关御强敌，石峁山上建石壁[1]。

兄弟初学铸青铜，携手叩问新时代[2]！

陶寺筑城围三匝，宫城殿宇最豪华。

殿堂顶盖覆平瓦[3]，宫墙粉白又刻画。

刻画不足再加塑，殿内还要饰彩画。

龙盘彰显王者气，刀俎豆盘备筵席。

宫廷大典有雅乐，鼍鼓特磬铜铃匹。

城南设置"天文台"，祭天礼地不敢怠。

玉钺石钺全武装，弓箭远射显神威。

不远万里征三苗，掳掠宝玉虎与鹰。

琮璧弯刀联良渚，扁壶似结海岱缘。

二十二号帝王墓[4]，是尧是舜难琢磨。

墓底壁龛置漆箱，箱箱都有宝物藏。

随葬猪肉二十扇，彩绘陶罍盛酒浆。

---

〔1〕 以上开头几句半真半假，调侃而已。

〔2〕 陶寺发现有青铜铃、多齿环和铜容器残片等，石峁则出土了多件青铜齿环。据检测两地所出皆为砷青铜，且皆为铸造。石峁更出有多件铸造刀、斧的石范。显然已经在叩问青铜时代的大门了。

〔3〕 屋瓦为扁平体，表面饰云雷纹、戳印纹和乳丁纹等，因均为残块，原大不明。这是中国最早的屋瓦之一。

〔4〕 此墓特葬于大城以南的小城内，墓坑长 5、宽 3.6、自深 7 米。近底部有 10 个藏物的壁龛，是迄今所见中国史前文化中最大的墓葬。

玉钺六把箭百枝，更有旗杆竖头侧。

可惜棺内遭盗劫，贴身财宝无从说。

无从说，犹可说——

青铜礼器当随葬[1]，成组玉器不消说。

丝绸衣物虽不存，龙袍似亦不可缺。

扁壶之上写文字，有无文书也难说。

如此大墓独一尊，千百小墓仅容身。

可怜还有殉葬者，生死全要陪主人！

呜呼！华夏古文明，如旭日东升。

光彩照寰宇，竟是血染红！

陶寺内部有斗争，石峁山上更不宁。

秃岭之上筑石城，采石琢石费苦辛。

外城内城套皇城，层层设防防敌侵。

筑城须有壮劳力，年轻女子成牺牲。

砍下头颅分坑埋，或为奠基祭山神。

更有马面巧设计，一双巨眼察敌情。

外城东门饰彩画，装点门面显豪华。

石峁陶器仿陶寺，规格略比陶寺差。

琢玉工艺技超群，超薄大刀无比伦。

最堪注意铜齿环，紧贴玉璧涵义深。

陶寺石峁各一套[2]，似为表达兄弟情。

石峁艺术有特色，人头石雕是一绝。

大小悬殊形亦殊，此乃北方草原色。

草原曾有猎头习，兴许反映人头猎！

陶寺西北山城群，石峁山城是中心。

相互守望成一体，千里山城似长城。

请问为何有此大布局？

莫非为防羌狄侵扰中原腹心地，

保障华夏文明世胄延绵万年青！

---

〔1〕　陶寺宫殿区发现青铜容器残片，可知当时必有青铜礼器。

〔2〕　陶寺的贴臂铜齿环出自城内北部的 11 号墓，铜环有 29 齿，不含齿的外径为 11.4 厘米。出土时套在死者臂骨上。石峁的铜齿环贴在玉牙璧上，环齿细密。

石峁出土的贴玉璧铜齿环　　　　陶寺出土的龙纹陶盘

陶寺宫殿粉白墙面上的花纹

陶寺小城中的 22 号大墓

古蜀土城之光

成都大平原　　素有天府名

沃野三千里　　孕育蜀文明

蜀祖蚕丛氏[1]　立都宝墩城[2]

城址规模大　　外城套内城

面积三百万　　比肩陶寺城

次祖名柏灌　　灌县建芒城[3]

三祖号鱼凫　　乃建鱼凫城[4]

平原河流多　　防水建土城[5]

城群何所似　　众星罗苍旻

继起三星堆　　文明大昌盛

金沙接踵至　　古蜀惊世人

---

〔1〕（汉）扬雄《蜀王本纪》云"蜀之先称王者，有蚕丛、柏濩（一作柏灌）、鱼凫、开明。是时人萌椎髻，左衽，不晓文字，无有礼乐"（据《全上古三代秦汉三国六朝文》卷五三所引）。（晋）常璩《华阳国志》也有类似的记载。

〔2〕宝墩原名龙马城。外城为不规则圆形，面积约 300 万平方米，有外壕；内城为长方形，面积约 60 万平方米，其中有宫殿基址。

〔3〕原灌县因秦国蜀守李冰建有都江堰大型水利工程，几乎惠及整个成都平原。现灌县已改称都江堰市。

〔4〕江章华、施劲松、李明斌：《成都平原的早期古城址群——宝墩文化初论》，载《中华文化论坛》1997 年第 4 期。本文将宝墩文化分为四期。一期以宝墩城址为代表，二期以芒城为代表，三期以鱼凫城为代表，前后似乎可以与蚕丛、柏灌、鱼凫三王相对应。

〔5〕宝墩文化除上述三城外，尚有郫县三道堰古城、崇庆双河古城和广汉三星堆一期古城等多座。

1996 年 4 月 22 日由成都市文物工作队负责人王毅等陪同考察宝墩古城

二里头之谜

2018 年 2 月 18 日

徐老探夏墟　　登封暨禹州　　继而寻西亳　　走访二里头[1]
遗址颇大气　　不啻为王都　　从此做考古　　发现亮眼球
宏伟宫殿群　　布列宫城中[2]　环城修御道　　每见车辙沟[3]

---

〔1〕 1959 年夏，著名古史学家徐旭生先生首次到豫西探查夏墟，首先考察了登封和禹州可能与夏墟有关的若干遗址，又到传说为商初西亳所在的偃师县二里头遗址考察，看到规模很大，认为确有都会遗址的可能。见徐旭生：《1959 年夏豫西调查夏墟的初步报告》，《考古》1959 年第 11 期。

〔2〕 宫城为长方形，南北约 360、东西约 290 米，面积约 11 万平方米。从第二期到第四期共建宫城近十座，分为东西两行，气势宏伟。

〔3〕 宫城南的大道上发现有早期的双轮车辙印痕，辙距约 1 米。遗址西北则发现有晚期的车辙印痕，辙距约 1.2 米。

作坊铸青铜　礼器鼎为首〔1〕玉器皆上品　牙璋遍神州〔2〕

人人说西亳　邹衡独不苟〔3〕邹公指亳都　大城在郑州

商汤伐夏桀　剑指二里头　如今二里头　当为夏墟丘

此说违众议　遂遭众人殴　偃师商城出　地在尸乡沟〔4〕

此乃真西亳　不在二里头　众人遂改口　反认夏墟丘

搔首再思考　猜谜竟不休　先夏后商说　非夏非商说

有夏无夏说　少康中兴说　中华第一都　不知何所属

二里头之谜　破谜未有期　若不见文字　难解此谜题

一定要破谜　未免书生气　都城大气象　岂是雾中谜

二里头出土青铜礼器鼎、斝、爵、盉和嵌绿松石铜牌饰

〔1〕　宫城南有一大型作坊区，包括铸铜作坊和绿松石作坊等，铸铜作坊约有1万平方米，发现有大量陶范、坩埚残片和铜矿石等。所铸铜器多种多样，最大者直径超过30厘米。墓葬出土完整青铜器则有鼎、斝、爵、盉和铃等礼乐器，开中国青铜礼器之先河。

〔2〕　二里头玉器承上启下，已经有一定制度。其中以璋、圭最重要。牙璋几乎传播到了全国。与玉器相关的绿松石装饰品也极为精致，其中最重要的是一件长约65厘米，用2000余片绿松石组成的龙形器，被誉为真正的中国第一龙，另有镶嵌绿松石简化龙纹的铜牌多件。

〔3〕　邹衡为北京大学考古系著名教授，被誉为夏商周考古第一人。

〔4〕　偃师商城发现于1983年，多数学者认为该城应为商汤灭夏后所建的都城西亳。见中国社会科学院考古研究所洛阳汉魏故城工作队：《偃师商城的初步勘探和发掘》，《考古》1984年第6期。

二里头随葬绿松石龙和铜铃

为中国岩画学刊题辞

2016 年 6 月 10 日

岩画艺术像百花，争奇斗艳遍中华。
从来解读是难事，太多悬念待方家。

欣赏岩画重形象，意义不明细考量。
前后左右多比较，思路放开豁然亮！

哭周南京

2016 年 6 月 15 日初稿，30 日修改

耕啊耘啊白了头[1]，白头耕耘仍不休。

不休迎来大丰收[2]，丰收不忘小红豆[3]。

红豆相思赴燕都，燕都风雨度春秋。

春秋精神性耿直[4]，耿直书生誉同侪。

同侪同窗同留校，同时发配鲤鱼洲。

老来同住蓝旗营，同话当年情意投。

诗词泉涌为自乐[5]，亦庄亦谐亦自由。

不意好友先期走，远望沧海泪泗流[6]！

---

[1]　此处借郝斌诗开头。见郝斌：《读耕耘诗复南京兄》，载周南京《柳暗花明诗词集》，香港生活文化基金会，2015 年，361 页。

[2]　周南京著作甚丰，有《菲律宾与华人》（1993）、《风雨同舟——东南亚与华人问题》（1995）、《风云变幻看世界——海外华人问题及其他》（2001）、《华侨华人问题概论》（2003）、《印度尼西亚华侨华人研究》（2006）、《菲律宾与菲华社会》（2007）、《努山塔拉华裔纵横》（2011）等。尤以主编 12 卷本的《华侨华人百科全书》（中国华侨出版社，2002 年）用力最多影响也最大。另有主编和翻译著作多部。

[3]　2013 年，南京满八十周岁，已是耄耋老叟。12 月 14 日写长诗《一言难尽南国相思豆》，回忆历历往事，感人至深。见《周南京诗集》，香港生活文化基金会，2014 年，386~388 页。

[4]　孔子删《春秋》的精神是"笔则笔，削则削"，好的要赞扬，坏的要谴责，毫不含糊。周南京性格耿直，有话就说，也是毫不含糊。见《周南京有话说》，香港社会科学出版社，2006 年。

[5]　周南京有个自乐书屋，在那里写了好几部诗集。

[6]　周南京有诗《我的故乡是大海》，载《周南京诗集》369~371 页。现在他的骨灰已经撒到大海里去了，祝愿他海阔天空任翱翔！

游富春江瞻仰严子陵钓台

续范仲淹《严先生祠堂记》赞歌，以表敬仰之情，2017 年 12 月 6 日

云山苍苍绿满坡，江水泱泱泛碧波。
先生之风千世颂，山高水长万人歌。

在严子陵钓台前

忆徐苹芳

2019 年 5 月 30 日

力耕汉唐宋金元，城市考古着先鞭。
都城发掘树样板，明清城下辽金元。
学领风骚不自满，刚毅正直敢为先。
斯人离去长相思，好友无时梦魂牵！

改编三字经

一

人之初	古猿生	学直立	手脚分	学语言	头脑清
兽性减	人性增	直立人	到神州	经元谋	蓝田留
周口店	最长久	百万年	变智人	燧人氏	驯火神
有巢氏	建屋宇	伏羲氏	善田猎	神农氏	教农耕
我黄帝	号轩辕	操玉兵	战蚩尤	创制度	兴百业
垂衣裳	天下治	唐虞世	尧与舜	相揖让	德高尚
大禹王	治洪水	众百姓	得安康	禹传启	家天下
四百载	至桀亡	汤伐夏	国号商	六百载	至纣亡
周武王	伐商纣	八百载	最长久	周撤东	王纲坠
逞干戈	尚游说	五霸强	七雄争	秦始皇	乃勃兴
扫六合	大一统	车同轨	书同文	法度严	坑儒生
暴秦亡	楚汉争	高祖立	汉业兴	驱匈奴	通西域
光武兴	为东汉	四百年	终于献	魏蜀吴	争汉鼎
号三国	迄两晋	宋齐继	梁陈承	为南朝	都金陵
北元魏	分东西	称北朝	周与齐	隋统一	除乱局
开运河	惠民生	大唐兴	都长安	万邦朝	称盛世
梁唐晋	及汉周	五代乱	赵宋平	开市场	重教化
文运昌	国不强	并世者	辽与金	元蒙古	大帝国
跨欧亚	终分裂	元曲终	有大明	命郑和	率宝船
下西洋	扬国威	丝绸路	海陆通	瓷与茶	换白银
明季衰	满清代	康雍乾	盛而衰	洋枪炮	打进来
割土地	赔钱财	革命起	建民国	唱共和	军阀代

东洋寇　逞凶狂　侵我土　杀我人　我军民　齐抵抗
终胜利　庆光复　不曾想　内战起　共产党　挽狂澜
扫腐恶　保边疆　革命成　建设忙　民众富　国力强
我中华　尚仁义　不称霸　不欺邻　各民族　皆兄弟
中国梦　天下公　共携手　唱大同

二

人之初　心单纯　教善善　习恶恶　教之道　贵以专
昔孟母　择邻处　子不学　断机杼　养不教　父之过
教不严　师之惰　子不学　非所宜　幼不学　老何为
玉不琢　不成器　人不学　不知义　为人子　方少时
亲师友　习礼仪　首孝悌　次见闻　知某数　识某文
一而十　十而百　百而千　千而万　万而亿　亿而兆
恒河沙　无限数　三才者　天地人　三光者　日月星
三教者　儒释道　曰春夏　曰秋冬　此四时　运不穷
曰南北　曰西东　此四方　应乎中　曰水火　木金土
此五行　本乎数　曰仁义　礼智信　此五常　不容紊
稻粱菽　麦黍稷　此六谷　人所食　马牛羊　鸡犬豕
此六畜　人所饲　曰喜怒　曰哀乐　爱恶欲　七情具
匏土革　木石金　丝与竹　乃八音　高曾祖　父而身
自子孙　至玄曾　乃九族　人之伦　父子恩　夫妇顺
兄则友　弟则恭　长幼序　友与朋　此十义　人所同
为学者　必有初　幼儿园　学规矩　交朋友　做游戏
上小学　进中学　学知识　讲礼义　学习好　考大学
分专业　便就业　专业精　可考研　不图名　不为钱
读博士　锦上添　为祖国　为人民　穷毕生　作奉献

（原载《耕耘记——流水年华》，文物出版社，2021 年）

《圆梦斋诗选》序

胞弟文光寄来一本《圆梦斋诗选》，嘱我作序。我一面翻阅，一面回首往事，不禁百感交集，难以自抑。

我家是世代书香。先父颇善诗文，常与三五好友相互唱和。著有《寄敖斋诗稿》一册，惜"土改"时被毁弃，所藏经、史、子、集和大量医书亦尽散佚。作品中有一部分是与乡贤罗甸原先生唱和的诗，曾收入罗著《勤园劫余诗稿》。那是在武汉用铜版精印的线装本，共六册，至今也找不到了。记得少年时读父亲的诗，常为其写景抒情的入胜处所感，至今还能记得几句。例如有一首写江边晓雾的诗，前半部想不起来了，后半部是"堤长人入雾，山远鸟冲烟。渡口依稀里，飞来万里船！"读着就好像是身临其境。我曾经特地把这半首诗寄给父亲的诗友和挚友罗原道叔，他也是我的启蒙老师，问他是不是记得前半部分。原道叔说他也记不起来了，不过"这四句自成一绝，意境均极佳，不必他求了"。我虽然妄读了几年书，却没有继承先父的诗魂。幸得三弟爱诗、学诗、写诗，而今竟能结成诗集，怎不令人高兴！

文光从小就酷爱上学读书，无奈当时严酷的环境，实在是没有办法。我想他上学恐怕总共不到两年。记得二弟文思在黄牛山小学教书时，曾经把他带去读了不到一个学期的书，就因为那点微薄的工资交不起两个人的伙食费，只好中途辍学回家。但是他没有灰心，在劳动之余坚持自学文化。20世纪50年代他还是个小孩子，因为经常有集体劳动，他就说些顺口溜或打油诗以鼓励大家的干劲，得到许多人的夸赞。从那以后他一直对诗歌有浓厚的兴趣，并且广交师友，虚心学习，竟然成长为一位民间诗人，先后参加了章台诗社和县楹联学会，在社会上也有一定影响。

孔子说："诗言志"。又说："诗可以兴，可以观，可以群，可以怨"。我的小学老师黄剑萍先生是著名的诗人，他在解释孔子的这段话说："所谓兴，就是起人志行，陶冶情操；所谓观，就是观风气之盛衰，考时政之得失；所谓群，就是以诗会友，以友辅仁；所谓怨，就是鞭笞腐恶，针砭时弊"（见《黄叶轩诗文选》

123 页）。文光的诗大致符合这些要求，所以是好诗。但毕竟文化底子薄，有些诗在遣词造句上还有进一步推敲的余地。希望以后继续努力，更上一层楼！

（原载《圆梦斋诗选》。后收录在《丹霞集——考古学拾零》，文物出版社，2019 年）

耄年耋月感言

欣闻文光弟要编一部大型的诗词唱和集，名曰《耄年耋月》，收录自己与两百位诗友相互切磋唱和的诗词作品，感慨良深。文光自小因家境艰困难于上学，小小年纪就参加繁重的农业劳动。他在劳动中自觉锻炼，感情奔放，常编快板与打油诗，得到朋友们的鼓励。从此更是锲而不舍，虚心向老伯等诗人学习写诗词，孜孜不倦，精益求精，写出了许多颇有水平的作品，成长为著名的农民诗人。他的诗都是从自己的劳动生活和社会实践中有感而发，有抒情，有感想，有歌颂，有针砭，内容十分广泛，不啻为当代乡村的大型画卷。屈指算来，我这位小弟已是进八秩的耄耋老者，却精力充沛，仍然焕发着青春的活力。《周易》中《象》曰"天行健，君子以自强不息"（乾卦），"地势坤，君子以厚德载物"（坤卦）。文光一辈子就是自强不息，不断奋进，攻克无数的难关，取得了骄人的成绩；同时又厚德载物，胸怀宽阔，勇于担当社会责任，承办惠及民生的事业。更广交朋友，真正做到了以文会友，以友辅仁。这部诗词唱和集就是一个最好的见证，值得纪念，作为长兄也感到无上光荣。

戊戌年冬月于北大蓝旗营寓次

（原载《丹霞集——考古学拾零》，文物出版社，2019 年）

下篇

考古研究之路

我的仰韶文化研究之路 *

　　仰韶文化是中国第一个被发现和命名的考古学文化，自 1921 年发现至今已经有 90 多年的研究历史。同时，她历时两千多年，占据中国腹地，历史地位至关重要。从某种意义上讲，仰韶文化就是中华文化的象征，仰韶文化研究史就是中国考古学研究史的缩影，仰韶文化的研究水平也代表着中国考古学的研究水平。本着抚今追昔、继往开来的目的，我们对仰韶文化研究的资深研究者严文明先生做了一次专访，严先生的叙述，引领我们回顾了仰韶文化研究的坎坷历程，触摸了仰韶文化研究的巨大成就，感受了仰韶文化的灿烂辉煌。

　　采访者：仰韶文化发现已 90 多年，值得怀念的第一个人就应当是仰韶文化的发现者安特生。但这样一个人却曾经被骂作"殖民主义和帝国主义的帮凶"，是严文明先生首先对他做了"平反"。

　　严文明：关于安特生，我在仰韶文化发现六十五周年纪念的时候做了一个比较全面的评价。当时是有感而发，因为不少人说他是"殖民主义和帝国主义的帮凶"。我从安特生的经历和他在中国所做的工作对他进行了评价。他是北洋政府聘请的矿政顾问，资深地质学家。他到中国以后，应该说也是中国地质学的奠基人之一，"马兰黄土"就是他发现并命名的，周口店遗址也是他最先发现的。安特生这个人不能否定，如果否定安特生，不但仰韶文化的历史没法写，中国田野考古的历史也没法写。那是中国田野考古的开端，他是奠基人！他对中国古代文化非常尊崇，跟西方那些借探险名义盗掘中国文物的人大不一样。

　　1921 年安特生对仰韶村遗址进行发掘，之后很快就出版了报告《中华远古之文化》。安特生在书里提出了一个重要观点，认为仰韶文化就是"中华远古之文化"，而且是汉民族祖先的文化。仰韶村遗址的发掘是中国第一次正式的田野考古，标志着中国考古学正式诞生；中国考古学从一开始就在探索中国文明的起源，

＊　　本文由韩建业、程鹏飞、李金涛、王月梅采访整理。

这和我们今天正在进行的课题扣得多么紧！

对于仰韶遗址，安特生自己觉得最没有把握的就是那些彩陶。后来他请教了一些欧洲的考古学家，他们说很可能就是从西边传到中国来的。但安特生只是说河南的彩陶跟（中亚）安诺的有"出于一源"之感，而不能确定到底是从中国传到中亚，还是从中亚传到中国。安特生想到，如果要是西边传来，就应该有个通路，应该到后来"丝绸之路"的要道甘肃去做考古工作。后来他到甘肃做了很广泛的调查，收集了很多彩陶，给他的印象是甘肃彩陶发达的不得了。于是他才在《甘肃考古记》里面提出，彩陶有可能是"西来"的。他还将甘肃的文化排了六期，第一期是齐家，第二期是仰韶，也就是马家窑、半山这类遗存，第三期是马厂，第四期是辛店，第五期是寺洼，第六期是沙井。

我们现在当然可以说，他的"彩陶文化西来说"不对，分期排得不对。但是不是就因为这个要对安特生口诛笔伐呢？就说他的推理过程中有民族偏见呢？不能这样！我们要知道，当时西方的田野考古也不是很发达，对"彩陶文化"的研究也不到位。比如说，俄罗斯的赫沃伊科就曾提出特里波列的彩陶从中国而来的"彩陶东来说"。所以，无论是"西来说"，还是"东来说"，这都是在考古学刚开始起步时构建的某些假设。真相如何，应该通过进一步的田野工作解决。何况安特生就在甘肃这么"跑"了一趟，也没怎么发掘，竟然能够把这些东西排比出六期，只是把仰韶齐家颠倒了，其他都正确，太不容易了！

1937 年安特生再次来到中国，尹达等就拿出他们自己在后冈、大赉店等遗址发现的"彩陶在下、黑陶在上"的情况质问安特生。安特生回去后仔细检查他的笔记，觉得没错啊，仰韶村的最下面就有黑陶，上面也有彩陶。实际上这表明安特生对于考古学地层当时还没有认识清楚。直到 1951 年夏鼐先生到仰韶村试掘的时候，对地层也还是没有完全认识清楚，仍然得出了"混合文化"的结论。这都是学科发展过程中难以避免的事情，不到证据很明确的时候，不到方法比较完善的时候，很难得出正确的结论。

安特生对中国有非常深厚的感情。日本发动侵华战争后他还专门写过一段话，他说他相信中国这么一个伟大的民族，会取得最终的胜利。而且在诸如"西来说"这类的问题上更是反省说，"当我们欧洲人在不知轻重、缺乏正确观点的优越感和偏见的影响下，谈到什么把一种优越文化带给中国的统治民族的时候，那就不仅是没有根据的，而且也是丢脸的"。他都这么检讨了，我们还能说他是"帝国主义者""殖民主义者"吗？

采访者：中华人民共和国成立以后仰韶文化的重大发现首推西安半坡。严文明先生对半坡遗址的得与失进行了客观评价。

严文明：1954~1957 年进行的半坡遗址的发掘，由石兴邦先生主持。半坡遗址是第一次对一个仰韶文化的村落遗址进行大规模发掘，在中国的新石器时代考古研究中占有非常重要的位置。而且是分了探方发掘的，在田野工作方法上有一些进步。半坡遗址以一个聚落的概念去发掘一个遗址，还明确提出来要研究当时的社会，《西安半坡》发掘报告副标题就是"原始氏族公社聚落遗址"。报告里面还讲了氏族有多大的规模，等等，想得很多。只是这个遗址地层关系很复杂，遗迹遗物很丰富，发掘缺乏经验，工作没有跟上，这都是考古学发展的早期阶段难以避免的事情，不能过于苛求。

那时候流行学习苏联，苏联有个模板就是特里波列遗址，石兴邦先生还特别把特里波列遗址的发掘方法翻译出来，发表在当时的《考古通讯》上。半坡遗址的发掘基本上就是按照特里波列遗址的发掘方法来进行的。当时主要从一个基本的理念出发：特里波列是母系社会，仰韶文化也一定是母系社会；半坡遗址是个仰韶文化的聚落遗址，一定也是个母系社会的聚落；特里波列的房子是围成圆圈的，那半坡的房子也一定是围成圆圈的。《西安半坡》发表的平面图，实际上看不出来构成一个圆圈，但是在书里面描述的是周围一个圆圈，中间一座大房子。

半坡遗址也分了早期、晚期。其实一开始并没有分期，夏鼐先生看过这个报告的资料，觉得肯定有早有晚，所以后来编写报告的时候就分了期，但并没把资料具体分清楚。地层划得很细，但还没有找出利用和研究这些地层的办法，特别是还不知道利用打破关系来进行分期研究。

采访者：严文明先生对仰韶文化的研究主要始于王湾遗址的发掘，他根据清楚的地层关系对王湾遗址进行了细致分期，建立了仰韶文化年代标尺。

严文明：北大对王湾遗址的发掘，是在元君庙和泉护村遗址发掘的基础上进行的。

看一个东西，应该拿单纯的去甄别复杂的，不能反过来。元君庙遗址是单纯的半坡类型遗存，泉护村一期是单纯的庙底沟类型阶段的遗存，一看就清楚。而半坡遗址有好几个时期的遗存，当时没有分清楚。

当时在泉护村遗址挖出了很多东西，学生觉得头大。正逢苏秉琦先生去了工地，就让他们拿几个典型的灰坑进行排比。排比的结果，苏先生把那些最经常出现的、前后发展有序的器物，一共分了四类八种，分了三期。然后学生拿了这个标准逐坑去核对，百试不爽。这就是坚持地层学和类型学相结合的结果。

我是 1960 年参加王湾遗址发掘的。王湾遗址的特点是延续时间特别长，打破关系特别复杂。相当于仰韶文化这个阶段的，我细分了两期六段。前面是邹衡先生带的队，他已经把新石器时代分了三期。王湾实习以后，我们又到伊洛地区调查了很多遗址，有的遗址还做了试掘，这样就等于把伊洛地区的仰韶文化、龙山文化，一直到后面周代这个阶段的遗存都建立了一个非常详细的年表。

采访者：严文明先生以基于王湾遗址建立的标尺，结合每个遗址的地层关系，逐个厘清了仰韶、半坡、庙底沟等重要遗址的年代分期，为探讨半坡类型和庙底沟类型的关系奠定了基础。

严文明："王湾一期"，我把它分了两段，前段和半坡的很像，后段和庙底沟一期的很像。王湾的地层非常可靠。有一座遭火毁的房子，房顶把房子里面都盖上了，里面有两个小孩躺在"床"上，旁边还有好几件器物。器物看上去跟半坡的不完全一样，但是时代风格差不多，特别是两个"杯形口"尖底瓶。这座房子上面有五六个打破屋顶的瓮棺，瓮棺都是"双唇口"尖底瓶。拿这个一比庙底沟和半坡，谁早谁晚就很清楚了。

"王湾二期"，我把它分了四段，前三段和半坡遗址的晚期很像，最后一段和庙底沟二期的很像。这个"王湾二期"里面就包括所谓"庙底沟二期"，所以我就不认为"庙底沟二期"是"龙山早期"，也不赞成叫"过渡文化"。

回头再翻安特生仰韶村那个报告——《河南史前遗址》，就可以一段一段非常清楚地把它们分开来。因为仰韶村的仰韶文化遗存更接近洛阳这边而不是接近西边的，所以很好分。我还利用王湾分期的经验，将半坡遗址的仰韶遗存分为早、中、晚三期，认为只有早期才属于半坡类型，中期则属于庙底沟类型，而晚期可称之为半坡晚期类型。在分期的基础上观察房屋等遗迹布局，会发现三个时期的村落都不直接连续，哪里存在什么延续了1000多年的"原始氏族公社聚落遗址"！

1956~1957 年发掘了河南陕县庙底沟遗址，发掘者大致区分出庙底沟的遗存和半坡的不一样，据此提出（仰韶文化可分为）庙底沟类型和半坡类型。我当时觉得不是两个类型那么简单。因为什么呢？1957 年我还是个学生，在邯郸实习的时候我们调查了上庄、韩庄等遗址，和后来所谓"后冈类型"的东西是一类；我们在发掘邯郸涧沟的时候，也清理了一下旁边的百家村遗址，发现了后来所说的"大司空类型"的遗存，这两类遗存和半坡、庙底沟很不一样。在当时观念下，那都是仰韶文化。这样"仰韶"就不是两个，显然用半坡、庙底沟两个类型概括不过来，这是我最早的一个认识。

采访者：20 世纪 60 年代初，严文明先生在仰韶文化研究中发展出一套逻辑清晰、行之有效的分期方法，对此后的考古研究深有影响。

严文明：我研究仰韶文化的方法在《略论仰韶文化的起源和发展阶段》这篇文章中有集中体现。我是以对单个遗址的分期作为研究基础的，弄清每个遗址分期后再归纳出小区分期，最后归纳出整个文化的分期。遗址的分期可以很细，小区的分期可以粗一点，大区或文化的分期就应当更粗。

我把仰韶文化的第一期叫半坡期，地方差异还较大；但第二期即庙底沟期统一性就增加了很多；第三期也就是仰韶晚期，明显有分化趋势；第四期分化更大。从这个过程可以看出仰韶文化是怎么发展变化的，内部机制是什么，外部原因是什么。比如说仰韶第三期的时候，大汶口文化的因素就进来了。如果对仰韶文化分期本身没有弄清楚，外面的文化怎么影响就说不清楚了。这样避免了两个误区：一是避免了"外因论"，仰韶文化前后发展清清楚楚，不是西来的，也不是南来的、北来的；二是避免了"孤立发展论"，当时很流行这个理论——尽管没有用这个词表述。其实这个问题苏秉琦先生早就已经涉及，他讲到过仰韶文化同大汶口文化、屈家岭文化的关系。

这样，我们就看到一个文化在发展过程中会有范围和地方类型的变动，这就是内部的矛盾运动，这么分析才能把文化的发展弄清楚。所以我把这篇文章拿给苏先生看的时候，苏先生说"你找到了一把研究新石器时代文化的钥匙"，"应该把这个方法推广到全国新石器时代文化的研究中去"。

采访者：20 世纪五六十年代也掀起过对仰韶文化社会性质的讨论，严文明先生对于通过墓地讨论母系氏族社会还是父系氏族社会的做法有自己独到的见解。

严文明：我从来不相信仰韶是母系社会、龙山是父系社会的说法，因为当时提供的证据没有一项能说得通。比如，有人说半坡 152 号墓是一个"女孩"厚葬墓，所以当时是母系社会。可实际上四岁的孩子是判断不出性别的。而且退一步讲，那么多墓，女孩应该不止一个，其他人怎么没有被"厚葬"？

从理论上讲我也不相信那些关于母系氏族的提法。比如有人说我国纳西族是典型的母系社会，台湾的高山族和美洲的印第安人也是。我仔细分析，发现纳西族、易洛魁里面都有父系社会；摩尔根写文章的时候，易洛魁绝大部分就已经是父系社会了，只是传说中以前有母系，台湾高山族也是如此。根据西方人类学家做的很多调查，母系社会当然是有，但它并不代表一个阶段。

采访者：在《甘肃彩陶的源流》一文中，严文明先生清楚地展现了彩陶文化自东向西渐次拓展的生动图景，澄清了"仰韶文化西来说"的错误。

严文明：1963 年我带几个学生到甘肃去调查实习，发现雁儿湾和西坡畹遗址的资料非常重要。雁儿湾的一个灰坑，出土了三十几包陶片，彩陶占相当大的比例。我们花了很多精力拼对陶片，复原了不少器物。雁儿湾和西坡畹遗存很像，仔细分析发现，西坡畹里有一部分东西和雁儿湾的一样，有一部分不一样。然后再看兰州的王保保遗址，又是一个样。这样我就把马家窑类型分了好几段。这个时候有人已经提出"石岭下类型"，我觉得它就是马家窑类型的前身。然后找半山类型、马厂类型，划定它们的分布范围。

我发现甘肃这些文化很明显一个个往西跑。半坡类型仅仅到了陇东，相当于庙底沟类型的遗存就到了甘肃和青海交界的地方，半山类型到了河西走廊，马厂类型到了河西走廊最西边的酒泉。这样排比下来，这不就是"东来说"吗？如果换其他人或许会写一篇批判"西来说"的文章。我不批判所谓"西来说"——因为那是学科发展特定阶段的产物。

另外，安特生曾经提出过一个观点，说马家窑彩陶是活人用的东西，半山彩陶是死人用的东西。我不相信。因为根据经验，死人用的明器风格还应该和活人用的一样，况且半山那么大的彩陶瓮不可能是明器。所以我就非得找一个半山遗址不可，后来就找到了断面有红烧土的青岗岔。在青岗岔的发掘，找到一座房址，里面有 12 件陶器，都是半山类型的，那么还能说半山类型的陶器就是给死人用的吗？

采访者：从对姜寨早期村落布局的研究开始，严文明先生对仰韶文化聚落形态进行了系统研究，揭示了仰韶文化社会发展的基本历程。

严文明：我觉得用聚落来研究社会比从家系（母系、父系）研究社会更可靠。不是从一个理念出发，而是从一些实际的资料看这个社会怎么演变。我特别讲，不要过分强调一个墓里面随葬品多几件少几件，主要看什么东西多。有的人贡献大，或者死的时候年成好，就可能给他（她）多埋点东西，不是有很多类似的原因吗？为何都往母系、父系上联系呢？

当时首先分析姜寨聚落，它基本上是个平等社会；整个半坡类型从墓葬上分析，基本上也是平等社会。但是到后来分化开始了，不但一个聚落本身里面有分化，聚落之间也有分化，所以有了中心聚落。"中心聚落"的概念可能是我先提出的。在中心聚落的基础上，后来又发现了一些城。我对城的分析，首先明确，城只是有围墙的聚落，关键得看城里面的内容，不是说有个"圈"就一定高于一般聚落。

研究聚落是为了研究社会发展，而社会的发展必须有生产的基础。对一个社会的发展影响比较大的是农业的产生，因此后来我就花了比较大的功夫研究农业，特别是研究水稻。研究水稻怎么起源、怎么发展、怎么演变，怎么达到一定的发展水平后来影响社会的进程。然后再看看世界上如西亚、埃及、美洲的社会是怎么发展的。

采访者：仰韶文化分布地域广大，20 世纪 80 年代以来出现了一种"肢解"仰韶文化的趋势，而严文明先生认为考古学文化命名应当慎重，应当尊重学术史。

严文明：现在一些人想"肢解"仰韶文化，废除仰韶文化的名称，另立新名，我不太赞成。第一，这个名字本身是历史形成的，已经成为历史了。第二，跟周围的文化比，仰韶的遗存无法归并到其他考古学文化中去。仰韶文化这一大块是客观存在的。

我经常喜欢举两个极端的例子。日本的新石器时代只有一个绳文文化，无非是把绳文文化分作早、前、中、后、晚，后来前面又加一个"草创期"；另外他们分了很多"式"，相当于我们的"类型"。而罗马尼亚很小一个国家，新石器时代到铜石并用时代有四十几个文化。那么到底哪个对？所以我就提出来两条：第一条，要尊重历史，就像一个人的名字，不能随便改。涉及仰韶文化的著作很多，国内外都在讲，忽然之间仰韶文化没有了，变成好多个别的什么文化，这样不好。第二条，仰韶文化下面可以有小文化，或者叫作亚文化。实际上马家窑文化也就是仰韶文化里面的一个亚文化；河套地区的叫"海生不浪文化"，也可以算是仰韶文化的亚文化。但是像"半坡文化"，既不是半坡类型，也不是半坡晚期类型，范围都不好界定。而所谓"庙底沟文化"的范围就是整个仰韶文化的范围，等于把一个文化里面的一个时期叫一个文化，没有必要，不如叫"庙底沟期"。

采访者：1986 年仰韶文化发现 65 周年的时候，严文明先生曾对仰韶文化研究做了很好的总结评述。今天他对近些年仰韶文化研究的主要进展也谈了自己的看法。

严文明：现在有的研究在推进，比如对仰韶文化的经济和生产水平的研究，对石器的鉴定研究，对与人有关的动物、植物遗存的研究等。在《灵宝西坡墓地》报告里面，涉及对墓葬人骨详细的体质人类学分析和食性分析，能够看出大墓中墓主人生前吃肉比较多，小墓的墓主人生前吃肉比较少，这些分析就非常好。我们以前无非就是从文化特征、类型等方面做一些大而化之的研究，现在科技考古概念引进以后，这种细致研究非常好。

在仰韶文化六十五周年讲话的时候，我就已经谈到这些事了。以前大家判断的农业工具，有什么证据？只是看着有点像不行，必须要有科学分析。这些事现在逐渐有人在做，是很好的趋势。另外就是早已经避免了用"母系"或"父系"那个框子去套仰韶文化的社会性质，注意了对聚落形态的研究。我想聚落形态这个概念现在已经很普及了，比如近几年河南灵宝西坡遗址和陕西白水下河遗址的大房子都做得很精细，都是在用一些聚落的理念去探寻，这都是很好的事。

（原载《中国文化遗产》2012 年第 6 期。后将图片删减，文字收录在《丹霞集——考古学拾零》，文物出版社，2019 年）

重建中国史前史 *

节目思路： 中国考古学从一开始就是以探索中国文明的起源和重建中国史前史与古代历史为目标的。严文明几十年的学术生涯，包括田野考古、学术研究和教学，虽然重点在新石器时代考古方面，也都是紧紧地把握这个目标而进行的。我们的谈话从仰韶文化的研究开始，逐渐涉及广泛的内容。我们拟将严先生的学术研究放到一个大的历史背景中去思考，他的工作和学术研究对于我们了解仰韶文化、了解中华文明的起源和发展，到底有着怎样的意义，其实有关仰韶文化和甘肃彩陶的研究、农业起源和文明起源问题的探讨，这几个重要学术问题都是为了表现一个中心：一位考古学家拨开史前迷雾、为中华文明寻源的不懈历程。

严文明： 我的研究应该从 1958 年算起。因为我教授中国新石器时代考古，那个时候"大跃进"，跟学生一起编写讲义。后来我单独编写，改了几次，1964 年出了一个红皮铅印本。那时就感到中国新石器时代考古其实还很年轻，基础性研究不够，还没有形成比较完整的体系。因此不顾当时盛行说空话大话的社会风气，下决心扎扎实实地从最基础的工作做起。当时新石器时代考古界最热门的话题就是仰韶文化的类型划分和社会性质问题。讨论的文章很多，论据多不充分，甚至引用的资料本身就有问题。实际上仰韶文化的资料十分丰富，地理上处在中原地区，对研究中华文明的起源具有不可替代的作用，应该从更加广阔的视野来研究仰韶文化。为了使研究有一个比较可靠的基础，我不得不从一个个遗址的重新分析着手。

一　王湾遗址发掘和仰韶文化研究

严文明： 在关于仰韶文化的分期和相关问题的研究中，洛阳王湾遗址的发掘

---

*　本文为中央电视台"大家"节目摄制前，于 2019 年 3 月 25 日与编导共同准备的文稿。

具有重要意义。王湾遗址位于洛阳市西郊王湾村北涧河南岸的台地上，面积约8000平方米。1959年秋和1960年春，北京大学考古专业的师生曾经两次对这个遗址进行发掘，揭露面积3625平方米。王湾遗址最重要的发现为新石器时代文化层，其中包括地层最下面的仰韶文化和之上的中原龙山文化，另外，王湾遗址还发现了周代文化层、北朝—隋代文化层和一座晋墓。总之，王湾遗址有很多时期的地层，一层层地将历史很明显地展现出来，相当于豫西地区的一个历史年表。

而其中，从仰韶文化到龙山文化就可以分为八个不同面貌的时期，属于仰韶的有六个时期。这种分期主要是靠地层里面出土的器物来进行分析，尤其是陶器。当时能做到这样细致的分期，在全国是头一号的。大家关注的半坡类型相当于王湾的第一期，而庙底沟类型相当于王湾的第二期，说明半坡类型应该比庙底沟类型要早。后面的三到五期，过去称之为豫西仰韶文化，实际上属于仰韶文化晚期。再往后是庙底沟二期文化和中原龙山文化。

编导：严文明将王湾和最早发现的仰韶村资料进行了详细的对比，写成了《从王湾看仰韶村》的论文，指出那里不但有仰韶文化，也有中原龙山文化的遗存，至少可以分为五期，并且是连续发展的。过去争论不休的关于仰韶村的新石器遗存到底是单纯的一种文化即仰韶文化还是有仰韶文化和龙山文化两种文化，是龙山文化替代了仰韶文化还是两者接触后形成了混合文化，实际上都不正确或不完全正确。历史的疑案从此得到了解决。

此后严文明将仰韶文化的主要遗址进行了仔细分析，进而对整个文化的分期、分区、类型以及它的起源、发展和如何向更高阶段的中原龙山文化演变的整个过程都进行了认真的研究，先后写成了《论庙底沟仰韶文化的分期》等十多篇文章，1989年结集出版了《仰韶文化研究》一书。认为仰韶文化主要是在黄河中游黄土高原的自然环境条件下，继承老官台文化等发展起来的，年代大约在公元前5000～前3000年。本身可分为四期，每一期又分为若干类型。前两期是发展和繁荣期，是统一性逐步加强的时期；后两期是衰落期，是逐步分化并向中原龙山文化转变的时期。在仰韶文化发展的过程中，曾经跟邻近的大汶口文化、大溪文化和红山文化等发生各种各样的关系，对仰韶文化自身也有相当的影响。这样就避免了外因论和孤立发展论。对仰韶文化同后来中国文明起源的关系也给予了适当的关照。

严文明：如何研究仰韶文化的社会是大家非常关注的问题。开始分析半坡聚落，觉得漫无头绪，无从下手，不如从墓地分析入手。正好在1958～1959年发掘了陕西华县元君庙和华阴横阵村两个以合葬墓为主的仰韶文化早期墓地，对它们所反映的社会组织和社会性质展开了热烈的讨论。刚挖出来，一些人以为一个墓葬就是一个家族，一排就是一个氏族，六排就是一个部落。当时苏秉琦先生就说：

"元君庙这些墓不能只从平面来看，因为不可能一次埋那么多墓，墓地的形成要有一个过程，难道没有早晚分别？"后来把器物和墓葬间打破关系一比，发现能分成三期。于是就把整个墓地分成了两个大群，假如一群代表一个氏族，就只能有两个氏族。横阵有三个复式合葬墓，大合葬墓内还有几个小合葬墓，另外还有几个单独的合葬墓。当时有很多争论，有的说整个墓地是一个部落，一个复式合葬墓是一个氏族，一个小的合葬墓是一个家族。有的人认为整个墓地是个氏族，一个复式合葬墓是一个母系大家族，小的是对偶家庭，这都是只从平面上来看关系。我把各墓的出土器物排了一下，发现也可以分三期，整个墓地可排成一个序列。假如整个墓地是一个氏族，一个复式合葬墓还是一个氏族。普通的合葬墓也在这个序列中间，说明小的合葬墓可分也可以不分，死的人多就分，不多就可以不分。氏族是不能不分的，家族是可分可不分的，可见当时还不到特别强调家族的时候，可以肯定整个墓地就是一个氏族在一定时期死者的埋葬。接着整理姜寨的东西。我提出当时有几级组织和几级所有制，不是只讲几级组织。一个村落肯定是有规划的，没有一个组织肯定不行，它下面有5组房子，每组是一个组织，每一组房屋代表的集体之间有差别，他们有自己的经济。外围有陶窑，可能是整个村落的。但是不是所有经济都能纳入观察，比如狩猎怎么进行，农田是怎么分的，就不清楚。只是从部分材料看出当时有不同的所有制，有的是以村落为单位，有的是以一组房屋为单位，没有单个房屋居住者的所有制，而只是一个半消费单位。我研究社会很少用母系、父系的说法，学术界有关的研究都很牵强，何况整个社会的发展主要是所有制的发展，而不是什么父系、母系。我研究聚落借鉴了西方聚落考古的思维，但是我的实际操作特点和他们不完全一样，是根据中国考古学实际来做的。

仰韶文化还有许多问题没有研究。例如生产工具、技术水平和经济类型等，彩陶的研究也没有全面铺开，这只有等待后贤了。

编导：另外，严文明关于仰韶文化的探讨还有一个重要的方面。安特生在发现仰韶文化之后，曾在1923~1924年到甘肃、青海等地进行广泛调查，认为中华民族是在铜石并用时代（他认为仰韶文化属于这一时代）从新疆迁入黄河河谷的，新疆是中国人种和远古文化的发祥地，而新疆远古文化是在中亚和西亚文化的影响之下产生的，这就是所谓的"仰韶文化西来说"。严文明研究发现，仰韶文化应该是继承了陕西老官台文化等发展起来的，这一点就动摇了"仰韶文化西来说"，而严文明后来的一项工作更加从实证的角度推翻了"西来说"——青岗岔遗址发掘和甘肃省彩陶研究。

二　难忘青岗岔

编导：青岗岔遗址位于兰州市七里河区西果园乡青岗岔村，遗址面积为 8 万多平方米。1945 年 3 月 19 日夏鼐先生首先发现这一遗址，并采集了一些陶片和石器等实物标本，认为那个遗址属马厂类型。1959 年马承源先生对该遗址进行了调查，认为青岗岔遗址属半山类型。1963 年北京大学历史系与甘肃省博物馆开始联合对遗址进行发掘，发现有半山类型、马厂类型和齐家文化的遗存。严文明主持了这次发掘。他说这一次的经历是他考古生涯中最难忘的一次。

严文明：当时是 1963 年，别的地方三年困难时期都已经过去了，但是甘肃仍然很苦。在那里二十几天都是吃土豆，桌子上放一碟生盐，连咸菜都没有。白天忙着发掘，晚上还要记工作日记。没有煤油灯，把墨水瓶做成了煤油灯。很少雇民工，主要是靠自己挖。能省钱的地方尽量节省。花钱这么少的考古发掘应该再不会有第二次了。

安特生曾经把甘肃的远古文化分了六期，其中有一期叫作半山期或仰韶期，他提出一个观点说半山期的彩陶都是制作出来用来陪葬的，半山式彩陶上的锯齿纹被认为是一种"丧纹"。直到 20 世纪 60 年代，考古学界还有人认同这样一个观点。这需要用事实来加以辨明。

编导：有一天，严文明在青岗岔的一片断崖上来回地看，他猛然看到在陡峭的悬崖上有一片非常明显的火烧土，其中还夹杂有一些陶片，看到这些陶片，严文明确认这些东西属于半山期。他推测这里要么有烧陶器的窑址，要么就是被火烧毁的房子。当即决定进行发掘。开始挖了一条探沟，竟然真的挖到房子的一部分，再扩方，整个房子就露出来了，确实是一座被火烧毁的房屋。严文明说，这种被火烧毁的房屋，对于考古来说是最好的，因为房屋内的原样基本上能保存下来。在这座房屋中，共发现了 12 件陶器，其中 3 件是彩陶，而且从形态和花纹上判定都是半山时期的陶器，很明显它们都是给活人用的，不是用来陪葬的。这是首次发现的半山时期的房屋遗址，意义重大，否定了半山式陶器只是专门给死人随葬的说法。

青岗岔发掘之后，严文明还在甘肃做了大量的调查研究，他把甘肃有彩陶的文化重新做了年代分析和分期，并且把每一期的遗址在地图上标示出来，发现随着时间的推移，彩陶文化遗存是从中原一步一步向西扩展的，绝没有相反的情况。这对于推翻"仰韶文化西来说"是一个有力的证据，后来严文明写了一篇文章《甘肃彩陶的源流》，因为"文化大革命"的耽搁直到 1979 年《考古》第 1 期才发表。

编导：对于安特生，严文明不赞成那种不分青红皂白地批判的态度，安特生是个地质学家，应中国政府的聘请帮助中国找矿和发展地质学，后来转入田野考古学。对中国的地质学和考古学有着不可磨灭的贡献，对中国人民怀有深厚的感情。仰韶村当时的发掘分期比较粗糙，安特生挖到彩陶不懂，他就去问西方的有关专家，这些专家就说没准是西方传过去的，这种学术上的假设是完全正常的，至于某些人拿这个来做文章又当别论。

严先生每年都要去很多遗址发掘、调研，掌握一手的研究材料，从不轻信他人的结论，碰到问题总要自己重新琢磨。他认为考古是一门科学，要有证据，经得起反复检验才行，不能仅仅是推测，更不能是想当然。严先生还认为，教学始终是他做研究的重要动力。教学相长，学生可以帮助老师开拓研究的思路，而研究反过来又丰富了教学的内容！

严文明：从对仰韶文化的研究我好像找到了一把钥匙，进而可以对整个中国新石器文化进行全面性研究。这需要做许多具体的工作。我花了很多时间分别对长城以北地区、甘青地区、山东地区、长江中游、江浙地区乃至广东等地的新石器文化进行研究，最后把整个中国的新石器文化做一个综合性研究，写成了《中国史前文化的统一性与多样性》。那篇文章包括我很多思考，第一次把从旧石器以来的文化谱系通盘梳理了一下，年代分期、地方分区、文化关系，各个方面都谈到了；第一次提出整个中国史前文化的大框架谱系，在这个谱系里面主要体现几个思想：一是中国史前文化既是多样的又是有联系的；不是一般的联系，是有核心有主体又有外围的，我形容它为"重瓣花朵式的结构"。当然花心是后来慢慢形成的，中原地区的核心地位是后来才慢慢体现出来，史前还不是很明显。但是重瓣花朵很清楚，主体为黄河、长江流域，外围就有不同的文化区系，这是在苏秉琦先生的"文化区系类型"思想基础上的进一步思考。所谓重瓣花朵，就是有花心，花瓣有内圈和外圈，总体是一朵完整而不可分离的花，不是简单的几个区系。这个格局对以后的文化有很大的影响。中国文明起源的格局，也是这时打下的基础。二是我注意到中国地形的特点，以及各个地方的自然环境的差别。中国整个地形的特点就是外围有屏障，比较核心的地区环境最好，容易产生文化上的向心作用。与外面的交流不是没有，只能保持有限的水平，所以中国文化"外来说"没法成立。我们说"多元化"，也是因为各个地方自然环境不一样。这是我把自然环境和文化发展联系起来观察的思路。考虑到自然环境对史前文化的影响，我把中国史前经济文化分了三块，就是稻作农业经济文化区、粟作农业经济文化区和狩猎采集经济文化区。这不是光说经济类型而是经济文化的问题，经济类型对文化有很大影响。比如做水田，田里必须要平，要有田埂，能关得住水，能灌能排，这比旱地农业复杂得多，所以水田农业的居民稳定性比较强，村落也不会很大；北方旱地就没关系，早期耕作比较粗放，地力衰减到不行就抛荒，重新找地方，就会造成人群的移动。但比起狩猎游牧民族，旱地民族也是相对稳定的。中国历史上常有北方民族大规模南迁的记载而没有相反的情况，所以中国的南方，特别是长江流域，对于中国历史长期稳定的发展起了非常大的作用。

聚落和环境有关系，我也比较注意环境的研究，环境又和经济形态有关系，和农业有关系，这又和后来的文明起源有关系。世界上几个最早发生的文明都是在农业起源中心发生的，所以文明和农业的研究，我是同时进行的。

编导：从仰韶文化到中国新石器时代文化再到中国文明起源问题的研究，这是严文明研究的一个轨迹。

三　红花套遗址和稻作农业研究

严文明：全世界有三个主要的农业起源地，一个在西亚，是小麦和大麦的起源地；一个是中国，是小米和大米的起源地；还有一个是中美洲，是玉米的起源地。而这三个农业起源中心对于古代文明的诞生，起了决定性的作用，中国所代表的东方文明与中国农业的起源和发展有非常大的关系。

那么中国农业的起源到底是怎样的？

让我们先看黄河流域。

20世纪50年代，在发掘西安半坡遗址的时候，在陶罐和窖穴里发现了大量粟的朽壳，这表明至少在公元前5000~前3000年已经有小米了。1976年在河北武安磁山遗址发现了几百个粮食窖穴，其中80多个里面还存有粟的朽壳，后来知道还有黍等作物的朽灰。它们的年代应该是公元前6000多年，一下子把黄河流域农业的起源提前了1000多年。前不久，北大参与发掘了北京西郊门头沟的东胡林遗址，距今一万多年，在整理资料的时候发现遗址中也有小米。所以，据至今掌握的考古资料，黄河流域至少在一万多年前就已经有农业起源了。

编导：那么，长江流域的情况如何呢？

也是在20世纪50年代，考古学家在湖北京山和天门屈家岭文化遗存中发现了大量稻谷壳的遗存，年代为公元前2000多年。1974年，严文明带着北大的工农兵学员去湖北宜都葛洲坝附近的红花套遗址实习，那里紧靠着长江岸边。当时的发掘工作有很多单位参加。在那里发现了大量的制造石器过程中的废料、半成品和少量成品，成千上万的，很多材料都来自江边的鹅卵石，这表明当年这里曾有一个石器制造厂，这是第一次发现中国新石器时代的石器制造厂。

严文明注意到那些被火烧毁房子的残余堆积所谓红烧土里有很多稻谷壳。房子是用竹篾编成的，外面糊一层泥，然后再糊一层谷糠泥，当地直到近代还有这种做法。这些房址属于大溪文化，基本与仰韶文化同期，大约在公元前5000~前3000年。发现比屈家岭文化更早的稻作农业，这在当时是一个重大的突破。

严文明：此后长江流域的考古工作有了很大的发展。在农业起源方面，1976年发掘的浙江余姚河姆渡遗址属于公元前5000~前4500年，考古人员发现了大量的稻谷壳，而且在一个陶釜的底部，人们甚至发现了一块锅巴，河姆渡人都能吃上大米饭了。这显然不是最早的稻作农业。20世纪80年代，考古人员在湖南澧县彭头山等地发现了许多稻谷遗存，年代在公元前7000~前6000年。1993年和1995年，在湖南道县玉蟾岩和江西万年仙人洞等处遗址发现了公元前一万年以前的稻谷和稻草的植物硅酸体，这些发现都在长江流域，稻作农业的长江起源说基本确立了。

在文明起源方面，湖北天门石家河屈家岭文化大型城址和浙江余杭良渚文化中心聚落和大型城址的发现，把长江流域文明起源的年代推进到与黄河流域基本同时。在青铜文化方面，有四川广汉三星堆的发现，江西新干大洋洲的发现和湖南宁乡黄材的发现等，知道长江流域早期文明的发展水平也跟黄河流域不相上下。

编导：上述工作有些是严文明参加或主持过的。为了说明长江流域在中国史前和早期文明发展中的地位和贡献，2004年出版了《长江文明的曙光》一书。

四　中国史前文化的发展与文明的起源

严文明：现在看来，中国大约在公元前一万年进入新石器时代，同时出现了农业的萌芽。到公元前六七千年初步形成了两个农业体系和不同的经济文化区，即黄河流域以粟作农业为主的旱地农业经济文化区，长江流域以稻作农业为主的水田农业经济文化区，长城以北以狩猎采集和畜牧为主的经济文化区，南岭以南以采集渔猎为主的经济文化区。由于农业经济的发展，使得黄河流域和长江流域的文化发展水平明显高于周围的文化，成为中国史前和早期文明的主体，成为花心和内圈花瓣之所在。从而就产生了巨大的凝聚力和向心力，使得中国文明能够长期稳定地发展而不中断，这在世界史上是独一无二的。

中国文明的起源不是一个早上就完成的，它有一个过程。大致说来，公元前4000年主体地区的社会开始出现分化，那也就是文明化的开始。公元前3000年开始普遍文明化的进程，公元前 2000 年正式进入文明社会。为了把这个问题说清楚，我主持了一个"聚落演变与早期文明"的重点项目，成果很快就要出版。同时参与主持了《中华文明史》的重大项目，四卷本的书已经由北京大学出版社出版。

（原载《丹霞集——考古学拾零》，文物出版社，2019 年）

我与考古学

——与李秀国谈话录

随着中国考古学学科意识的加强，越来越多的考古工作者已不再仅仅陶醉于各种重大发现的轰动效应，而更为关注考古学的理论建设、方法探讨和考古工作者进德修业的时代要求。对此，那些既有丰富实践经验，又具深厚理论造诣的专家学者在想些什么？带着这个问题，笔者访问了北京大学考古系主任严文明教授。

我国史前考古与《起源》的东方续篇

李： 最近，在"中国考古学会第八次年会"上，苏秉琦先生提出了重建中国史前史的任务，在考古界引起很大反响。请问这一任务提出的具体背景是什么？

严： 苏先生提出要重建中国史前史，是好几年前的事情了。当时，白寿彝先生主持编写一部数十卷本的《中国通史》，其中史前部分叫《远古时代》。他把这部书委托给苏秉琦先生，并认为，要写好中国通史，没有考古学家参与不行，史前部分更是与考古学有关。苏先生当时认为白老极有见地，便很愉快地接受了这个委托。任务基本上落到张忠培和我身上。在该书的编写过程中，我们不断地讨论中国史前考古学与中国史前历史的关系问题，觉得考古学总还是研究历史的，史前考古的任务主要就是研究史前时代的历史，但历史学的表现方式与考古学不一样。在这个过程中，苏先生有很多想法，给我们讲了几次。一次他和我一块住在北京平谷上宅一个考古工地里，专门谈如何重建中国远古时代历史的问题，讨论了差不多一个星期。后来根据苏先生的意思，整理出《重建中国古史的远古时代》一文，作为该书的序言。这已在《史学史研究》上发表了（1991年第3期，《新华文摘》1991年第11期转载）。而后，苏先生找了社科院考古所的几个同志讨论，谈了重建中国史前史的问题。考古所的同志将之整理出来，提交到考古学会第八次年会上。整个过程大致如此。

李： 由此看来，这是老一辈考古学家多年思考的结果。那么，重建中国史前史这一任务的提出，特别是在考古学处于新时代的今天来着重提出，是否具有特殊的意义呢？

严：我个人觉得，中国考古学发展到现在，已大体可以勾勒出中国史前历史的一个轮廓。但要让这个史前历史有血有肉，还差得很远，还需要做很多工作。这些年，我们集中力量做一个工作，按苏先生的说法就是建立考古学文化的区系类型，也就是建立考古学文化的时空框架及其发展谱系。时空框架和发展谱系这两者不是一回事，要弄清发展谱系一定要弄清时空框架，但单是框架而不研究文化内容的实际联系当然不行。

考古学文化的区系类型提出后，全国做了不少工作，有很大进展，至今仍在努力之中，还没有完全建立起来。这件事做到底就有可能解释中国这样一个以汉族为主体的统一的多民族国家是如何形成的，这是区系类型研究当中最终要达到的一个目的。再一个目的就是反映社会本身的发展，如生产力是怎样发展的？它涉及生产工具、技术和经济基础等一系列问题。这也需要做很多的工作。就史前社会而言，涉及在中国具体条件下农业、畜牧业和各种手工业是怎样起源和发展的？有些什么特色？各个地区是否存在不同的体系？这些不同的体系又是怎样地联结在一起？怎样地相互影响、交流、碰撞、吸收与融合？在这样的基础上，又怎样从远古社会发展出中国特色的古代文明？这些也就是苏先生提出的一个任务：要研究古文化古城古国和中国文明的起源问题，这看来好像是史前以后的问题，但史前考古必然导向阐明这类问题。只有把这些问题也弄得比较清楚后，方能谈得上写就一部比较像样的中国史前史。这样一个任务，以前我们也已意识到，苏先生多次提到：郭沫若1929年写《中国古代社会研究》时，就想到我们中国人应写一部《起源》的东方续篇。过去因为条件限制没有写成，现在应该继续写。

我们知道，马克思、恩格斯研究史前社会时，对中国的情况还很不了解。而东方的历史差不多代表了人类的一半。东方历史的主要舞台或中心地又是在中国。中国历史具有长期连续的特征，她对阐明人类社会的发展规律具有相当的代表性。多年来我们经常在琢磨这个问题。在写《远古时代》一书时，我们自认为是在写或准备在写《起源》的东方续篇。这是一件很有意义的工作，不是几个人就能完成的，希望今后会有更多的人来加入探讨这个问题的行列。

李：作为《起源》的东方续篇，一定有其自身的特点。这些特点主要表现在哪些方面呢？

严：在写《远古时代》时，我们是在进行这方面的探索和尝试。所以，我们不是光摆些资料，也不是仅仅反映考古发掘的新成果，而主要是集中探讨中国史前时期的一些重大历史问题。当然，我们现在只是意识到这一工作的分量和它的重要意义，真正解决的问题还有限。比如，中国在人类起源问题上有很多资料值得深思，人类起源是一元还是多元？是非洲起源还是亚洲起源？还是各有起源？近年来非洲有很多早期人类化石和石器的发现，亚洲也有重要的发现，尤其在中国。比如近年来在云南发现了极其丰富的禄丰古猿化石，现在已定名为禄丰古猿属同名种，它有一些性状与过去在印度和巴基斯坦发现的西瓦古猿及现代猩猩相近，又有更多的特征与南方古猿和非洲大猿相近，此外还有许多独立的特征。它的发现差不多要使古人类学家考虑是否重新建立人类发展谱系树的问题。再往后的元谋人和蓝田人，年代都超过100万年。最近报道四川的巫山人距今约200万年，虽有不同看法，但仍然值得注意。另外还有超过100万年的文化遗址，如西侯度等。这些问题我觉得还是刚刚提出，难以讲得非常清楚。但现在的研究毕竟比过去深入多了，如果进一步探索，那么，我们考古学家、古人类学家以及史前学家都应该是大有用武之地的。

第二个方面，中国较早的旧石器文化，现在看来也具有自己的特点，那就是以向背面加工的小石器为主要组群。这一总体特征区别于欧洲、非洲等地的同期文化。但我国面积广阔，南北很不一样，同是北方也可区分出不同的系统。过去在研究旧石器文化时只分早、中、晚几个阶段。现在则可划出几个谱系，这是旧石器时代考古的一个很大进展。至于谈到旧石器时代社会是什么样，有的说是"原始群"和"血缘家庭公社"。但没有一点证据，只是一些逻辑推理。在欧洲，至少在旧石器晚期出现了不少房子，可以从聚落结构和人类群体的季节性迁移等方面来探讨当时的社会组织和经济形态等。欧洲旧石器晚期发现很多古代的艺术品，如洞穴壁画、线刻画、雕刻等，中国基本上没有。所以我们对旧石器时代的意识形态了解很少。我们通过多年的考古实践，觉得中国不应没有这些东西。究竟在哪里呢？需要继续做工作，如再不做工作，或工作做得不细致，就难以提高我们的认识。我们现在对旧石器时代的认识，取得的主要成绩在谱系方面，属文化特点的揭示，对社会问题的认识，做得还不够深入。这里有很多工作方法的问题，旧石器考古的发掘方法恐怕要改进一下。现在报道的旧石器遗址很多，实际上大多是石器地点，有文化层的并不多，这样得到的信息自然有限。有不少自然科学方法在旧石器考古中很有用处，以后需要大大加强这方面的工作。

在旧石器考古中，我们看到有些迹象很值得注意。比如最近发现的郧县人，两个完整人头骨，总体特征与共存动物化石是属直立人的晚期阶段，但它的构造，尤其是牙齿非常之大，非常复杂，似很原始，比同期的北京人显得原始些。营口金牛山人，从共存动物化石及同层骨化石所测年代来看，属更新世中期，相当于北京人的后期，它的体质特征更接近于早期智人，比年代较晚的许家窑人、大荔人还要进步。这就提出一个很大的问题：人类的发展是否很早就产生了不平衡？如果是这样，他们又怎样进化成体质智力都大致相同的现代人的？当然，我们不是专门研究古人类的，只是提出这个问题，觉得这个问题很重要。

旧石器时代文化的发展也有不平衡。辽宁海城小孤山的骨器相当进步，比山顶洞出土的还好，可是年代比山顶洞早。这些迹象使我们意识到，中国旧石器文化与欧洲、非洲有相当的不同，发展的道路也不完全一样，东西方历史一开篇就有差异，虽然一些总体的规律差不多。但研究普遍的规律性应从具体的特殊性开始，今后要做的工作太多了。

从旧石器时代向新石器时代过渡的问题也很值得注意。在北方，很多地方到旧石器晚期出现细石器，这种细石器在长城以北一直延至新石器时代甚至更晚。黄河流域在旧石器晚期或更晚些到处都有以细石器为特征的文化遗址。这就提出了中国存不存在类似欧洲以细石器为主体的中石器时代文化的问题。在华南，一直到旧石器晚期，石器未有细化过程，再晚到新石器时代，也没有以细石器为主体的一个历史阶段，华南从旧石器到新石器的过渡有其特殊性。一到全新世，这一地区的洞穴遗址多出现螺壳堆积，这可能与全新世海平面上升带来的人口迁徙有关。因为最后冰期时海平面比现在低 130 米左右，现在的珠江口岸和大陆架当时都是陆地，进入全新世后，海平面不断上升，人们随着水浸往北退到珠江三角洲腹地，有的退到西江和北江地区的山前地带。很可能，华南由旧石器时代向新石器时代的过渡，不是因为生态环境的变化，而是与海平面上升、人口迁移相伴随的。这种转变同西亚前陶新石器文化也不一样。这说明中国从旧石器时代向新石器时代的过渡，不同地方走着不同的道路。我国新石器时代存在三个不同的区域经济文化类型，即（1）黄河流域以粟作为主的旱地农业经济文化区；（2）长江流域以稻作为主的水田农业经济文化区；（3）长城以北包括西北和西藏以细石器为特征的狩猎采集经济文化区。这三个地带从旧石器时代向新石器时代的转变途径各不相同，推及世界范围，也是这样。过去把新石器时代的特点和旧石器时代向新石器时代过渡的标志作统一的概括，现在看来显然不行了。尽管如此，这个过渡阶段却是普遍存在的。

新石器时代，产生了区域性文化，每个区域后来发展成不同的民族，所以区域性文化即民族文化区的萌芽，在此基础上产生不同的文明。在各个早期文明中，以黄河中下游、长江中下游的较为发达，在中国境内处在核心位置，形成既是多元的又是相互联系、相互作用的一种结构。我国的地理环境，自成一个相对封闭的区域，是对外文化交流的大障碍，西高东低、三级台阶，背对印度河文明和地中海文明。这种格局使得中国文明的起源只能是独立产生的。产生的地区尽管是多源的，但又自然形成向心力，向心作用和辐射作用结合在一起，构成一个有机的整体。这种多元一体结构一直影响到以后中国的发展，是中国文明得以持续、稳定发展的一个根本原因。而不是像有的人所说的那样，中国人本性保守或单纯从宗教等意识形态中去找原因。这种理论区别于"中国文化西来说""中国文化单中心说"或"孤立发展说"，也不是一种各自不相联系的多中心说。

　　人的认识往往要走曲折的道路，不是一下子就能认识得那么准确。现在我认为中国文明起源的这种提法比较符合实际。今后是否还会有更好、更完善的表达方式，现在还不好说，以后如果有，再作修正也不迟。

　　李：您在论述中国史前文化的统一性与多样性时，曾提出过一个"重瓣花朵式的向心结构"来概括我国史前文化的全貌。这个"向心结构"与您现在提出的中国文化起源的"多元一体"模式有些什么关系？

　　严：以前提出多元性和统一性的结合，形成重瓣花朵式的向心结构，是从史前文化的谱系来谈的。后来费孝通先生在论述中华民族的形成和发展时，提出了多元一体结构的概念，可说是不谋而合，所以我最近谈中国文明的起源和早期发展时借用了这个概念。两者涉及的问题虽不大相同，在年代上也略有早晚之别。但两者又是相通的，史前文化的基本格局为后来奠定了基础，中国古代文明的模式则是史前文化的延续和发展，过去的想法与近年根据考古新发现所做的概括与综合基本上是吻合的，两者衔接起来了，这使我有了一点自信。

聚落形态研究的思维方式及其可操作性

　　李：据了解，近年来您投入了很大力量进行或组织聚落形态的研究，并已取得了一批成果。请问您是怎样注意到这个领域？又是从何时开始考虑这类课题的？

　　严：史前考古要研究历史，不能限于谱系。历史是多方面的，有血有肉的历史，因而有必要对考古遗存进行深入的解剖。我这些年花了些力气搞聚落形态的研究就是出于这一想法。中国史前考古，包括新石器时代考古在内，在1949年前主要是一些调查和小规模的发掘，发掘的方式多半是探沟，所得结果只能是对文化特征进行一些描述和概括，或者对文化关系进行一些探讨。对当时的社会和生产技术、意识形态等方面则很难得以深入地了解。1949年后，我们学习苏联，在新石器时代考古方面突出表现在西安半坡的发掘。1954~1957年，集中了很多人力，挖了很大面积，当时的目的很明确，就是全面地揭示一个氏族公社聚落的各个方面。如果讲中国的聚落形态考古，当由此算起，当时已是有意识地搞聚落。苏联考古学者在乌克兰发现的特里波列文化，有围成圆圈的房屋，房里发现女性小塑像，苏联学者认为这是母系氏族的聚落遗址。现在看来其证据很不充分。那时，我们是简单地学苏联，忽视了中国遗址的特点。苏联很多遗址延续时间短，层次较简单，我国的遗址则延续长，层次多。半坡就至少可分三期，第一期可分两段，前后经历时间将近 2000 年之久。发掘报告没有牢牢把握分期这个环节，往往把不同时期的文化遗存放在一起来探讨它们在空间上的相互关系，自然不太可能得出正确的结论。但不管如何，它开了个头，从一个聚落的整体来探讨问题。到后来，经过宝鸡北首岭的发掘，特别是以后经过姜寨遗址的发掘，对于整个村落房屋布局的研究应该说有了相当的进展，这已到了 20 世纪 70 年代。美国的聚落考古已经讲得很热闹了，这促使我进一步思索：我们是否也应有计划地开展聚落考古？比如聚落与聚落相互间的关系如何？对一个大型聚落群又怎样来进行考察？在聚落内部有否存在各种不同的形态？半坡、北首岭和姜寨有否只是其中的一种？所以，在 70 年代后期至 80 年代，我在对许多遗址的考察中，集中考虑了这些问题。

李：当时您对聚落考古的关注主要出于哪些方面的考虑？

严：一方面是从社会发展的模式这个角度来考虑。我相信社会的发展是有规律的，又是多样化的。另一方面，也许是更重要的方面，则是从那些已经发现或发掘的考古遗址的观察上得到的启发。

我看到半坡、北首岭、姜寨和大地湾甲址，它们均属同一时期，文化性质都一样。属仰韶文化半坡类型，都是一种向心式、凝聚式的结构，里面没有太大的分化。但后来的遗址，房屋之间明显不一样，而且它们也不很集中，与墓地的关系也不一样。对墓地的观察也看出了类似的现象。由此开始，逐步注意到后来聚落形态的变化，试图找出一些带规律性的东西。

李：根据您的实践经验，可否简要介绍几个聚落形态观察的典型实例？

严：一个是对良渚文化遗址群的观察。我对良渚进行过多次考察，那个遗址群特别值得注意。很可能是整个良渚文化的一个中心区域。尽管它的位置并不在良渚文化的正中，但它的文化应属中心区域。第二个方面，中心区内应有个中心遗址，通过反山、瑶山的发掘，我更加相信有这么个中心遗址。由于扩建公路而在反山东边的大观山果园发现了许多红烧土坯，我和浙江的同志们进行了考察，证实那里有大型的人工台基，这个问题便基本上得到了证实。如果还是同过去一样，挖几个探方，挖出几座房子，是难以正确估计良渚文化的发展水平的。

湖北天门石家河遗址，在 20 世纪 50 年代就已发现，但缺乏对整个遗址群的调查与分析。后来我和省地的同志们去考察了一下，认定这是石家河文化的一个中心区，在这个中心区内应有中心遗址。后来通过几年的调查与发掘，初步查明了那里有一座很大的城，从而对那个聚落群才有比较符合实际的认识，也才能正确估计整个遗址群在石家河文化中所处的地位。

从聚落形态发展来观察问题，从这样一种观察来计划自己的工作，定出一个作业方案，然后又结合分析一些文化的情况，就有可能得到丰硕的收获。比如，甘肃秦安大地湾，出土了仰韶晚期那么大的房子（F901，包括屋前广场，总面积达 420 平方米），觉得那个遗址本身很不一般，很想进一步了解整个聚落的情况。于是，我们沿着梯田一个台阶一个台阶地跑，结果发现许多房屋基址的露头，甘肃的同志们经过仔细考察，差不多发现了上千座房子，这当然是一个中心聚落，说明当时社会已有分化。

内蒙古岱海地区的聚落形态现象与刚才几例不大一样。刚才几个多是从社会发展的角度来考虑。没有着重考虑人与环境的关系，在岱海地区，我注意到了聚落的发展同周围自然环境演变的关系。岱海的东南，地势比较低，有些小山丘，仰韶时期的文化遗存主要见于那里。晚些，相当于龙山文化的早期，遗址迁到岱海西北边的山坡上，遗址的高程也变高了些，这可能与岱海的水位变化有关。后来，有一个北京师范大学地理系的老师在那里搞古环境研究，证实当时确是雨量多、水位上升的时期。这是环境方面引起的变化。再一个因素是社会的影响。龙山时期的遗址在山的斜坡上，距离下面的平地较高，现在爬到遗址上去仍很不好走，有的还有石头围墙。显然，这与这个时期战争开始成为一个严重的社会问题，人们需注意考虑防务有关。如果从生产、交通方便的角度看，遗址都不应该位于那么高的山坡上。这些聚落（较大者如老虎山）每隔几里就有一个，时期相同，形态相似，其间应有关系。这样就不是把聚落孤立起来看，而是联系起来看。当然，这里有待发现新的证据；证明聚落之间确实有实际的关系。现在所能依据的是其房屋建筑、各种遗迹和遗物都差不多。此外，还需别的指示物。

在广东，1985 年我有意识地对各地各类遗址进行了考察。当考察洞穴遗址时，我注意到了洞穴外面的堆积，从而进一步考虑洞穴遗址的功能问题。在考察贝丘遗址时，提出聚落中心区不应在贝壳堆积的地方，考察的结果确是如此。对于沙丘遗址，有人怀疑它不是遗址，以为遗物是海浪打上来的。通过观察陶片，发现碴口较新，显然不是海浪打的，加上有的地方发现有灶和柱子洞，从而可以肯定是遗址。这些遗址能否说明原始人只是生活在沙丘上？我看很难。因此，沙丘遗址应与山岗、贝丘、台地遗址的研究一起加以考虑。现在，这种思想已为很多人所接受。在"珠江三角洲古文化学术讨论会"上，很多同志的发言都提到了这一点。这样，就把环境的变迁与聚落遗址的不同形态联系起来加以考虑。

李：在那次会上，您提到了聚落形态考古有它自己的思维方式和工作方式，其具体内涵有哪些？

严：总的来说，聚落形态研究或聚落考古，是要对聚落本身进行比较，进行不同层次的细致观察。在此基础上设计一种比较符合实际的作业方式，然后获得应该得到的历史信息。因为不同时期有不同的聚落形态；不同的地理环境、经济形态也都会产生不同的聚落形态。因此，对一个具体地方，某一个具体时期的遗址，就要把它放在这个宏观的框架上进行观察。对一个聚落进行细致分析时，如当调查一个遗址时，就得考虑：这个遗址哪个地方是中心区？假若是住人的，住在哪一边？哪些地方是倒垃圾用的？哪些是埋人的墓地？对此，有些遗址只靠地面勘察是难以明确划分的，而有的遗址则勉强可以做到。如果你难以在初步观察的基础上做这样的划分，可搞钻探或试掘，得到初步认识，在此基础上就可设计出作业方案。我在做聚落时，做过一般的村落遗址，也做过一些较大的城址，如周原和纪南城。一个较深的体会是，要发掘一个遗址就要发掘足以代表遗址性质的最主要的地方，而不是相反。传统思想认为，当你对一个遗址还不了解时，你应先挖它的边缘，挖那些不重要的地方。意思是那样做比较保险，即使挖坏了也不要紧。但据我多年的工作经验，以及我对别人工作的观察，我认为若这样做，很可能把一个遗址一点一点地敲掉，敲完了还不知道它到底是怎么回事。

再说刚提到的周原遗址。在发掘前，我从地形图分析认为凤雏和召陈地位重要，但到现场看文化层很薄，也没有几块陶片，在凤雏我从路边水沟看到了夯土，它既不像墓葬的夯土，也不像城墙的夯土，延续了较长距离，而且有一段夯土上还有人踩的路土。根据夯土里面与附近的陶片，可以认出是周代的遗物。我意识到这是一个重要的遗迹，说不定是一个宫殿基址，由此我就决定挖那里。我还根据地形预测了建筑遗迹的大小以便有计划地布方，发掘证明那确是一座宫殿基址，所布探方正好盖住了宫殿遗址，仅仅略为大出一点，这是很难得的。我自己通过这个工作，建立了信心：就是通过地貌和暴露遗迹的观察，来判断遗址的性质，设计工作方案，最后达到预期的结果。在凤雏发现西周宫殿基址的同时，在召陈也做出一些单体的宫殿基址，时代比凤雏稍晚，也属西周。此外我们还发掘了云塘制骨作坊和庄白铜器窖藏，这样，整个遗址的格局就初露端倪，其重要价值已是不言而喻，规划下一步的工作也就有了依据。再说遗址保护的理由充分了，申请经费也能得到理解，工作开展起来就顺利多了。与之相反，过去有些明知是都城级的遗址，就是不敢挖，搞了许多年还不知道中心在哪里。这样许多工作就跟不上，现在已破坏得不像样子了。我由此建立了一个基本的思想：在发掘一个遗址时，只要条件允许，就应在最能反映遗址性质的地方动土。把它提到工作方法上讲，就是要抓关键，拉网要把住纲绳，纲举才会目张，否则网就越拉越乱。同样，当有一群遗址时，就要找中心遗址。中心遗址找出来之后，这一群遗址的相互关系就好理解。再推而广之，当研究一个考古学文化时，就要找中心区域，中心区域明确后，对文化的整体水平，它与其他文化的关系，也就较好解决了。这是一步步推演出来的。

再回过头来，在一个聚落遗址内，工作局面打开后，就要尽可能搞清楚整体布局、各种遗迹的功能和相互关系。如果这些方面弄不清，你还是一堆房子，就很难进一步思考它所反映的社会问题和历史问题。我在研究仰韶文化的房子时，除了研究平面布局和建筑技术外，特别注意到被火烧毁的房子，里面的器物没有搬走，还保留原来的布局，这就有助于我们了解房子的用途与它的功能。里面能住几人，这些人使用什么器物，有无自己的贮藏，能否构成一个完整的消费单位，有没有作为生产单位的可能？等等。当然，在考古发掘中，大量的房基只是空框子，难以提供许多信息。但是，对一部分还保留有这种遗迹的房子，便深入、细致地对其进行观察和分析，其他房子可据形态、位置作适当推导，就能把问题一步步引向深入。现在看来，在史前时期，在新石器时代，不但有居住的房子，还有宗教建筑、经济性建筑和公共活动所用的建筑。把这些不同功能的房子，它们的布局、相互关系搞清，显然有助于对当时社会的深入研究。

李：这样看来，聚落考古的思维方式已是一套从实践中提炼出来的理论模式。

严：这既是一种理论思维，也是一套作业方案，是可行的。由于它具有切实的可操作性，所以可用这种思想来指导田野工作。光停在理论思维上，不能对实际工作起指导作用，这种空头的理论是没有多大价值的；反过来，如果只知道挖，把房子做得很漂亮，最后不能提到必要的历史高度来说明问题，价值也不大。

我们大学培养的学生、研究生，应在这个层次上思考问题。通过自己的工作，进一步探索如何使这个方案更精确，捕获的信息更多，信息的可靠性、科学性更有保证，这样，研究问题的深度就会沿着这条线愈益提高。任何科学都是如此，都是不断地向深度、向精确度发展。我们这代人只能尽我们的能力把它做得好一些，但不能期望我们把史前社会的一切问题都说清楚。聚落考古的这种思想不是首先在我们中国产生的。美国人讲得多些，他们强调这是他们发明的。其实苏联人早在 1935 年发掘特里波列文化遗址时就强调全面揭露整个聚落遗址。他们是从一种社会学模式出发，想全面复原一个氏族公社生活的各个方面，这实际上就是聚落考古的研究方法。但苏联的方法太简单，又不大注意聚落与环境的关系。相对而言美国人做得稍好一些，可借鉴的地方多一些。我们根据多年来的实践，工作一步步开展，自己总结出一些经验，提出一些问题。同时也注意到了苏美和其他国家的经验，相信会走出一条比较成熟的路子来。

滚雪球效应：方法论的思考

李：您上面所概括的这套聚落考古的思维方式，与您曾对标型学的专门论述有很多相通之处。如强调典型遗存的分析，由一个单位再到一个遗址，像滚雪球般越滚越大。循序而进，步步为营，最后不仅能得出较为合乎实际的认识，而且常常可以将认识逐步深化。您的这一套方法是怎样形成的？

严：这与我学哲学有关。哲学是讲认识论的科学，就是让我们的认识比较符合客观的情况。那么，认识是怎样来的呢？认识是从局部的实践来的。先一个局部一个局部地认识，然后把它们进行一些概括。开始可能是低层次的概括，当这些概括多了以后就可进行高层次的概括。每种概括又可回到低层次检验。总是这么来来回回。普遍性的法则总是存在于特殊的现象中，如果没有很多个别现象、个别情况的积累，那就没有综合，总结不出规律。所以，我特别强调实际工作。因为我通过实际的工作，总结出一些概念和普遍性的认识，然后把这些概念和认识拿到实践中去检验。一次检验成功之后，你的自信心就会加强一些，两次检验成功，你的自信心就更强了。类型学的研究也好，聚落形态的研究也好，都是这样。任何科学都应经得起检验。如果经不起检验，尽管你说得好像很圆满，实际上你自己都不相信。如果我有一个什么样的认识，提出来后，不能得到一些实际工作的验证，我就不能认为这是具有科学价值的见解。写文章也一样，当然也会有灵感，这种灵感一来，产生一些想法，有时就把文章写出来。然后，进行冷处理，有两种冷处理的方法，一种是自己给自己提反问题，看能不能驳倒它；另一种是文章写好后觉得有些地方不落实，就暂时放一下，看还有没有新的发现，新发现与我的观点有没有冲突，有冲突就要重新考虑。我不是说我每篇文章都有这么个过程，但我很多文章大致是这样，写出来先放一放，不愿抢风头。

我在《仰韶文化研究·前言》里，谈到过自己研究仰韶文化的基本过程。年轻时考虑大问题，当时研究仰韶文化，有关仰韶文化是如何发展的？独自发展的还是别处传来的？周围文化对它发展的作用如何？它自己的内部结构怎样？它的社会是一种什么形态？这些问题我都想过。20世纪50年代末60年代初，学术界探讨仰韶文化的类型——半坡类型与庙底沟类型之间的关系，仰韶文化的社会性质——母系还是父系？我当时就感到，这两个问题提得都太简单，仰韶文化不是这两个类型可以概括的，社会性质也不只是母系、父系所能回答得了的。但是，要把这些问题弄清楚，靠当时积累的材料和研究成果，还无法解决。所以，我就一个遗址一个遗址地做工作。比如，当时谈半坡类型和庙底沟类型孰早孰晚的问题，我直观看到半坡遗址有庙底沟的东西，因为当时分期也没弄好，它是半坡类型的组成部分呢还是不同时期的东西？还不清楚啊。不清楚又如何谈它俩的关系？另外，当时也有人指出，庙底沟遗址不单纯，应分为不同的类型，那我也得把庙底沟的东西理一理，看是不是可以分为不同的类型。我仔细分析的结果是，庙底沟可以分期，但不能划分为不同的类型；半坡遗址不仅可以分期，也可分类型，而庙底沟只是相当于半坡遗址中间的一期。这样，半坡遗址有早、中、晚三期，中间一期相当于庙底沟遗址。把半坡三个时期作为一个类型来谈它与庙底沟类型的关系，这怎么谈得清楚？工作进行到这一步后，再把其他遗址一个接一个地清理。在这个基础上适当扩大范围，按小区来概括文化分期和文化特点。然后，再来总结整个仰韶文化的分期与地方类型。得出这些认识之后，再回过头来，找任何一个遗址，看能否归纳到我这个体系里去，归哪一期，属哪个类型。如果有地层关系，它的地层关系反映的年代顺序跟我所建立的体系是一样还是不一样？以后出来了许多碳-14 的测试数据，又看看所得数据跟我排的序列是否一样？以后又发现了像老官台文化、磁山—裴李岗文化这套早于仰韶文化的东西，它们与我的体系中仰韶文化早期的接近还是晚期的接近？如果与晚期的接近，就说明我搞错了。实际发掘的结果证明这些都是顺的。还有，晚于仰韶的遗存，与我的仰韶分期比较，是跟早的像些还是与较晚的像些？结果均是晚的。这样，这个体系就获得证实了。这便是从个别到一般，然后从一般到个别的研究过程。这样来回地反复研究，反复验证，最后得出一个比较满意的结果。所以，在开始讨论半坡类型与庙底沟类型的关系时，我不是没有看法，我那时讲课就曾对学生讲过，不过我没有写文章，当时没有条件在这个层次上来谈这个问题，更没有条件对整个仰韶文化谈什么分期和类型。所以，我花了很多工夫去一个遗址一个遗址地做，这看起来似乎很笨，但我认为这一步是必须要做的。不走这一步，以后这个框架就是建在沙滩上了。当这项工作进行到一定阶段后，我就开始对仰韶文化的生产力、经济发展水平、聚落形态、埋葬制度等一项项地进行研究。有的资料无法纳入这个框架就只好割爱。例如半坡遗址，发现了大量的打制石器、骨器、陶片等器物，我在讲仰韶文化的生产工具发展时就没有用。为什么？因为那个报告本身不能提供给我这些东西出在哪一层。层位都没有，我就不知道它是哪一期的。半坡遗址有好几个时期，前后拉了差不多 2000 年的跨度。你把它都糅在一块，来谈仰韶文化生产工具的发展，这如何谈？与其用它谈此问题，倒不如把它放一边，不用它。这里，我由一个事情得到启发，就是尹达在写《中国新石器时代》一文时，就只用了一些经过科学发掘的比较可靠的资料。还有些别的资料，因为他无法判断，就没有用。也就是说，他认识到的东西他就讲，没有认识到的他就不讲。以后再认识到再讲也不晚。现在看来，那篇文章在当时是写得最好的。相反，同时期别的学者，比他更有学问、更有权威的学者，问题谈得很多很大，但因对资料的处理没有那么严格，许多论点后来都站不住。我得到这个启发后，就照样处理，这样仰韶文化的生产工具和生产力发展的脉络就清楚了。又比如说我在谈它的房屋的发展时，如果分期没有弄好，把早的当成晚的，把晚的看成早的，还怎么弄得清楚呢？如果谈聚落形态的发展，把晚的聚落形态与早的混了，还怎么能谈得清它的发展？全面弄清时空框架和文化谱系是个基础，在此基础上才能向前迈步。仰韶文化研究就是本着这个精神来做的。因为仰韶文化资料最丰富，所处的地位也较适中，对仰韶文化的研究可以得到许多启发，再去观察别的新石器文化时，心中就比较有数，有很多的方法实际上也是在那儿得到了发展。

李：在我拜读了您的《仰韶文化研究》这本70余年来国内研究仰韶文化的唯一个人专著后，我有一个感觉：您的仰韶文化研究的成功，一定程度上在于您有着正确的方法。过去人们在谈到仰韶文化的研究成果时，一般多是注重目前所已取得的认识和结论，似乎忽略了对研究方法的总结。虽然说方法总是蕴含在一定的研究过程和结果之中，但它又可以抽取出来化作具体的工作步骤，并用之于实践。您潜心研究仰韶文化的成果已是众口皆碑，但您在仰韶文化及其他研究中应用和积累的这些方法套路，被了解和吃透的恐怕不多。而其意义当不亚于一定新观点的提出，一个错误认识的更正。可以说，通过您和一批前辈学者对仰韶文化的研究，已经找到了一把"开启整个中国新石器时代考古学研究的钥匙"。

严：现在看来，对仰韶文化的研究还是很不够，还应做得更深入些。这里，就涉及考古学的进一步发展的问题。我在"纪念仰韶村遗址发现65周年学术讨论会"的讲话中提出了一些想法，现在也还是值得探讨。

李：您在那次长篇演讲中提出了不少具体的方法。如浮选法、模拟实验和石器微痕研究等。六年过去了，这些方法似乎还鲜见应用和推广。而这并非不必要。其症结恐怕就是您当时也着重提出过的开阔思路的问题。就仰韶文化的研究而言，应该怎样打开思路呢？考古学的思维方式应做什么样的调整？根本是否在于观念的更新？

严：观念的确需要更新。观念的更新又有很多方面。举一个方面的例子，对仰韶文化进行分期、分类型的根据是什么？一般是根据地层关系和对文化遗存的类型学研究，而类型学在很大程度上靠的是陶器的形态、花纹的发展规律的研究。这个方法是行之有效的，但也有其局限。因为陶器的形态、它的类别和组合、装饰花纹等，都与文化传统相联系，与每个时期的风尚相联系，与一些不同地区的地方性特征（如地方风格、不自觉中产生的差距）相联系。因此，根据类型品来进行分期和文化类型的划分，在一定程度上能反映出人们的相互关系或人们的集团的发展阶段。但是，一个人类集团的形成有很多因素。人的集团种类很多，在原始社会主要是部落、部落联盟、胞族、氏族等组织。这些组织有其共同的文化传统，共同的语言，共同的生活习惯。这些东西会在陶器上反映出来，也会在别的方面反映出来。在陶器交流较多的情况下，假如两个部落或两个部落联盟在陶器上交流多一些，那么，他们的界限就难划了。但是，如果从埋葬习俗上来考虑就不同了，埋葬的习俗应该更能体现一个人群集团的文化传统和宗教观念。不同的部落，假如他们有不同的埋葬习俗的话，是不好相互学习的。而陶器是可相互学习的。如果我们从埋葬制度上划出一个文化圈，它就不一定与陶器所划出的圈完全一样。因为，如我在分析半坡类型的埋葬制度时，发现至少还可以划四个圈，而这几个圈从陶器上难以划出来。在分析半坡类型的房屋时，发现房屋形态也可以划圈。依据房屋所划的圈，与依据墓葬所划的圈不完全一样，与陶器所划的圈也不完全一样。这里说明一个什么问题呢？说明我们只用一个指标来进行文化的分析有着相当的局限性和片面性。

现在西方和日本考古学界比较重视技术传统的研究。如日本对陶器的研究，不仅研究形态，也研究制法，研究纹饰的制法，研究这种制造技术的传统，不是像我们过去那样简单地分为手制和轮制。手制有各种各样的手制，轮制有各种各样的轮制，就像我们研究后来的瓷器那样，有不同的窑口，反映了不同的工艺技术和不同的文化传统。日本考古界可以根据技术传统划出一个文化圈，划出的这个圈与根据陶器形态所划的圈有一致的地方，也有不完全一致的地方，这又是一种参照。如果我们能够把所有信息汇总起来，研究每一个方面在反映人的集团上面的功能，然后把它综合平衡一下，来看看这个文化或文化类型究竟怎么划好。那就比仅仅根据陶器的形态类比所划的圈更能反映当时的实际。

现在，有些年轻学者在这方面提出了一些设想，但没有形成一种作业方式。各种指标和参照系在反映社会集团方面的功能和作用应该不太一样。这需要论证，现在缺乏这样的论证。如果我们能把这些方面解决得好些，考古学文化的研究就会比现在上一个大的台阶。所以，应该是探索、探索、再探索。不要自己给自己划框子。我向来不赞成对年轻人的探索指手画脚，我鼓励他们积极探索，当然也需加以适当的引导。

在进行仰韶文化的研究时，我是不是考虑到了这些问题呢？考虑到了，但仅仅根据现有的资料去做这样的分析研究，很困难，如果今后我们的田野工作在这样一种指导思想上来做，那以后积累的资料要比现在好用得多。这仅是一个方面的例子，说明有些观念需要更新和发展。当然，有些基本的东西需要坚持，如地层划分，不能不划，不能不据土质土色来划，划了还要有合理的解释，要把所有遗迹遗物都纳入地层关系的序列之中。这是基本的、ABC 的东西，总是要坚持的，不能忽视。但一些深层的研究，方法论上的、理论上的探讨，应该解放思想，应该敢于实践，不断总结。

李：越来越多的青年考古工作者都有这种探索的渴望，同时也面临着很大的困惑。在您看来，这种理论上和方法上的探讨，应该注意些什么呢？

严：年轻人的优点是没有老框框，思想较活跃，容易接受新东西，他们往往有闪光的思想。但年轻人对科学研究的困难、难度估计不足，有些年轻人看到老学者出现的不足甚至错误觉得难以理解，想走一条崭新的路。我自己也有过类似的阶段。1958 年时，形成一股热潮，对旧考古学否定多，想完全走一条新路。但在这个过程当中，不断碰鼻子。由此，我就发现不对头，还是应当虚心向老专家学习。学习就要会学，不是百分之百把老师的东西都接受过来，老师也不欢迎这样，老师总是希望青出于蓝而胜于蓝。所以，需要思考，在尊重老专家的前提下，在他们的指导下，进行自己的探讨。我想这两个方面不应偏废，一个人不能在荒草地上成长起来，这根本不可能。另一种倾向是全盘接受，亦步亦趋，这最没出息。应该是持一种分析的态度。对国外的同行，对他们的探索，也要有一个分析的态度，再与自己的研究工作结合起来。

李：在学习、借鉴国外考古学的理论、方法方面，如何才能学有所得，学有所用？

严：对国外考古学的情况，以前我们很不熟悉，改革开放后知道了很多新名堂。现在吸收较快的是自然科学手段，如科技考古、环境考古等，这方面的成绩大一些，工作也较扎实。另一方面，是理论上、方法论上的探讨。现在有些西方的东西被介绍进来，有些启发，但不能生搬。有人把西方考古学分了十几种流派，五花八门。究竟哪些好，哪些不大成熟，要花点力量去了解，做些分析，最好能参与他们的工作，参与他们整个课题的研究，了解他们的实际工作方法。我们也无妨在国内进行一些试验，而且不仅仅是取一个模式，不管是什么样的考古学试验，那些最基本的东西，像坐标、地层等总是不能丢的。就整套历史理论而言，西方的不是没有一些精彩之处，但整体上没有一个比得上历史唯物主义。西方也有不少考古学家同意历史唯物主义的某些概念。我们自然更应加强这方面的学习。掌握历史唯物主义的基本原理，在这个基础上去分析、研究现时的各种考古学流派。对的为我们所用，错的当然要扬弃，这是学科成长道路的必然过程。

"龙山时代"的前因后果

李： 十年前，您提出的"龙山时代"概念，澄清了长期以来龙山文化命名上的混乱状况，并且为我国文明起源问题的探讨做了准备。可否请您谈谈提出这一概念时的基本思路和今天您对这一时代的新的认识？

严： 当时的思考是指相当于龙山文化的时代，这是一个私有制、阶级和国家产生的时代。这个时代的考古学研究的深入开展，具有重大的理论意义。这就是中国从原始社会向阶级社会的过渡应具有中国的特点。尽管当时还不能明确指出是哪些特点，但已意识到会存在某些特点。把这些特点总结出来，对世界史的研究将有很大贡献，中国在世界史上的地位也会更明确。

其二是与考古学的发展有关。过去我们发现一个文化就命名一个，这就必然有一个总结、调整的过程。如龙山文化，当时为了区别又划分为山东龙山文化、河南龙山文化、陕西龙山文化、江苏龙山文化、湖北龙山文化等。这种以现在省名来命名的方式，发展下去会产生很多混乱。出现了本来面貌相同的东西被叫成两个文化，而不相近者反而叫一个名称的现象。这不符合考古学的实际，需要调整。调整的方式是按照实际情况区分为若干考古学文化。考虑到这些文化处于同一时代又互有联系，所以统一命名为"龙山时代"，这一名称的提出，已为考古学界所接受。

十年过去了，考古学有很多新的发现，探索文明起源重点就在这个时代。原来预感的这个时代的意义——即一个文明起源的时代，阶级产生的时代这个意义显得更为清楚。

时代总有它的边界。龙山时代之后，是以二里头文化为代表的早期青铜文化，两者界限比较清楚，原来想的与现在揭示的情况相符。但前面的界线在哪里？当时没有明确讲。而有两个想法：一个是把庙底沟二期包括进来，为早期龙山；一个是不把庙底沟二期包括进来。但我在研究仰韶文化时，把庙底沟二期当作仰韶文化的最后一期，也很顺，与大汶口文化的最末一期年代相当。否则把中原龙山提到庙底沟二期，而山东的龙山文化就比这晚了一段，会自相矛盾。从现有材料看来，还不能明确地、妥善地解决这个问题。我认为比较明确的是，在仰韶前、后期之间划一条线，包括在大汶口前、后期，红山文化前、后期之间划一条线，即大体相当于公元前 3500 年。在这之后，社会才开始有明显的分化现象，在此之前不明显。但是，我们不能从这个时候起叫龙山时代，因为要顾及过去的习惯。如仰韶村遗存，多属仰韶文化的 Ⅲ 、Ⅳ 期，即后期，以前的反而很少。如果把以前的叫仰韶文化，后面的叫龙山文化，这就与过去的概念不一样了。我想，不一定急于把这个事情明确下来。有时，我把庙底沟二期这一类遗存，称之为仰韶文化向龙山文化的过渡期遗存。如果是这样，在探讨龙山时代的起始阶段时，归在一起谈也未尝不可。这是在提出这个问题后，对其内涵与外延的基本限定。

在分布地域上，到现在仍没有什么需要调整的。至于这个时代具体的文化内容，已有很多的变化。在我写那篇文章时，还没有发现一个城，而现在很多城址都已发现了；那时铜器还很少，现在这方面材料增加了许多；玉器的发现就更多了。有的学者甚至提出"玉器时代"的概念，我不赞成这个提法，因为它与考古学传统的命名方法不一致。但这个时代在相当部分地区出现了很多玉器，则是一个很值得注意的现象。这种现象对说明文明的起源、社会的变化与发展也是一个重要的因素。这些都是近十年来的一些发展。这些发展在龙山时代的整体理论框架上，并不需要太大的调整，还是与我原来对这个时代的估计差不多。现在的进展，在于我们对私有制、阶级和国家的起源，原来差不多把它们放在一块来谈，现在看来它们是有一个时间的进程。在龙山时代的遗存里，研究私有制怎样产生，怎样从财富分化到社会地位的分化、阶级的产生再到出现政权和国家，很明显有一个过程。历史就是过程，没有过程就没有历史。过去在这些方面仅能从逻辑上分析，现在对龙山时代考古材料的分析，就取得了很大进展，因而具有重要的理论意义。现在我们可以认定，文明的起源，起步在公元前3500年。但这并不等于说自此开始就是文明时代，只是吹响了向文明进军的号角。待各阶段和各种文明因素成熟了，才是文明时代。什么时候进入文明时代呢？对此不必急于做结论。但可以肯定的是龙山时代正是文明起源的时期，是私有制、阶级和国家产生的时期，这是龙山时代提出后考古学研究取得的一个大的进展。

再一个进展，是认识到了在这个总体进程中，各地方的不同特点及其发展的不平衡性。过去只是看出一点苗头，现在则清楚得多了。江浙地区良渚文化的人工坟山、精美的玉器，在中原没有。说明其社会发展的表现形态不一样，社会的实质也会有些不一样。揭示并承认这种社会的文化发展的不同特点和不平衡性，这是研究真实的历史，而不是社会学的公式。

龙山时代的提出，也有助于它后一阶段问题的认识。相当于夏的这个时期，其生产力水平和社会性质的复原有了一个重要的参照系。过去对于夏的估计，有不同的看法，如认为夏没有进入阶级社会。而通过前面的观察，就改变了这种看法。过去注重的是夏、商、周的中心地区，对夏、商、周以外的，注重得不多。其实，在夏、商、周以外的地区，也还有高度发达的青铜文化。这些认识的产生也与龙山时代的研究有关。例如，山东岳石文化的发现与研究恰好填补了夏代的东方的空白。江浙地区的夏代文化面貌还不清楚，在良渚文化之后应有其位置。当然，它的相对位置已经降低了、萎缩了、退化了。又比如中原地区，在龙山时代地位并不突出，但在夏、商、周时代便非常突出，其中必有一个发展过程。如果不注意周围同时期及以前的考古学文化，对问题的看法就会有偏颇。

从上面这个意义上讲，提出龙山时代，不仅是关系到夏怎么起源的问题，而且关系到中国文明是怎样起源这样一个问题。这就促使我们去注意龙山时代之后各个文化区的情况。而以前我们总在中心区转，没有进行全面的观察。

岳石文化识别得晚，现在工作也还有限。其时的城子崖城墙，有版筑夯层，很是结实，与二里头的夯土技术相差无几。它的文化发展水平也不低，铜器量少，但很有意思：其器物形态（如铜环、箭头、小刀之属）与二里头文化、夏家店下层文化的一样。作为当时最先进的工艺，传播得很快，否则其形态不会这么一致。相比之下，相互间的陶器则差别较大。虽然其彩绘陶与夏家店的彩绘陶有些近似，也许有些关系，但不一定是学过来的，因为其器类和彩绘的技法都不太一样。再参照夏家店下层石头城的大量发现，我们可以认为，假如二里头文化就是夏文化的话，那么夏代的东方和东北方也都已形成了早期文明。这样，中国文明起源和形成的地点就不能再局限于河南二里头了。这样的一种进程，使得三代文明成了好些地方文明因素的汇集。夏、商、周都吸收了周邻各个文化的因素，形成各自的文明。同时，中原的文化因素也传到四周，对周围文化发生影响，相互渗透，联成一体。形成一种多元一体的格局，最后发展为现代以汉族为主体的统一的多民族国家。

考古学的认识目标

李：在现代考古学里，自然科学的应用越来越广泛。考古学这种跨学科特点是否给我们提出了新的要求？

严：现代科学技术在我国考古学，特别是史前考古学中的应用，确实产生了积极的作用，在我国也涌现了一批成果。如科技大学的王昌燧分析陶器中的长石，来探讨陶土的来源，有时就涉及一些重大的问题：一个遗址有两类因素，哪个是本地制造的，哪个是外地输入的？江苏新沂花厅村墓葬出土的陶器就有这种情况，它进而可以有助于说明良渚文化某部落对大汶口文化某部落的征服。又如环境考古学，科学院的周昆叔搞孢粉分析已积累了一定经验和成果。古脊椎所的祁国琴搞姜寨动物遗存的研究，不同于通常那种仅挑些标本进行种属鉴定的做法，而是还考虑骨骼的分布和形成现在状况的原因等。我系的一些年轻教师在甘肃进行的环境考古学研究，则是通过调查遗址的分布来了解文化与环境变迁的关系。

总的来说，自然科学的应用越来越引起我们的注意。这方面的工作使得考古学获得的信息更多，更精确，也更为可信。作为一个考古工作者，要了解这种发展的趋向。发现一样东西后知道找谁去测试，知道哪些方面可进行实验研究。正是出于这种考虑，我们在系里给本科生加了一些理科的课程。如"科技考古""现代科学技术在考古上的应用""孢粉分析"和"计算机操作"等。以后还要逐步完善。学生学得太多也不行，消化不了。要把基本的常识传授给他们。

我们这一代只能完成我们这代人的任务。我们这代人有很多弱点，一是不很了解国外，在我们的下一代应改变这种局面。二是专业太窄，很多人自然科学常识缺乏，不适应现代考古学的发展，我现在想着如何从学生的培养方面来逐步改变这种状态。

我自己的研究，如农业起源以及我参加或协助别的学者搞的陶器产地研究、环境考古研究、古器物力学分析、金属成分分析等，是上面这种想法和努力的一个很小的部分，可以表示自己的一种倾向。

李：您刚才说到利用多学科来解决考古学课题的问题，使我想起由中国历史博物馆馆长俞伟超先生主持的"黄河小浪底库区班村仰韶文化遗址综合发掘和研究"项目，那个项目据说是朝这个方向努力的。作为该项目的顾问，您对此有些什么建设性的意见？

严：俞先生让我去当顾问，我还没来得及看遗址，只是相互谈过。我觉得把各方面的人请来进行多学科的研究，这种方式很好。它有助于各种信息的捕捉、提取和综合研究的深入。但有一点需要注意：要充分考虑遗址本身的性质，不能光顾着去建立一个什么一般田野考古工作的新模式。因为这是一个仰韶文化的遗址，所以要了解现在仰韶文化研究到什么程度，这个遗址在仰韶文化中占有什么样的地位，它能为仰韶文化的深入研究提供些什么。具体地说，这个遗址是一个多层次的遗址，便于文化分期与文化性质的研究呢，还是一个具有比较多的遗迹，便于进行聚落形态研究的遗址？如果是前一种，有前一种的做法；若是后一种，又有后一种的做法，这两种不一样。做任何工作，都要了解你工作的对象，了解它的位置和性质，看它能提出和解决什么问题，据此制订出这个遗址的发掘和研究计划。这样的一套作业方式才能落到实处。

俞先生对这个项目有不少的想法。同时，他希望借助我的考虑和别人的一些考虑。我希望各种想法都能结合起来，使这种多学科结合的正确思路在田野实践中得以体现。

李：我想，我的很多同龄人都同我一样，对您的治学经历、体会和学术道路很感兴趣。虽然说我们可以从您的论著中捕捉到其中的点滴，但没有比请您亲自谈谈更能满足我们的愿望。现在这个夜深人静的时刻，您能给我们谈一些有关您自己的回忆吗？

严：我在中学时，由于数理化成绩较好，打算以后学数学或物理学，当时根本没想到会搞考古。那时是在长沙一中，有一个历史老师讲新民主主义革命史，对我影响很大，高考我报了物理和历史，物理做错了一个大题目，没考上，于是便考到了北大历史系，最初我并不是在考古专业，而是历史专业，想学近现代史。后来苏秉琦先生动员我到考古专业来。这样我便到了考古专业，毕业以后又在那里任教，一待就是三十几年。我是这样极为偶然地走上考古学这条路上来的。

对我的研究方向和学术道路影响较大的前辈，首先是苏公。苏先生喜欢考虑问题，与他谈话对人有启发性，他注意琢磨方法论。比较早一点的，是翦伯赞先生和裴文中先生，因为我开始搞科研时就接触了他们。那时，让我写北大自己编的《中国史纲要》原始社会部分，翦老是我们系主任，又是我的同乡，他特别推荐我去拜见裴先生。其实我与裴老已经很熟，我听过他的课，第一次考古实习也是他带的。翦老和裴老是好朋友。1958 年"大跃进"期间，搞什么拔白旗、插红旗，我的思想也搞得很乱，不敢找裴先生。翦老跟我讲了很多话，因为他是老资格的马克思主义史学家，他的谆谆教诲和裴先生的具体指导，使我从那种云山雾罩的"革命"风浪中，走入比较务实的道路上来，弯拐得比较早。

李：您当时较早就有这种清醒的认识，是否与您的个性有关？

严：这个怎么说呢？我是不善空谈，比较务实。

李：除了一些前辈的影响，您的研究还得益于哪些方面？

严：我自己觉得主要有两个方面：一个是田野，田野上我比较注意聚落全面情况的考察；一个是教学，教师面对学生，不能光是材料的堆积，得讲出一点儿道理。这两方面对我的成长道路和研究方向都有相当的影响。

李：谈到研究方向，请问您当时一开始是怎样抓住仰韶文化这个突破口的？

严：当时，考古界，尤其是新石器考古学里有这样两个热门话题：仰韶文化半坡和庙底沟两类型谁早谁晚？这么简单的一个问题，发过很多文章。另一个是仰韶文化的社会性质，是母系还是父系？我当时就觉得问题提得太浅。

我怎么会感觉到太浅呢？1957 年，我在邯郸实习，调查了不止一种仰韶遗存，属于后来被命名为后冈类型和大司空村类型的遗存。后又参加了王湾遗址的发掘，王湾分了六期。然后，拿王湾的一些观察来对比半坡、庙底沟的材料，以及北大自己发掘的泉护村和元君庙的材料。我想：王湾能分很多期，泉护村和元君庙不同，它们跟王湾的哪一期也都不大相同，跟后冈和大司空就差别更大了，但它们都叫仰韶文化。可见仰韶文化并非只有两个类型、两个时期，我想对仰韶文化应该进行全面的研究。后面苏公发了文章（指《关于仰韶文化的若干问题》——笔者），文章写得很好，他的研究方法对我很有启发。我由一个遗址一个遗址做起，再到小区、大区，范围不断扩大。当然，除了看报告外，我还看了很多博物馆、考古队（那时叫文物工作队）里的资料。大量的资料积累，使我能进行广泛的对比和全面的综合性研究。

李：从您对仰韶文化、中国文明起源和农业起源等方面的研究中，可以看出一条步步深入的轨迹。就整体而言，考古学研究应该怎样深入？是否应该扩大考古学的认识目标？

严：考古学的目标就是研究历史。从考古学产生时起就是如此。考古学哪一次方法论的变革都是为了更好地达到这个目标而产生的推动。

考古学研究的深入，关键在于思路要开阔，观念要更新。然后，去找方法来实现目标。这样，要紧紧抓住考古学这个学科的性质。考古学是个什么性质的学科呢？

第一，它的研究资料是以实物遗存的方式表现出来的；第二，它研究的目标是揭示古代人类的历史及其发展的规律。

这两点决定考古学研究方法的多层次性。

有人强调，只有找到考古学的统一的理论和方法，才能很好说明考古学的性质和特点，否则就意味着这个学科还不到成熟的阶段。一个学科是否一定要有统一的理论和方法，我看不见得。打个比方吧，数学的统一的理论和方法是什么？我们只能说，数学是研究数量和形态变化规律的一门学科，并没有什么统一的理论和方法。代数有代数的那套理论和方法，几何有几何的那套理论与方法，微积分有微积分的那套理论和方法，如此等等。考古学也一样，为了科学地发掘需要有地层学，为了正确地排序和对比研究需要有类型学。到了考古学文化的研究，就要探究文化是怎样发展的？文化发展的动力是什么？文化之间的关系如何？这又需要考古学文化的理论。为了正确地阐明历史问题，还需要有文化人类学和历史学的有关理论。随着研究的深入，理论和方法也会不断改进和完善，有时甚至可以建立新的理论和新的方法，检验的标准也还是两条：第一，是否能更有效地处理考古资料；第二，是否能更有效地揭示古代人类历史及其发展规律，能满足这两条的就是好理论好方法，反之则不行。有的人看到各种所谓理论和方法，感到很新奇，但不知道谁是谁非，谁好谁次，觉得无法判断，我想这两条就可作为判断的标准。如果自己想在理论和方法上有所探索，也应以满足这两条作为出发点，我想这个道理是容易明白的。

考古学的教学及其管理

李：严先生，您任北大考古系主任多年，坚持教学、科研和行政管理一起挑，各方面的工作卓有成效，均获称道。请问您是如何把这几方面有机地结合起来的？在考古学的教学及其管理上，您有些什么经验和体会？

严：在系里负个责任，是不得已而为之。现在办任何事情都很难，这方面要占用很多时间。但也不能说它对业务没有一点好处。身在这个位置，需要全面考虑一些考古学的问题，如教学和人才培养等。这既是教学任务，又是科研内容。教学上要花很多精力，这是事实，但从学生身上也学到不少东西。学生喜欢从大的方面，从宏观角度考虑问题，而这也是考古学研究中所应注意的。学生提了问题，总得想法去解答。这个时候，就得钻研资料，学习理论，进行研究。这对自己的科研学术道路都很有好处。假如我不是在学校做工作，而是在别的部门搞研究，很可能我的视野就较狭窄，考虑问题时站立的高度也可能不够。

每年，我都坚持下田野去，做些实际工作，带学生实习。这几年不太可能直接蹲在工地与学生一起参加完整的田野过程，但每年都有几次到工地看看，尽量不使自己脱离现在考古学研究的前沿课题。尽管如此，总还是感到时间和精力不够，讲到成果，实际还是太少。自己老是处在一种不满意的状态，有些问题想得很多，表达出来还是不很清楚，有点眼高手低之感。现代中国考古学领域里，还很少有较大部头的专题性或综合性著作。这方面，社科院考古所做得较好。我们学校从1958年开始编写教材，直到现在只出了《商周考古》和《中国古文字学导论》。苏秉琦先生抓的《远古时代》也只反映史前的一部分。我总感到要研究的问题太多，就是苦于力不从心。既是历史的责任把自己放在这个位置上，就只能这样做，我自认为属业务型的人，适于搞研究，缺乏做行政的能力和才华。在这个位子上做了一些工作，自己耽误些时间，可以让他人少耽误些时间。

教学和科研不都是矛盾，而是相辅相成的。我的科研课题，常常是与课程相联的。我讲课一般每次都有新的内容，将考虑到的问题反映到教学中去。有的人觉得研究成果还没有完成就不透露，我从来不是这样，一般来说，有什么考虑我就讲吧，这没关系，讲了后听听别人的反映有好处，不要把得失和脸面看得太重。有的不成熟，听了学生的意见，再琢磨，形成独立课题，进行钻研，这就使教学与科研相互促进，形成一个良性循环。

我的教学方式是启发性的。讲空的东西学生听不懂，光摆材料他们更烦。所以，我在教学上做了些努力，别的教师的教学方法对我也有启发。我给研究生上课，很多是采用这样的方式，指定一个范围，每个研究生准备一个课题，让他们自己讲，其他研究生来评议，一起讨论，我做补充、小结。一开始有的学生不太适应，觉得费劲，希望我多讲。尽管我可能比他们讲得清楚些，但我坚持不这样，还是一个课程大家来讲。费点劲对大家有好处。实际上，教一个课，主要教学生一些方法和最基本的知识。如果给学生灌了很多知识，没有告诉他们方法，他们只能死记硬背。反之，即使给学生讲授的知识少些，或并不全面，但方法教给学生了，他们可以深入进去，举一反三，而后拓展自己的研究领域。

李： 从您和一批前辈考古学家身上，我们看到田野对于事业成功的关键作用。请您结合北大考古系的实际谈谈考古人才培养中的田野训练和实习基地问题。

严： 几年前，国家教委到北大进行过一个调查，发现考古专业的成才率在北大各专业中是最高的。我们的毕业生在各级考古文博部门担任领导职务，成为业务骨干和学术带头人的很多。教委的两位同志到系里来与我们共同总结了这方面的经验，主要有四点，一是田野考古接触面广，锻炼了同学的实际工作能力。二是考古发掘要求对出土物和各种现象做出解释，促使同学们能够较好地将理论与实际结合起来。三是教师了解学生，特别是在工地上，言传身教，耳濡目染，所建立的师生关系远非其他专业的师生关系所能比拟，教师可以更有针对性地帮助学生，真正做到教学相长。四是所受干扰相对较少，如"文革"期间与政治的联系不像其他学科那样紧密，所受冲击相对较小。

从总结中，我们当可看出田野训练对考古专业学生的重要性。所以，我们历来很重视学生的实习，把其分为三个方面：（1）一、二年级配合课程的教学实习，如旧石器考古，去考察一下典型的黄土剖面，拿石头学习一下打制石器。新石器考古，去参观一些博物馆和遗址，这类实习时间短，目的是让同学在某些方面有点实感；（2）基础实习，从调查、发掘、室内整理到编写报告作全面的训练，让学生掌握田野考古的方法。这类实习各大学考古专业都有；（3）毕业实习或专题实习。目的是训练学生围绕一个课题来收集整理资料，培养初步研究的能力，最后产生毕业论文。这三方面相结合，学生的田野考古与研究能力都得到了锻炼。这是一个较成功的经验，但因经费问题，现在不得已把后者砍了，加之现在研究生比例高了，研究能力的培养便主要放在研究生阶段了。

基础实习一般分解成发掘、室内整理、调查、写报告几个阶段，每个阶段都有若干要求，并有相应的指标和评分，四个评分综合起来，得出一个总分。我们有一个规定，学生在田野考古中如不及格就不能毕业，这比学校里好几门课不及格才不能毕业要严。这一条我们一直执行得好。通过这样严格的训练且在必要时还作适当的补课，使学生掌握田野工作的基本知识和技能。

以上是业务上的要求。学生在考古工地实习，一切由他们自我管理，有时还做一些有意识的社会调查，了解国情。这几个方面的锻炼对学生大有好处，为学生毕业以后走上社会从事考古工作奠定了基础。

李：严先生，北京大学考古系素有开展国际学术交流的优良传统，现今贵系由美国友好人士资助兴建的赛克勒博物馆即将落成开放，想必这又将成为中外考古学进行学术交流的一个重要窗口。作为现任考古系主任，请问您在这方面有些什么想法？

严：改革开放以来，我们加强了对国外考古学的了解。主要方式有三：一是请国外著名学者到北大讲学；二是我们到国外进行学术访问和研究工作；三是派年轻教师到国外学习，在后一方面，我们已先后向德、美、日、俄、英等国派出留学人员，以后还要多派。派出之后，着重点不在于听什么课，而是要求他们去拜访当地的著名学者，认识些人，建立联系，考察他们的田野和室内研究工作以及考古设备，总的来说效果很不错。过去我们在这方面太没基础，也出现过一些盲目现象。如教委曾派出一个中学毕业生去国外学航空考古，由于不通过大学考古专业，对国内考古学没有什么了解，在那里学了七八年，还是回不来，回来也没有条件开展工作，这就很不切合实际。现在，我们已经建立起一支对国外考古学较为熟悉的队伍，有条件对国外考古学进行了解和介绍，扩大考古学的对外交流，进一步的方向，是要开展共同的发掘与研究。

本系的赛克勒博物馆，明年将正式开馆。她以陈列教学标本为主，同时也是我们对外交流的一个窗口。通过这个窗口，加强我们与国外考古学的联系。我们拟把她办成国际考古学学术交流的一个中心，美方也有这种意图，并给予些支持。

在了解和介绍国外考古学方面，因为国家众多，我们初步有所选择：一是几个主要的文明古国；二是同中国相邻的、历史联系较为密切的国家；三是在考古学研究中有成就、有特色的国家。与此相应，还要系统翻译出版国外有代表性的著作，以改变过去相互隔离、相互不了解的闭塞状态。同时，也让国外了解我们的工作。这些，光是北大的力量还不够，全国有条件的单位都可以做，如考古所、各大学考古专业等。如果我们都有这个想法，这方面工作的进展就会快些。

迄今，国外研究中国的学者比中国研究国外的学者要多，这个情况应该改变。否则，不仅与我们这个文明古国的地位不相符，也不利于发展我们的考古学。研究国外考古，有一个很大的困难，就是资料积累问题。对此，光靠一个单位难胜此任，有关部门应在一起作一种战略性的考虑。即使有这个考虑，也难得在短期内改变。不过，有这个考虑与没有这个考虑还是不一样的，我们总得有起步。这是一个很艰巨的工作，比世界史还难。文献资料积累比考古资料积累要方便些，我国的世界史研究也搞了多年，但难得说我们中国有哪几位研究世界史的专家在国际上可执牛耳的。而现在我们考古界对外国的研究还不如世界史。我们相继开了些世界考古的课程，本系教师开的有"中亚考古""印度考古""日本考古"和"苏联史前考古"，请外国人开的这方面的课题更多些。

有些不是一国就能解决的课题。如丝绸之路，需要多国合作研究。又如稻作农业起源和传播的农业考古研究，涉及很多国家。因此，我国考古界应争取多参加一些国际会议。我们自己也可以组织召开一些国际会议。

我在国外参观过一些考古工地、研究机构和实验室。通过与众多学者的交流，我的感觉是：国外的田野考古水平不一，有的很精致，如德国旧石器时代的遗址，做出很多房子，里面有石板画、各种动物骨骼及石器等。通过对这些遗迹遗物的研究，了解当时的动物走向、石器产地，发现人的迁徙行动——冬夏两季有不同的营地。在日本，有的也较仔细，如做贝丘遗址，探讨贝壳的生长期限和季节性的生产活动；有些则不行。对比之下，我们有我们自己的特点，好的要树立自信，不够的要向人家学习。

在室内研究方面，国外用现代科学手段来测试和分析较我们多一些、好一些，但这方面近几年我国也有很大的进展，有的不是考古科班出身的（如物理、化学、生物、计算机等学科）学者也在研究考古学的课题，联合组织了"科技考古学会"，出版了一些书刊。这是一个很好的发展势头。我们不必把考古学封闭起来，不必担心考古学的纯洁性的丧失。学科间的横向联系与渗透是一个趋势，应当欢迎。总之，我们需要加强交流，相互学习，启发思路，提高水平，让考古学在众多的学科领域里发挥更大的作用。

（1991 年 12 月 17 日于广州白天鹅宾馆，李秀国记录。原载《东南文化》1992 年第 5 期，题目是《博学、慎思、明辨、笃行——严文明先生访谈录》。后收录在《考古学初阶》，文物出版社，2018 年）

足迹：不懈的探索

——与庄丽娜谈话录

研究心路

庄丽娜（以下简称庄）：我们看到您的学术研究是从仰韶文化开始的，然后到全国新石器文化，近十几年来您好像更多关注了农业发生和文明起源的问题，为此还出版了一本论文集《农业发生与文明起源》，那么能给我们谈谈您的研究心路历程吗？

严文明（以下简称严）：我的研究应该从1958年算起，那个时候大跃进，在学校内就是要打破旧框框，冲破所谓资产阶级的学术体系。给我们的任务有两个，一个是批判资产阶级的学术思想，二是编写马克思主义指导下的中国考古学。我不会批判，也不愿意写批判文章，在完成了《邯郸考古》的龟台寺发掘报告的编写后，就参加了编写《中国考古学》之二《新石器时代考古》的工作，同时讲授中国新石器时代考古的课程。为什么提这个，是想说明我开始走入研究的时候就是从全局去考虑问题，不是从哪一个方面入手的。但是在编写过程中发现我们很多考古的文章议论宽泛，不深入；考古报告比较粗糙，不时有矛盾和错误。材料本身有问题，基础研究不够，因此我下决心从最基础的工作做起。当时关于仰韶文化的争论很多，主要围绕两个问题：第一，仰韶文化有哪些类型，仰韶半坡类型和庙底沟类型哪个早，哪个晚，还是基本同时？第二，仰韶文化的社会性质是父系的还是母系？仰韶文化不只有两个类型，1957年我在邯郸实习的时候就接触到后来命名的后冈类型和大司空类型，后来我们在洛阳王湾遗址做工作时，可以把仰韶文化分为五、六期甚至更多。我觉得如果要把仰韶文化的来龙去脉弄清楚，不应该从类型出发而应该从单个遗址出发。我先梳理仰韶村和西阴村的材料，发现可以重新分期。后来又梳理三里桥和庙底沟遗址的东西，接着研究半坡。我发现半坡报告的资料十分混乱，重新梳理以后至少可以分三期。早期是半坡类型的东西，中期是类似庙底沟的东西，还有半坡晚期的。仰韶文化分布的范围很大，不同区域有不同的特色，就是同期的不同区域也不同，所以我就把仰韶文化分为四期，每期都有若干类型，其中第四期相当于庙底沟二期。我当时就犹豫把不把庙底沟二期放到仰韶文化，因为《庙底沟与三里桥》的报告把它划入龙山文化早期。我考虑到庙底沟二期还有少量彩陶，绝大多数陶器还都是手制的，轮制陶器刚刚开始，而龙山文化根本没有彩陶，轮制陶相当发达。在器物类型上，庙底沟二期还有仰韶文化特有的小口尖底瓶。再考虑到山东的大汶口文化晚期相当于庙底沟二期。如果把庙底沟二期作为龙山文化早期，势必要把大汶口文化晚期划归龙山文化早期。作为一个统一的考虑，就把庙底沟二期放入仰韶文化最末的一期。

对仰韶文化的研究不能停止在文化分期、类型、演变轨迹及与其他新石器文化的关系等方面，还必须对它的社会进行研究。但是如果没有前面的一系列研究做基础，或者这些研究不到位甚至出现较大差错，后面的研究就失去了依据。我正是在前面的一系列研究取得初步成果的基础上进而对仰韶文化的房屋建筑和聚落形态、埋葬习俗及其反映出的社会形态，彩陶演变及流传等方面进行初步的探索。除了生产工具和经济形态没有谈，关于仰韶文化的方方面面都谈到了。从对仰韶文化的研究我好像找到了一把钥匙，可以进一步对整个中国新石器文化有一个观察。

这需要做许多具体的工作。我花了许多时间分别对长城以北地区、甘肃地区、山东地区、长江中游、江浙地区乃至广东等地的新石器文化进行研究，最后把整个中国的新石器文化做一个综合性研究，写成了《中国史前文化的统一性与多样性》。那篇文章包括我很多思考，第一次把从旧石器以来的文化谱系通盘梳理了一下，年代分期、地方分区、文化关系，各个方面都谈到了，第一次提出整个中国史前文化的大框架谱系，在这个谱系里面主要体现几个思想：一是中国史前文化既是多样的又是有联系的；不是一般的联系，是有核心有主体的，有中心又有外围的，我形容它为重瓣花朵式的结构。当然花心是后来慢慢形成的，中原地区的核心地位是后来才慢慢体现出来，史前还不是很明显。但是重瓣花朵很清楚，主体为黄河、长江流域，外围就有不同的文化区系，与苏秉琦先生的"文化区系类型"思想基本上是一致的，但是我有总体的把握，就是这种"重瓣花朵"式的格局，不是简单的几个区系。这个格局对以后的文化有很大的影响。中国文明起源的格局，也是这时打下的基础。二是我注意到中国地形的特点，以及各个地方的自然环境的差别。中国整个地形的特点就是外围有屏障，比较核心的地区环境最好，容易产生文化上的向心作用。与外面的交流不是没有，只能保持有限的水平，所以中国文化"外来说"没法成立。我们说"多元化"，也是因为各个地方自然环境不一样。这是我把自然环境和文化发展联系起来观察的思路。考虑到自然环境对史前文化的影响，我把中国史前经济文化分了三块，就是稻作农业经济文化区、粟作农业经济文化区和狩猎采集经济文化区。这不是光说经济类型而是经济文化的问题，经济类型对文化有很大影响。比如说做水田，田里必须要平，要有田埂，能关得住水，能灌能排，这比旱地农业要复杂得多，所以水田农业的居民稳定性比较强，村落也不会很大；北方旱地就没有关系，早期耕作比较粗放，地力衰减到不行就抛荒，重新找地方，就会造成人群的移动。但比起狩猎游牧民族，旱地民族也是相对稳定的。如果遇到雪季，牲畜大量的死亡，狩猎游牧民族最方便的就是往南方农业民族抢劫，中国历史上就是这样，北方游牧民族南抢，后来就出来一条大长城，中原的人大量往南迁移，比如后来的东晋南渡，就没有那个南方的民族大规模地往北迁移，历史事实就是如此。

在研究仰韶文化社会的时候，就注意到聚落的问题。开始分析半坡聚落，觉得漫无头绪，无从下手。不如从墓地分析入手。正好在1958～1959年发掘了元君庙和横阵村两个以合葬墓为主的仰韶文化早期墓地，学界对它们所反映的社会组织社会性质展开了热烈讨论。刚挖出来，一些人以为一个墓葬就是一个家族，一排就是一个氏族，六排就是一个部落。当时苏先生就说："这些墓不能只从平面来看，因为不可能一次埋那么多墓，墓地的形成要有一个过程，难道没有早晚分别？"后来把器物和墓葬间打破关系一比，发现能分成三期。于是就把整个墓地分成了两个大群，只能有两个氏族。横阵有三个复式合葬墓，大合葬墓内还有几个小合葬墓，另外还有几个单独的合葬墓。当时有很多争论，有的说整个墓地是一个部落，一个复式合葬墓是一个氏族，一个小的合葬墓是一个家族。有的人认为整个墓地是一个氏族，一个复式合葬墓是一个母系大家族，小的是对偶家庭，这都是只从平面上来看关系。我把各墓的出土器物排了一下，发现也可以分三期，整个墓地可以排成一个序列。假如整个墓地是一个氏族，一个复式合葬墓还是一个氏族。普通的合葬墓也在这个序列中间，说明小的合葬墓可分也可以不分，死的人多就分，不多的就可以不分。氏族是不能不分的，家族是可分可不分的，可见当时还不到特别强调家族的时候，可以肯定整个墓地就是一个氏族在一定时期的死者的埋葬。

接着整理姜寨的东西。我提出当时有几级组织和几级所有制，不是只讲几级组织。一个村落肯定是有规划的，没有一个组织肯定不行，它下面有5组房子，每组是一个组织，每一组房屋代表的集体之间有差别，他们有自己的经济。外围有陶窑，可能是整个村落的。但是不是所有经济都能纳入观察，比如狩猎怎么进行，农田是怎么分的，就不清楚。只是从部分材料看出当时有不同的所有制，有的是以村落为单位，有的是以一组房屋为单位，没有单个房屋居住者的所有制，而只是一个半消费单位。我研究社会很少用"母系制""父系制"，学术界有关的研究都很牵强，何况整个社会的发展主要是所有制的发展，而不是什么父系、母系。我研究聚落借鉴了西方聚落考古的思维，但是我的实际操作特点和他们不完全一样，是根据中国考古学实际来做的。聚落和环境有关系，我比较注意环境的研究，环境又和经济形态有关系，和农业有关系，这又和后来的文明起源有关系。几个世界上最早发生的文明都是在农业起源中心发生的，所以文明和农业的研究我是同时进行的。

农业起源

庄：国外关于农业起源理论的讨论很多，其中 L. Binford 于 1968 年提出过边缘地带说，后来 K. Flannery 又发展了边缘说，您在 20 世纪 80 年代的时候，提出长江中下游是稻作农业起源的中心，在论述稻作农业起源的机制和模式的时候，您认同了"边缘说"，那么这个理论在中国的史前农业中是怎样体现的呢？

严：我的"边缘论"思想早在 1988~1989 年就一再表达过，1997 年在《稻作起源研究的新进展》中正式提出。当时关于稻作起源地最流行的是"山地起源说"，再以前就是苏联的瓦维诺夫的"印度起源说"，我在 1982 年就说长江流域是一个重要的起源区，不是唯一的，但是最重要的。而"山地起源说"没有证据，这两点我非常明确。后面经过一系列的发现，城背溪、彭头山、八十垱，整个洞庭湖好多地区都出水稻，年代比河姆渡又早一些。再后来，贾湖、玉蟾岩、仙人洞与吊桶环遗址的发现，把年代一步步往前推。我最感兴趣的是玉蟾岩遗址，尽管就出了几粒稻子，关键是部分像野生稻部分又像栽培稻，我们就是要找这个东西，它共存的东西也显示出年代就应该那么早，后来测年到公元前 12000 年以前，都可以划到旧石器时代之末，这样我对长江流域是稻作农业的起源地就更有信心了。

为什么长江流域会是稻作农业的起源区？因为大量的野生稻不在长江流域，而在华南、东南亚和印度，长江流域位于一个边上，不是没有，只是很少。直到现在全世界水稻产量最大的地区还是长江流域。往南纬度低，不仅野生稻多，别的野生资源也很多，也没有一个很长的冬季，长江流域一定是有社会需要，食物资源缺乏。冬季 1 月份气温的等温线在长江是 4℃，到了湖南往南移很多，呈舌状。为什么这样，因为湖北原来是云梦泽，后来是江汉平原，没有山，往南就是一个洞庭湖，是一个风口，温度低，冬季长，比较寒冷，食物比较匮乏，需要找到一种食物可以对冬季食物进行补充，最好的东西就是秋收后可以储藏到冬季食用，稻子就很适合这个要求。在华南或者再往南的地方，即使很多野生稻，人也不一定吃，野生稻是陆陆续续黄熟，容易脱粒，收获和加工都很难，不是万不得已不会去栽培。长江流域吃的东西不够，才需要去栽培。别人说我在边边上做文章，我说可以叫"边缘起源论"。我没有考虑宾福德的"边缘说"，我不同意他的说法，他研究的不是水稻的起源，是西亚小麦的起源。农学家哈兰发现最早的农业不在小麦、大麦祖本分布的地区，而是在边缘上，宾福德想从理论上加以说明，他认为野生资源丰富的地区是人口集中的地区，人多了会向周边移民，而边缘地区资源匮乏，没东西吃就开始栽培。这是他的分析方法，可能有些道理，但是说服力不强。你说我认同他的，我不认同他的，我是从中国实际情况出发。何况不是什么农业都是在野生祖本分布的边缘起源的，比如粟和黍可能就不是边缘论，是不是边缘起源要具体分析。

　　庄：在农业起源的研究中，您认为中国农业起源存在两个中心，即北方一个旱作农业中心和南方的稻作农业中心，那么这两种农业体系之间的关系是什么呢？她们之间有相互影响吗？如果有又是怎样影响的？

　　严：全世界只有三个农业起源地，我指的是谷物农业，对人类文明发生重大影响的是谷物农业，不是别的农业。谷物农业产生只有三个中心：西亚、中美和中国。中国实际上有两个中心，并且是挨着的。北方小米种植以后，南方的缺水地区也种植。在台湾和云南的史前遗址中均有发现。北方也种植水稻，只要水充足，黄河流域就发现很多相当于从仰韶到龙山阶段的水稻遗存，但毕竟不占主导。两种作物种植有交叉，人员往来和文化关系就很密切，北方的人受到更北方人的压力就往南方跑，就会种植水稻。如果没有南方水田农业区，那么北方就没有后方，整个历史的演变就会是另外一个样。在中国历史上经济最发达的不是黄河流域而是长江流域，长江流域是鱼米之乡，有比较发达的丝绸、漆器、瓷器业。因为有经济支撑，文明不易垮台。古代中国文明是目前唯一没有中断的文明，与此有关系。这两个区域的基础很大，起源区和早期发展区也很大，那么基盘大，而且可以互补。西亚的农业，首先产生在两河流域，再传播到埃及和巴基斯坦，产生三个文明，但是这三个文明不能相互补充。中国文明有不同的起源，但是最后会融合成一个大文明，这与两个农业区的渗透有关，反过来讲，如果两个农业区距离远，就不会形成一个文明。

　　一个文明的范围内又有不同的地方特色，文明的内容就丰富，就会有活力。基盘大是中国文明的一个特点，能经受住外力的冲击，这也与农业的起源发展有关系。

　　庄：那么两者在起源上有没有什么关系呢？会不会是南方的稻作产生以后，北方的人受南方的农业思想的影响，才开始种植旱地作物的呢？

严：两种农业的起源有没有相互启发或影响我说不清楚，以前有的先生说南方的稻作农业可能是受中原旱地农业的影响才发生的，你现在反过来说会不会是南方影响了北方。因为南方栽培稻产生得很早。从玉蟾岩到彭头山文化还隔了很大一段。到彭头山时期，北方旱作已经很发达了，在此之前一定有相当长的时间有农业起源，只是我们还没有找到，不可能是磁山有稻作的人来了，受农业思想的影响才种植小米，如果是那样估计不会种植小米。小米开始是狗尾草，吃不到什么东西，那时艰苦得没法了，才去吃。刚才说冬季长江流域不好过，黄河流域更不好过，一定是国外人喜欢提的"人口压力"，人口多，就没得吃，然后就会找着吃。人们被逼着找到狗尾草，有没有可能一段时间觉得不好吃不种了，过了一段时间没吃的又种植了，这样反复，也就种下来了，栽培了一段时间，种植的质量也提高了，总会有这种过程。这种除了逻辑上的一种思维，还得找民族志的材料做参考，要把那么早起源的东西说得那么清楚很难。

庄：我们注意到您特别关心农业起源的问题，那么您认为我们对农业起源问题的研究比以前有哪些方面的进步？

严：进步太大了，安志敏先生在20世纪40年代就注意这事，写过文章。一些农学家三四十年代也注意。但是那个时候很少有考古材料，只能是一种推测。农学家的推测和我们推测的角度不同，他们是从现代植物种子的分布和转移来进行推测的。但是农业本身是一个文化现象，没有人的参与哪有农业，所以必须从人的行为、人的社会发展来考虑。最好的办法就是从考古发现比较早的农具和农作物来进行研究，这些有难处。最早的农业可能没有农具，所以完全靠农具讲起源是有困难的。现在水稻的研究进展很大，但是也存在很多问题，比如说水稻分两个亚种，一个粳稻，一个籼稻，那么分化是从什么时候开始的？有的农学家提出野生稻就分粳型和籼型，中国的农学家周拾禄就认为各有各的野生稻，粳稻有粳型野生稻，籼稻是从籼型野生稻驯化而来。王象坤和他的同事做了很多实验，发现后来的野生稻很多是栽培稻野性化，或者是野生稻吸收栽培稻的花粉，是受现代花粉影响而变型的，所以拿现在的野生稻推测起源阶段的水稻有问题。他把水稻分为纯合形、次生形，这也很难说是个定论。同样也是农业大学的张文绪提出"古稻"的概念，认为野生稻栽培后是籼粳不分的，他给这个"古稻"一个亚种。在这个问题上不很好地解决的话，起源的问题就没有完全解决。

以后考古上还得多发现，过去做新石器时代考古的学者，见到旧石器的东西不认识，做旧石器的对新石器的东西也不熟悉。起源阶段就是介于两者之间，需要两边学者的经验，最好有个考古队，两边都有人参加，还应该有农学家的参加，现在的玉蟾岩考古就是这样。

文明探源

　　庄：刚才谈了那么多关于农业起源的问题，关于文明起源的问题也是您一直关心的，我们知道最近"十一五"计划文明探源工程正在积极启动，您对这个工程有什么看法？您认为目前对文明起源的探索突破口在哪些地方？

　　严：你说中国文明探源工程要启动了，并不确切。探源不是什么工程，工程是要计日程功的，文明起源的研究不能计日程功。中央有些人觉得文明起源很重要，准备支持，这很好，但是，不宜搞大兵团作战，不宜搞工程。现在已经有很多单位和个人在研究了，也出了不少成果，再强调一下，无非是支持力度再加大些。如果实在要搞，可以设立一个基金会和专家组，然后大家来申请，以个人名义或者单位名义都可以，如果同意就给一定经费支持，可以起到一定的促进作用。

　　说到突破口，社科院出了本书《中国文明起源研究要览》，那里面可以看到，很多人在很多方面都进行了研究，现在说怎么突破，我看还是要靠田野考古，要找主要的遗址，找每一个阶段中心遗址，进行勘探和发掘。因为只有中心遗址或都城才能代表当时社会发展的最高水平。但这是要花很长时间，投入很多人力物力，甚至要不断提高考古水平才能奏效的。安阳殷墟是我们最早做工作的，也是最重要的，现在弄清楚了吗？再说郑州商城，墓地都没有找到，如果是都城的话，王墓在哪？文字在哪？宫殿区清楚吗？都不清楚。二里头遗址，现在很多人认为是夏都，是斟鄩，就算是吧，文献记载太康居斟鄩，后羿居之，夏桀又居之，中间那么多王在哪里住呢？现在二里头的碳-14年代忽然之间降了好多，二里头一期又不是夏的开始，太康是启的儿子，是夏代早期的。早期的不在二里头，就不像是斟鄩。那又是什么？现在又出现了偃师商城，偃师商城和郑州商城是什么关系，现在都还弄不清楚，那里也没有发现墓地、文字，铜器都没有几件。往前追到陶寺、石家河，这都是比较大的城址，还不止这两个城址，内容太多，不甚清楚。这个工作在考古学上要有规划，比较重点的遗址，首先要进行详细的勘探，在此基础上进行重点发掘，发掘要多学科参与，把发掘的东西弄细致一点，城不能只有一个城圈，城内要有内容，得有道路、宗教活动区、居民区等等。在这个基础上你才能对当时的社会有个基本的看法。这些弄清楚了还只是考古层面上的，怎么跟文献结合呢，怎么跟传说结合呢？当然还有很多事情要做。现在还有人提出搞"五帝工程"，这是不可能的。上面有人重视文明起源这是好事情，但是他们不知道这个问题有多难，我们也不能这样要求人家。但是作为学者要实事求是，要告诉人家，不要做什么工程，这是做不成的。但可以在各个方面加大支持，促进学术研究取得较好的成果。

庄：那么您作为课题组长的"聚落演变与早期文明"这个课题，是为这个文明起源的项目做的一项努力吗？

严：我在1987年就在对全国新石器时代聚落形态演变的考察中探讨了走向文明的具体过程。现在这个课题应该是那次研究的继续。我个人的力量有限，于是邀请了各个方面田野考古第一线的同仁，郭大顺、田广金、赵辉、张弛、韩建业、栾丰实等，他们都是很有造诣的学者，把现有的资料概括梳理一下，理出一个基本的思路。观点基本相同，同时尽量保持个人研究的特色，不是一个结论性的东西。如果能够基本上反映当前的研究水平，对大家多少有点参考价值就好了。

庄：那么对这个课题的研究是不是也说明了中国文明起源的多元化呢？

严：现在很多人开始有这个认识了，中国文明起源是多元性的，每个地方的起源都有它的特点，所以要做个案研究，不能笼统的一包。但是个案又不是孤立的，是相互联系的。比如良渚文化对文明起源研究很重要，那我们也不能只研究良渚文化，它之前之后都要研究。浙江地区这个文化的发展和外面的文化是有关系的，不能把它孤立起来。中国文明是多元的又是相互联系的，把这个问题弄清楚，对文明起源才能有个基本的把握，否则就是一锅粥。过去历史学界多认为夏商周一脉过来，我们现在从全中国的角度出发来考虑，显然就不能说夏商周一脉相承。夏，怎么划它的版图？夏在很小一块地方，东面有夷，南面有苗蛮，西面、北面还有很多其他文化，有的在历史上可以找到名字，有的连名字也找不到，但是在考古学上可以发现有好多文化，那么这些文化是怎么互动的？有夏的时候就有商，夏、商是什么关系？有商就有周，商、周又是什么关系？不完全是个替代关系。而且夏商周时候周围还有很多文化，比如夏的时候东面有岳石文化，西面有四坝文化；东北有夏家店下层文化等。商的时候有四川三星堆，江西的大洋洲，这些文献记载都没有，它们的存在自然会对商文化发生影响。对这些文化不了解，对商文化本身也就很难了解得很清楚，到周的时候不也是这样吗？春秋战国时候的几个大国，每个都是新石器时代的文化中心，齐鲁：大汶口—龙山—岳石；楚：大溪—屈家岭—石家河；燕：红山—小河沿—夏家店；越：崧泽—良渚—马桥。文化区域性的形成在新石器时代就已经有了，在一个基本统一的国家中也有表现。一个现代的政治家要注意防止分裂，也要防止过分统一，如果过分统一这个社会就死了。从考古学延伸出来的这个结论，不是很重要吗？

理论与方法

庄：您个人觉得最近十几年中国史前考古在理论和方法方面发生的重大变化表现在哪些方面。您认为今后中国考古学发展的趋势是怎样的？

严：中国考古学的理论和方法起初是从西方传过来的，以前我们是金石学那套，它不是现代考古学发展的基础。梁思永是在哈佛大学学习的，夏鼐、吴金鼎是伦敦大学学习的。中国考古学的奠基人李济、梁思永他们因为都有中国传统文化的背景，所以还不是照搬西方的，而且回国后就发掘殷墟等遗址，一开始就碰到中国历史上最尖端的问题。他们的工作很有成绩，但是新石器文化的基本谱系没有搞清楚，商晚期做了些工作，商前期不清楚，夏更不清楚。当时能做到那样已经不错了，毕竟考古工作不是很容易的事情。20 世纪 50 年代以后考古工作在全国铺开了，主要集中在黄河流域，研究上受教条主义影响比较严重，用简单的社会发展史的框架来套，商就是奴隶社会，前面就是原始社会，新石器时代就是母系父系。按家系来划分社会制度是不科学的，现在很多人不谈这个了，这是很大的进步。

现在大家的思想活跃，却又出现了洋教条，认为国外的都是好的，其实很多跟中国的实际情况对不上。还有就是标新立异，自己根本不成体系，又不尊重前人的研究，但愿这不会成为主流。

考古学还是研究历史的，要用考古学把中国历史一步步复原起来，把握这个方向，实事求是地进行探索，在探索中来建立自己的理论。我现在对考古学的发展是乐观的，不可能大家都是一个想法。不同的想法有个比较，在比较中就能看出哪条路能走得通，哪条路走不通。

方法上与国外比我们不差，我们有很多自己的创造和探索，如做遗迹找边的方法、认土的方法，是石璋如先生在安阳发展起来的。最高的水平就是做车，把完全腐烂只留痕迹的马车完整地揭示出来。

现在工程建设规模越来越大，田野工作做得很粗，这是一个普遍的现象，但是还有一些人在思考怎么改进田野工作。这在一定的历史时期不可避免，总有些工作做得很粗，也有些工作做得很细。有些学者在考古方法论上有较深入的研究，在地层学、类型学和考古学文化的研究等方面都有许多新的探索，如何通过考古遗存来研究史前社会的方法上也有明显进展。最近翻译出版的伦福儒的《考古学：理论、方法与实践》那本在西方考古学界有很大影响的书，书中收集了不少材料，尤其是科技考古上收集得很全，讲了许多具体的方法。但是究竟考古学是什么？他在前面提出作为人类学的考古学，作为历史学的考古学，作为科学的考古学，三个方面加以平列，用三驾马车来拉一个考古学，这个提法不是很好。考古学就是研究历史的，可以用一些人类学的理论、方法、概念，但不属于人类学。科学技术在考古学中应用非常广泛，以后还会越来越多，以便提取更多准确的信息。但是提取信息的目的不就是为了说明当时的历史吗？这个首要的目标不能模糊。我觉得他们在这方面把握得没有我们这么好。当然他们有很多地方值得我们参考，中国考古学一定要借鉴国外的好的东西，不好的我们就不要生吞活剥了。别的学科有什么好的方法，我们也可以借用。

薪火相传

庄：学术进步需要薪火相传，您认为我们年轻一代应当如何承前启后，继往开来。

严：你这个问题提得好，因为现在有些人认为用不着薪火相传，有些文章过去人家都已经写了他也不知道，就是现在有人写了，他也可以不管他，自己重来一遍还不一定有别人的好，这个很不好。什么事情都要有个传承，传承就要会学。我经常讲要学学考古学的历史，从历史里面可以得到很多启发，比如说仰韶文化和龙山文化的关系，梁思永写了《小屯龙山与仰韶》，他是当时的大权威。尹达也写了《龙山文化与仰韶文化之分析》，尹达是梁思永的学生，但是他写得比梁思永写得要好。为什么？梁思永太尊重安特生这个权威了，他是想给他圆场，结果写了半天也没有讲清楚。尹达就是根据在豫北发现的五个遗址都有仰韶在下龙山在上的地层关系，他说仰韶村也应该有两套东西，有仰韶也有龙山，而且那里的仰韶应该比龙山早。现在看来他说的是对的。我之所以经常举这个例子，就是想说作为年轻人不仅要尊重老先生、前辈的观点，更应该注意自己的方法对不对，资料实在不实在，什么事情都要从资料出发，也就是从事实出发。资料本身要有一个处理的方法，这个方法符合不符合考古学的方法，符合不符合地层学、类型学的方法。如果符合你就要有信心，不要怕突破哪个老先生的观点。老先生的观点也有分歧，你听哪个的？我经常跟学生说，不要因为我是你的老师就赞成我的意见，如果我错了你还是要反对。所以学习要会学。学术是一步步传下来的，对老先生的观点要有个起码的尊重。也不要机械地去学，承前还要启后，继往还要开来。自己要动脑子，要实践，要参加田野工作。考古的实践是无限的，考古工作方法的发展也会是无限的，但是基本的原则不会变，一些细部的发展也不是无限的，只要你亲身参加到实践中去自然会有所前进有所创造。除了对本国的长辈要学习，还有同辈的或者外国的也可以借鉴。总而言之，都要以自己的实践为基础。研究问题时要大处着眼细处着手。要有宏观的大框架的思维，不能见了芝麻丢了西瓜，把研究的目的和方向给模糊了。现在基础资料多起来了，电脑信息也比较方便，国外或国内同行的材料比较容易得到，这是非常好的条件，我相信在你们这一代会有更快更大的发展。

庄：好的，非常感谢严先生。

（原载《南方文物》2006年第2期。后收录在《足迹：考古随感录》，文物出版社，2011年）

老骥伏枥，志在千里*

——严文明先生访谈

问：严先生，您好！首先感谢您能在百忙中接受中国考古网的采访。还是先问个常规问题吧，您当初是怎么进入北大考古系的呢？

严先生：我小时候念过私塾，多少有点古书底子，但是我不喜欢念古书，我喜欢的是科学。我的数学比较好，但过分自信，很少做数学习题。我对物理也感兴趣，到了高中，物理学里面的一些问题很多也要用数学方法来解决，比较合自己的口味。所以，我的志向是成为一名科学家。考北大时我报了理论物理专业，没有考上，把我发配到历史系了。但我不死心，在苏秉琦先生鼓励下选了考古专业，以后在考古学研究里面还想带一点科学的色彩。这就是我走的道路，跟别人可能有点不一样。但是，你也不能说我一点古文基础都没有。让我看一些古文献什么的，不会有多大问题。

在北大学习的时候，授课老师里面我特别佩服裴文中先生。裴先生给我们讲旧石器。他这个人很风趣，可以把很深的学问讲得入情入理，还挺有趣，我们都爱听。给我们上课的先生还有夏鼐、贾兰坡、郭宝钧、苏秉琦、宿白、阎文儒、林耀华、唐兰、傅振伦、徐邦达等，历史课也都是一些著名的先生讲授的。各位名师都有自己的风采。我感到在北大学习是一种精神上的享受。

问：您是怎么选择新石器时代考古的呢？

严先生：原因是北大考古教研室的老师中，没有专门研究新石器考古的，让我教新石器是工作的需要。再说我也比较喜欢新石器。觉得做旧石器研究太单调了，遗址又少又难找，还必须要依靠古生物学和地质学等，不容易做出成绩。我听过地质系、生物系的课，觉得要搞出个名堂很难。研究商周考古必须懂古文字，古文字我也学过一点，觉得把古文字学通就要投很多的精力，何况还要跟新石器一样做大量田野工作。秦汉以后，就要大量依靠文献，不是典型的考古了。我觉得最能

---

*　　本文由李新伟采访整理。

反映考古学特点的就是新石器。新石器时代的文化遗存比较丰富，比旧石器丰富多了，比较容易提起兴趣。又没有别的学科可以依靠，没有地质学、古生物学的依靠，没有古文字和古文献的依靠，必须发展一套考古学自身的理论和方法。当时我想，如果能够把新石器时代考古学的理论和方法弄出一些门道来，甚至可以对整个考古学起作用。所以我一开始就把主要精力放在新石器时代考古学研究上，但我也不是只研究新石器，往前的旧石器和往后的夏商周考古都有关注。

问：您是北京大学建立碳十四实验室的主要参与者，这就与您的"理科"情节有关吧？

严先生：是的。年代框架的建立对考古学研究具有非常重要的意义。考古地层学和类型学只能提供相对年代，只能在一定范围里适用，超过了有密切文化关系的地方，相对年代就不好用了。再说没有一个明确的年代，一般人觉得不容易理解。绝对年代的好处，就在于它提供了一个明确的年代。有文字记载以后的绝对年代比较好办，史前文化的绝对年代就很麻烦。早先地质学通过冰川季候泥和树木年轮来测定绝对年代，对旧石器时代文化的年代有参考作用。1949 年美国物理学家利比发现利用碳－14 的半衰期可以测定史前考古的年代，1952 年出了一本书，夏鼐先生最先在 1955 年的《考古通讯》上做了介绍。我看了夏先生的那篇文章后，就去找夏先生借利比的书。1958 年我留校担任考古教研室秘书时，曾经拿了这本书去找北大的原子能系，系秘书答应一定会帮我们做，可是后来不知道为什么搁置下来了。后来夏先生找到科学院原子能所，把仇士华和蔡莲珍夫妇调到了考古所，两人不久就建立了中国第一个碳十四断代实验室，把中国的碳－14 年代测定搞起来了。北大晚了一步，1972 年才从技术物理系也就是原先的原子能系把陈铁梅和原思训两位先生调到考古系。陈铁梅是学核物理的，原思训是学核化学的，还缺一个操作仪器设备的人，所以就找到无线电系把王良训先生调过来。这三个人就把我们的实验室撑起来了，而且首先用了液体闪烁法。考古所和北大这两家碳十四实验室经常合作，成为我国测定史前考古年代的主要阵地。我不懂这些科学技术上的事，但对于现代科学技术在考古学上的应用，我是一直抱着积极的态度。

问：您的学术生涯是从仰韶文化研究开始的吧，当时为什么选择仰韶文化为研究对象呢？

严先生：之所以选择仰韶文化，因为这个文化发现得最早，考古工作做得最多，又处在中原地区，学术界的关注度最高。而实际上存在的问题不少，争论也最热烈。如果能够把如此重要又很复杂的问题理出一个头绪，当然是很有意义的。对全国新石器文化的研究也会有重要的启迪和参考作用。所以我决心花大力气从仰韶文化研究做起。

问：您对仰韶文化的这些基础研究是以类型学为核心的吧？

严先生：应该说是地层学和类型学相结合。当时考古界讨论仰韶文化的热点问题有两个，一是半坡类型和庙底沟类型孰早孰晚，二是这个文化的社会是父系还是母系。我觉得讨论年代问题不应该从类型出发，应该首先把每个遗址的情况弄清楚，再看不同区域和不同时期有什么变化。我发现一些重要遗址的分期并没有做好，说明讨论问题的基础不牢靠。我只好把重要的遗址逐个进行分析，再把它周围的遗址进行对比，一个小区域的分期就出来了，然后再把各个小区的情况进行比照，最后才弄清楚整个文化的起源、发展阶段和每一阶段的地方性差异，同时考察每一阶段与周围文化的关系，以及如何演变为中原龙山文化的情况。

问：您对仰韶文化社会组织和社会结构的分析也是以马克思主义社会发展理论为基础的吧？

严先生：我运用马克思主义的理论和方法是认真的，有分析的，绝不人云亦云，不脱离考古资料的实际情况。比如，我没有赶时髦讨论仰韶社会是母系还是父系的问题，只是从社会组织结构这个角度来展开分析。我分析姜寨一期的聚落时，首先注意到房子围成圆圈并分成五组，明显在一个大单位中存在五个小单位。我又注意到房子旁边的窖穴都集中在一块，就是一组房子有一组窖穴，而不是一个房子一个窖穴，房子里面的粮食是储藏在陶罐里的，只能短期食用。因此，在一个房子里居住的人不可能是一个完整的消费单位。如果是一个完整的消费单位，应该有自己的粮食储藏。根据灰坑聚组出现的现象，我推测应该有一个长者定期进行粮食分配，跟印第安人长屋居民的情况类似。但是我只走到这一步，我并没有说这就是母系或父系。因为我没有充分的考古资料讨论这个问题。有些学者做出的母系或父系的推断都难以成立，从实际材料分析不出母系或父系。把母系氏族社会作为早于父系社会的一个普遍的阶段是有问题的。所以，我的研究主要看所有制的变化，觉得从这方面可以看得比较清楚。我对姜寨一期村落的分析就是这种努力的一个尝试。

问：我觉得您写《中国史前文化的统一性与多样性》这篇文章时，就力图用考古学解释多民族统一国家的形成问题，或者说为后来历史时期的中国找一个史前的基础，您这种想法是什么时候开始产生的呢？

严先生：这个想法很早就产生了，中国经济文化最发达的地方历来在黄河和长江两河流域，周围很明显是差一点，外围有天然屏障，不是高山就是大海，自成一个大的地理单元。中华文明是在这个特殊的自然环境中起源和发展起来的。

我还注意到文明的起源和早期发展，没有一个地方不是与谷物农业相联系的：西亚两河流域文明、埃及古文明、印度河流域古文明和美洲古文明都是如此。所以我就以中国农业起源为出发点，思考中国文化形成和发展演变的问题。中国的农业起源在黄河流域和长江流域，两者分别为粟作农业和稻作农业的起源地和发展中心。这两河流域恰巧在中国的中部，势必对周围地区产生较大的影响。中国地方那么大，各个地方的自然条件和经济文化也不一样，明显看出有不同的层次。在两大河流域优势文化的影响和吸引下，自然会形成一种有中心有主体和外围的一个整体。我把它形容为重瓣花朵式的格局。

问：您提出"重瓣花朵"格局的想法是什么时候形成的？

严先生："重瓣花朵"这个说法提出较晚，但是，在苏秉琦先生正式提出"区系类型"之前，我就有中国史前文化有核心又多元的想法。我觉得苏先生提出的几个区系不能一例看待，各个文化区的位置不一样，功能不一样，发展水平不一样，文化特点不一样。苏先生反对中原中心论而提出不同区系的多元论是很有见地的，但是他没有进一步讨论一体性问题。张光直提出"中国相互作用圈"模式，认为中国广大地区的文化有密切联系，相互作用，形成一个整体，成为后来中国版图的基础，但是这个作用圈却没有一个中心。

我为什么要讲中心呢？我并没有认为当时中原史前文化的发展水平是最高的，我想强调的是它的那个居中的地理位置，它处的那个位置，使它可以吸收各个地方文化的优点，也对各个文化产生影响。这个位置所起的作用，如果说开始还看不清楚的话，后面中国从夏商周秦汉一直到北宋，都城都建在中原，凸显了中原的特殊位置。如果不注意这个事实的话，对中国整个的历史就没法讲清楚。中原的特殊地位，是有其史前基础的。我在研究仰韶文化时就深刻认识到庙底沟彩陶很厉害，扩展到那么广泛的地方，别的地区只要有彩陶就几乎都受到它的影响。这让我对中原的独特地位看得比较清楚了，让我最早产生了有关中原核心地位的想法。

问：那这个花朵为什么是"重瓣"的呢？

严先生：前面讲了中国文化有一个中心，位置在中原，好比花心。围绕中心的黄河流域和长江流域为主体。这两个流域的范围很大，黄河下游的山东地区、燕辽地区、上游的甘青地区、长江下游的江浙地区、中游的湘鄂地区、上游的巴蜀地区都是具有自身特点和发展谱系的文化区。每个文化区好比一个花瓣，这些文化区就好比内圈的花瓣。在这一圈花瓣的外面还有很多文化区，从东南顺时针数起有闽台、粤桂、滇、康藏、新疆、内蒙古、东北等文化区。这些文化区好比是外圈的花瓣。所以全体就好似一个重瓣花朵。我要特别强调的是，三重结构是一个整体，就像一朵花，花心和花瓣是不能分离的。从文化层面讲，中心和内圈最发达，外圈稍稍滞后，水平也稍低。这就加强了外圈对内圈的依存作用，也就是文化上的凝聚力和向心力，是中华文化连续发展而从未中断的重要原因。

问：陕西神木石峁的发现震动了中国考古界。大家没想到在北方地区会出现这么强大的一个集团。您去年到石峁做了考察，有什么感想呢？

严先生：感触很多，我没有仔细梳理过。我在现场看的时候，就想起小时候念过的范仲淹的《渔家傲》，就是"塞下秋来风景异"那首词。范仲淹是在陕北写的这首词。他那时把陕北写得多荒凉、多凄惨啊。但是，陕北地区在史前可没有那么荒凉。现在的神木也很厉害呀，煤矿等资源的开发让神木的经济起飞了，生态环境也有很大的改善。所以，我当时很有感慨，也填了一首词：

石峁山城风景异，老夫迈步登石级。

走近东门寻彩壁，残迹里，红黄黑白皆鲜丽。

巍巍皇城居重地，层层叠石围台壁。

礼玉琳琅璋与璧，惊未已，文明火炬边城起！

意思是说北方文化在重瓣花朵里虽然是外圈，但在中国文明起源中也扮演了重要角色。

中国的华南或者东南沿海也特别值得注意。那里的居民古代称为百越，百越是尚水的民族，大量地到海外去。太平洋上有那么多的岛，岛上的人从哪里去的啊，我一直琢磨这个问题，觉得可能跟百越人有很大的关系。要不然，太平洋上那么多岛，又极为分散，岛民怎么会形成一个统一的语系？有的学者发现南岛语系跟古越语的一些词汇很接近。那里的树皮布、有段石锛和拔牙风俗等也都跟我国东南地区的史前文化有联系，太有意思了。我一直鼓动大家搞搞这个课题，把视野扩大一些，扩展到广大的海洋上去。

问：最后，请您再对青年学者们说几句话吧。

严先生：好的。现在有越来越多的年轻学者步入考古学行列，这是很值得高兴的事。在中国做考古学研究有极大的发展空间。因为中国地方很大，地形复杂，有各种各样的生态环境，生活着几十个兄弟民族，经济文化多种多样。中华文明历史悠久，从来没有中断过。中国文化又有非常大的特点，就是有中心、有主体、有外围，有多元又有一体。世界上找不出第二个具有如此结构和丰富多样文化的地方。所以我说，这块土壤上能够产生、发展出新的考古学理论和方法，是能够产生考古学大师的地方。考古离不开田野，要下苦功夫进行考古调查和发掘工作，同时还要做艰苦细致的室内整理和研究工作。要善于运用新的科学技术。知识面要宽，要善于思考。要有雄心壮志，通过一代一代学者的努力，把中国考古学推向世界考古学的前列。年轻的朋友们，努力啊！

问：非常感谢您能在百忙之中接受中国考古网的采访！

（原文于 2014 年 3 月 7 日发表于中国考古网。后收录在《丹霞集——考古学拾零》，文物出版社，2019 年）

追回逝去的岁月[*]

——访当代知名考古学家严文明先生

　　作为中华人民共和国成立之后较早的一代考古学人，北京大学考古文博学院的严文明教授自 1958 年大学毕业后就工作在中国考古第一线。在半个多世纪的学术生涯中，严先生兼重考古教学、田野考古、学术研究与理论构建，先后主持、参加 20 多项田野考古和室内整理工作，发表论文近 200 篇，出版专著 10 余部。严先生的研究成果主要分布于新石器时代考古和中国文明起源研究等方面，涉及考古学理论与方法、考古学史、文化谱系、聚落形态、文明起源、农业起源、环境考古、科技考古等诸多领域，在极大程度上代表和引领当代中国新石器时代考古学的发展方向。2012 年岁末，本报记者走进严先生书斋，倾听了严先生关于治学之道及若干学术话题的见解，感受到这位耄耋老人对于当代中国考古事业的浓郁情怀。

一　老一辈考古学家领我走上学术道路

　　记者：我们注意到您从 20 世纪 50 年代就开始从事考古学的学习和研究，请问是哪些原因促使您选择考古作为自己毕生从事的专业？

　　严文明：很多人都曾经向我提出过同样的问题，他们和你一样认为我自幼就是一个对考古学有特殊爱好的人。事实并不是这样的。实际上，一直到高中，我的课程中成绩最差的是历史（中学没有考古学），最好的是物理学。我最初的理想是做一个理论物理学家，因此高考志愿中填报的就是北京大学的物理学专业。不过我最初的理想落空了，后来被录取到历史系。当时的历史系下设一个考古教研室，苏秉琦先生是教研室的负责人。苏先生有一次找我谈话，他知道我原先的兴趣所在，并了解到我还爱好绘画，就告诉我说：考古实际上是个半理科的专业，这个专业和你原先的志趣相差不远，同时也离不开绘画。他建议我学习考古学，

---

　　*　本文由《中国社会科学报》记者晁天义、刘芳采访整理。

就这样，我接受了苏先生的建议。

北京大学考古专业是当时中国大陆高校中最先设立的，一个班只有十几个学生。幸运的是，许多考古学、民族学、古文字学方面的著名学者，如裴文中、苏秉琦、夏鼐、郭宝钧、唐兰、林耀华等先生都曾担任我们的授课教师。这些先生的学问及治学精神对我很有吸引力，也使我受到系统而全面的专业训练。大学期间的第一次实习是1956年在内蒙古举行的，由裴文中先生带队。裴先生曾主持发掘过著名的北京人遗址，他不仅学问做得好，而且为人风趣，善于在谈笑风生中教给我们专业知识，使我们的实习活动充满乐趣。1957年，我们在宿白先生带领下到河北邯郸参加田野考古实习，前后发掘涧沟和龟台寺等遗址，还发掘了齐村与百家村的战国墓地。通过这次实习，我们基本掌握了考古学中的地层学方法。此后，我们还到河北平山进行田野考古调查，发现了不少新石器时代的遗址。之后进行室内整理，首先是拼对陶片、挑选标本、分期排队、统计制表，然后画图和制作卡片，最后撰写考古报告。一个学期下来，同学们接触了考古学工作的各个环节，受到比较严格的田野考古学训练，为今后的工作打下了坚实基础。寒假期间，我在邹衡先生指导下，完成了全部材料的后续整理和龟台寺遗址考古发掘报告的编写。这一工作一直持续到1958年暑期，随后留在北京大学历史系考古教研室当助教。参加工作不久，我又按照分工完成了龟台寺发掘报告的修改和定稿，从而对整个龟台遗址的材料有了一个系统的掌握。大家知道，20世纪五六十年代，许多人对仰韶文化和龙山文化都不能区分得特别清楚。原因是新石器时代考古学还处于较早发展阶段，田野考古多有不足，深入认识的条件还不具备。只有通过亲自挖掘，才有可能对一个遗址的地层和分期有比较明确的认识。通过发掘和分析，我最早将龟台寺的龙山文化、商代文化以及西周文化各自区分为两期，当时除商代文化与郑州二里岗下层和上层大致对应外，龙山和西周的分期都是第一次，至今看来仍然是正确的。这主要是严格遵循了地层学、类型学等一套田野考古方法而取得的成果。

总之，关于自己走上考古道路的经过，我想大概可以这样概括：苏秉琦先生将我领到考古学的大门口，裴文中先生激发了我对考古学的浓厚兴趣。通过邯郸的实习掌握了考古学的基本方法，培养了从事考古学研究的能力。后来在长期考古教学和田野考古工作的基础上不断拓展视野，在具体研究课题中不忘理论和方法论的探索，才逐步形成自己的学术风格。

二　理论和方法是考古学的灵魂

记者：在一般人的眼中，考古工作似乎就是意味发掘和材料整理，似乎与理论、方法没有多少关系。请问这种理解是否准确，理论与方法在考古学中究竟扮演怎样的角色？

严文明：理论与方法对考古学十分重要。考古学的基础是田野考古学，其中的地层学、类型学、考古学文化、聚落考古等方面都有理论和方法的问题，也都有不断改进与深化的空间。我最早在北京大学为学生开设田野考古学课程，并且提出过一些比较重要的概念，比如作为共存关系载体的地层单位要分等，作为类型学排比的器物要分级，考古学文化要分层次，这样才能主次分明，逻辑严密而不会一锅煮。

理论与方法在田野考古学中的重要性，也是不言而喻的。通常在发掘和调查一个遗址时，首先要了解遗址的性质，并在全面勘探的基础上着力发掘其中最重要、最有代表性的部分。1976年，我们在陕西周原开展考古工作，当时有学者主张首先发掘遗址中文化层最厚、陶片等遗物最丰富的部分。我的看法不同，认为应该寻找堆积比较薄、陶片等遗存比较少，并有特殊遗迹现象的地方。因为周原作为周人建国之前的一个重要政治中心，一定会存在较大的宫庙遗迹，那里不应有大量的陶片等废弃物遗存。我主持的凤雏遗址，就是按照这种思路进行挖掘的。当时发掘出来的有主殿、后室、厢房和大小庭院，并严格按照中轴对称安排的成组建筑基址，至今还是西周时期最具规模的宫庙遗迹。一个反面的例证是丰镐遗址。大家都知道，那里是西周文王、武王及此后诸王建都的地方，也是西周时期最为重要的国家政治中心，可是考古工作做了几十年，没有发现任何大型的宫庙及相关遗迹。这可能与原先的保存状况不好有关，更可能与考古发掘工作的思路和方法不到位有关。

在考古调查方面，我还提出"中心聚落"的概念。我认为中心聚落代表一个社会的最高发展水平，只有做好中心聚落的考察与发掘，才可能对一个社会的状况有准确的认识。旧石器时代还谈不上有聚落，真正意义上的聚落应当出现于新石器时代，它们最初规模较小，看不出有贫富分化的现象。到了新石器时代中期，聚落逐渐变大，一个聚落往往包括上百个房子，体现出凝聚式特点，表明当时有某种重要的社会组织。到仰韶文化早期的姜寨一期，聚落内部虽然分为五组房屋，但相互间看不出明显的差别，基本上还是平等社会。仰韶文化中期，贫富分化出现，随之出现中心聚落，中心聚落进一步发展的结果就是政治的中心——都城。近年来备受关注的良渚文化中心出现大规模城址，就是这方面的典型代表，说明良渚文化已经步入文明的门槛。什么叫文明？文明社会就是不平等社会，因为不平等，一部分人掌握了权力和资源，才能让一部分人脱离一般性的劳动，专门从事玉器、丝绸、漆器、象牙饰品等高档消费品的生产和文化宗教等活动，从而走向文明化的进程。

三　应以更加开放的心态看待"中国文化西来说"

记者：在某种程度上讲，现代意义上的中国考古学可以说是"西学东渐"的产物，请问我们应该如何认识文化交流对考古学进步的意义。尤其是考虑到中国近代的特殊历史环境时，我们应该如何正确评价那些对中国考古学发展做出一定贡献的西方学者？

严文明：在中国考古学史上，世界地质学会主席、瑞典地质学家安特生是具有开创之功的，但也曾因为他的仰韶文化西来说而备受争议。

1914 年，安特生应中国北洋政府邀请来华担任农商部矿政顾问，负责寻找铁矿和煤矿。1916 年之后，地质调查工作因中国国内政局动荡，经费短缺而停滞，安特生遂转而收集、整理古生物化石，进而对考古工作发生了兴趣。他是第一个认识到北京周口店龙骨山可能存在早期人类活动遗迹的学者，并最终促成了"北京直立人"的发现，他也是第一个"仰韶文化"的发现者，从而开创了中国史前文化研究的新领域。

安特生的工作中有两件事曾经有人诟病。第一件事是他的彩陶文化或仰韶文化西来说。这个"西来说"是怎样形成的呢？1921 年，安特生等人发掘了仰韶文化遗址，发现其中有鼎、鬲等中国传统文化的陶器，认为是中国汉民族远古祖先的遗物。但他同时发现有一些画彩的陶片，不知道该如何解释。后来看到美国人在中亚安诺的考古发掘中也发现有彩陶，还知道乌克兰的特里波列文化也有彩陶，考虑相互之间是不是有联系。于是他于 1923～1924 年去甘肃和青海东北部一带进行考古调查，发现了出土大量彩陶的遗址。因为甘肃历来是中西文化交流的走廊，他以为仰韶文化的彩陶应该是从安诺等地通过甘肃走廊传播过来的。这就是所谓仰韶文化西来说。此说是 1925 年发表的《甘肃考古记》中提出的。安特生的观点不久以后遭到中国年轻学者刘耀（尹达）等人的反对。文化是独立发明的还是由其他地方传播而来的，本来是一个学术问题，完全可以通过进一步的实际工作和正常的学术讨论来求得解决，可是在近代以来特殊的社会氛围下，它就成为一个十分敏感的热点话题，其实是不正常的。

第二件事，是有人将安特生运走他采集的彩陶等标本并在瑞典建立远东古物博物馆一事与殖民主义者窃取中国文物联系起来，则完全是因为不了解实际情况而信口雌黄。事实是根据中瑞两国协议，中国政府同意安特生将陶器运回瑞典整理研究，在研究完成之后再将其中一半归还中国。安特生根据协议，在基本完成整理研究后，分七次将其中1389件文物退还给中国，目前仍有400多件收藏在东方博物馆。1936年，安特生最后一次访问中国时，在中央地质调查所的博物馆中见到了他归还的文物。后来由于战乱，这批文物下落不明。2005年，中国地质博物馆在库房中偶然发现三箱陶罐和陶器碎片，经中瑞双方鉴定，确定是失踪已久的仰韶文物的一部分。

总之，对于学术问题，应该用学术研究和讨论的方法来解决。历史上的文化交流是常有的事，中国接受过许多西方文化的馈赠，也有不少物质和精神文化传播到西方，促进了各自社会文化的发展。能够接受外来文化正是胸怀开阔的表现，有什么不好呢？

四　"母系—父系"社会说经不起考古学实践的检验

记者：考古学研究上升到一定程度时，就会涉及社会制度、社会组织问题。长期以来，文化人类学和历史学研究领域中普遍流行一种看法，就是认为史前氏族社会的发展是由最初的母系社会过渡为父系社会。您对这一观点持什么看法？

严文明：人类历史上有母系氏族社会这一点，曾经受到西方人类学家的普遍关注。美国人类学家摩尔根通过对美洲印第安人特别是其中的易洛魁人进行长期研究，认为曾经有过完整的母系制度，并认为它应该是人类历史早期普遍实行的社会制度。由于他的这一研究受到马克思和恩格斯的重视，许多人类学家和历史学家也都信从。苏联学者曾把原始氏族社会划分为母系和父系两大阶段，认为社会物质资料生产的发展乃是由母系转化为父系的根本动力。母系社会在人类历史上的确是存在的，现在还有它的残余。只是无法证明它是所有人类社会发展的必经阶段。有人对全世界民族的史前状态进行比较民族学的研究，发现存在过母系制度的只占15%。美洲印第安人和我国的纳西族曾被视为典型母系社会，实际上都是既有母系又有父系，况且纳西族并不是什么史前社会。

我国考古学界在20世纪50~60年代曾经盛行仰韶文化母系说，明显是拿当时流行的理论来生搬硬套，提出的证据都经不起推敲。比如说当时对女性实行厚葬，说明妇女地位高于男子。我曾经对仰韶文化早期半坡类型的随葬品进行统计，发现男性平均每人随葬陶器2.15件，女性2.17件，而男性随葬工具则略多于女性，完全看不出有什么女性厚葬的情况。至于所谓以女性为本位埋葬的说法更是牵强附会，根本与事实不符。如果要了解当时的世系究竟是母系还是父系，系统地测试DNA可能是一个值得一试的途径。但这与社会发展阶段难以直接挂钩。

五　重瓣花朵：换一个角度理解中原与周边文化的关系

记者：曾经有一个阶段，中国考古界和历史学界十分强调"中原中心论"。这种观点认为，中华文明是从中原地区发展起来的，中原文化发展水平远高于周边地区。请问您是怎样理解这个问题的？

严文明：考古发现表明，中国的史前文化是多元的，这与各地不同的自然环境和历史背景有关。苏秉琦先生很早就注意到这一事实，根据他的区系理论提出了著名的"六大区系论"，得到考古界的普遍认同。我是苏先生的学生，认识到中国史前文化确实存在着不同的区系，所谓中原文化中心论并不符合实际。但在仔细研究相关资料后，觉得中国史前文化尽管是多元的，但各地文化的发展水平和所起的作用并不一样。中国史前文化的整体格局应该是以中原为核心，以黄河与长江流域为主体，结合周边地区文化的一个有机整体，就像一个重瓣花朵。中原文化的中心地位，既有地理位置方面的原因，也有文化传统方面的原因。从夏商周、秦汉隋唐直至北宋历代的都城都在中原，中原地区处于稳定的政治中心地位，是明摆着的事实。黄河长江流域因为自然环境优越，又紧靠中原周围，文化发展水平甚高，成为整个中华文明的主体也是很自然的。虽然周围地区文明化进程稍迟，但各具特色，同黄河长江流域乃至中原地区的文化紧密结合在一起，构成一个超稳定的结构。从这个角度，就能够比较合理地解释中国历史和文化为什么会长期延续而不中断问题。后来费孝通先生曾经从民族学角度提出中华民族的多元一体格局理论，与我所主张的"重瓣花朵理论"应该是完全一致的。

（原载《中国社会科学报》2013 年 5 月 8 日，题目为《解决学术问题最终要靠学术讨论》。后有所改动，收录在《丹霞集——考古学拾零》，文物出版社，2019 年）

从物理学到考古学*

"我们毕业的时候都想上北大"

我是从长沙一中考上北大的。长沙一中是一个很古老的学校，原来叫国立十一中，后改称湖南省立一中。我上学的时候还是叫作湖南省立第一中学，1952 年才改成长沙市第一中学。

原来我在湖南省立第一中学的时候，在第 56 班。朱镕基是 29 班。有很多著名的人都从我们那个中学出来，毛泽东也在我们那个中学上过学，我坐的课桌据说就是毛泽东坐过的。所以那个学校啊，有悠久的历史意义。但是那个学校的人也很自负，说我们的学生大部分要考取北大，自称是南方北大的后备学校——当然这股劲儿，这让我们毕业的时候都想上北大。

所以我填志愿的时候，第一是北京大学，第二是北京大学，第三还是北京大学！我就要考北京大学！考取了，我很高兴，我的第一志愿是物理系，而且是理论物理，我对这个高能物理、空间物理啊什么的都很感兴趣，但是把我录取到了历史系。我很不高兴，因为我的七个同学中有五个考取到物理系，一个考取了数学力学系，就我一个上了历史系，我自认为我这理科比他们学得还好。

而且我最不喜欢的就是历史，我的数理化，特别是数学还是不错的。那当然可能有些别的原因吧，什么家庭问题、社会关系的问题啊，但当时我不知道。反正就到了历史系，虽然非常非常不高兴，但是不管怎么我到了北大。

历史系有三个专业，一个中国史专业，一个世界史专业，一个考古学专业。考古学是北大首先办的，别的学校都没有。在这个考古专业之前的很早，北京大

---

*　本文为 2018 年 4 月由蔡翔宇（北京大学中国语言文学系 16 级本科生）、林玲（北京大学中国语言文学系 15 级本科生）、欧阳佳好（北京大学国家发展研究院 17 级硕士生）、汪欢颜（北京大学政府管理学院 16 级本科生）采访，田淼（北京大学中国语言文学系 15 级本科生）整理。

学就设立考古协会，有考古研究室，考古北大排头一号这没错。

考古教研室主任找到我："听说你这个理科成绩不错，你怎么到历史系了？"我说我哪知道啊。但是你也没有办法了，那个时候不能随便转专业，他说，你学考古吧，因为考古还是有很多理科的知识，有很多技术方面的问题，又经常下田野，跟地质学有点像，我看你的身体还不错，你又喜欢理科，到考古来吧。我就这么到考古专业来了。

"到了北大，讲课的那些老师都是当时国内第一流的学者"

我之所以报考北大，主要是欣赏北大老校长蔡元培的"兼容并包、思想自由"的办学精神，欣赏陈独秀主张请进的"德先生""赛先生"，就是民主和科学。

到了北大，讲课的那些老师都是当时国内第一流的学者，历史系也不例外。第一流到什么程度？当时中国科学院历史研究所的研究人员，要说排名远远不如北大历史系的这些教授。就是因为院系调整，把别的学校一些最优秀的学者集中到北大来了。他们跟我们一讲课，我慢慢觉得学历史也可以，也不是那么失落了，然后学考古，自己觉得也学对了。

考古跟别的学科还不太一样，你总得要到外面去调查发掘，任何调查发掘，都会有新的发现。你说别的学科，你能很快有新的发现吗？不会。再说考古学原来在中国没什么基础，所以可以很快地干出一些名堂来，慢慢地心里也踏实下来了。我一学就很投入，很多学生都以为我一开始就是一个考古迷，我说完全不是，是逐渐转变过来的。

当时裴文中号称中国旧石器时代之父，也是中国古人类学之父，因为就是他首先在中国北京的周口店发现北京人头骨。跟我们讲旧石器时代考古课的就是裴文中先生。1956年暑假三年级课程刚完，他就带领我们到内蒙古赤峰和林西做田野考古实习。

当时在赤峰红山做了普遍的调查和几处很小的发掘。他这个人很有学问，还很会讲话。赤峰是昭乌达盟的首府，相当于地区级的市，盟委的人看他是大学者，希望他讲一讲到赤峰来的目的，他很爽快地答应了。来听讲的有一百多人，文化水平都不高，主要是小学的一些老师。我就不知道他会怎么讲，讲考古都搞些什么，他们能懂吗？

可是他有办法。他一开始就讲："你们赤峰很厉害呢，什么叫厉害啊，你说我们跑到你们这儿来干什么的，我们就是来找一种文化。赤峰出了很多细石器。"

他就拿一个小的石器，给大家看。"这东西哪来的？从苏联的西伯利亚传到中国的黑龙江，然后再传到赤峰。赤峰还有一种陶器叫彩陶，有花纹的陶器，这彩陶它哪来的？从河南传到河北，然后传到你们这儿来了。这两个东西一结合就会成为一种混合文化，你们知道很多生物，植物也好、动物也好，杂交以后有杂交优势，你们赤峰就是这么一个地方，文化上是混合文化，辽啊，契丹啊的后面一些朝代，那都是很发达的，你们这个地方到现在不是也很发达嘛。"

他是这么讲。他要是光讲考古的，你说谁能懂？他讲这个呢，人家就挺高兴，所以这个老先生，怎么说呢，非常幽默。

赤峰郊区有个山叫红山，红山文化就是在那儿发现的。他说红山有些细石器，他老叫我们"哥儿们"，说，"哥儿们跟我一块去啊！"然后呢，他先捡了细石器，"什么叫细石器啊，就这个，你们看有没有细石器，你们都捡啊。还有些冲沟，水冲的沟，你看边上有没有灰，颜色变得灰的时候，那可能就是有文化了，有人活动的地方，你们注意！"

我们一边聊天，一边就走到山上。他会问："哥儿们怎么样啊？"有的同学一个都没有找到，我大概捡了三四个，他捡了一把！他一边跟你聊天，好像漫不经心似的，实际上他非常注意。然后就发掘，挖了一个小坑，里面竟然有细石器，有一块像彩陶一样的东西。所以他演讲的时候，讲混合文化："这个细石器就是北边来的，这个彩陶应该是从河南那边传过来的，这就是混合文化，你们不信可以问严文明！就是他从一个坑里面挖出来两样东西，不是混合了吗？"

原来在课堂听了裴先生和好多著名学者的课，现在又跟裴先生考古实习，我对考古的兴趣逐渐培养起来了。1957年又去河北邯郸参加了一个学期的考古实习，对考古学有了更深的认识，从此就死心塌地学考古了。

"北大就是开创思想"

1958年毕业后学校把我留下来了。58年是"大跃进"，留下来干什么？主要是做两件事，一个是批判资产阶级考古学，一个是要建设马克思主义的中国考古学体系。要解放思想，敢想敢说敢干，鼓励让没有上过课的学生编写讲义，据说是因为他们还没有受到老师们的资产阶级思想的影响。

我是教新石器时代考古的，还没有上课，就跟二年级的学生一起编写中国新石器时代考古的讲义，写出了5万字的一个稿子，太简单了。后来每年修改，一直到1963年，我觉得改得差不多了，就交给北大印刷厂。1964年5月北大印刷厂出了一个红皮铅印本。当时别的讲义都是油印的，我的这个讲义却完全是铅印的，正儿八经像一本书。这是1964年出来的书，到现在为止，还是唯一的中国新石器时代的专著。

我那时刚大学毕业没几年呀，但是这本书一出来就风行一时，全国各个考古单位和一些大学历史系的考古专业都用上了。现在才由文物出版社正式出版。像我这么一点资历就写像一本书的讲义，很难深入，所以我就请教我们的系主任翦伯赞，他是有名的马克思主义历史学家，跟范文澜、郭沫若等齐名，他就很明确地说这么搞不行，这样怎么能出好成果呢？他跟我说，你应该找一个比较重要的课题来进行研究。在新石器时代这一段，考古工作最多、研究文章最多，争论也最多的就是仰韶文化。他说，你应该去研究仰韶文化，而且他还告诉我怎样做研究，我就下了很大的功夫去做仰韶文化研究。

《仰韶文化研究》写出来以后，我还特地请教我们的教研室主任苏秉琦先生。书中有个别观点跟苏先生不大一样，但是他胸怀很宽，一再说你的书写得好，等于找到了一把怎么研究新石器文化的钥匙，还特地用汉隶题写了书名。这样我就慢慢地，从一个文化到另一个文化，我的学术道路越走越宽，进而研究整个中国文化的谱系了。

我为什么会有这些想法，我还是想到我的北大。北大就是开创思想。

我从来不囿于哪一家之言，思想一直是比较开放的，我写第一本书——现在要再版的那本，那时我还是大学刚毕业没几年，也是啃外文的；仰韶文化不是彩陶吗，有很多人说是彩陶从西方传来的，我也看了西亚和东欧文化一些英文和俄文的著作，有关的我都看，所以我的思路一直是比较开放的。做学问，你当然得有自己的主体思想，但是你不能对外面的东西一概不知，那不行，你知道了，你得研究它，然后做比较。

过去我们的思想比较强调马克思主义、毛泽东思想，资产阶级的东西，一概都拒绝了。改革开放以后开始变化了，很多西方的东西传来了，那么多理论，到底哪个好，哪个不好？我没有仔细看过，没有仔细研究，但我可以给出一个标准。

因为考古的理论都是靠调查发现古代的遗址，然后把这些遗址做科学的发掘，做科学的研究，复原当时的历史，了解当时的历史；所以哪个理论能够有助于你更好地寻找，更好地发掘，哪个理论能够更好地给这些文化遗存做出历史的解释，那就是一个好理论。

有很多理论都是很虚的，架势弄得很大，但没有什么实际作用，那个你就不用费什么功夫了。有一些是从他们实践中总结出来的，那我也得拿来，在中国我们自己试一试看看，行不行，在实践中改造。我们中国的所谓毛泽东思想不也是这样吗？马克思主义道理你再好，拿到中国来，我也得实践一下，符不符合中国的情况，符合中国的就拿过来，我们不能教条主义。

这样的话，你的思想也开阔了，该研究的问题也就清楚了。我走的这条道路呢，尽管我讲的都是我自己，我是觉得我在北大这个地方，它是一个沃土，它时时刻刻用各种新鲜的思想激励我。

"北大的 120 周年，这是中国走入近代和现代的 120 年"

说实在话，北大很重要的一个传统就是爱国主义，很多人不大注意这个，这不对。蔡元培为什么要把北大弄起来？他就是觉得中国在世界上已经落后了，落后了要怎么办呢，首先要把思想搞起来，把学科搞起来。之后，以北大为中心的新文化运动起来了，这不是一个人或两个人的思想，新文化运动把整个中国的思想界变了个样，北大就担负了这个责任。

所以我们在北大的人啊，在北大这么多年，在这样的思想培育下，从来不固步自封，而且自己学科的目标非常明确。像我讲了半天考古，人家一讲考古是老古董，你看我研究的是什么问题？这里面有着非常深厚的爱国主义在里面。我的很多老师走的道路也是这样的，对我有着非常深厚的影响。

所以在今年，北大的 120 周年，这是中国走入近代和现代的 120 年，北大在相当程度上代表了中国的变化，而且是领先的，怎么不值得纪念呢？这不仅仅是北大自己的一个大节日，应该是全国的大节日。

新文化运动就是从北大开始的嘛，共产党就是从北大开始的嘛，一个陈独秀，一个李大钊，当时叫作南陈北李。陈独秀是一个很了不起的人物，在中国共产党前五届都是一把手。但我觉得他影响最大的是在《新青年》，是在他掀起的一股思潮——中国的新文化运动，这个德先生、赛先生，影响太大了，其实后来很多人都是跟着他来的。我觉得北大有他在，应该是北大的光荣。

（原载《丹霞集——考古学拾零》，文物出版社，2019 年）

思接千载　视通万里 *

——访考古学家严文明

严文明，北京大学哲学社会科学资深教授，北京大学考古文博学院和国学研究院博士生导师。半个世纪以来，严先生从对单个文化的系统解读（仰韶文化研究），到对多个文化的提炼（龙山时代概念的提出），再到穿越时空的透视总结（重瓣花朵理论），在学界独树一帜。他对考古学理论与方法、文化谱系、聚落形态、文明起源、农业起源、环境考古、科技考古、古史的考古学观察等诸多方面的学术思想及其治学精神，影响了几代考古学人。

严文明先生是中国考古界著名的学者，虽然央视《大家》栏目曾做过严先生的专访，可他的名字仍不如一些演艺明星那样众人皆知，但这并不影响严文明先生的个人魅力。

在拜访严先生之前，我们心中颇为忐忑。原因有二：一是正值酷暑，先生高龄，登门造访，诸多不便。二是采访大家前，必先读其作品，了解其人，方可与之对话。但严先生乃考古学界之"泰斗"，他研究的领域岂是我辈恶补几日就能明白一二的？

所以，当严先生把我们一行四人让进书房落座之后，环顾四壁，满眼皆书，一时间，我们竟不知从何问起。

或许先生看出了我们的忐忑，或许先生体恤到我们的无知，严先生首先打开话匣子，从"太康失国"讲到"少康中兴"，把夏朝这段几百年的历史用简短而清晰的语言表述出来，并回忆起十年前，郑州成为中国八大古都时的情形。先生思维之敏捷、态度之亲和，不知不觉，我们的忐忑与不安烟消云散。

谈到古都郑州，严先生说："十年前，我说过，毋庸置疑，郑州商城的年代比安阳殷墟早，规模比安阳殷墟大，完全是大城市的规模，不但中国古代少见，就

---

* 本文由陈英、张国辉、陈荣荣采写。

是同期的世界其他地方也没有。"

"那么，我们特别想知道当年郑州成为中国八大古都的前因后果。"记者说。

"郑州商城早就发现了，那里的二里岗遗址是1952年发现的，城墙是1955年发现的。"严先生说道："尽管有人认为那不是城，年代也到不了商代早期。那是不了解情况的说法。河南省文物工作队的安金槐先生等做了很多工作，证据是确实的。北大的邹衡先生1956年就发表文章，认为是商代的隞都。后来根据新的资料作进一步研究才改变了看法，认为商汤把夏灭掉之后建立的亳都应该就在郑州，提出了所谓郑亳说。安金槐先生不同意，认为郑州商城还应该是隞都。两说都有一些道理。其实学术上有不同见解是很正常的。对于学术问题，只有通过更深入的研究和实事求是的讨论才能解决。一时解决不了也没有关系，继续做进一步的研究就是了，千万不要强求一律。"

严文明先生曾经是国家夏商周断代工程专家组成员。《夏商周断代工程1996~2000年阶段成果报告》认为，郑州商城和偃师商城的始建年代为夏商文化的分界，并参考碳-14测年数据和文献中有关商代积年的记载，取整数估定商开始之年为公元前1600年。也就是说经过人文科学和自然科学200多位专家学者数年的联合攻关，最终确定了郑州商城和偃师商城的年代均为商代早期，距今已有3600年的历史。所以，郑州商城是一座商代王都，学术界已无任何疑义。只是是不是汤都亳还有一些不同的看法。

"有些先生认为偃师商城可能是汤都亳，即史书上所称的西亳，现在看来不大相称。"严先生说："因为郑州商城规模很大，偃师商城起初只是一个很小的城，比附近可能是夏代都城的二里头还小得多。后扩大了，建了一个大城，还是比郑州商城小得多，这个情况学术界比较多的人是认同的。当然，在汤灭夏之时，战争刚刚结束，在那种情况下不可能一下子在经济文化上有很大的发展，许多建设是后来陆续进行的。但是这个城的规划很有气派，也许当时的统治者想先把大大的都城建起来再说。现在我们看到郑州商城里某些最重要的发现，比如铜器窖藏中大型的青铜方鼎等多是比较晚的，倒是与仲丁都隞的年代比较接近，但是城墙建得很早。"

严文明先生早在1957年邯郸实习期间就曾经将龟台寺的龙山文化、商代文化以及西周文化各自区分为两期，当时除商代文化与郑州二里岗下层和上层大致对应外，龙山和西周的分期都是第一次，至今看来仍然是正确的。这主要是严格遵循了地层学、类型学等一套田野考古方法而取得的成果。此后严先生一直注重田野考古方法的研究，提出了一系列重要的见解。他不尚浮词而重实证，分析问题注重逻辑严密。这也是中国考古界评价严文明先生"治学严谨，实事求是，思维缜密，视野宏阔，胸怀博大"的重要原因之一。

刘勰《文心雕龙》称之为"神思"的境界为："文之思也，其神远矣。故寂然凝虑，思接千载；悄然动容，视通万里……"（专心致志地思考，思绪连接古今，心为所动，情为所感，自是动人心弦，于是，感觉自己仿佛可以看到千里之外的不同风光。）

考古把严文明先生带进历史长河，而经过他的"神思"之后又把历史还原清晰再交给我们，让我们足不出户就领略到千年之前万里之外的风光与故事，我想，这就是考古学家对这个世界不同凡响的贡献吧。

"那么，请问严先生，作为古都郑州，您认为接下来还有哪些工作要做？"我们向先生请教。

"从考古的角度来讲，我认为郑州还有三项工作要做。"严先生说："首先要搞清楚商都遗址内部的布局。现在知道东北部分有很大的宫殿区，许多宫殿基址都很残破，年代也有先后。能不能做出几个像样的宫殿基址，再把这几个宫殿的年代排一排，看看前后有什么变化。再跟别的都城的宫殿基址比较一下，看看有什么特点。然后在功能方面也做些研究，看看有没有宗庙之类。这是很重要也是很不容易做的，但是一定要做。"

"第二，郑州商城挖了这么多年，还没有发现成规模的墓地。"严先生接着说："郑州这么大一个城，它既有宫殿区，就应该有相当规模的王陵，否则那些王公贵族死了葬在哪儿？郑州商城那个时期即使没有像殷墟侯家庄那么大的墓葬，但也不应该太小，否则怎么能出那么大的青铜鼎？除王陵外也还应该有一般贵族和平民百姓的墓地，那规模也不会很小。"

"那么第三项呢？"

"第三要有文字。"严先生强调。

"安阳殷墟为什么那么有名？甲骨文功不可没。殷墟有好几个地方出土了甲骨文，其中127号坑就出了成万片甲骨，简直就是一个王室的档案库。历年出土的甲骨已经超过15万片，内容十分广泛。有了这些甲骨文，商代的历史就清楚多了。不过那些甲骨文都是商代晚期的，早期有没有文字，首先就要在古都郑州寻找。"

说到这里，严先生认为，寻找文字是最不容易的。商代早期如果也在骨头上或龟甲上刻字就好了，若是竹简或者木简就难保不坏。《尚书·多士》篇说"惟殷先人有册有典"，那典册多半是竹木简，留下来很难，这是最大的悬念。郑州那么多基建项目，假如有个王室档案库，谁也不知道在哪里，没准某个发掘机一铲下去，就永远不可挽救了。

　　说到这儿，话题自然转到了古都的保护。十年前，严文明先生在郑州曾经说过："当前重要的还是保护问题。"那么，如今呢？

　　严先生指出：古都郑州的保护非常重要。保护古都郑州首先要研究它，要了解它的价值，你才会对它有感情。才会热爱她，你对她不了解怎么能热爱呢？要知道郑州有一个非常深厚的历史底蕴，商人来到这里，带来了自己的文化，又继承和发展了夏人的文化，所以它才发展得这么快。我们看郑州要立体地看，上下五千年，纵横千万里。上有继承，下有发展。与郑州商城同时的，附近就有望京等城。远些的，在山西南部有垣曲古城，在湖北黄陂有盘龙城等，相距那么远而文化面貌基本相同，说明它们之间是有联系的。但究竟是一种什么关系，也应该纳入郑州商城研究的课题。

　　"严先生，最后请教一个问题，作为史前文化研究专家，您对中原文化中心论持何态度？"记者问。

　　严先生说："所谓中原文化中心论是说中国古代文化只有中原一个中心，别的地方的文化都是在中原文化的影响下才发展起来的。这种一元论并不符合实际。考古发现表明，中国的史前文化是多元的，这与各地不同的自然环境和历史背景有关。苏秉琦先生很早就注意到这一事实，提出了著名的'六大区系论'，得到考古界的普遍认同。我是苏先生的学生，认识到中国史前文化确实存在着不同的区系，但在仔细研究相关资料后，我觉得中国史前文化尽管是多元的，但各地文化的发展水平和所起的作用其实并不一样。"

　　严先生认为，中国史前文化的整体格局，应该是以中原为核心，以黄河与长江流域为主体，结合周边地区若干文化而形成的一个有机整体，形象地说就像一个"重瓣花朵"。

　　"那么，您能解释一下'重瓣花朵'理论的具体含义？"记者再问。

　　严先生笑着说："我曾写了一首五言诗：中原一朵花，炎黄缔华夏，花开永不败，重瓣放异彩。什么意思呢？中原一朵花，就是仰韶文化，我的老师苏秉琦先生把仰韶文化的彩陶同蔷薇花和菊花联系起来，又同华夏华人联系起来。华就是花，仰韶文化就是中原的一朵花。炎黄缔华夏，炎黄发祥在中原地区，历来认为是缔造华夏的人文始祖。花开永不败，是说中国的历史从来就没有中断过，世界上没有第二个国家古代文明没有中断的，只有中华文明是连续发展的。重瓣放异彩，为什么？因为重瓣花朵式的结构是有核心，有主体，有外围的一个整体，才会具有很强的向心力和凝聚力，它是一种超稳定结构，是中华文明几千年来生生不息，虽然有跌宕起伏而仍然能够一直向前发展的根本原因，是大放异彩的。"

（图一）

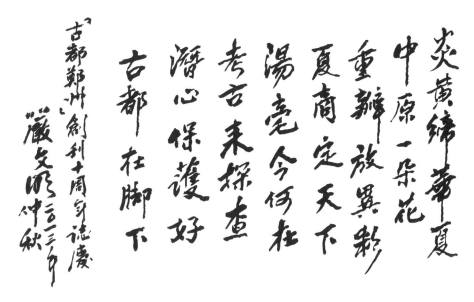

图一　为《古都郑州》题词

至于中原文化的中心地位，严先生说，这里既有地理位置方面的原因，也有文化传统方面的原因。从夏商周、秦汉隋唐直至北宋历代的都城都在中原，中原地区处于稳定的政治中心地位，是明摆着的事实。黄河长江流域因为自然环境优越，又紧靠中原周围，文化发展水平较高，成为整个中华文明的主体也是很自然的。虽然周围地区文明化进程稍迟，但各具特色，同黄河长江流域乃至中原地区的文化紧密结合在一起，就构成一个超稳定的结构。后来费孝通先生曾经从民族学角度提出中华民族的多元一体格局理论，这种民族关系的多元一体格局，正是重瓣花朵格局的继续发展，与"重瓣花朵理论"应该是完全一致的。

要请教的问题还有很多，尽管严先生精神矍铄，谈兴未减，但先生毕竟八十有余，我们实在不忍心过分叨扰老人家。起身之时，发现一架电子琴和一把二胡静静地躺在房间的角落里。原来，严文明先生除考古之外，还有抚琴弄弦的雅兴。

大家终归是大家。

此次拜访，犹如一次心灵洗礼。

离开严文明先生家，突然想到北宋范仲淹的名句："不以物喜，不以己悲；居庙堂之高则忧其民；处江湖之远则忧其君。"想必这些词句不少文人都烂熟于胸，而真正达到这一境界的又有几人？

严文明先生算一个。

（原载《古都郑州》2014 年第 3 期）

严文明：发现中国史前文明的结构美[*]

湖南澧县彭头山出土的公元前 6500 年的含炭化稻谷的陶片，湖北红花套出土的公元前 4200 年的石斧，河南洛阳王湾出土的约公元前 2200 年的镂空陶器座……在中国国家博物馆基本陈列展《古代中国》第一单元"远古中国"中徜徉，我们即使对考古知之甚少，也可以感受到中国考古人百年来为探索中华文明起源所做的努力。这三个遗址都是考古学家严文明先生当年带领北京大学考古专业学生实习的地方。

严文明先生从一个考古学家的立场出发，用哲学家的思辨和诗人的眼光洞悉了中国史前文明的结构美，提出了"重瓣花朵"的论断，说出了中华文明绵延至今的密码。

北京蓝旗营一间普通的住宅，不大的书房，88 岁的严文明先生从他用力最深的仰韶文化开始，讲述自己的考古故事。

中国考古从开始就在探索中华早期文明

从 1921 年河南仰韶村的考古算起，中国考古已经走过百年。这百年间考古学在中国得到了空前的发展。严文明先生从书房摆满考古报告的书架上取出新版的《中华远古之文化》给我们看，"1923 年安特生发表《中华远古之文化》，这是中国第一个考古遗址仰韶的考古报告，它就是对中华早期文明的探索，就探讨了中华文化与西方文化的关系，把中国考古放到了世界文明的背景上去考虑，起点相当高。"

正是在这样的高起点上，我们有了夏县西阴村的考古，有了殷墟的考古，有了山东城子崖龙山文化黑陶的发现。"梁思永先生在安阳的后冈发现了著名的三叠层，最底下是仰韶的红陶彩陶，中间是龙山的黑陶，最上面是晚商殷墟的灰陶，

---

　　*　本文由《人民日报》记者杨雪梅采写。

清晰的层位基本讲清楚了几个文化的先后关系，也打破了中国文化西来说。"

但中国新石器时代的重要考古主要还是在 1950 年以后展开的。1958 年严文明从北京大学历史系考古专业毕业后留校任教，主讲的就是新石器时代考古。1960年，第一次带领学生去洛阳王湾考古实习，严文明就指导学生以地层清楚、分期细致的王湾遗址作为标尺，来衡量附近的仰韶遗址的分期。1964 年《中国新石器时代》出了一个红皮铅印本，严文明将它送给北京大学当时的历史系主任翦伯赞，翦伯赞先生说："我们从事历史研究的就希望看到这样的书，把考古报告的内容系统化了，他还建议我好好研究一下讨论热烈的仰韶文化。"

"那时已经有了半坡和庙底沟的重要发现，但相关基础性研究不够，比如当时关于仰韶文化的争论很多，仰韶文化有哪些类型，仰韶文化半坡类型和庙底沟类型哪个早哪个晚，还是基本同时？仰韶文化的社会性质是什么？这些问题都促使我开始研究仰韶文化。"

严文明重新梳理了仰韶村、西阴村、庙底沟、半坡、三里桥等仰韶文化遗址的材料。首先分析典型遗址的地层关系和分期，进而研究各个地区的分期，最后将各地相应的文化分期进行对比和概括，通过类型学和地层学，将仰韶文化的发展整体划分为四期两大阶段，奠定了仰韶文化研究的基础。苏秉琦先生读了《略论仰韶文化的起源和发展阶段》这篇文章，认为严文明"找到了研究中国新石器时代的一把钥匙"。1989 年严文明积 30 年之功著成的《仰韶文化研究》出版，其学术意义不限于仰韶文化本身，对整个中国考古学研究都具有重要的理论指导作用。

严文明在分析研究大量考古资料的基础上，将中国新石器时代的文化发展谱系归纳为早期、中期、晚期和"铜石并用时代"四个发展阶段，上溯旧石器时代传统、下承夏商周三代青铜文明，与中国社会发展的历史格局相融，对奠定中国新石器时代的考古学体系做出了贡献，影响至今。

稻作起源研究将长江文明展示给世界

仰韶文化的研究主要集中在黄河流域、黄土高原，1974 年严文明先生有机会在湖北宜都红花套做考古，长江史前文明进入到他的研究范围。经过多年的考古，长江史前文明的面貌逐渐清晰。

"我家里种了 30 亩地，从稻谷的发芽到育秧、插秧，从除草、车水到最后的收获，我都实际操作过。那时我们有早稻、中稻、晚稻，还有灾患时救急的 60 天就能收获的 60 天稻，这些稻谷我拿到手里一看就知道。"严文明生长在长江流域的洞庭湖边，对当地的风土人情和历史文化有深切的体会与难以割舍的情缘。

水稻什么时候起源？在哪里起源？这是世界关注的学术课题，而严先生给出了一个考古学家建立在大量考古发现之上的充满辩证思维的答案。

20 世纪 70 年代，在浙江余姚发现了河姆渡，出土了数量巨大的稻谷，据测定，其年代为公元前 5000~前 4500 年。这些稻谷的形态是成熟的栽培稻，还有很多农具，这就引导考古学家继续往前追，于是在湖南澧县彭头山发现了类似的稻谷遗存，年代为公元前 6000 多年，距今 8000 多年。那么还有没有更早的呢？严文明先生担任领队的中美联合考古队，1995 年在江西万年县的仙人洞和吊桶环进行发掘，发现了更早的稻谷的植物硅酸体，证明在距今约 1 万年，稻子已经开始被栽培。后来又在湖南道县玉蟾岩的洞穴遗址发现了 3 粒半稻谷，当时测定了跟稻子共生的其他作物的年代，为公元前 1.2 万年。

华南地区野生稻很多，东南亚野生稻也很多，所以当时的农学家看好这两处作为水稻起源地，但严先生认为在野生稻多的地方，其他食物也很多。比如在中国岭南，植物性食物很丰富，动物类的食物也很多，采集野生稻非常麻烦，没有必要费功夫去采集去驯化。而长江流域有漫长的冬季，动、植物食物匮乏，稻谷适合长时间存放，可在冬季补充食物不足，人们便会有目的地去培育。长江流域是野生稻分布较少的地方，属野生稻分布的北部边缘，恰恰有驯化的动机，这就是严先生的"稻作农业边缘起源论"。

"重瓣花朵"的结构很美

李伯谦和陈星灿主编了一本《中国考古学经典精读》，除了李济、梁思永、夏鼐、苏秉琦、邹衡、张光直等考古学大家的文章，严文明的《中国史前文化的统一性与多样性》也列在其中。

这是严文明于 1986 年 6 月为"中国古代史与社会科学一般法则"国际讨论会提交的论文。"从想到这个结构到最后宣讲出来，不出一个月"。

在这篇论文中，中国的新石器时代文化被形容为一个巨大的重瓣花朵，中原文化区是花心，其周围的甘青、山东、燕辽、长江中游和江浙文化区是第一层花瓣，再外围的文化区是第二层花瓣，中原文化区处于花心，起着联系各文化区的核心作用，也向周边文化区进行文化辐射，而外围的文化区则保持着自己的活力……

在严文明看来，中国北方地区以种植粟和黍为主的旱作农业体系和长江流域以稻作农业为主的两大农业体系的形成，使中国文明拥有了一个宽广的基础，两大体系互为补充，使文明延续不断。

这个"重瓣花朵"理论真是既有学术质地，又充满了诗意。那次国际会议，大家都很佩服，中国的学者用一朵花的结构来解释中国文明的超稳定结构。

1987 年 3 月这篇文章被《文物》杂志重磅推出。严先生的这一推论，被认为是中国史前考古学研究的重要成果。

考古学在中国大有可为

在众多学生的眼中，严文明先生是非常会当老师的考古学家。他先后主持了20 余次重要田野考古发掘或调查项目，足迹走遍大江南北，正是立足田野的厚积薄发使他具有了学术上的前瞻性。

"当老师的好处，是它逼着你不能只研究一个地方，要懂全国的，甚至还要懂一点世界的，要懂考古学的方法理论，还要能指导学生进行田野考古，要告诉学生怎么学习和怎么研究。教学相长，我是真正体会到了。"

"什么样的方法能让你最正确地寻找和发掘实物，就是好的方法。什么样的理论能够使这些资料很好解释人类的历史，就是好的理论。"严文明经常这样对学生讲。

"考古是科学，科学意味着是你的观点必须是可以实证的。严先生的逻辑思维能力很强，很多遗址是在他的科学推断下一步步推进的。"中国人民大学考古系的韩建业教授说。比如良渚，1986 年发现了反山、瑶山等高等级的墓葬，严先生推断墓葬的主人一定不是一般的人，第 12 号大墓出土 600 多件玉器，也许是良渚王，那肯定得有一个像样的居住区，肯定有宫殿等高等级的建筑存在，或者还有宫城。

"后来又发现了大型的水利建筑遗迹。我特别去看了，像个大堤，南方经常修堤，一担土一担土地挑，很辛苦。大坝的剖面清清楚楚，里面就有陶片，显然是良渚时期的。这工程太大了，得有上万的人同时工作，谁能把这么多的人调过来？他们还要吃住，得有强大的后勤保障吧？而且得有科学的设计者。只有强大的政权才有这样的组织能力，推断有一个良渚国并不过分吧？就这样一步步科学发掘，良渚考古发现的遗址越来越多，我们对它的认识也越来越清晰，这样的考古遗址成为世界遗产是肯定的。"

严文明先生讲起良渚特别有感情，他写的《良渚颂》在考古人中广为传播。

考古当然有自己的局限性，文明并不都能以实物形式表现出来，能以实物表现出来的也不是都能留存下来，即使留下来，也不一定能够发现，即使科学发掘出来，能够认识解释清楚的又是少数。"但中国各种各样的遗址这么多，各种考古学理论、技术和方法都可以使用。中国考古的土壤如此丰富，对比世界各个国家，没有第二个，考古学当然能够获得极大的发展，今后当然也能够产生考古学大家，产生自己的考古学理论。"

艺术和科学的共同基础是人类的创造力。考古既需要对人类艺术进行美学鉴赏，也需要对文明遗存进行科学理解。这是一个充满智慧的探险之旅，严文明先生乐此不疲。

（原载《人民日报》2021 年 1 月 9 日。后收录在《耕耘记——流水年华》，文物出版社，2021 年）

严文明先生学术思想研讨会纪要*

按：严文明教授，生于 1932 年，湖南华容人。著名考古学家。1958 年毕业于北京大学历史系考古专业并留校任教至今。曾任北京大学考古学系系主任、北京大学校务委员会委员、中国考古学会副理事长，现为北京大学资深教授，兼任国家文物局专家组成员、国际史前学与原史学联盟（UIPPS）常务委员等。

严文明教授长期从事新石器时代考古教学与研究，兼及商周考古，先后主持和参加了 20 多项田野考古和室内整理项目，如河南洛阳王湾遗址的发掘及伊洛地区考古调查（1960 年），河南安阳大司空村遗址发掘及洹河两岸考古调查（1962 年），甘肃兰州青岗岔遗址发掘及雁儿湾遗址的资料整理（1963 年），湖北宜都红花套遗址的发掘（1974 年），湖北江陵楚纪南城和毛家山遗址的发掘及松滋桂花树遗址的资料整理（1975 年），陕西周原凤雏西周宫殿基址和贺家墓地的发掘（1976 年），山东烟台地区史前遗址的调查发掘（1979 年），山东长岛北庄遗址的发掘（1980 年），山东栖霞杨家圈遗址的发掘和区域调查（1981 年），山东长岛、益都、烟台、乳山等地遗址的发掘（1982 年），山东长岛、昌乐、章丘等地遗址的发掘（1983~1985 年），广东北江流域和珠江三角洲史前遗址的调查发掘（1985 年），湖北天门石家河遗址群的发掘（1986~1990 年），河南邓州八里岗遗址的发掘（1991~1993 年），江西万年仙人洞和吊桶环遗址的发掘（1993~1995 年），浙江桐乡普安桥遗址的发掘（1996~1997 年）等。

严文明教授著作宏富，50 年来共发表论文近 200 篇，出版《新石器时代》（1964 年）、《仰韶文化研究》（1989 年）、《中国通史》第二卷（合著，1994 年）、《走向 21 世纪的考古学》（1997 年）、《史前考古论集》（1998 年）、《农业发生与文明起源》（2000 年）、《长江文明的曙光》（2004 年）、《中华文明的始原》（2011 年）、《足迹：考古随感录》（2011 年）等著作或文集 10 余部。还主编《稻作、陶器和都市的起源》（2000 年）、《中华文明史》第一卷（2006 年）等著作、

---

*　本文为 2010 年 10 月 20 日"严文明先生学术思想研讨会"的纪要，褚旭、韩建业整理。

文集和发掘报告 10 余部。这些著作涉及考古学理论与方法、考古学史、文化谱系、聚落形态、文明起源、农业起源、环境考古、科技考古、古史的考古学观察等多个方面，并且在每个方面都有所创获，在多个方面引领了中国新石器时代考古学的发展方向。

严文明教授治学严谨，实事求是，思维缜密，视野宏阔，胸怀博大，始终把国家、民族和人民的命运放在心上。他对考古学理论与方法有全面思考和论述，尤其在考古学的性质和特点、考古地层学和类型学、考古学文化的结构、考古学文化分期和考古年代学、聚落考古学等方面有深刻见解，很大程度上指导了中国史前考古学的发展。他认识到各种考古学理论和方法都各有优缺点，需要取长补短、兼容并蓄，他常说的一句话就是"能够解决问题的方法就是好方法"。他对中国新石器时代考古学史做过深入梳理，第一次正确评价了安特生对中国考古学的开拓性贡献。他对仰韶文化的研究全面系统，其中许多经反复实践而总结出来的研究方法和经验，不但"找到一把开启整个中国新石器时代考古研究的钥匙"，而且对整个考古学研究都有重要的理论指导作用。他提出龙山时代的概念，破解了学术界对于龙山文化及同时期遗存研究的困境。他综合梳理中国史前文化，建立了中国新石器时代文化分期和谱系框架，辩证地揭示出中国史前文化由"多元一体"向"多元一统"的发展格局。他大力倡导聚落考古，理清了中国新石器时代聚落形态发展演变的脉络；他提出以考古学为基础、多学科全方位综合研究古代文明的理念，揭示了中国文明起源和早期发展的基本历程和本质特点。他积极倡导农业起源、环境考古和科技考古研究，所提出的长江流域水稻起源说世所公认，结合环境特点对中国史前文化本质特点的深刻认识令人信服，对中国科技考古的健康发展贡献良多。他从不怀疑古史传说和考古学对证研究的必要性，由近及远论证了考古学上所见东夷文化，并对炎黄文化等进行了探索。

此外，他长期以来是北京大学考古学学科建设和人才培养的领导者和设计者，对中国考古学教育教学贡献卓著；他的足迹遍及大江南北，指导了全国很多地方的田野考古实践和室内整理研究；他敢于直言献策，对国家文化遗产保护事业作出了重要贡献。

（韩建业）

2012 年 10 月 20 日，在严文明先生八十寿辰之际，"严文明先生学术思想研讨会"在北京召开。会议由北京联合大学应用文科综合实验教学中心、文化遗产研究所主办。来自北京大学、中国社会科学院、中国科学院、中国国家博物馆、故宫博物院等 20 多个高校和相关科研单位的领导、学者及北京联合大学考古学硕士点的师生共 50 余人参加了此次研讨会。会议先后由中国国家博物馆佟伟华、北京大学考古文博学院李水城、中国社会科学院历史研究所王震中、北京大学考古文博学院吴小红主持。

严文明先生是中国考古学的领导者和中国新石器时代考古学体系的建立者之一，此次会议不仅是对严文明先生学术思想的研讨，一定程度上也是对中国考古学学术思想的总结和研讨。会上主要针对严文明先生在考古学理论与方法、文化谱系、聚落形态、文明起源、农业起源、环境考古、科技考古、古史的考古学观察等诸多研究方面的学术思想展开讨论，并对先生的治学精神进行了归纳。现纪要如下。

一　考古学理论、方法与考古学史

中国文物报社曹兵武和中国社会科学院历史研究所王震中指出，严文明先生不空谈理论，而是将他的考古学理论与方法深植于许多范例性的具体研究当中，从材料分析到得出结论，体现出一整套学术思想和理论，在很大程度上指导了中国考古学的发展。

北京大学考古文博学院赵辉指出，严文明先生鼓励考古学与其他学科相结合，重视科技考古、环境考古等，建立、整合成了一个以考古学为核心的有机的技术方法体系。吴小红指出，严文明先生大力提倡考古学与自然科学的多学科合作研究，他领导和规划了北京大学科技考古学的发展，对我国科技考古的发展起到重要引领作用，也对她自己从事科技考古工作给予了重要指导。

中国科学院地质与地球物理研究所周昆叔指出，严先生早在 1985 年就对中国环境考古提出了明确的认识。严先生说："一定的自然地理条件下产生一定的生态系统，人类必须适应环境，不同程度地利用和改造环境，因此必须参与到一定的生态系统中去。研究遗址的分布规律，实质上就是研究人类社会在一定的生产力水平下，对地理环境的适应、利用与改造的辩证关系。这就是环境考古学研究的主要内容。而我们现在还基本上没有开展有组织的环境考古学的研究，这种状况应当及早改变。"之后，学术界逐渐认识到这方面的问题，也就开始做环境考古的研究。

李水城指出，严文明先生不遗余力地鼓励与国外学者进行合作研究，提倡考古国际化，并且身体力行，领导了仙人洞等遗址的中外合作研究。这些合作对于促进中国考古学的健康成长以及扩大中国考古学在国际上的影响力都有非常重要的作用。中国国家博物馆考古部戴向明指出，严文明先生对于国外考古学理论和方法既不盲目崇拜，也不断然拒绝，而是从解决实际问题的角度进行选择，从自己的研究中进行总结提炼，与中国考古学的具体实际相结合进行改造发展。

　　韩建业指出，严文明先生具有很强的辩证思维能力，研究中特别注意抓住关键，区分轻重主次，指导学生时常说要"拿清楚的去甄别不清楚的"，而不是眉毛胡子一把抓。一个范例就是，他以地层清楚、分期细致的王湾遗址作为标尺，来衡量附近的仰韶遗址的分期，使得几十年来罩在仰韶村遗址上的迷雾一扫而光。严文明先生在研究中认识到各种考古学理论和方法都各有优缺点，需要取长补短、兼容并蓄，他常说："能解决问题的方法就是好方法，能解决问题的理论就是好理论。"

　　湖南省文物考古研究所郭伟民分析了严先生关于考古学文化研究的理论方法。他指出严先生在考古学文化的性质、命名、分期、类型、谱系以及相关的社会结构、环境与经济形态等方面，都取得了开创性的学术成果。对于考古学文化的适用范围，严先生曾说过："考古学文化通常适用于史前时期，尤以新石器时代考古研究中用得最多，考古学文化实际上是为了整理考古资料的需要以及如何利用考古资料解释过去而设立的一个概念。"此外，严先生还认为考古学学科的发展与考古学研究的资料和研究目标存在很大关系，随着研究的深入，理论和方法也要不断改进和完善，有时甚至要建立新的理论和方法。

　　严文明先生对新石器时代考古学史做过深入梳理，安徽省文物考古研究所吴卫红和河南省文物考古研究所魏兴涛在发言中都提到，是严文明先生第一次正确评价了安特生对中国考古学的开拓性贡献，肯定了他严谨的学术态度，为这样一位热爱中国文化的著名学者正了名。这虽然是对一个西方学者的评价，但影响深远，让学术界开始反思整个考古学史。

　　此外，严文明先生一再强调考古发掘首先要服从文化遗产保护规划。他认为"基建考古"这种提法很有问题，因为很多工程建设项目都不属于"基本建设"，工程建设应该服从于文化遗产保护而不是让考古部门去"配合"它。浙江省文物考古研究所方向明指出，严先生十分关注遗址保护工作，对近年来盗掘和土地整理对于遗址的破坏痛心疾首。良渚博物院蒋卫东认为严先生在遗址保护方面有一种敢于担当的社会责任感。先生敢于直言，为我国文化遗产保护事业作出了重要贡献。

二　文化谱系研究

　　吴卫红作了题为《读〈足迹〉看足迹——格物、致知与开拓》的发言，认为严文明先生的学术思想不仅引导了中国考古学尤其是史前考古学的研究方向，同时也对后学者有很好的示范作用。他认为严先生对于史前文化的阐述，最关键的有三步：第一步是对单个文化的系统解读，即对于仰韶文化的系统研究；第二步是对多个文化的综合提炼，从仰韶文化的空间扩大到全国，并提出了"龙山时代"这个概念；第三步就是穿越时空，总结出史前中国的"重瓣花朵格局"。

韩建业认为严文明先生是中国新石器时代考古学体系的建立者之一。先生关于中国考古学文化谱系的研究始于对仰韶文化的研究，关于仰韶文化的研究也是他最重要最核心的方面。他积 30 年之功著成的《仰韶文化研究》，其学术意义绝不限于仰韶文化本身。其中许多经反复实践而总结出来的研究方法和经验，不但"找到一把开启整个中国新石器时代考古研究的钥匙"，而且对整个考古学研究都有重要的理论指导作用。他理清了仰韶、半坡、庙底沟、北首岭等诸多遗址仰韶文化遗存的分期，论定了半坡类型和庙底沟类型的关系，对仰韶文化的起源与发展阶段进行了系统综合的梳理，还对仰韶文化的聚落形态、埋葬制度、生产工具做了系统论述，对彩陶等做了深入的专题研究。魏兴涛指出，严文明先生的《仰韶文化研究》一书是到目前为止唯一一本由个人撰写的关于仰韶文化研究的专著。严文明先生通过地层学与类型学的结合，从典型遗址入手，分析典型材料，理清了半坡类型和庙底沟类型的关系，同时有了半坡期和庙底沟期这样的常用术语。西北大学文化遗产学院陈洪海在发言中指出，严文明先生的《甘肃彩陶的源流》一文，理清了甘肃彩陶文化东来西渐的过程，这不仅纠正了仰韶文化西来说的错误，还将他的研究领域拓展至甘青地区。

王震中指出，自从在山东发现龙山文化以后，其他很多地区都陆续发现以黑灰陶为特征的所谓"龙山文化"，如何认识和梳理这些大同小异的文化成了考古界的难题。严文明先生辩证地提出"龙山时代"这一概念，指称这一系列特征相近、地域相连、大体同一时代的文化。"龙山时代"的提出解决了龙山文化的共性问题、时代问题，也解决了各地文化的地方性问题，显著推进了对这一时代文化发展和文明起源等课题的研究。

与会学者普遍认为严文明先生在文化谱系研究方面最重要的贡献之一就是多元一体到多元一统的理论，这是对中国几千年文化和文明发展的科学总结。他第一个在考古界提出早期中国"逐渐从多元一体走向以中原为核心、以黄河流域和长江流域为主体的多元一统格局"。

厦门大学人文学院历史系吴春明提交了题为《"重瓣花朵"与"多元一体"》的论文，文中指出严文明先生在 20 世纪 80 年代末提出的"重瓣花朵"理论，深刻地揭示了中国史前文化统一性与多样性相结合的完整结构，既区分了不同地区考古学文化的区系与文化系统的差别，更准确地把握了不同系统在史前文化整体格局中的不同地位，即以中原为凝聚核心的同心圆式的差序格局，奠定了中国古代文明体系中"中国—四方""中心—边缘"的关系格局的基础。"重瓣花朵"跳出了"为区系而区系"的教条式区系类型研究，是考古学文化区系类型研究中最贴近古史重建目标的成功实践，并直接贡献于费孝通先生的中华民族"多元一体"理论，彰显了考古学在重建中国民族史、文化史上的新史学价值。

周昆叔认为严先生以哲学家、植物学家和艺术家的眼光来看待中国新石器时代的文化格局，把这一结构比作重瓣花朵。这一理论使我们认识到了中华文化的伟大源于既多元又统一，多元就有活力、有生命力，统一能激活多元的力量，形成一种抗灾、抗乱、抗敌的伟大力量，这是其他文明所不具备的，所以唯我国的文化源远流长。我国文化多元一统格局的形成，其多元性源于我国地理环境的多样性和不平衡性，其统一性与我国地理环境相对的封闭和各文化彼此相连有关。多元一统的重瓣花朵是一个形象和贴切的比喻，这是对我国文化架构有中心、有边缘、有层次的形象解释。花既有花心就必有花瓣，那么中国文化这朵花既然是向心的，其缺一瓣就不美；花心与花瓣之间，花瓣彼此之间是相互依存的，故中国文化虽有中心与边缘之分，并无高下贵贱之别。严先生的论文科学性与通俗性完美统一，源于他对我国文化的深入研究和深刻理解，也是他厚积薄发的结果。

北京大学考古文博学院王幼平指出，严文明先生不仅对新石器时代考古有重要贡献，实际上对整个中国史前文化研究的贡献也非常大。他对中国旧石器时代文化谱系的划分很具有前瞻性，把中国南方划分为砾石文化区，又将南方和北方各划分为三个不同的小区，被最近二十多年的考古实践证明是正确的。他对史前考古学的贡献不仅在于对材料的系统梳理，更主要的是对材料的解释，提出各地旧石器文化的发展跟自然地理环境存在非常密切的关系。这样的解释具有划时代意义。

三　聚落形态研究

中国社会科学院考古研究所赵春青从典型遗址与聚落形态分析、典型墓葬与墓葬制度分析、史前城址研究、中国新石器时代聚落变迁研究、聚落考古方法论以及严文明聚落考古的理论体系初步解读等方面，对严先生的聚落考古理论与方法做了系统阐述，并指出正是严文明先生领导建立了中国聚落考古研究理论体系。广东省博物馆魏峻从聚落考古的兴起与中国聚落考古的实践、严文明先生聚落考古研究实践以及构建中国的聚落考古研究体系三个方面系统阐述了严文明先生的聚落考古思想。他指出《聚落考古与史前社会研究》一文是严文明先生聚落考古研究体系成熟和确立的一个标志。

佟伟华认为，严文明先生的聚落考古研究方法，是以对单个聚落形态的分析为切入点，再逐步扩展到某一区域、某一文化或某一时段的聚落形态研究。聚落考古仅是考古学研究的方法之一，其终极目的是通过研究聚落形态的变化探究社会组织结构演变以及复杂化的过程。魏兴涛指出，严文明先生大力倡导聚落考古，理清了中国新石器时代聚落形态发展演变的基本脉络，建立了从点到线到面的聚落考古学研究体系，为中国聚落考古学的发展奠定了基础。

韩建业在谈及严文明先生有关聚落形态研究的问题时指出，先生的聚落形态研究是建立在细致的文化分期基础之上的，他十分注意聚落形态的同时性问题，因此能够取得可信的研究结果。这一点在现在的聚落考古实践中仍然值得重视。而对一个个单独的聚落或墓地反映的社会状况做恰当分析和把握，是宏观判断所属文化乃至整个中国早期社会发展程度和文明化过程的基础。严文明先生还从系统分析聚落材料出发，首次对中国新石器时代聚落形态进行了全面考察，将中国新石器时代聚落形态的演变过程分为新石器时代早、中、晚期和铜石并用时代早、晚期五个发展阶段，指出新石器时代的聚落形态表现出凝聚、内向、封闭的特点，与较为平等的氏族社会对应；铜石并用时代早期聚落明显开始分化，中心聚落、专业性经济中心和宗教中心开始出现；铜石并用时代晚期出现城乡对立，文明初步兴起。他系统总结了中国聚落考古的发展历程，认为聚落考古主要包含三个方面的内容，即单个聚落形态和内部结构研究、聚落分布和聚落之间关系的研究、聚落形态历史演变的研究，并论述每项内容的基本研究方法和需要注意的问题。指出"不能把考古调查中发现的一个个遗址直接看成一个个聚落遗址"，因为一个遗址可能包含几个不同聚落，但"只要基本的格局没有发生本质变化，还是应当作为一个聚落遗址来对待"。强调要用聚落考古的观念去思考和组织田野考古工作，这样需要设计新的作业方式，对田野考古的要求比过去提高不少。

四　文明起源与古史传说研究

韩建业指出，严文明先生是中国文明起源研究的领导者和积极实践者。他提出以考古学为基础、多学科全方位综合研究古代文明的理念，揭示了中国文明起源和早期发展的基本历程和本质特点，搭建起了关于中国古代文明起源和发展的基本理论框架，引领着近些年中国文明起源研究的基本方向。他所谓的"以考古学为基础"，主要包括聚落考古和谱系研究两个方面：利用前者可以探究社会的复杂化，通过后者可以把握文化发展的大脉络。他还特别注重中国文明起源的环境背景研究。

首都师范大学历史学院的袁广阔在发言中指出，严文明先生很重视古史传说和考古学对证研究的必要性。他在 1985 年发表的《夏代的东方》一文，在当时材料有限的情况下，注意到早期夏王朝跟东夷人的关系。近年来新砦遗址的发现，说明在二里头文化形成过程中有大量从东方过来的文化因素，证实了二里头文化的形成确实是经过了新砦期这一阶段，而新砦期文化的形成则证实了郑州地区受到了豫东乃至东夷的影响。

五　农业起源研究

与会学者还讨论了严文明先生在农业起源研究上的重要成就。

周昆叔在发言中还谈到，严文明先生的另一项研究贡献就是农业起源的专门性研究。严先生认识到农业是新石器时代以后中国文化发展和文明起源的主要物质基础，因此他热情地投入到农业起源研究当中去。他研究仰韶文化的时候，就已经充分注意到黄土高原、旱作农业与仰韶文化的密切关系。后来他致力于稻作农业起源，从对稻作遗址时空分布、古稻品种分布以及人们的生活方式分析中，提出长江流域稻作起源说，提出稻作农业从山东半岛经辽东、朝鲜半岛到日本的陆路传播路线，被越来越多的考古发现所证实。

江西省文物考古研究所周广明指出，严文明先生提出长江中下游稻作起源说，不仅是根据已有的考古发现，还有他对人地关系的深刻体认。以前不少学者提出云南、印度等地可能为稻作起源地，主要的证据来自语言学、植物学等，因为那些地方野生稻种类最多、植物生长条件最好，但都只是一种可能，而无实在的证据。严先生认为条件那样优越的地方，人们依靠采集就可以维持生计，缺乏发展农业的动力。相反，长江流域虽有野生稻分布，但已经处于边缘地带，当气候波动造成食物困难时，最可能发展起来最初的稻作农业。有人因此把严先生的这个理论称为稻作起源的"边缘理论"。

六　治学精神

佟伟华认为，严文明先生在考古学上取得的伟大成就，与他严谨务实、实事求是、勤奋刻苦的治学精神密不可分。他非凡的洞察力，缘于实事求是。他不尚空谈，脚踏实地，主持过一二十次考古发掘和考古调查，这些田野实践是他学术思想的源泉。他善于思索和总结，把在实践中产生的认识、观点和方法不断地概括和总结，寻找出规律性的东西。他始终站在考古学的前沿，敏锐地捕捉学术热点。故宫博物院林小安认为，严文明先生治学思想的精髓是实事求是，先生学术水平高，成果丰硕，拥有科学、系统的理论方法。

北京大学考古文博学院孙庆伟指出，严先生具备了作为成功学者所需具备的秉性、境遇及才气三方面要素。他一心治学，潜心为学。有强烈的学术自觉，有宏大学术规划，按照规划一步步往前走，绝不会急功近利。

吴卫红说严文明先生胸怀博大，包容和尊重他人，阐述观点从不掺杂个人恩怨，他宽阔的学术胸怀，为学术界作出了榜样。"上善若水，夫唯不争"。此外他不对年轻人指手画脚，而是鼓励他们积极探索并加以适当引导。陈洪海指出当学生的观点与严先生的观点产生分歧的时候，先生没有将学生禁锢在自己的学术思想、知识体系之下，而是能循循善诱地让学生把自己的想法给说出来。

韩建业认为严先生取得的这些成就绝不是只为做学问而做学问。他是一个对国家和民族特别有责任心的人！他把国家和民族的命运始终放在心上，他常讲，政治有"大政治"和"小政治"之分，他十分关心大政治，关注国家和民族利益。

七　其他论述

方向明的发言题目是《严文明先生与浙江新石器时代考古》，他指出，一直以来严先生对于浙江考古工作很重视。严先生1996年到普安桥考古工地考察时，对浙江的聚落考古表示赞赏。他指出中日合作的普安桥考古发掘工作是有收获的，对土墩形遗址的营建、使用、拓展、废弃过程的分析有开创性。

良渚博物院蒋卫东汇报的题目是《严文明先生与良渚》。他认为严先生主要的学术思想几乎都能在良渚文化的研究中有所体现，并将先生关于良渚文化的论述分为四个阶段：第一个阶段主要侧重于谱系研究，第二个阶段重点在文明起源研究，第三个阶段全方位研究良渚文化与良渚遗址，第四个阶段全面总结良渚文化研究成果并大力推进良渚大遗址保护工作。

甘肃省文物考古研究所王辉主要谈了严先生对甘青地区考古工作所作的贡献，指出《秦安大地湾》报告的顺利出版严先生功不可没，先生对大地湾聚落的研究也为甘肃聚落考古指明了方向，他关于甘肃考古的研究具有前瞻性和规划性。其中关于甘青文化的来源问题，严先生通过对典型遗址的案例分析，提出马家窑文化是从东边发展过去的，但同时也没有否认西方文化对中国文化的影响，并且解决了马家窑类型的发展序列问题。

北京联合大学张连城指出，严先生的学术影响力和学术地位是毋庸置疑的。他代表北京联合大学对严文明先生对该校考古学学科的建设和发展的支持表示衷心感谢，并希望各位专家学者给予北京联合大学考古学学科更多的支持。

此外，荆州博物馆贾汉清在发言中提到，严先生对于湖北荆州的考古工作很重视，总是不遗余力地给予帮助。西北大学文化遗产学院钱耀鹏以《磨沟遗址的发现及其意义——陶窑结构与烧制技术考察的研究成果》为题，介绍了磨沟遗址最新的发现。

（原载《南方文物》2013 年第 1 期。后收录在《丹霞集——考古学拾零》，文物出版社，2019 年）

履历表

亲属：

祖父章谦（1876.11.18~1928.2），又名师德，少陵，业医。

祖母王安秀（1894~1956.3.17）。

父亲其森，又名润芝（1915.11.6~1950.12.7），业医。

母亲周琼英（1914.10.3~1982.9.23）。

叔父其嵩（1918.8.8~1991.9.1），小学教师，校长。

姑母春芝（1922~1942?）。

姑父谢海云。

大舅周伯龙。

二舅周仲权。

大妹芙蓉（1934~1944）。

二弟文思（1937.8.17~），湖南师范大学物理系毕业，大专教师，校长。

三弟文光（1940.2.13~），农民，民间诗人。

四弟文才（1943.5.24~），农民，县政协委员。

小妹牡丹（1947.3.17~），又名立华。

个人简历：

1932 年 10 月 14 日，出生于湖南省华容县严家湾。

1934 年 大妹芙蓉出生，1944 年因病早逝。

1937 年 8 月 17 日，二弟文思出生。

1938 年 秋至 1942 年春，在张家大屋场国民小学上初小，老师张善云。

1940 年 2 月 13 日，三弟文光出生。

1942 年 春，姑母春芝久病后去世，时年约 20 岁。

本年下学期在新河口五合乡中心小学上高小五年一期。

1943 年 3 月 10 日，日寇侵占华容县城，家人四散逃难。我跟着母亲先在东湖岸边的白鹿圻周家姑婆家暂住，后到潘家屋场从罗原道叔父读小学及古文。

1944 年春，因华容县政府临时迁往注滋口，父亲在县教育科任职，带我到注滋口小学上学，并在严复兴酒店寄宿。下学期在蓼蓝窖东岳庙师从堂伯父严粲然读小学和古文。

1945 年春，设家塾，延聘罗原道叔为师，读诗书、古文。

下半年赋闲在家，参加农业劳动、放牛等。

1946 年，在新河口的五合乡中心小学读六年级至毕业。

1947 ~ 1949 年，考入华容县立初级中学直至毕业。期间每年暑期在松树岭从罗原学叔学习古文和四书五经。

1950 年上学期在宋家嘴华容县第五完全小学教书，这是我第一次当老师。

1950 年下学期至 1953 年上学期，在湖南省立第一中学 56 班上高中（后该校改为长沙市第一中学），我在高 1 班上学。

1952 年初寒假期间在长沙市郊文艺区参加土地改革复查。

1953 年下学期至 1958 年上学期，在北京大学历史系考古专业学习。

1956 年 7 ~ 8 月间跟随裴文中和吕遵谔先生到内蒙古赤峰和林西等地进行考古实习。

1957 年 9 月至 1958 年 2 月，在宿白和邹衡先生指导下，去河北邯郸涧沟和龟台等地，进行全面的田野考古基础实习。

1958 年 9 月，在北大历史系考古专业毕业并留校任助教，教授新石器时代考古。本学期主要整理邯郸龟台寺考古资料并编写发掘报告。

1959 年 2 月，原定去陕西华县带领学生进行田野考古实习，因突发胃穿孔大出血，随即做手术后住院医疗一个月。病后继续整理龟台资料，并与邹衡和俞伟超合写《1967 年邯郸发掘简报》，发表于《考古》1959 年第 10 期。

9 ~ 12 月，开始教新石器时代考古课程，实际上是与 57 级学生共同编写新石器时代考古讲义，我负责写了"长城以北的细石器文化"和"龙山文化"两章。

1960 年 3 ~ 7 月，与李仰松和夏超雄带领 57 级学生赴洛阳实习，发掘王湾新石器时代遗址。

1961 年上学期修改新石器时代考古讲义，同时与俞伟超合作写"中国考古学导言"，未出版。

下学期给 58 级正式开始讲授新石器时代考古学。

1962 年 6 月，中国新石器时代考古油印本完成，下学期与高明、夏超雄、李伯谦等赴河南安阳指导 59 级学生进行田野考古实习，并讲授田野考古方法。

1963 年 2 月，写出《从王湾看仰韶村》，7 月写出《西阴村史前遗存分析》，都是在修改新石器时代考古讲义的过程中完成的。

下学期带领 59 级张万仓等赴甘肃兰州实习，发掘青岗岔半山期房址并整理兰州雁儿湾、西坡呱、白道沟坪和武威皇娘娘台等遗址的资料。

12 月至 1964 年 1 月，赴北京通县骚子营参加"四清"工作。

1964 年 5 月 1 日与王秀莲结婚。借 44 斋一间房住三个月，期间写出《论庙底沟仰韶文化的分期》。

5 月，我于上年完成的《中国考古学之二·新石器时代》红皮铅印本印行。

6 月，我与张忠培商量后写出《三里桥仰韶文化的性质与年代》，在《考古》1964 年第 6 期发表。

12 月，分到朗润园 12 公寓 203-3 一间 11 平方米的住房。同月赴北京朝阳区北甸参加"四清"工作。

1965 年 上半年在顺义天竺参加"四清"。天竺是公社所在，"四清"团长齐记。我和蔡少卿、叶昌纲在大队部。高明和邵华在八队，郝斌和李讷在十队。

3 月 25 日，女儿一苹出生。

我写的《论庙底沟仰韶文化的分期》在《考古学报》1965 年第 2 期发表。据说此文得到夏鼐先生的称赞。

12 月，去昌平县小汤山附近的后牛坊参加"四清"工作队，这是第四次参加"四清"。

1966 年 3 月因疑似肝炎从昌平回校，在校医院住院约 40 天。

4~5 月，因"战备"需要，同阎文儒先生等一道整理考古标本，定做了一批锦匣和木箱，准备紧急时运往陕西汉中三线。因"文革"爆发未果。

6 月 1 日，《人民日报》发表聂元梓等 7 人于 5 月 25 日张贴的大字报，"文化大革命"爆发，一切正常工作都停摆了。

11~12 月，我同李玉和陈秉才到南京、上海、杭州和广州大串联。

下半年秀莲参加第二传染病医院组织的下乡医疗队。

1967 年，学校成立新北大公社和井冈山两大群众组织，天天打派仗。

9 月 20 日，小儿严松出生。

1969 年 10 月 26 日，北大教师一千多人到江西鄱阳湖边的鲤鱼洲干校劳动，我同历史系和哲学系的教师一起被编在八连。

1970 年 10 月 26 日，我同宿白、吕遵谔和范经家先期回校。学校招收了首批工农兵学员，在宣传队领导下各系自办食堂，自搭猪圈养猪并开荒种菜，我当了历史系的事务长管理这些杂事。冬天又在宣传队领导下带着行军锅等跟全系教师一起到北京郊区的密云、平谷等县的山区野营拉练。

1971 年8 月 31 日晚上，因劳累过度，引发胃病复发，大出血！随即送北医三院抢救。并做了次 3/4 胃切除的手术。出院后因营养跟不上长期低血糖，经常晕厥。

1972 年9 月，考古专业开始招收工农兵学员，考古教研室恢复工作，我暂时任副组长，负责制定教学计划。应教学需要编写教材，要求简明扼要，不久即完成了分五册一套蓝皮铅印的中国考古学教材。其中新石器时代部分由我和李仰松执笔。

1973 年1 月，我同几位教师先后到石家庄、郑州、武汉等地参观学习并征求对新编考古学教材的意见，普遍反映太简单，不像大学教材。

全国"反右倾"回潮，我和俞伟超也受到批判。一是制定的教学计划太保守，二是不应请"资产阶级专家"苏秉琦回来任教研室主任。

9 月 21 日，我被调入学校组织的"全国批孔动态研究组"收集批孔情况供"梁效"（即清华、北大两校）大批判组使用。

1974 年春季，与吕遵谔、李志义、赵朝洪和工宣队苗某带领 73 级工农兵学员到湖北宜都红花套进行田野考古实习，之后到武汉、长沙等地参观。

1975 年春季，带领 74 级工农兵学员到湖北江陵纪南城实习。开始发掘 30 号台基，参加发掘的还有湖北、湖南、上海的文物考古部门和厦门大学考古专业的师生，是一场大会战。先是由我主持，大约一个月后由俞伟超主持，我则带领学生发掘纪南城东边的毛家山大溪文化遗址。之后到荆州博物馆整理松滋桂花树大溪文化墓地的资料。

9 月 7~13 日，赴承德避暑山庄出席"北方边疆各省区考古座谈会"。我提交论文《马家窑类型是庙底沟类型的继续和发展》。后来由金冲及改题为《从马家窑类型驳瓦西里耶夫的中国文化西来说》，发表于《文物》1976 年第 3 期，署名为连城考古发掘队。

1976 年春季同俞伟超、权奎山带领 75 级工农兵学员到陕西周原进行考古实习，同时主办亦工亦农考古训练班。我在岐山县一边，俞伟超、权奎山在扶风一边。我先是负责发掘贺家西周墓地，之后负责发掘凤雏遗址，发现一座完整的西周宫殿基址。

7 月初，我和李志义赴青海西宁省文物工作队联系 76 级工农兵学员考古实习事宜。并先后到共和、龙羊峡和贵南，最后确定发掘贵南尕马台等遗址。

9~12 月，同俞伟超合作招收考古进修班学员 30 名，直接带领到陕西周原考古实习。我带一半学员继续发掘岐山凤雏西周宫殿基址。俞伟超带领另一半学员继续发掘扶风召陈西周宫殿遗址。同时给学员讲授田野考古课程。我讲遗址发掘的地层学方法和室内整理的类型学方法，俞伟超讲墓葬的发掘方法和考古遗址调查的方法。

1977 年春季我负责组织考古进修班的各类课程直至结业。

10 月 8~17 日，去南京参加长江下游史前考古学术讨论会，提交论文《论青莲岗文化与大汶口文化的关系》。会后去无锡、苏州、杭州等地参观。

1978 年 5~7 月，带领 76 级工农兵学员去山东，在曲阜孔庙整理中国社会科学院考古研究所山东队发掘的兖州王因部分墓葬资料。

8 月 13~20 日，赴江西庐山参加中国南方印纹陶学术讨论会。之后赴南昌、福州、泉州、厦门、广州等地参观访问。

《文物》1978 年第 10 期发表我的《甘肃彩陶的源流》一文，说明甘肃史前的彩陶是由陕西关中向西波浪式地推进，直到甘肃河西走廊的西端。是西去而不是西来，但没有批判西来说。

1979 年 2~4 月，应四川大学历史系邀请，去该校考古专业讲授中国新石器时代考古。之后由年轻教师冉光渝陪同赴昆明、贵阳和重庆等地参观。

8 月，赴山东烟台，为准备学生的考古实习，在韩榕和李步青陪同下考察了烟台地区的许多新石器时代遗址。

9~12 月，与赵朝洪、李平生带领 76 级工农兵学员赴烟台实习，先后发掘了福山邱家庄和牟平照各庄遗址。韩榕和李前庭参加辅导。照各庄遗址的文化面貌单纯，基本上与平度东岳石遗址的文化相同，因此我主张命名为岳石文化。

本年发表《大汶口文化居民的拔牙风俗和族属问题》，载《大汶口文化讨论文集》（齐鲁书社，1979 年）。通过一种特殊风俗的解读以探索东夷的起源问题。

1980 年 2 月，母亲一人来京，9 月又一人回老家湖南华容。时间太短，总觉得没有尽到做儿子的孝心。

9~10 月，去烟台，地区专员派了一辆北京吉普，在韩榕、李步青陪同下调查了莱阳、莱西、黄县、海阳一大批新石器时代遗址。12 月又带领佟伟华、安家瑶、严进军去长岛调查了史前遗址，决定下年发掘大黑山北庄遗址。

应巩启明邀请试图解读他历时十年发掘的陕西临潼姜寨一期村落布局，写成《从姜寨早期村落布局探讨其居民的社会组织结构》，与巩启明合署发表于《考古与文物》1981 年第 1 期。我认为社会的发展首先是所有制的发展而不是男女社会地位的变迁，考古资料也难以讨论母系父系的问题。通过聚落形态的考察可以较好地了解社会组织和社会性质。这篇文章是一个开始。

1981 年，在《文物》1981 年第 6 期上发表《龙山文化和龙山时代》，这是我酝酿了很长时期的想法。什么山东龙山、河南龙山等等叫得太乱了。实际上是代表一个重要的社会转型时期。各地的情况有所不同，因此要处理好时代和地方文化的关系。这篇文章是一个尝试。

9～12 月，与高崇文、王树林、马洪藻带领考古 79 级全班 30 名学生发掘栖霞杨家圈遗址，并派赵朝洪带领研究生佟伟华和 78 级几名同学发掘长岛北庄遗址。

9 月 23 日，母亲病故，我在实习工地，无法奔丧尽孝，难过极了！

1982 年，主持长岛考古，派张江凯带领部分 78 级学生发掘北庄遗址。同时试掘珍珠门和北隍城山前遗址。

在《农业考古》1982 年第 1、2 期上连续发表《中国稻作农业的起源》，这是我探索中国农业起源的开始。

1983 年 3 月 12 日，妻王秀莲从第二传染病医院调入海淀妇产医院任护理部主任。

6 月，晋升副教授。

7 月 11 日，北京大学考古系正式成立，宿白任系主任，我和吕遵谔任系副主任。

7 月 26～29 日，出席在辽宁省朝阳市由苏秉琦主持的"燕山南北长城地带考古座谈会"并发言。

8 月，应黑龙江省文管会和博物馆邀请，赴哈尔滨为黑龙江省文物干部培训班讲课，同行有李伯谦和赵朝洪，我讲"中国新石器时代考古"。

我主持的全国社会科学"七五"重点项目"胶东新石器时代和青铜时代文化谱系研究"获得批准，并以此进行东夷文化的探索。

9～12 月，派张江凯带领 81 级学生发掘长岛北庄遗址，又与烟台王锡平合作发掘烟台芝水、乳山小管村和南黄庄遗址，并派研究生吴玉喜发掘益都郝家庄岳石文化遗址。

1984 年 3 月 5～14 日，赴成都参加国家文物局主持的全国考古工作汇报会。

4 月 30 日～5 月 5 日，在北京出席由中宣部和文化部召开的全国文物工作会议。

5 月，整理翦伯赞《中国史纲》第一卷《史前史》，1990 年北京大学出版社以《先秦史》的名称单独出版。

6 月 21～26 日，赴湖南衡阳出席湖南省考古学会第二届年会。

7 月，赴山西太原联系与省文物考古研究所签订"关于联合开展晋文化及其渊源研究"的协定，决定首先重点合作发掘天马—曲村遗址。

7 月 23 日，从太原去西安参观。

8 月 4~9 日，赴内蒙古呼和浩特参加内蒙古西部原始文化学术讨论会。

9 月 20~25 日，赴石家庄参加河北省考古学会成立大会并作学术报告。

10 月，赴山东，又赴吉林长春，又赴兖州。

12 月 14 日，北京大学文物爱好者协会在大饭厅召开成立大会，我和苏秉琦先生作报告，表示祝贺与期望。

1985 年 3 月 19 日~4 月 5 日，赴广东，在朱非素等陪同下调查珠海淇澳岛后沙湾等遗址。然后到深圳稍事休息，转赴粤北考察曲江石峡、翁源青塘、英德牛栏洞等遗址。

发表《夏代的东方》，载《夏史论丛》（齐鲁书社，1985 年）。明确岳石文化即是夏代东夷的文化。

10 月 1~5 日，赴辽宁兴城与苏秉琦、俞伟超、张忠培、郭大顺住八一疗养院，讨论编写《中国通史·远古时代》问题。

11 月 5~10 日，赴河南渑池县参加"纪念仰韶村遗址发现 65 周年学术讨论会"，发表《纪念仰韶村遗址发现 65 周年》长篇讲话并参观仰韶村遗址。会后赴洛阳重访王湾遗址，到偃师参观二里头和尸乡沟商城遗址，又到伊川调查土门等遗址。

1986 年 3 月 30 日~4 月 5 日，赴云南昆明参加全国考古工作汇报会。

6 月 18 日~7 月 7 日，应美国科学院的邀请，由中国社会科学院组织历史所、考古所和北京大学、吉林大学、四川大学和云南民族大学的有关学者，到美国弗吉尼亚州艾尔莱庄园参加"中国古代史与社会科学一般法则"国际学术讨论会。我宣读《中国史前文化的统一性与多样性》，提出重瓣花朵式结构的概念，认为这一结构对往后中国的发展具有决定性的意义。之后去纽约、华盛顿、波士顿和旧金山等地参观。7 月 14 日是美国国庆节，在旧金山体育场看垒球比赛。

1987 年 8 月 28 日~9 月 15 日，应邀参加在联邦德国美因兹市召开的第 11 届史前与原史学国际联盟会议，我在大会上发表《中国新石器时代聚落形态的考察》讲话，对中国史前聚落的演变及其对社会发展的影响进行了全面的梳理。之后又接受了电视台采访。同时在联盟理事会上被选为该联盟理事。会后参观诺维特旧石器时代遗址、博物馆及雷山哥特人城堡，然后到特里尼尔参观罗马竞技场和马克思故居。

10 月，去长沙参加湖南省考古学会年会，然后去张家界游玩。

12 月，由李水城陪同去浙江考察良渚莫角山遗址。

1988 年 3 月 7 日，校方派郝斌和张学书来考古系宣布我接替宿白先生为考古系主任。

8 月，与李伯谦一同去内蒙古凉城县老虎山。

10 月，应日本考古学协会会长江上波夫及樱井清彦邀请，参加该会静冈年会。作题为《中国稻作农业的起源与展开》的基调讲演。会后到东京、京都、奈良、福冈、北上和盛冈等地参观访问。

10 月 26 日，在北京图书馆参加"纪念殷墟发掘六十周年座谈会"，王湘、张政烺、胡厚宣等老先生参加，我和邹衡先生也都有发言。

11 月 5~9 日，赴西安出席陕西省考古研究所与半坡博物馆成立 30 周年学术讨论会，我代表北京大学考古学系致祝贺词，并作"再论中国稻作农业的起源"的学术报告。

12 月，赴安徽合肥出席省文物考古研究所成立 30 周年暨安徽地区考古学文化讨论会，并作"安徽新石器时代文化发展谱系的初步考察"的报告。

1989 年 5 月初，在北京出席由中宣部和文化部召开的全国文物工作会议。

5 月 15~20 日，赴长沙出席中国考古学会第七次年会，并当选为第三届理事会常务理事。

5 月 22 日，到湖北荆州，约荆州博物馆张绪球等到天门石家河视察考古实习工地，同时召开队长会议，总结前阶段的工作并部署下阶段的任务。

5 月 29 日，应邀赴武汉大学，在历史系主持评审考古专业硕士点事宜。

7 月，国家文物局设考古专家组，我被聘为专家组成员。

8 月 12~18 日，赴内蒙古凉城县老虎山考古基地，出席"内蒙古中南部原始文化研究暨园子沟遗址保护科学论证会"，作"内蒙古中南部原始文化的有关问题"和"内蒙古史前考古的新阶段"的学术报告。

8 月，应邀出席在美国西雅图举行的"环太平洋史前考古国际学术讨论会"，并提交论文。因故未能出席，论文由代表宣读，并收入会议论文集。

9 月初，应邀出席在印尼日惹举行的"第十四届印度—太平洋史前协会年会"，并提交了"中国最早的稻作农业遗存"（英文稿）的论文，因故未能出席，论文由代表宣读，并收入会议论文集。

10 月，代表北大考古系与清华化学系签订古陶瓷合作研究协议。

10 月，拙著《仰韶文化研究》由文物出版社出版。

11 月，应邀出席在日本大阪经济法科大学举行的"东亚社会与经济国际学术会议"，并提交了"中国史前稻作农业遗存的新发现"的论文，也因故未能出席，论文已被收入会议论文集。

1990 年 10 月 5 日，国务院学位委员会确定我为第四批博士生导师。

10 月 24 日，被任命为国家社科基金考古学科评议组副组长。

（90）校发第 0186 号通知任命我为校学术委员会委员。

1991 年 2 月 1~10 日，应日本大阪府教育委员会邀请参加和泉市大阪府立弥生文化博物馆开馆典礼及东亚稻作农业的流传与弥生文化的成立国际学术讨论会，我于 2 月 3 日作"中国稻作农业的起源和传播"的报告，引起热烈的讨论。

6 月 18 日，德国考古研究院院长来信，告知我已被选为该院的通信院士。

9 月 28 日~10 月 7 日，弟弟文思、文光等 11 人来京提前为我祝 60 岁寿辰。

10 月 12~16 日，赴济南参加纪念城子崖遗址发掘六十周年国际学术讨论会，我作了"龙山时代考古新发现的初步思考"的报告。

10 月 31 日~11 月 8 日，应日本大阪经济法科大学校长川久保公夫邀请，参加第二届东亚社会与经济国际学术讨论会。11 月 1 日作题为"中国史前研究的现状与课题"的报告。随后访问该校及奈良法隆寺、京都平安神宫和三十三间堂等名胜古迹。5 日去东京，住早稻田大学奉仕园。6 日在早稻田大学作"中国铜石并用时代的考古新发现"的报告。7 日去镰仓参观游览。

12 月 2 日，赴广州，住白天鹅宾馆。4 日参观佛山祖庙和石湾陶瓷厂。5~9 日去中山市翠亨村参观中山故居，然后参加"珠江三角洲古文化学术讨论会"，9 日作"华南史前考古的几个问题"的报告，提出要注意从更新世到全新世海面上升时期对史前文化的影响。

12 月 10~11 日，住中山温泉，12~13 日经珠海到深圳，调查大梅沙遗址。14~15 日去三水县，调查银洲贝丘遗址并确定考古发掘。

12 月 16 日，回广州，去中山大学作学术报告，题为"中国文明起源研究的几个问题"。

1992 年 5 月，参加由国家教委召开的第二届全国优秀教材评审会议。

5 月 25 日~6 月 1 日，参加国家文物局组织的专家组，赴长江三峡考察库区文物情况，以便为今后大规模的发掘或搬迁保护等措施作规划准备。

7~8 月，应中国人才培训中心邀请赴北戴河为其举办的文物博物馆人员培训班讲授考古学相关专题。我讲的题目是"关于史前聚落考古的方法问题"。

8 月，赴内蒙古呼和浩特市，出席"北方草原古代民族与考古学文化国际学术讨论会"，代表中国考古学会和北京大学考古学系致辞，并作学术总结发言。

8 月，赴石家庄出席"第四次环渤海考古国际会议"，作题为"关于环渤海考古的几个问题"的学术报告。

11 月 11~25 日，应邀赴韩国出席圆光大学举办的"东北亚古文化讨论会"，发表了题为"东北亚农业的发生发展与传播"的讲演。会后参观访问了庆州、釜山等地的古迹、遗址、博物馆和东亚大学等。

12 月 10~18 日，赴广东三水银洲遗址指导考古发掘。

12 月 19~25 日，赴上海，出席在复旦大学由国家教委召开的"八五"社科基金评审会，并担任考古学组组长。

12 月 25~30 日，赴浙江杭州，再次考察良渚莫角山大型建筑遗址。

1993 年 2 月，为中国历史博物馆考古培训班讲授"中国新石器时代考古"，为期三个月。

3 月 18 日，赴广东珠海，出席"全国考古工作汇报会"，并作"关于聚落考古的问题"的报告。

5 月 21 日，在北京大学考古系主办的"迎接 21 世纪的中国考古学国际学术讨论会"上，作题为"走向 21 世纪的中国考古学"的主旨讲演。

7 月 14~19 日，赴西安出席由陕西省考古学会和台湾太平洋文化基金会联合主办的"周秦文化国际学术讨论会"，作"周原凤雏的考古发掘方法"的报告。

7 月 23~30 日，应日本佐贺大学邀请，参加"东亚稻作农业的起源和传播"国际学术讨论会，作"中国稻作农业的起源"和"黄淮流域的古代稻作文化"的学术报告。

8 月 10~22 日，赴内蒙古赤峰市出席"中国古代北方文化国际学术讨论会"，作题为"中国古代文化三系统说——兼论赤峰地区在中国古代文化发展中的作用"的讲话。会后参观了敖汉旗兴隆洼、大甸子和辽宁小黑石沟、辽中京、凌源牛河梁、阜新查海、沈阳新乐等处。

9 月 4 日，美国著名农业考古学家马尼士一行来我校商谈农业考古合作事宜，决定成立中美农业考古队，双方协议在江西万年仙人洞等地开展为期三年的考古工作以探索稻作农业的起源。我和马尼士作为双方队长在协议上签字。

10 月 7~11 日，应日本福冈市教育委员会邀请，出席在福冈市博物馆举行的"从环壕聚落到宫室的成立国际学术研讨会"，作题为"中国环壕聚落的演变"的演讲。

10 月 28 日，应洛阳市文物工作队邀请，出席"洛阳皂角树遗址考古发掘及环境考古研究座谈会"，之后又去渑池县出席"渑池仰韶村遗址保护与开发研讨会"，为期一周。

11 月 24~30 日，赴山东济南市，出席中国考古学会第九次年会，我于 28 日在全体会上讲话。

1994 年 1 月 17~26 日，应台湾"中央研究院"历史语言研究所邀请，赴台北出席海峡两岸历史学与考古学学术交流研讨会，同行有张政烺、胡厚宣、宿白和石兴邦等 10 人。我于 19 日作"龙山时代城址的初步研究"的学术报告。21 日到台湾大学人类学系参观和座谈。之后在湖南饭馆与先父好友徐国风等十多人聚会，见了这么多长辈，倍感亲切。

1月26～29日，应香港中文大学中国文化研究所所长陈方正邀请访问该所，并在饶宗颐先生主持下作"中国文明起源的几个问题"的学术讲演。

2月25～28日，应邀赴杭州出席"良渚遗址群的保护问题"专家座谈会，并被聘为浙江省文化厅和省考古所顾问。

3月5～12日，应甘肃省文物考古研究所邀请，赴兰州指导整理秦安大地湾遗址考古发掘资料，并作考古资料整理方法的学术报告。

4月22～25日，赴浙江余姚出席"河姆渡文化国际学术讨论会"，并作学术总结报告。

7月，出席由国家文物局在京召开的"三峡水库淹没区地下文物考古发掘汇报会"。

9月6～7日，出席在北京召开的"东方文化与社会发展国际学术研讨会"，作题为"中国农业文化的传播对日本早期社会发展的影响"的报告。

9月26～30日，应日本福冈市教育委员会邀请出席"东亚文明的起源讨论会"，作题为"中国王墓的出现"的学术报告。

11月9日，赴河南郑州西山参加国家文物局考古领队培训班的考核工作。

与张忠培等合作编写的《远古时代》，作为白寿彝主编的《中国通史》第二卷，由上海人民出版社1994年出版。

1995年1月1～8日，赴浙江东北部与日本上智大学的量博满调查史前遗址，寻找发掘地点。

4月11日，与李伯谦等出席中国考古学"九五"规划会议。

5月6～12日，赴石家庄出席全国考古工作汇报会，并作"中国农业起源研究的新进展"的报告。

7月15～20日，赴长春参加国家教委召开的社会科学优秀成果评奖会，我的《仰韶文化研究》获二等奖。

8月22～25日，去房山县出席"北京建城3040年暨燕文明国际学术研讨会"，并致闭幕词。

11月12～21日，赴新疆吐鲁番参加由国家文物局组织的交河故城保护方案论证会，会后参观高昌故城及库车克孜尔石窟等。

应邀撰写《高校"八五"科研规划咨询报告——考古学》，发表于高等教育出版社出版的《人文社会科学研究现状与发展趋势》，1995年10月。

1996年3月4～29日，应邀赴日本京都访问国际日本文化研究中心，出席

"稻作起源与环境考古"国际学术讨论会，作"史前稻作农业研究的新进展"的学术报告。

4 月 21~28 日，应成都市文物工作队邀请，考察成都平原的新津宝墩古城、郫县古城、都江堰芒城等六座史前城址。

6 月 7~10 日，赴上海出席由汪道涵主持的"中日东方思想研讨会"，作题为"稻作农业与东方文明"的发言。

8 月 4~6 日，赴辽宁绥中出席由《文物》杂志编辑部组织的"史前城址与聚落考古"学术研讨会，我作题为"聚落考古与史前社会研究"的发言。

10 月 31 日~11 月 4 日，应日本宫崎大学邀请，出席"中国草鞋山古代稻田考古研讨会"和"国际稻作文化讨论会"，作题为"稻作农业的起源"的讲演。

11 月 5~10 日，应韩国东亚大学的邀请，出席该校建校 50 周年庆典暨"东亚都城国际学术讨论会"，作"中国都城的起源和早期发展"的学术报告。之后参观考察了釜山和大邱等地的史前遗址。

11 月 29 日~12 月 3 日，赴郑州出席郑州大学考古专业成立 20 周年庆典，并作学术报告，同时被聘为郑州大学兼职教授。

12 月 12~17 日，应日本奈良县邀请，出席在该县召开的"农业与文明国际学术研讨会"，作题为"稻作农业起源研究的新动向"的发言。

1997 年 3 月 2~7 日，应邀赴西安在陕西省考古研究所作史前考古的系列讲座，讲了五讲。

9 月 5~7 日，同黄景略一道赴山东章丘，考察省考古所发掘的西河后李文化居住遗址。

10 月 3 日，应国际日本文化研究中心所长河合的邀请，作为客座教授在该中心从事研究，为期九个月。

11 月，赴贵州省贵阳市出席全国考古工作汇报会，会后返回日本。

12 月 17 日，赴奈良，出席"和之国国际学术研讨会"，与高崇文共同提交论文，题目是"埋葬习俗与中国古代文明"。出席会议的有英国伦敦大学的 Peter Ucko，美国密西根大学的 Kent Flannery 和日本的樋口隆康等著名学者。

1998 年 1 月，《史前考古论集》由科学出版社出版。

3 月 5~9 日，从大阪乘飞机到冲绳那霸，访问首里、中城城和琉球村等琉球古迹和民俗。

3 月 18 日，在国际日本文化研究中心主持"稻作、陶器和都市的起源国际学术研讨会"，并作基调讲演。

4 月 30 日~5 月 12 日，游西欧。4 月 30 日偕夫人从大阪国际机场乘飞机赴比利时布鲁塞尔，儿子严松在该市自由大学读硕士。他接我们先后游览比利时布鲁塞尔市区和著名的滑铁卢等地。5月3日去荷兰阿姆斯特丹、海牙和世界第一大港鹿特丹等处。5月5日去卢森堡。5月8日去法国巴黎，参观巴黎圣母院、凡尔赛宫和卢浮宫等处，并登上埃菲尔铁塔观赏巴黎市容。

5月15~16日，赴东京，去世田谷美术馆参观中国四川三星堆文物展览，并出席相关学术研讨会。

6月3日，在龙谷大学任教的徐光辉接我去该校参观游览并作学术报告。

6月7日和20日，和梅原猛对谈长江流域稻作农业起源和文明起源问题。

6月10~14日，东京大学的大贯静夫陪同我访问北海道首府札幌和千岁市周沟墓遗迹等，然后去北部沿海常吕的东京大学考古实习基地，又到知床半岛国家公园等处游览。

8月14~18日，赴山东长岛。重访大黑山北庄遗址，并把"北庄史前遗址博物馆"的题字交给郭贤坤，然后乘船到各岛考察，直到最北的北隍城岛考察山前遗址等。

9月27~30日，赴浙江桐乡普安桥考察考古工地，同时开队长会总结工作并部署发掘报告的编写事宜。

10月6日，以学生为主的年轻朋友们在北大校园西餐2的资源宾馆设宴提前庆祝我66岁寿辰，场面十分热烈。

10月21~31日，访问台湾。22~24日出席史语所70周年庆典，并参加"迈向新学术之路：学术史与方法学的省思"的学术研讨会，作考古组的评论讲话。之后参观台北故宫博物院，访问台湾大学、台南艺术学院和南华管理学院，在台南艺术学院作"中国史前彩陶的谱系"的学术报告。

11月1~4日，访问香港古物古迹办事处并考察扫管笏遗址，商量合作发掘事宜。

12月4~7日，赴湖南长沙，与国际日本文化研究中心河合所长讨论中日合作发掘澧县城头山遗址有关事项，并实地考察城头山遗址。

12月8~14日，赴安徽含山考察凌家滩遗址，接着到合肥安徽省文物考古研究所看凌家滩出土标本，并参观省博物馆和包公祠等。

1999年1月21日~2月12日，应广东省文物考古研究所邀请，偕夫人赴广东各地考察及相关业务活动。

1月，21日到广州，22日赴曲江马坝，同杨式挺和朱非素等考察石峡遗址，讨论石峡遗址资料整理和考古报告的编写事宜。24日赴英德考察牛栏洞。25日回省所看考古标本。27日到珠海宝镜湾考察遗址和岩画。29日到深圳博物馆看咸头岭遗址的陶器等标本。31 日去东莞看村头遗址及出土标本。

2 月，2 日到博罗看银岗遗址，3 日到普宁，4 日到汕头，5 日到饶平和潮州，6 日到揭阳，7 日到梅州看客家围屋，8 日返河源看恐龙蛋，9 日回广州，10 日看南越宫署遗址。11 日在省文物考古研究所举行座谈，并在省博物馆作"广东考古三题"的学术报告。

6 月，主编《肖家屋脊》由文物出版社出版。

9 月 8 日，赴河南郑州参观省博物馆，并在省文物考古研究所看舞阳贾湖出土遗物。

9 月 22~27 日，赴香港，应古物古迹办事处邀请，出席"一脉相承——香港与华南地区历史文物展"的开幕典礼并参观展览。25 日在香港大学出席"从历史文物看香港与祖国的文化渊源"研讨会，有饶宗颐和宿白等著名学者参加，我作了"香港在华南史前文化中的地位"的总结发言。26 日从香港到广州，27 日出席"南越御苑遗址揭幕典礼"，并参观南越宫署遗址发掘情况等。

11 月 6~10 日，赴江西万年县大源中美农业考古队驻地，看仙人洞和吊桶环出土陶片和石器等标本，再次考察了两处遗址。并对考古报告的编写体例与分工作了安排。期间还去大源盆地周围看了几处洞穴，但没有发现遗址。

11 月 25 日~12 月 2 日，赴成都出席中国考古学会第十次年会。黄景略作会务报告，我作学会章程修改报告。会上选举宿白先生为新一届理事长。

12 月 2~7 日，赴重庆出席全国考古工作汇报会。我作了田野考古和资料室管理的报告。中途到大足参观石窟和佛教造像等。

12 月 16~28 日，应广西壮族自治区博物馆的邀请，偕夫人赴广西参观游览。

12 月 16 日，到桂林，覃义生和傅宪国等迎接并亲自开车至资源县，那里是湖南资水的源头所在，故名。17 日到该县东北的晓锦考古工地参观，主持人由蒋廷瑜挂名，实际是由他的夫人全面负责。遗址不大，年代大致相当于新石器时代晚期至商代早期。发现大量炭化大米。之后到兴安县。18 日由兴安县博物馆馆长彭鹏程陪同参观两千多年前秦代开凿的灵渠。彭是北大考古系 90 届的，非常热情。我们先后参观了四贤寺、闸门、分水鱼嘴和大小天平坝等。四贤寺是纪念修建灵渠的工程负责人的。大小天平坝把湘水抬高，通过鱼嘴使其分流。70% 通过 4 千米的北渠回流入湘，30% 通过 33.4 千米的南渠流入漓江，并通过桂江汇入西江。如果水大，可以通过大小天平滚水坝流入湘江。整个工程气势宏大，设计精巧。小彭还特地陪我们乘船到鱼嘴附近观赏。12 日到桂林考察庙岩和甑皮岩洞穴遗址及出土遗物。20 日由蓝日勇陪同乘船游漓江，21 日到临桂参观大岩和太平岩，出土陶片均早于甑皮岩。22 日到柳州看白莲洞和大龙潭鲤鱼嘴遗址。23 日到邕宁考察顶蛳山遗址，24 日到南宁参观自治区博物馆并作学术报告。25 日到合浦及北海市，26 日到凭祥登友谊关。27 日到友谊关旁边的金鸡山等处参观古炮台，那是中法战争留下的遗迹。

2000 年 1 月，主编《胶东考古》由文物出版社出版。

1 月，7 日赴杭州，8 日去良渚，重点看庙前和汇观山等处。9 日到南京参观南京博物院等。11 日由张勉陪同到连云港，又由林留根陪同考察藤花落龙山文化城址，城墙和房屋遗迹等清清楚楚，考古工作做得很好。

2 月，与梅原猛合著《长江文明的曙光》日文版由角川书店出版。

2 月 19 日，偕妻赴香港，适值元宵节，与朋友们欢聚。20 日访问香港中文大学考古艺术中心等。因是过路性质，未敢久留。

2 月 21 日~6 月 29 日，台湾大学人类学系聘请我为客座教授，邀请我去该系讲课。我偕妻于 21 日从香港飞台北，住客座教授宿舍。我在该系开设两门课，为本科生讲"新石器时代考古研究"，为研究生讲"史前聚落与文明起源"。因为是选修，听课的人不多。我带了一个笔记本电脑，每讲之前打印出讲稿分发给学生，课程讲完后重新复印并装订成册再发给学生。我是尽力了，但效果如何就难说了。

在台大期间，我还特地拜见华容老家旅台的父老乡亲，参加在台北的北京大学校友会，还出席在"中研院"召开的东南亚考古国际研讨会等，活动是不少的。详细情况见我写的《在台湾大学的日子》（见拙著《足迹：考古随感录》，文物出版社，2011 年）。

6 月 29 日~7 月 2 日，马文光从香港到台大来接我们。30 日到香港屯门扫管笏考察北京大学的考古工地。7 月 1 日在香港古物古迹办事处作学术报告，翌日回京。

7 月 14 日，教育部直属的中国考古学研究中心在北大考古系正式成立，李伯谦任主任，我担任学术委员会主席。会上确定第一个学术课题即是由我和赵辉主持的"聚落演变与早期文明"。

7 月 22~29 日，赴山东长岛大黑山参加由我题名的"北庄史前遗址博物馆"开幕典礼。

8 月，论文集《农业发生与文明起源》由科学出版社出版。

11 月，主编《稻作 陶器和都市的起源》由文物出版社出版。

11 月 2~6 日，主持中国古代玉器与玉文化研讨会并致开幕词，最后作学术总结。

11 月 9~13 日，赴日本大阪经济法科大学出席"东亚历史与考古"国际研讨会，我在会前致辞并作评论。

2001 年2 月 24~26 日，由北京大学考古系主持，国际日本文化研究中心赞助的"长江流域青铜文化国际学术讨论会"在北大赛克勒考古与艺术博物馆召开。我作了主旨发言，李伯谦作总结。

3 月 29 日，偕夫人经上海赴江苏江阴，在陆建方陪同下考察祁头山马家浜文化遗址和马桥文化的佘城城址，参观江阴市博物馆和华西村等。还特地参观了刘氏兄弟即刘半农、刘天华和刘北茂的故居，他们都曾是北京大学的教授。

5 月 28 日~6 月 2 日，赴沈阳出席由费孝通召集的玉文化与中国传统文化研讨会，我作了"玉文化与考古学研究"的发言。

6 月 24~28 日，赴山东济南参加广饶傅家大汶口文化的 392 号墓死者头骨上一个圆形穿孔的鉴定会。吴新智和韩康信等根据圆孔周围比较光滑的情况，证明开孔后还生长了较长的时期，应该是一次成功的开颅手术遗留的痕迹。我则从墓中出土器物证明确属大汶口文化。因此该标本证明大约 5000 年前的先民就已经能够进行开颅手术了。

7 月 16~18 日，同赵辉一起乘飞机经上海到浙江桐乡，参加新地里良渚文化遗址考古座谈会并实地考察遗址。会后参观著名的乌镇等。

7 月 21~24 日，同赵辉一起赴内蒙古赤峰，首先考察城子山夏家店下层文化城址。然后到敖汉旗四家子镇考察帽儿山后红山文化积石冢，那里出土完整的石雕人的胸像和几块人面残片。之后顺便考察了附近几处红山文化遗址。

10 月 15~23 日，我和赵辉主持的"聚落演变与早期文明"课题组一行 7 人，于 10 月 15 日赴山东考察史前城址。先后考察了章丘城子崖、临淄桐林、临朐西朱封、五莲丹土村、日照两城镇和尧王城等。详情见《足迹：考古随感录》中的《山东史前城址考察记》。

10 月 31 日~11 月 3 日，赴广州参加第六届全国科技考古会议，我作"科技考古与考古学"的讲话。

11 月中，出席北京大学考古系主办的中国古代玉器与玉文化高级研讨会并作总结发言。

12 月 13~14 日，应邀出席中国工程院刘东生院士主持的全新世课题组会议，并作"从新石器时代文化演变看 4 千年前黄土高原的自然环境"的学术报告。

2002 年3 月 26~29 日，同赵辉一起赴浙江萧山出席跨湖桥遗址考古发现讨论会。遗址因当地烧砖已破坏殆尽，不过出土遗物还是很丰富。我发言认为类似的遗存过去没有见过，年代应该早于河姆渡和马家浜。

5 月 2~3 日，北大考古系主持召开"温故知新——面向中国考古学的未来"国际学术研讨会，赵辉作主旨发言，我作了学术总结。

6月5日，赴杭州，出席十大考古发现颁奖仪式及相关学术讨论会，我讲了"文物考古知识的提高与普及问题"。强调要在提高的基础上普及才是正确的。

9月14日，随同刘东生先生到济南出席第三届中国环境考古会议，我作了"环境与人类文化的发展"的讲演。

12月17~21日，应邀赴韩国清州忠北大学出席小鲁里"世界最早稻谷"学术讨论会，同行的有王象坤和袁家荣。忠北大学的李隆助在小鲁里沼泽的泥炭层发现了几十粒炭化稻谷，据测试距今14000~12000年。韩国方面首先介绍稻谷发现和研究的情况，然后由中国学者发表看法。我们都表示难以相信，韩方则力图说服。我的发言最后发表在中国的《农业考古》杂志上。

2003年 3月9~11日，赴广州参加南越水关遗址等保护研讨会，同行有徐苹芳和傅熹年等。之后李岩陪我到省文物考古研究所看新近发掘的雷州半岛江洪县一处贝丘遗址的资料，下层的陶片年代甚早，颇像广西顶蛳山者。

3月25日~4月15日，因心律过缓，住阜外医院检查并决定安心脏起搏器。4月7日由著名医生王方正手术，一切顺利。

6月，主编考古发掘报告《邓家湾》由文物出版社出版。

8月11日~10月25日，偕夫人赴加拿大渥太华探亲，住女儿严一苹家，顺便到魁北克等地游玩。详见《足迹：考古随感录》中的《加拿大探亲》。

10月，论文集《长江文明的曙光》由湖北教育出版社出版。

12月4~8日，赴广州出席全国考古汇报会，听完各地考古汇报后安排专家讲话。我讲了两点，一是配合基本建设考古的提法不妥，反之基本建设首先要考虑考古遗址的保护问题。二是考古工作要有课题意识，当前要特别注意旧石器时代向新石器时代过渡的问题和文明起源的问题。

12月10日，从广州飞桂林，出席"华南及东南亚史前考古——纪念甑皮岩遗址发掘30周年学术研讨会"。我讲了华南考古的重要意义。

12月15日，由袁家荣陪同赴湖南道县考察玉蟾岩遗址，美国哈佛大学的Bar Joseph想和我们合作发掘这个遗址，以便进一步探索稻作农业的起源。回程经长沙到宁乡黄材，考察向桃初发掘的西周台基遗址和墓地等。

2004年 3月28日，赴安阳考察孝民屯铸铜作坊遗址，同行有谢辰生和徐苹芳等。遗址中发现许多铸铜陶范，鼎足直径达20厘米，一个圆盆直径达158厘米，超过现有最大的青铜器。可见这里应该是商王室直属的最重要的青铜器作坊，可是安阳钢铁厂要扩建占用，我们说应该坚决保护。

5月27日，为赛克勒考古博物馆10周年馆庆举行国际学术讨论会，主题是"全球考古学的新前沿：明确中国的古代传统"，我于28日作了总结发言。

6 月 4 日，同李伯谦等飞西安，5 日到岐山考察周公庙北京大学的考古工地。所在遗址约 10 平方千米，出土有先周的绳纹大方砖，证明先周已是一个重要驻地。西周多个夯土台基，灰坑中出土多片甲骨文，还有大型墓地，四墓道就有 9 座，可惜已被盗空。我倾向此地应是古公亶父初建，后来被封为周公采邑者。

7 月 21 日，应赤峰市红山区政府邀请，偕夫人和女儿一家 6 口到克什克腾旗等地参观，回头到赤峰学院出席红山文化学术讨论会。然后上红山考察，得知主要是夏家店文化的遗存，红山文化的遗存反而不多。

9 月 29 日，香港民政局局长来京，特聘我和宿白、徐苹芳等为名誉顾问。

11 月 12 日，赴山西临汾考察陶寺所谓天文台遗迹，疑问甚多。14 日到侯马参观陶寺出土器物，总的感觉是一般陶器个头都比较大，但很粗糙，玉器也欠精致。漆木器甚多，倒是很难得的。

12 月 14 日，应邀赴浙江萧山考察跨湖桥遗址并出席讨论会。

2005 年 1 月 7 日，校方聘我为资深教授，还特地说明与院士同等待遇。

3 月 24 日，河北省文物研究所接我到河北饭店听取段宏振汇报易县北福地发掘的情况。那里的祭坛和大量人面陶片颇引人注意。

5 月 16 日，去昌平中直苗圃参加由国家文物局召开的第六批国保单位的评审会议，那个苗圃实际是高档的别墅式宾馆。会议开了两天，最后通过 546 项，备选 250 项，准备报国务院审批。

9 月 22 日，由赵朝洪陪同考察北京门头沟东胡林遗址，发现有墓葬和若干火塘。遗物中有细石器、石磨盘和磨制石斧等，还有平底陶盆等，应该是新石器时代较早的遗存。这里离安特生发现并命名马兰黄土的地方不远，我们特地去马栏村旁边的黄土台等。

10 月 27 日，应香港古物古迹办事处邀请，赴香港参观"香港远古文化——沙下遗址出土文物展览"，并出席"香港文物保护与考古研究研讨会"，我作了"香港考古的展望"的发言。

11 月 1 日，同黄景略赴山东济南，2 日到临淄工作站，看望考古领队培训班老师和学员，并考察桐林考古发掘工地。培训班要我讲一课，我讲了"考古学发展的趋势"。

11 月 9~14 日，回湖南老家华容，兄弟子侄团聚，一同上山祭祖，拜访乡亲。还特地到母校华容县立一中赠书并题诗等。

11 月 15 日，由李水城陪同到湖南道县考察玉蟾岩考古工地。现在那里是中美合作进行发掘和研究，主要想探索稻作农业的起源。我和巴尔·约瑟夫是中美双方的队长。

12月19日，应邀赴浙江嵊州考察小黄山遗址并出席研讨会。遗址因烧砖取土大部分已被破坏。遗物可分三期，早期与浦江上山基本相同，可归入上山文化。会后到绍兴参观蔡元培、秋瑾和鲁迅故居等。

2006年4月17~19日，由北大考古文博学院和英国伦敦大学考古学院联合召开的"从考古学理念到实践——田野考古的教学、培训与实践"国际研讨会在考古文博学院的多功能厅举行。伦敦大学的副校长、考古研究所的前主任 Peter Ucko 等不少西方学者参加。伦敦大学学院考古研究所主任 Stephen Shennan 和赵辉作主题发言。讨论中介绍了美国西部、墨西哥北部和土耳其等处的考古工作情况，其中 Inn Hode 组织了英国、美国、波兰、希腊和土耳其等许多国家的考古队同时发掘一个著名的 Chatal Huyuk 遗址，以考察不同学者用不同方法发掘同一遗址而产生不同的价值判断。这是他所谓的后过程主义的精髓！

4月，主编《中华文明史》第一卷，由北京大学出版社出版。

5月12~14日，和张忠培一道赴河南灵宝考察西坡仰韶文化遗址。先看了两座大墓，又绕整个遗址考察了一下。中央电视台记者特地赶来现场采访我们。

6月2日，应邀到国防大学讲"中国文明的起源"，到堂的有团级以上至军级约五百人，有不少提问，反应热烈。

7月5日~9月12日，去美国丹佛女儿家消夏。女儿一家刚从加拿大搬迁到美国丹佛，那里夏季比较凉爽，我和老伴正好去消夏，享受天伦之乐。丹佛号称牛城，在一条步行街上每隔二三十米就有一头用塑钢做的彩色牛，非常有趣。期间于8月10日到丹佛以南100多千米看印第安崖居和蒲埃布洛村落。还到丹佛大学南莎娜家做客。她带我到该大学的人类学博物馆参观，那里有许多印第安人的头骨标本，据说都要还回原处！

9月19日，日本友人梅原猛寄来他的近作《神杀的日本——反时代的密语》，开篇对小泉纯一郎无视中、韩等国的抗议，坚持参拜靖国神社表示忧虑。他认为日本不应被神所杀，而要建立以佛教不杀生的道德，结合儒家提倡的仁和基督教的爱来改造日本的神道。可惜日本政界是反其道而行之。

10月8~18日，应山西省文物考古研究所邀请，在张弛陪同下偕夫人赴山西参观访问，并出席纪念西阴村遗址考古80周年学术讨论会。8日到太原，随即北上到应县参观应县木塔。继续北上过雁门关到大同，9日参观云冈石窟，午后到浑源参观悬空寺。10日到五台山参观，11日到太原参观省博物院，看太原义井材料，之后参观晋祠。12日到平遥参观古城，下午到灵石参观王家大院，规模之大超乎想象。13日到壶口看瀑布。14日到垣曲再到夏县，15日出席纪念西阴村遗址考古80周年学术讨论会，我主持。中间休会参观侯马考古工作站和北赵东周车马坑，规模极大，保护也很好。之后到解州、芮城再返回夏县，17 日开闭幕会，我和张忠培讲话。

11 月 3 日，偕夫人赴浙江浦江考察上山遗址，并出席"第四届环境考古大会暨上山遗址学术研讨会"，我作了大会发言。8 日赴杭州，出席"纪念良渚遗址发现 70 周年国际学术研讨会"并作总结发言。期间考察了良渚遗址群。

11 月 12 日，同赵辉、张弛和秦岭等从杭州到余姚田螺山。考古工地在一个大棚里，文化遗存保存极好，基本上属于河姆渡文化。考古工作则比河姆渡进步多了。

11 月 13 日，赴安徽合肥出席"江淮地区文明化进程学术研讨会"，我在 15 日作了总结发言。

2007 年 1 月 13 日，贾汉清接我和黄景略到湖北荆州考察熊家冢考古工地。该土冢规模极大，还有副冢、祭祀坑、车马坑和四排共 92 座陪葬墓，估计是一座楚王的陵墓。荆州想挖，我们说要慎重，先把墓园搞清楚再说。

3 月 11 日，应深圳考古鉴定所邀请，偕夫人赴深圳看该所发掘的咸头岭资料，并考察咸头岭遗址。然后参观深圳博物馆。14 日朱非素和李岩接我到东莞看村头的发掘资料。16 日到佛山市高明区考察古椰遗址和出土遗物。17 日到阳江看国家博物馆水下考古基地。国家博物馆拟与广东省合作打捞南海一号沉船，并建设一座海上丝绸之路博物馆保护船体。我们参观已基本建成的博物馆大楼，很气派，只等把沉船放进去了。

5 月 13 日，偕夫人赴西安住西北大学，下午参观碑林。14 日出席全国考古所长培训班开学典礼，然后参观秦俑坑博物馆和华清池，考察姜寨遗址，参观半坡博物馆。15 日为培训班讲课内容是"当前中国考古学的机遇和挑战"。下午参观阳陵。16 日参观乾陵和法门寺地宫。17 日由王占奎陪同到延安，18 日到吴堡考察三处龙山时代的城堡遗址。19 日到米脂看李自成行宫，然后到榆林看文物库房，那里有许多陕北出土的玉器等。继续往西到靖边考察统万城遗址，该城为大夏国赫连勃勃所建，现在一片荒芜，保存甚好。20 日到黄陵县桥山参观黄帝陵，之后回西安参观市文物所和市博物馆，登小雁塔览胜。

6 月 19 日，同赵辉到浙江余姚，20 日到田螺山参观考古工地并出席研讨会，我作了简短发言。秦岭参加了这里的考古工作，进行多学科研究，很有成绩。

6 月 27 日，同张弛到安徽合肥，28 日到含山凌家滩参观 23 号大墓发掘现场，顺便对整个遗址考察了一番。

8 月 14 日，同张弛和樊力到郑州，15 日到新郑考察唐户裴李岗文化遗址。下午到南阳，先看北大在邓州八里岗发掘的资料，然后考察八里岗遗址，初步确定本年发掘的范围，并商量考古报告编写的问题。

8月31日，同张忠培等赴武汉转武当山特区，考察道教古建遇真宫、玉虚宫等因丹江口水库蓄水抬升出现的保护问题，大家倾向于原地保护，但需要全面抬升。9月1日登武当山海拔1612米的天柱峰金顶，气势磅礴！2日到荆门考察龙头山大溪文化晚期的墓地，然后到荆州看熊家冢出土遗物，最后到武汉参观湖北省博物馆。

9月14日，应甘肃省文物考古研究所邀请，王辉和周广济特地到北京接我和老伴到甘肃各地走走。中午到兰州，参观省考古所历年所发掘的考古标本。15日由王辉和杨惠福陪同到刘家峡参观炳灵寺。16日由王辉开车到青海民和，在任晓燕陪同下考察喇家遗址。17日由郎树德陪同到临夏参观彩陶博物馆。18日由王辉开车经天水南下到礼县大堡子山看秦公大墓和出土遗物。19日经天水到张家川参观马家塬戎人墓地，陪葬马车极其豪华，保存也很好。20日去麦积山，由夏阳陪同参观石窟。午后去天水参观伏羲庙。21日回兰州参观省博物馆。22日由杨惠福夫妇陪同到武威参观文庙，该庙规模极大，博物馆就在庙内，藏品有5万多件，包括许多彩陶和西夏文物。23日到张掖参观大佛寺，其中有极大的卧佛。之后到嘉峪关市，参观魏晋砖画墓和雄伟的嘉峪关和长城博物馆。24日到瓜州即安西，也参观博物馆。下午到敦煌，受到彭金章等的热烈欢迎。他陪我参观各种洞窟，有的是不对公众开放的。25日是中秋节，研究院特邀请我跟大家一起欢度佳节。26日参观河仓城和玉门关，又到罗布泊东南看雅丹地貌。然后到阳关并题词。27日回敦煌参观彭金章发掘的窟前遗址。午后由新疆的徐雪莲等专程接我们到哈密。28日新疆文物处刘国瑞（北大考古89级）陪同参观博物馆和回王陵。29日西北大学在新疆考古的王建新接我们到天山以北的巴里坤参观红山口遗址和兰州湾子遗址等。30日上午考察东黑沟遗址，那里有大型木构房子，周围有许多小房子和墓葬，还有成千的岩画。建新认为是匈奴的主营地。10月2日到伊吾参观博物馆等。3日王建新开车带我们到天山南坡考察五道沟聚落遗址。那里一片荒凉，可能是牧民冬季的营地云。4日到乌鲁木齐参观区博物馆，下午参观区考古所，重点看小河墓地出土遗物。5日回京。

10月19日，应河北邯郸市文物研究所邀请出席该所成立45周年学术研讨会并参观博物馆。21日到磁县参观磁州窑博物馆等。

11月26日，浙江蒋卫东接我到良渚考察新发现的良渚古城，29日参观良渚博物馆，出席良渚古城发现的新闻发布会，我讲话并题词："良渚古城，文明圣地"。

12月12日，赴香港出席"文物保护与南中国史前考古国际讨论会"，我作了"南中国史前考古的新进展"的发言。

2008 年 3 月 20 日，应邀偕夫人到浙江良渚考察古城，并出席古城考古与保护规划讨论会。当时有人质疑古城的年代，我看没有任何问题。但保护规划却有争议。23 日蒋卫东陪我们到奉化溪口看蒋介石故居。溪口乃因曹娥江上游剡溪之口而得名，风景极佳。

4 月 10 日，同徐苹芳等赴江苏无锡出席鸿山等大遗址保护论证会并参观现场，大家对保护与利用关系的处理表示满意。12 日去江阴考察佘城和祁头山遗址，接着参观刘天华三兄弟旧居等。

4 月，主编《中国考古学研究的世纪回顾——新石器时代考古卷》，由科学出版社出版。

6 月 16 日，偕夫人赴云南大理，17 日到剑川考察海门口遗址，闵锐介绍考古情况。那里有成千的大木桩，密密麻麻，看不出单元结构，比著名的瑞士湖居气派多了。18~19 日开专家论证会，讨论遗址的性质和保护问题。19 日下午去石宝山参观石钟山石钟寺和南诏石窟等。20 日到丽江参观博物院东巴文化展。午后到玉龙雪山云杉坪赏景。晚上游丽江古城。21 日回大理看蝴蝶泉和大理三塔。22 日到保山附近参观儒释道合一的光尊寺。傍晚到腾冲，23 日参观国殇墓园，中日在这里曾进行滇西最激烈的战斗。24 日到梁河参观号称傣族故宫的南甸宣抚司署。之后经盈江、陇川至边境的瑞丽。25 日参观姐告玉城，之后到畹町，又到芒市参观藏有傣文佛经的菩提寺等。26 日经保山回大理，傍晚飞西双版纳。27 日去勐海参观曼海佛寺和景真八角亭，二者都是国保单位。下午去景洪观赏原王傣王御花园的曼听公园。28 日去勐腊热带植物园并参观博物馆等。29 日回昆明。先后参观省考古所和博物馆。傍晚到云南大学与老同学朱桂昌、蔡尔轨和汪宁生等会面并聚餐。30 日到云南陆军讲武堂参观，傍晚回京。

8 月 13 日，赴西安主持西北大学文化遗产研究与保护技术教育部重点实验室建设计划讨论会，王建新汇报，专家评议通过。

9 月 4 日，赴陕西高陵考察杨官寨仰韶文化围壕聚落和陶窑群。9 月 5 日到岐山看望北大在周公庙的考古队员。

10 月 21 日，赴甘肃张家川考察马家塬戎人墓地，讨论豪华马车的保护问题，决定迁移保护。

10 月 28 日，赴西安。29 日出席陕西省考古研究所成立 50 周年会议，盛况空前。

12 月 8 日，贾汉清接我和老伴赴湖北荆州，参加荆州博物馆 50 周年庆典。之后赴熊家冢参观。11 日由贾汉清陪同到宜昌参观三峡大坝及附近设施。

12 月 24 日，应邀同李伯谦赴深圳，到市文物考古鉴定所看李海荣发掘的咸头岭标本。25 日参加市博物馆新馆开幕典礼。26 日参观旧馆及一私人青瓷馆。下午到新馆作报告，我讲的题目是"深圳的远古时代"，反应热烈。27 日返京。

2009 年 3 月 1 日，赴郑州出席具茨山岩画研讨会。3 日到新郑参观韩王冢考古工地，下午到荥阳考察娘娘寨西周城址考古工地。

3 月 22 日，赴郑州参加南水北调出土文物及娘娘寨考古论证会。

6 月 3 日，应邀赴西安评审由敦煌研究院等四单位研制的"文物现场保护流动车"，我主持专家评审并一致通过。5 日到蓝田太尉塬参观吕大临家族墓地。吕是考古的祖师爷，墓地中出土了各种文物，还有不少墓志，十分珍贵。

6 月 11 日，赴浙江良渚出席"良渚遗址保护行动暨良渚国家遗址公园启动大会"并参观良渚博物院。14 日参观孔庙，下午良渚博物院梁女士陪同到宁波乘船到舟山定海。15 日从沈家门乘船到普陀山，下午到佛顶山和慧济寺等，16 日到西天山，参观观音像和普济寺等，尽兴而归。

8 月 29 日，赴成都，到什邡考察桂圆桥考古工地，那里发现有相当于仰韶文化晚期的遗存，是成都平原最早的遗址，只是面积太小，遗物也不多。

9 月 5 日，偕老伴到兰州，参观省考古所库房的出土遗物。7 日由王辉陪同到临潭考察陈旗磨沟齐家文化大型墓地考古工地，钱耀鹏主持发掘，收获不小。9 日到天水，因身体不适，住麦积山植物园山庄稍事休息后于 14 日返京。

9 月，《仰韶文化研究》（增订版）由文物出版社出版。

10 月 15 日，赴山东大学出席"聚落考古与环境考古国际讨论会"，17 日到长岛参加妈祖节庆典，顺便考察南北长山和庙岛的相关考古遗址。

10 月 23 日，赴辽宁朝阳，24 日出席凌源牛河梁遗址公园启动仪式，以及苏秉琦百年诞辰暨牛河梁遗址考古 30 周年纪念大会。之后又出席"苏秉琦考古理论与实践学术论坛"。

11 月 18 日，赴杭州出席浙江考古所 30 周年庆典，19 日到良渚考察茅山稻田和玉架山环壕聚落群并出席 20 日的讨论会。21 日到江苏张家港张家村考察马家浜和崧泽时期的遗址与墓葬。22 日返京。

12 月 5 日，偕夫人参加国家人力资源和社会保障部组织的院士专家休假团赴海南旅游。到海口后海南人事部门参加接待。住喜来登温泉度假酒店。6 日参观火山口公园等周围景区，之后到琼海、博鳌、万宁、兴隆热带植物园、陵水猕猴保护区、保亭热带雨林，最后到三亚，绕海南东部海岸半圈。每处都住五星级酒店，安排十分周到。到三亚后还特地前往崖城南山寺和海角天涯等处。15 日返京。

12 月 27 日赴河南新密，28 日出席"中国聚落考古的理论与实践——纪念新砦遗址发掘 30 周年学术研讨会"，30 日考察新砦遗址。之后到李家沟考察地层状况，又回到郑州市文物考古研究院看李家沟出土遗物等。31 日返京。

2010 年 1 月 11 日，赴长沙和湘潭，13 日回华容老家祭祖并看望乡亲。15 日到澧县，由袁家荣陪同考察华垱等新石器时代早期遗址等。16 日回长沙参观铜官窑遗址和省博物馆等。17 日返京。

1 月 23 日，赴成都，由王毅等陪同到新津考察宝墩遗址。该处在原来发现的 60 万平方米长方形古城之外，又发现约 260 万平方米的外城。加上在成都平原发现的十多处较小的古城，组成一个类似石家河古城群的结构。24 日在市考古所看宝墩和营盘山的出土遗物，之后又参观金沙遗址博物馆等。

2 月 9 日，赴中国社会科学院考古研究所出席夏鼐百年纪念座谈会，并参观夏鼐文库。我在会上作了"深切怀念夏鼐先生"的发言。

4 月 23 日，赴山东寿光出席"黄河三角洲盐业考古国际学术讨论会"并作大会发言。25 日考察双王城商周之际的盐业作坊遗址，下午到昌邑看了三个东周盐业遗址。据说该县有 200 多处，整个黄河三角洲有 700 多处。齐国就是因垄断海盐等强大起来的。

5 月 23 日，赴郑州出席"郑州中华之源与嵩山文明研究会成立暨郑州嵩山文明研究院揭牌大会"并讲话。

6 月 15 日，偕老伴经烟台到长岛，16 日上大黑山，在南庄西南见少许北庄一期陶片。午后到小黑山南坡见北庄一期陶片。之后上庙岛，其南坡有龙山文化遗址。17~19 日因大雾无法开船。20 日到小钦岛，村后有北庄一期遗址，后到大钦岛考察东村遗址，约 10 万平方米，以北庄一期为主，有少量北庄二期者。然后到乡政府所在的北村，发现有很大的龙山文化遗址。22 日到砣矶岛，一无所获。这样比我们原来调查的遗址增加了不少。

7 月，与张忠培等合著，并由苏秉琦主编的《中国远古时代》由上海人民出版社出版。

8 月 8 日赴赤峰，9 日参观赤峰市博物馆，10 日在赤峰学院作学术报告。11 日到克什克腾旗游云杉森林公园，午后往北参观阿斯哈图世界地质公园。再往北住热水，风景极好。

8 月 22 日，同李水城等赴内蒙古扎鲁特旗出席南宝力皋吐遗址学术研讨会并考察遗址和墓地等。

8 月，论文集《中华文明的始原》由文物出版社出版。

8 月，散文集《足迹：考古随感录》由文物出版社出版。

9 月 8 日，偕老伴赴美国丹佛女儿一苹家，正好二弟文思也在美国看望儿子，知道我们去，就都到一苹家团聚，真是高兴！我们住了些日子，一苹就要陪我们玩玩。17 日开车到南达科他州黑森林公园拉希摩尔看总统山，山上雕着华盛顿等四位总统头像，很高大。印第安人不服，请雕刻家在附近找一个更大的山头雕刻一位英雄骑着烈马直指大地，表示这里原来是我们的！10月6日，赴加拿大蒙特利尔儿子严松家，住了一个月，到多伦多，见到我的学生孙祖初和李宗山等，8日回北京。

12月，主编的考古发掘报告《谭家岭》由文物出版社出版。

12月9日，出席郑州文物考古研究院50周年庆典及郑州商城发现60周年座谈会。

12月29日，应邀偕夫人赴南昌出席《人类陶冶与稻作文明起源地——世界级考古洞穴万年仙人洞与吊桶环》一书的首发式和讨论会，我讲了七点意见。会后到靖安参观李州坳东周大墓。

2011年5月26日，赴浙江余姚出席"全球视野——河姆渡文化国际学术论坛"并作总结发言。之后参观河姆渡博物馆和田螺山遗址。

6月16日，应山东大学栾丰实邀请偕老伴和李水城夫妇到青岛转即墨，17日参观北阡考古工地后回青岛。18日去崂山，风景极好。19日参观青岛啤酒厂等，20日返京。

8月5日应邀到云南玉溪市出席"首届云南玉溪抚仙湖与世界文明学术研讨会"，李昆生等在抚仙湖做水下考古，据说发现了世界最早的文明遗迹，纯粹是胡说。抚仙湖风景倒是很美，我们乘船游览。

8月20日，出席在北京会议中心召开的"文化上'早期中国'的形成和发展学术研讨会"，韩建业主持，我和赵辉作总结发言。

11月5日，赴河南渑池出席"仰韶文化发现九十周年纪念大会"和研讨会，我作了总结发言。

2012年1月5日，偕老伴和李水城夫妇赴成都，先到省考古所看金川县刘家寨出土遗物，有马家窑式的彩陶和尖底瓶陶片等。7日由高大伦陪同到了乐山，乘船看乐山大佛。之后到峨眉山市参观大佛禅院和三苏祠等。

3月16日，赴郑州，17日参观老奶奶庙遗址，下午讨论。

4月4日，赴浙江临平考察玉架山聚落群并出席研讨会。我作总结发言。

4月，《考古学研究（九）——庆祝严文明先生八十寿辰论文集》上下册，由文物出版社出版。

5月27日，应厦门大学吴春明邀请赴武夷山市，28日到九曲溪漂流，下午参观崇安闽越王城，29日参观大王峰后的崖居等。30日到厦门大学与考古专业教师座谈。31日侄女新云接我到海仓她家玩。6月1日到厦大人文学院作学术报告。2日由吴绵吉等陪同到漳州华安参观土楼。3日返京。

9 月 3 日，赴赤峰出席第七届红山文化学术讨论会，5 日参观魏家窝铺红山文化聚落遗址和二道井子夏家店下层文化的聚落遗址，其中房屋墙壁还保存 1~2 米高，十分难得。6 日到敖汉旗史前博物馆看兴隆沟出土红山文化的陶人，坐姿，几乎和真人一样大。我跟他合影留念！

10 月 20 日，出席在北京稻香湖酒店召开的"严文明先生学术思想研讨会"，会议由北京联合大学应用文理学院主办。

2013 年 5 月 3 日，偕夫人由秦岭陪同到山东泰安考察大汶口遗址的房屋遗迹，之后到曲阜，4 日参观孔庙，由孔子的 75 代孙女陪同讲解。之后考察周公庙北墙外的考古发掘工地。

8 月 11 日，赴赤峰出席红山文化研讨会，有不少外国学者参加，我作总结发言。

9 月 13 日，赴浙江龙游出席荷花山遗址暨钱塘江早期新石器时代文化讨论会，并考察荷花山遗址。蒋乐平在龙游一带发现多处上山文化遗址，颇受关注。

10 月 14 日，赴陕西神木考察石峁山城考古工地，15 日到榆林看一私人博物馆，器物多出自石峁。16 日到岐山周原看望北大在双安遗址的考古发掘工地。17 日返京。

11 月 1 日，赴河南漯河出席贾湖遗址发掘 30 周年学术讨论会，到会的国外学者不少。开幕式后即去舞阳贾湖遗址参观考古工地。会议两天，我作总结发言。4 日到郑州河南省考古所看马萧林的动物标本室和李占扬在灵宝发掘的新石器时代早期的碎陶片等。

12 月 20 日，偕夫人赴蚌埠出席禹会遗址与淮河文明研讨会，并考察禹会村遗址。会议两天。

2014 年 1 月 4 日，应广东省博物馆和省考古所邀请偕老伴和李水城夫妇到广州，5 日到阳江参观海上丝绸之路博物馆，南海一号沉船已进馆 6 年，正准备发掘。6 日到丛化，住丛都国际峰会会展中心，古运泉在中心的博物馆当馆长，邀请我作了一个学术报告。7 日回广州参观南越王墓博物馆，8 日到省博物馆作学术报告，9 日参观南越官署博物馆。下午返京。

8 月，主编考古报告《仙人洞与吊桶环》由文物出版社出版。

8 月 21 日，应上海博物馆邀请赴上海出席"城市与文明"学术讨论会，我发表城市与文明关系的演讲。

2015 年 一年未出北京。

3 月 18 日，应邀到首都师范大学作学术报告"什么是考古学？"

5 月，主编《聚落演变与早期文明》由文物出版社出版。

2016 年 4 月 26 日，应邀偕老伴赴江苏泗洪出席顺山集文化研讨会并参观遗址，同时考察附近的韩井考古工地。28 日游览湿地公园，29 日到句容茅山南京博物院考古所江南工作站。那里原来是道教圣地，又曾经是新四军总部所在，环境和设备都很好，是进行考古资料整理和研究的好场所。

11 月 5 日，偕老伴赴广州出席第六届中国环境考古大会。7 日由古运泉陪同到惠州罗浮山游玩，那里是道教圣地，风景极好。

11 月 21 日，浙江浦江派人和医生接我和老伴出席上山文化国际研讨会，顺便在周围风景宜人的地方游览。之后到杭州，25 日出席良渚文化考古发现 80 周年学术研讨会，我作了"良渚古国，文明奇葩"的总结发言。26 日到良渚西部山区的彭公参观良渚时期的水坝遗址，工程的浩大实在令人震撼！然后参观良渚博物院和省考古所的良渚工作站等。

2017 年 4 月 14 日，中央电视台来采访，让我谈"中国文明的起源"。

9 月 14 日，我的自选集《求索文明源》由首都师范大学出版社出版。

12 月 3~8 日，浙江省文物考古研究所派罗汝鹏接我和老伴到杭州，出席好川文化发现 20 周年纪念活动并作总结性发言。5 日由刘斌陪同参观丝绸之路博物馆和茶叶博物馆。6 日到桐庐游览富春江，瞻仰严子陵钓鱼台。7 日出席小青龙考古报告发布会并作学术总结。

2018 年 5 月 4 日，出席北京大学建校 120 周年庆典。

6 月 22 日，出席在大雅堂举行的《国学研究》25 周年庆典及《中华文明史》英、日、韩、塞尔维亚文版出版座谈会。

6 月 25 日，出席北京大学 2018 年人文—社会科学发展工作会议。

9 月 27 日，同浙江刘斌等许多人拍有关良渚文化的电影片，其中有我谈良渚文化发现的意义，同时还有我跟刘斌的对话等。

11 月 14 日，中央电视台探索发现栏目导演尚翀等来舍采访，要我谈中国文明的起源，特别是有关石家河、凌家滩和良渚文化等方面的问题。

2019 年 4 月 1 日，去中国人民大学出席韩建业主持的国家社科基金重大项目"欧亚视野下的早期中国文明化进程研究"开题报告，我作了长篇发言。

4 月 30 日，把李水城托我为《盐与文明》丛刊写的序言交给水城。

5 月 18 日，把《长江文明的曙光》（增订版）书稿交给杨新改。

7 月 3 日，中央电视台多人来舍采访良渚遗址申报世界文化遗产成功的意义。

10 月 12 日，去北京大学英杰交流中心出席苏秉琦诞辰 110 周年纪念会并讲话。

10 月 18 日，中央电视台多人来舍采访上山文化的相关问题。

（原载《耕耘记——流水年华》，文物出版社，2021 年）

专著与文集

1. 《新石器时代》，北京大学印刷厂，1964 年。

2. 《仰韶文化研究》，文物出版社，1989 年。

3. 《远古时代》，《中国通史》（第二卷），苏秉琦主编，与张忠培等合著，上海人民出版社，1994 年。2010 年改出单行本，改名为《中国远古时代》，仍由上海人民出版社出版。

4. 《走向 21 世纪的考古学》，三秦出版社，1997 年。

5. 《史前考古论集》，科学出版社，1998 年。

6. 《长江文明の曙光》，与梅原猛等合著，日本角川书店，2000 年。

7. 《农业发生与文明起源》，科学出版社，2000 年。

8. 《长江文明的曙光》，湖北教育出版社，2004 年。

9. 《仰韶文化研究》（增订本），文物出版社，2009 年。

10. 《中国远古时代》（合著），上海人民出版社，2010 年。

11. 《足迹：考古随感录》，文物出版社，2011 年。

12. 《中华文明的始原》，文物出版社，2011 年。

13. 《中国新石器时代》，文物出版社，2017 年。

14. 《考古学初阶》，文物出版社，2018 年。

15. 《丹霞集——考古学拾零》，文物出版社，2019 年。

16. 《浚哲诗稿：附亲友诗选》，文物出版社，2019 年。

17. 《长江文明的曙光》（增订版），文物出版社，2020 年。

18. 《严文明论良渚》，科学出版社，2020 年。

19. 《耕耘记——流水年华》，文物出版社，2021 年。

20. 《中国史前艺术》，文物出版社，2022 年。

21. 《先秦考古——中国考古学（上）》，与李水城合著，文物出版社，2023 年。

论文编年

1958~1962 年

1. 《〈内蒙古自治区发现的细石器文化遗址〉读后》，《考古通讯》1958 年第 4 期。

2. 《1957 年邯郸发掘简报》，署名邯郸考古发掘队，分别由邹衡（涧沟）、严文明（龟台）、俞伟超（齐村、百家村）执笔，《考古》1959 年第 10 期。

3. 北京大学历史系考古专业编：《中国考古学》讲义第二编《新石器时代》中《长城以北的细石器文化》和《龙山文化》两章，北京大学印刷厂，红皮铅印本，1960 年。

4. 《洛阳王湾遗址发掘简报》，与李仰松合署执笔，《考古》1961 年第 4 期。

1964~1965 年

1. 《三里桥仰韶遗存的文化性质与年代》，与张忠培合署，《考古》1964 年第 6 期。

2. 《论庙底沟仰韶文化的分期》，《考古学报》1965 年第 2 期。

1976 年

1. 《从马家窑类型驳瓦西里耶夫的中国文化西来说》，署名连城考古发掘队，《文物》1976 年第 3 期。此文是笔者 1975 年在承德避暑山庄参加"北方边疆各省区考古座谈会"时提交的论文，原题为《马家窑类型是庙底沟类型的继续和发展》，后由张学正配图，《文物》杂志编者改题发表。

2. 《岐山凤雏第一号西周房基第二次发掘取得重要进展》，《周原考古简讯》，1976 年第 9 期。

3. 《十万个为什么》第 19 册《人类史》，负责组稿、编辑，执笔 6 条：为什么说长江流域是栽培水稻起源地区之一？为什么说新石器时代已有纺织？为什么说新石器时代已有文字的萌芽？什么是贝丘遗址？彩陶艺术说明了什么？陶轮是怎样发明的？上海人民出版社，1976 年。

1977 年

1.《半坡仰韶文化的分期与类型问题》，《考古》1977 年第 3 期。此为摘要，全文载《仰韶文化研究》（1989 年）并附《续记》。

2.《江陵毛家山发掘记》，署名纪南城文物考古发掘队，《考古》1977 年第 3 期。

1978 年

1.《甘肃彩陶的源流》，《文物》1978 年第 10 期。

1979 年

1.《黄河流域新石器时代早期文化的新发现》，《考古》1979 年第 1 期。

2.《大汶口文化居民的拔牙风俗和族属问题》，《大汶口文化讨论文集》，齐鲁书社，1979 年。

1980 年

1.《论半坡类型和庙底沟类型》，《考古与文物》1980 年第 1 期。

2.《论青莲岗文化与大汶口文化的关系》，《文物集刊》第 1 集，1980 年。

1981 年

1.《从姜寨早期村落布局探讨其居民的社会组织结构》，与巩启明合署，《考古与文物》1981 年第 1 期。

2.《龙山文化和龙山时代》，《文物》1981 年第 6 期。

3.《〈鹳鱼石斧图〉跋》，《文物》1981 年第 12 期。

1982 年

1.《中国稻作农业的起源》，《农业考古》1982 年第 1、2 期。

2.《涧沟的头盖杯和剥头皮风俗》，《考古与文物》1982 年第 2 期。

3.《中国古代的陶支脚》，《考古》1982 年第 6 期。

1983 年

1.《山东长岛县史前遗址》，《史前研究》1983 年第 1 期。

2.《山东省海阳、莱阳、莱西、黄县原始文化遗址调查》，署名北京大学考古实习队、烟台地区文物管理委员会，《考古》1983 年第 3 期。

3.《中国新石器时代早期文化的发现与研究》，《1983 中国百科年鉴》，中国大百科全书出版社，1983 年。

1984 年

1.《论中国的铜石并用时代》，《史前研究》1984 年第 1 期。

2.《史前考古学的理论基础——纪念〈起源〉发表一百周年》，《史前研究》1984 年第 4 期。

3.《从埋葬制度探讨社会制度的有益尝试——〈元君庙仰韶墓地〉读后》,《史前研究》1984年第4期。

4.《农业考古与现代考古学》,《农业考古》1984年第2期。

5.《(1983年的)新石器时代考古》,《中国考古学年鉴·1984》,文物出版社,1984年。

1985年

1.《远古的北京》,《北京史》第一章,北京出版社,1985年。

2.《新石器时代考古研究的回顾与前瞻》,《文物》1985年第3期。

3.《新石器时代考古研究的两个问题》,《文物》1985年第8期。

4.《考古资料整理中的标型学研究》,《考古与文物》1985年第4期。

5.《夏代的东方》,《夏史论丛》,齐鲁书社,1985年。

6.《(1984年的)新石器时代考古》,《中国考古学年鉴·1985》,文物出版社,1985年。

7.《高校"七五"科研规划咨询报告——考古学》,与宿白合署,《哲学社会科学研究现状和发展》,北京大学出版社,1985年。

8.《简明不列颠百科全书》(中国大百科全书出版社,1985年)中有关中国新石器时代考古及李济、梁思永等共写了15条,并负责其余有关中国考古学诸条目的组织编写工作。

1986年

1.《胶东原始文化初论》,《山东史前文化论文集》,齐鲁书社,1986年。

2.《横阵墓地试析》,《文物与考古论集》,文物出版社,1986年。

3.《仰韶文化研究中几个值得重视的问题》,《中原文物》特刊《论仰韶文化》,1986年。

4.《在燕山南北长城地带考古专题座谈会上的发言》,《燕山南北长城地带考古专题座谈会文集》,沈阳,1986年。

5.《在内蒙古西部原始文化座谈会上的发言》,《内蒙古文物与考古》,1986年第4期。

6.《片断的回忆》,《翦伯赞学术纪念文集》,北京大学出版社,1986年。

7."马家窑文化""马家窑遗址""石岭下遗址""半山遗址""马厂遗址""北京大学考古专业"共6条,《中国大百科全书·考古学》,中国大百科全书出版社,1986年。

1987年

1.《中国史前文化的统一性与多样性》,《文物》1987年第3期。

2.《山东长岛北庄遗址发掘简报》，署名北京大学考古实习队、烟台地区文管会、长岛县博物馆，严文明、张江凯执笔，《考古》1987 年第 5 期。

1988 年

1.《半坡村落及渭河流域的原始部落》，《半坡仰韶文化纵横谈》，文物出版社，1988 年。

2.《中国稲作農業の起源と展開》，《日本にぉける：稲作農業の起源と展開》，日本静冈，1988 年。

1989 年

1.《从王湾看仰韶村》，《仰韶文化研究》，文物出版社，1989 年。

2.《西阴村史前遗存分析》，《仰韶文化研究》，文物出版社，1989 年。

3.《北首岭史前遗存剖析》，《仰韶文化研究》，文物出版社，1989 年。

4.《仰韶房屋和聚落形态研究》，《仰韶文化研究》，文物出版社，1989 年。

5.《半坡类型的埋葬制度和社会制度》，《仰韶文化研究》，文物出版社，1989 年。

6.《东夷文化的探索》，《文物》1989 年第 9 期。

7.《略论中国栽培稻的起源和传播》，《北京大学学报》（哲学社会科学版）1989 年第 2 期。

8.《再论中国稻作农业的起源》，《农业考古》1989 年第 2 期。

9.《安徽新石器文化发展谱系的初步观察》，《文物研究》（第五辑），黄山书社，1989 年。

10.《中国农业和养畜业的起源》，《辽海文物学刊》1989 年第 2 期。

11.《中国新石器时代聚落形态的考察》，《庆祝苏秉琦考古五十五年论文集》，文物出版社，1989 年。

12.《尹达对新石器时代考古的贡献》，《中国原始文化论集——纪念尹达八十诞辰》，文物出版社，1989 年。

13.《中国稲作農業の起源》，《中国の稲作起源》，東京六興出版株式会社，1989 年。

1990 年

1.《略论仰韶文化的起源和发展阶段》，《纪念北京大学考古专业三十周年论文集》，文物出版社，1990 年。

2.《中国史前稻作农业遗存的新发现》，《江汉考古》1990 年第 3 期。

3.《碰撞与征服——花厅墓地埋葬情况的思考》，《文物天地》1990 年第 6 期。

4. 《努力促进农业考古研究》,《农业考古》1990 年第 2 期。

5. 《山东史前考古的新收获——评〈胶县三里河〉》,《考古》1990 年第 7 期。

6. 《喜读〈淅川下王岗〉》,《华夏考古》1990 年第 4 期。

7. 《史前聚落考古的重要成果——〈姜寨〉评述》,《文物》1990 年第 12 期。

8. Implantations humaines au neolithique en Chine trouvailles et recherches recentes, *L' Anthropoioigie*（Paris）, Tome 94, No. 4, 1990.

1991 年

1. 《考古研究所四十年研究成果展览笔谈》,《考古》1991 年第 1 期。

2. 《内蒙古中南部原始文化的有关问题》,《内蒙古中南部原始文化研究文集》,海洋出版社,1991 年。

3. 《内蒙古史前考古的新阶段》,《内蒙古中南部原始文化研究文集》,海洋出版社,1991 年。

4. 《珠海考古散记》,《珠海考古发现与研究》,广东人民出版社,1991 年。

5. 《中国稻作的起源和向日本的传播》,《文物天地》1991 年第 5、6 期。

6. 《中国先史稲作遺物の新発見》,《東ァジァの社会と経済：1989》,大阪経済法科大学出版部,1991 年。

7. 《中国稲作農耕の起源ぉよび早期にぉける伝播》,《日本にぉける稲作農耕の起源と展開》,東京学生社,1991 年。

8. China's earliest rice agriculture remains, Papers from the 14th IPPA congress, Yogyakarta. *Bulletin of the Indo-Pacific Prehistory Association*, No. 10,1991.

1992 年

1. 《略论中国文明的起源》,《文物》1992 年第 1 期。

2. 《〈华夏文明之源〉序》,河南人民出版社,1992 年。

3. 《〈长江中游新石器时代文化概论〉序》,湖北科学技术出版社,1992 年。

4. 《〈燕园聚珍〉前言》,署名北京大学考古学系,文物出版社,1992 年。

5. 《温故知新,继往开来》,《中国文物报》1992 年 12 月 7 日。

6. 《中国にぉける稲作農業の起源と伝播》,《弥生文化博物館研究報告第一集》,1992 年。

7. 《中国にぉける金石并用時代の考古学——その新発見からの初歩の考察》,《日本中国考古学会会報》第 2 号,1992 年。

8. 《中国先史時代研究の現状と課題》,《東ァヅァの社会と経済：1991》,大阪経済法科大学出版部,1992 年。

9. Origins of agriculture and animal husbandry in China, *Pacific Northeast Asia in prehis-*

tory：hunter-fisher-gatherers，farmers，and sociopolitical elites，WSU Press，1992.

1993 年

1. 《难忘的青岗岔》，《文物天地》1993 年第 1、2 期。

2. 《专家笔谈丁公遗址出土陶文》，《考古》1993 年第 4 期。

3. 《古代陶器的长石分析与考古研究》，与刘方新、王昌燧等合署，《考古学报》1993 年第 2 期。

4. 《龙山时代考古新发现的思考》，《纪念城子崖遗址发掘 60 周年国际学术讨论会文集》，齐鲁书社，1993 年。

5. 《炎黄传说与炎黄文化》，《炎黄文化与民族精神》，中国人民大学出版社，1993 年。

6. 《半坡类型陶器刻划符号的分类和解释》，《文物天地》1993 年第 6 期。

7. 《东北亚农业的发生与传播》，《农业考古》1993 年第 3 期。

8. 《〈中国河姆渡文化〉序》，浙江人民出版社，1993 年。

9. 《雁儿湾和西坡呱》，与张万仓合署，《考古学文化论集》（三），文物出版社，1993 年。

10. 《在中国古代北方民族考古学文化国际学术研讨会闭幕式上的讲话》，《内蒙古文物考古》1993 年第 1、2 期。

11. 《陕西省考古研究所成立三十周年贺词》，《考古学研究》，三秦出版社，1993 年。

1994 年

1. 《蓬莱仙岛上的史前村落》，《中华文化讲座丛书》第 1 集，北京大学出版社，1994 年。

2. 《中国环壕聚落的演变》，《国学研究》（第 2 卷），北京大学出版社，1994 年。

3. 《考古遗址的发掘方法》，《考古学研究》（二），北京大学出版社，1994 年。

4. 《考古学研究》（二）后记，北京大学出版社，1994 年。

5. 《中国古代文化三系统说》，《日本中国考古学会会报》第 4 号，1994 年 9 月 15 日。

1995 年

1. 《〈美术考古学导论〉序》，山东大学出版社，1995 年。

2. 《中国古代文化三系统说——兼论赤峰地区在中国古代文化发展中的地位》，《中国北方古代文化国际学术研讨会论文集》，中国文史出版社，1995 年。

3. 《专家座谈安徽蒙城尉迟寺遗址发掘的收获》，《考古》1995 年第 4 期。

4. 《办好刊物，繁荣学术——纪念〈考古〉创刊 40 周年笔谈》，《考古》1995 年第 12 期。

5.《良渚文化——中国文明的一个重要源头》,《寻根》1995 年第 6 期。

6.《高校"八五"科研规划咨询报告——考古学》,《人文社会科学研究现状与发展趋势》,高等教育出版社,1995 年。

7.《略论中国文明の起源》,《物质文化》第 58 号,1995 年。

8.《文明の曙光——長江流域にぉける中国最古の城市と巨大建筑》,《日中文化研究》第 7 号,1995 年。

9.《中国史前の稻作農業》,《東ァヅァの稻作起源と古代稻作文化》,佐賀大学農学部,1995 年。

10.《山東杨家圈稻谷発見の意義》,《東ァヅァの稻作起源と古代稻作文化》,佐賀大学農学部,1995 年。

1996 年

1.《中国文明起源的探索》,《中原文物》1996 年第 1 期。

2.《中国王墓的出现》,《考古与文物》1996 年第 1 期。

3.《良渚随笔》,《文物》1996 年第 3 期。

4.《高校"九五"科研规划咨询报告——考古学》,《人文社会科学研究现状与发展趋势》,高等教育出版社,1996 年。

5.《良渚遗址的历史地位》,《浙江学刊》1996 年第 5 期。

6.《良渚文化と中国文明の起源》,《日中文化研究》第 11 号,1996 年。

7.《集落》,雄山阁出版季刊考古学 54 号《日中交流の考古学》,1996 年。

1997 年

1.《黄河流域文明的发祥与发展》,《华夏考古》1997 年第 1 期。

2.《近年聚落考古的进展》,《考古与文物》1997 年第 2 期。

3.《纪念〈考古与文物〉创刊 100 期笔谈》,《考古与文物》1997 年第 2 期。

4.《稻作农业与东方文明》,《中日东方思想研讨会论文集》,上海三联书店,1997 年。

5.《聚落考古与史前社会研究》,《文物》1997 年第 6 期。

6.《龙山时代城址的初步研究》,《中国考古学与历史学之整合研究》,史语所,1997 年。

7.《香港考古印象》,《中国文物报》1997 年 7 月 13 日。

8.《谱写北方考古的新篇章》,《中国文物报》1997 年 8 月 17 日。

9.《我国稻作起源研究的新进展》,《考古》1997 年第 9 期。

10.《〈大甸子〉——北方早期青铜文化研究的硕果》,《考古》1997 年第

10 期。

11.《中国史前的稻作农业》,《'93 西安周秦文化学术会议文集》, 1997 年。

12.《走向 21 世纪的中国考古学》,《文物》1997 年第 11 期。

13.《在闭幕式上的发言》,《北京建城 3040 年暨燕文明国际学术研讨会会议专辑》,北京燕山出版社, 1997 年。

1998 年

1.《中国史前的稻作农业》,《周秦文化研究》,陕西人民出版社, 1998 年。

2.《中国稻作农业和陶器的起源》,《远望集》,陕西人民出版社, 1998 年。

3.《胶东考古记》,《文物》1998 年第 3 期。

4.《〈半山与马厂彩陶研究〉序》,载李水城著《半山与马厂彩陶研究》,北京大学出版社, 1998 年。

5.《河姆渡野生稻发现的意义》,《河姆渡文化研究》,杭州大学出版社, 1998 年。

6.《中国考古学界が解明したもう一つの古代文明》,日本《歴史街道》1998 年第 7 期。

7. Contributions to the origin of rice agriculture in China, *YRCP* Vol. 1, No. 1, March 1998.

1999 年

1.《以考古学为基础, 全方位研究古代文明》,《古代文明研究通讯》第 1 期, 1999 年。

2.《石家河考古记》,《肖家屋脊》,文物出版社, 1999 年。

3.《文明起源研究的回顾与思考》,《文物》1999 年第 10 期。

2000 年

1.《莱阳于家店的小发掘》,《胶东考古》,文物出版社, 2000 年。

2.《中国文明起源的探索》,《文物研究》(第十二辑), 2000 年。

3.《东亚文明的黎明》,《农业发生与文明起源》,科学出版社, 2000 年; 又《黄帝与中国传统文化学术讨论会文集》,陕西人民出版社, 2001 年。

4.《东方文明的摇篮》,《文化的馈赠——汉学研究国际会议论文集考古学卷》,北京大学出版社, 2000 年; 又载《农业发生与文明起源》,科学出版社, 2000 年。

5.《岱海考古的启示》,《岱海考古 (一) ——老虎山文化遗址发掘报告集》,科学出版社, 2000 年。

6.《凌家滩玉器浅识》,《凌家滩玉器》,文物出版社, 2000 年。

7. 《稻作、陶器和都市的起源》，《稻作 陶器和都市的起源》，文物出版社，2000 年。

8. 《关于〈石峡遗址发掘报告〉整理编写工作的谈话》，《广东文物》千年特刊，2000 年。

2001 年

1. 《〈中国史前城址与文明起源研究〉序》，西北大学出版社，2001 年。

2. 《〈郑洛地区新石器时代聚落的演变〉序》，北京大学出版社，2001 年；又载《中国文物报》2001 年 8 月 26 日，题为《郑洛地区新石器时代聚落演变的研究》。

3. 《〈夏商周青铜文明探研〉序》，科学出版社，2001 年。

4. 《〈宜都城背溪〉序》，文物出版社，2001 年。

5. 《新石器时代考古三题》，《广东省文物考古研究所建所十周年文集》，岭南美术出版社，2001 年。

2002 年

1. 《〈古代文明〉发刊辞》，《古代文明》（第一卷），文物出版社，2002 年。

2. 《追寻中国文化的根》，《揖芬集——张政烺先生九十华诞纪念文集》，社会科学文献出版社，2002 年。

3. 《中国考古学：新世纪的机遇和挑战》，《石璋如院士百岁祝寿论文集》，台北南天书局，2002 年。

4. 《一份重要的考古学史文献——梁思永点评〈中国史前陶器〉》，《宿白先生八秩华诞纪念文集》，文物出版社，2002 年。

5. 《温故知新——面向中国考古学的未来国际学术研讨会闭幕词》，《古代文明研究通讯》第 13 期，2002 年。

6. 《〈洛阳皂角树〉序二》，科学出版社，2002 年。

7. 《〈大地湾考古研究文集〉序》，甘肃文化出版社，2002 年。

8. 《中国古代文明起源的探索》，《世纪大讲堂》（第一辑），辽宁人民出版社，2002 年。

9. The origins of rice agriculture，pottery and cities. *The Origins of Pottery and Agriculture*，Edited by Yoshinori Yasuda，Luster Press，Singapore，2002.

2003 年

1. 《邓家湾考古的收获》，《邓家湾》，文物出版社，2003 年。

2. 《中国近年考古发现和研究的新进展》，《北大讲座》（第三辑），北京大学出版社，2003 年。

3.《〈楚文化与漆器研究〉序》，科学出版社，2003 年。

4.《科学技术与考古学》（讲话要点），《科技考古论丛》（第三辑），中国科学技术大学出版社，2003 年。

5.《〈长江中下游地区史前聚落考古研究〉序》，文物出版社，2003 年。

6.《〈北方新石器时代考古研究〉序》，文物出版社，2003 年。

7.《稻作农业的起源与小鲁里稻谷》，《农业考古》2003 年第 3 期。

8.《中华文明的始原和早期发展》，《国学研究》（第十二卷），北京大学出版社，2003 年。

2004 年

1.《永远的怀念》，《中国文物报》2004 年 1 月 9 日。

2.《〈华南考古〉前言》，《华南考古·1》，文物出版社，2004 年。

3.《海洋考古的嚆矢》，《先秦时期的南海岛民》序，文物出版社，2004 年；又载《中国文物报》2004 年 10 月 13 日。

4.《农耕生活的开始》，《中国文明的形成》（第二章），新世界出版社，2004 年。

5.《二里头文化与夏王朝》，《中国文明的形成》（第六章第二节），新世界出版社，2004 年。

6.《中国农业起源的考古研究》，《长江文明的曙光》，湖北教育出版社，2004 年。

7.《长江文明的曙光——与梅原猛对谈》，《长江文明的曙光》，湖北教育出版社，2004 年。

8.《稻作文明的故乡》，《长江文明的曙光》，湖北教育出版社，2004 年。

9.《政府部门要提高认识 真正负责》，《中国文化遗产》2004 年第 4 期。

2005 年

1.《良渚文化与中国文明的起源》，《文明的曙光——良渚文化文物精品集》，中国社会科学出版社，2005 年。

2.《〈山东 20 世纪的考古发现和研究〉序》，科学出版社，2005 年。

3.《〈定量考古学〉序》，北京大学出版社，2005 年。

4.《沙下考古序言》，《香港的远古文化——西贡沙下考古发现》，香港古物古迹办事处，2005 年。

5.《发展科技考古是提高考古学研究水平的必由之路》，《科技考古》（第一辑），中国社会科学出版社，2005 年。

2006 年

1.《甑皮岩遗址与华南地区史前考古——在甑皮岩遗址研讨会闭幕式上的发言》，《华南及东南亚地区史前考古》，文物出版社，2006 年。

2.《〈秦安大地湾——新石器时代遗址发掘报告〉序》，文物出版社，2006 年；又《甘肃史前考古的丰碑》，《中国文物报》2006 年 6 月 28 日。

3.《中华文明史》第一卷《绪论》，北京大学出版社，2006 年。

4.《商周青铜工业带动下的手工业生产》，《中华文明史》（第一卷），北京大学出版社，2006 年。

5.《中国史前聚落的考古研究》，《二十一世纪的中国考古学——庆祝佟柱臣先生八十五华诞学术文集》，文物出版社，1996 年。

6.《红山文化五十年——在红山文化国际学术研讨会上的讲话》，《红山文化研究》，文物出版社，2006 年。

7.《一部优秀的考古报告——〈反山〉》，《中国文物报》2006 年 7 月 12 日第 4 版。

8.《〈凌家滩——田野考古发掘报告之一〉序》，文物出版社，2006 年。

9.《不懈的探索——严文明先生访谈录》，庄丽娜记录，《南方文物》2006 年第 2 期。

10.《自然环境与社会发展——在中国第三届环境考古学大会上的演讲》，《环境考古研究》（第三辑），北京大学出版社，2006 年。

11.《〈磁山文化〉序》，花山文艺出版社，2006 年。

2007 年

1.《在江淮地区文明化进程学术研讨会上的讲话》，《中国社会科学院古代文明研究中心通讯》，2007 年。

2.《〈中国东南民族考古文选〉序》，香港中文大学中国考古艺术研究中心，2007 年。

3.《〈新疆的青铜时代和早期铁器时代文化〉序》，文物出版社，2007 年。

4.《〈垣曲盆地聚落考古研究〉序》，科学出版社，2007 年。

5.《瞄准学术前沿，发展环境考古——在中国第四届环境考古学大会暨上山遗址学术研讨会上的讲话》，《环境考古研究》（第四辑），北京大学出版社，2007 年。

6.《中国考古学的现状与思考》，《西部考古》（第二辑），三秦出版社，2007 年。

2008 年

1. 《在考古发掘报告编写工作高级研修班上的发言》，《中国文物报》2008 年 5 月 2 日第 7 版。

2. 《〈科技考古学〉序》，北京大学出版社，2008 年。

3. 《〈中国西北地区先秦时期的自然环境与文化发展〉序》，文物出版社，2008 年。

4. 《〈考古器物绘图〉序》，北京大学出版社，2008 年。

2009 年

1. 《赵都邯郸城研究的新成果》，《中国文物报》2009 年 7 月 8 日第 4 版，即段宏振《赵都邯郸城研究》序，文物出版社，2009 年。

2. 《农业起源与中华文明》，《光明日报》2009 年 1 月 8 日第 10~11 版。

3. 《〈三门峡南交口〉序》，科学出版社，2009 年。

4. 《重建早期中国的历史》，《早期中国——中华文明起源》，文物出版社，2009 年。

5. 《重温苏秉琦关于王湾二期文化的谈话》，《中国文物报》2009 年 9 月 4 日第 7 版。

6. 《半坡类型彩陶的分析》，《仰韶文化研究》（增订本），文物出版社，2009 年。

7. 《纪念西阴村遗址发掘 80 周年学术研讨会开幕式上的讲话》，《鹿鸣集》，科学出版社，2009 年。

2010 年

1. 《早期中国是怎样的?》，《光明日报》2010 年 1 月 14 日第 10~11 版。

2. 《关于聚落考古的方法问题》，《中原文物》2010 年第 2 期。

3. 《永远的导师——苏秉琦与北京大学考古专业》，《中国历史文物》2010 年第 1 期。

4. 《高山仰止：深切怀念夏鼐先生》，《古代文明研究通讯》第 44 期，2010 年。

5. 《〈人类陶冶与稻作文明起源地〉序》，江西美术出版社，2010 年。

6. 《〈中国古代装饰品研究〉序》，陕西师范大学出版社，2010 年。

7. 《世界罕见的海门口水滨干栏式建筑聚落遗址》，《中国剑川海门口遗址》，云南民族出版社，2010 年。

2011 年

1. 《良渚颂》，《中国文物报》2011 年 1 月 28 日第 8 版。

2. 《祝贺与期望》，《秦始皇帝陵博物院》（总一辑），三秦出版社，2011 年。

3. 《〈三门峡仰韶文化研究〉序》，河南科学技术出版社，2011 年。

4. 《谭家岭：收获和悬念》，《谭家岭》序，文物出版社，2011 年。

2012 年

1. 《以考古学研究为基础，多学科探讨中国文明起源》，《东南文化》2012 年第 3 期。

2. 《解读自然与人文》，《自然与人文》序，文物出版社，2012 年。

3. 《严文明：我的仰韶文化研究之路》，《中国文化遗产》2012 年第 6 期。

2013 年

1. 《总结经验，拓展视野，开辟未来——新年寄语聚落考古》，《南方文物》2013 年第 1 期。

2. 《长岛考古琐记》，《中国文化遗产》2013 年第 5 期。

3. 《〈深圳咸头岭〉序》，文物出版社，2013 年。

4. 《〈荆楚文物〉发刊词》，《荆楚文物》（第一期），2013 年。

5. 《"文化上'早期中国'的形成和发展学术研讨会"闭幕词》（代序），《早期中国研究》（第一辑），文物出版社，2013 年。

［附1］《严文明先生学术思想研讨会纪要》，《南方文物》2013 年第 1 期。

［附2］《解决学术问题最终要靠学术讨论——访考古学家严文明先生》，晁天义、刘芳：《中国社会科学报》2013 年 5 月 8 日 A04 版。原稿为《追回逝去的岁月：访当代知名考古学家严文明先生》。

2014 年

1. 《禹会村遗址与淮河文明（研讨会开幕词)》，《中国社科院古代文明研究通讯》第 26 期，2014 年。

2. 《拓展视野，继往开来》，《第八届红山文化高峰论坛论文集》，辽宁大学出版社，2014 年。

3. 《〈仙人洞与吊桶环〉序》，文物出版社，2014 年。

4. 《纪念佟柱臣先生》，《无限悠悠远古情——佟柱臣先生纪念文集》，科学出版社，2014 年。

2015 年

1. 《文化上的早期中国说》，《早期中国——中国文化圈的形成和发展》序，上海古籍出版社，2015 年。

2. 《〈贵南尕马台〉前言》，文物出版社，2015 年。

2016 年

1. 《农业起源与中华文明》，《中国乡村发现》总第 38 期，湖南人民出版社，

2016 年。

2.《良渚颂》（补充版），《良渚考古八十年》，文物出版社，2016 年。

3.《〈嵩山文化文集〉序》，文物出版社，2016 年。

4.《华夏文明五千年，伟哉良渚!》，《中国文物报》2016 年 12 月 2 日第 5 版。

5.《早期中国说》，《高明先生九秩华诞庆寿论文集》，科学出版社，2016 年。

2017 年

1.《忘不了的忆念》，《你在大海中永生——周南京教授逝世周年纪念》，香港生活文化基金会出版，2017 年。

2018 年

1.《我的北大情》，《精神的魅力 2018》（一），北京大学出版社，2018 年。

2.《良渚玉器序言》，《良渚玉器》，科学出版社，2018 年。

3.《考古学与历史学》，《考古学初阶》，文物出版社，2018 年。

4.《史前长岛与海洋文明的开拓》，《考古学初阶》，文物出版社，2018 年。

2019 年

1.《中国彩陶的谱系（提纲）》，《丹霞集——考古学拾零》，文物出版社，2019 年。

2.《论小坪子期》，《丹霞集——考古学拾零》，文物出版社，2019 年。

2020 年

1.《中国文明的起源》，《国学研究》2020 年第 1 期。

2.《什么是考古学》，《公众考古学》（第一辑），上海古籍出版社，2020 年。

2021 年

1.《严文明：发现中国史前文明的结构美》，《人民日报》2021 年 1 月 9 日第 8 版。

2.《〈石家河发现与研究〉序言》，《江汉考古》2021 年第 1 期。

（原载《耕耘记——流水年华》，文物出版社，2021 年）